I0759820

JULES MASSENET

MES SOUVENIRS ET AUTRES ÉCRITS

Dernières parutions dans la même collection

Berlioz et la scène : penser le fait théâtral, par Violaine ANGER, 2016, 304 pages.

Regards sur le Dictionnaire de musique de Rousseau : des Lumières au Romantisme, par Emmanuel REIBEL, 2016, 290 pages.

Entretiens d'artistes : poétique et pratiques, par Laurence BROGNIEZ et Valérie DUFOUR, 2016, 280 pages.

Johann Sebastian Bach, interprète des Évangiles de la Passion : approche stylistique des Passions selon saint Jean et selon saint Matthieu, par Philippe CHARRU et Christoph THEOBALD, 2016, 424 pages.

Jean COCTEAU, *Écrits sur la musique*, présentés par David GULLENTOPS et Malou HAINE, 2016, 648 pages.

Marges de l'opéra : musique de scène, musique de film et musique radiophonique en France, en Suisse, en Allemagne et aux États-Unis, 1920-1950, sous la direction de Frédérique TOUDOIRE-SURLAPIERRE et Pascal LÉCROART, 2015, 288 pages.

L'orchestre à cordes sous Louis XIV, sous la direction de Jean DURON et Florence GÉTREAU, 2015, 472 pages.

Essais de philosophie, par Jerrold LEVINSON, textes réunis, traduits et introduits par Clément CANONNE et Pierre SAINT-GERMIER, 2015, 288 pages.

L'orchestre au travail : interprétations, négociations, coopérations, par Hyacinthe RAVET, 2015, 384 pages.

L'enquête en ethnomusicologie : préparation, terrain, analyse, par Simha AROM et Denis-Constant MARTIN, 2015, 288 pages.

Perception et cognition de la musique, par Stephen MCADAMS, 2015, 248 pages.

Camille Saint-Saëns et le politique de 1870 à 1921 : le drapeau et la lyre, par Stéphane LETEURÉ, 2014, 224 pages.

Darius Milhaud, compositeur et expérimentateur, sous la direction de Jacinthe HARBEC et Marie-Noëlle LAVOIE, 2014, 288 pages.

La steppe musicienne : analyses et modélisation du patrimoine musical turcique, par Frédéric LÉOTAR, 2014, 320 pages (Coup de cœur Académie Charles Cros, 2015).

La musique face au sytème des arts ou les vicissitudes de l'imitation au siècle des Lumières, sous la direction de Marie-Pauline MARTIN et Chiara SAVETTIERI, 2014, 352 pages.

Ernest Van Dyck et Jules Massenet : une interprète au service d'un compositeur, par Jean-Christophe BRANGER et Malou HAINE, 2014, 176 pages.

Michèle Reverdy, compositrice intranquille, par Emmanuel REIBEL et Yves BALMER, 2014, 200 pages.

Le compositeur, son oreille et ses machines à écrire : déconstruire les grammatologies du musical pour mieux les composer, par Fabien LÉVY, 2014, 288 pages.

(suite en fin d'ouvrage)

JULES MASSENET
MES SOUVENIRS ET AUTRES ÉCRITS

textes rassemblés, présentés et annotés par

Jean-Christophe Branger

Musicologies

Ouvrage publié avec le concours
du Centre national du livre (CNL)
du Centre Interdisciplinaire d'Études et de Recherches sur l'Expression Contemporaine (CIEREC) – Université Jean Monnet
et de la ville de Saint-Étienne

VRIN

La collection *MusicologieS* présente des ouvrages qui répondent aux attentes des mélomanes, des musiciens, des musicologues mais aussi à celles de toutes les personnes qui s'intéressent à la musique et qui souhaitent découvrir et explorer son histoire, son langage, sa place et son rôle au cœur des sociétés occidentales et non occidentales.

La musicologie contemporaine possède de multiples orientations disciplinaires : histoire, histoire de l'art, philosophie, psychologie, psychanalyse, esthétique, sociologie ou anthropologie, pour ne citer qu'elles. Les ouvrages de la collection puiseront à ces univers et contribueront à la connaissance et à la compréhension des musiques savantes et populaires de toutes les époques.

MusicologieS

collection dirigée par

Malou Haine et Michel Duchesneau

Imprimé en France

ISSN 2114-169X

ISBN 978-2-7116-2674-8

www.vrin.fr

PROLÉGOMÈNES

Les écrits de compositeurs font l'objet d'une attention croissante de la part des musicologues, musiciens et mélomanes. Sans compter de nombreuses correspondances [1], des textes théoriques ou critiques, souvent éparses, sont régulièrement rassemblés en volume(s) afin de mieux cerner la pensée d'un auteur et son évolution [2]. Ils peuvent alors former la matière d'une importante réflexion. Ainsi, en collaboration avec plusieurs institutions, l'Observatoire international de la création musicale (OICRM) a mis en place, sous la direction de Michel Duchesneau, un Réseau international d'étude des écrits de compositeurs [3] avec pour objectifs d'interroger aussi bien la forme, le contenu que le rôle des textes rédigés par les compositeurs depuis Philippe de Vitry jusqu'à Pierre Boulez [4]. Leurs écrits, qu'ils soient théoriques, correspondances privées ou recueils de souvenirs, constituent un corpus aussi riche que diversifié dont le sens et la portée peuvent considérablement varier d'un auteur ou d'une époque à l'autre.

Le cas de Jules Massenet (1842-1912) reste dans ce domaine à la fois singulier et commun. Ne manifestant pas un goût prononcé pour la réflexion, de caractère plutôt secret, le compositeur s'est peu confié par écrit contrairement à ses contemporains,

---

1. En France, on citera, parmi les plus remarquables et les plus récentes, de la correspondance de Hector Berlioz (*Correspondance Générale*, sous la direction de Pierre Citron, Paris, Flammarion, 1972-2003, 8 vol.), d'Emmanuel Chabrier (*Correspondance*, éd. Roger Delage, Frans Durif *et alii*, Paris, Klincksieck, 1994) ou de Claude Debussy (*Correspondance [1872-1918]*, éd. François Lesure, Denis Herlin *et alii*, Paris, Gallimard, 2005).

2. Dans ce domaine, et pour s'en tenir à une période plus ou moins contemporaine de Massenet, on relèvera l'édition critique des écrits de Claude Debussy (*Monsieur Croche et autres écrits*, éd. François Lesure, Paris, Gallimard, 1987), ceux de Camille Saint-Saëns (*Écrits sur la musique et les musiciens (1870-1921)*, éd. Marie-Gabrielle Soret, Paris, Vrin, 2012) ou de Charles Koechlin (*Écrits* [I] : *Esthétique et langage musical*, éd. Michel Duchesneau, Sprimont, Mardaga, 2006; *Écrits* [II] : *Musique et société*, éd. Michel Duchesneau *et alii*, Wavre, Mardaga, 2009; *Musiciens français sous la IIIe République*, éd. Liouba Bouscant, préface de Michel Duchesneau, Paris, Vrin, à paraître).

3. Voir http://www.oicrm.umontreal.ca/LMHS/fr/lmhs-rieec.php?c=lmhs_rieec_resume, consulté le 19 mai 2011. Il convient aussi d'évoquer les activités *du Francophone Music Criticism, 1789-1914* centrées, comme son nom l'indique, sur la presse francophone et la critique musicale en générale. Voir http://music.sas.ac.uk, consulté le 19 mai 2011.

4. Un premier volume collectif est né de ce programme « initié en 2007 en partenariat entre l'Université de Montréal, l'Université libre de Bruxelles et l'École des hautes études en sciences sociales de Paris ». Voir Michel Duchesneau, Valérie Dufour et Marie-Hélène Benoit-Otis, « Introduction », dans *Écrits de compositeurs : une autorité en questions*, Paris, Vrin, 2013, p. 11.

comme Camille Saint-Saëns ou, dans une moindre mesure, Gabriel Fauré. Ses textes sont rares et sa correspondance, pourtant abondante, reste souvent laconique et peu soignée, contrairement à celle d'un Berlioz ou d'un Gounod. En 1895, dans une lettre à Édouard Noël, Massenet refusa d'ailleurs une proposition relative à une production littéraire [5]. Si l'argument avancé par le compositeur fait sourire au regard de sa prodigieuse fécondité, il n'en reste pas moins significatif d'une volonté de distinguer deux activités :

> Je vous assure que je suis très sensible à votre demande & à toutes vos attentions ; mais je vous le répète je ne suis pas capable de réaliser votre projet.
> J'ai déjà tant de difficultés à écrire un peu de musique – et c'est mon métier – que serait-ce donc de m'occuper de ces 3 ou 4 pages de littérature !
> Non je n'ai pas cette prétention – et si je l'avais, je rirais bien de moi !
> Allons, je reste votre collaborateur *musical* – j'en suis fier & heureux [...] [6].

Son biographe, Louis Schneider, constate ainsi en 1908, soit quatre ans avant la mort du compositeur : « Il est rare qu'un musicien en vue n'ait pas cherché à expliquer ses théories autrement que par l'exemple. Massenet, cela est assez curieux à constater, ne les a jamais expliquées par la plume. Il n'existe de lui que de rares écrits » [7].

Aussi, l'auteur de *Manon* a-t-il laissé peu de témoignages concernant ses contemporains, sa propre pensée ou son itinéraire personnel. Ses écrits se limitent à quelques articles plus ou moins longs, écrits entre 1888 et 1909, douze discours, prononcés surtout après 1910, et un important volume de Mémoires rédigé en 1911-1912, *Mes souvenirs*, qui, s'il surpasse en taille largement tous les autres, soulève, on le verra, de multiples questions. À ce corpus il convient d'ajouter des réponses à des enquêtes dont le développement et la forme leur donnent parfois les aspects d'un article [8].

Au regard de la chronologie, Massenet s'est donc davantage engagé dans une activité d'écrivain dans les dernières années de son existence alors qu'il occupait d'importantes fonctions officielles à l'Institut [9] et qu'il éprouva par ailleurs le besoin de rassembler ses souvenirs. Sa production écrite, dominée par *Mes souvenirs*, s'inscrit aussi dans une certaine tradition française qu'elle semble clore après André Modeste Grétry [10], Charles

---

5. Édouard Noël (1846-1926), auteur de plusieurs poèmes mis en musique par Massenet, comme *La Chevrière*, « petit conte rustique » pour deux voix de femmes créé le 26 mai 1895 dans les salons d'Angèle Duglé.

6. Lettre de Jules Massenet à Édouard Noël, 4 juillet 1895, Austin, The Harry Ramson Humanities Research Center. Auteur, avec Edmond Stoullig, des *Annales du théâtre et de la musique*, Noël a pu solliciter Massenet pour la préface confiée à une personnalité différente à chaque volume de cette célèbre publication annuelle qui a paru de 1876 à 1918.

7. Louis Schneider, *Massenet*, Paris, Carteret, 1908, p. 370.

8. On en trouvera la liste exhaustive en table des matières.

9. Élu à l'Institut dès 1878, Massenet préside l'Académie des beaux-arts en 1910 et ouvre à ce titre la grande séance plénière des cinq sections puis les deux séances publiques annuelles.

10. Les *Mémoires ou Essais sur la musique* ([1789], Paris, Impr. de la République, 1796-1797). « Les *Mémoires* furent lus par nombre de musiciens dont Vincent d'Indy. Ils étaient assez fameux pour être réédités en 1889 sous le titre *Voyages, études et travaux de A.-M. Grétry racontés par lui-même* dans une collection populaire [...]. » Joël-Marie Fauquet, art. « Grétry», dans Joël-Marie Fauquet (dir.), *Dictionnaire de la musique en France au XIXe siècle*, Paris, Fayard, 2003, p. 536.

Gounod[11] ou, dans une certaine mesure, Hector Berlioz dont les *Mémoires*[12] forment un monument d'une haute tenue littéraire et volontiers polémique, contrairement à *Mes souvenirs* qui s'engagent rarement sur ce terrain.

Les écrits de Massenet apparaissent par ailleurs singuliers en leur temps. Outre Richard Wagner, des auteurs comme Hector Berlioz, Ernest Reyer ou Camille Saint-Saëns[13] exercent à la même époque une activité de critique ou d'écrivain qui leur permet de définir une pensée théorique. Ils seront très vite relayés par les musiciens de la génération suivante, tels Alfred Bruneau[14], Reynaldo Hahn, Claude Debussy[15] ou, dans une moindre mesure, Maurice Ravel[16] et Albert Roussel[17]. Massenet, quant à lui, commente peu les œuvres de ses contemporains. Appréciant la « saveur » et la « fine ironie » d'un portrait que Debussy avait tracé de son illustre aîné[18], Hugues Imbert remarque assez justement : « La réponse de M. Massenet pourrait être piquante. Mais l'auteur de *Manon* eut toujours la sagesse de ne point se prononcer sur les compositions de ses confrères »[19]. Le critique avait sans doute en mémoire une lettre de Massenet qu'il avait citée, peu avant et *in extenso*, dans une notice biographique :

> *Le Journal* ayant demandé, en janvier 1894, aux principaux compositeurs leur opinion sur le mouvement musical, Massenet adressa à la direction les lignes significatives qui suivent :
>
> « Monsieur le Directeur,
>
> Je descends de chemin de fer, et je trouve votre aimable lettre, à laquelle j'aurais bien voulu pouvoir répondre dans le sens que vous souhaitez.
>
> Si vous me demandiez une mélodie, je ferais de mon mieux pour vous satisfaire ; mais écrire un article, j'en suis bien incapable.
>
> Et puis, comme c'est grave, pour un musicien encore militant, de juger l'époque musicale où il combat !
>
> J'aurais vraiment mauvaise grâce à ne pas trouver admirables tous mes confrères et ne pas les couvrir de fleurs.

11. Charles Gounod, *Mémoires d'un artiste* [1896], éd. Claude Glayman, Paris, Calmann-Lévy, 1991. Sur la genèse et la structure complexes de cet ouvrage posthume, voir Gérard Condé, *Charles Gounod*, Paris, Fayard, 2009, p. 959-963.

12. Les *Mémoires* de Berlioz (Paris, Michel Lévy, 1870) ont régulièrement été réédités, notamment par Pierre Citron (Paris, Flammarion, 2010) ou, sans apparat critique, par Alban Ramaut (Lyon, Symétrie, 2010).

13. Voir, notamment, Hector Berlioz, *Critique musicale*, éd. Yves Gérard puis Anne Bongrain, sept volumes parus, Paris, Buchet-Chastel, Société française de musicologie, 1996-2013 ; Ernest Reyer, *Quarante ans de musique*, Paris, Calmann-Lévy, 1/1909, 2/1910 ou Saint-Saëns, *Écrits sur la musique et les musiciens (1870-1921)*.

14. Bruneau a régulièrement rassemblé ses chroniques dans plusieurs ouvrages publiés de son vivant, mais aujourd'hui peu accessibles. Voir Jean-Christophe Branger, « Alfred Bruneau, compositeur et critique musical (1889-1902) : quelle réforme pour l'opéra français ? », dans Dufour, Duchesneau et Benoit-Otis (dir.), *Écrits de compositeurs*, p. 339-350.

15. Voir Claude Debussy, *Monsieur Croche et autres écrits*, éd. François Lesure, Paris, Gallimard, 1987.

16. Voir Maurice Ravel, *Lettres, écrits, entretiens*, éd. Arbie Orenstein, Paris, Flammarion, 1989.

17. Voir Albert Roussel, *Lettres et écrits*, éd. Nicole Labelle, Paris, Flammarion, 1987.

18. Imbert cite de larges extraits de l'article « D'Ève à Grisélidis », *La Revue blanche*, 1er décembre 1901, dans *Monsieur Croche et autres écrits*, p. 59-60.

19. Hugues Imbert, « M. Claude Debussy », *Revue politique et littéraire : revue bleue*, 39e année, n° 17, 26 avril 1902, p. 543-544.

C'est ce que je fais, en vous envoyant l'expression de mes bien sympathiques sentiments »[20].

Toutefois, Massenet peut prendre part aux débats qui agitent les mouvements artistiques de son temps en se livrant plus ou moins dans des enquêtes les plus diverses que nous avons aussi rassemblées, sans prétendre être exhaustif et en mesurant leurs limites surtout quand le compositeur se livre dans une interview où il peut manipuler son interlocuteur dont la transcription n'est, en outre, pas toujours fidèle[21]. Dans une lettre à Gustave Charpentier, le journaliste Julien Torchet[22] laisse un témoignage éloquent sur la personnalité de Massenet :

> Vingt fois, il m'est arrivé de recevoir les confidences de Massenet. « Surtout, pas un mot ! » m'écrivait-il. Et, le lendemain, je lisais dans cinq ou six journaux ce qu'il me suppliait de garder pour moi seul. J'ai conclu qu'il brûlait de voir publier ce que précisément il me confiait sous le sceau du secret.
> Il ressemblait à ces femmes qui font semblant de résister et qui ne demandent qu'à être violées. Si on les respecte, on est méprisé. J'ai eu le grand tort de n'avoir jamais commis le viol tant souhaité[23].

Les écrits de Massenet méritent cependant mieux que le silence dans lequel ils sont aujourd'hui plongés d'autant que certains ne sont plus aisément accessibles ou bien restent disponibles sans aucun apparat critique ou un minimum de présentation[24]. En 1992, Gérard Condé avait établi une édition annotée de *Mes souvenirs* qui, aujourd'hui épuisée, redonnait vie à un texte oublié depuis sa première publication. Son travail venait aussi combler une lacune, car, si « d'un point de vue littéraire, la valeur de *Mes souvenirs* est assez médiocre », ce récit peut constituer « l'épine dorsale d'une première biographie critique qui permette, éventuellement, d'utiliser à bon escient des fragments d'un texte, qui, de toute façon, porte la signature de Massenet »[25].

Nous voudrions prolonger ce travail en rassemblant et présentant l'ensemble des écrits de Massenet[26] d'autant que le statut de certains d'entre eux se trouve désormais

20. Lettre de Jules Massenet à [Fernand Xau ?], [s. l.], [janvier 1894], dans Hugues Imbert, *Profils d'artistes contemporains*, Paris, Fischbacher, 1897, p. 244. Nous n'avons pas retrouvé l'enquête à laquelle Imbert fait allusion.

21. Si certaines enquêtes retenues relèvent davantage de l'entretien que de l'écrit, nous n'avons cependant pas conservé les interviews qui, souvent recueillies lors de la création d'un ouvrage, trouveront mieux leur place dans une étude biographique, à l'exception de quelques passages cités dans la présente étude.

22. Proche de Massenet, qui lui offrira plusieurs de ses manuscrits aujourd'hui conservés à la Bibliothèque-musée de l'Opéra, Julien Torchet (1846-1918) est organiste et journaliste dans plusieurs périodiques (*Les Hommes du jour*, *L'Événement*, *La Semaine française*, *L'Orphéon*, etc.). Il enseigna aussi le chant au conservatoire de Mimi-Pinson, fondé par Gustave Charpentier en 1902.

23. Lettre de Julien Torchet à Gustave Charpentier, Paris, 16 mars 1911, Bibliothèque historique de la Ville de Paris, dossier Charpentier 106 ; citée, traduite en anglais, dans Steven Huebner, *French Opera at the Fin de Siècle*, Oxford, Oxford University Press, 1999, p. 163.

24. Les Éditions du Sandre ont proposé en 2006 une édition de *Mes souvenirs*, vierge de toutes annotations scientifiques.

25. Gérard Condé, « Préface », dans Jules Massenet, *Mes souvenirs*, nouvelle édition commentée par Gérard Condé, Paris, Éditions Plume, 1992, p. 18-19.

26. Nous avons cependant écarté trois préfaces, car elles sont constituées de simples lettres d'un intérêt limité. Voir Mathilde Marchesi, *Marchesi and Music : Passages from the Life of a Famous Singing-Teacher*,

considérablement modifié en raison de l'apparition de nouvelles sources. De même, la connaissance biographique du compositeur s'est suffisamment affinée pour préciser ou corriger certains points.

Articles et enquêtes

À l'aube de sa carrière, Massenet laissait présager dans ses écrits un artiste prêt à défendre, publiquement et avec vigueur, ses œuvres et ses opinions. Dans *Mes souvenirs*, il relate en effet, sur un ton badin, un épisode qui l'opposa pourtant vivement au critique Albert Wolff en février 1868 [27]. Dans un important compte rendu publié dans *Le Figaro* du 4 février, Wolff avait étrillé sa *Première Suite d'orchestre* exécutée la veille par Jules Pasdeloup. Avant d'analyser avec verve et ironie le contenu des différents mouvements, Wolff commence ainsi sa critique :

> Nous avons encore un accident à enregistrer :
> La partition d'un tout jeune musicien s'étant aventurée hier aux Concerts populaires entre deux ouvertures de Mozart et de Mendelssohn, a été victime de sa témérité. Le public a accueilli la petite malheureuse avec une froideur telle qu'au bout dix minutes elle avait le nez gelé. On a transporté cette partition chez le pharmacien voisin, qui lui a prodigué les premiers soins, si bien qu'à quatre heures un quart le jeune compositeur, M. Massenet, a pu reconduire la pauvre blessée à son domicile.
> Autrement dit, et pour parler une langue moins fleurie, la tentative que M. Pasdeloup a faite dans la journée d'hier en faisant exécuter une symphonie d'un jeune prix de Rome, a été malheureuse quoique louable. [...]
> Quelques esprits bienveillants ont persisté dans leurs applaudissements, tandis que les chuts et les sifflets se faisaient entendre avec un certain succès. Je suis sûr que le public eût été moins cruel s'il eût su le jeune âge de l'auteur, qui certainement n'est pas dépourvu de talent. Il y avait dans son acte, joué il y a deux ans à l'Opéra-Comique, quelques jolis couplets que Capoul disait fort bien ; mais de là à une symphonie exécutée chez Pasdeloup, il y a loin [28].

Massenet répliqua aussitôt en adressant au rédacteur en chef une lettre ouverte reproduite ici intégralement à partir de son manuscrit :

> À Monsieur le rédacteur en chef du *Figaro*
>
> Monsieur,
>
> Désirant vivement que la lettre suivante paraisse dans le plus prochain numéro du *Figaro*, je m'adresse à votre courtoisie et à votre obligeance, pour vouloir bien la faire insérer.
> Recevez, monsieur, l'assurance de ma considération.
>
> J. Massenet [29]

New York, Harper, 1897 ; Georges Bonnal, *Dictionnaire des connaissances musicales*, Marseille, Bonnal, 1898 ; Albert Jacquot, *La lutherie lorraine et française : depuis ses origines jusqu'à nos jours d'après les archives locales*, Paris, Fischbacher, 1912.

27. Voir, dans le présent volume, *Mes souvenirs*, chapitre VIII.
28. Albert Wolff, « Gazette de Paris », *Le Figaro*, 4 février 1868.
29. Cette première partie n'est pas reproduite dans *Le Figaro*.

À M. Albert Wolff, rédacteur du Figaro

Dans *Le Figaro* d'hier vous consacrez à l'exécution de ma *Symphonie* (qui est une suite d'orchestre) au Cirque Napoléon un article extrêmement drôle et dont j'ai beaucoup ri. Si vous me trouvez quelque valeur, Monsieur, moi, je vous trouve infiniment d'esprit, et il n'est pas un lecteur du *Figaro* qui ne soit du même avis que moi.

Seulement, comme tous les gens d'esprit, lesquels du reste ont cela de commun avec les imbéciles, vous êtes sujet à l'erreur, et c'est précisément pour rectifier celle qui vous a échappé dans votre compte rendu d'hier que je me permets de vous écrire aujourd'hui.

Ma suite d'orchestre (qui n'est pas une symphonie) a été exécutée dimanche, non pour la première fois, mais pour la seconde, et c'est probablement à l'excellent accueil qu'elle reçut l'année dernière du public et de la presse que je dois la gracieuseté que m'a faite M. Pasdeloup de la répéter cette année-ci [30].

Quant à mon petit opéra dont vous voulez bien rappeler, avec une bienveillance dont je vous remercie, l'exécution au théâtre de l'Opéra-Comique, il a été joué non pas il y a deux ans, mais l'année dernière aussi [31].

Il y a deux ans, monsieur, j'étais encore à Rome [32] où les jeunes compositeurs vivent dans l'admiration des belles choses du passé, et dans la plus profonde ignorance d'une foule de petits agréments qui les attendent à leur retour à Paris.

Croyez bien, monsieur, aux sentiments les plus distingués de votre tout dévoué et reconnaissant.

J. Massenet
Paris, 4 février 1868 [33].

Théodore Dubois prit ensuite ouvertement la défense de son camarade en adressant à Wolff un long courrier où il souligne « l'effet déplorable que produit un tel article », regrettant que le critique ait sacrifié, « au seul plaisir de faire de l'esprit, les intérêts chers et sacrés de l'art » [34]. Publiée en première page dans *Le Figaro* du 9 février, sa lettre est suivie d'un commentaire désobligeant de Wolff [35] auquel Massenet répondit aussitôt. Son courrier paraît dès le lendemain :

9 février 1868

À M. le rédacteur en chef du Figaro.

Monsieur,

Voulez-vous avoir l'obligeance d'insérer la lettre suivante dans le plus prochain numéro du *Figaro*.

---

30. L'œuvre est en effet créée par Pasdeloup le 24 mars 1867.

31. *La Grand'Tante*, opéra-comique en un acte, créé en lever de rideau, le 3 avril 1867.

32. Massenet quitte en fait la Villa Médicis en décembre 1865.

33. Lettre de Jules Massenet à Albert Wolff, Paris, 4 janvier [*sic* pour février] 1868, BnF, Département de la Musique, LA Massenet 22; reproduite en partie dans « Correspondance », *Le Figaro*, 6 février 1868.

34. Lettre de Théodore Dubois à Albert Wolff, dans « Gazette de Paris », *Le Figaro*, 9 février 1868. Sa lettre, datée du 5 janvier, est reproduite avec celle de Massenet dans la monographie de Louis Schneider (*Massenet*, 1908, p. 364-368), mais dans un ordre chronologique inexacte, Massenet ayant été le premier à répondre.

35. Wolff (« Gazette de Paris », *Le Figaro*, 9 février 1868) persiste dans son jugement et assume le ton amusant de sa chronique.

À Monsieur Albert Wolff, rédacteur du Figaro.

Monsieur,

Vous dites dans votre dernier article :
Je ne ferai plus intervenir *M. Massenet dans ce débat, Je savais bien, que quelques fragments de sa composition avaient été exécutés l'année dernière ; cette année, le tout a paru lourd à digérer à un public gâté par des chefs-d'œuvre.*
Mille pardons, monsieur, mais si vous le permettez, j'interviendrai encore une fois dans ce débat. Ma suite d'orchestre a été exécutée l'année dernière, *non par fragments*, mais tout entière. C'est ce que j'ai eu déjà l'honneur de vous faire savoir dans ma première lettre.
Croyez, monsieur, à tous mes sentiments distingués.

J. Massenet[36]

Vingt ans séparent ces lettres incisives des premiers articles dont la tonalité est plus modérée. Entre-temps, Massenet rencontre un succès qui ne se dément pas et qu'il semble avoir voulu préserver à tout prix en refusant de se lancer dans toute forme de polémique.

Du Galignani's Messenger au Century Magazine

Bénéficiant d'une importante notoriété au tournant des années 1880-1890[37], Massenet va être sollicité par la presse dont l'influence s'accroît à la même époque en raison de son expansion grandissante. Attentif aux jugements des critiques et lecteur assidu des journaux[38], il produit, entre 1888 et 1896, quatre articles dont certains sont parfois republiés plusieurs années après. Aussi bien par leur fond que par leur forme, qui suggèrent de multiples questions, ces premiers écrits préfigurent *Mes souvenirs*.

Les articles de Massenet peuvent se scinder en deux catégories. Une première tournée vers la réflexion esthétique et une autre relevant davantage du témoignage. Ainsi, le premier article, écrit en 1888 pour le *Galignani's Messenger*, atteste encore d'une forme d'engagement intellectuel puisque Massenet y vante la diversité et les spécificités de la musique française (« la clarté et la précision ») sans pour autant rejeter les écoles étrangères. Il se félicite alors de la formation cosmopolite des compositeurs au Conservatoire, qui perpétue néanmoins une tradition française à laquelle il reste particulièrement attaché.

Le respect des traditions s'observe encore dans l'article suivant, le plus développé que Massenet nous ait laissé : avec « Comment je suis devenu compositeur », rédigé en 1890 et publié d'abord en anglais, Massenet fait l'éloge du Prix de Rome et du séjour à la Villa Médicis, source d'enrichissement perpétuel, selon lui. Mais il étaye son propos par ses propres souvenirs de pensionnaire. On entre ainsi dans un second domaine, celui

36. Lettre Jules Massenet à Albert Wolff, dans « Correspondance », *Le Figaro*, 10 février 1868.

37. *Werther*, créé à Vienne le 16 février 1892, est représenté le 16 janvier 1893 à l'Opéra-Comique où *Manon* s'est durablement installée au répertoire lors de sa reprise avec Sibyl Sanderson en octobre 1891. Depuis sa création en 1885, *Le Cid* tient régulièrement l'affiche de l'Opéra qui, après *Le Mage* (1891), s'apprête à donner la première représentation de *Thaïs* en mars 1894.

38. Voir Jean-Christophe Branger, *Manon de Jules Massenet ou le crépuscule de l'opéra-comique*, Metz, Éditions Serpenoise, 1999, p. 135-136.

du témoignage personnel que le musicien va désormais privilégier au détriment d'une réflexion esthétique qu'il semblait avoir amorcée dans son article de 1888. Massenet expose des aspects de sa personnalité, comme l'inscription, sur ses manuscrits, de notes rappelant des « événements de la vie » qui accompagnent ou stimulent la composition. Il décrit alors un processus compositionnel bien spécifique : la place de l'observation visuelle dans l'inspiration, que ce soit des objets ou des paysages – on y reviendra.

« Comment je suis devenu compositeur » va en outre subir des modifications successives retracées en amont de sa transcription. Disponible en trois versions, deux françaises et une anglaise, cet article présente des divergences formelles qui soulèvent la question des interventions possibles que le compositeur aurait volontiers acceptées, par complexe ou par volonté de produire des textes littéraires d'une plus grande tenue : elle se posera, on le verra, régulièrement par la suite.

« Souvenirs d'une première », « Hommage à Verdi » et « Cinquantenaire de Mireille »

Les articles suivants témoignent encore de l'attachement de Massenet pour l'Italie et toute forme de culture méditerranéenne, mais dépourvus désormais de considération esthétique. Publié en août 1893, « Souvenirs d'une première » raconte un épisode anecdotique – réel ou fictif – lié à la création italienne d'*Hérodiade* à la Scala de Milan. Massenet fait le récit de sa rencontre avec un Américain venu observer un compositeur, avant et après la première de son ouvrage. Sur un ton humoristique, Massenet explique comment, dans un tel contexte, son visiteur se montre plus intéressé par les réactions de l'auteur que par son œuvre. Il oppose alors les angoisses, qui l'assaillent à cette occasion, au désir ridicule de son interlocuteur dont il se plaît, comme Berlioz avec Cherubini, à retranscrire l'accent. Sans intérêt majeur, l'article trahit cependant deux traits d'une personnalité, nettement plus accusés à partir des années 1890 : sa crainte des premières, au point que Massenet finira par les éviter, et son goût des anecdotes et autres histoires amusantes qu'il aimait raconter en société.

Une lettre adressée à cette occasion à Gaston Calmette, alors membre de la rédaction du *Figaro*, met aussi en relief une demande viscérale que le compositeur, qui déteste son prénom, n'aura de cesse de formuler tout au long de son existence. Sur un mode humoristique, il s'invente alors – comme souvent dans ce cas – un parent fictif pour justifier cette curieuse exigence :

> Cher ami,
>
> Puisque vous *n'avez pas voulu* me refuser ma misérable copie, voulez-vous être le bon et indulgent ami que vous avez été toujours pour moi & vous souvenir, *en temps opportun*, que je *ne porte pas de prénom*.
> Le hasard fait que j'ai un parent « musicien » – qui signe *Jules* – ce n'est pas moi (ce parent-là !) et pour me « distinguer » de lui je signe : J. Massenet.
> Mon nom est celui-là et je ne reçois même pas les lettres adressées avec le prénom [39] !...

39. Lettre de Jules Massenet à [Gaston Calmette], Pont-de-l'Arche, 2 août 1893, BnF, Bibliothèque-musée de l'Opéra, LAS Massenet 1.

Massenet obtiendra gain de cause, son article s'achevant, comme la plupart de ceux qu'il signera par la suite, simplement par son nom avec ou sans l'initiale de son prénom.

Signé simplement « Massenet », « Hommage à Verdi » brosse, quant à lui, un portrait du compositeur italien sans aborder sa musique, car il s'intégrait dans une série de témoignages de personnalités l'ayant côtoyé. Massenet confie un texte assez développé (le plus long de tous) où il raconte une visite à Verdi en Italie pour laquelle il fournit, à l'image de ceux qui émaillent *Souvenirs d'une première*, moult détails anecdotiques au détriment d'un avis plus personnel concernant la musique de son hôte... Ainsi, en raison de son style et de son contenu, ce texte, repris par *Les Annales politiques et littéraires* au moment de la mort de Verdi, préfigure un passage du chapitre XXI de *Mes souvenirs* où Massenet relatera la même rencontre mais en d'autres termes. Toutefois, en 1897, intégré parmi de nombreuses autres réponses, cet article s'apparente aussi au genre de l'enquête auquel Massenet se pliera régulièrement au cours de son existence.

Une impression similaire se dégage d'un dernier texte relativement court, et fort peu documenté, que Massenet aurait écrit en 1909 pour célébrer le cinquantenaire de la *Mireille* de Frédéric Mistral : son style relève aussi bien d'un écrit que d'une réponse à une enquête.

Enquêtes

Depuis le succès de l'*Enquête sur l'évolution littéraire*, menée par Jules Huret pour *L'Écho de Paris*[40] en 1891, les enquêtes fleurissent régulièrement dans les périodiques. Comme la plupart de ses contemporains, Massenet se plie volontiers à ce genre d'exercice touchant à des sujets les plus divers qui contribuent à définir une personnalité particulièrement complexe. Ses réponses aux enquêtes doivent en effet être prises avec précaution, même si elles attestent, dans l'ensemble, d'une continuité de la pensée.

Massenet fait en effet preuve de sincérité et de cohérence lorsqu'il se soumet à un questionnaire portant sur des thèmes artistiques bien qu'il semble parfois flatter le pouvoir en place. À une enquête portant sur la création d'un ministère des Beaux-Arts, il répond :

> Ministre ou sous-secrétaire d'État, le titre importe peu. Ce ne serait qu'un changement de nom et en réalité M. Dujardin-Beaumetz, bien que pourvu seulement d'un demi-portefeuille, a toute latitude pour diriger les Beaux-Arts comme il l'entend. Ce n'est pas M. Steeg son ministre qui songe à le contrecarrer[41]. Alors pourquoi modifier l'état de choses existant ? Je n'en vois pas la nécessité[42].

---

40. Soixante-quatre écrivains avaient confié leurs opinions sur l'état de la littérature depuis l'émergence du naturalisme dont le décès est alors prononcé. Les réponses furent aussitôt rassemblées en un volume régulièrement réédité. Voir, notamment, Jules Huret, *Enquête sur l'évolution littéraire* [1891], éd. Daniel Grojnowski, Paris, J. Corti, 1999.

41. De 1870 à 1959, date à laquelle sera créé un ministère des Affaires culturelles, l'administration des Beaux-Arts est rattachée au ministère de l'Instruction publique. À cette époque, Théodore Steeg dirige le ministère avec Étienne Dujardin-Beaumetz comme sous-secrétaire d'État aux Beaux-Arts.

42. Félix Méténier, « Nos grandes enquêtes. Faut-il créer un ministère des Beaux-Arts ? », *Comœdia*, 10 décembre 1911.

Massenet se montre également avare en confidence dès que l'on touche à des questions plus personnelles. Ainsi, dans une enquête s'intéressant aux prédispositions que des personnalités auraient manifestées ou non dans leur enfance, il évacue en quelques mots, contrairement aux autres, un sujet probablement trop intime selon lui : « Je ne saurais vous apporter de bien utiles renseignements *personnels*; ils sont absolument trop vagues et je n'en ai conservé aucune mémoire »[43]. Ses réponses peuvent aussi être fantaisistes ou diverger d'une enquête à l'autre. Ainsi, dans le singulier autoportrait qu'il livre à *L'Écho de Paris* de 1892[44], où s'entrecroisent des considérations personnelles et esthétiques, Massenet affirme ne pas fumer, ce que corrobore une enquête de 1910 consacrée à l'influence du tabac sur les facultés créatrices. Le compositeur adresse le courrier suivant :

> Monsieur le directeur,
>
> En arrivant chez moi, j'y trouve vos deux lettres. Je suis très honoré de votre attention.
> Ne *fumant pas*, je n'ai qu'à vous remercier d'avoir bien voulu penser à moi.
> En très sensibles et respectueux sentiments.
>
> Massenet[45]

Mais, dans ce même autoportrait de 1892, Massenet confie ne pas avoir d'œuvre préférée. Or, l'année suivante, il apporte au *Figaro* une réponse inattendue à une question similaire : « À la hâte avant de quitter Paris / *Ma Première Suite* pour orchestre. / (Concerts Pasdeloup, 1866 [*sic* pour 1867]) »[46]. De même, comment faut-il interpréter, quelques années auparavant, cette phrase lapidaire publiée dans *Paris illustré* qui avait recueilli les appréciations élogieuses des compositeurs sur Mozart et *Don Giovanni* dont on fêtait le centenaire ? Au sein d'un concert de louanges, Massenet affirme tout simplement, non sans humour voire ironie : « Je suis absolument de l'avis de mes illustres confrères »[47].

Cependant, malgré les multiples précautions qui les émaillent, ses réponses aux enquêtes permettent de dessiner les traits d'une personnalité sur laquelle nous reviendrons. Elle se devine aussi dans les discours que le compositeur fut contraint de donner.

---

43. « Confidences d'hommes arrivés (études sur les enfants médiocres et les enfants prodiges) », *La Revue (ancienne Revue des Revues)*, 15e année, n° 6, 15 mars 1904, p. 157-158. En revanche, on trouvera, pour les musiciens, des commentaires détaillés de Théodore Dubois, Camille Erlanger, Reynaldo Hahn, Vincent d'Indy, Charles Lecocq, Émile Paladilhe et Camille Saint-Saëns. De même, il prétextera partir en voyage pour ne pas répondre à une *Enquête sur les chefs-d'œuvre des lettres & des arts : les enfants jugés par leurs pères (opinions des Académiciens sur leurs œuvres)*, Paris, Bibliothèque des Annales politiques et littéraires, [1900], p. 35-36, contrairement à Théodore Dubois ou Ernest Reyer.

44. Voir, ci-après, [signé : Les deux Aveugles], « Portraits documentés », 9 mars 1892.

45. « Du tabac et de son influence : Notre enquête sur les fumeurs. », *Comœdia illustré*, 2e année, n° 25, 15 septembre 1910. Les artistes devaient répondre à ces trois questions : « 1e Fumez-vous ? / 2e Pipe, cigare ou cigarette ? /3e Quelle est l'influence produite par le tabac sur votre organisme et vos facultés créatrices ? » Parmi d'innombrables noms, on relève ceux de plusieurs musiciens : Alfred Bruneau, Reynaldo Hahn, Charles-Marie Widor, Xavier Leroux et Massenet.

46. « Les œuvres préférées », *Le Figaro, supplément littéraire*, 10e année, n° 46, 18 novembre 1893, p. 183.

47. « Mozart et les maîtres de l'école française », *Paris illustré*, 5e année, n° 26, 22 octobre 1887, p. 415. Étaient aussi publiées en fac-similé les réponses d'Ambroise Thomas, Charles Gounod, Ernest Reyer, Camille Saint-Saëns, Victorin Joncières et Gaston Salvayre. Les réponses ne se rapportaient pas à une question précise.

Discours

Membre de la Société des auteurs et compositeurs dramatiques et de l'Institut, professeur au Conservatoire, Massenet sera régulièrement appelé à s'exprimer au nom de ces diverses institutions. Cependant, comme l'atteste la liste de ses discours, il se livre à cet exercice plutôt tardivement, si l'on fait exception de son discours d'entrée à l'Institut où, conformément à la tradition, il rend hommage à son prédécesseur, François Bazin. Son caractère explique peut-être un tel constat : « Ces cérémonies où il était obligé de prendre la parole étaient pour lui autant de corvées, autant de terreurs; car son extrême timidité lui enlevait une partie de ses moyens d'élocution »[48].

Cependant, à partir de 1887, date à laquelle il est amené à prendre la parole à plusieurs reprises, Massenet prononce des discours dont certains seront rassemblés dans *Mes souvenirs* après avoir été parfois reproduits dans la presse ou publiés en fascicule par l'Institut. Ces discours peuvent se répartir en deux catégories : les éloges funèbres de musiciens, ou académiciens récemment disparus, et des hommages à des figures marquantes de l'histoire de la musique au cours d'une cérémonie particulière. Ainsi, Massenet prend la parole en 1887 et 1892, lors de l'inauguration d'un monument Victor Massé à Lorient puis d'une statue d'Étienne-Nicolas Méhul à Givet, et en 1903 à Monte-Carlo pour commémorer le centenaire de Berlioz. Il devait aussi lire un discours au Lavandou à l'occasion de l'inauguration d'une statue de Reyer. Parallèlement, il prononce les éloges funèbres d'Édouard Lalo, Ernest Guiraud, Ambroise Thomas, Emmanuel Frémiet et, dans le cadre de séances à l'Institut, des hommages à divers académiciens. Président de l'Institut et de l'Académie des beaux-arts en 1910, Massenet s'exprime aussi au nom de ses collègues pour faire l'éloge de divers membres ou correspondants de l'Institut récemment disparus. Le lendemain de son premier discours, il confiera alors à son biographe Louis Schneider :

> Dans les vingt minutes qui sont allouées à chacun de nous, il faut trouver le moyen de faire une revue de l'année et de n'oublier personne. Ai-je réussi ? Je n'en sais rien. J'ai pourtant été très flatté par l'appréciation d'un de mes confrères qui me dit à la sortie : « C'est à regretter de n'être point parmi les morts, puisque vous savez si bien parler d'eux »[49].

Dans leur ensemble, les discours adoptent en effet le ton convenu et apologétique qui sied à ce type d'exercice auquel Massenet semble s'être plié avec plus ou moins de bonne grâce. Seul l'hommage à Méhul possède une tonalité plus personnelle qui montre l'attachement de Massenet à toute une tradition lyrique française issue du XVIIIe siècle qu'il chérit particulièrement.

Dès lors, quel crédit accorder à l'ensemble de ces textes ? La question est d'autant plus vive que Massenet prononça l'éloge de Bazin, Lalo et Reyer, trois compositeurs qu'il ne semble pas avoir particulièrement admirés. Il avait en effet eu à souffrir de l'enseignement de Bazin au Conservatoire, au point de quitter sa classe peu de temps après y avoir été admis. Aussi faut-il lire en souriant les propos suivants qui relèguent au second plan

48. Louis Schneider, *Massenet (1842-1912)*, Paris, Bibliothèque-Charpentier, 1926, p. 290.

49. Louis Schneider, « La séance annuelle de l'Institut. Impressions d'académiciens », *Le Gaulois*, 27 octobre 1910.

l'œuvre musicale pour célébrer le pédagogue[50] : « Compositeur élégant, vulgarisateur d'un art qu'il aimait jusqu'à la passion et qui a fait le bonheur de toute son existence, Bazin était encore un professeur de premier ordre. Peut-être est-ce même là ce qui a fait son originalité artistique, sa véritable personnalité. » De même, dans une lettre à sa femme, Massenet n'avait pas hésité à reprendre rageusement une formule de Camille du Locle qui qualifiait Reyer de « Sous-Berlioz »[51]. En effet, à cette époque, Reyer briguait le poste de professeur de composition qui devait finalement échoir à Massenet. Quant à Lalo, à l'exception de l'éloge funèbre au demeurant fort court, Massenet n'a pas laissé, semble-t-il, de témoignages particuliers sur un musicien qui le méprisait volontiers[52].

Par ailleurs, la question de l'authenticité des discours mérite d'être soulevée : Massenet a-t-il rédigé lui-même l'ensemble de ses textes ? En effet, plusieurs lettres du compositeur attestent d'une contribution non négligeable de Henri Heugel dans la confection de l'hommage à Berlioz (1903) et *a fortiori* des importants discours de 1910.

Arrivé à Nice pour superviser les répétitions de la création scénique de *Marie-Magdeleine*, le 9 février 1903, Massenet écrit à son éditeur quelques jours avant son départ pour Monte-Carlo où il doit participer à l'inauguration du monument en l'honneur de Berlioz :

> Arranger ? découper ? ajouter ?!!! mais vous n'y pensez pas, *ami étonnant* !
> Ma femme, à laquelle j'ai lu vos pages, a écouté avec ravissement &, si elle l'osait, elle vous dirait son enchantement.
> Moi, je reste ébahi, confus et je me fais l'effet de l'*âne* portant des reliques...
> En somme je vais me parer des plumes du paon !...
> Vous parlez des années qui arrivent et s'accumulent... que dirais-je « moi » qui suis votre aîné ?...
> Ah ! si j'étais seulement un souschef de bureau je serais à la retraite et me retirerais – ici – dans une modeste *pension* bourgeoise et « *suisse* » – cela va toujours ensemble !
> [...]
> *À vous. En toute reconnaissance.*
>
> J. Massenet
>
> Que d'idées *trouvées* et justes vous dépensez en ces pages !... *J'en sais* qui ne seront pas contents de devoir *me* féliciter après...
> Comme vous présentez « *tous les ouvrages* » avec un *rare bonheur* et quelle poétique conclusion !...[53]

Sept ans plus tard, en février 1910, accaparé par les premières représentations de *Don Quichotte* à Monte-Carlo, Massenet confie aussi de façon laconique à son éditeur : « C'est comme Président de l'*académie des B[eau]x Arts* que *je devrai parler* »[54]. Puis, il ajoute le lendemain dans une nouvelle lettre :

50. Voir ci-après, « Notice sur François Bazin ».

51. Voir ci-après, *Mes souvenirs*, chapitre XXII, note 465.

52. Voir ci-après, Discours.

53. Lettre de Jules Massenet à Henri Heugel, Nice, Jeudi [5 ? février ? 1903], BnF, Département de la musique, NLA-364, f. 208-209.

54. Lettre de Jules Massenet à Henri Heugel, [Monaco], 20 février 1910, BnF, Département de la musique, NLA-364, f. 86.

Mais, je n'ai pas eu l'intention de proposer un plan pour ce discours !!!
Je vous livre tout..
J'attends un jour de ce mois ou de mars.. et *j'espère en vous !*
Pourvu que vous *restiez celui* qui a si *admirablement* fêté Berlioz.. Il y a quelques années.. vous *étiez si bon.*
Je n'espère (je le répète) *qu'en vous.*
Soutenez-moi – écrivez-moi :
J'y pense –
J'y travaillerai ! [55]

Ces deux lettres sont en fait liées à une demande de Heugel. L'éditeur avait probablement interrogé Massenet sur l'orientation à donner au discours que le compositeur devait prononcer le mois suivant lors de l'inauguration du Musée océanographique de Monte-Carlo, édifié par la volonté d'Albert Ier de Monaco.

Quelques jours plus tard, Massenet fournit de nouveaux éléments à son éditeur :

Votre lettre m'afflige.. je vous vois tellement fatigué… ; attristé.. presque démoralisé.. j'ai honte de venir ajouter à vos travaux… à vos succès !
En quittant le Prince il m'a tellement parlé de vous […].
Il a convoqué deux académies seulement :
Les Sciences.
Les Bx Arts.
Le Président des Sciences parlera « *scientifiquement.* »
Moi je devrai rapprocher les Bx Arts de cette circonstance – c'est-à-dire parler « *arts* » *s'unissant* aux « *sciences* » car c'est la *préoccupation* de S.A.S.
Il a à cœur *de réunir* dans ce musée *superbe* comme construction : les « arts » et les « sciences » – et la principauté n'est-elle pas elle-même le rendez-vous de tout ce qui est beau en art : chant, peinture, orchestre & &…
Je vous aime tant & je vous tracasse ![56]

Cependant, au lendemain de l'inauguration de l'édifice, le 29 mars 1910, la presse mentionne rarement l'allocution de Massenet mais relate un concert où figurait, entre autres, la création d'une cantate, *La Nef triomphale*, composée pour la circonstance depuis quelques mois[57]. Souffrant, Massenet fut contraint « de garder le lit » [58] et ne put assister au banquet où son discours fut lu par un confrère de l'Institut, l'écrivain Henry Roujon.

Quelques mois plus tard, en juillet 1910, le compositeur fait encore part de sa satisfaction alors qu'il vient de prendre connaissance d'un nouveau travail de son éditeur auquel il confie d'autres éléments pour l'aider à rédiger deux discours qu'il doit prononcer en octobre et novembre à l'Institut :

---

55. Lettre de Jules Massenet à Henri Heugel, [Monaco], 21 février 1910, BnF, Département de la musique, NLA-364, f. 87.

56. Lettre de Jules Massenet à Henri Heugel, Monte-Carlo, dimanche soir [27 février 1910], BnF, Département de la musique, NLA-364, ff. 198-199.

57. Dans sa lettre à Heugel du 20 février 1910 (voir ci-dessus), Massenet demandait à recevoir le matériel de l'ouvrage.

58. Voir, ci-après, *Mes souvenirs*, chapitre XXV. Une brève chronique publiée sans signature dans *Le Temps* (« Le musée océanographique de Monte-Carlo », 1er avril 1910) confirme cette situation.

> Comment!. À peine arrivé aussitôt dans votre cher Dinard, vous pensez à moi – j'en suis confus mais *attendri.*
> Je viens de passer un moment étonnant en lisant les lignes que vous m'envoyez!..
> Vous êtes absolument *l'esprit* le plus alerte et le *cœur* le plus sensible! et avec *quel talent* cela est développé!!...
> Que n'ai-je à lire cette page émue et spirituelle (dans la péroraison) devant les cinq académies.. et les B[eau]x Arts aussi!..
> Quel succès alors – il y a *tout* dans ce que vous écrivez – et le style est si d'accord avec la « maison »!
> Oui... ces deux dates viendront... et d'ici là je sais que vous n'oublierez pas... vous, qui pouvez faire jaillir de telles choses *quand vous le voulez*!. [...]
> J'ai mis de côté des notes sur *Georges Berger*, décédé ce mois-ci[59] – j'oserai vous les envoyer quand vous m'y autoriserez[60].

Puis, quelques jours plus tard, le compositeur précise le contexte de ses deux interventions :

> La séance annuelle des cinq académies a lieu le 25 octobre (*sous la coupole*) – celle de l'académie des B^{x} arts (séance annuelle – distribution des g^{ds} prix de Rome) sous la coupole aussi le samedi 5 nov[embre][61].

La contribution de Henri Heugel sera d'autant plus précieuse que Massenet se trouve de plus en plus affaibli à partir du mois suivant : hospitalisé en août, après avoir ressenti les premiers maux du cancer qui l'emportera en 1912, il ne rédigera probablement pas son discours pour les obsèques d'Emmanuel Frémiet, le 15 septembre 1910, discours qui, en outre, sera lu par l'architecte et académicien Honoré Daumet[62]. Aussi, alors qu'il est en convalescence en Bretagne, le compositeur manifeste-t-il sa reconnaissance dans un télégramme, quelques jours avant la première séance :

> Je reçois les pages et vous supplie de ne pas regretter trop maintenant le bonheur que vous me causez car suis si tourmenté et reconnaissant de votre pénible et longue besogne qui est simplement une merveille d'émotion et d'esprit / ces pages sont absolument admirables / j'en suis ému à pleurer / ce sera une séance rare[63].

De même, l'année suivante, Massenet se rappelle avec émotion de l'investissement de son éditeur : « Il y a un an.. j'étais *rue de la Chaise*[64]!.. et vous, *pour moi*, vous étiez à un rude travail! »[65].

59. Georges Berger, ingénieur civil des mines et membre de l'Institut, est mort le 7 juillet 1910.

60. Lettre de Jules Massenet à Henri Heugel, mardi 19 juillet [1910], BnF, Département de la musique, NLA-364, f. 165-166.

61. Lettre de Jules Massenet à Henri Heugel, Égreville, 26 juillet 1910, BnF, Département de la musique, NLA-364, f. 99.

62. Voir Ch. Dauzats, « Les obsèques de Frémiet », *Le Figaro*, 16 septembre 1910.

63. Télégramme de Jules Massenet à Henri Heugel, [cachet : Saint Énogat, 27 septembre 1910], BnF, Département de la musique, NLA-364, f. 105.

64. Massenet avait été hospitalisé sous un nom d'emprunt à la clinique de la rue de la Chaise où il décédera deux ans plus tard, le 13 août 1912.

65. Lettre de Jules Massenet à Henri Heugel, Égreville, 23 août 1911, BnF, Département de la musique, NLA-364, f. 121.

Ainsi, il ne fait aucun doute que les discours prononcés par Massenet entre 1903 et 1910 ont bénéficié d'une participation active voire totale de Henri Heugel, laquelle ne marque cependant pas un désintérêt total du compositeur dont on retrouve certaines idées exprimées auparavant. Les éloges du séjour à la Villa Médicis, développés dans son discours à l'Académie des beaux-arts de novembre 1910, forment un écho évident à ceux qui figuraient dans « Comment je suis devenu compositeur », publié en 1892.

En outre, le Musée océanographique de Monaco conserve un manuscrit autographe du texte que Massenet devait lire en mars 1910, ce qui lui donne un certain crédit malgré l'intervention prépondérante de Henri Heugel : le compositeur a souhaité s'approprier un texte qu'il n'avait pas conçu, en le recopiant et en l'amendant quelque peu[66]. De même, trois manuscrits altèrent l'idée selon laquelle Massenet n'aurait pas rédigé l'ensemble de ses discours : Jean-Louis Debauve possède le manuscrit autographe du discours prononcé à Lorient en 1887, et la BnF celui de l'éloge funèbre de Lalo[67], qui, rédigé en 1892, porte les traces de plusieurs repentirs[68], tandis que la Beinecke Library conserve le manuscrit d'un discours que Massenet devait prononcer lors de l'inauguration de la statue de Reyer au Lavandou, probablement à l'automne 1912[69]. Si le premier appartient à un groupe d'écrits rédigés autour des années 1890, époque où le compositeur est entièrement maître de ses œuvres littéraires, en revanche le second, plus contemporain des discours de 1910, appelle plusieurs remarques d'autant qu'il n'est pas autographe. En effet, le manuscrit est de la main d'un copiste, ce qui peut trahir la participation d'une tierce personne à la rédaction du discours, bien qu'il comporte deux minimes ajouts manuscrits et autographes du compositeur. Massenet a simplement corrigé la phrase « Ces deux immenses triomphes consacrèrent la gloire de Reyer », où « triomphes » était omis, et ajouté « bien » dans « charmant et bien délicieux pays du Lavandou ».

La qualité syntaxique du texte et plusieurs documents accréditent néanmoins l'idée selon laquelle Massenet aurait lui-même écrit un discours qu'il ne put prononcer, comme le rappelle *Le Ménestrel* à la fin de l'année 1912 :

> L'inauguration du buste d'Ernest Reyer par le statuaire Denis Puech aura lieu très probablement le 28 janvier, à l'entrée du village du Lavandou, en face des écoles. Cette cérémonie sera très vraisemblablement présidée par M. Léon Bérard, sous-secrétaire d'État aux beaux-arts. M. Leygues, ancien ministre, qui fut un ami de Reyer, y assistera, ainsi que M. Gabriel Fauré, directeur du Conservatoire. On sait que c'était le maître Massenet qui devait prononcer à cette cérémonie le discours d'usage, au nom de l'Académie des beaux-arts. Chose curieuse, on a retrouvé dans les papiers laissés par l'illustre musicien le discours tout préparé, complètement terminé. Il se pourrait qu'on le lût tout simplement à la cérémonie[70].

66. Voir ci-après, Discours.
67. *Ibid.*
68. *Ibid.*
69. *Ibid.*
70. Voir « Nouvelles diverses », *Le Ménestrel*, 78ᵉ année, nº 52, 28 décembre 1912, p. 415.

Toutefois, pour des raisons que nous n'avons pu clairement identifier, la manifestation fut ajournée et quelques mois après, en octobre 1913, le périodique apporte quelques précisions sur un projet toujours suspendu à cette date :

> Ainsi que nous l'avions annoncé, le Président de la République a posé, lundi dernier, à Marseille, la première pierre du monument de Reyer. À ce propos, il convient de rappeler qu'une autre statue du célèbre compositeur devait, être inaugurée, voici trois ans déjà [71], au Lavandou, où mourut l'auteur de *Sigurd*. Notre tant regretté Massenet avait même écrit un discours de circonstance, qu'il devait lire à la cérémonie d'inauguration. La mort de l'auteur de *Manon* fit ajourner l'inauguration. Son élève et successeur à l'Institut, M. Gustave Charpentier, fut, désigné à son tour pour présider la cérémonie. Il devait y lire les lignes écrites par son illustre maître. Mais, une fois encore, l'inauguration fut remise à une date ultérieure, si bien que le modeste monument du Lavandou attend toujours la consécration officielle [72].

Charpentier devait en effet participer à l'événement [73] puisque Julien Torchet lui indique dans une lettre les améliorations qu'il compte apporter au discours de Massenet en soulignant implicitement, à juste titre, les maladresses du style sans en contester la paternité néanmoins :

> Après avoir lu l'ébauche de Massenet, j'ai constaté qu'il fallait le remanier de fond en comble pour qu'il fût acceptable.
> Les phrases ne se tiennent pas, aucuns liens dans les idées, aucuns liens dans les phrases.
> J'ai gardé les idées principales dans le fond pour ne pas lui faire dire le contraire de sa pensée. Mais j'ai dû modifier la forme entièrement.
> Que personne n'en sache rien.
> Je vous envoie trois exemplaires que j'ai faits à la machine [74].

Si le jugement de Torchet est excessif, la qualité du discours tranche en effet avec celle des discours de 1910, ce qui ne laisse supposer aucune intervention de Henri Heugel. En revanche, elle rejoint sur la forme les derniers écrits du compositeur qui, à cette époque, semble avoir souhaité en conserver la maîtrise d'autant qu'ils relèvent d'une sphère plus intime puisqu'ils touchent à l'histoire de sa carrière et de son existence : en 1911 et 1912, le compositeur fait publier en feuilletons *Mes souvenirs*, recueil dont l'authenticité a pourtant souvent été remise en cause.

71. L'article datant de 1913, la mention « trois ans déjà » est fautive, Massenet étant mort depuis seulement un an.

72. « Nouvelles diverses », *Le Ménestrel*, 79 e année, n° 42, 18 octobre 1913, p. 335.

73. Le buste sera inauguré en définitive le 16 février 1916. Voir www.e-monumen.net, consulté le 30 août 2011. La conception tardive du buste (1915 selon le même site) serait peut-être à l'origine du report incessant de son inauguration sur laquelle nous n'avons trouvé aucune information.

74. Lettre de Julien Torchet à Gustave Charpentier, 12 février 1913, Bibliothèque historique de la Ville de Paris, Fonds Charpentier, dossier 121. Une version largement remaniée par Julien Torchet est conservée dans ce même dossier mais en deux exemplaires dactylographiés, couplés à la version originale qui, imprimée, semble extraite d'un périodique non identifié. Une note autographe de Charpentier portée sur une enveloppe stipule : « Lavandou / Discours de Massenet / Mon projet si j'étais allé le remplacer ».

Mes souvenirs

Genèse et publication

Entre le 12 février 1911 et le 13 mai 1911, Massenet signe six articles[75] dans *L'Écho de Paris*, « journal bien-pensant et bien écrit », considéré alors comme « l'organe très académique de la droite nationaliste et catholique »[76]. Sous le titre *Souvenirs de théâtre*, le compositeur y retrace la genèse et la fortune de ses ouvrages plus ou moins célèbres à cette époque : *Manon*[77] (12 février), *Werther*[78] (26 février), *Le Jongleur de Notre-Dame*[79] (12 mars), *Esclarmonde*[80] (26 mars) et *Hérodiade*[81] (9 avril). Un nouvel article de Massenet, consacré à *Thérèse*[82], est encore publié le mois suivant, le 13 mai, toujours par *L'Écho de Paris* qui le reproduit aussitôt dans un supplément illustré accompagnant la création parisienne de l'ouvrage, le 19 mai 1911, à l'Opéra-Comique dont le programme de salle comporte le même article[83].

Les premiers souvenirs sont proposés peu après la publication de trois premiers articles autobiographiques de Saint-Saëns auxquels Massenet aurait souhaité simplement répondre. Adolphe Boschot a en effet raconté comment, en octobre 1910, il réussit à obtenir de Saint-Saëns la rédaction de souvenirs pour *L'Écho de Paris*[84] qui, malgré son orientation politique conservatrice, accorde une part importante « à la littérature et à la vie artistique »[85]. Cette collaboration aurait alors suscité un accès de jalousie chez

75. Le 29 janvier 1911, un entrefilet anonyme et sans titre avait annoncé en première page la collaboration prochaine du compositeur : « L'auteur de tant de chefs-d'œuvre, [...], veut bien nous réserver la primeur d'une série d'articles ». Voir *L'Écho de Paris*, 29 janvier 1911.

76. Claude Bellanger, Jacques Godechot, Pierre Guiral et Fernand Terrou (dir.), *Histoire générale de la presse française*, Paris, Presses universitaires de France, 1972, t. III, p. 347.

77. Créée le 19 janvier 1884 à l'Opéra-Comique, *Manon* s'impose au répertoire de ce théâtre en 1891 avec Sibyl Sanderson dans le rôle-titre. Il est sans conteste l'ouvrage le plus populaire de Massenet à cette époque.

78. Créé le 16 février 1892 au Théâtre impérial de Vienne, *Werther* est représenté à Paris dès l'année suivante mais sans succès. L'interprétation de Léon Beyle en 1903 finit cependant par l'imposer au répertoire.

79. Créé à Monte-Carlo, le 18 février 1902, puis à l'Opéra-Comique en 1904, *Le Jongleur de Notre-Dame* rencontre immédiatement un important succès.

80. Malgré une création remarquée le 15 mai 1889 à l'Opéra-Comique, *Esclarmonde* ne parvient pas à se maintenir à l'affiche de l'Opéra-Comique. L'incarnation de Sibyl Sanderson dans le rôle-titre est restée néanmoins vivace dans les mémoires pendant longtemps.

81. Après sa création triomphale à Bruxelles, le 19 décembre 1881, *Hérodiade* sera donnée à Paris en 1884, mais sans lendemain et dans une version italienne. En revanche, servi par une distribution de premier plan, avec Emma Calvé notamment, l'opéra connaît une nouvelle jeunesse et se retrouve régulièrement à l'affiche du Théâtre de la Gaité à partir de 1903.

82. Drame musical en deux actes créé le 7 février 1907 à Monte-Carlo puis à l'Opéra-Comique le 19 mai 1911.

83. Le dossier d'œuvre de la Bibliothèque-musée de l'Opéra comprend un exemplaire du programme de la répétition générale du 17 mai 1911 ainsi qu'un exemplaire du supplément de *L'Écho de Paris*, non daté. La rédaction se situe, selon Massenet, en mai 1911 : « J'ajoute aujourd'hui – à mes souvenirs de théâtre – que *Thérèse* est, en ce moment, en répétitions générales à l'Opéra-Comique ». Voir « *Thérèse* », *L'Écho de Paris*, supplément gratuit, [mai 1911].

84. Voir Adolphe Boschot, *Massenet et Saint-Saëns publiant leurs Souvenirs*, Institut de France – Académie des beaux-arts – Séance annuelle du samedi 14 novembre 1942, Paris, Firmin-Didot, 1942, p. 11. La collaboration de Saint-Saëns, qui débute le 8 janvier, avait été annoncée deux jours avant.

85. Bellanger, Godechot, Guiral et Terrou (dir.), *Histoire générale de la presse française*, p. 347.

Massenet, ce qui est plus que plausible, la rivalité entre les deux compositeurs, couplée à une forme d'estime réciproque, étant proverbiale :

> D'après l'annonce du journal, l'auteur de *Samson* allait donner des façons de *Mémoires*… Donc, Massenet surgit. Il vint à *L'Écho de Paris* et, tout en faisant les plus grands éloges de son rival, il insinua :
> « Moi aussi, je publierai des Mémoires. Et même, ils sont déjà écrits. »
> Si bien que *L'Écho de Paris*, d'un dimanche à l'autre, fit alterner la signature de Saint-Saëns et celle de Massenet[86].

Une alternance s'installe en effet rapidement entre les écrits des deux compositeurs, comme l'indique le tableau ci-après.

Massenet	Saint-Saëns
	« L'orgue », 8 janvier 1911
	« Le vieux conservatoire », 22 janvier 1911
	« Pauline Viardot », 5 février 1911
« Souvenirs de théâtre / *Manon* », 12 février 1911	
	« Histoire d'un Opéra comique [*sic*] », 19 février 1911
« Souvenirs de théâtre / *Werther* », 26 février 1911	
	« Notre avenir », 5 mars 1911
« Souvenirs de théâtre / *Le Jongleur de Notre-Dame* », 12 mars 1911	
	« Rossini », 19 mars 1911
« Souvenirs de théâtre / *Esclarmonde* », 26 mars 1911	
	« Delsarte », 2 avril 1911
« Souvenirs de théâtre / *Hérodiade* », 9 avril 1911	
	« Victor Hugo », 16 avril 1911
	« Science et art populaire », 30 avril 1911
« Thérèse », 13 mai 1911 + supplément illustré [mai 1911]	
	« Les peintres musiciens », 14 mai 1911[87]

Tableau 1. Chronologie de la publication conjointe des articles de Massenet et de Saint-Saëns dans *L'Écho de Paris* (février – mai 1911).

Dans une lettre à Jacques Durand, Saint-Saëns ne manqua pas alors de railler son confrère sur les lignes introductives du premier article :

86. Boschot, *Massenet et Saint-Saëns publiant leurs Souvenirs*, p. 10.

87. Suivront « Seghers » (28 mai), « Les astres » (11 juin), « Torino » (25 juin), etc. À l'image des souvenirs de Massenet, ils seront repris en volume dans la même collection de l'éditeur, sous le titre *École buissonnière : notes et souvenirs*, Paris, Pierre Lafitte & Cie, 1913.

> As-tu lu l'article de Massenet, qui débute par une réclame? Je le croyais plus malin. Je ne me vois pas débutant à *L'Écho de Paris* par l'annonce du livre de Baumann[88] et l'indication de l'éditeur, avec épithètes élogieuses pour les deux.
> Enfin il tient l'affiche de l'Opéra-Comique comme personne ne la tenue avant lui. La semaine passée, *Manon*, *Werther* et 3 fois *La Navarraise*![89]

Le « Souvenirs de théâtre » consacré à *Manon* commençait en effet ainsi :

> *Mes souvenirs* sont exacts; mais si jamais je croyais ma mémoire indécise, je n'aurais qu'à consulter le livre que Louis Schneider, avec un rare talent, a écrit sur ma vie et que l'excellent éditeur Carteret[90] a présenté avec un luxe parfait de documents de toutes sortes[91].

Quelques mois après cette première série, le journaliste Gérard Bauër annonce, le 15 novembre 1911, la publication des *Souvenirs* de Massenet et allèche le lecteur en lui donnant un bref résumé des épisodes situés à la Villa Médicis[92]. Les deux premiers chapitres paraissent les dimanches 19 novembre et 3 décembre. Le projet devait se limiter à six chapitres, car Bauër affiche, dans un nouvel article publié le 11 décembre, la satisfaction de *L'Écho de Paris* d'avoir pu « obtenir du maître la promesse de l'entière publication de ses souvenirs »[93]. La parution des 29 chapitres, dont certains sont scindés en deux parties, s'échelonne alors régulièrement tous les jeudis entre le 14 décembre 1911 et le 11 juillet 1912, comme l'indique le tableau chronologique suivant, tandis que de nouveaux textes de Saint-Saëns sont publiés un dimanche sur deux. Les articles du premier semestre sont repris mais, dotés d'un nouveau titre et parfois modifiés ou étoffés, ils s'intègrent désormais dans une chronologie des événements plus ou moins rigoureuse.

La rédaction de cette deuxième série d'articles se situe entre octobre et décembre 1911, si l'on considère le faisceau d'indices regroupés dans ce même tableau. Seuls les deux derniers chapitres sont écrits après la création de *Roma* à Monte-Carlo, le 17 février 1912. On notera aussi, dans le chapitre XIX, la mention de la 763ᵉ représentation de *Manon*, le 31 mars 1912[94], référence que Massenet a probablement reportée lors de la lecture des épreuves, l'article étant publié le 4 avril 1912, mais probablement conçu fin 1911.

88. Émile Baumann, *Les grandes formes de la Musique : l'Œuvre de Camille Saint-Saëns*, Paris, Société d'Éditions littéraires et artistiques, 1905.

89. Lettre de Camille Saint-Saëns à Jacques Durand, Alger, 18 février 1911, Médiathèque musicale Mahler, Fonds Saint-Saëns.

90. Massenet fait allusion à l'ouvrage de Louis Schneider (*Massenet*) contenant de nombreuses illustrations, fac-similés d'autographes ou photographies du compositeur.

91. Jules Massenet, « Souvenirs de théâtre / *Manon* », *L'Écho de Paris*, 12 février 1911.

92. Gérard Bauër, « les "souvenirs" de Massenet », *L'Écho de Paris*, 15 novembre 1911.

93. Gérard Bauër, « Les Souvenirs de M. Massenet », *L'Écho de Paris*, 11 décembre 1911.

94. Cette référence provient du registre de l'Opéra-Comique (BnF, Bibliothèque-musée de l'Opéra) où le chiffre de la représentation a été biffé et modifié à plusieurs reprises. Il est donc difficile de connaître la source exacte du compositeur qui a pu trouver l'information auprès de la SACD ou de son éditeur.

Une lettre de Massenet à l'éditeur Delagrave confirme cette période de rédaction qui fut interrompue quelque temps puisque le compositeur écrit : « J'ai mis en train un quatuor, qu'il m'a fallu quitter pour m'occuper du théâtre[95]... Puis j'ai commencé à mettre en ordre les souvenirs de ma vie. / Comme pour le quatuor, j'ai dû cesser cette besogne tant le théâtre est autoritaire et ne veut que lui !... »[96].

« Mes souvenirs (pour mes petits enfants) » en 29 chapitres	Date de publication en feuilleton	Indices chronologiques de la rédaction
Chap. I : « L'admission au Conservatoire »	19 nov. 1911	• Mention du vol de la Joconde, survenu en août 1911
Chap. II : « Années de jeunesse »	3 déc. 1911	
Chap. III : « Le grand Prix de Rome »	14 déc. 1911	
Chap. IV : « La Villa Médicis »	21 déc.1911	
Chap. V : « Le Villa Médicis (suite) »	28 nov. 1911	
Chap. VI : « La Villa Médicis (suite)	4 janv. 1912	
Chap. VII : « Le retour à Paris »	11 janv. 1912	
Chap. VIII : « Le début au théâtre »	18 janv. 1912	
Chap. IX : « Au lendemain de la guerre »	25 janv. 1912	
Chap. X : « De la joie. - De la douleur »	1er févr. 1912	
Chap. XI : « Début à l'Opéra »	8 févr. 1912	• Mention de l'ancien Conservatoire sis rue Bergère jusqu'en septembre 1911
Chap. XII : « Théâtres d'Italie »	15 févr. 1912	
Chap. XIII : « Le Conservatoire et l'Institut »	22 févr. 1912	
Chap. XIV : « Une première à Bruxelles »	29 févr. 1912	• Citation de larges extraits d'un article anonyme, « *Hérodiade* (souvenirs) », *L'Éventail*, 25e année, n° 7, 15 octobre 1911, p. 1-2 et mention de la reprise d'*Hérodiade* à Bruxelles dans la « première quinzaine de novembre de l'année 1911 »
Chap. XV : « L'abbé Prévost à l'Opéra-Comique »	7 mars 1912	• Mention de la 740e de *Manon* (15 novembre 1911) et non de la 702e dans « Souvenir de théâtre / *Manon* ». • « [....] tandis que j'écris ces lignes, en 1911 [...]. »

95. Le quatuor auquel Massenet fait allusion n'est pas identifié bien qu'il puisse s'agir de la scène chorale à quatre voix d'hommes, *Mort à Néron !*, mise au net en juillet 1912 (voir *Mes souvenirs*, chapitre XVII). En revanche, le compositeur supervise sans conteste les premières répétitions de *Roma* à Paris dès l'automne 1911.

96. Lettre de Jules Massenet à Charles Delagrave, Paris, 22 octobre 1911, Paris, coll. particulière Sylvain Chambre.

Chap. XVI : « Une collaboration à cinq »	14 mars 1912	• Mention d'une représentation du *Cid* le 20 novembre 1911
Chap. XVII : « Voyage en Allemagne »	21 mars 1912	
Chap. XVIII : « Une étoile »	28 mars 1912	• Mention de la mort de Charles Malherbe, survenue le 6 octobre 1911
Chap. XIX : « Une vie nouvelle »	4 avril 1912	• Référence à l'anniversaire de son entrée chez Heugel en mai 1911 • « *Manon*, qui, depuis lors, ne devait plus quitter l'affiche et qui, au moment où j'écris ces lignes, en est à la 763e représentation. » [31 mars 1912 ; référence à la publication d'avril 1912 ?]
Chap. XX : « Milan-Londres-Bayreuth »	11 avril 1912	• « En [décembre] 1911, [Bellincioni] poursuivait, à l'Opéra de Paris, le cours de sa triomphale carrière. »
Chap. XXI : « Visite à Verdi / Adieux à Ambroise Thomas »	18 avril 1912	
Chap. XXII : « Du travail! Toujours du travail!... »	25 avril 1912	
Chap. XXII : « Du travail! Toujours du travail!... » [suite]	2 mai 1912	• Mention de la création américaine de *Cendrillon* : Philadelphie, 6 novembre 1911
Chap. XXIII : « En plein Moyen Âge »	9 mai 1912	
Chap. XXIV : « De Chérubin à Thérèse »	16 mai 1912	• « À l'heure où j'écris ces lignes, les cinq actes de *Roma* sont en répétitions, pour Monte-Carlo et pour l'Opéra [...] » (décembre 1911)
Chap. XXIV : « De Chérubin à Thérèse » [suite]	23 mai 1912	
Chap. XXV : « En parlant de 1793 »	30 mai 1912	• Mention de la création parisienne de *Thérèse* en mai 1911 et du supplément de *L'Écho de Paris*.
Chap. XXV : « En parlant de 1793 » [suite]	6 juin 1912	• « Au moment où j'écris ces lignes, je lis que le second acte de *Thérèse* fait partie du rare programme de la fête qui m'est offert, à l'Opéra, le dimanche 10 décembre 1911. »
Chap. XXVI : « D'Ariane à Don Quichotte »	13 juin 1912	
Chap. XXVI : « D'Ariane à Don Quichotte » [suite]	20 juin 1912	

Chap. XXVII : « Une soirée ! »	27 juin 1912	• Mention de la mort de la pianiste Jeanne Maucorps-Delsuc en [décembre ?] 1911
Chap. XXVIII : « Chères émotions »	4 juillet 1912	• « Au moment où j'écris ces lignes, je suis encore sous l'émouvante impression de la splendide soirée donnée le 10 décembre [1911] à l'Opéra. »
Chap. XXIX : « (Intermède) Pensées posthumes »	11 juillet 1912	• « Me voici à Paris, à la veille des répétitions de *Roma* à l'Opéra. » [mars ? 1912]

Tableau 2. Chronologie de la publication en feuilleton de *Mes souvenirs* (novembre 1911 – juillet 1912) dans *L'Écho de Paris*.

Intitulée *Mes souvenirs (pour mes petits-enfants)* [97], cette deuxième série formera la matière principale du livre *Mes souvenirs* qui paraît chez Lafitte peu de temps après la mort de Massenet, survenue le 13 août 1912 [98].

En 1992, une première édition critique de *Mes souvenirs* est publiée, on l'a vu, aux Éditions Plume sous la responsabilité de Gérard Condé. Précédés d'une introduction, les vingt-neuf chapitres sont annotés, indexés et suivis d'une biographie chronologique, d'une discographie et d'une bibliographie sélective, conçues par Patrick Gillis. L'ensemble diffère ainsi de l'édition de 1912 dans laquelle *Mes souvenirs* étaient précédés d'une « préface » de Xavier Leroux, rédigée après la mort du compositeur, suivie d'un « Avant-propos » de Massenet. Enfin, des témoignages d'élèves ou d'interprètes et une sélection des discours du compositeur étaient placés en fin de volume.

L'avant-propos de Massenet et les témoignages d'interprètes ou élèves n'étaient pas inédits, car ils figuraient déjà dans un numéro des *Annales politiques et littéraires* publié le 17 décembre 1911, parallèlement aux premiers feuilletons de *Mes souvenirs* par *L'Écho de Paris* [99]. L'avant-propos reproduisait en fait, avec quelques variantes, une lettre de Massenet adressée en décembre 1911 [100] au directeur de la revue, Adolphe Brisson, et dans laquelle le compositeur révélait comment, dès l'âge de 10 ans, il avait pris l'habitude de consigner certains moments de son existence sur des carnets. Cette longue lettre était clairement destinée à la publication puisque son manuscrit porte *in fine* la mention autographe d'un copyright, absent de l'édition et sur lequel nous reviendrons :

97. Ce titre figure en tête de chaque article.

98. Jules Massenet, *Mes souvenirs*, Paris, Pierre Lafitte & Cie, 1912.

99. Louis Schneider *et al.*, « Massenet », *Les Annales politiques et littéraires*, 29e année, n° 1486, 17 décembre 1911, p. 601-607. Ce numéro s'associait en fait aux célébrations de l'Opéra où, le 10 décembre, un gala avait été donné en l'honneur de Massenet.

100. La date du 10 décembre 1911, absente du manuscrit, correspond sans doute à une date de réception : elle a été ajoutée pour la publication dans *Les Annales politiques et littéraires* du 17 décembre 1911, p. 602.

Cher ami,

Vous m'avez aimablement demandé si j'avais réuni les souvenirs de ma vie, d'après des notes prises au jour le jour ?
Eh bien ! oui. C'est vrai.
Voici comment j'en pris l'habitude régulière.
Ma mère, qui était le modèle des femmes et des mères, et qui me faisait mon éducation morale, m'avait dit, le jour anniversaire de ma naissance, lors de mes dix ans : « Voici un agenda, (c'était un de ces agendas, format allongé, tel qu'on les trouvait alors dans le *petit* magasin du *Bon Marché*, devenu la colossale entreprise que l'on sait), et chaque soir, ajouta ma mère, avant de te mettre au lit, tu annoteras sur les pages de ce *mémento*, ce que tu auras fait, dit ou vu pendant la journée. Si tu as commis une action ou prononcé une parole que tu puisses te reprocher, tu auras le devoir d'en écrire l'aveu sur ces pages. Cela te fera, peut-être, hésiter à te rendre coupable d'un acte répréhensible durant la journée. »
N'était-ce pas là la pensée d'une femme supérieure, à l'esprit comme au cœur droit et honnête, qui plaçant [101] au premier rang des devoirs de son fils, le cas de conscience, faisait de la conscience la base même de sa méthode éducative ?
Un jour que j'étais seul et que je m'amusais, en manière de distraction, à fureter dans les armoires, j'y découvris des tablettes de chocolat. J'en détachai une et me mis à la croquer. J'ai dit quelque part que j'étais… gourmand. Je ne m'en dédis pas. En voilà une nouvelle preuve.
Lorsqu'arriva le soir et qu'il me fallut écrire le compte rendu de ma journée, j'avoue que j'hésitai un instant à parler de la succulente tablette de chocolat. Ma conscience, cependant mise à l'épreuve, l'emporta et je consignai bravement le délit sur l'agenda !
L'idée que ma mère lirait mon crime, me rendait un peu penaud. En ce même moment, ma mère entra, elle vit ma confusion, mais en en apprenant aussitôt la cause, elle m'embrassa et me dit : « Tu as agi en honnête homme, je te pardonne, mais ce n'est pas une raison, toutefois, pour recommencer à manger ainsi, clandestinement, du chocolat ! »
Quand, plus tard, j'en ai croqué et du meilleur, c'est que, toujours, j'en avais obtenu la permission.
C'est ainsi, cher ami, que *Mes souvenirs*, bons ou mauvais, gais ou tristes, heureux ou non, je les ai toujours notés au jour le jour, et conservés pour les avoir constamment à la pensée.
Vous voilà pleinement édifiés, sans nul doute. Il m'en a un peu couteux [*sic*] pour vous donner satisfaction.

Massenet

Reproduction / interdit.
Copyright by M. Massenet 1911 [102]

Dans une autre lettre adressée peu après à Brisson, Massenet manifeste ensuite la volonté de conserver la maîtrise de l'édition musicale d'une mélodie inédite (*Apaisement*), publiée dans le même numéro des *Annales*, alors qu'il semble solliciter de l'aide pour améliorer son texte littéraire :

101. Dans l'édition, « mettant » se substitue à « plaçant ».

102. Lettre de Jules Massenet à Adolphe Brisson, [s. l.], [décembre 1911], Institut mémoires de l'édition contemporaine, Fonds Pierre Brisson, Correspondance d'Adolphe Brisson, APL 30.

> Bien cher ami, vous avez reçu mes lignes… hier soir, samedi – il faudra peut-être voir les *erreurs possibles*… j'écris si vite, si mal !
> Et puis – n'oubliez pas l'épreuve de la musique ; je la corrigerai de suite et la rendrai immédiatement [103].

Cependant, aucune différence notable n'apparaît entre le manuscrit et le texte des *Annales* si l'on fait exception de la ponctuation, de certaines modifications, dues à la mise en forme (mot souligné mis en italique, etc.), et de la dernière phrase dont l'incorrection évidente trahit l'état de santé précaire du musicien : « Il m'en a un peu couteux […] » sera naturellement corrigé en « Il m'en a un peu couté […] ».

En revanche, certains termes ou formulations sont différents dans la version de *Mes souvenirs* [104], ce qui implique une intervention tardive de Massenet ou d'une tierce personne juste avant ou après son décès. Si, en l'absence de tout autre document, le degré d'intervention du compositeur dans la réécriture de sa lettre reste difficile à mesurer, l'avant-propos conserve le mérite de révéler l'existence de carnets dans lesquels Massenet aurait puisé la matière de ses Mémoires. Cependant, comme l'a souligné Gérard Condé, « on n'a jamais retrouvé trace de ces carnets » [105] pouvant s'apparenter aux notes que le compositeur portait et entourait sur ses manuscrits et à l'intérieur desquelles il consignait quelques menus événements jalonnant la composition d'un ouvrage.

Une lettre méconnue corrobore néanmoins l'hypothèse qu'ils aient existé. Plusieurs années auparavant, en 1903, Massenet avait confié au même Adolphe Brisson des propos similaires à ceux de 1911 en évoquant un document encore non localisé à ce jour ou détruit par la suite. Mais son désir, exprimé avec détermination, était alors tout autre :

> Mon « cher directeur » et affectueux ami,
>
> Je suis tout glorieux de votre lettre… et je me sens vraiment confus de tant de confiance.
> Et pourtant *cela ne se peut*… le manuscrit *devant* rester à l'état de manuscrit, même après « mon départ »….
> J'y ajouterai chaque jour chaque soir, les impressions de ma vie quotidienne… et cela jusqu'à la dernière heure possible !..
>
> *
>
> Le *tout* est destiné à rester *en famille* et appartiendra à mes petits-enfants.
>
> *
>
> Je n'ai pas l'illusion de me croire une « figure intéressante » & intéressant le public ; j'ai le juste sentiment des distances – je le crois – et j'ai raison.
> À vous,
> En tendre amitié pour votre pensée !
>
> J. Massenet [106]

103. Lettre-carte de Jules Massenet à Adolphe Brisson, rue de Vaugirard, [cachet postal :] Paris, 10 décembre 1911, Institut mémoires de l'édition contemporaine, Fonds Pierre Brisson, Correspondance d'Adolphe Brisson, APL 30.

104. Voir ci-après.

105. Voir Gérard Condé, « Préface », *Mes souvenirs*, nouvelle édition commentée par Gérard Condé, p. 22.

106. Lettre de Jules Massenet à Adolphe Brisson, Paris, 14 avril 1903, Institut mémoires de l'édition contemporaine, Fonds Pierre Brisson, Correspondance d'Adolphe Brisson, APL 30.

Cette rencontre fut-elle déterminante ? L'année suivante, Massenet confie en effet à Raoul Aubry :

> J'avais l'habitude, jadis, d'écrire presque chaque soir ce que j'avais vu, ce que j'avais appris au cours de la journée. Je rédigeais une sorte de journal de mon existence. Il y avait là, sans doute, des notes intéressantes et curieuses, parce que j'ai traversé des milieux originaux et que des maîtres illustres furent mes amis.
> Or quelqu'un parla, devant moi, de ces pages confidentielles, tracées seulement pour les miens, et dit en riant « Nous les publierons quelque jour ! » Et le soir, allant à ma table, je pris les feuillets et les détruisis tour à tour [107]. Ma femme et ma fille, qui les connaissaient, m'ont accablé de leurs affectueux reproches mais plus jamais je n'ai repris ma plume pour une confidence ; je désire, avant tout, le silence et l'effacement [108].

Ainsi, la lettre à Brisson, comme ce témoignage, offrent de nouvelles perspectives sur les Mémoires de Massenet dont les multiples approximations, comme le style, avaient contribué à jeter un doute aussi bien sur leur contenu que sur leur authenticité.

Le nouveau statut d'un texte contesté

Quand il commence à rédiger *Mes souvenirs* en 1911, Massenet est tributaire d'un passé riche en écrits de ce genre. Chateaubriand tenait ces propos significatifs au début du XIXe siècle :

> Le Français a été dans tous les temps, même lorsqu'il était barbare, vain, léger et sociable. Il réfléchit peu sur l'ensemble des objets ; mais il observe curieusement les détails, et son coup d'œil est prompt, sûr et délié : il faut toujours qu'il soit en scène, et il ne peut consentir, même comme historien, à disparaître tout à fait. Les mémoires lui laissent la liberté de se livrer à son génie. Là, sans quitter le théâtre, il rapporte ses observations, toujours fines, et quelquefois profondes [109].

Mais, selon Jean-Louis Jeannelle, les textes mémoriels perdent ensuite rapidement de leur éclat, les Mémoires de Chateaubriand formant « le chant du cygne d'une tradition littéraire qui semble avoir atteint son apogée durant la première moitié du XIXe siècle, lorsque la génération romantique y reconnut un genre de facture nationale et, ce faisant, en précipita la normalisation sous une forme quasi standardisée » [110]. La IIIe République marque alors l'avènement d'une « forme nostalgique et mondaine du souvenir » : c'est « l'âge d'or des récits décrivant un groupe social (milieux politiques, salons littéraires, artiste en tout genre…) dont les structures ou les personnalités sont en passe de disparaître et qu'un témoin privilégié évoque afin d'en garder trace » [111].

---

107. Notons qu'en 1896, il avait déjà confié une anecdote similaire à… Adolphe Brisson : « Il a écrit des Mémoires qui formait un cahier de quatre cents pages. Il les a jetées au feu. » Voir « Promenades et visites », *Le Temps*, 6 mai 1896.

108. Raoul Aubry, « Les histoires de M. Massenet », *Le Temps*, 10 mai 1904.

109. François-René de Chateaubriand, *Génie du christianisme* (1/1802, 1826-1827), 3e partie, livre III, chapitre IV, « Pourquoi les Français n'ont que des Mémoires », éd. Maurice Regard, Paris, Gallimard, Bibliothèque de la Pléiade, 1978, p. 839.

110. Jean-Louis Jeannelle, *Écrire ses mémoires au XXe siècle : déclin et renouveau*, Paris, Gallimard, 2008, p. 28.

111. *Ibid.*, p. 36.

Dès lors, « les Souvenirs [de la Belle Époque] reposent sur un geste de conservation de ce qui a fait l'air d'une époque. Leur forme relâchée, leur contenu anecdotique et souvent secondaire, leur restriction à une période contribuent à faire d'eux un genre à l'identité plus indifférenciée que celle des mémoires, avec lesquels toutefois ils tendent à se confondre »[112]. À cet égard on peut mesurer la valeur et les fonctions du discours mémorial au tournant des XIXe et XXe siècles grâce à une étude d'Albert Sorel, qui fut non seulement l'enseignant de Marcel Proust mais aussi un collègue proche de Massenet à l'Institut[113]. Cet historien et académicien soutient en effet : « Il n'est point de lecture plus attachante et profitable que celle des Mémoires »[114]. Ainsi, comme le note Jean-Louis Jeannelle, les Mémoires de cette époque doivent « charmer et informer »[115]. Ils sont donc « passés du côté cour au côté salon. Peu à peu vidés de leur substance originelle, ils n'entretiennent plus que des liens fragiles avec l'Histoire et laissent place aux "Mémoires mondains" dont le texte de la comtesse de Boigne offre le meilleur exemple »[116]. Or quand Massenet entreprend la rédaction de *Mes souvenirs*, ce célèbre récit mémorial vient de connaître un important succès malgré sa publication tardive (1907-1908) et expurgée, sous le titre *Récits d'une tante* ou *Mémoires de la comtesse de Boigne*[117]. Proust les découvre avec un tel enthousiasme qu'il s'inspirera de leur auteur pour façonner le personnage de Madame de Villeparisis dans *À la recherche du temps perdu*.

Si, dans ses romans, Proust « accompagne ce déplacement progressif des Mémoires historiques et aristocratiques vers l'univers restreint de la mondanité »[118], Massenet, toujours en phase avec son temps, offre un parfait exemple de ce genre de récit mémorial avec *Mes souvenirs* : son récit s'apparente à un conte de fées où le compositeur, qui semble avoir été touché par la grâce, mésestime l'adversité farouche qu'il rencontra pourtant régulièrement dans sa vie professionnelle, en embellissant constamment son discours qu'il ponctue d'hommages incessants à ceux qui l'ont servi.

Mes souvenirs s'inscrivent donc dans une tradition dont les racines sont multiples : s'ils procèdent d'un Berlioz, qui saupoudre aussi son discours mémoriel de citations latines[119], les Mémoires de Massenet entretiennent aussi des liens avec ceux de Grétry qui les avait également destinés à ses petits-enfants. On sera frappé de la similitude d'une lettre de Massenet à Henry Simond, directeur de *L'Écho de Paris*, avec un paragraphe de l'avant-propos de Grétry rédigé près d'un siècle auparavant :

112. *Ibid.*, p. 56.

113. À la mort du compositeur, le fils de l'historien, décédé en 1906, écrivait à l'épouse du défunt : « Mon père avait pour son confrère une amitié profonde. Cette amitié était réciproque, je le sais. » (Lettre d'Albert-Émile Sorel à Louise Massenet, Honfleur, 14 août 1912, coll. particulière).

114. Albert Sorel, « Histoire et Mémoires », *Minerva*, n° 22, 15 janvier 1903, p. 161 ; cité dans Jeannelle, *Écrire ses mémoires au XXe siècle : déclin et renouveau*, p. 56.

115. Jeannelle, *Écrire ses mémoires au XXe siècle : déclin et renouveau*, p. 56.

116. *Ibid.*, p. 62.

117. Éléonore-Adèle d'Osmond (1781-1866), comtesse de Boigne, connut son heure de gloire sous la Restauration en animant un salon fréquenté par les milieux mondains, politiques et artistiques.

118. Jeannelle, *Écrire ses mémoires au XXe siècle : déclin et renouveau*, p. 62.

119. Sur cette pratique de la citation latine, voir Guillaume Bordry, « *Hector in fabula* : la relation *littéraire* entre le compositeur et son public dans les mémoires d'Hector Berlioz », dans *Écrits de compositeurs*, p. 160-161.

Grétry :

> Je voulais laisser ces papiers à mes enfans [*sic*] ; je ne voulais pas me faire imprimer, et ce que je dis est vrai ; mais on m'a fait entendre que, n'y eût-il qu'une vérité bien établie dans cet ouvrage, je devais le rendre public [120].

Massenet :

> *Mes souvenirs* sont dédiés à mes petits-enfants ; c'est vous dire qu'ils n'espéraient pas sortir de la famille. Ils vous ont paru susceptibles d'affronter le nombreux public de votre journal ; n'est-ce pas une trop aimable indulgence de votre part ?.. [121]

Massenet avait d'ailleurs sans doute à cœur de relier son texte à une période des arts dont il appréciait aussi bien les écrits que la musique [122]. Lors de la composition de *Thérèse*, dont l'action se passe sous la révolution, il écrivait à Jules Claretie : « Je connais *bien* "cette époque" – j'ai tant lu les mémoires de la *fin* de ce XVIIIe ! » [123]. D'une façon générale, les ouvrages des mémorialistes constituent ses livres de chevet, comme il le confie à *L'Écho de Paris* en 1892 [124].

Mes souvenirs obéissent donc à un archétype particulièrement en vigueur à la fin du XIXe siècle où se dissimulent, sous un esprit mondain, les « circonstances artistiques et historiques, mais aussi socio-politiques qui définissent le milieu de l'artiste » [125]. Car, si « l'autobiographie est le récit que "quelqu'un fait de sa propre existence, quand il met l'accent principal sur sa vie individuelle" [126], selon la formule de Philippe Lejeune, les Mémoires, quant à eux, sont le *récit d'une vie dans sa condition historique* : un individu y témoigne de son parcours d'homme emporté dans le cours des événements, à la fois acteur et témoin, porteur d'une histoire qui donne sens au passé » [127]. Ce type de récit mémoriel, où l'auteur se relègue de lui-même au second plan, donne ainsi des indices pouvant dessiner une personnalité, humaine voire artistique, comme il livre aussi – ponctuellement – des éléments permettant de définir une démarche compositionnelle ou une pensée esthétique.

---

120. André-Modeste Grétry, « Avant-Propos », *Mémoires ou essais sur la musique*, nouvelle édition augmentée de notes et publiée par J. H. Mees, Bruxelles, Aug. Wahlen, 1829, p. XXI-XXII.

121. Lettre de Jules Massenet à Henry Simond, Paris, novembre 1911, BnF, Département des Manuscrits, NAF-14478, ff. 74-75. Voir aussi, ci-dessus, la lettre adressée à Adolphe Brisson, le 15 avril 1903.

122. De nombreuses œuvres de Massenet lui rendent d'ailleurs hommage. Voir les multiples occurrences sur ce point dans Jean-Christophe Branger et Vincent Giroud (dir.), *Présence du XVIIIe siècle dans l'opéra français du XIXe siècle d'Adam à Massenet*, Saint-Étienne, Publications universitaires de Saint-Étienne, 2011.

123. Lettre de Jules Massenet à Jules Claretie, 26 novembre 1905 ; citée par Vincent Giroud, « Massenet à Yale », dans Alban Ramaut et Jean-Christophe Branger (dir.), *Le livret d'opéra au temps de Massenet*, Saint-Étienne, Publications universitaires de Saint-Étienne, 2002, p. 242.

124. Voir ci-après, « Portraits documentés », *L'Écho de Paris*, 9 mars 1892.

125. http://www.oicrm.umontreal.ca/LMHS/fr/lmhs-rieec.php?c=lmhs_rieec_des, consulté le 19 mai 2011.

126. Dans son célèbre essai, *Le pacte autobiographique* ([1975], Paris, Seuil, 1996, p. 14), Philippe Lejeune donne la définition suivante de l'autobiographie : « Récit rétrospectif en prose qu'une personne réelle fait de sa propre existence, lorsqu'elle met l'accent sur sa vie individuelle, en particulier sur l'histoire de sa personnalité. »

127. Jeannelle, *Écrire ses mémoires au XXe siècle : déclin et renouveau*, p. 13.

Cependant, la qualité du texte de Massenet, tant sur le plan de la forme que du style, et les nombreuses approximations ou le ton constamment bienveillant qui l'entachent, ont souvent fait l'objet de vives critiques ou suspicions. Dans une lettre qu'il adresse à son secrétaire, Jean Bonnerot, chargé de surveiller l'édition de ses articles, Saint-Saëns s'amuse des invraisemblances qu'il rencontre tout en manifestant sa perpétuelle irritation et jalousie à l'égard du compositeur :

> On trouve des perles dans les « souvenirs » de Massenet.
> C'est d'abord la Vénus de Canova, placée *sur une base qui tourne*.
> Puis un voyage sur la route de la corniche en Italie, par un beau clair de lune, et son regard qui plonge dans la mer *à d'incalculables profondeurs*. Enfin cette phrase délicieuse : « De Gênes à Paris, la route se fit en chemin de fer. On dort si bien quand on est jeune ! »[128]
> Vous allez voir qu'il va se faire nommer grand'croix avant moi. Je m'habitue à cette idée pour ne pas perdre l'appétit quand l'événement se produira[129].

Quelques mois après, Henri Duparc avoue à Ernest Ansermet qui lui demandait quelques éléments biographiques : « Je ne veux pas du tout faire mon Massenet (qui vient de publier des espèces de mémoires – d'ailleurs détestables – dans *L'Écho de Paris*) »[130].

La tonalité du propos, comme son contenu, a aussi rapidement conduit certains à émettre des doutes sur l'authenticité du document. Ancien élève de Massenet, Alfred Bruneau écrit à son ami Étienne Destranges :

> Les premiers papiers de Massenet m'ont malheureusement échappé. Je n'ai lu que celui sur *Le Jongleur de Notre-Dame*. Il m'a inspiré une profonde tristesse. Comment ce pauvre homme ne se rend-il pas compte de son ridicule ? Je me demande d'ailleurs si, dans l'état de santé où il se trouve, il est capable d'écrire cela lui-même. Il doit raconter ses souvenirs à des nègres de *L'Écho de Paris*... Tu ne peux t'imaginer son affaissement physique et cérébral[131].

Dans la préface de son édition, Gérard Condé cite quant à lui des propos de Pierre Bessand-Massenet[132], petit-fils du compositeur qui, en juillet 1981, lui « tendit une feuille sur laquelle il avait dactylographié et signé les lignes suivantes : "Ce livre n'a pas été ÉCRIT par Massenet. Il n'a pas été non plus DICTÉ par lui. Il a été PARLÉ à six ou

128. Si la description du voyage laisse en effet songeur, en revanche, la disposition de la statue est authentique. Voir, ci-après, *Mes souvenirs*, chapitre VII.

129. Lettre de Camille Saint-Saëns à Jean Bonnerot, Louqsor, 20 janvier 1912, Château-Musée de Dieppe, Fonds Bonnerot (transcription de Marie-Gabrielle Soret). Massenet n'obtiendra jamais l'ultime récompense contrairement à Saint-Saëns qui sera nommé grand'croix en 1913.

130. Lettre de Henri Duparc à Ernest Ansermet, [La Tour-de-Peilz, 10 mai 1912] ; citée dans Claude Tappiolet, *Lettres de compositeurs français à Ernest Ansermet*, Genève, Georg, 1988, p. 48.

131. Lettre d'Alfred Bruneau à Étienne Destranges, Paris, 20 mars 1911, dans *Alfred Bruneau : un compositeur au cœur de la bataille naturaliste. Lettres à Étienne Destranges. Paris-Nantes 1891-1915*, éd. Jean-Christophe Branger, Paris, Champion, 2003, p. 246.

132. Pierre Bessand-Massenet (1899-1985) se fait connaître à la fois comme éditeur (il dirige les éditions La Palatine où il publie Montherlant ou Poulenc notamment) mais aussi comme historien, spécialiste de la Révolution française.

huit reprises par lui en présence d'un journaliste qui était à l'époque directeur d'un hebdomadaire théâtral" »[133].

Or cette affirmation mérite d'être contestée, plusieurs documents altérant l'idée, relayée le plus souvent par une tradition familiale[134], selon laquelle Massenet n'aurait pas écrit ses souvenirs.

À l'occasion de la création de *Roma* au Palais Garnier, le 24 avril 1912, un supplément de *L'Écho de Paris*, daté d'avril 1912, reproduit en fac-similé deux paragraphes autographes du chapitre XXVIII consacré à la genèse et création de l'ouvrage à Monaco[135]. Mais surtout, la Morgan Library possède le manuscrit autographe et complet de *Manon*, premier « Souvenirs de théâtre » publié le 12 février 1911[136], et la Beinecke Library ceux des articles de la même série consacrés à *Esclarmonde*[137] et *Hérodiade*[138] tandis que la Bibliothèque municipale de Saint-Étienne a préempté récemment celui relatant la genèse et la fortune du *Jongleur de Notre-Dame*[139]. Or les liens entre ces quatre documents, confrontés à la lettre de 10 décembre 1911 adressée à Brisson, sont frappants. Leur présentation ou écriture offrent de nombreuses similitudes, et les textes, rédigés sur le recto de feuilles grand format foliotées en haut à droite, sont corrigés et raturés de la même façon, grossièrement au crayon, à la manière des manuscrits musicaux de cette époque[140], ce qui semble exclure ou du moins limiter l'intervention d'une personne extérieure. Enfin, certains mots autographes se substituent à d'autres biffés incontestablement par Massenet qui, par ailleurs, signe tous ses manuscrits avec une même mention déjà évoquée : « Reproduction interdite / Copyright by M. Massenet. 1911 » (voir illustrations 1, 2).

En outre, au regard de leur titre et de leur présentation, ces manuscrits proviennent d'un lot plus important de six documents autographes conservés dans la collection du docteur Lucien-Graux, qui fut dispersée à l'Hôtel Drouot en plusieurs vacations entre 1956 et 1959. Les lots 174-180 de la vente des 11 et 12 décembre 1958 sont en effet décrits de la façon suivante :

---

133 Voir Jules Massenet, *Mes souvenirs*, éd. Gérard Condé, p. 15.

134. Voir Anne Massenet, *Jules Massenet en toutes lettres*, Paris, Éditions de Fallois, 2001, p. 165-166.

135. Un exemplaire est conservé à la BnF (Département des Arts du spectacle, 8-RO-3825) dans un recueil factice d'articles consacrés à *Roma*.

136. Jules Massenet, « [Souvenirs de Théâtre :] *Manon* », manuscrit autographe, [s. l.], [janvier ? 1911], 8 ff., New York, Morgan Library, Mary Flagler Cary Music Collection, MFC M4155.X10.

137. Jules Massenet, « [Souvenirs de Théâtre :] *Esclarmonde* », manuscrit autographe, [s. l.], 1911, 9 ff., New Haven, Yale University, Beinecke Rare Book and Manuscript Library, GEN MSS MUSIC MISC.

138. Jules Massenet, « [Souvenirs de Théâtre :] *Hérodiade* », manuscrit autographe, [s. l.], [*ca* 1911], 11 ff., New Haven, Yale University, Beinecke Rare Book and Manuscript Library, GEN MSS MUSIC MISC.

139. Jules Massenet, « [Souvenirs de Théâtre :] *Le Jongleur de Notre-Dame* », manuscrit autographe, [s. l.], [*ca* 1911], 9 ff., Saint-Étienne, Bibliothèque municipale, MS E415. Voir *Autographes – dessins – peintres – illustrateurs – dessins et gravures pour livres – [...]*, Brissonneau, expert Guy Martin, Hôtel Drouot, 15 juin 2011, lot 65.

140. Nous n'avons pu consulter ces manuscrits, à l'exception de celui du *Jongleur de Notre-Dame*, qu'à partir de copies noir et blanc ou numériques, mais les corrections (des mots biffés grossièrement) sont probablement effectuées dans tous les cas au crayon bleu. Les brouillons d'orchestre de Massenet de cette époque, dont la plupart sont conservés à la Beinecke Library, témoignent de ce type de corrections.

> Massenet (Jules). Six manuscrits autographes, signés (sauf un) et datés 1911 ; in-folio, cart. pap. grenat, titres en lettres dor. sur les premiers plats.
> Massenet évoque dans ces chroniques littéraires, les souvenirs de ses triomphes musicaux, les sources de son inspiration, l'angoisse qui précède le succès, des anecdotes sur les directeurs qui montèrent ses pièces, sur ses interprètes, sur les auteurs amis. *Le Jongleur de Notre-Dame*, 9 ff. – *Werther*, 10 ff. – *Manon*, 8 ff. – *Thérèse*, 9 ff. – *Esclarmonde*, 9 ff. – *Hérodiade*, 9 ff.
> Divisible au gré des acquéreurs [141].

Ainsi, ces documents, sans doute acquis séparément, sont-ils sans conteste les manuscrits autographes des six premiers articles publiés au début de l'année 1911 [142]. Ils devaient appartenir à la famille de Henry Simond puisque la célèbre collection Lucien-Graux comprenait aussi les lettres que Saint-Saëns [143] et Massenet avaient adressées au directeur de *L'Écho de Paris* lors de la rédaction de leurs souvenirs.

Or la Bibliothèque nationale de France conserve cette importante correspondance de Massenet adressée à Simond et majoritairement rédigée lors de la publication en feuilletons de *Mes souvenirs*. En novembre 1911, Massenet écrit au journaliste :

> Cher directeur et ami,
>
> Vous m'avez fait l'honneur de désirer pour *L'Écho de Paris*, quelques chapitres de *Mes souvenirs*, que le grand éditeur Delagrave compte réunir, un jour, en un volume [144].
> *Mes souvenirs* sont dédiés à mes petits-enfants ; c'est vous dire qu'ils n'espéraient pas sortir de la famille. Ils vous ont paru susceptibles d'affronter le nombreux public de votre journal ; – n'est-ce pas une trop aimable indulgence de votre part ?...
> Chèrement
>
> Massenet
>
> P.S. : J'ajoute que le beau livre si complet de Louis Schneider (éditeur Carteret) contient les plus utiles et les plus parfaits documents sur mes ouvrages et ma vie jusqu'en 1909 [145]

Les lettres suivantes révèlent alors la part active du compositeur dans l'élaboration des articles (correction, envoi des documents) sur lesquels il exerce un contrôle prédominant et constant. Ainsi, il écrit le 28 novembre :

---

141. *Bibliothèque du Docteur Lucien-Graux* [8ᵉ partie], *Manuscrits et lettres autographes anciens, romantiques et modernes* [...], Hôtel Drouot, 11 et 12 décembre 1958.

142. On relèvera cependant une différence ou plus vraisemblablement une erreur de foliotage pour le manuscrit d'*Hérodiade*, formé de 9 pages selon le catalogue alors que le manuscrit en comporte en réalité 11.

143. Voir *Bibliothèque du Dr Lucien-Graux* [9ᵉ partie], *Éditions originales modernes avec envois et lettres. Manuscrits autographes littéraires* [...] *historiques, de voyages, musicaux, dessins originaux*, Hôtel Drouot, 26 juin 1959, lot 292 (« Saint-Saëns [C.], 9 lettres ou c.-l. autogr. sig. 1911-1914 à Henry Simond »). Le lot 291 comportait, entre autres, les manuscrits de quelques articles de Saint-Saëns publiés par *L'Écho de Paris* (« Rossini », « Science et art populaires », « Delsarte », « Conte Canariote »).

144. La lettre citée ci-dessus que Massenet adresse à Delagrave, le 22 octobre 1911, n'était donc qu'une proposition déguisée de publication.

145. Lettre de Jules Massenet à Henry Simond, Paris, novembre 1911, BnF, Département des Manuscrits, NAF-14478, ff. 74-75.

Voici le chapitre II
puisse-t-il ne pas vous paraître trop indigne de l'*Écho* ? ....
à vous, profondément

Massenet

J'aimerais toujours jeter un coup d'œil sur les épreuves... est-ce trop indiscret ?.. [146]

Puis, le 19 décembre : « Voici l'épreuve corrigée. (elle était absolument parfaite) » [147]. Enfin, quelques mois après, en mai 1912, Massenet fait le projet suivant : « Je vais écrire le *dernier*... chapitre (*Roma*, à l'Opéra)... » [148].

Dans ses lettres, Massenet se félicite aussi du travail de Gérard Bauër et d'Adolphe Boschot, le premier annonçant, on l'a vu, la publication en feuilletons de *Mes souvenirs* dans un entrefilet [149] et le second relatant avec enthousiasme la répétition générale de *Roma* au Palais Garnier [150]. Or, bien plus tard, ces deux journalistes revendiqueront dans deux articles respectifs une forme d'intervention (relecture, aide) dans la rédaction des Mémoires du compositeur dont ils ne lui contestent cependant pas la paternité [151].

Les deux témoignages divergent néanmoins quelque peu. Boschot explique comment il veillait à conserver l'intégrité d'un texte déjà rédigé et dont il ne changeait rien « sauf quelques peccadilles de style ou citations inexactes » [152]. Quant à Bauër, il explique être allé régulièrement chez Massenet pour « relire son manuscrit pendant qu'il l'écrivait » [153]. Dès lors, Boschot supervisa plus certainement la publication des *Souvenirs de théâtre*, écrits tout ou partie et ensuite recopiés, et Bauër celle de *Mes souvenirs* que Massenet rédigea selon toute vraisemblance à la fin de l'année, peu avant le début de leur publication. Cette hypothèse est d'autant plus probable que Boschot se souvient avoir substitué « Felix » à « Beatus » pour corriger un vers des *Géorgiques* de Virgil : *Felix qui potuit rerum cognoscere causas* (« Heureux qui a pu pénétrer le fond des choses »). Or ce vers, qui figure uniquement dans le *Souvenir de théâtre* consacré à

146. Lettre de Jules Massenet à Henry Simond, [s. l.], [Paris ?], 28 novembre 1911, BnF, Département des Manuscrits, NAF-14478, ff. 76-77.

147. Lettre de Jules Massenet à Henry Simond, Paris, 19 décembre 1911, BnF, Département des Manuscrits, NAF-14478, ff. 79-80.

148. Carte pneumatique de Jules Massenet à Henry Simond, [cachet postal : Paris, 2 mai 1912], BnF, Département des Manuscrits, NAF-14478, f. 90. Massenet écartera cette idée au profit des « Pensées posthumes » (chapitre XXIX).

149. « Gérard Henry Bauër me ravit dans ce qu'il a encore écrit, selon vos sentiments !... » Jules Massenet, carte pneumatique à Henry Simond, Paris, [cachet postal : 11 décembre 1911], BnF, Département des Manuscrits, NAF-14478, f. 78.

150. Voir carte pneumatique de Jules Massenet à Henry Simond, Paris, 23 avril 1912, BnF, Département des Manuscrits, NAF-14478, f. 88.

151. Cette pratique est courante puisque Liszt, comme plus tard Stravinski, bénéficièrent eux aussi de l'aide de personnalités plus ou moins proches de leur entourage pour rédiger certains de leurs articles dont l'autorité est dès lors questionnée. Voir Nicolas Dufetel, « Les écrits de Liszt : quelques réflexions épistémologiques et méthodologiques sur leur paternité et leur typologie » et Valérie Dufour, « Le dédoublement du compositeur : autorité et rhétorique de Stravinski au miroir de ses écrits », dans *Écrits de compositeurs*, p. 267-289 et 17-25.

152. Boschot, *Massenet et Saint-Saëns publiant leurs Souvenirs*, p. 12-13.

153. Gérard Bauër, « Massenet ce charmeur », *Le Figaro*, 13 août 1962 ; repris dans *Chroniques 1954-1964*, Paris, Gallimard, 1965, vol. II, p. 323-324.

Hérodiade publié le 8 avril 1911[154], a bien fait l'objet d'une correction dans le manuscrit où une autre main a biffé au crayon noir « Beatus » pour le remplacer par « Felix ». Le manuscrit ne comporte, en outre, que quelques modifications stylistiques qui confirment les propos de Boschot selon lesquels sa contribution aurait été marginale.

Ainsi, s'il est encore impossible de lui attribuer pleinement l'entière responsabilité de son travail, l'ensemble de ces documents montre comment Massenet a suivi la publication complète de *Mes souvenirs* avec le soin méticuleux qui le caractérise. Quant au ton souvent marqué par une bénignité exacerbée, déjà relevée, il n'entre pas fondamentalement en opposition avec celui, souvent emprunté, de sa correspondance officielle[155]. Enfin, sans compter la tonalité propre à ces Mémoires mondains qui envahissent la vie littéraire au tournant des XIXe et XXe siècles, le style de Massenet porte aussi et avant tout les traces des effets secondaires de la morphine sur un homme atteint d'un cancer des intestins qui l'emportera un mois après la publication du dernier chapitre[156]. La morphine décuple en effet les activités intellectuelles et physiques du malade jusqu'à le rendre euphorique. Son absorption importante pourrait expliquer, non seulement l'énergie dépensée par Massenet à la fin de sa vie[157], mais aussi le ton des lettres adressées à Henry Simond et celui de *Mes souvenirs*, le « monde bienheureux et chimérique », la « féerie aux teintes d'aquarelles, en rose tendre et bleu pâle »[158], évoqués justement par Adolphe Boschot, ou bien encore « la plume hyperbolique »[159] à laquelle fait allusion Gérard Bauër.

---

154. Le passage ne sera pas conservé lorsque Massenet reprendra son article pour *Mes souvenirs*.

155. Il tranche avec celui de Saint-Saëns. Dans une lettre à Henry Simond à laquelle il avait joint un article un « peu court », le compositeur ajoute : « J'ignore l'art du délayage, en musique je suis tout pareil, et certaines de mes œuvres, la *Danse macabre*, le *Rouet d'Omphale*, sont d'une brièveté singulière. Il en est de même de *Samson* et de *Déjanire* dont les 4 actes ne durent chacun qu'une demi-heure… » Voir *Bibliothèque du docteur Lucien-Graux* [9e partie] *[…] Manuscrits autographes […] musicaux*, Paris, Hôtel Drouot, 26 juin 1959, lot 292.

156. Dans les premières années du XXe siècle, les traitements du cancer se résumant essentiellement à des interventions chirurgicales ou à des séances de radiothérapie (Patrice Pinell, *Naissance d'un fléau : histoire de la lutte contre le cancer en France (1890-1940)*, Paris, Éditions Métaillé, 1992, p. 48 et 96), l'administration de la morphine, dans des proportions importantes, reste le soin palliatif par excellence. Malgré les effets secondaires de ce médicament, reconnus depuis le milieu des années 1870, « tous les médecins conviennent […], de la légitimité du recours à la morphine en cas de maladie chronique, douloureuse et incurable, la morphinomanie susceptible d'en résulter pouvant être négligée. Passées les années soixante-dix, […], le "morphino-cancéreux" est désormais exclu de la morphinomanie *a fortiori* s'il est âgé. » (Jean-Jacques Yvorel, *Les poisons de l'esprit Drogue et drogués au XIXe siècle*, Paris, Quai Voltaire Histoire, 1992, p. 122). Cette pratique se poursuit longtemps, car le doyen Paul Brouardel préconise toujours, en 1906, un recours sans modération à la morphine : « Pour quiconque a assisté […] à la longue et cruelle agonie d'un malheureux atteint de cancer ou d'une autre maladie qui aboutit fatalement à la mort, après avoir occasionné les plus intolérables douleurs, la morphine apparaît comme la ressource suprême à laquelle il faut laisser puiser largement le patient.» (Paul Brouardel, *Opium, morphine et cocaïne, cours de médecine légale*, Paris, 1906, p. 141 ; cité dans Yvorel, *Les poisons de l'esprit Drogue et drogués au XIXe siècle*, p. 276).

157. Raymond de Rigné (« Souvenirs sur Massenet », *Mercure de France*, 32e année, n° 545, 1er mars 1921, p. 343) a souligné le parallèle existant entre la dégradation de la santé et l'activité croissante de Massenet : « Chaque fois que je voyais Massenet, j'étais effrayé par les ravages progressifs de sa maladie… On aurait dit que l'approche de la mort stimulait l'activité du maître […]. Dans les derniers temps son cerveau était en ébullition. »

158. Boschot, *Massenet et Saint- publiant leurs Souvenirs*, p. 11.

159. Bauër, « Massenet ce charmeur ».

Massenet tenait à *Mes souvenirs* puisqu'une lettre, adressée en novembre 1911 à l'éditeur et impresario suisse Adolphe Henn, révèle un projet de concert-lecture qui ne verra cependant pas le jour :

> Cher Monsieur,
>
> Je suis fort intéressé par votre lettre – avant que je puisse me rendre libre, voulez-vous me dire : *où* aurait lieu cette conférence ? *quand* ?
> Pourrais-je y faire une lecture de *Mes souvenirs* ?
> Quel serait le cachet de l'artiste ? [160]

De même, il prêta son chapitre – alors inédit – consacré à *Roma* au bibliothécaire de l'Opéra, Martial Teneo [161], lequel en reproduisit un extrait [162] dans un texte qu'il écrivit pour le programme des représentations parisiennes de cet opéra en avril 1912 [163]. Chargé de la confection des programmes, Teneo remercia le compositeur en des termes qui ne laissent apparaître aucun intermédiaire [164] :

> Mon cher maître,
>
> Très souffrant n'ai pu sortir ce matin pour vous rapporter votre chapitre si intéressant de Souvenirs. Le voici. J'y ajoute épreuve d'une photo de vous que nous publions pour *Thaïs*. J'ai donné ordre pour le portrait fort joli de Mlle Arbell et je vous ferai tenir épreuves de mon historique. H. Heugel, imitant en cela ses confrères, m'a refusé le droit de publier un argument. Il a tort comme les autres. Le programme n'empêche point la vente du livret ; la chose est démontrée depuis longtemps [165].

Malheureusement, à l'exception remarquable d'un extrait fac-similé de ce même chapitre XXVIII que nous avons déjà mentionné, aucun document ne peut encore certifier la paternité exclusive des articles de la seconde série et *a fortiori* de *Mes souvenirs*. Cependant, Massenet les évoque dans plusieurs lettres sur un ton qui ne laisse aucun doute quant à son investissement personnel, même s'il fut aidé par Boschot ou Bauër. Ainsi, lorsque son état de santé inspire de vives inquiétudes au début de l'année 1912, il juge encore négativement la qualité littéraire de ses écrits : « Moi-même, je suis bien souffrant d'un mal passager, c'est vrai.. mais il est si cruel !.. [...] Que vous êtes bon

---

160. Lettre de Jules Massenet à Adolphe Henn, Paris, 1er novembre 1911, New Haven, Yale University, Beinecke Rare Book and Manuscript Library, GEN MSS MUSIC MISC. Massenet se dédira peu après : « hélas – les dates et les conditions de déplacements trop nombreux... me donnent le regret de ne pouvoir accepter... » Lettre de Jules Massenet à Adolphe Henn, Paris, 5 novembre 1911, *ibid.*

161. Martial Teneo [Decloux, Jules, dit] (1859-1922), critique musical et bibliothécaire de la bibliothèque de l'Opéra en 1911 et 1912.

162. Voir chapitre XXVIII, le passage « Nous étions là, dans la solitude de cette riante et luxuriante nature, dans ces bois d'oliviers laissant voir à travers leurs petites feuilles d'un vert grisâtre, si tendre et si doux, la mer immuablement bleue [...]. Le soleil de cette splendide journée ne pouvait éclairer que la joie de tous mes beaux artistes. » L'extrait du programme figure sans modification dans l'édition du chapitre XXVIII en juillet 1912.

163. Voir *Roma*, programme de salle [avril 1912], BnF, Bibliothèque-musée de l'Opéra, programme Opéra.

164. Massenet remercia à son tour Teneo pour son travail. Voir Lettre de Jules Massenet à Martial Teneo, 16 avril 1912, BnF, Bibliothèque-musée de l'Opéra, LAS Massenet 39.

165. Lettre de Martial Teneo à Jules Massenet, Paris, 14 avril 1912, BnF, Bibliothèque-musée de l'Opéra, NLAS J. Massenet 118 (12).

de faire quelqu'affections à *Mes souvenirs* / Je ne suis qu'un pauvre musicien & non un lettré comme vous ! »[166]. De même, le musicien fut incontestablement à l'origine de la publication en volume chez Pierre Lafitte de ses articles puisque, le 14 avril suivant, un contrat dactylographié est signé avec, à son terme, une note autographe du compositeur exprimant clairement ses désirs :

> ENTRE LES SOUSSIGNÉS :
>
> Mr J. Massenet, de l'Institut, demeurant à Paris, 48 rue de Vaugirard d'une part,
> Et MM. Pierre Lafitte & Cie, éditeurs, demeurant, 90, avenue des Champs Élysées d'autre part
>
> IL A ÉTÉ CONVENU CE QUI SUIT :
>
> Mr J. Massenet cède à MM. Pierre Lafitte & Cie, éditeurs, qui l'acceptent, la propriété exclusive prolongée même en cas de changement de la législation de la propriété littéraire, de son ouvrage intitulé :
>
> MES SOUVENIRS
>
> Cet ouvrage sera publié tout d'abord sous la forme d'un volume in-16 à 3 fr.50, prix fort. Sous cette forme, le premier tirage sera de Cinq mille exemplaires, plus les passes habituelles, exemptes de droit.
> MM Pierre Lafitte & Cie verseront à Mr Massenet pour droits d'auteur, sur le premier tirage à Cinq mille exemplaires, une somme de trois mille francs, représentant 0,60 % par volume tiré. Les réimpressions se feront ensuite aux conditions suivantes :
> 0,75 c de droit d'auteur par volume vendu, les passes étant exemptes de droits d'auteur.
> MM. Pierre Lafitte & Cie verseront à Mr Massenet la somme de trois mille francs, sus-indiquée, le jour de la mise en vente de l'édition in-16 à 3 fr. 50.
> MM Pierre Lafitte Cie auront seuls qualité pour juger s'il y a lieu de procéder à une ou plusieurs réimpressions et de fixer le chiffre de chacune d'elles. Si, un an après l'épuisement complet d'une édition, MM. Pierre Lafitte & Cie ne jugent pas à propos de faire une nouvelle édition, sous quelque forme que ce soit, de MES SOUVENIRS, Mr Massenet reprendra la libre disposition de son œuvre.
> Les tirages des éditions non illustrées pourront être faits à la volonté de l'éditeur, dans tout autre format que celui indiqué ci-dessus. Les droits d'auteur seront de 10 % du prix fort par volume vendu.
> En ce qui concerne la publication de cet ouvrage en livraisons illustrées ou non, il est convenu que les droits d'auteur seront de 10 % sur le prix de ces livraisons, pour chaque livraison vendue.
> Il sera remis à l'auteur 25 exemplaires gratuits de l'édition in-16 : les autres lui seront fournis avec une remise de 40 % du prix fort (en dehors des exemplaires de presse). Les exemplaires destinés à l'auteur et les exemplaires de luxe seront exempts de droit.
> Les droits de reproduction en France sous les deux formes suivantes : 1° en feuilleton dans les journaux quotidiens ; 2° en parties séparées dans les publications périodiques, seront réservés à l'auteur. Les droits de traduction et d'adaptation à l'Étranger (livres, journaux, publications périodiques, livraisons, etc.) seront partagés par moitié entre l'auteur et l'éditeur ; ce dernier aura la libre disposition de traiter à son gré à ce sujet, et au mieux des intérêts communs.

166. Lettre de Jules Massenet à Raymond Bouyer, [s. l.], 4 janvier 1912, BnF, Département de la musique, LAS J. Massenet 161.

Le règlement des droits concédés à Mr Massenet du fait des présentes conventions, aura lieu à la fin de chaque année.

Fait en double à Paris, le 4 avril 1912

[note autographe de Lafitte :] Lu et approuvé / Pierre Lafitte

[note autographe de Massenet :] Lu et approuvé / sous la réserve que le traducteur anglais sera Mr Harry Villiers-Barnett demeurant à Monte-Carlo, rue Bellevue, Villa Dryade. [signé :] J. Massenet / Paris 14 avril 1912 [167].

Lafitte [168] respectera son engagement, car une édition anglaise est publiée par les soins de ce traducteur [169] que Massenet avait déjà mentionné, peu avant la signature du contrat, dans une lettre à un correspondant non identifié :

> Je suis bien sensible à votre pensée – et j'ai chargé mon éditeur :
> M. *Henri Heugel* [...] de tous mes intérêts ; il s'est occupé déjà de *Mes souvenirs* et il est au courant *de tout* [170]. [...]
> Pour la traduction en *langue anglaise*, j'ai promis formellement qu'elle serait confiée à un lettré remarquable M. Villiers-Barnett, *journaliste, homme de lettres à Monte-Carlo* [171].

Massenet souhaitait en outre laisser un ouvrage de référence puisque, quelques jours avant sa mort, il répondit ces termes éloquents à un de ses amis qui lui avait demandé des renseignements concernant ses ouvrages et sa carrière :

> Des biographies ?.. il y en a beaucoup... beaucoup trop !
> J'ai toujours aimé le calme, l'oubli et le travail dans la solitude qui est si souvent ma vie.
> Il va paraître un volume à la librairie Lafitte et Cie 90, Champs-Élysées, qui est un ensemble de *Mes souvenirs* de 1848 à 1912 [172].

Enfin, Massenet avait incontestablement pris goût à l'écriture et à la réflexion puisque un contrat le liant à Hachette atteste d'un projet que sa mort devait malheureusement interrompre [173]. En juin 1912, le compositeur s'était engagé à fournir au plus tard le 1er janvier 1914 un ouvrage substantiel intitulé *L'Initiation musicale* dont l'objectif est clairement défini : « Cet ouvrage d'*INITIATION* donnera une vue d'ensemble de la

---

167. Tapuscrit d'un contrat liant Massenet à l'éditeur Pierre Lafitte & Cie, daté du 4 avril 1912 et signé par Massenet le 14 avril suivant, Institut mémoires de l'édition contemporaine, Fonds Hachette – sous-fonds Pierre Lafitte LFT 4 .21.

168. Les ventes seront particulièrement satisfaisantes, une note anonyme manuscrite ([s. l. n. d.], Institut mémoires de l'édition contemporaine, Fonds Hachette – sous-fonds Pierre Lafitte LFT 4 .21), non datée mais postérieure à la mort du compositeur, indiquant : « 3 [Fr], 50 édité ! / très bonne vente / Tirage 10000 : reste 1196 ».

169. *My Recollections*, traduit par Harry Villiers Barnett, Boston, Small, Maynard & Company, 1919. L'ouvrage ne comporte que les 29 chapitres enrichis, page 296, d'un fac-similé d'une lettre autographe de Massenet (sans lien avec *Mes souvenirs*), datée du 29 février 1912 et adressée à Villiers-Barnett, et de plusieurs photographies de Lucy Arbell à laquelle la traduction est dédiée.

170. Heugel a, comme souvent, probablement servi de simple intermédiaire entre Lafitte et Massenet.

171. Lettre de Jules Massenet à un correspondant non identifié, Paris, 31 mars 1912, ancienne coll. famille Heugel.

172. Lettre de Jules Massenet à un correspondant non identifié, Paris, 27 juillet 1912, coll. particulière.

173. Cet ouvrage devait probablement être publié en feuilletons puisque, dans sa lettre de condoléances qu'il adresse à Louise Massenet (BnF, Département de la musique, NLA-358 [128]), Henry Simond fait état d'un projet prévu pour octobre 1912.

MUSIQUE, pouvant être lue et comprise par tout le monde. / Il sera de format in-16 et comprendra environ cent cinquante à cent quatre-vingt pages de texte »[174].

Ainsi, comment ne pas lire dans cet ultime projet la volonté d'un compositeur de se hisser au niveau de ses semblables qui, tel Saint-Saëns, produisaient de nombreux articles aussi bien théoriques qu'autobiographiques ? Aussi, si notre connaissance du manuscrit autographe de *Mes souvenirs* se limite encore aujourd'hui à la reproduction en fac-similé d'un extrait du chapitre XXVIII dans un supplément de *L'Écho de Paris*, les manuscrits des *Souvenirs de théâtre*, les nouvelles lettres et contrats répertoriés corroborent l'authenticité d'un volume dont la place au sein des œuvres de Massenet mérite d'être réévaluée : ils imposent d'établir une nouvelle édition critique.

Critères éditoriaux

Restitution des textes

Une étude génétique de *Mes souvenirs* reste de nos jours en partie impossible en raison de l'absence d'un manuscrit autographe complet. Cependant, entre la version manuscrite des quatre « souvenirs de théâtre », aujourd'hui localisés, et la publication en feuilletons de 1911-1912, des différences sensibles permettent d'apprécier le travail de révision entrepris par Massenet, aidé ou non par Adolphe Boschot ou/et Gérard Bauër.

La confrontation des manuscrits avec les « Souvenirs de théâtre » (1911) et *Mes souvenirs* (1911-1912), publiés successivement en feuilletons dans *L'Écho de Paris*, permet toutefois de déceler les retouches plus ou moins importantes qui furent apportées aux textes initiaux. Certaines relèvent d'une simple mise en forme (titres d'œuvres ou expressions soulignées mis en italique, retrait, etc.) ou de la ponctuation : comme dans sa correspondance, Massenet rythme ses textes par une abondante ponctuation qui est modifiée, ou considérablement allégée, lors du passage à l'édition. Enfin, quelques mots ou phrases sont corrigés, ce qui apparaît encore plus nettement dans *Mes souvenirs* où un travail de refonte accompagne le plus souvent un développement en amont ou en aval de la version initiale de chaque article[175].

Une nouvelle étape est franchie avec la publication en volume qui, bien que posthume, atteste du regard constant que le compositeur a exercé sur son texte, probablement peu avant sa mort. En effet, sans compter quelques différences liées au passage du code typographique d'un journal à celui d'un livre, plusieurs modifications sensibles apparaissent entre l'édition en feuilletons et l'édition en volume de *Mes souvenirs*. Elles sont de trois ordres. Tout d'abord, sur les conseils probables d'une

174. Tapuscrit d'un contrat liant Massenet à l'éditeur Hachette & Cie, Institut mémoires de l'édition contemporaine, Fonds Hachette – dossier Jules Massenet HAC 34.11. Ce projet répond à une proposition d'un associé de l'éditeur, Maurice Labouret, qui, dans une lettre du 16 avril 1912 (BnF, Département de la musique, NLA-358 [126]), avait sollicité le compositeur pour sa nouvelle *Collection des initiations* destinée à « aider le grand public[,] laborieux et occupé, à se mettre au courant de grandes questions qu'il ignore, dont il n'entreprend pas l'étude parce qu'il les croit trop difficiles, de lui donner le goût de les connaître, de meubler enfin son esprit d'*idées générales*. » Le projet sera en définitive attribué à Widor.

175. Les variantes significatives sont relevées dans l'apparat critique de *Mes souvenirs*. Il en sera de même dans certains articles ou discours.

tierce personne, le texte est débarrassé de tics d'écriture : Massenet ponctuait souvent ses phrases par « comme je (vous) l'ai dit » ou accolait souvent l'adjectif « chère » ou « cher » aux personnes dont il égrène les noms, les titres ou les fonctions. Ensuite, des mots ou des phrases se substituent à d'autres pour éviter des répétitions ou gagner en qualité stylistique. À titre d'exemple, le tableau suivant confronte quelques paragraphes des chapitres I et IV[176] :

Mes souvenirs, chapitre I, *L'Écho de Paris*, 19 novembre 1911	*Mes souvenirs*, chapitre I, Paris, Pierre Lafitte et Cie, 1912
Un matin de ce même mois, nous nous rendîmes donc rue du Faubourg-Poissonnière. C'était là que se trouvait – *comme* il y resta si longtemps avant d'émigrer rue de Madrid – le Conservatoire national de musique. La grande salle où nous entrâmes, comme en général toutes celles de l'établissement d'alors, avait ses murs peints en ton gris bleu, grossièrement pointillés de noir. De vieilles banquettes *étaient* le seul ameublement de cette antichambre.	Un matin de ce même mois, nous nous rendîmes donc rue du Faubourg-Poissonnière. C'était là que se trouvait – ~~comme~~ il y resta si longtemps avant d'émigrer rue de Madrid – le Conservatoire national de musique. La grande salle où nous entrâmes, comme en général toutes celles de l'établissement d'alors, avait ses murs peints en ton gris bleu, grossièrement pointillés de noir. De vieilles banquettes *formaient* le seul ameublement de cette antichambre.
Un employé supérieur, M. Ferrière, à l'aspect rude et sévère, vint faire l'appel des postulants, jetant leurs noms au milieu de la foule des parents et amis émus qui les accompagnaient. C'était *comme* l'appel des condamnés. Il donnait à chacun le numéro d'ordre *sous* lequel il devait se présenter devant le jury. Celui-ci était déjà réuni dans la salle des séances.	Un employé supérieur, M. Ferrière, à l'aspect rude et sévère, vint faire l'appel des postulants, jetant leurs noms au milieu de la foule des parents et amis émus qui les accompagnaient. C'était *un peu* l'appel des condamnés. Il donnait à chacun le numéro d'ordre *avec* lequel il devait se présenter devant le jury. Celui-ci était déjà réuni dans la salle des séances.
Cette salle, destinée aux examens, représentait une sorte de petit théâtre, avec un rang de loges et une galerie circulaire. Elle était conçue en style du Consulat. Je n'y ai jamais pénétré, je l'avoue, sans me sentir pris d'une certaine émotion. *Il me semblait* toujours voir assis, dans une loge de face, au premier étage, comme *dans* un trou noir, le Premier Consul Bonaparte et la douce compagne de ses jeunes années, Joséphine ; lui, au visage énergiquement beau ; elle, au regard tendre et bienveillant, souriant, et encourageant les élèves aux premiers essais desquels ils venaient, *l'un et l'autre, assister*. La noble et bonne Joséphine semblait, par ses visites dans ce sanctuaire consacré à l'art, et en y entraînant celui que tant d'autres graves soucis préoccupaient, vouloir *comme* adoucir ses pensées, les rendre moins farouches par leur contact avec cette jeunesse qui, forcément, n'échapperait pas un jour aux horreurs des guerres.	Cette salle, destinée aux examens, représentait une sorte de petit théâtre, avec un rang de loges et une galerie circulaire. Elle était conçue en style du Consulat. Je n'y ai jamais pénétré, je l'avoue, sans me sentir pris d'une certaine émotion. *Je croyais* toujours voir assis, dans une loge de face, au premier étage, comme *en* un trou noir, le Premier Consul Bonaparte et la douce compagne de ses jeunes années, Joséphine ; lui, au visage énergiquement beau ; elle, au regard tendre et bienveillant, souriant, et encourageant les élèves aux premiers essais desquels ils venaient *assister l'un et l'autre*. La noble et bonne Joséphine semblait, par ses visites dans ce sanctuaire consacré à l'art, et en y entraînant celui que tant d'autres graves soucis préoccupaient, vouloir ~~comme~~ adoucir ses pensées, les rendre moins farouches par leur contact avec cette jeunesse qui, forcément, n'échapperait pas un jour aux horreurs des guerres.

176. Nous avons mis en italiques ou biffé les passages retouchés.

Mes souvenirs, chapitre IV, *L'Écho de Paris*, 21 décembre 1911	*Mes souvenirs*, chapitre IV, Paris, Pierre Lafitte & Cie, 1912
Il arriva qu'un jour, au moment où la lourde diligence *s'ébranlait pour le long voyage de Paris à Rome, les élèves entassés dans la rotonde, dont les places les moins chères étaient aussi celles qui vous exposaient le plus à toutes les poussières de la route*, l'on entendit M. Couder, le peintre préféré de Louis-Philippe, dire à son élève particulier, avec onction : « Surtout, n'oublie pas ma manière ! »	Il arriva qu'un jour, au moment où la lourde diligence *qui contenait les élèves entassés dans la rotonde, dont les places les moins chères étaient aussi celles qui vous exposaient le plus à toutes les poussières de la route, s'ébranlait pour le long voyage de Paris à Rome*, l'on entendit M. Couder, le peintre préféré de Louis-Philippe, dire à son élève particulier, avec onction : « Surtout, n'oublie pas ma manière ! »

Tableau III. Évolution du texte : de la publication en feuilletons à l'édition en volume.

Ensuite, Massenet a supprimé quelques affirmations fautives ou incertaines concernant Le Nôtre [177] et Musset [178], au chapitre VII, comme il ajouté quelques phrases ou paragraphes afin de rendre hommage, au chapitre X, à Lina Pacary, première interprète de Marie-Magdeleine à la scène, puis, au chapitre XVII, à Louise Grandjean pour son incarnation du rôle de Chimène [179].

Enfin, certains paragraphes sont repris plus en profondeur. Massenet avait ainsi brossé un portrait haut en couleur du directeur de l'Opéra, Hyacinthe Halanzier, qu'il affadit malheureusement dans l'édition en volume (voir tableau IV).

Mes souvenirs, chapitre XI, *L'Écho de Paris*, 8 février 1912	*Mes souvenirs*, chapitre XI, Paris, Pierre Lafitte, 1912
M. Halanzier *était une sorte de paysan du Danube*, à l'âme ouverte et franche, *au langage familier*.	M. Halanzier avait l'âme ouverte et franche.
— Que fais-tu donc ? me dit-il. Je n'entends plus parler de toi !	— Que fais-tu donc ? me dit-il. Je n'entends plus parler de toi !
J'ajoute qu'il ne m'avait jamais adressé la parole.	J'ajoute qu'il ne m'avait jamais adressé la parole.
— Comment aurais-je osé parler de mon travail au directeur de l'Opéra ? répondis-je tout interdit	— Comment aurais-je osé parler de mon travail au directeur de l'Opéra ? répondis-je tout interdit
— Et si je le veux, moi !	— Et si je le veux, moi !
— Apprenez alors que j'ai un ouvrage simplement en cinq actes, *Le Roi de Lahore*, avec Louis Gallet.	— Apprenez alors que j'ai un ouvrage simplement en cinq actes, *Le Roi de Lahore*, avec Louis Gallet.

177. Massenet a supprimé le dernier membre de la phrase suivante : « Je revis aussi le jardin Boboli, à côté du palais Pitti, dessiné par Tribolo et Buontalenti [*supprimé* :], qui servit de modèle à Le Nôtre pour ceux des Tuileries, de Versailles et de Marly. »

178. Croyant citer un extrait de la *Nuit d'octobre* de Musset, Massenet ajoutait après l'extrait du poème, qui lui revient en mémoire alors qu'il évoque son mariage : « Il est vrai que l'auteur de la *Confession d'un enfant du siècle* était au déclin d'un jour d'octobre, et que j'étais, moi, dans la douce et tendre lumière d'un même jour, lumière d'une clarté à jamais inoubliable pour moi ! »

179. De même, au chapitre XIX, il précise le nom du masseur (Imbert) d'Alexandre Dumas fils.

— *Qu'est-ce que cela me f... si je ne le connais pas.* Viens, demain, à neuf heures, chez moi, 18, place Vendôme. *Monte chez le papa Halanzier et apporte-lui ça.*	— Viens, demain, à neuf heures, chez moi, 18, place Vendôme, et apporte-moi tes feuilles.
Je *courus* chez Gallet, le prévenir. [...]	Je cours chez Gallet, le prévenir. [...]
Arrivé chez Halanzier, je commençai aussitôt la lecture. Le directeur de l'Opéra ne m'arrêta pas tant que je n'eus pas terminé la lecture complète des cinq actes. J'en étais aphone... et j'avais les mains brisées de fatigue...	Arrivé chez Halanzier, je commençai aussitôt la lecture. Le directeur de l'Opéra ne m'arrêta pas tant que je n'eus pas terminé la lecture complète des cinq actes. J'en étais aphone... et j'avais les mains brisées de fatigue...
Il n'eut qu'un mot adressé à son valet de chambre : « Apporte-nous de quoi boire », et celui-ci arriva aussitôt avec un plateau.	
Halanzier remarqua qu'il y avait quatre verres sur le plateau, et, comme nous n'étions que trois, il dit à son valet de chambre tout confus : « Eh bien ! tu ne t'oublies pas, toi ! »	
Comme je remettais dans ma vieille serviette de cuir mon manuscrit et que Gallet et moi nous nous disposions à sortir :	Comme je remettais dans ma vieille serviette de cuir mon manuscrit et que Gallet et moi nous nous disposions à sortir :
Eh bien! alors, tu ne me laisses rien pour la copie?	Eh bien! alors, tu ne me laisses rien pour la copie?

Tableau IV. Évolution du texte : Modification du portrait de Halanzier.

Puis, le tableau V relève quelques différences notables dans le chapitre XVII consacré à *Werther* (« Voyage en Allemagne ») : outre la suppression malencontreuse d'une phrase qui brouille la compréhension du texte [180], une fin de paragraphe (un extrait du roman de Goethe) est reprise au profit d'une simple phrase dont le caractère autographe est plus que probable.

Mes souvenirs, chapitre XVII, *L'Écho de Paris*, 21 mars 1912	*Mes souvenirs*, chapitre XVII, Paris, Pierre Lafitte & Cie, 1912, p. 165 et 170
« Il sembla à Charlotte qu'il lui passait dans l'âme un pressentiment du projet affreux qu'il avait formé. Ses sens se troublèrent, elle lui serra les mains, les pressa contre son sein; elle se pencha vers lui avec attendrissement et leurs joues brûlantes se touchèrent. *L'univers s'anéantit pour eux; il la prit dans ses bras et couvrit ses lèvres de baisers furieux!!...* »	« Il sembla à Charlotte qu'il lui passait dans l'âme un pressentiment du projet affreux qu'il avait formé. Ses sens se troublèrent, elle lui serra les mains, les pressa contre son sein; elle se pencha vers lui avec attendrissement et leurs joues brûlantes se touchèrent. »
	Tant de passion délirante et extatique me fit monter les larmes aux yeux.
Les émouvantes scènes, les passionnants tableaux que cela devait donner! C'était *Werther!* C'était mon troisième acte.	Les émouvantes scènes, les passionnants tableaux que cela devait donner! C'était *Werther!* C'était mon troisième acte.
[...]	[...]

180. Le paragraphe qui précède la lettre de Gounod, à l'extrême fin du chapitre X, avait été aussi malencontreusement supprimé dans l'édition en volume.

À la répétition d'orchestre, cette émotion devait se renouveler. L'exécution de l'ouvrage avait atteint une perfection si rare, l'orchestre, tour à tour doux et puissant, suivait à ce point les nuances des voix que je ne pouvais revenir de mon enchantement : « Est-ce possible ? C'est trop beau ! Est-ce bien moi qui ai écrit cela ? » murmurais-je en un naïf attendrissement, du fauteuil où j'étais blotti, dans un coin de la salle obscure et immense. Ces mots étaient à peine sortis de mes lèvres qu'une artiste du théâtre, assise non loin de moi, y répondit par cette exclamation d'une conviction si touchante qu'elle m'alla au plus profond du cœur : — *Ja! Göttlicher Mann!...* (Oui, homme aimé de Dieu !...) [...]	À la répétition d'orchestre, cette émotion devait se renouveler. L'exécution de l'ouvrage avait atteint une perfection si rare, l'orchestre, tour à tour doux et puissant, suivait à ce point les nuances des voix que je ne pouvais revenir de mon enchantement : ~~*« Est-ce possible ? C'est trop beau ! Est-ce bien moi qui ai écrit cela ? » murmurais-je en un naïf attendrissement, du fauteuil où j'étais blotti, dans un coin de la salle obscure et immense. Ces mots étaient à peine sortis de mes lèvres qu'une artiste du théâtre, assise non loin de moi, y répondit par cette exclamation d'une conviction si touchante qu'elle m'alla au plus profond du cœur*~~ : — *Ja! Göttlicher Mann!...* (Oui, homme aimé de Dieu !...) [...]

Tableau V. Les transformations d'un paragraphe du chapitre XVII : « Voyage en Allemagne ».

Toutes ces modifications, aussi modestes soient-elles, suggèrent une intervention tardive de Massenet dans l'édition en volume de ses Mémoires, car, en raison de leur nature, elles n'ont probablement pas été toutes apportées par une tierce personne[181]. Elles incitent, dans tous les cas, à considérer la version en volume comme source principale d'une édition critique dans laquelle seront restitués les passages supprimés par inadvertance.

Mes souvenirs seront suivis des articles et discours ainsi que des réponses de Massenet aux enquêtes. Tous les discours seront intégrés malgré l'intervention de Henri Heugel dans leur conception qui tranche avec celle de certains articles ou enquêtes dans lesquels se dégagent les traits d'une personnalité. Car, s'ils relèvent souvent de l'hagiographie nécrologique et non d'une réflexion personnelle et sincère, ils trahissent le caractère parfois mondain de leur auteur qui, en outre, autorisa, à quelques exceptions près, leur publication séparément ou en partie pour l'édition Lafitte de 1912.

Apparat critique, normalisation et index

Un apparat critique précise ou corrige certains propos, car, comme pour tout type de Mémoires, « loin de prendre pour argent comptant les intentions déclarées, l'historien doit reconstituer lui-même l'enchaînement des causes et des effets afin d'en contrôler la pertinence »[182]. Les références sont alors données systématiquement avec les abréviations d'usage lorsqu'il y a citation, mais, dans les autres cas, les commentaires ou corrections proviennent d'une lecture croisée de divers ouvrages donnés pour la plupart en bibliographie afin de ne pas alourdir le texte.

181. On relèvera en revanche, que Massenet n'aurait jamais laissé figurer sur la page de titre son prénom en toutes lettres...

182. Jeannelle, *Écrire ses mémoires au XXe siècle : déclin et renouveau*, p. 40.

L'orthographe a été normalisée et les erreurs typographiques (coquilles, mots oubliés, fautes d'orthographe, etc.) ou de noms (Leuven et non Lewen; Wolff et non Wolf; Francisque Delmas et non Frédéric Delmas, Jacques Le Lorrain et non Le Lorain, Jacovacci et non Giacovacci, etc.) ont été corrigées d'autant que certaines proviennent d'une mauvaise transcription de l'édition en feuilleton. Ainsi, dans le chapitre XXIV, on trouve une présentation inexacte d'un titre (« C'était *le Chérubin* de Francis de Croisset ») alors qu'il faut lire, comme c'est le cas dans la version en feuilleton : « C'était le *Chérubin* de Francis de Croisset ». Enfin, certaines dates ont été ajoutées entre crochets dans le texte de Massenet afin de se repérer aisément dans une chronologie parfois peu claire[183]. Un index des noms (avec les œuvres de Massenet) est placé en fin de volume.

MASSENET ÉCRIVAIN : PORTRAIT DE L'HOMME ET DE L'ARTISTE

Malgré ses imperfections formelles ou factuelles, *Mes souvenirs* restent un document précieux pour comprendre à la fois l'œuvre et la personnalité de leur auteur. Complété par les rares écrits du compositeur, le récit, qui forme aussi la chronique d'un milieu artistique, recèle des éléments permettant de brosser un tempérament et de décrire l'atmosphère d'une époque.

L'homme

Inquiet, anxieux et nerveux, Massenet est une personnalité complexe. Ne méprisant pas les honneurs ou les décorations, il retrace avec fierté un parcours traditionnel sans obstacle : prix de conservatoire, lauréat du Prix de Rome, membre de l'Institut et de la Légion d'honneur. Ses remerciements obséquieux envers les autorités (ministres, Albert Ier de Monaco) semblent dès lors provenir d'un compositeur officiel appréciant les récompenses.

Cependant, il fuit les premières de ses ouvrages et, au fond de lui-même, abhorre les réceptions officielles ou mondaines pour se réfugier dans son travail[184] qui, placé sous le regard attentif de ses éditeurs successifs, l'absorbe totalement jusqu'à sa mort, peut-être pour vaincre une profonde solitude affective, le cercle de ses véritables amis étant plutôt restreint. Dès le chapitre III, Massenet fustige

> les amis qui ont surtout besoin de vous; les amis qui s'éloignent lorsque vous avez à leur parler d'une misère à soulager; enfin, les amis qui prétendent toujours vous avoir défendu la veille, d'attaques malveillantes, afin de faire valoir leurs beaux sentiments et de vous affliger en vous redisant, en même temps, les paroles blessantes dont vous avez été l'objet. J'ajoute qu'il me reste cependant de bien solides amitiés que je trouve aux heures de lassitude et de découragement.

Cette impression de mélancolie, récurrente aussi dans les notes autographes de ses manuscrits, imprègne ses écrits et masque les rares moments d'humour dont il peut faire

183. En guise de repère, une chronologie des œuvres et des principaux événements biographiques du compositeur est proposée en fin d'ouvrage.

184. Le titre du chapitre XXII (« Du travail !... toujours du travail !... ») est éloquent.

preuve, entre autres dans « Souvenirs d'une première » ou ses réponses aux enquêtes qu'il évacue parfois d'une pirouette.

À la recherche du succès, sollicitant l'approbation d'un public qu'il chérit, sensible aux jugements de son entourage, qu'ils proviennent de ses éditeurs ou de sa famille, Massenet menait peut-être aussi une quête incessante : forger l'œuvre idéale qui le ferait accéder à la postérité. Le dernier chapitre (« Pensées posthumes ») reste à cet égard particulièrement instructif : cette confession constitue un des rares moments de sincérité, car, dans l'évocation de ses futures obsèques, Massenet laisse percer la crainte que son œuvre puisse sombrer dans l'oubli après sa mort dont il a conscience qu'elle est proche.

Cette théâtralisation du discours affleure en fait dans l'ensemble des chapitres. La lecture de *Mes souvenirs* laisse l'impression d'un homme s'étant perpétuellement mis en scène, non seulement au travers de ses opéras, mais aussi dans sa vie qu'il souhaite présenter sans aspérité : ses Mémoires offrent un parcours presque rectiligne et sans réelles embûches, qui ne correspond pas à la réalité. Massenet voile la genèse complexe et tumultueuse de certaines de ses œuvres et masque, non seulement les relations difficiles qu'il pouvait entretenir avec ses contemporains, mais aussi l'hostilité farouche à laquelle il fut souvent confronté. Il présente Saint-Saëns ou Reyer comme des amis intimes, les couvre de propos proches de la flagornerie, alors que la réalité était tout autre. Massenet murmure du bout des lèvres son ressentiment à l'égard de Catulle Mendès, qui l'avait d'abord vilipendé, ou envers les critiques, comme Albert Wolff ou Camille Bellaigue qu'il cite sans acrimonie. Il peut aussi évacuer en quelques lignes les propos fielleux qui, touchant aussi bien son œuvre que sa personnalité, abondaient dans la presse : « Rien n'a pu empêcher, jusqu'ici, la persistance de cette formule : "M. Massenet se hâte d'achever sa partition afin d'être prêt pour le premier... !" Laissons dire et... continuons. » (chapitre XXVIII).

Alfred Bruneau, qui, dans ses écrits, ne fut pas toujours tendre à l'égard de son maître, explique dans une monographie rédigée tardivement, comment la lecture de *Mes souvenirs* le désola : « Tout le monde y est noble, superbe, incomparable, sublime ou auguste. » Et il ajoute pour définir un des traits de la personnalité du compositeur :

> Cette attitude de Massenet, attitude qu'il m'était difficile d'approuver, me rendit parfois désagréable à son égard : je le regrette sincèrement. Je n'en discernais point alors la raison réelle ; je crois pouvoir me l'expliquer à présent. En agissant de la sorte, Massenet obéissait à son désir irréfléchi d'être aimé. Ce désir, il le manifestait aussi bien dans sa vie que dans sa musique[185].

Mes souvenirs portent aussi les traces d'un homme qui, par pudeur ou par crainte, aseptise malheureusement son discours en reprenant, par exemple, le portrait de Halanzier, ou en suggérant une correction significative. En effet, quelques semaines avant sa mort, Massenet adresse à Henry Simond une lettre à propos de l'ultime chapitre de son ouvrage où il fait parler sa dernière égérie, Lucy Arbell, pour laquelle il éprouvait une profonde affection :

185. Alfred Bruneau, *Massenet*, Paris, Delagrave, 1935, p. 24.

dans le chapitre « *Pensées Posthumes* »[186] je voudrais remplacer un mot... par un autre plus juste

*

n'ayant pas le manuscrit, je crois me souvenir ainsi :

et c'était une jolie bouche &...
(voix)[187] / me semble / meilleur ?...
Votre opinion primera tout !

Pardon, pardon !

Massenet[188]

Ainsi, *Mes souvenirs* témoignent du tempérament d'un compositeur peu enclin à se livrer, comme l'a relevé Raymond de Rigné qui le fréquenta à la fin de son existence :

> Il [Massenet] les écrivit avec la ferme volonté de ne rien révéler de ses pensées intimes, de ses sentiments secrets. Des livres comme les *Confessions*, comme *En route* [de Joris-Karl Huysmans], dont il admirait l'art, lui semblaient être des manifestations d'impudeur. Non seulement il ne voulut rien révéler de sa vie privée, mais encore il n'aborda que le plus extérieur de sa carrière. [...] Il écrivit ces *souvenirs*, afin de rendre un hommage public à tous les remarquables artistes qui l'avaient aidé à triompher. Tiraillé par des intentions contradictoires, il produisit ce livre étrange, incomplet, fantaisiste...[189]

Cependant, les Mémoires de Massenet obéissent aussi à une fonction bien précise : en les rédigeant, le compositeur a souhaité gérer lui-même l'image qu'il entendait laisser à la postérité.

L'artiste

Cette disposition singulière du caractère a pu inciter Massenet à ne pas s'engager ou, au contraire, louer avec un empressement démesuré ses contemporains ou les maîtres du passé. Ses jugements ou remarques qu'il confie aux enquêtes peuvent parfois apparaître consensuels, Massenet manifestant un intérêt pour des esthétiques et des compositeurs les plus opposés à l'exception de Meyerbeer ou Donizetti qu'il juge curieusement démodés alors que des liens pourraient être établis entre leurs œuvres et les siennes, la structuration des duos de ses premiers opéras étant largement redevable aux modèles italiens ou du grand opéra.

Ses écrits ou réponses aux enquêtes dénotent cependant une curiosité et une indépendance d'esprit peu communes à une époque où plusieurs écoles s'affrontent (symbolisme, naturalisme, wagnérisme, etc.) : Massenet est un conservateur éclairé. Pourtant peu enclin à le défendre[190], André Messager se rappelle : « Très érudit, en

186. Rappelons que ce chapitre est publié le 11 juillet 1912.

187. Ce changement de mot concerne le court dialogue fictif que Massenet imagine au lendemain de sa mort : « "Ah ! ma foi, moi, je l'aimais bien ! J'ai toujours eu tant de succès dans ses ouvrages !" / Et c'était une jolie voix de femme qui disait cela. » Voir ci-après chapitre XXIX.

188. Lettre de Jules Massenet à Henry Simond, Vichy, [fin juin – début juillet 1912], BnF, Département des Manuscrits, NAF-14478, ff. 94-95.

189. Rigné, « Souvenirs sur Massenet », p. 339-340.

190. Messager recevra la lettre suivante de Fauré suite à un article qu'il avait fait paraître dans la presse lors de la reprise de *Grisélidis* à l'Opéra en 1922 : « Mon cher André, j'applaudis de plus en plus à tes excellents

même temps que fort éclectique, il se tenait au courant des moindres nouveautés musicales »[191]. Sensible aux œuvres qui portent la marque d'une personnalité et soucieux de ne pas ériger des dogmes, Massenet observe en effet avec intérêt les nouvelles esthétiques musicales de son temps. Il apprécie le répertoire russe, sans citer Stravinski cependant[192], s'intéresse à Debussy, Dukas et surtout Bruneau, Charpentier ou Hahn, le professeur de composition ne ménageant pas sa peine pour encourager et soutenir ses anciens élèves avec lesquels il conserve souvent d'étroites relations.

Ses jugements sur Liszt ou Richard Strauss, dont il pressent la place qu'ils occuperont dans l'histoire de la musique, sont également perspicaces. Loin de tout chauvinisme, Massenet défend la musique française mais jamais au détriment du répertoire étranger qui ne peut que l'enrichir. Il se place ainsi, non pas en rupture avec le passé, mais dans une continuité librement assumée depuis Auber, Gounod ou Ambroise Thomas, qu'il considère comme ses maîtres, sans pour autant oublier les œuvres d'un XVIIIe siècle élargi et mythifié avec Gluck et Méhul dont il se réclame. Dans son discours à Givet en 1892, Massenet affirme :

> Méhul devait accomplir dans la forme de l'opéra-comique la même révolution que celle qu'avait accomplie Gluck dans l'opéra. [...] J'aime à me reporter à ces temps héroïques de la musique où l'opéra moderne, secouant les formes pédagogiques qui l'enserraient, sortait si superbement de ses langes, servi par cette grande pléiade d'artistes qu'on appelait Cherubini, Lesueur, Spontini, Grétry, Berton; et je dis moderne avec intention, car ce sont eux qui ont ouvert les voies que nous suivons encore[193].

Parmi les figures marquantes du théâtre lyrique de son temps, il admire aussi bien Wagner que Verdi dont la disparition le trouble néanmoins, car elle altère « les droits et l'influence de la Méditerranée » dans la musique (chapitre XX). Son engagement renouvelé en faveur du Prix de Rome, qu'il manifeste dans « Comment je suis devenu compositeur » jusqu'à son dernier discours à l'Institut, n'est donc pas simplement motivé par un souci de reconnaissance : au cours de leur séjour à la Villa Médicis, les lauréats se forgeront le goût en se confrontant directement à l'art gréco-latin, perçu à cette époque comme un des fondements de la culture française. Ainsi s'expliquent, dans *Mes souvenirs*, les longues descriptions des sites antiques ou des chefs-d'œuvre de la Renaissance qu'ils soient du domaine de la peinture ou de l'architecture.

Cet éclectisme, qui affecte également l'œuvre musicale de Massenet aussi bien dans sa conception[194] que dans le choix diversifié des sujets, relève en fait d'une posture

---

et courageux articles. Tu oses dire que *Grisélidis* ne vaut pas cher, que c'est là un des nombreux laissés-pour-compte de Massenet. Tu fais très bien. C'est, Dieu merci, assez de *Manon* et de l'éternel *Werther* ! ». Lettre de Gabriel Fauré à André Messager, [s. l. n. d.] ; citée dans Michel Augé-Laribé, *André Messager, musicien de théâtre*, Paris, La Colombe, 1951, p. 184.

191. André Schaeffner, « Souvenirs d'André Messager », dans Ladislas Rohozinski (dir.), *Cinquante ans de musique française : de 1874 à 1925*, Paris, Éditions musicales de la librairie de France, 1925, vol. II, p. 396-397.

192. Il put entendre deux ballets : *L'Oiseau de feu* et *Petrouchka*, créés respectivement les 25 juin 1910 et 13 juin 1911.

193. Voir ci-après, Discours.

194. À titre d'exemple, citons ces propos d'Adolphe Jullien à propos d'*Esclarmonde* : « Massenet [...] emporté par son éclectisme presque maladif, traçait là, comme une carte des échantillons dans laquelle les

esthétique typiquement française. Influencée par la philosophie de Victor Cousin [195], celle-ci fut implicitement considérée comme un rempart au wagnérisme [196] alors qu'elle s'inscrit dans une tradition qui s'installe dès les années 1830 avec Meyerbeer notamment. Aussi, dès la création du *Roi de Lahore* (1877), Massenet ne cache-t-il « point l'impression profonde que lui avaient faites les belles, les grandes pages de l'*Aïda* de Verdi » et avoue : « J'ai été wagnérien, beaucoup trop peut-être ; aujourd'hui j'admire le beau chez Wagner comme chez les autres musiciens » [197]. Puis, lors de la création de *Manon*, il livre une profession de foi du « juste milieu » souvent citée :

> Les maîtres italiens ont un souci trop exclusif de la phrase ; ils sacrifient trop aux voix, sans se préoccuper suffisamment de ce qu'on appelle les *dessous*, de ce que j'appelle, moi, *l'atmosphère* dramatique. Il en résulte que les personnages vivent uniquement de leur vie propre, vie un peu factice, et pas assez de celle qu'on emprunte à l'air ambiant. Chez le maître allemand [Wagner], c'est tout le contraire. À mon sens, il est plus voisin de la vérité ; mais ni ici, ni là, n'est la vérité absolue. L'idéal serait dans la fusion harmonique des deux systèmes, dans leur juste pondération. Et c'est l'idéal que je recherche [198].

Conformément à un principe cousinien, Massenet est donc un esprit mesuré, féru d'œuvres que l'Histoire a consacrées, de Gluck à Méhul, de Mozart à Wagner ou Verdi, et auxquelles il se réfère jusqu'à la citation dans ses propres œuvres [199].

Les écrits de Massenet dévoilent aussi certains aspects d'un processus créatif personnel : important travail préalable sur les livrets, rapidité fréquente de la composition, besoin de s'immerger dans un environnement propice à l'inspiration. Massenet relate ainsi son séjour en Hollande dans l'hôtel où vécut l'abbé Prévost (*Manon*) et comment Hartmann lui loua un appartement meublé dans le style Louis XV à Versailles pour composer *Werther*. Il raconte aussi son voyage à Wetzlar (*Werther*), sa visite du couvent des Carmes à Paris (*Thérèse*), ou décrit sa maison de Pont-de-l'Arche dont le génie du lieu fut bénéfique à *Cendrillon*. Massenet se montre *a fortiori* sensible aux objets qui l'entourent lorsqu'il entre dans une phase créatrice : « J'ai toujours aimé avoir sous les yeux une image ou un symbole de l'ouvrage qui m'occupait », écrit-il au chapitre XX. Dans « Comment je suis devenu compositeur » et plusieurs passages de *Mes souvenirs*, il insiste sur cette dimension à propos de la composition du *Roi de Lahore*, des *Érinnyes* ou de *Thaïs*.

---

amateurs pouvaient apprécier à leur choix, du Wagner, du Gounod, du Meyerbeer, du Verdi, même des souvenirs d'opérette. » (« Revue musicale », *Journal des débats*, 19 août 1923).

195. Voir Jean-Christophe Branger, « *Werther* de Jules Massenet : un "drame lyrique" français ou germanique ? Sources et analyse des motifs récurrents », *Revue de musicologie*, t. 87, n° 2, 2001, p. 419-483.

196. « Notre école musicale actuelle – j'entends la bonne, la vraie – ne s'éloigne pas sensiblement de celle qu'en philosophie on appelle l'éclectisme. » Léon Kerst, « *Le Roi de Lahore* », *Revue du monde musical et dramatique*, 2e année, n° 14, 5 avril 1879, p. 210.

197. Benedict [Jouvin], « Théâtre de l'Opéra », *Le Figaro*, 4 mai 1877.

198. Parisis [Émile Blavet], « La vie parisienne. Jules Massenet 18 janvier 1884 », *Le Figaro*, 19 janvier 1884.

199. On trouvera chez Massenet des citations plus ou moins explicites de Beethoven (*Manon*), Wagner (*Esclarmonde* ou *Concerto pour piano*), Halévy (*Werther*), Mozart (*Chérubin*) ou encore Moussorgski (*Don Quichotte*), etc.

Charles Malherbe aborde ce phénomène dans une lettre inédite qu'il adresse au compositeur, le 21 septembre 1911. Avant de citer un extrait des *Kreisleriana*, il lui écrit :

> Mon cher Maître,
>
> Pour vous prouver que ne je vous oublie pas, je vous transcris quelques lignes que je viens de rencontrer au cours d'une lecture. Elles émanent de cet homme bizarre que fut le conseiller Hoffmann, magistrat, conteur, musicien, critique, en somme, une manière de génie ! Ce qu'il dit au sujet des rapports de l'ouïe et de la vue, dans la formation de l'œuvre musicale, m'a rappelé des observations personnelles que vous aviez faites ; vous m'avez confié combien vous étiez sensible au spectacle des choses, et combien les yeux jouaient un rôle dans le phénomène mystérieux de l'inspiration.
> La définition d'Hoffmann répond à votre idée, elle mérite qu'on la garde, et vous pourrez lui faire une petite place parmi les papiers que vous conservez[200].

À la fin de sa lettre, Malherbe cite alors un extrait des *Lettres de maîtrise de Johannès Kreisler* (*Kreisleriana* II, 7) où le processus créatif est abordé en des termes que Massenet n'aurait pas reniés :

> Le musicien, c'est-à-dire celui dans l'âme duquel la musique se développe par une claire et nette conscience, est partout comme entouré de flots de mélodie et d'harmonie. Et ce n'est point une vaine image, une allégorie, quand le musicien prétend que les couleurs, les parfums, les rayons lumineux, lui apparaissent à lui comme des sons, et que leur combinaison est pour lui un merveilleux concert.
> De même que, selon l'expression d'un spirituel physicien, l'ouïe est une vue d'en dedans, ainsi *la vue est-elle au musicien une ouïe d'en dedans*[201], pour la conscience la plus pénétrante de la musique, qui, vibrant à l'unisson de son esprit, résonne dans tout ce que son œil embrasse.
> Ainsi ces impulsions soudaines que ressent le musicien, cette naissance des mélodies dans son être intime, seraient la connaissance, la *conception* (inconsciente, ou plutôt, indéfinissable en mots) de la musique secrète de la nature[202].

Le rapprochement de Massenet avec Hoffmann s'avère particulièrement pertinent d'autant qu'un article de Charles Koechlin le corrobore. Dans ses notes prises pendant les cours de Massenet qu'il reçut au Conservatoire, Koechlin relève cette affirmation : « Il y a des peintres qui écrivent aussi de la musique, des musiciens qui font aussi de la peinture. » Massenet disait encore à ses élèves : « Voyager, lire, causer avec des gens intelligents, voir des œuvres d'art, tout cela c'est *de la musique*. Nous transformons en musique les impressions que nous en recevons… »[203].

Cette synesthésie n'est pas sans lien avec l'intérêt que Massenet porta aux théories de René Ghil selon lesquelles les sons ont des correspondances colorées[204]. Le compositeur établissait aussi volontiers des correspondances entre les arts dans ses cours : « Delacroix

200. Lettre de Charles Malherbe à Jules Massenet, Cormeilles (Eure), 21 septembre 1911, BnF, Bibliothèque-musée de l'Opéra, NLAS-119 (116). Sur Charles Malherbe, voir *Mes souvenirs*, chapitre XVIII.

201. C'est Malherbe qui souligne.

202. Malherbe cite sans doute un extrait de l'ouvrage de Charles Bergmans (*La musique et les musiciens*, Gand, A. Sieffer, 1902, p. 24-25) où sont reproduits textuellement ces propos de Hoffmann.

203. Voir Charles Koechlin, « Souvenirs de la classe Massenet (1894-1895) », *Le Ménestrel*, 97ᵉ année, nº 10, 8 mars 1935, p. 82.

204. Voir ci-après, Enquêtes, « Portraits documentés », *L'Écho de Paris*, 9 mars 1892.

est un *lyrique* : sa *Barque des Enfers*, on y voit toutes sortes de choses qui ne sont pas sur la toile. Il évoque des impressions, des idées, comme Gluck »[205].

De même, Massenet se montre sensible avant tout à la musicalité d'un texte qu'il soit en prose (Bossuet, Chateaubriand) ou poétique (Musset, Hugo, Verlaine, Sully Prudhomme), bien que son avis concernant l'écriture des livrets ait évolué en faveur de la versification. Car Massenet n'est pas un révolutionnaire : la présence de Ghil dans son panthéon reste marginale et s'il apprécie la peinture, ce ne sont pas, comme Chabrier, les toiles impressionnistes, mais celles des Holbein, Raphaël ou Dürer.

Ce brassage des esthétiques et des arts, conjugué à un sens de l'Histoire, trouve son plein épanouissement dans le lieu privilégié de son expression artistique : l'opéra. Dans ses Mémoires, Massenet accorde en effet une place prééminente à ses œuvres dramatiques – opéras et oratorios, en raison de leur proximité esthétique (il rappelle d'ailleurs comment *Marie-Magdeleine* fut porté à la scène). Les ballets ou nombreuses musiques de scène sont en revanche tenus pour quantité négligeable et la musique instrumentale, domaine dans lequel le compositeur s'est aussi abondamment exprimé, apparaît absente alors qu'il mesure le rôle que les sociétés de concert ont pu jouer dans l'évolution du théâtre lyrique[206]. Massenet évoque rapidement ses suites d'orchestre, qu'il produit pourtant régulièrement avec succès[207], et passe totalement sous silence ses nombreuses pièces pour piano, la *Fantaisie pour violoncelle* (1898) et surtout le *Concerto pour piano*, sans doute en raison de l'échec cuisant que celui-ci subit lors de sa création en 1903. On sera également surpris par l'absence de certaines pièces chorales (*Narcisse*, *Biblis*) et le peu d'attention accordé aux mélodies à l'exception du *Poème d'avril* et des *Expressions lyriques*.

La présence de ces deux cycles est en fait éminemment symbolique. Le premier, œuvre de jeunesse avec laquelle Massenet s'est fait connaître et apprécier de ses pairs, inaugure une série de plusieurs cycles, tandis que le second et dernier du genre baigne dans une atmosphère mystérieuse où le compositeur joue avec son lecteur en taisant le nom de sa mystérieuse inspiratrice qui, à son époque, était pourtant aisément identifiable : le contralto Lucy Arbell.

D'une façon générale, les chanteurs ou interprètes occupent une place considérable dans *Mes souvenirs* qu'elle soit en creux ou clairement affirmée. Au-delà des remerciements d'usage, leur présence est significative des liens étroits que Massenet a entretenus avec eux et de sa passion pour l'art dramatique. Le compositeur aime sincèrement les chanteurs, mais il est attiré non seulement par une voix mais aussi par des aptitudes scéniques prononcées. Il apprécie la truculence d'un Lucien Fugère[208] comme il admire la tragédienne qu'était Lucienne Bréval. À ses yeux, l'opéra devient

205. Cité dans Charles Koechlin, « Souvenirs de la classe Massenet (1894-1895) », *Le Ménestrel*, 97ᵉ année, nº 11, 15 mars 1935, p. 90.

206. Voir ci-après, Enquêtes, « La crise théâtrale », *Paris*, 13 novembre 1892.

207. De la *Première suite d'orchestre* (1867) à la *Suite parnassienne* (1912), Massenet compose neuf suites d'orchestre.

208. Voir Vincent Giroud, « Lucien Fugère, interprète de Massenet », dans Jean-Christophe Branger et Agnès Terrier (dir.), *Massenet et l'Opéra-Comique*, Saint-Étienne, Publications universitaires de Saint-Étienne, 2015, p. 131-148.

d'ailleurs « l'expression d'art la plus complète » si elle respecte une « unité trinitaire ». Dans sa réponse à l'enquête du journal *Paris*, il donne une définition de l'opéra à laquelle ses ouvrages répondent sans conteste : « Le grand progrès de la musique moderne, c'est de suivre l'action, sans embarras inutiles, sans accrocs. Ça marche, c'est bref, rapide et rien ne doit être inutile. La musique forme un tout avec le livret et le décor »[209].

Dans cette perspective, Massenet reste très attaché à sa collaboration avec les chanteurs. Mais, si les noms de Fugère, Delmas, Reszké ou Van Dyck sont cités, Massenet détaille surtout les relations étroites qu'il a pu nouer avec certaines cantatrices, comme Sibyl Sanderson, Emma Calvé et Lucy Arbell devenues ses égéries pour lesquelles il composa plusieurs rôles avec leur complicité – Massenet pouvait d'ailleurs les flatter en leur faisant signer avec lui la dernière page du manuscrit d'un ouvrage pour lequel il les avait sollicitées pendant la composition.

Cette prédilection pour les chanteuses est sans doute liée à la place de la femme dans ses opéras qui, si elle constitue un cliché, n'en est pas moins fondée. Il avouait d'ailleurs lui-même à la veille de la première d'*Ariane* :

> Oui c'est encore un caractère de femme, ou, pour mieux dire, trois caractères – Ariane, Perséphone, Phèdre – que j'ai voulu représenter; et c'est encore une femme que je mettrai cet hiver à la scène, à Monte-Carlo, dans *Thérèse*. Qu'y a-t-il donc d'autre dans la vie ? N'est-ce point la raison de toutes choses et la meilleure beauté qui illumine notre existence ? Ce n'est point par « féminisme maniéré » que je poursuis mon idole, depuis Ève jusqu'à Sapho ; c'est une sorte de raison impérieuse qui me contraint à ne point voir pour l'art d'objet plus naturel et plus digne[210].

Mais, s'il apprécie encore l'adaptation de *Don Quichotte* par Jacques Le Lorrain car elle a donné vie à Dulcinée, Massenet peut aussi s'enthousiasmer pour le livret du *Jongleur de Notre-Dame* marqué par l'absence de rôles féminins majeurs.

Cette réaction s'explique par un besoin permanent de se renouveler qui transparaît à la lecture de ses écrits. On reste en effet frappé par la diversité des sujets et des genres abordés. Le compositeur s'en explique en 1896 :

> Vous remarquerez [...] que mes ouvrages sont empruntés à des sources très diverses. Je tâche d'en varier les sujets. *Manon* est venue après *Hérodiade*, *Esclarmonde* après *Le Cid*. Je m'arrache à un milieu et me plonge aussitôt en un milieu opposé, pour changer le cours de mes idées. C'est le meilleur moyen d'éviter la monotonie[211].

Malgré leur limite formelle ou factuelle, les écrits de Massenet forment ainsi un ensemble particulièrement complexe, mais riche en informations sur une époque et une personnalité créatrice. Ils permettent de mieux comprendre un compositeur qui s'est constamment mis au service de la scène au point d'en subir peut-être l'influence sur son propre comportement. Truffés de situations rocambolesques, où la véracité du propos se mêle à la fiction, *Mes souvenirs* peuvent se lire, en raison d'une inexactitude parfois

209. Voir ci-après, Enquêtes, « La crise théâtrale », *Paris*, 13 novembre 1892.
210. Robert Brussel, « À la veille d'*Ariane* », *Le Figaro*, 28 octobre 1906.
211. Adolphe Brisson, « Promenades et visites. M. Jules Massenet », *Le Temps*, 6 mai 1896.

criante, comme l'ultime opéra d'un auteur[212] qui, après avoir su installer une forme de complicité entre lui et ses auditeurs[213], joue avec son lecteur en le berçant d'illusions. C'est sans doute ainsi qu'il faut comprendre son intérêt pour les Mémoires dont il dit apprécier le « sentiment de la vérité »[214] : faire croire que le faux est vrai.

Avec ce testament littéraire, Massenet mit aussi un terme à une carrière particulièrement bien remplie. Il souhaita d'ailleurs peu de temps avant sa mort faire graver l'inscription suivante sur sa tombe : « Dans cette solitude, je me repose du théâtre »[215].

*

Pour conclure ces prolégomènes, nous tenons à remercier chaleureusement Jean-Pierre Bartoli, Guy Gosselin, Denis Herlin, Adriana Guarnieri, Isabelle Moindrot et Lesley Wright pour leurs conseils avisés.

Nous sommes également particulièrement redevables à Sylvain Chambre et Jean-Louis Debauve de nous avoir permis de reproduire des documents de leur collection familiale ou personnelle.

Notre gratitude va également à Philippe Blay, Gérard Condé, Vincent Giroud, Malou Haine, Nicolas Moron, Jann Pasler et Marie-Gabrielle Soret, dont l'aide fut précieuse dans l'élaboration du présent ouvrage.

Nous adressons aussi nos plus vifs remerciements aux personnes et institutions pour les informations et les documents qu'elles ont bien voulu nous transmettre : Nathalie Barbaste-Marro (Médiathèque de Monaco), Alain Barnicaud et Sylvestre Clap (Avignon, Palais du Roure), Florence Calament (Musée du Louvre), Jacqueline Carpine-Lancre et Thomas Fouilleron (Archives et bibliothèque du Palais princier de Monaco), Jean-Marc Courbet (Bollène, Centre de documentation provençale), Anne-Marie Damiano (Musée océanographique de Monaco), François Marin et Geneviève Saby (Bibliothèque municipale de Saint-Étienne).

Que la Ville de Saint-Étienne et le CIEREC (Université Jean Monnet de Saint-Étienne) soient remerciés pour le soutien qu'ils ont apporté à la publication du présent ouvrage que Malou Haine et Michel Duchesneau ont généreusement accueilli dans leur collection.

Nous tenons enfin à saluer la mémoire de Noël Lee qui nous a confié une grande partie des archives du musicologue Patrick Gillis : que le présent volume leur soit dédié.

212. La connotation théâtrale donnée au sous-titre du dernier chapitre (« Intermède ») reste à cet égard éloquente.

213. On pense aux références stylistiques ou citations explicites qui, on l'a vu, participent de l'esthétique de Massenet.

214. Voir ci-après, Enquêtes, « Portraits documentés », *L'Écho de Paris*, 9 mars 1892.

215. Une photographie d'une note autographe non datée de Massenet, comprenant cette phrase, est reproduite dans un cahier iconographique hors-texte dans le livre de Pierre Bessand-Massenet (*Massenet*, Paris, Julliard, 1979).

Première partie

MES SOUVENIRS (1848-1912) : À MES PETITS ENFANTS

MES SOUVENIRS (1848-1912) : À MES PETITS ENFANTS

AVANT-PROPOS

On m'a souvent demandé si j'avais réuni les souvenirs de ma vie, d'après des notes prises au jour le jour ? Eh bien ! oui. C'est vrai.

Voici comment j'en pris l'habitude régulière.

Ma mère qui était le modèle des femmes et des mères, et qui me faisait mon éducation morale, m'avait dit, le jour anniversaire de ma naissance, lors de mes dix ans : « Voici un agenda (c'était un de ces agendas, format allongé, tel qu'on les trouvait alors dans le *petit* magasin du *Bon Marché*, devenu la colossale entreprise que l'on sait [1]), et chaque soir, avait-elle ajouté, avant de te mettre au lit, tu annoteras sur les pages de ce *memento*, ce que tu auras fait, dit ou vu pendant la journée. Si tu as commis une action ou prononcé une parole que tu puisses te reprocher, tu auras le devoir d'en écrire l'aveu sur ces pages. Cela te fera, peut-être, hésiter à te rendre coupable d'un acte répréhensible durant la journée. »

N'était-ce pas là la pensée d'une femme supérieure, à l'esprit comme au cœur droit et honnête, qui mettant au premier rang des devoirs de son fils, le cas de conscience, plaçait la conscience à la base même de sa méthode éducative ?

Un jour que j'étais seul et que je m'amusais, en manière de distraction, à fureter dans les armoires, j'y découvris des tablettes de chocolat. J'en détachai une et la croquai.

J'ai dit quelque part que j'étais… gourmand. Je ne le nie pas. En voilà une nouvelle preuve.

Lorsqu'arriva le soir et qu'il me fallut écrire le compte rendu de ma journée, j'avoue que j'hésitai un instant à parler de la succulente tablette de chocolat. Ma conscience, cependant mise à l'épreuve, l'emporta et je consignai bravement le délit sur l'agenda.

L'idée que ma mère lirait mon crime me rendait un peu penaud. À ce moment, ma mère entra, elle vit ma confusion, mais aussitôt qu'elle en connut la cause, elle m'embrassa et me dit : « Tu as agi en honnête homme, Je te pardonne, mais ce n'est pas une raison, toutefois, pour recommencer à manger ainsi, clandestinement, du chocolat ! »

1. L'entreprise, fondée en 1838, est si prospère à cette époque que sa propriétaire, Marguerite Boucicaut, fait construire en 1910 l'Hôtel Lutétia pour y loger ses clients venus de province.

Quand, plus tard, j'en ai croqué et du meilleur, c'est que, toujours, j'en avais obtenu la permission.

C'est ainsi que mes souvenirs, bons ou mauvais, gais ou tristes, heureux ou non, je les ai toujours notés au jour le jour, et conservés pour les avoir constamment à la pensée[2].

Chapitre premier

L'admission au Conservatoire

Vivrais-je mille ans – ce qui n'est pas dans les choses probables – que cette date fatidique du 24 février 1848 (j'allais avoir six ans) ne pourrait sortir de ma mémoire, non pas tant parce qu'elle coïncide avec la chute de la monarchie de Juillet, que parce qu'elle marque mes tout premiers pas dans la carrière musicale, cette carrière pour laquelle je doute encore avoir été destiné, tant j'ai gardé l'amour des sciences exactes!...

J'habitais alors avec mes parents, rue de Beaune, un appartement donnant sur de grands jardins. La journée s'était annoncée très belle; elle fut, surtout, particulièrement froide.

Nous étions à l'heure du déjeuner, lorsque la domestique qui nous servait entra en énergumène dans la pièce où nous nous trouvions réunis. *Aux armes citoyens!...* hurla-t-elle, en jetant – bien plus qu'elle ne les rangea – les plats sur la table!...

J'étais trop jeune pour pouvoir me rendre compte de ce qui se passait dans la rue. Ce dont je me souviens, c'est que les émeutiers l'avaient envahie et que la Révolution se déroulait, brisant le trône du plus débonnaire des rois.

Les sentiments qui agitaient mon père étaient tout différents de ceux qui troublaient l'âme inquiète de ma mère. Mon père avait été officier supérieur sous Napoléon Ier, ami du maréchal Soult, duc de Dalmatie, il était tout à l'empereur et l'atmosphère embrasée des batailles convenait à son tempérament[3]. Quant à ma mère, les tristesses de la première grande révolution, celle qui avait arraché de leur trône Louis XVI et Marie-Antoinette, laissaient vibrer en elle le culte des Bourbons[4].

Le souvenir de ce repas agité resta d'autant mieux gravé dans mon esprit que ce fut le matin de cette même historique journée, qu'à la lueur des chandelles (les bougies n'existaient que pour les riches familles) ma mère me mit pour la première fois les doigts sur le piano.

Pour m'initier davantage à la connaissance de cet instrument, ma mère, qui fut mon éducatrice musicale, avait tendu, le long du clavier, une bande de papier sur laquelle elle avait inscrit les notes qui correspondaient à chacune des touches blanches et noires,

2. Sur l'existence de ces documents, voir nos Prolégomènes.

3. Alexis Massenet (1788-1863) fut en réalité capitaine du génie de l'armée du roi d'Espagne (Joseph, frère de Napoléon) entre 1808 et 1813.

4. Adélaïde Massenet (1809-1875), née Royer de Marancour.

avec leur position sur les cinq lignes. C'était fort ingénieux, il n'y avait pas moyen de se tromper.

Mes progrès au piano furent assez sensibles pour que, trois ans plus tard en octobre 1851, mes parents crussent devoir me faire inscrire au Conservatoire pour y subir l'examen d'admission aux classes de piano[5].

Un matin de ce même mois, nous nous rendîmes donc rue du Faubourg-Poissonnière. C'était là que se trouvait – il y resta si longtemps avant d'émigrer rue de Madrid[6] – le Conservatoire national de musique. La grande salle où nous entrâmes, comme en général toutes celles de l'établissement d'alors, avait ses murs peints en ton gris bleu, grossièrement pointillés de noir. De vieilles banquettes formaient le seul ameublement de cette antichambre.

Un employé supérieur, M. Ferrière, à l'aspect rude et sévère, vint faire l'appel des postulants, jetant leurs noms au milieu de la foule des parents et amis émus qui les accompagnaient. C'était un peu l'appel des condamnés. Il donnait à chacun le numéro d'ordre avec lequel il devait se présenter devant le jury. Celui-ci était déjà réuni dans la salle des séances.

Cette salle, destinée aux examens, représentait une sorte de petit théâtre, avec un rang de loges et une galerie circulaire. Elle était conçue en style du Consulat. Je n'y ai jamais pénétré, je l'avoue, sans me sentir pris d'une certaine émotion. Je croyais toujours voir assis, dans une loge de face, au premier étage, comme en un trou noir, le Premier Consul Bonaparte et la douce compagne de ses jeunes années, Joséphine ; lui, au visage énergiquement beau ; elle, au regard tendre et bienveillant, souriant, et encourageant les élèves aux premiers essais desquels ils venaient assister l'un et l'autre. La noble et bonne Joséphine semblait, par ses visites dans ce sanctuaire consacré à l'art, et en y entraînant celui que tant d'autres graves soucis préoccupaient, vouloir adoucir ses pensées, les rendre moins farouches par leur contact avec cette jeunesse qui, forcément, n'échapperait pas un jour aux horreurs des guerres.

C'est encore dans cette même petite salle – ne pas confondre avec celle bien connue sous le nom de Salle de la Société des Concerts du Conservatoire – que, depuis Sarrette[7], le premier directeur, jusqu'à ces derniers temps, ont été passés les examens de toutes les classes qui se sont données dans l'établissement, y compris celles de tragédie et de comédie. Plusieurs fois par semaine également, on y faisait la classe d'orgue, car il s'y trouvait un grand orgue à deux claviers, au fond, caché par une grande tenture. À côté de ce vieil instrument, usé, aux sonorités glapissantes, se trouvait la porte fatale par laquelle les élèves pénétraient sur l'estrade formant la petite scène. Ce fut dans cette

5. Aucune source n'indique la présence de Massenet au Conservatoire à cette date. D'après les registres du Conservatoire (Archives nationales) et un certificat d'admission en classe de piano, signé par Auber (Saint-Étienne, Bibl. municipale), le musicien n'entre au Conservatoire que le 12 janvier 1853. Aurait-il échoué deux ans auparavant ?

6. Le Conservatoire s'installe rue de Madrid en septembre 1911, soit quelques semaines avant la rédaction de *Mes souvenirs*.

7. Bernard Sarrette (1765-1858), premier directeur du Conservatoire de 1795 à 1814.

salle aussi que, pendant de longues années, eut lieu la séance du jugement préparatoire aux prix de composition musicale, dits Prix de Rome[8].

Je reviens à la matinée du 9 octobre 1851. Lorsque tous les jeunes gens eurent été informés de l'ordre dans lequel ils auraient à passer l'examen, nous allâmes dans une pièce voisine qui communiquait par la porte que j'ai appelée fatale, et qui n'était qu'une sorte de grenier poussiéreux et délabré.

Le jury, dont nous allions affronter le verdict, était composé d'Halévy, de Carafa, d'Ambroise Thomas, de plusieurs professeurs de l'École et du Président, directeur du Conservatoire, M. Auber, car nous n'avons que rarement dit : Auber, tout court, en parlant du maître français, le plus célèbre et le plus fécond de tous ceux qui firent alors le renom de l'opéra et de l'opéra-comique.

M. Auber avait alors soixante-cinq ans. Il était entouré de la vénération de chacun et tous l'adoraient au Conservatoire. Je revois toujours ses yeux noirs admirables, pleins d'une flamme unique et qui sont restés les mêmes jusqu'à sa mort, en mai 1871[9].

En mai 1871 !... On était alors en pleine insurrection, presque dans les dernières convulsions de la Commune... et M. Auber, fidèle quand même à son boulevard aimé, près le passage de l'Opéra – sa promenade favorite – rencontrant un ami, qui se désespérait aussi des jours terribles que l'on traversait, lui dit, avec une expression de lassitude indéfinissable : « Ah ! j'ai trop vécu ! » – puis il ajouta, avec un léger sourire : « Il ne faut jamais abuser de rien. »

En 1851 – époque où je connus M. Auber – notre directeur habitait déjà depuis longtemps son vieil hôtel de la rue Saint-Georges, où je me rappelle avoir été reçu, dès sept heures du matin – le travail du maître achevé ! – et où il était tout aux visites qu'il accueillait si simplement[10].

Puis il venait au Conservatoire dans un tilbury qu'il conduisait habituellement lui-même. Sa notoriété était universelle. En le regardant, on se rappelait aussitôt cet opéra : *La Muette de Portici*[11], qui eut une fortune particulière et qui fut le succès le plus retentissant avant l'apparition de *Robert le Diable*[12] à l'Opéra. Parler de *La Muette de Portici*, c'est forcément se souvenir de l'effet magique que produisit le duo du deuxième acte : « Amour sacré de la patrie... » au Théâtre de la Monnaie, à Bruxelles, sur les patriotes qui assistaient à la représentation. Il donna, en toute réalité, le signal de la révolution qui éclata en Belgique, en 1830, et qui devait amener l'indépendance de nos

8. Dernier vestige de la Foire Saint-Laurent, cette petite salle, souvent baptisée « salle d'exercices », conservait des éléments de la salle de Monnet. Située dans une « cage spéciale » ménagée dans les bâtiments de la rue Bergère, elle fut démolie après le transfert du Conservatoire, rue de Madrid, contrairement à la salle de la Société des Concerts du Conservatoire qui fut épargnée.

9. Directeur du Conservatoire de 1842 jusqu'à sa mort, Daniel-François-Esprit Auber (1782-1871), âgé de soixante-neuf ans en réalité, jouit d'un certain prestige tout au long du XIXe siècle.

10. Massenet établit ici implicitement un parallèle avec sa propre existence puisqu'il était connu pour composer très tôt le matin et recevoir ensuite ses visiteurs chez lui ou chez son éditeur.

11. *La Muette de Portici*, opéra en cinq actes de Auber, livret d'E. Scribe et G. Delavigne, créé à l'Opéra de Paris, le 28 février 1828.

12. *Robert le Diable*, opéra en cinq actes de Meyerbeer, livret d'E. Scribe et G. Delavigne, créé à l'Opéra de Paris, le 21 novembre 1831.

voisins du Nord. Toute la salle, en délire, chanta avec les artistes cette phrase héroïque, que l'on répéta encore et encore, sans se lasser.

Quel est le maître qui peut se vanter de compter dans sa carrière un tel succès ?...

À l'appel de mon nom, je me présentai tout tremblant, sur l'estrade. Je n'avais que neuf ans et je devais exécuter le final de la sonate de Beethoven, op. 29[13]. Quelle ambition !!!...

Ainsi qu'il est dans l'habitude, je fus arrêté après avoir joué deux ou trois pages, et, tout interloqué, j'entendis la voix de M. Auber qui m'appelait devant le jury.

Il y avait, pour descendre de l'estrade, quatre ou cinq marches. Comme pris d'étourdissement, je n'y avais d'abord pas fait attention et j'allais chavirer quand M. Auber, obligeamment, me dit : « Prenez garde, mon petit, vous allez tomber » – puis, aussitôt, il me demanda où j'avais accompli de si excellentes études. Après lui avoir répondu, non sans quelque orgueil, que mon seul professeur avait été ma mère, je sortis tout effaré, presque en courant et tout heureux... *IL* m'avait parlé !...

Le lendemain matin, ma mère recevait la lettre officielle. J'étais élève au Conservatoire !...

À cette époque, il y avait, dans cette grande école deux professeurs de piano[14]. Les classes préparatoires n'existaient pas encore. Ces deux maîtres étaient MM. Marmontel et Laurent. Je fus désigné pour la classe de ce dernier. J'y restai deux années, tout en continuant à suivre mes études classiques au collège, et en prenant part également aux cours de solfège de l'excellent M. Savard.

Mon professeur, M. Laurent[15], avait été premier prix de piano sous Louis XVIII ; il était devenu officier de cavalerie, mais avait quitté l'armée pour entrer comme professeur au Conservatoire royal de musique. Il était la bonté même, réalisant, on peut le dire, l'idéal de cette qualité dans le sens le plus absolu du mot. M. Laurent avait mis en moi sa plus entière confiance.

Quant à M. Savard[16], père d'un de mes anciens élèves, grand Prix de Rome, actuellement directeur du Conservatoire de Lyon (directeur de Conservatoire ? combien en puis-je compter, de mes anciens élèves, qui l'ont été ou qui le sont encore !), quant à M. Savard père, il était bien l'érudit le plus extraordinaire.

Son cœur était à la hauteur de son savoir. Il me plaît de rappeler que lorsque je voulus travailler le contrepoint, avant d'entrer dans la classe de fugue et de composition, dont

13. La sonate op. 29 n'existe pas, bien qu'une édition viennoise (Cappi) attribuait ce numéro à l'*Opus 31*. Il s'agit plutôt de la *Sonate* op. 27 n° 2, « Clair de lune », Albert Wolff (« Courrier de Paris », *Le Figaro*, 15 décembre 1881) donnant une « sonate en *ut* dièse de Beethoven » comme morceau exécuté par le jeune musicien pour son concours d'entrée au Conservatoire.

14. Le Conservatoire ne disposait, à cette époque, que de deux classes de piano réservées aux hommes contre trois, puis quatre à partir de 1854, pour les femmes.

15. Professeur-adjoint dès 1835, Adolphe-François Laurent (1796-1867) tint une classe de piano au Conservatoire de 1846 à 1862.

16. Augustin Savard père (1814-1881), qui enseigne le solfège au Conservatoire depuis 1850, laisse d'importants ouvrages théoriques. Son fils Augustin (1861-1942), grand Prix de Rome en 1886, dirige le Conservatoire de Lyon de 1902 à 1921.

le professeur était Ambroise Thomas [17], M. Savard voulut bien m'admettre à recevoir de lui des leçons que j'allai prendre à son domicile [18]. Tous les soirs, je descendais de Montmartre, où j'habitais [19], pour me rendre au numéro 13 de la rue de la Vieille-Estrapade, derrière le Panthéon.

Quelles merveilleuses leçons je reçus de cet homme, si bon et si savant à la fois! Aussi, avec quel courage allais-je pédestrement, par la longue route qu'il me fallait suivre, jusqu'au pavillon qu'il habitait et d'où je revenais chaque soir, vers dix heures, tout imprégné, des admirables et doctes conseils qu'il m'avait donnés!

Je faisais la route à pied, ai-je dit. Si je ne prenais pas l'impériale, tout au moins, d'un omnibus, c'était pour mettre de côté, sou par sou, le prix des leçons dont j'aurais à m'acquitter. Il me fallait bien suivre cette méthode; la grande ombre de Descartes m'en aurait félicité!

Mais voyez la délicatesse de cet homme au cœur bienfaisant. Le jour venu de toucher de moi ce que je lui devais, M. Savard m'annonça qu'il avait un travail à me confier, celui de transcrire pour orchestre symphonique l'accompagnement pour musique militaire de la messe d'Adolphe Adam, – et il ajouta que cette besogne me rapporterait trois cents francs!...

Qui ne le devine? Moi, je ne le sus que plus tard, M. Savard, avait imaginé ce moyen de ne pas me réclamer d'argent, en me faisant croire que ces trois cents francs représentaient le prix de ses leçons, qu'ils le compensaient, pour me servir d'un terme fort à la mode en ce moment [20].

À ce maître, à l'âme charmante, admirable, mon cœur dit encore : merci, après tant d'années qu'il n'est plus!

Chapitre II

Années de jeunesse

À l'époque où j'allais m'asseoir sur les bancs du Conservatoire, j'étais d'une complexion plutôt délicate et de taille assez petite. Ce fut même le prétexte au portrait-charge que fit de moi le célèbre caricaturiste Cham [21]. Grand ami de ma famille, Cham venait souvent passer la soirée chez mes parents. C'était autant de conversations que le brillant dessinateur animait de sa verve aussi spirituelle qu'étincelante et qui avaient

17. Ambroise Thomas (1811-1896) enseigne la composition au Conservatoire à partir de 1851 et succède à Auber à la tête de la prestigieuse institution de 1871 à sa mort.

18. Massenet étudie le contrepoint avec Savard à partir de juillet 1860 avant d'être admis en octobre suivant dans la classe d'Ambroise Thomas, lequel va jouer un rôle considérable dans son épanouissement.

19. Massenet habitait chez sa sœur au 51 rue Rochechouart.

20. Hippolyte Hostein (*Historiettes et souvenirs d'un homme de théâtre*, Paris, Dentu, 1878, p. 103 *sqq.*) rapporte l'anecdote avec quelques variantes (notamment sur le montant de la rétribution). Mais à Adolphe Brisson (« Promenades et visites », *Le Temps*, 6 mai 1896), Massenet confia que son travail consistait à « mettre en partition des morceaux de Bach. »

21. Le dessinateur et caricaturiste Amédée de Noé (1818-1879), dit Cham.

lieu autour de la table familiale éclairée à la lueur douce d'une lampe à l'huile. (En ce temps-là, le pétrole était à peine connu et, comme éclairage, l'électricité n'était pas encore utilisée.)

Le sirop d'orgeat était de la partie; il était de tradition avant que la tasse de thé ne fût devenue à la mode.

On m'avait demandé de me mettre au piano. Cham eut donc tout le loisir nécessaire pour croquer ma silhouette, ce qu'il fit en me représentant debout, sur cinq ou six partitions, les mains en l'air pouvant à peine atteindre le clavier[22]. Évidemment, c'était l'exagération de la vérité, mais d'une vérité cependant bien prise sur le fait.

J'accompagnais parfois Cham chez une aimable et belle amie qu'il possédait rue Taranne. J'étais naturellement appelé à « toucher du piano ». J'ai même souvenance, qu'un soir que j'étais invité à me faire entendre, je venais de recevoir les troisièmes accessits de piano et de solfège, ce dont deux lourdes médailles de bronze, portant en exergue les mots : « Conservatoire impérial de musique et de déclamation », témoignaient[23]. On m'en écoutait davantage, c'est vrai, mais je n'en étais pas moins ému pour cela, au contraire.

Au cours de mon existence j'appris, pas mal d'années plus tard, que Cham avait épousé la belle dame de la rue Taranne, et que cela s'était accompli dans la plus complète intimité. Comme cette union le gênait un peu, Cham n'en avait adressé aucune lettre de faire-part à ses amis, ce qui les avait étonnés; sur l'observation qu'ils lui en adressèrent, il eut ce joli mot : « Mais si, j'ai envoyé des lettres de faire-part... elles étaient même anonymes! »[24]

Malgré la touchante surveillance de ma mère, je m'échappai un soir de la maison. J'avais su que l'on donnait *L'Enfance du Christ*, de Berlioz, dans la salle de l'Opéra-Comique, rue Favart, et que le grand compositeur dirigerait en personne[25].

Ne pouvant payer mon entrée et pris, cependant, d'une envie irrésistible d'entendre ainsi l'œuvre de celui qu'accompagnait l'enthousiasme de toute notre jeunesse, je demandai à mes camarades, qui faisaient partie des chœurs d'enfants, de m'emmener et de me cacher parmi eux. Il faut aussi que je l'avoue, j'étais possédé du secret désir de pénétrer dans les coulisses d'un théâtre!

Cette escapade, vous le devinez, mes chers enfants, ne fut pas sans inquiéter ma mère. Elle m'attendit jusqu'à minuit passé... me croyant perdu dans ce grand Paris.

---

22. Ce dessin, non localisé, est passé en vente à Drouot (*Jules Massenet*, *E&VE*, Drouot Richelieu, 19 novembre 2002, lot 95). Les monographies de Pierre Bessand-Massenet (*Massenet*, Paris, Julliard, 1979) et d'Anne Massenet (*Jules Massenet en toutes lettres*, Paris, Éditions de Fallois, 2001) le reproduisent dans un cahier iconographique hors-texte.

23. Massenet reçoit en fait ces deux récompenses respectivement en juillet 1854 (avec le premier mouvement de la *Sonate en fa* de Julius Schulhoff) et juillet 1853.

24. Le 14 juillet 1866, Cham épouse Jeanne Leroy avec laquelle il vit maritalement depuis plusieurs années et que son entourage surnomme « madame Manuel » si l'on considère le portrait peu flatteur brossé par Alexandre Dumas dans sa lettre-préface à la monographie de Félix Ribeyre (*Cham : sa vie son œuvre*, Paris, Plon, 1884).

25. Soit la chronologie, soit les souvenirs sont confus, car Berlioz dirige son oratorio salle Favart, le 7 avril 1855, puis le 23 avril 1859, avec des fragments de *La Damnation de Faust* notamment. Or, dans les deux cas, Massenet est à cette époque hébergé par sa sœur, ses parents étant restés à Chambéry.

Quand je rentrai, tout penaud et courbant la tête, point n'est besoin de dire que je fus fort sermonné. À deux reprises je laissai passer l'orage ; s'il est vrai que la colère des femmes est comme la pluie dans les bois qui tombe deux fois, le cœur d'une mère, du moins, ne saurait éterniser le courroux. Je me mis donc au lit, tranquillisé de ce côté. Je ne pus cependant dormir. Je repassais dans ma petite tête toutes les beautés de l'œuvre que j'avais entendue et je revoyais la haute et fière figure de Berlioz dirigeant magistralement cette superbe exécution !

Ma vie, cependant, s'écoulait heureuse et laborieuse. Cela ne dura pas.

Les médecins avaient ordonné à mon père de quitter Paris dont le climat lui était malsain et d'aller suivre le traitement pratiqué à Aix, en Savoie.

S'inclinant devant cet arrêt, mes père et mère partirent pour Chambéry ; ils m'emmenèrent avec eux.

Ma carrière de jeune artiste était donc interrompue. Qu'y faire ?

Je restai à Chambéry pendant deux longues années[26]. Mon existence, toutefois, ne fut pas trop monotone. Je l'employais à continuer mes études classiques, les faisant alterner avec un travail assidu de gammes et d'arpèges, de sixtes et de tierces, tout comme si j'étais destiné à devenir un fougueux pianiste. Je portais les cheveux ridiculement longs, ce qui était de mode chez tout virtuose, et ce point de ressemblance convenait à mes rêves ambitieux. Il me semblait que la chevelure inculte était le complément du talent !

Entre temps, je me livrais à de grandes randonnées à travers ce délicieux pays de la Savoie, alors encore sous le sceptre du roi de Piémont, je me rendais tantôt à la dent de Nivolet, tantôt jusqu'aux Charmettes, cette pittoresque demeure illustrée par le séjour de Jean-Jacques Rousseau[27].

Durant ma villégiature forcée, j'avais trouvé, par un véritable hasard, quelques œuvres de Schumann, assez peu connu, alors, en France, et moins encore dans le Piémont. Je me souviendrai toujours que là où j'allais, payant mon écot de quelques morceaux de piano. Je jouais parfois cette exquise page intitulée *Au Soir*[28], et cela me valut, un jour, la singulière invitation ainsi conçue : « Venez nous amuser avec votre Schumann où il y a de si détestables fausses notes ! » Inutile de dépeindre mes emportements d'enfant, devant de tels propos. Que diraient les braves Savoisiens d'alors, s'ils connaissaient la musique d'aujourd'hui ?

Mais les mois passaient, passaient, passaient… si bien qu'un matin les premières lueurs du jour n'étant pas encore descendues des montagnes, je m'échappai du toit paternel, sans un sou dans la poche, sans un vêtement de rechange, et je partis pour Paris[29]. Paris ! la ville de toutes les attirances artistiques, où je devais revoir mon cher Conservatoire, mes maîtres, et les coulisses dont le souvenir ne cessait de me hanter.

---

26. Massenet habite en fait Chambéry entre août 1854 et le printemps suivant. De retour à Paris, il sera hébergé chez sa sœur. D'après les registres du Conservatoire, il sera réintégré en octobre 1855.

27. Rousseau vécut une partie de sa jeunesse aux Charmettes, sur les hauteurs de Chambéry, aux côtés de Madame de Warens.

28. « Des Abends », *Fantasiestücke*, op. 12.

29. La fugue se situe en octobre 1854, mais Massenet sera reconnu à Lyon par un ami de ses parents qui le fera ramener dans le foyer familial.

Je savais trouver à Paris une bonne et grande sœur qui, malgré sa situation bien modeste, m'accueillit comme son propre enfant, m'offrant le logis et la table : logis bien simple, table bien frugale, mais le tout agrémenté du charme d'une si suprême bonté que je me sentais complètement en famille.

Insensiblement ma mère me pardonna ma fuite à Paris.

Quelle créature toute de bonté et de dévouement que ma sœur ! Elle devait, hélas ! nous quitter pour toujours, le 13 janvier 1905, au moment où elle se faisait une gloire d'assister à la 500ᵉ représentation de *Manon*, qui eut lieu le soir même de sa mort[30]. Rien ne pourrait exprimer le chagrin que je ressentis !

En l'espace de vingt-quatre mois, j'avais regagné le temps perdu en Savoie. Un premier prix de piano était venu s'ajouter à un prix de contrepoint et fugue[31]. C'était le 26 juillet 1859.

Je concourais avec dix de mes camarades. Le sort m'attribua le chiffre 11 dans les numéros d'ordre. Les concurrents attendaient l'appel de leurs noms dans le foyer de la salle des concerts du Conservatoire où nous étions enfermés.

Un instant le numéro 11 se trouva seul dans le foyer. Tandis que j'attendais mon tour, je contemplais respectueusement le portrait d'Habeneck, le fondateur et premier chef d'orchestre de la Société des Concerts, dont la boutonnière gauche fleurissait d'un véritable mouchoir rouge. Certainement, le jour où il serait devenu officier de la Légion d'honneur, accompagnée de plusieurs autres ordres, il n'aurait pas porté une rosette... mais une rosace !...

Enfin je fus appelé.

Le morceau de concours était le *Concerto en fa mineur* de Ferdinand Hiller. On prétendait alors que la musique de Ferdinand Hiller se rapprochait tant de celle de Niels Gade, qu'on l'aurait prise pour du Mendelssohn !...

Mon bon maître, M. Laurent se tenait près du piano. Quand j'eus terminé – concerto et page à déchiffrer – il m'embrassa, sans s'inquiéter du public qui remplissait la salle, et je me sentis le visage tout humide de ses chères larmes.

J'avais déjà, à cet âge, l'esprit du doute dans le succès... et j'ai toujours fui, durant ma vie, les répétitions générales publiques et les premières, trouvant qu'il était mieux d'apprendre les mauvaises nouvelles... le plus tard possible.

Je rentrai à la maison, courant comme un gamin. Je la trouvai vide, car ma sœur avait assisté au concours. Cependant, à la fin, je n'y tenais plus ; je me décidai à retourner au Conservatoire ; et tant j'étais agité, je le fis toujours en courant. J'étais arrivé au coin de la rue Sainte-Cécile, lorsque je rencontrai mon camarade Alphonse Duvernoy, dont la carrière de professeur et de compositeur fut si belle[32]. Je tombai dans ses bras. Il m'apprit, ce que j'aurais déjà dû savoir, que M. Auber, au nom du jury, venait de prononcer une parole fatidique : « Le premier prix de piano est décerné à M. Massenet. »

---

30. Julie Massenet (1832-1905) meurt le 12 janvier 1905, soit la veille de la 500ᵉ de *Manon*.

31. S'il reçoit bien un premier prix de piano en juillet 1859, en revanche, un second prix de contrepoint et de fugue ne lui sera délivré qu'en 1862 et un premier prix l'année suivante.

32. Élève de Marmontel, Duvernoy (1842-1907) reçut un 3ᵉ accessit en 1859 devant Albert Lavignac, également proche de Massenet. Il enseigne le piano au Conservatoire à partir de 1886. Son œuvre de compositeur est aujourd'hui totalement oubliée.

Dans le jury se trouvait un maître, Henri Ravina, qui fut pour moi le plus précieux des amis que je conservai dans la vie; à lui va ma pensée émue et chèrement reconnaissante[33].

De la rue Bergère à la rue de Bourgogne où habitait mon excellent maître, M. Laurent, je ne fis que quelques bonds. Je trouvai mon vieux professeur qui déjeunait avec plusieurs officiers généraux, ses camarades de l'armée.

À peine m'eût-il vu qu'il me tendit deux volumes. C'était la partition d'orchestre des *Nozze di Figaro, dramma giocoso in quatro atti. Messo in musica dal Signor W. Mozart.*

La reliure des volumes était aux armes de Louis XVIII, avec cette suscription en lettres d'or : *Menus plaisirs du Roi. École royale de musique et de déclamation. Concours de 1822. Premier prix de piano décerné à M. Laurent.*

Sur la première page, mon vénéré maître avait écrit ces lignes :

> Il y a trente-sept ans que j'ai remporté, comme toi, mon cher enfant, le prix de piano. Je ne crois pas te faire un cadeau plus agréable que de te l'offrir avec ma bien sincère amitié.
> Continue ta carrière et tu deviendras un grand artiste.
> Voilà ce que pensent de toi les membres du jury qui t'ont aujourd'hui décerné cette belle récompense.
> Ton vieil ami et professeur.
>
> Laurent[34]

N'est-ce pas un geste vraiment beau que de voir ce professeur vénéré rendre un tel témoignage à un jeune homme qui commençait à peine sa carrière[35] ?

CHAPITRE III

LE GRAND PRIX DE ROME

J'avais donc obtenu un premier prix de piano. J'en étais, sans doute, aussi heureux que fier, mais vivre du souvenir de cette distinction ne pouvait guère suffire; les besoins de la vie étaient là, pressants, inexorables, réclamant quelque chose de plus positif et surtout de plus pratique. Je ne pouvais vraiment plus continuer à recevoir l'hospitalité de ma chère sœur, sans subvenir à mes dépenses personnelles. Je donnai donc, pour

33. Après un 1er prix de piano en 1834, Henri Ravina (1818-1906) mène une importante carrière en France et à l'étranger.

34. La dédicace de cette partition, sans doute éditée chez Frey en 1821 et passée en vente à Drouot (*Jules Massenet, E&VE*, Drouot Richelieu, 19 novembre 2002, lot 113), est datée du 26 juillet 1859.

35. Dans une lettre à sa sœur de mars 1865 (*Hommage à Massenet*, éd. Yves Leroux, plaquette du cinquantenaire de sa mort, s. éd., 1963, p. 5), où il lui donne quelques conseils pour l'éducation de son fils, Massenet porte un regard moins tendre sur l'enseignement de son vénéré maître : « Combien j'ai été mal dirigé pendant mes années de piano (Laurent). Qu'il est dur maintenant de rattraper le *temps mal employé* [...]. Qu'il ne touche jamais à Goria, Rouellen [*sic*], Prudent, aux petits nouveaux de salons modernes, mais qu'il vive avec Mozart, plus tard avec Haydn, *Bach surtout*, Beethoven, voilà le pain quotidien des jeunes artistes – il est bien tard pour apprendre à m'en nourrir aujourd'hui. »

aider à la situation présente, quelques leçons de solfège et de piano dans une pauvre petite institution du quartier. Maigres ressources, grandes fatigues ! Je vécus ainsi, d'une existence précaire et bien pénible. Il m'avait été offert de tenir le piano dans un des grands cafés de Belleville ; c'était le premier où l'on fît de la musique, intermède inventé, sinon pour distraire, du moins pour retenir les consommateurs. Cela m'était payé trente francs par mois !

Quantum mutatus[36]... Avec le poète, laissez que je le constate ; quels changements, mes chers enfants, depuis lors ! Aujourd'hui, rien que se « présenter » à un concours vaut aux jeunes élèves leurs portraits dans les journaux ; on les sacre d'emblée grands hommes, le tout accompagné de quelques lignes dithyrambiques, bien heureux quant à leur triomphe, qu'on exalte, on n'ajoute pas le mot colossal !... C'est la gloire, l'apothéose dans toute sa modestie.

En 1859, nous n'étions pas glorifiés de cette façon !...

Mais la Providence, certains diraient le Destin, veillait.

Un ami, encore de ce monde, et j'en ai tant de joie, me procura quelques meilleures leçons. Cet ami n'était pas de ceux que je devais connaître plus tard : tels les amis qui ont surtout besoin de vous ; les amis qui s'éloignent lorsque vous avez à leur parler d'une misère à soulager ; enfin, les amis qui prétendent toujours vous avoir défendu la veille, d'attaques malveillantes, afin de faire valoir leurs beaux sentiments et de vous affliger en vous redisant, en même temps, les paroles blessantes dont vous avez été l'objet. J'ajoute qu'il me reste cependant de bien solides amitiés que je trouve aux heures de lassitude et de découragement.

Le Théâtre-Lyrique, alors boulevard du Temple, m'avait accepté dans son orchestre comme timbalier[37]. De son côté, le brave père Strauss, chef d'orchestre des bals de l'Opéra, me confia les parties de tambour, timbales, tam-tam, triangle et autres tout aussi retentissants instruments[38]. C'était une grosse fatigue pour moi que de veiller, tous les samedis, de minuit à six heures du matin ; mais tout cela réuni fit que j'arrivais à gagner, par mois, 80 francs ! J'étais riche comme un financier... et heureux comme un savetier.

Fondé par Alexandre Dumas père, sous la dénomination de Théâtre-Historique[39], le Théâtre-Lyrique fut créé par Adolphe Adam[40].

---

36. « *Quantum mutatus ab illo* » : « Combien différent » Virgile, *Enéide* (II, 274).

37. Massenet occupera ce poste de 1859 à 1861, voire 1863, selon Victorin Joncières (1839-1903). Ce compositeur et critique musical de *La Liberté* évoque sa rencontre, pendant l'été 1859, avec le jeune musicien alors percussionniste à Montmartre dans l'orchestre du Café-Charles, dirigé par Claude-Marie-Mécène Marié (« Notes d'un musicien », *Le Gaulois*, 23 octobre 1898).

38. Très en vogue depuis la Monarchie de juillet, les bals de l'Opéra, dirigés entre 1854 et 1873 par Isaac Strauss, se tenaient tous les samedis entre la période du carnaval et la Mi-Carême.

39. Inauguré en 1847, le Théâtre-Historique est en fait dirigé par Hippolyte Hostein, Dumas père assumant la direction artistique. Après sa fermeture en 1850, il prend le nom d'Opéra-National (1851), puis celui de Théâtre-Lyrique (1852) jusqu'en octobre 1862, date à laquelle il s'installe place du Châtelet après l'expropriation des théâtres du boulevard du Temple suite aux travaux de Haussmann.

40. Le théâtre s'appelle Opéra-National à son ouverture en novembre 1847 avec Adolphe Adam comme directeur, lequel fait faillite en mars suivant après seulement quatre mois d'existence. Ses activités reprennent en 1851 lorsque Edmond Seveste en obtient le privilège. Mais son frère Jules, qui lui succède l'année suivante, rebaptise la salle Théâtre-Lyrique.

J'habitais, alors, au numéro 5 de la rue Ménilmontant[41], dans un vaste immeuble, sorte de grande cité. À mon étage, j'avais, pour voisins, séparés par une cloison mitoyenne, des clowns et des clownesses du Cirque Napoléon[42], voisinage immédiat de notre maison.

De la fenêtre d'une mansarde, le dimanche venu, je pouvais me payer le luxe, gratuitement bien entendu, des bouffées orchestrales qui s'échappaient des Concerts populaires que dirigeait Pasdeloup dans ce cirque[43]. Cela avait lieu lorsque le public, entassé dans la salle surchauffée, réclamait à grands cris : *de l'air!...* et que, pour lui donner satisfaction, on ouvrait les vasistas des troisièmes.

De mon perchoir, c'est bien le mot, j'applaudissais, avec une joie fébrile, l'ouverture du *Tannhäuser*, la *Symphonie fantastique*, enfin la musique de mes dieux : Wagner et Berlioz[44].

Chaque soir, à six heures – le théâtre commençait très tôt – je me rendais, par la rue des Fossés-du-Temple, près de chez moi, à l'entrée des artistes du Théâtre-Lyrique. À cette époque, le côté gauche du boulevard du Temple n'était qu'une suite ininterrompue de théâtres; je suivais donc, en les longeant, les façades de derrière des Funambules[45], du Petit-Lazzari[46], des Délassements-Comiques[47], du Cirque Impérial[48] et de la Gaîté[49]. Qui n'a point connu ce coin de Paris, en 1859, ne peut s'en faire une idée.

Cette rue des Fossés-du-Temple, sur laquelle donnaient toutes les entrées des coulisses, était une sorte de Cour des Miracles, où attendaient, grouillant sur le trottoir mal éclairé, les figurants et les figurantes de tous ces théâtres[50]; puces et microbes

41. La rue de Ménilmontant commençait alors au boulevard du Temple.

42. Inaugurée par le prince Louis-Napoléon en 1852, cette salle, appelée aujourd'hui Cirque d'hiver, est située dans l'actuelle rue Amelot; elle y accueille dans un premier temps des spectacles équestres avant de diversifier sa programmation.

43. Sous la direction de Jules-Étienne Pasdeloup (1819-1887), les Concerts populaires diffusent avec succès, de 1861 à 1884, les œuvres symphoniques du grand répertoire, mais aussi de Wagner, de Berlioz et de la jeune école française.

44. Entre 1861 et son départ pour Rome fin 1863, Massenet ne put entendre de ces deux compositeurs que l'ouverture du *Carnaval romain*, l'*Invitation à la valse* (orchestrée par Berlioz), régulièrement exécutée, et la Marche de *Tannhäuser* donnée en 1862.

45. Située 64 boulevard du temple, cette salle, ouverte en 1813, est dévolue avant tout à la pantomime. Son nom est passé à la postérité grâce au célèbre mime Deburau. Elle ferme rapidement ses portes après avoir déménagé boulevard de Strasbourg en 1862.

46. En activité entre 1821 et juillet 1862, le Théâtre du Petit-Lazzari (58 boulevard du Temple) proposait des spectacles de marionnettes puis des vaudevilles.

47. Dirigé avec succès par Léon Sari entre 1857 et 1864, le Théâtre des Délassements-Comiques, situé 52 boulevard du Temple, donne surtout des féeries, prologues et revues.

48. Au 66 boulevard du Temple, cette salle, où Adolphe Adam avait installé son Opéra-National, prend le nom de Cirque Impérial lorsqu'elle est dirigée par Hippolyte Hostein entre 1859 et 1868. Elle y représente alors des pantomimes, féeries, pièces militaires ou drames historiques mêlés de chant et de musique.

49. Alfred Harmant dirige à cette époque le Théâtre de la Gaîté (alors sis 68 boulevard du Temple) dont le répertoire est constitué de mélodrames, pantomimes comédies et féeries.

50. Cette rue, aujourd'hui disparue, était le « chemin de ronde pour six théâtres » et « tous les soirs un purgatoire, et pour des amoureux transis, qui guettent les petites femmes de théâtre, qu'ils n'ont encore vues que de la salle, et pour des amants en disgrâce, à qui elles ont donné rendez-vous par-derrière, afin de sortir de devant d'un pas leste ». (Charles Lefeuve, *Histoire de Paris, rue par rue, maison par maison*, t. V, Paris, Reinwald, 1875, p. 223).

vivaient là dans leur atmosphère; et même dans notre Théâtre-Lyrique, le foyer des musiciens n'était qu'une ancienne écurie où l'on abritait jadis les chevaux ayant un rôle dans les pièces historiques.

À côté de cela, quelles ineffables délices, quelle récompense enviable pour moi, quand j'étais à ma place dans le bel orchestre dirigé par Deloffre ! Ah ! ces répétitions de *Faust*[51] ! Quel bonheur indicible, lorsque, du petit coin où j'étais placé, je pouvais, à loisir, dévorer des yeux notre grand Gounod, qui, sur la scène, présidait aux études.

Que de fois, plus tard, quand, côte à côte, nous sortions des séances de l'Institut – Gounod habitait place Malesherbes – nous en avons reparlé de ce temps où *Faust*, aujourd'hui plus que millénaire, était tant discuté par la presse, et pourtant tellement applaudi aussi, par ce cher public qui se trompe rarement.

Vox populi, vox Dei !

Je me souviens aussi, étant à l'orchestre, d'avoir participé aux représentations de *La Statue*[52], de Reyer. Quelle superbe partition ! Quel succès magnifique !

Je crois voir encore Reyer, dans les coulisses, durant certaines représentations, trompant la vigilance des pompiers, fumant d'interminables cigares. C'était une habitude qu'il ne pouvait abandonner. Je lui entendis, un jour, raconter que, se trouvant dans la chambre de l'abbé Liszt, à Rome, dont les murailles étaient garnies d'images religieuses, telles celles du Christ, de la Vierge, des saints Anges, et qu'ayant produit un nuage de fumée qui remplissait la chambre, il s'attira du grand abbé cette réponse aux excuses qu'il lui avait faites, assez spirituellement d'ailleurs, en lui demandant si la fumée n'incommodait pas ces « augustes personnages ». — « Non, fit Liszt, c'est toujours un encens ! »[53].

*

J'eus encore, durant six mois, dans les mêmes conditions de travail, l'autorisation de remplacer un de mes camarades de l'orchestre du Théâtre-Italien, Salle Ventadour (aujourd'hui, Banque de France)[54].

Si j'avais entendu l'admirable Mme Miolan-Carvalho dans *Faust*, le chant par excellence[55], je connus alors des cantatrices tragédiennes comme la Penco et la

---

51. Chef du Théâtre-Lyrique à partir de 1851, Adolphe Deloffre (1817-1876) dirige dans cette salle la reprise d'*Orphée* (version Berlioz), avec Pauline Viardot, et les créations de *Faust* (1859) et des *Troyens* (1863).

52. *La Statue*, opéra-comique en trois actes, livret de Michel Carré et Jules Barbier, créé au Théâtre-Lyrique, le 11 avril 1861.

53. Dans un article publié en 1886, repris dans *Quarante ans de musique* (Paris, Calmann-Lévy, [1909], 1910, p. 208), Reyer cite lui-même cette anecdote mais en s'appropriant la saillie. Il a pu la raconter à Massenet qui était à la villa Médicis lorsque Liszt reçut les ordres mineurs en juillet 1865.

54. Inaugurée en 1829, la salle héberge dans un premier temps l'Opéra-Comique avant que le Théâtre-Italien ne s'y installe durablement de 1841 à 1870. Elle ferme définitivement en 1879 et sera transformée en banque par la société La Foncière avant de devenir la propriété de la banque de France en 1892.

55. Grande mozartienne, Caroline Miolan-Carvalho (1827-1895), soprano, marque son époque par une technique vocale sans faille et ses prestations dans les opéras de Victor Massé (*Les Noces de Jeannette*) ou de Charles Gounod dont elle assure les créations (*Faust, Mireille, Roméo et Juliette*). Elle interprétera le rôle-titre de *Marie-Magdeleine* à l'Opéra-Comique en 1874.

Frezzolini[56], des chanteurs comme Mario, Graziani[57], Delle Sedie, et un bouffe comme Zucchini[58] !

Aujourd'hui, que ce dernier n'est plus, notre grand Lucien Fugère[59], de l'Opéra-Comique, me le rappelle complètement : même habileté vocale, même art parfait de la comédie.

Mais le moment du concours de l'Institut approchait. Nous devions, pendant notre séjour en loge, à l'Institut, payer les frais de nourriture pendant 25 jours et la location d'un piano. J'esquivai de mon mieux cette tuile. Je la prévoyais, d'ailleurs. Quelque argent, toutefois, que j'eusse pu mettre de côté, cela ne pouvait suffire, et, sur le conseil qu'on me donna (les conseilleurs sont-ils jamais des payeurs ?), j'allai rue des Blancs-Manteaux porter, au Mont-de-Piété, ma montre… en or. Elle garnissait mon gousset depuis le matin de ma première communion. Elle devait, hélas ! bien peu peser, car l'on ne m'en offrit que… 16 francs !!! Cet appoint, cependant, me vint en aide et je pus donner à notre restaurateur ce qu'il réclamait.

Quant au piano, la dépense était si exorbitante : 20 francs ! que je m'en dispensai. Je m'en passai d'autant plus facilement que je ne me suis jamais servi de ce secours pour composer[60].

Pouvais-je me douter que mes voisins de loge, tapant sur leur piano et chantant à tue-tête m'auraient à ce point incommodé ! Impossible de m'étourdir ni de me dérober à leurs sonorités bruyantes puisque je n'avais pas de piano et que, par surcroît, les couloirs des greniers où nous logions étaient d'une acoustique rare.

Il m'est souvent arrivé, lorsque, le samedi, je me rends aux séances de l'Académie des beaux-arts, de jeter un coup d'œil douloureux sur la fenêtre grillée de ma loge, qu'on aperçoit de la cour Mazarine, à droite, dans un renfoncement. Oui, mon regard est douloureux, car j'ai laissé derrière ces vieilles grilles les plus chers et les plus émouvants

56. Parvenue presque au terme de sa carrière, Erminia Frezzolini (1818-1884) était saluée ainsi lors de sa rentrée au Théâtre-Italien : « À la scène c'est encore la plus belle *Lucie* qui se puisse voir. Son profil se dessine magnifiquement, et dans les scènes dramatiques de cette œuvre émouvante, il se dresse superbe comme un camée antique, après vous être apparu dans les scènes plus douces, comme une tête du Titien ou de Raphaël. » (Paul Bernard, « Théâtre-Italien : La Frezzolini », *Le Ménestrel*, 29e année, n° 47, 19 octobre 1862, p. 371).

57. Massenet pu entendre le célèbre ténor Mario (1810-1883), le baryton Francesco Graziani (1828-1901) et le soprano Rosina Penco (1823-1894) lors de la création française du *Bal masqué* de Verdi en 1861.

58. En octobre 1861, le baryton Enrico Delle Sedie (1822-1907) entre au Théâtre-Italien où, dès la reprise du *Bal masqué*, sont remarqués ses dons de comédien et sa musicalité. La basse bouffe Giovanni Zucchini (1812-1892), qui triomphe notamment dans *Don Pasquale*, est à cette époque « un des artistes les plus aimés de la troupe » du Théâtre-Italien (Jules Lovy, « Semaine théâtrale », *Le Ménestrel*, 29e année, n° 21, 20 avril 1862, p. 163).

59. Après être passé par le café-concert et les Bouffes Parisiens, où il crée des ouvrages d'Offenbach, le baryton Lucien Fugère (1848-1935) connaît un succès foudroyant à l'Opéra-Comique où, à partir de 1877, il excelle dans les rôles bouffes pendant près de trente ans. Il assure les créations des rôles de Pandolphe (*Cendrillon*) et du Diable (*Grisélidis*), puis, au Théâtre de la Gaîté, de Sancho dans *Don Quichotte* qui lui sera dédié.

60. Massenet a régulièrement affirmé qu'il ne possédait pas de piano sans doute par crainte d'être importuné par les chanteurs. Or, il en disposait d'un sur lequel sont gravés plusieurs titres de ses ouvrages. Sa correspondance trahit aussi une utilisation régulière de l'instrument.

souvenirs de ma jeunesse[61], et elles me font réfléchir aux douloureux instants de ma vie déjà si longue…

En 1863, donc, reçu le premier au concours d'essai ; – chœur et fugue – je conservai cet ordre dans l'exécution des cantates. La première épreuve eut lieu dans la grande salle de l'École des beaux-arts. On y pénétrait par le quai Malaquais.

Le jugement définitif fut rendu, le lendemain, dans la salle des séances habituelles de l'Académie des beaux-arts.

J'eus pour interprètes Mme Van den Heuvel-Duprez, Roger et Bonnehée, tous les trois de l'Opéra. De tels artistes devaient me faire triompher[62]. C'est ce qui arriva[63].

Ayant passé le premier – nous étions six concurrents – et, comme à cette époque on n'avait pas la faveur d'assister à l'audition des autres candidats, j'allai errer à l'aventure dans la rue Mazarine… sur le pont des Arts… et, enfin dans la cour carrée du Louvre. Je m'y assis sur l'un des bancs de fer qui la garnissent.

J'entendis sonner cinq heures. Mon anxiété était grande. « Tout doit être fini, maintenant ! » me disais-je en moi même… J'avais bien deviné, car, tout à coup, j'aperçus sous la voûte un groupe de trois personnes qui causaient ensemble et dans lesquelles je reconnus Berlioz, Ambroise Thomas et M. Auber.

La fuite était impossible. Ils étaient devant moi, comme me barrant presque la route.

Mon maître bien-aimé, Ambroise Thomas, s'avança et me dit : « Embrassez Berlioz, vous lui devez beaucoup de votre prix ! ». « *Le prix !* m'écriai-je avec effarement, et la figure inondée de joie, *J'ai le prix !!!…* » J'embrassai Berlioz avec une indicible émotion[64], puis mon maître, et, enfin, M. Auber… M. Auber me réconforta. En avais-je besoin ? Puis il dit à Berlioz, en me montrant :

> Il ira bien ce gamin-là, quand il aura *moins* d'expérience ![65]

---

61. Massenet se présenta aussi au concours en 1862 mais ne remporte qu'une simple mention avec la cantate *Louise de Mézières*. Il a laissé sur les murs de sa loge des dessins et commentaires humoristiques marquant les différentes étapes de son travail d'impétrant.

62. Massenet était à cette époque pianiste accompagnateur des cours du ténor Gustave Roger (1815-1879) qui se produisait alors épisodiquement après avoir mené une brillante carrière dans divers théâtres en France ou à l'étranger. Fille du célèbre Duprez, Caroline Van den Heuvel-Duprez (1832-1875) était membre de la troupe de l'Opéra depuis 1860 après avoir chanté à l'Opéra-Comique où elle participa à la création de *L'Étoile du Nord* en 1854. Marc Bonnehée (1828-1886), baryton de l'Opéra entre 1853 et 1873, s'était illustré lors de la création des *Vêpres siciliennes*.

63. Massenet remporte le prix avec la cantate *David Rizzio* dont il ne subsiste aujourd'hui qu'un air imprimé.

64. Sur les relations de Massenet avec Berlioz, voir plus avant, discours du 7 mars 1903.

65. Curieusement, Jean Bonnerot (cité dans Hector Berlioz, *Correspondance générale*, éd. Pierre Citron, Paris, Flammarion, 2001, t. VII, p. 77) attribue des propos similaires à Berlioz qui, l'année suivante en 1864, se serait lamenté de l'échec de Saint-Saëns au Prix de Rome en s'exclamant : « Il sait tout, mais il manque d'inexpérience. »

CHAPITRE IV

LA VILLA MÉDICIS

En 1863, les grands Prix de Rome pour la peinture, la sculpture, l'architecture et la gravure étaient Layraud et Monchablon, Bourgeois, Brune et Chaplain[66].

La coutume, suivie actuellement encore, voulait que nous partions tous réunis pour la villa Médicis, et visitions l'Italie.

Quelle nouvelle et idéale existence pour moi !

Le ministre des Finances m'avait fait remettre 600 francs et un passeport, au nom de l'empereur Napoléon III, signé Drouyns de Luys, alors ministre des Affaires étrangères.

Nous fîmes ensemble, mes nouveaux camarades et moi, les visites d'adieu prescrites par l'usage avant notre départ pour l'Académie de France à Rome, à tous les membres de l'Institut.

Le lendemain de Noël, dans trois landaus, en route pour nos visites officielles, nous parcourûmes Paris dans tous les quartiers, là où demeuraient nos patrons.

Ces trois voitures, remplies de jeunes gens, vrais rapins, j'allais dire gamins, que le succès avait grisés et qui étaient comme enivrés des sourires de l'avenir, produisirent un vrai scandale dans les rues.

Presque tous ces messieurs de l'Institut nous firent savoir qu'ils n'étaient pas chez eux. C'était un moyen d'éviter les discours.

M. Hittorff[67], le célèbre architecte, qui demeurait rue Lamartine, y mettant moins de façons, cria de sa chambre à son domestique : « Mais dites-leur donc que je n'y suis pas ! »

Nous nous rappelions qu'autrefois les professeurs accompagnaient leurs élèves jusque dans la cour des messageries, rue Notre-Dame-des-Victoires. Il arriva qu'un jour, au moment où la lourde diligence qui contenait les élèves entassés dans la rotonde, dont les places les moins chères étaient aussi celles qui vous exposaient le plus à toutes les poussières de la route, s'ébranlait pour le long voyage de Paris à Rome, l'on entendit M. Couder[68], le peintre préféré de Louis-Philippe, dire à son élève particulier, avec onction : « Surtout, n'oublie pas ma manière ! » Chère naïveté, cependant bien touchante ! C'est de ce peintre que le roi disait, après lui avoir fait une commande pour le musée de Versailles : « M. Couder me plaît. Il a un dessin correct, une couleur satisfaisante, et il n'est pas cher ! »

Ah ! la bonne et simple époque, où les mots avaient leur valeur et les admirations étaient justes sans les enflures apothéotiques, si je puis dire, d'aujourd'hui, dont on vous comble si facilement !

---

66. Joseph Layraud (1834-1912, peintre), Xavier-Alphonse Monchablon (1835-1907, peintre paysagiste), Charles-Arthur Bourgeois (1838-1886, sculpteur), Emmanuel Brune (1836-1886, architecte), Jules Chaplain (1839-1909, graveur).

67. Jacques-Ignace Hittorff (1792-1867), membre de l'Institut à partir de 1833, est l'architecte de la Gare de Nord et du Cirque d'hiver notamment. Il participa aux travaux du baron Haussmann.

68. Auguste Couder (1790-1873), peintre d'histoire et membre de l'Académie des beaux-arts à partir de 1839.

Cependant, je rompis avec l'usage et je partis seul, ayant donné rendez-vous à mes camarades, sur la route de Gênes, où je devais les retrouver en voiturin, énorme voiture de voyage traînée par cinq chevaux. J'en avais pour motifs, d'abord mon désir de m'arrêter à Nice, où mon père était enterré[69], puis d'aller embrasser ma mère, qui habitait alors Bordighera. Elle y occupait une modeste villa qui avait le grand agrément de se trouver en pleine forêt de palmiers dominant la mer. Je passai avec ma chère maman le premier jour de l'an, qui coïncidait avec l'anniversaire de la mort de mon père, des heures pleines d'effusion, pleines d'attendrissement. Il me fallut, toutefois, me séparer d'elle, car mes joyeux camarades m'attendaient en voiture, sur la route de la Corniche italienne, et mes larmes se séchèrent dans les rires. Ô jeunesse !...

Notre voiture s'arrêta d'abord à Loano, vers huit heures du soir.

J'ai avoué que j'étais gai quand même ; c'est vrai, et pourtant j'étais en proie à d'indéfinissables réflexions, me sentant presque un homme, seul désormais dans la vie. Je me laissai aller au cours de ces pensées, trop raisonnables peut-être pour mon âge, tandis que les mimosas, les citronniers, les myrtes en fleurs de l'Italie me révélaient leurs troublantes senteurs. Quel contraste adorable pour moi, qui n'avais connu jusqu'alors que l'âcre odeur des faubourgs de Paris, l'herbe piétinée de ses fortifications et le parfum – je dis parfum – des coulisses aimées !

Nous passâmes deux jours à Gênes, y visitant le Campo-Santo, cimetière de la ville, si riche en monuments des marbres les plus estimés, et réputé comme le plus beau de l'Italie. Qui nierait après cela que l'amour-propre survit après la mort ?

Je me retrouvai ensuite, un matin, sur la place du Dôme, à Milan, cheminant avec mon camarade Chaplain[70], le célèbre graveur en médailles, plus tard mon confrère à l'Institut. Nous échangeâmes nos enthousiasmes devant la merveilleuse cathédrale en marbre blanc élevée à la Vierge par le terrible condottière Jean-Galéas Visconti, en pénitence de sa vie. « À cette époque de foi, la terre se couvrit de robes blanches », comme l'a dit Bossuet, dont la grave et éloquente parole revient à ma pensée[71].

Nous fûmes très empoignés devant *La Cène*, de Léonard de Vinci. Elle se trouvait dans une grande salle ayant servi d'écurie aux soldats autrichiens, pour lesquels on avait percé une porte, ô horreur ! abomination des abominations ! dans le panneau central de la peinture même.

Ce chef-d'œuvre s'efface peu à peu. Avec le temps, bientôt, il aura complètement disparu, mais non comme *La Joconde*, plus facile à emporter[72], sous le bras, qu'un mur de dix mètres de haut sur lequel est peinte cette fresque.

Nous traversâmes Vérone et y accomplîmes le pèlerinage obligatoire au tombeau de la Juliette aimée par Roméo. Cette promenade ne donnait-elle pas satisfaction aux secrets sentiments de tout jeune homme, amoureux de l'amour ? Puis Vicence, Padoue,

---

69. Alexis Massenet meurt subitement le 1er janvier 1863.

70. Parmi ses condisciples de la Villa Médicis, Massenet se lie d'une amitié durable avec le peintre et graveur Jules Chaplain (1839-1909) dont l'itinéraire académique est semblable au sien (il sera membre de l'Institut en 1881).

71. Massenet fait sans doute allusion à *L'Apocalypse avec une explication* (chapitre VII) où les martyrs chrétiens sont « revêtus de robes blanches, avec des palmes en leurs mains. »

72. Volée en août 1911, *La Joconde* sera retrouvée en Italie en 1913 et restituée en 1914.

où, en contemplant les peintures de Giotto, sur l'*Histoire du Christ*, j'eus l'intuition que Marie-Magdeleine occuperait un jour ma vie[73]; et enfin Venise!

Venise!... On m'aurait dit que je vivais réellement que je n'y aurais pas cru, tant l'irréel de ces heures passées dans cette ville unique m'enveloppait de stupéfaction. N'étant pas M. Baedeker, dont le guide trop coûteux n'était pas dans nos mains[74], ce fut par une sorte de divination que nous découvrîmes, sans indications, toutes les merveilles de Venise.

Mes camarades avaient admiré une peinture de Palma Vecchio, dans une église dont ils ne purent savoir le nom. Comment la retrouver au milieu des quatre-vingt-dix églises que compte Venise? Seul, dans une gondole, je dis à mon « barcaiollo » que j'allais à Saint-Zacharie; mais, n'y ayant pas aperçu le tableau, une *Santa Barbara*[75], je me fis conduire à un autre saint. Nouvelle déception. Comme celle-ci se renouvelait et menaçait de s'éterniser, mon gondolier me montra, en riant, une autre église, celle de Tous les Saints (Chiesa di tutti santi), et me dit, moitié moqueur : « Entrez là, vous trouverez le vôtre! »

Je passe Pise et Florence, dont je parlerai plus tard, avec détails.

Arrivés près du territoire pontifical, nous décidâmes, pour ajouter quelque pittoresque en plus à notre route, qu'au lieu de passer par le chemin académique et d'arriver à Rome comme les anciens prix, par Ponte-Molle, antique témoin de la défaite de Maxence et de la glorification du christianisme, nous prendrions le bateau à vapeur à Livourne jusqu'à Civita Vecchia.

C'était une première traversée que je supportai... presque convenablement, grâce à des oranges que je tenais constamment à la bouche en en exprimant le jus.

Nous arrivâmes enfin à Rome, par le chemin de fer de Civita Vecchia à la Ville Éternelle. C'était l'heure du dîner des pensionnaires. Ils furent fort interdits en nous voyant, car ils se faisaient une fête d'aller à la rencontre de notre voiture sur la voie Flaminienne.

L'accueil fut brusque. Un dîner spécial fut improvisé, qui commença les plaisanteries faites aux *nouveaux*, dits *les affreux nouveaux*.

En ma qualité de musicien, je fus chargé d'aller, une cloche à la main, sonner le dîner, en parcourant les nombreuses allées du jardin de la Villa Médicis, alors plongées dans la nuit. Ignorant les détours, je tombai dans un bassin. Naturellement, la cloche s'arrêta et les pensionnaires, qui écoutaient son tintement, se réjouissant de leur farce, eurent un rire inextinguible à l'arrêt soudain de la sonnette. Ils comprirent, et l'on vint me repêcher.

J'avais payé ma première dette, celle d'entrée à la Villa Médicis. La nuit devait amener d'autres brimades.

La salle à manger des pensionnaires, que je connus si agréable dès le lendemain, était transformée en un véritable repaire de bandits. Les domestiques, qui portaient

---

73. Plusieurs fresques de la monumentale histoire du Christ de Giotto, conservée dans la chapelle des Scrovegni à Padoue, montrent Marie-Magdeleine aux côtés du Christ.

74. Karl Baedeker (1801-1859), célèbre auteur de guides de voyage.

75. Le *Polyptyque de santa Barbara*, une des œuvres les plus célèbres de Palma Vecchio (ca 1480-1528), se trouve dans l'église Santa Maria Formosa.

habituellement la livrée verte de l'empereur, étaient costumés en moines, un tromblon en bandoulière et deux pistolets à la ceinture, le nez vermillonné et façonné par un sculpteur. La table en sapin était tachée de vin et dégoûtante de saleté.

Les anciens avaient tous la physionomie rogue, ce qui ne les empêcha pas, à un moment donné, de nous dire que si la nourriture était simple, on vivait ici dans la plus fraternelle harmonie. Subitement, après une discussion artistique fort drôlement menée, le désaccord arriva et l'on vit toutes les assiettes et les bouteilles voler en l'air, au milieu de cris formidables.

Sur un signe d'un des prétendus moines, le silence se rétablit immédiatement, et l'on entendit la voix du plus ancien des pensionnaires, Henner[76], dire gravement : « Ici, la bonne harmonie règne toujours ! »

Bien que nous sachions que nous étions l'objet de plaisanteries, j'étais un peu interloqué. N'osant bouger, je regardais, le nez baissé sur la table, quand j'y lus le nom d'Hérold, que l'auteur du *Pré aux Clercs* y avait gravé avec son couteau, alors qu'il était pensionnaire de cette même Villa Médicis[77].

Chapitre V

La Villa Médicis

Comme je l'avais pressenti et d'ailleurs, remarqué aux signes d'intelligence que se faisaient entre eux les pensionnaires, ceux-ci nous avaient ménagé une autre grosse farce, ce qu'on pourrait appeler une brimade de dimension.

À peine étions-nous sortis de table que les pensionnaires s'enveloppèrent de leurs grandes capes à la mode romaine et nous obligèrent, avant d'aller nous reposer dans les chambres qui nous étaient destinées, à une promenade de digestion (était-ce bien nécessaire ?) jusqu'au Forum, l'antique Forum dont tous nos souvenirs de collège nous parlaient.

Ignorant Rome la nuit, autant du reste que Rome le jour, nous marchions entourés de nos nouveaux camarades, comme d'autant de guides sûrs pour nous.

La nuit, une nuit de janvier, était d'une profonde obscurité, partant bien favorable aux desseins de nos ciceroni ! Arrivés près du Capitole, nous distinguions à peine les vestiges des temples qui émergeaient des vallonnements du célèbre *Campo Vaccino*, dont la reproduction, conservée au Louvre, est restée un des chefs-d'œuvre de notre Claude Lorrain.

À cette époque, sous le règne de Sa Sainteté le pape-roi Pie IX, aucunes fouilles officielles n'avaient été organisées dans le Forum même. Ce lieu fameux n'était qu'un amas de pierres et de fûts de colonnes enfouis dans des herbes sauvages que broutaient des troupeaux de chèvres. Ces jolies bêtes étaient gardées par des bergers aux larges

76. Le peintre Jean-Jacques Henner (1829-1905) séjourne à la Villa Médicis de 1859 à 1864.
77. Ferdinand Hérold (1791-1833) est pensionnaire de la Villa Médicis de 1812 à 1815.

chapeaux et enveloppés d'un grand manteau noir à doublure verte, vêtement habituel des paysans de la campagne romaine; tous étaient armés d'une grande pique qui leur servait à chasser les buffles pataugeant dans les marais d'Ostie.

Nos camarades nous firent traverser les ruines de la basilique [de Maxence et] de Constantin, dont nous apercevions vaguement les immenses voûtes à caissons. Notre admiration se changea en effroi quand un instant après, nous nous vîmes sur une place entourée de murs aux proportions indéfiniment colossales. Au milieu de cette place se trouvait une grande croix sur un piédestal formé de marches, comme une façon de calvaire. Arrivé là, je n'aperçus plus mes camarades, et, lorsque je me retournai, je me vis seul au milieu du gigantesque amphithéâtre qu'était le Colisée, dans un silence qui me parut effrayant.

Je cherchais un chemin quelconque afin de me retrouver dans les rues où un passant attardé, mais complaisant, m'aurait mis sur la voie de la Villa Médicis. Ce fut en vain.

Mes efforts, impuissants à découvrir ce chemin, m'exaspérèrent au point que je tombai anéanti sur une des marches de la croix. J'y pleurai comme un enfant. C'était bien excusable, et j'étais brisé de fatigue.

La lumière du jour arriva enfin. Sa lueur révélatrice me fit comprendre que, comme un écureuil dans sa cage, j'avais tourné autour de la piste, où je n'avais rencontré que des escaliers menant aux gradins supérieurs. Lorsque l'on songe aux quatre-vingts gradins qui pouvaient, au temps de la Rome impériale, contenir jusqu'à cent mille spectateurs, cette piste, en vérité, devait être pour moi sans issue. Mais l'aube naissante fut mon sauveur. Au bout de quelques pas, tout heureux, je reconnus, comme le Petit-Poucet perdu dans les bois, que je suivais la route qui devait me ramener sur le bon chemin.

Enfin, j'étais à la Villa Médicis; j'y pris possession de la chambre qui m'était réservée [illustration 5]. Ma fenêtre donnait sur l'avenue du Pincio; mon horizon était Rome entière et se terminait par la silhouette du dôme de Saint-Pierre au Vatican. Le directeur, M. Schnetz, membre de l'Institut, m'avait accompagné jusqu'à mon logis.

M. Schnetz[78], de haute stature, s'enveloppait volontiers d'une vaste robe de chambre et se coiffait d'un bonnet grec agrémenté, comme la robe, de superbes glands d'or.

Il était le dernier représentant de cette race de grands peintres qui ont eu un culte spécial pour la campagne des environs de Rome. Ses études et ses tableaux avaient été conçus au milieu des brigands de la Sabine. Son allure solide et décidée l'avait fait estimer et craindre de ses hôtes d'aventure. Il était bien un papa exquis pour tous ses enfants de l'Académie de France à Rome[79].

---

78. Élève de David, Jean-Victor Schnetz (1787-1870) dirige l'Académie de France à Rome de 1853 à 1866. Son œuvre se distingue par une étude des milieux populaires de la campagne romaine.

79. La dimension paternaliste de Schnetz se devine dans une lettre qu'il adresse au jeune compositeur alors en voyage à Venise où, peu avant la fin de son séjour en Italie, il se livre avec plaisir à la composition (voir chapitre VI) : « Je vous félicite également d'apprendre que ce bonheur n'a fait que vous exciter davantage au travail et que vos travaux sont au moment d'être terminés./ Je n'ai pas besoin de vous dire que j'aurai beaucoup de plaisir à vous voir de nouveau parmi nous où votre absence laisse un vide, mon beau piano s'en réjouira aussi car il est muet de tristesse depuis votre départ, il semble soupirer après la caresse de vos doigts agiles et savants et si doux et trop rares pour nous. » Lettre de J.-V. Schnetz à J. Massenet, [Rome, 18 octobre 1865], BnF, Bibliothèque-musée de l'opéra, NLA-358 (105).

La cloche du déjeuner sonna. Cette fois, c'était le vrai cuisinier qui l'agitait, et non plus moi, qui, la veille, m'étais bénévolement chargé de ce soin.

La salle à manger avait repris son aspect confortable de tous les jours. Nos camarades furent absolument affectueux. Les serviteurs n'étaient plus des moines de contrebande que nous avions vus au repas de l'arrivée.

J'appris que je n'avais pas été le seul à être mystifié.

Voici la brimade qu'on avait infligée à notre bon camarade Chaplain :

On avait choisi pour son logis de la première nuit une chambre sans fenêtre, aux murs blanchis à la chaux, qui servait de débarras. Ce débarras, on l'avait transformé en chambre à coucher pour la circonstance. Des rideaux blancs fermés simulaient une fenêtre qu'on lui avait dit prendre vue sur le mausolée d'Hadrien. Le lit était disposé de manière qu'au premier mouvement il devait s'effondrer. Mon pauvre Chaplain essaya de dormir quand même. Il y avait dans cette chambre une petite porte qu'il n'avait pas ouverte. Par instant un camarade entrait, l'air tout effaré, se précipitait sur cette porte, puis disparaissait, en jetant ces mots : « Fais pas attention... je suis souffrant... Ça passera... Il n'y a que ceux-là dans la maison ! » On devine que mon ami avait là un voisinage bien mal placé !

La plaisanterie dura jusqu'au jour et s'évanouit dès qu'il parut. Sa véritable chambre, admirablement située dans l'un des campaniles de la Villa, fut aussitôt rendue à Chaplain. Quels merveilleux envois il y exécuta durant son séjour[80] !

Les fêtes du Carnaval venaient de se terminer à Rome avec leurs bacchanales endiablées. Sans avoir la réputation de celles de Venise, elles n'en avaient pas moins d'entrain. Elles se déroulaient dans un tout autre cadre, plus grandiose, sinon mieux approprié. Nous y avions participé dans un grand char construit par les architectes et décoré par les sculpteurs. La journée s'était passée à lancer des confettis et des fleurs à toutes les belles Romaines qui nous répondaient, du haut des balcons de leurs palais du Corso, avec des sourires adorables. Sûrement, Michelet, lorsqu'il composa sa brillante et poétique étude sur *La Femme*, pour faire suite à son livre sur *L'Amour*[81], dut avoir sous les yeux, en pensée, comme nous les eûmes, nous, en toute réalité sous les nôtres, ces types de rare, éclatante et si fascinatrice beauté[82].

Que de changements depuis, dans cette Rome d'alors, où l'abandon et la bonne humeur tenaient leurs délicieuses assises à l'état permanent ! Dans ce même Corso se promènent, aujourd'hui, les superbes régiments italiens, et les magasins qui s'y alignent appartiennent pour la plupart à des commerçants allemands.

Ô Progrès, que voilà bien de tes coups !

---

80. L'Académie des beaux-arts se montra pourtant plutôt réservée sur les envois de Chaplain de 1864 ou 1865 (dessins, bustes, médailles).

81. *L'Amour* (1858) et *La Femme* (1860) dont les sujets, comme la pensée, imprègnent l'œuvre de Massenet.

82. Selon Jules Michelet (*La Femme*, dans *Œuvres complètes*, vol. XVIII : 1858-1860, éd. Paul Viallaneix, Paris, Flammarion, 1985, p. 70), « l'Italienne dans sa beauté et sa morbidesse, sa vive imagnation, souvent dans sa candeur touchante, rend la résistance impossible, on est ravi, on est conquis ».

Le directeur nous fit un jour prévenir qu'Hippolyte Flandrin, l'illustre chef du mouvement religieux dans l'art au dix-neuvième siècle, arrivé de la veille à Rome, avait manifesté le désir de serrer la main aux pensionnaires.

Je ne croyais pas qu'il m'aurait été donné, à quarante-six ans de là, d'évoquer cette même visite dans le discours que je prononcerais comme président de l'Institut et de l'Académie des beaux-arts.

« Sur le Pincio même, disais-je dans ce discours, juste en face de l'Académie de France, il est une petite fontaine jaillissante en forme de vasque antique qui, sous un berceau de chênes verts, découpe ses fines arêtes sur les horizons lointains. C'est là que, de retour à Rome, après trente-deux années, un grand artiste, Hippolyte Flandrin, avant d'entrer dans le temple, trempa ses doigts comme en un bénitier et se signa[83]. »

Les arts attristés, qu'il avait tant ennoblis, prenaient son deuil au moment même où nous nous disposions à aller officiellement le remercier de son geste.

Il habitait place d'Espagne, proche de la Villa Médicis, comme il le désirait.

Ce fut dans l'église Saint-Louis des Français que nous déposâmes sur son cercueil les couronnes faites de lauriers cueillis dans le jardin de la Villa qu'il avait tant aimée, alors qu'il était pensionnaire en compagnie de son musicien chéri, Ambroise Thomas, et qu'à l'apogée de sa gloire il venait de revoir pour la dernière fois…

À quelques jours de là, Falguière[84], Chaplain et moi, nous partions pour Naples, en voiture jusqu'à Palestrina[85], à pied jusqu'à Terracine, à l'extrémité sud des Marais Pontins, puis encore, en voiture jusqu'à Naples !…

Chapitre VI

La Villa Médicis

Quels inoubliables moments pour de jeunes artistes qui échangeaient leurs enthousiasmes pour tout ce qu'ils voyaient dans ces villages d'un si délicieux pittoresque, disparu très certainement aujourd'hui !

Nous logions dans des auberges primitives. Je me souviens qu'une nuit j'eus la sensation assez inquiétante que mon voisin du grenier allait incendier la pauvre masure ; Falguière, de son côté y crut aussi.

Pure hallucination. C'était le ciel criblé d'étoiles à la lumière scintillante, qui se montrait à travers le plafond délabré.

En passant par les bois de Subiaco, la zampogna (sorte de cornemuse rustique) d'un berger lança une bouffée mélodique que je notai aussitôt sur un chiffon de papier prêté par un bénédictin d'un couvent voisin.

83. Voir, dans le présent volume, le discours du 5 novembre 1910. Flandrin meurt le 21 mars 1864.

84. Le sculpteur et peintre Jean Alexandre Joseph Falguière (1831-1900), Prix de Rome en 1859, sera élu membre de l'Académie des beaux-arts en 1882.

85. Massenet y compose un quintette à cordes, aujourd'hui perdu, et recopie, le 10 juillet 1864, le *Stabat Mater de Palestrina* dans la version de Richard Wagner, que Liszt lui avait probablement confiée.

Ces mesures devinrent les premières notes de *Marie-Magdeleine*, drame sacré auquel je songeais déjà pour un envoi.

J'ai conservé le croquis que Chaplain fit de moi, à ce moment-là[86].

Ainsi que d'ancienne date, les pensionnaires de la Villa Médicis y sont habitués pendant leur séjour à Naples, nous allâmes loger casa Combi, vieille maison donnant sur le quai Santa-Lucia. Le cinquième étage nous en était réservé.

C'était une ancienne masure, à la façade crépie en rose, et dont les fenêtres étaient encadrées de moulures en formes de figurines, celles-ci fort habilement peintes, comme celles que l'on peut voir dans toute la région italienne dès qu'on a passé le Var.

Une vaste chambre contenait nos trois lits. Quant au cabinet de toilette et... le reste, nous les avions sur le balcon, où, d'accord en cela avec les usages du pays, nous étalions nos hardes pour les faire sécher.

Pour voyager plus commodément, nous nous étions fait faire à Rome trois complets de flanelle blanche à larges raies bleues.

Risum teneatis[87], comme aurait dit Horace, le délicieux poète, retenez vos rires, mes chers enfants. Écoutez d'abord cette curieuse aventure.

Dès notre arrivée à la gare de Naples, nous fûmes observés avec une insistance surprenante par les gendarmes-carabiniers. De leur côté, les passants nous regardaient tout étonnés. Fort intrigués, nous nous en demandions la raison. Nous ne tardâmes pas à être fixés. La patronne de la casa, Marietta, nous apprit que les forçats napolitains portaient un costume presque semblable ! Les rires qui accueillirent cette révélation nous encouragèrent à compléter la ressemblance. C'est ainsi que nous allâmes au Café Royal, sur la place Saint-Ferdinand, en traînant tous les trois la jambe droite, comme si elle eût été retenue par un boulet de galérien !

Nous vécûmes nos premières journées à Naples, dans les galeries du musée Borbonico[88]. Les plus merveilleuses découvertes faites dans les fouilles d'Herculanum, de Pompéi et de leur voisine, Stabies, y avaient été entassées. Tout nous y était matière à étonnement. Quel sujet de ravissement ! Quelles incessantes et toujours nouvelles extases !

Nous avons, en passant, à rappeler l'ascension obligatoire au Vésuve, dont nous apercevions de loin le panache de fumée. Nous en revînmes tenant à la main nos souliers brûlés, et les pieds enveloppés de flanelle qu'on nous avait vendue à Torre del Greco.

À Naples, nous prenions nos repas au bord de la mer, sur le quai Santa-Lucia, presque en face de notre demeure. Pour douze grani, ce qui représentait huit sous de notre monnaie, nous avions une soupe exquise aux coquillages, du poisson frit dans une huile qui avait dû servir à cet usage depuis deux ou trois ans au moins, et un verre de vin de Capri.

---

86. Ce croquis a été reproduit, entre autres, par Louis Schneider (*Massenet*, Paris, Carteret, 1908, p. 22) et Arthur Pougin (*Massenet*, Paris, Fischbacher, 1913, h. t.). La date du 7 mars 1864 qui y figure situe l'excursion avant le décès de Flandrin. Voir, dans le présent volume, le témoignage personnel de Chaplain reproduit dans l'article « Comment je suis devenu compositeur ».

87. « Pourriez-vous ne pas rire ? » Horace, *Art poétique*, v. 5.

88. Aujourd'hui connu sous le nom de Musée archéologique national de Naples.

Puis ce furent les promenades à Castellamare, au fond du golfe de Naples sur lequel on jouit d'une vue admirable ; à Sorrente, si riche en orangers, à ce point même que la ville a ses armes tressées en forme de couronne avec des feuilles d'oranger. Nous vîmes, à Sorrente, la maison où naquit le Tasse, l'illustre poète italien, l'immortel auteur de la *Jérusalem délivrée*. Un simple buste en terre cuite orne la façade de cette maison à moitié détruite ! De là nous nous rendîmes à Amalfi, qui fut autrefois presque la rivale de Venise, tant son commerce avec l'Orient était considérable.

À Amalfi, nous habitâmes un hôtel qui avait jadis servi de couvent à des capucins.

Si, en touchant à l'écouvillon d'un canonnier malpropre, Napoléon Ier attrapa la gale, nous devons à la vérité de dire que, le lendemain de la nuit que nous y passâmes, nous étions tous les trois couverts de poux ! II fallut nous faire raser court, ce qui devait ajouter à la ressemblance qu'on s'était plu à nous trouver avec les forçats !

Nous nous consolâmes de l'aventure en prenant une barque à voile qui nous conduisit à Capri.

Partis d'Amalfi à 4 heures du matin, nous n'arrivons à Capri qu'à 10 heures du soir…

Quelle île délicieuse, à l'aspect enchanteur ! D'un périmètre de quinze kilomètres, au sommet du mont Solaro elle se trouve à 1.800 pieds au-dessus du niveau de la mer. Du mont Solaro l'œil découvre l'un des plus beaux et des plus vastes horizons dont on puisse jouir en Italie.

En allant à Capri, nous fûmes surpris, loin de la côte, par un orage épouvantable. Le bateau portait une énorme quantité d'oranges. Les lames furieuses les balayèrent toutes, au grand désespoir des mariniers, qui hurlaient à qui mieux mieux en invoquant San Giuseppe, le patron de Naples.

Une jolie légende veut que saint Joseph, attristé du départ de Jésus et de la Vierge Marie dans le ciel, ait intimé à son fils l'ordre de revenir près de lui. Jésus obéit en ramenant avec lui tous les saints du Paradis. Il en fut de même de la Vierge, épouse de saint Joseph, qui regagna le toit conjugal, escortée des onze mille vierges. Dieu, voyant le Paradis se dépeupler ainsi et ne voulant pas donner tort à saint Joseph, déclara qu'il était le plus fort de tous, et le ciel se repeupla avec sa permission.

Cette vénération du peuple napolitain pour saint Joseph est surprenante. Le détail que nous allons en rapporter le montre bien encore.

Au dix-huitième siècle, les rues de Naples étaient très peu sûres ; il était dangereux de les traverser la nuit. Le roi ayant fait placer des lanternes aux endroits les plus mal famés afin d'éclairer les passants, les « birbanti » les brisèrent comme les trouvant gênantes pour leurs exploits nocturnes. L'idée vint alors d'accompagner les lanternes d'une image de saint Joseph, et, désormais, elles furent respectées, au grand bonheur du peuple.

Habiter Capri, y vivre, y travailler, est bien l'existence dans tout son idéal, dans tout ce qu'il est possible de rêver ! J'en ai rapporté quantité de pages pour les ouvrages que j'avais projeté d'écrire par la suite[89].

---

89. Massenet en ramena plutôt des impressions propres à nourrir son inspiration, car, dans ses lettres à Ambroise Thomas de juillet et octobre 1864, il avoue ne pas avoir travaillé lors de son voyage. (« Lettres à Ambroise Thomas », *La Revue de Paris*, 22e année, t. 1, janvier-février 1915, p. 93).

L'automne nous ramena à Rome.

J'écrivis, à cette époque, à mon maître aimé, Ambroise Thomas, les lignes suivantes :

« Bourgault[90] a organisé, dimanche dernier, une fête où étaient invités vingt Transtévérins et Transtévérines, – plus six musiciens, aussi du Transtévère ! Tous en costume !

« Le temps était splendide et le coup d'œil uniquement admirable, lorsque nous avons été dans le "Bosco", *Mon Bois sacré*, à moi ! Le soleil couchant éclairait les murs antiques de l'antique Rome. La fête s'est terminée dans l'atelier de Falguière, éclairé *a giorno*, par nos soins. Les danses ont pris là un caractère entraînant, tellement enivrant que, tous, nous avons fini par faire vis-à-vis aux Transtévérines, lors du saltarello final... On a fumé, mangé, bu ; – les femmes, surtout, estimaient fort notre punch ! »[91].

*

Une des phases les plus grandes et les plus palpitantes de ma vie se préparait.

Nous étions à la veille de Noël. Une promenade fut organisée pour suivre, dans les églises, les messes de minuit. Les cérémonies qui se célébrèrent de nuit à Sainte-Marie-Majeure et à Saint-Jean de Latran furent celles qui me frappèrent le plus.

Des bergers, avec leurs troupeaux ; vaches, chèvres, moutons et porcs, étaient sur la place publique comme pour recevoir les bénédictions du Sauveur, de celui dont on rappelait la naissance dans une crèche.

La touchante simplicité de ces croyances m'avait vraiment ému et j'entrai dans Sainte-Marie-Majeure, accompagné d'une adorable chèvre que j'embrassai et qui ne voulut pas me quitter. La chose n'étonna nullement la foule recueillie qui s'entassait dans cette église, hommes et femmes, tous à genoux sur ces beaux pavés en mosaïque, entre cette double rangée de colonnes provenant de temples antiques[92].

Le lendemain, jour à marquer d'une croix, je croisai dans l'escalier aux trois cents marches qui mène à l'église de l'Ara-Coeli, deux dames dont l'allure était celle d'étrangères élégantes. Mon regard fut délicieusement charmé par la physionomie de la plus jeune.

Quelques jours après cette rencontre, m'étant rendu chez Liszt, qui se préparait à l'ordination[93], je reconnus, parmi les personnes qui se trouvaient en visite chez l'illustre maître, les deux dames aperçues à l'Ara-Coeli.

Je sus, presque aussitôt après, que la plus jeune était venue à Rome, avec sa famille, en voyage de touristes et qu'elle avait été recommandée à Liszt pour qu'il lui indiquât un musicien capable de diriger ses études musicales qu'elle ne voulait pas interrompre loin de Paris.

Liszt me désigna aussitôt à elle.

---

90. Le compositeur Louis-Albert Bourgault-Ducoudray (1840-1910), Prix de Rome en 1862.

91. Massenet reformule ici une lettre qu'il avait adressée à Ambroise Thomas, de Rome, le 3 décembre 1864 (« Lettres à Ambroise Thomas », *La Revue de Paris*, 22e année, t. 1, janvier-février 1915, p. 390).

92. Massenet en transcrira ses impressions dans sa pièce pour piano *Devant la madone. Souvenirs de la campagne de Rome (nuit de Noël 1864)*, composée sans doute pendant l'été 1896 (puis arrangée pour petit orchestre l'année suivante) et dédiée à Chaplain.

93. Liszt ne fut pas ordonné prêtre mais reçut les ordres mineurs en juillet 1865.

J'étais pensionnaire de l'Académie de France pour y travailler, ne désirant par conséquent pas donner mon temps aux leçons. Cependant le charme de cette jeune fille fut vainqueur de ma résistance.

Vous l'avez deviné déjà, mes chers enfants, ce fut cette exquise jeune fille qui, deux ans plus tard, devait devenir mon épouse aimée[94], la compagne toujours attentive, souvent inquiète, de mes jours, témoin de mes défaillances comme de mes sursauts d'énergie, de mes tristesses comme de mes joies [illustration 7]. C'est avec elle que j'ai gravi ces degrés longs déjà de la vie, qui, pour ne point être escarpés comme ceux qui mènent à l'Ara-Coeli, cet autel des cieux qui rappelle à Rome les célestes séjours toujours purs et sans nuages, m'ont conduit dans un chemin parfois difficile, et où les roses se cueillirent au milieu des épines ! N'en est-il pas toujours ainsi dans la vie ?

Mais j'oublie que je vous livre mes Mémoires, mes chers enfants, et ne vous fais point mes confidences.

Au printemps suivant, la fête annuelle des pensionnaires eut lieu, comme de coutume, à Castel-Fusano, domaine de la Campagne de Rome, à trois kilomètres d'Ostie, au milieu d'une magnifique forêt de pins-parasols, percée d'une allée de chênes-verts de toute beauté. J'emportai un souvenir si agréable de cette journée que je conseillai à ma fiancée et à sa famille de connaître cet endroit incomparable[95].

Là, dans cette splendide avenue, toute pavée de dalles antiques, je me rappelai l'histoire décrite par Gaston Boissier dans ses *Promenades archéologiques*[96] de Nisus et d'Euryale, ces malheureux jeunes gens qui furent aperçus, pour leur perte, de Volcens, arrivant de Laurente pour amener à Turnus une partie de ses troupes.

La pensée que je devais, au mois de décembre, quitter la Villa Médicis pour retourner en France, mes deux ans de séjour étant terminés, mettait en moi une indéfinissable tristesse.

Je voulus revoir Venise. J'y restai deux mois, pendant lesquels je jetai les brouillons de ma *Première Suite d'orchestre*[97].

Le soir, lorsqu'en fermant le port, les trompettes autrichiennes sonnaient des notes si étranges et si belles, je les notais. Je m'en servis vingt-cinq ans plus tard, au quatrième acte du *Cid*.

Le 17 décembre, mes camarades me firent leurs adieux, non seulement pendant le dernier triste dîner à notre grande table, mais encore à la gare, dans la soirée.

Ce jour-là, je l'avais consacré à préparer mes bagages, tout en contemplant le lit dans lequel je ne devais plus dormir.

---

94. Fille de Delphine Orry de Sainte-Marie, Louise Constance de Gressy (1841-1938), surnommée Ninon par Massenet, est née de père inconnu. À Paris, elle travaille le piano à Paris avec Ernst Lübeck, pianiste du quatuor de son cousin Armingaud.

95. Massenet y composera un trio avec piano aujourd'hui perdu.

96. Boissier évoque cet épisode, non pas dans ses *Promenades archéologiques* (1880), mais dans ses *Nouvelles promenades archéologiques* (1886).

97 Le manuscrit (BnF, Département de la Musique) porte en effet les dates sur le premier folio : « Première Suite d'orchestre. / Venise – 1865 – Paris – 1867 / Fontainebleau – 1875 » et *in fine* : « Venise, 1865, octobre. / Fontainebleau, 1875, juin ». La pièce tint lieu de second envoi à l'Institut après un *Requiem*, aujourd'hui perdu, envoyé l'année précédente.

Tous ces tendres souvenirs de mes deux années romaines : palmes du jour des Rameaux, tambour du Transtévère, ma mandoline, une vierge en bois, quelques branches cueillies dans le jardin de la Villa, tous ces souvenirs, dis-je, d'un passé qui vivra autant que moi-même, allèrent rejoindre mes hardes dans mes malles. L'ambassade française en fit les frais d'expédition.

Je ne voulus pas quitter ma fenêtre avant que le soleil couchant eût complètement disparu derrière Saint-Pierre. Il me semblait que c'était Rome, à son tour, se réfugiant dans l'ombre, qui me faisait ses adieux!...

Chapitre VII

Le retour à Paris

Réunis à la gare *dei Termini*, voisine des ruines de Dioclétien, mes camarades ne la quittèrent qu'après avoir échangé avec moi force embrassades, et ils y restèrent jusqu'à ce que le train qui m'emportait eût complètement disparu à l'horizon.

Les heureux ! Ils devaient, eux, dormir cette nuit-là, à l'Académie, alors que moi, seul, brisé par les émotions du départ, tout transi par cet âpre et glacial froid de décembre, roulé dans ce manteau qui ne m'avait pas quitté pendant tout mon séjour à Rome, enveloppé de ce lambeau de souvenirs, je ne devais que la fatigue aidant succomber au sommeil.

Le lendemain, dans la journée, j'étais à Florence.

Je voulus revoir une dernière fois cette ville, où se trouve une des plus riches collections d'art de l'Italie. J'allai au palais Pitti, une des merveilles de Florence : en parcourant ces galeries, il me semblait que je n'y étais point seul, que le souvenir vivant de mes camarades m'accompagnait, que j'assistais à leurs extases, à leurs enthousiasmes devant tous ces chefs-d'œuvre amoncelés dans ce splendide palais. J'y revis ces Titien, ces Tintoret, ces Léonard de Vinci, ces Véronèse, ces Michel-Ange, ces Raphaël.

De quel œil délicieusement ravi j'admirai de nouveau ce trésor inestimable qu'est *La Vierge à la chaise*, de Raphaël, chef-d'œuvre de la peinture, puis la *Tentation de saint Antoine*, par Salvator Rosa, visible dans la salle d'Ulysse, et dans la salle de Flore, la *Vénus* de Canova[98], posée sur une base qui tourne. Les Rubens, les Rembrandt, les Van Dyck, furent aussi l'objet de mes contemplations.

Je ne sortis du palais Pitti que pour être de nouveau ébloui par le palais Strozzi, le plus beau type des palais florentins, dont la corniche, due à Simone Pollajolo, est la plus belle connue des temps modernes. Je revis aussi le jardin Boboli, à côté du palais Pitti, dessiné par Tribolo et Buontalenti.

98. Sculptée au début du XIXe siècle, la *Venus Victrix* était déjà à cette époque conservée à Rome (galerie Borghèse) et non à Florence. Posée autrefois sur un mécanisme la faisant tourner, elle avait fait scandale car Pauline Bonaparte Borghèse aurait servi de modèle nu à Canova.

Je terminai cette journée par une promenade dans ce qu'on a surnommé le bois de Boulogne de Florence, la *promenade les Cascine*, à la porte et à l'ouest de Florence, entre la rive droite de l'Arno et le chemin de fer. C'est la promenade favorite du monde élégant et de la fashion de Florence, cette ville qu'on a surnommée *l'Athènes de l'Italie*.

Il me souvient que le soir tombait déjà, et, privé de ma montre que, par mégarde, j'avais laissée à l'hôtel, j'eus la pensée de demander à un paysan que je croisai sur la route l'heure qu'il était. La réponse que j'en reçus est de celles dont on ne saurait oublier le tour vraiment poétique. En voici la traduction :

Il est sept heures, l'air en tremble encore !
Sono le sette, l'aria ne treme ancora !...

*

Je quittai Florence pour continuer par Pise le chemin du retour.

Pise me sembla dépeuplé comme si la peste y eût fait ses ravages ! Quand on songe qu'au moyen âge elle fut la rivale de Gênes, de Florence, de Venise, on se sent confondu de cette désolation relative qui l'enveloppe. Je restai seul pendant près d'une heure sur la place du Dôme, portant tour à tour mes regards curieux sur les trois chefs-d'œuvre qui y dressent leur artistique beauté : la cathédrale ou le *Dôme de Pise*, le campanile, plus connu sous le nom de *Tour penchée*, et enfin le *Baptistère*.

Entre le Dôme et le Baptistère s'étend le Campo-Santo, cimetière célèbre dont la terre fut apportée de Jérusalem.

Il me sembla que la *Tour penchée* voulut bien attendre que je sois passé pour ne point fléchir davantage sur moi, comme le Campanile de Venise, de funeste destruction[99]. Mais non ! il paraît que cette tour, dont l'inclinaison, précisément, servit à Galilée pour faire ses fameuses expériences sur la loi de la gravitation, n'a jamais été plus solide. Ce qui servirait à le prouver, c'est que les sept grosses cloches qui, chaque jour, à plusieurs reprises, y sonnent à toute volée, n'ont jamais compromis la résistance de sa curieuse construction.

Me voici parvenu à l'un des instants les plus intéressants de mon voyage, celui écoulé depuis Pise, blotti sous la bâche d'une diligence, et suivant ainsi la côte de cette mer d'azur qu'est la Méditerranée, par La Spezia jusqu'à Gênes. Quel voyage fantastique que celui que je fis par cette ancienne voie romaine tracée sur la crête des rochers qui dominent la mer ! Je la longeai comme porté dans la nacelle d'un capricieux ballon.

La route côtoie sans cesse le bord de la mer, s'enfonçant tantôt dans des bois d'oliviers, tantôt, au contraire, s'élevant sur la cime des monts, d'où, alors, elle commande un horizon immense.

Partout pittoresque, d'une variété d'aspects étonnante, ce chemin parcouru, comme je l'ai fait, par un clair de lune magnifique, est tout ce que l'on peut rêver de plus idéalement beau dans son originalité, avec ces villages dont parfois l'on voyait une fenêtre éclairée dans le lointain, et cette mer dans laquelle le regard plongeait à d'incalculables profondeurs.

---

99. Le campanile de Venise s'écroule en 1902. Il sera aussitôt reconstruit et achevé en 1912.

Il me sembla, pendant ce trajet, que je n'avais jamais accumulé en moi-même un tel ensemble d'idées et de projets, toujours obsédé par cette pensée que, dans quelques heures, je serais de retour à Paris et que ma vie allait y commencer.

De Gênes à Paris, la route se fit en chemin de fer. On dort si bien quand on est jeune ! Ce fut un frisson qui me réveilla. Il gelait. Le froid intense de la nuit avait couvert d'arabesques les carreaux de mon wagon.

Nous passâmes devant Montereau. Montereau ! presque Paris, à l'horizon ! Pouvais-je me douter alors que je posséderais une demeure d'été, bien des années plus tard, dans ce pays, voisin d'Égreville[100] ?

Quel contraste entre le beau ciel de l'Italie, ce ciel toujours bleu, tant chanté par les poètes, et que je venais de quitter, – et celui que je retrouvais sombre et gris, si maussade !

Mon voyage et quelques menus frais payés, il me restait en poche la somme de... deux francs !

*

Quand j'arrivai chez ma sœur, quelle joie pour moi ! Quelle aubaine aussi !

Au dehors il pleuvait à torrents, et les précieux deux francs me servirent à acheter ce *vade mecum* indispensable : un parapluie ! Je ne m'en étais point servi pendant tout mon séjour en Italie.

Abrité ainsi contre le mauvais temps, j'allai au ministère des Finances, où je savais devoir trouver mon premier trimestre de la nouvelle année. À cette époque les grands-prix jouissaient d'une pension de trois mille francs par an. J'y avais droit encore pendant trois ans. Quelle fortune !

L'ami si bon dont j'ai déjà parlé, prévenu de mon retour, m'avait loué une chambre au cinquième étage du nº 14 de la rue Taitbout.

De la beauté calme et sereine de ma chambre à l'Académie, je retombais au centre de ce Paris agité et bruyant.

Mon maître, Ambroise Thomas, m'avait présenté chez quelques riches amis qui donnaient des soirées musicales fort connues[101]. Ce fut là que j'aperçus pour la première fois Léo Delibes, auquel son ballet, *La Source*[102], à l'Opéra, avait déjà valu une grosse notoriété. Je le vis diriger un chœur délicieux chanté par des dames du monde[103], et je me dis tout bas : « Moi aussi, j'écrirai un chœur ! Et il sera chanté ! » Il le fut en effet, mais par quatre cents voix d'hommes. J'avais eu le premier prix au concours de la Ville de Paris[104].

---

100. Voir chapitre XXIII.

101. Mme Charles Moulton, chanteuse mondaine mariée au fils d'un riche banquier américain reçoit régulièrement Massenet qui lui dédicace plusieurs de ses mélodies. D'après ses souvenirs (*In the Courts of Memory*, Londres, Harper, 1912), dont la chronologie est incertaine, le jeune compositeur aurait eu l'occasion de rivaliser d'improvisation avec Liszt dans son salon, probablement en mars 1866.

102. Léo Delibes (1836-1891) remporte un vif succès avec le ballet *La Source* (Opéra de Paris, 12 novembre 1866) dont il composa seulement les 2ᵉ et 3ᵉ tableaux, les 1ᵉʳ et 4ᵉ étant dus à Minkus. Élu à l'Institut en 1884, il est relativement proche de Massenet.

103. Delibes fait éditer, en 1867, deux chœurs, *Chant de la paix* et *Au printemps*, arrangés à trois voix égales.

104. *Alleluia*, chœur à quatre voix mixtes, reçut le 1ᵉʳ prix de 1866 au concours de la Ville de Paris tandis que *Le Moulin*, chœur à 4 voix d'hommes, fut simplement couronné à ce même concours.

De cette époque date la connaissance que je fis du poète Armand Silvestre. Le hasard voulut qu'il fût un jour mon voisin sur l'impériale d'un omnibus, et, de propos en propos, nous descendîmes les meilleurs amis du monde. Voyant qu'il avait affaire, avec moi, à un bon public, et c'était le cas, il me raconta de ces histoires les plus drôlatiquement inconvenantes, dans lesquelles il excellait. Mais, pour moi, le poète dépassait encore le conteur, et un mois après, j'avais écrit le *Poème d'avril*, tiré des exquises poésies de son premier volume [105].

Puisque je parle du *Poème d'avril*, je me souviens de la belle impression qu'en avait ressentie Reyer [106]. Il m'encouragea à le proposer à un éditeur. J'allai, muni d'une lettre de lui, beaucoup trop flatteuse, chez l'éditeur Choudens, auquel il me recommandait. Après quatre démarches inutiles, reçu enfin chez le riche éditeur de *Faust*, je n'eus même pas à montrer mon petit manuscrit; je fus tout éconduit de suite. Un même accueil me fut fait chez l'éditeur Flaxland, place de la Madeleine, et aussi chez Brandus, le propriétaire des œuvres de Meyerbeer.

Je trouvai cela tout naturel. Qu'étais-je ? Un parfait inconnu [107].

Comme je rentrais, sans trop de chagrin pourtant, à mon cinquième de la rue Taitbout, ma musique dans la poche, je fus interpellé par un grand jeune homme blond, à la figure intelligente et gracieuse, qui me dit : « Depuis hier, j'ai ouvert un magasin de musique, ici même, boulevard de la Madeleine. Je sais qui vous êtes, et vous offre d'éditer ce que vous voudrez. » C'était Georges Hartmann, mon premier éditeur [108].

Je n'eus qu'à retirer la main de ma poche, en lui présentant le *Poème d'avril*, qui venait de recevoir de si pénibles accueils.

Je ne touchai pas un sou, c'est vrai ; mais combien d'argent, si j'en avais eu, n'aurais-je pas donné pour être édité. Quelques mois après, les amateurs de musique chantaient les fragments de ce poème [109] :

Que l'heure est donc brève
Qu'on passe en aimant ! [110]

Ce n'était encore ni l'honneur, ni l'argent, mais, sûrement, un grand encouragement.

---

105. Les sept poèmes sont tirés du cycle *Mignonne* édité dans *Rimes neuves et vieilles* (1866). Auteur de poèmes dont s'emparent de nombreux musiciens (Fauré, Lalo, Chausson, etc.), Silvestre (1837-1901) écrit aussi de multiples historiettes gaillardes.

106. Ernest Reyer (1823-1909), qui sera le dédicataire du cycle, le définira, sans doute peu après sa publication, « comme une suite de petits tableaux délicieux, tout parfumés de poésie et d'amour. Il faut être au printemps de la vie pour chanter ainsi le printemps. » (« Revue musicale », *Journal des débats*, 14 novembre 1868).

107. Brandus avait cependant publié en 1861 une *Grande fantaisie de concert sur le Pardon de Ploërmel de G. Meyerbeer*, dont Massenet aurait souhaité faire détruire plus tard les planches, et Flaxland éditera en 1867 sa *Première suite*, op. 11, pour piano quatre mains.

108. Pendant un peu plus de vingt ans, Georges Hartmann (1843-1900) va défendre avec ardeur les ouvrages des compositeurs attachés à sa maison d'édition, qui sera mise en liquidation en 1891 et rachetée par Heugel. Il travaille ensuite pour Fromont où il soutient le jeune Debussy.

109. La partition du *Poème d'avril* est publiée plus tard, Hartmann n'ouvrant sa maison d'édition qu'en juin 1868.

110. Incipit de la sixième mélodie.

Le choléra sévissait à Paris [111]. Je tombai malade, et les voisins n'osaient plus prendre de mes nouvelles. Cependant mon maître, Ambroise Thomas, prévenu de mon mal dangereux, de ma détresse sans secours, me visita dans ma pauvre chambre, accompagné de son docteur, médecin de l'Empereur [112]. Ce mouvement courageux et paternel de mon bien-aimé maître m'émotionna au point que je m'évanouis dans mon lit.

J'ajoute que cette maladie ne fut que passagère et que je pus terminer dix pièces pour le piano, que l'éditeur Girod [113] me paya deux cents francs. Un louis par page ! Je dois à ce bienfaisant éditeur le premier argent gagné avec ma musique.

La santé de Paris s'était améliorée.

Le 8 octobre [1866], mon mariage se fit dans la vieille petite église du village d'Avon, près de Fontainebleau.

Le frère de ma femme et mon nouveau cousin, l'éminent violoniste Armingaud [114], créateur de la célèbre société de quatuors furent mes témoins. Il y en eut d'autres cependant. C'était une compagnie de moineaux qui avaient passé par les vitraux en mauvais état et qui piaillaient à qui mieux mieux, à ce point qu'ils nous empêchèrent presque d'entendre l'allocution du brave curé.

Ses paroles furent un hommage attendrissant adressé à ma nouvelle compagne, et un encouragement pour mon avenir si incertain encore.

Au sortir de la cérémonie nuptiale, nous allâmes nous promener à pied dans la belle forêt de Fontainebleau. Là il me semblait entendre, au milieu de la magnificence de cette nature toute en verdure, empourprée des chauds rayons d'un bon soleil, caressée par le chant des oiseaux, le tendre et grand poète, Alfred de Musset, me dire :

> Aime et tu renaîtras ; fais-toi fleur pour éclore [115].

Nous quittâmes Avon pour aller passer une semaine aux bords de la mer, au milieu des charmes d'une solitude à deux, la plus enviable de toutes, souvent.

Je corrigeai là les épreuves du *Poème d'avril* et des dix pièces pour piano.

Corriger des épreuves ! Voir ma musique imprimée ! Ma carrière de compositeur était-elle commencée ?

---

111. Une épidémie de choléra touche Paris de septembre 1865 à 1867.

112. Le médecin de Napoléon III, Henri Conneau, avait épousé une jeune chanteuse mondaine, Juliette Conneau, qui exerça ses talents à la Société nationale ou dans les salons. Massenet lui dédiera sa mélodie *Jour de noces* (1886).

113. *Dix Pièces de genre*, op. 10, Paris, E. et A. Girod, [1866]. En compagnie de son condisciple Henri Kowalski, Massenet aurait inlassablement déchiffré des partitions dans l'arrière-boutique de cet éditeur alors qu'il était dans la classe de Laurent.

114. Demi-frère de Louise Massenet, Abel Orry de Sainte-Marie (1829-1886), peintre et céramiste, et Jules Armingaud (1820-1900), lequel, brillant violoniste, fonde sa société en 1872, rapidement transformée en Société classique de musique de chambre, pour laquelle Massenet composera la même année un *Dichetto* aujourd'hui perdu.

115. *La Nuit d'août* (1836).

Chapitre VIII

Le début au théâtre

Au retour à Paris, où j'habitais dans la famille de ma femme un ravissant appartement[116], d'une clarté bien faite pour égayer l'œil et réjouir les pensées, Ambroise Thomas me fit savoir que, sur sa demande, les directeurs de l'Opéra-Comique, Ritt et de Leuven[117], désiraient me confier un ouvrage en un acte. Il était question de *La Grand'Tante*, opéra-comique de Jules Adenis et Charles Grandvallet[118].

Ce fut un étourdissement de bonheur, j'en étais comme tout envahi. Je regrette aujourd'hui de n'avoir pas pu mettre à cette époque, dans cet ouvrage, tout ce que j'aurais voulu donner de moi.

Les études commencèrent l'année suivante.

Que j'étais fier de recevoir mes premiers bulletins de répétition, et de m'asseoir à cette même place, sur cette scène illustre, qu'avaient connue Boieldieu, Hérold, M. Auber, Ambroise Thomas, Victor Massé, Gounod, Meyerbeer !...

J'allais connaître les tribulations d'un auteur. Mais j'en étais si heureux !

Un premier ouvrage, c'est la première croix d'honneur ! C'est le premier amour !

Moins la croix, j'avais tout.

La première distribution était : Marie Roze[119], dans toute la splendeur de sa jeune beauté et de son talent ; Victor Capoul, adoré du public, et Mlle Girard, la chanteuse et la comédienne spirituelle qui faisait les délices de l'Opéra-Comique[120].

Nous étions prêts à descendre en scène lorsque la distribution chavira. On m'enleva Marie Roze et on la remplaça par une jeune débutante de dix-sept ans, Marie Heilbronn, cette artiste à laquelle, dix-sept ans plus tard, je devais confier la création de *Manon*[121].

---

116. Massenet habite au 51 rue Laffitte.

117. Eugène Ritt (1817-1898) et Adolphe de Leuven (1800-1884), dirigent ensemble l'Opéra-Comique de 1862 à 1869, Leuven assumant ensuite cette fonction avec Camille du Locle jusqu'en 1874.

118. La composition de cette œuvre, créée le 3 avril 1867, se situe en fait au printemps 1866. Dès le retour de son élève à Paris fin 1865, Ambroise Thomas, à qui la partition est dédiée, fit jouer une clause du cahier des charges de la salle Favart qui était en principe tenue de faire représenter chaque année un ouvrage en un acte composé par un lauréat du Prix de Rome.

119. Le soprano français Marie Roze (1846-1926) fait ses débuts à l'Opéra-Comique en 1865 et chante ensuite à l'Opéra de Paris. Puis, à partir de 1872, elle s'installe en Angleterre où elle crée le rôle-titre de *Manon* en 1885.

120. Adulé sous le Second Empire, le ténor Victor Capoul (1839-1924) se distingue par l'élégance de son chant et de son maintien. Il est à cette époque un des piliers de l'Opéra-Comique avec Caroline Girard (1830-1925), soprano dugazon dont le talent est souvent remarqué dans la presse.

121. Voir chapitre XIV. Suite à ce changement de distribution, Massenet manifesta pourtant beaucoup moins d'enthousiasme à l'égard de la jeune chanteuse, élève de Duprez, dans une lettre adressée peu après à Adenis et citée par Pierre Bessand-Massenet (« En marge d'un centenaire », *Le Figaro*, 21 juillet 1942) : « Mlle Heilbronn est pour moi, pour Capoul, pour Mlle Girard, tout à fait déplacée. – *Motus.* / Elle est par trop mesquine, commune et maniérée, enfin, je l'ai en antipathie. – Sa voix est sèche et *sans nuance aucune.* / Le poème dit par elle est massacré. Si j'avais le droit et l'aplomb de dire mon opinion aux directeurs, comme je leur viderais mon sac à son sujet !!! Mlle Rose [*sic* pour Roze] était la vraie *Grand'Tante* – que je la regrette ! » Le soprano belge Marie Heilbronn (1851-1886) fait ses débuts à l'Opéra-Comique en 1867 avant de chanter dans plusieurs théâtres d'Europe où elle se fait remarquer par une belle présence scénique.

À la première répétition d'ensemble avec l'orchestre, je n'eus pas conscience de ce qui se passait, tant j'étais occupé d'écouter celui-ci, celui-là et toutes les sonorités, ce qui ne m'empêcha pas de dire à tous que j'étais complètement satisfait et heureux.

J'eus le courage d'assister à la première dans les coulisses, ces coulisses qui me rappelaient *L'Enfance du Christ*, de Berlioz, à laquelle j'avais assisté en cachette.

Ah ! mes enfants, apprenez que cette soirée fut aussi émouvante qu'elle fut comique !

Je passai tout l'après-midi dans une fébrile agitation.

À chaque affiche que je voyais, je m'arrêtais, pour regarder ces mots fascinateurs, si gros de promesses :

Première représentation de la « Grand' Tante »
Opéra-comique en 1 acte.

Il me tardait de lire les noms des auteurs. Ceux-ci ne devaient figurer qu'à l'annonce de la seconde représentation.

Nous servions de lever de rideau au grand succès du moment, *Le Voyage en Chine* [122], de Labiche et François Bazin.

Je fus un instant l'élève de ce dernier au Conservatoire. Ses savantes et brillantes pérégrinations au pays des Célestes n'avaient pas enlevé à son enseignement la forme dure et peu aimable dont je me rappelle avoir eu à souffrir avec lui, car je quittai son cours d'harmonie un mois après y être entré. J'allai dans la classe d'Henri Reber, de l'Institut [123]. C'était un musicien exquis et délicat, de la race des maîtres du dix-huitième siècle. Sa musique en dégageait tout le parfum [124].

Par un beau vendredi d'avril, à sept heures et demie du soir, le rideau se leva à l'Opéra-Comique. Je me trouvais dans les coulisses auprès de mon cher ami, Jules Adenis [125]. Mon cœur palpitait d'anxiété, saisi par ce mystère auquel j'allais pour la première fois

122. *Le Voyage en Chine*, opéra-comique en trois actes, livret d'Eugène Labiche et d'A. Delacour, créé à l'Opéra-Comique, le 9 décembre 1865. Voir aussi ci-après, Discours, « Notice sur François Bazin ».

123. Massenet entre dans la classe de Bazin (1816-1878) en septembre 1859 puis dans celle de Reber (1807-1880) en janvier 1860. Selon Albert Dayrolles (« Portraits contemporains : Jules Massenet », *Les Annales politiques et littéraires*, 2e année, n° 33, 10 février 1884, p. 82), Bazin aurait jugé Massenet « peu apte à la musique » et l'aurait traité de « brebis galeuse… » Quant à Reber, il aurait avoué à Massenet, qui venait de décrocher un premier accessit au concours d'harmonie en juin 1860 : « Vous n'avez plus rien à apprendre ici. Vous méritiez le premier prix, vous ne l'avez pas eu, ne perdez pas votre temps à attendre un nouveau concours et entrez aussitôt dans une classe de fugue. » (*ibid.*). Massenet et Reber sont devenus amis par la suite puisque ce dernier écrivait à son ancien élève, peu après la création du *Roi de Lahore* : « Je vous remercie d'avoir pensé à moi ; il serait trop long, dans une lettre, de vous détailler mon impression de la soirée d'hier ; tout ce que je puis vous dire, pour le moment, c'est que vous m'avez procuré un grand plaisir. / Mille bonnes amitiés » Lettre de Henri Reber à Jules Massenet, [s. l.], 3 mai 1877, Stockholm, Stiftelsen Musikkulturens Främjande (The Nydahl Collection).

124. Admiré par Ingres, dont il était proche, Reber (1807-1880) laisse un souvenir identique à Saint-Saëns (*Harmonie et mélodie*, Paris, Calmann Lévy, 1885, p. 283 ; repris dans Camille Saint-Saëns, *Écrits sur la musique et les musiciens (1870-1921)*, éd. Marie-Gabrielle Soret, Paris, Vrin, 2012, p. 319) : « Il semblait que, oublié par le dix-huitième siècle dans le dix-neuvième siècle, il s'y promenât en flânant comme aurait pu le faire un contemporain de Mozart, étonné et quelque peu choqué de notre musique et de nos mœurs. »

125. Au début des années 1870, un second projet lyrique, inabouti, relie Massenet à Jules Adenis (1823-1900). Voir chapitre XX.

me livrer corps et âme, comme à un Dieu inconnu. Cela me paraît aujourd'hui un peu exagéré! *un peu enfantin!*

La pièce venait de commencer quand nous entendîmes un immense éclat de rire qui partait de la salle. « Écoutez, mon ami, comme nous marchons bien! me dit Adenis : la salle s'amuse! »

La salle s'amusait, en effet, mais voici ce qui se passait :

La scène se déroulait en Bretagne par une nuit d'orage et de tempête. Mlle Girard venait de chanter une prière, face au public, lorsque Capoul entra, en disant ces mots du poème

> Quel pays! Quelles fondrières!... Pas un habitant!

lorsque apercevant de dos Mlle Girard, il s'écria :

> Enfin... voici donc un visage!...

À peine prononcée, cette exclamation avait déchaîné les rires que nous avions entendus...

La pièce, cependant, continua sans autre incident.

On bissa les couplets de Mlle Girard.

> Les filles de la Rochelle...

On acclama Capoul, et l'on fit grande fête à la jeune débutante, Heilbronn.

L'opéra se terminait sur des applaudissements sympathiques, quand le régisseur vint pour annoncer les noms des auteurs. Au même moment, un chat traversait la scène; ce fut une cause nouvelle d'hilarité, et tellement grande, celle-ci, que les noms des auteurs ne furent pas entendus.

C'était jour de malchance. Deux aventures dans la même soirée pouvaient faire craindre que la pièce tombât! il n'en fut rien cependant, et la presse se montra vraiment indulgente; sa griffe, pour nous apprécier, se ganta de velours.

Théophile Gautier, à la fois grand poète et critique éminent, voulut bien déverser sur l'œuvre quelques-unes de ses étincelantes paillettes, témoignage de son évidente bienveillance[126].

La Grand'Tante était jouée en même temps que *Le Voyage en Chine*, gros succès d'argent, je vécus quatorze soirs. J'étais dans le ravissement. Je ne me rendais pas compte encore que quatorze représentations, cela ne chiffrait guère.

La partition d'orchestre manuscrite (non gravée) disparut dans l'incendie de l'Opéra-Comique en 1887. Ce n'était pas une grande perte pour la musique, mais je serais heureux, aujourd'hui, de posséder ce témoignage de mes premiers pas dans la carrière[127]. Il vous aurait intéressés, j'en suis sûr, mes chers enfants.

126. Dans *Le Moniteur universel* du 8 avril 1867, Gautier porte un jugement pertinent sur les qualités naissantes du jeune musicien : « On rencontre dans sa partition des mélodies dessinées d'un trait fin et ondulé, et parfaitement écrites pour faire valoir les voix. »

127. Seule subsiste une édition chant-piano (publiée chez Girod en 1867) dont les nombreuses indications d'instrumentation permettraient de reconstituer la partition d'orchestre.

À cette époque, je donnais à Versailles des leçons dans une famille avec laquelle, actuellement encore, je suis liée. M'y rendant un jour, il arriva que je fus surpris par une forte averse. Cette pluie devait m'être favorable, vérifiant ainsi cet adage qu'« à quelque chose malheur est bon ». J'attendais patiemment dans la gare qu'elle prit fin, lorsque je vis près de moi Pasdeloup, obligé d'attendre, lui aussi, que la pluie cessât.

Il ne m'avait jamais parlé. L'attente dans la gare, le mauvais temps, furent un prétexte facile et tout naturel à la conversation que nous eûmes ensemble. Sur sa demande si, au nombre de mes envois de Rome, je n'avais pas écrit une composition pour orchestre, je lui répondis que j'avais une suite d'orchestre en cinq parties (cette suite que j'avais écrite à Venise, en 1865)[128]; il me pria à brûle-pourpoint de la lui envoyer. Je la lui expédiai la même semaine.

J'ai un plaisir extrême à rendre hommage à Pasdeloup. Non seulement il m'aida généreusement dans cette circonstance, mais il a été le créateur génial des premiers concerts populaires, aidant ainsi puissamment à faire connaître la musique et à assurer son triomphe en dehors du théâtre[129].

Rue des Martyrs, un jour de pluie (la pluie toujours! Paris, en vérité, n'est pas l'Italie!), je rencontrai un de mes confrères, violoncelle à l'orchestre Pasdeloup. Tout en devisant avec lui, il me dit : « Nous avons lu, ce matin, une suite d'orchestre bien remarquable. Nous aurions voulu savoir le nom de l'auteur, mais il n'est pas sur les parties d'orchestre. »

À ces paroles, je bondis. J'y étais doublement excité. S'agissait-il, d'abord, d'une autre musique que la mienne, ou bien était-il question de moi?

— Et dans cette suite, dis-je avec élan à mon interlocuteur, y a-t-il une fugue? une marche? un nocturne?...

— Exactement, me répondit-il.

— Mais alors, fis-je, c'est ma suite!...

Je courus rue Laffitte et, comme un fou, je remontai mes cinq étages, raconter l'aventure à ma femme et à sa mère.

Pasdeloup ne m'avait aucunement prévenu.

Je vis ma *Première Suite d'orchestre* affichée sur le programme pour le surlendemain, dimanche[130]. Que faire pour entendre ce que j'avais écrit? Je me payai une troisième et je m'écoutai, perdu dans cette foule compacte, comme il y avait tous les dimanches à ces places, où l'on restait debout.

Chaque morceau fut vraiment très bien accueilli.

Le dernier se terminait lorsqu'un jeune homme, presque mon voisin, siffla à deux reprises. Chaque fois, cependant, la salle protesta, applaudissant d'autant plus chaleureusement. L'effet recherché par ce trouble-fête était donc manqué.

---

128. L'œuvre comporte plus exactement quatre mouvements (Pastorale et fugue, Variations, Nocturne, Marche et strette).

129. Fondateur des Concerts populaires en 1861 (voir ci-dessus, chapitre III), Pasdeloup, auquel la suite est dédiée, dirigera aussi les premières exécutions des *Scènes hongroises* (1871) et de l'*Ouverture de Phèdre* (1874).

130. La *Première suite d'orchestre* est créée le 24 mars 1867.

Je revins tout tremblant à la maison. Ma famille, qui était également au cirque Napoléon, vint m'y retrouver presque aussitôt.

Si les miens étaient heureux du succès, ils étaient encore plus contents d'avoir entendu cet ouvrage.

On n'aurait plus songé à ce siffleur égaré si, le lendemain, en première page, dans *Le Figaro*, Albert Wolff n'eût consacré un long article, aussi désobligeant que possible, à m'éreinter[131]. Son esprit brillant et railleur l'avait rendu très amusant à lire pour le public. Mon camarade Théodore Dubois, jeune comme moi dans la carrière, eut l'admirable courage, tout en risquant de perdre sa situation, de répondre à Albert Wolff.

Il lui adressa une lettre digne, en tous points, du noble et grand cœur qui battait en lui[132].

Reyer, de son côté, me consola de l'article du *Figaro* par ce mot curieux et piquant : « Laissez-le dire. Les gens d'esprit, comme les imbéciles, sont susceptibles de se tromper ! »

Quant à Albert Wolff, je dois à la vérité de déclarer qu'il regretta tellement ce qu'il avait écrit, sans y attacher, d'ailleurs, d'autre importance que celle d'amuser ses lecteurs, et sans se douter qu'il pouvait du même coup tuer l'avenir d'un jeune musicien que, par la suite, il devint mon plus fervent ami.

Trois concours avaient été institués par l'empereur Napoléon III. Je n'attendis pas le lendemain pour y prendre part.

Je concourus donc pour la cantate *Prométhée*, l'opéra-comique *Le Florentin*, et l'opéra *La Coupe du Roi de Thulé*[133].

Le résultat ne me donna rien.

Saint-Saëns eut le prix avec *Prométhée*[134], Charles Lenepveu fut couronné avec *Le Florentin*[135], ma place fut la troisième, et, avec *La Coupe du Roi de Thulé*, Diaz obtint la première place. Il fut joué à l'Opéra, dans des conditions merveilleuses d'interprétation[136].

---

131. D'origine allemande, Albert Wolff (1835-1891) jouit d'un certain prestige dans la presse parisienne où il exerce les activités de critique et de journaliste, notamment au *Figaro*.

132. Sur cet épisode, qui se situe en réalité l'année suivante, voir nos Prolégomènes. La boutade attribuée à Reyer se trouve dans la première lettre que Massenet adressa à Wolff.

133. Massenet confond deux concours : dans le premier, institué en avril 1867, les compositeurs étaient appelés à concourir pour une cantate et un hymne à la paix célébrant l'Exposition universelle ; dans l'autre, organisé en août suivant, ils étaient invités à concourir pour les trois grandes salles de la capitale : l'Opéra, le Théâtre-Lyrique et l'Opéra-Comique.

134. Saint-Saëns remporta le premier prix avec sa cantate *Les Noces de Prométhée*, op. 19, exécutée en septembre, mais aucun hymne « ne fut trouvé digne d'être récompensé. » (Lucien Dautresme, *Le Journal officiel*, dans « Exposition universelle de 1889 », *Le Ménestrel*, 53ᵉ année, nᵒ 43, 23 octobre 1887). Massenet ne proposa pas, semble-t-il, de cantate. En revanche, les Archives nationales (F[18] 3098) conservent de sa main un *Hymne à la paix* sur des paroles de Gustave Chouquet.

135. *Le Florentin*, opéra-comique en trois actes de Charles Lenepveu, livret de Saint-Georges, créé à l'Opéra-Comique, le 25 février 1874.

136. *La Coupe du roi de Thulé*, opéra en trois actes et quatre tableaux d'Eugène-Émile Diaz, livret de Louis Gallet et d'Édouard Blau, créé le 10 janvier 1873, avec Rosine Bloch et Jean-Baptiste Faure notamment.

Saint-Saëns connaissant mon concours, et sachant qu'il avait été en balance avec celui de Diaz, qui l'avait emporté [137], m'aborda très peu de temps après cette décision, et me dit : « Il y a de si bonnes et de si belles choses dans ta partition que je viens d'écrire à Weimar pour que ton ouvrage y soit représenté ! »

Les grands hommes seuls ont de ces mouvements-là [138] !

Les événements, toutefois, en disposèrent autrement, et ces mille pages d'orchestre furent, pendant trente ans, une source où je puisai bien des passages pour mes ouvrages successifs [139].

J'étais battu, mais non abattu.

Ambroise Thomas, le constant et toujours si bon génie de ma vie, me présenta à Michel Carré, un de ses collaborateurs de *Mignon* et d'*Hamlet*.

Cet auteur, dont, sans cesse, les affiches proclamaient les succès, me confia un poème en trois actes, d'une superbe allure, intitulé *Méduse* [140].

J'y travaillai durant l'été et l'hiver 1869, et au printemps 1870. Le 12 juillet de cette même année, l'ouvrage étant terminé depuis quelques jours, Michel Carré me donna rendez-vous dans la cour de l'Opéra, rue Drouot. Il comptait dire au directeur, Émile Perrin, qu'il fallait jouer cet ouvrage, qu'il en aurait une grande satisfaction.

Émile Perrin était absent.

Je quittai Michel Carré, qui m'embrassa violemment, en me faisant : « Au revoir ! sur la scène de l'Opéra ! »

Je rentrai le soir même de notre démarche à Fontainebleau, où j'habitais [141].

J'allais être heureux...

Mais l'avenir était trop beau !

---

137. Présidé par Bazin, le jury, constitué du directeur de l'Opéra, Émile Perrin, et de François Bazin, Ernest Boulanger, Jules Duprato, François-Auguste Gevaert, Aimé Maillart, Victor Massé et Camille Saint-Saëns, pouvait difficilement soutenir Massenet. Selon Massé, la partition de Massenet regorgeait d'« un tel abus des formules wagnériennes qu'il n'en résult[ait] qu'ennui et fatigue. » (Adolphe Jullien, *Airs variés*, Paris, Charpentier, 1877, p. 204). Bien des années plus tard, Saint-Saëns donnera sa version des faits : « Savez-vous que Massenet, Bizet et d'autres encore non négligeables avaient concouru pour cette coupe, et que Perrin a trouvé moyen de faire donner le prix à Diaz pour complaire à une dame de ses amies ? Bazin fut complice dans cette affaire. Il a su faire entendre aux membres du jury qu'il y aurait danger pour leur avenir à l'Opéra s'ils ne votaient pas selon le désir du maître ! Il n'y eut que deux voix contre, la mienne et celle de Duprato. » (Lettre de Camille Saint-Saëns à Albert Soubies, 17 décembre 1917, dans Emmanuel Chabrier, *Correspondance*, éd. Roger Delage, Frans Durif *et alii*, Paris, Klincksieck, 1994, p. 69-70).

138. Saint-Saëns (« Jules Massenet », *L'Écho de Paris*, 12 octobre 1912; repris dans Saint-Saëns, *Écrits sur la musique et les musiciens (1870-1921)*, p. 825) situe cette proposition, que Massenet aurait accueillie froidement, après la création de *Samson et Dalila* en 1877. Un témoignage de Charles Malherbe confié à Georges Servières (*La musique française moderne*, Paris, Havard, 1897, p. 124) corrobore l'autre version : « En 1869, Massenet avait envoyé sa partition au théâtre Grand-Ducal de Weimar, sur le conseil de Saint-Saëns. Sans la guerre franco-allemande, elle y aurait été jouée en 1870. »

139. Selon Servières (*ibid.*), Massenet réutilisera sa partition pour *Les Érinnyes*, *Marie-Magdeleine*, *Ève*, *Le Roi de Lahore* et *La Vierge*. Julien Tiersot (*Un demi-siècle de musique française : entre les deux guerres 1870-1917*, Paris, Alcan, 1918, p. 49) cite aussi *Le Cid* et *Esclarmonde*.

140. Massenet reprit probablement la majeure partie des pages de cet ouvrage dont seules certaines furent exécutées en privé ou au concert au début des années 1870.

141. Massenet passe ses étés jusqu'au début des années 1880 dans une propriété de sa belle-mère à Avon qui jouxte Fontainebleau.

Le lendemain matin, les journaux annonçaient la déclaration de guerre de la France à l'Allemagne [142], et Michel Carré lui-même, je ne devais plus le revoir. Il mourut quelques mois après cette touchante entrevue [143], qui semblait devoir être décisive pour moi.

Adieu, les projets si beaux à Weimar ! Adieu mes espérances à l'Opéra ! Adieu, adieu aussi aux miens !

C'était la guerre, la guerre dans toute son épouvante et ses horreurs, qui allait ensanglanter le sol de notre France !

Je partis.

*

Je ne reprendrai mes souvenirs qu'après l'Année terrible consommée. Je ne veux pas faire revivre des heures aussi cruelles ; je veux, mes chers enfants, vous en épargner les lugubres récits [144].

Chapitre IX

Au lendemain de la guerre

La Commune venait d'exhaler le dernier souffle de son règne, nous nous retrouvions tous réunis dans la familiale demeure de Fontainebleau.

Paris respirait enfin, après une longue période d'angoisses ; il rentrait peu à peu dans le calme. Comme si la leçon de ce temps si cruel ne devait pas s'évanouir et que son souvenir dût se perpétuer, des bouts de papier carbonisé étaient apportés, de temps à autre, dans notre jardin, sur l'aile rapide du vent. J'en conservai un morceau. Il portait des traces de chiffres et provenait très probablement de l'incendie du ministère des Finances [145].

En revoyant ma chère petite chambre de la campagne, je repris courage au travail, et, dans la paix, sous les grands arbres qui nous couvraient de leur douce et tranquille ramure, j'écrivis les *Scènes pittoresques* [146]. Je les dédiai à mon excellent camarade Paladilhe, l'auteur de *Patrie*, qui fut plus tard mon confrère à l'Institut [147].

---

142. La guerre est déclarée en fait le 19 juillet.

143. Auteur, avec Jules Barbier, de livrets pour Gounod ou Thomas, Michel Carré (1822-1872) ne devait disparaître que le 27 juin 1872.

144. De septembre 1870 à janvier 1871, Massenet est incorporé dans la Garde nationale puis, en février, il rejoint sa femme et sa fille à Biarritz avant de revenir au printemps à Fontainebleau.

145. Le ministère des Finances prend feu dans la soirée du 23 mai 1871.

146. Le manuscrit des *Scènes pittoresques* (Saint-Étienne, Bibl. municipale), créées au Théâtre du Châtelet, le 22 mars 1874, sous la direction d'Édouard Colonne, porte cependant plusieurs dates d'août 1873. Massenet confond sans doute cette œuvre, dédiée à Émile Paladilhe, avec les *Scènes hongroises* dont les trois mouvements, orchestrés et créés en octobre 1871, proviennent de pièces pour piano composées en janvier 1870.

147. *Patrie !*, opéra en cinq actes d'Émile Paladilhe, livret de Victorien Sardou et Louis Gallet, créé à l'Opéra de Paris le 20 décembre 1886. Prix de Rome à 16 ans en 1860, Paladilhe (1844-1926) était alors à l'aube d'une carrière qui le mènera à l'Institut en 1892.

Le Jongleur de Notre Dame.

—

Je venais d'être très souffrant à Paris, j'avais éprouvé cette sensation que de la vie à la mort, le chemin est d'une facilité si grande, la pente m'en avait semblé si douce, si reposante, que je regrettais d'être revenu comme en arrière, pour me revoir dans les dures et âpres angoisses de la vie !

J'avais échappé aux pénibles froids de l'hiver ; nous étions au printemps et j'allai dans ma vieille demeure d'Egreville, retrouver la nature, la grande consolatrice, dans son calme solitaire.

J'avais emporté avec moi, une assez volumineuse correspondance composée de lettres, brochures, rouleaux que je n'avais pas encore ouverts. Je me proposais de le faire en route, pour me distraire des longueurs du chemin. J'avais donc décacheté quelques lettres ; je venais d'ouvrir un rouleau : "Oh ! non, fis-je ! C'est assez !" J'étais, en effet, tombé sur une pièce de théâtre...

Faut-il, pensais-je en moi-même, que

Illustration 1. Jules Massenet, « [Souvenirs de Théâtre :] *Le Jongleur de Notre-Dame* », Ms autographe, f° 1 (Saint-Étienne, Bibliothèque municipale)

a orangeries, tout donnait à cette opulente demeure, avec le charme souriant, une imposante et majestueuse beauté. Mais ce qui dépassait en cette fastueuse ambiance, tout ce qui nous parlait aux yeux, ce qui allait à l'âme, c'étaient la haute intelligence, cette bonté sereine, cette exquise urbanité de l'hôte princier qui nous avait accueillis. 9

La première du "Jongleur de Notre-Dame" eut lieu à l'opéra de Monte-Carlo, le mardi 18 février 1902. Elle eut pour protagonistes superbes, Mrs Renaud, de l'opéra, et Maréchal, de l'opéra comique.

Détail qui relève de la faveur qu'on voulut bien lui faire, c'est que l'ouvrage fut joué quatre fois de suite pendant la même saison.

Deux ans après, ~~[illegible]~~ mon cher directeur, Albert Carré, donnait la première du "Jongleur de Notre-Dame", au théâtre de l'opéra comique avec cette distribution idéale : Lucien Fugère, Maréchal, le créateur, et Allard.

L'ouvrage a dépassé depuis longtemps à Paris, la centième.

Massenet

Illustration 2. Jules Massenet, « [Souvenirs de Théâtre :] *Le Jongleur de Notre-Dame* »,
Ms autographe, f° 9 (Saint-Étienne, Bibliothèque municipale)
© Saint-Étienne, Bibliothèque municipale.

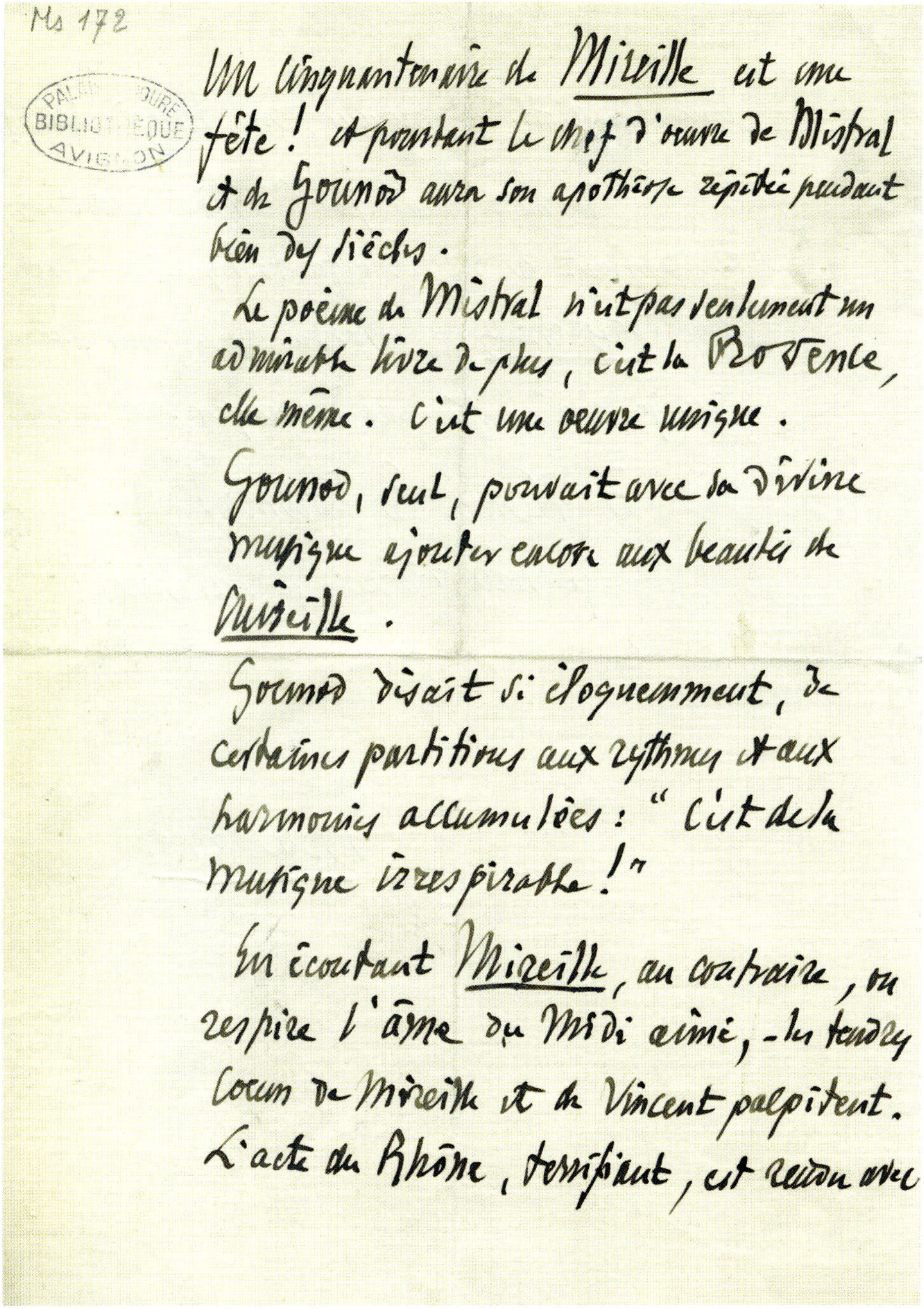

Un cinquantenaire de <u>Mireille</u> est une fête ! et pourtant le chef d'œuvre de Mistral et de Gounod aura son apothéose répétée pendant bien des siècles.

Le poème de Mistral n'est pas seulement un admirable livre de plus, c'est la Provence, elle même. C'est une œuvre unique.

Gounod, seul, pouvait avec sa divine musique ajouter encore aux beautés de <u>Mireille</u>.

Gounod disait si éloquemment, de certaines partitions aux rythmes et aux harmonies accumulées : “C'est de la musique irrespirable !”

En écoutant <u>Mireille</u>, au contraire, on respire l'âme du Midi aimé, – les tendres cœurs de Mireille et de Vincent palpitent. L'acte du Rhône, terrifiant, est rendu avec

Illustration 3. Jules Massenet, [« Cinquantenaire de *Mireille* »], Ms autographe, r°, s.l.n.d., Avignon, Palais du Roure – Fondation Flandreysy-Espérandieu.

une simplicité de moyens, une force admirable !

**

Je me souviens que Gounod disait aussi, en parlant de la scène fantastique du 2e acte de <u>Freyschütz</u>, " Voilà de la musique que je n'aimerais pas traverser seul, la nuit."

Ô Weber ! Ô Gounod !

je vous vénère, je vous chéris !

Massenet

Illustration 4. Jules Massenet, [« Cinquantenaire de *Mireille* »], Ms autographe, v°, s.l.n.d., Avignon, Palais du Roure – Fondation Flandreysy-Espérandieu.

Illustration 5. Portrait photographique de Jules Massenet
avec envoi autographe à sa sœur : « à ma bonne sœur Julie / souvenir de ma chambre à l'Académie / Rome – mai [18]65 [signé :] Jules » (Saint-Étienne, Bibliothèque municipale)

Illustration 6. Joseph Layraud, *Massenet I^r G^d prix de musique*, huile sur toile, 46 x 38 cm, [décembre] 1865 (Académie de France à Rome – Villa Medici, inv. A.F.R. P 241)
© photo Schiavinotto

Illustration 7. Adélaïde Massenet, [Portrait de Louise Massenet], huile sur toile, 38 x 46 cm, [1868], avec au verso note autographe de Massenet : « (Louise *Ninon*) de Gressy / épouse de (Jules) Massenet / compositeur de musique / peint par (Adëlaïde [*sic*]) Massenet Royer de Marancour (mère de Jules) en 1868 », coll. particulière © photo Jean-Christophe Branger.

Illustration 8. *Jules Massenet à son bureau*, photographie de Dornac, *ca* 1890

Ayant été soumis à un régime de privations de toute nature pendant tant de mois, la vie que je revivais me sembla plus exquise ; elle ramena en moi la bonne humeur ; redonna le calme et la sérénité à mon esprit. C'est ainsi que je pus écrire cette seconde suite d'orchestre, exécutée quelques années plus tard aux Concerts du Châtelet.

On rentra de bonne heure à Paris. On était désireux de revoir au plus tôt la grande ville, si éprouvée. À peine de retour, je rencontrai Émile Bergerat, le spirituel et délicieux poète, qui devint le gendre de Théophile Gautier [148].

Théophile Gautier ! Quel nom cher aux lettres françaises ! De quelle gloire étincelante ne les a-t-il pas comblées, cet illustre Benvenuto du style, ainsi qu'on l'a appelé !

Dans une visite qu'il fit un jour à son futur beau-père, Bergerat m'emmena avec lui.

Quelle inexprimable sensation j'éprouvai en approchant ce grand poète ! Il n'était pas à l'aurore de la vie, mais quelle jeunesse encore, quelle vivacité dans la pensée, quelle richesse dans les images dont ses moindres paroles étaient ornées ! Quelle variété de connaissances !

Je le trouvai assis dans un grand fauteuil, entouré de trois chats. Comme j'ai toujours eu une passion pour ces jolies bêtes, j'en fis aussitôt mes camarades, ce qui me mit dans les bonnes grâces de leur maître.

Bergerat, en qui j'ai conservé l'ami le plus charmant, lui apprit que j'étais musicien et qu'un ballet signé de son nom, m'ouvrirait les portes de l'Opéra.

Séance tenante il me développa les deux sujets suivants : *Le Preneur de rats* et *La Fille du roi des Aulnes* [149]. Pour ce dernier sujet, le souvenir de Schubert m'épouvanta, et il fut convenu que l'on ferait au directeur de l'Opéra l'offre du *Preneur de rats*.

Rien n'aboutit pour moi ! Le nom du grand poète fit disparaître dans l'éblouissement de son éclat la pauvre personne du musicien [150].

Il était dit, cependant, que je ne devais pas rester dans le néant, que je finirais par percer la nue qui obscurcissait ma route.

Un homme, un admirable ami, Duquesnel [151], alors directeur de l'Odéon, sur les instances de mon éditeur Hartmann, me fit venir dans son cabinet, au théâtre ; il me demanda d'écrire de la musique de scène pour la tragédie antique : *Les Érinnyes*, de Leconte de Lisle. Il me lut plusieurs scènes de cette tragédie et j'en fus aussitôt enthousiasmé [152].

---

148. L'écrivain Émile Bergerat (1845-1923) était marié à Estelle Gautier. Dans ses *Souvenirs d'un enfant de Paris* (Paris, Charpentier, 1911, p. 378), il affirme que Gautier lui aurait dicté le ballet dont il va être question.

149. En 1907, lors de la création à l'Opéra de Paris du *Lac des aulnes*, ballet de Henri Maréchal, Julien Torchet rapporta des propos de Massenet sur ce projet : « Je n'ai jamais possédé, m'a-t-il dit, le manuscrit du *Preneur de rats* et n'ai donc pu travailler à la musique de ce ballet ; mais Théophile Gautier m'a "parlé" – parlé seulement. – de *La Fille du Roi des Aulnes.* » (« Opéra », *Comœdia*, 3 décembre 1907).

150. Après avoir été favorable au projet, le directeur de l'Opéra, Hyacinthe Halanzier-Dufresnoy se montra réservé sur un livret que Gautier avait achevé peu avant sa mort en octobre 1872. Il se peut aussi que Massenet ait abandonné de lui-même ce projet au profit du *Roi de Lahore*.

151. Félix Duquesnel (1832-1915), journaliste, romancier et directeur de théâtres.

152. L'œuvre est créée le 6 janvier 1873 au Théâtre de l'Odéon. Massenet étoffera sa partition (numéros supplémentaires, ballet et refonte de l'orchestration) pour une reprise en 1876. Un manuscrit de la partition d'orchestre, qui porte les traces de ces multiples remaniements, donne la chronologie suivante : « novembre 1872 Paris/janvier [18]73 Fontainebleau/Paris/nov. – décembre [18]75 – Paris/hiver 1876 ». (Yale University, Beinecke Rare Book and Manuscript Library, Frederick R. Koch coll.).

Ah ! quelles splendides répétitions ! Dirigées par le célèbre artiste Brindeau[153], alors régisseur général de l'Odéon, elles étaient présidées par Leconte de Lisle, en personne.

Quelle attitude olympienne que celle du célèbre traducteur d'Homère, de Sophocle, de Théocrite, ces génies des temps passés qu'il semblait égaler ! Quelle admirable physionomie avec ce binocle qui y était comme incrusté et à travers lequel l'œil brillait du plus fulgurant éclat.

Prétendre qu'il n'aimait pas la musique, alors qu'on lui en infligeait pourtant dans cet ouvrage ! Eh bien ! non ! C'est la légende dont on accable tant de poètes.

Théophile Gautier qui trouvait, disait-on, que la musique est le plus coûteux de tous les bruits[154], avait trop connu et estimé d'autres merveilleux artistes pour dénigrer notre art. D'ailleurs, qui ne se souvient de ses articles de critique musicale que sa fille Judith Gautier, de l'Académie Goncourt, vient de réunir en volume, avec un soin pieux, et qui sont d'une rare et étonnante justesse d'appréciation[155] !

Leconte de Lisle était un fervent de Wagner et Alphonse Daudet, dont j'aurai l'occasion de parler[156], avait l'âme musicale la plus tendre[157].

Malgré la neige, au mois de décembre, j'allai à la campagne m'enfermer quelques jours chez de bons parents de ma femme, et j'écrivis la musique des *Érinnyes*.

Duquesnel avait mis à ma disposition une quarantaine de musiciens ; dans cette circonstance, c'était une grande dépense et une grande faveur ! Au lieu d'écrire la partition pour l'orchestre habituel – cela aurait produit un ensemble mesquin – j'eus l'idée d'avoir un quatuor de 36 instruments à cordes, ce qui correspondait à un grand orchestre. J'y adjoignis trois trombones, l'image des trois Érinnyes : Tisiphone, Alecto et Mégère, et une paire de timbales. Mon chiffre de 40 était atteint.

153. En 1873, l'acteur Louis Brindeau (1814-1882) rejoint pendant un an la troupe de l'Odeon « comme artiste, mais surtout comme administrateur et directeur de la scène ». Georges d'Heylli, *Brindeau*, Paris, Tresse, 1882, p. 27.

154. À propos d'une exécution de *La Favorite* à Londres, déplorablement chantée en anglais, Gautier écrit (« Pochades, paradoxes et fantaisies », *La Presse*, 19 décembre 1843) : « La musique est le plus désagréable et le plus cher de tous les bruits. »

155. Dans *La Musique* (Paris, Fasquelle, 1911), Judith Gautier regroupe une sélection de chroniques musicales de son père relatives à des œuvres de Mozart à Wagner.

156. Voir chapitre XXII.

157. Leconte de Lisle (1818-1894), dont les poésies inspirèrent Franck, Duparc ou Roussel, ne semble pas avoir été un apôtre du wagnérisme, même s'il s'est associé à un compositeur wagnérien, Franz Servais, pour *L'Apollonide*. Ses relations avec Massenet furent par ailleurs plutôt tendues, le poète ayant jugé la musique de son collaborateur inutile à sa pièce et, en définitive, « insupportable » (Malou Haine, *L'Apollonide de Leconte de Lisle et Franz Servais*, Sprimont, Mardaga, 2004, p. 12). Lors de reprises successives, en 1876 et 1889, il se rapprocha du compositeur mais, dans une lettre de 1889, porta sur sa musique un jugement fort critique : « Ces quatre-vingts musiciens font cependant un affreux tapage, couvrant la voix de mes acteurs, et me donnant des accès de rage. Mon amour pour la musique a toujours été d'une modération louable, mais il s'est changé en haine et en horreur. Ce bruit infernal, qui n'a d'ailleurs aucun sens appréciable, me donne des envies de meurtre. Serais-je donc, toute ma vie, en proie à des crins de chevaux grattant de malheureux boyaux de mouton ? » (citée dans Haine, *L'Apollonide de Leconte de Lisle et Franz Servais*, p. 13). Dans un « Portrait documenté », publié par *L'Écho de Paris* le 4 février 1892, Leconte de Lisle se définit comme « profane en musique » avant de préciser : « Quand j'entends un peu longtemps 300 animaux qui grattent des boyaux de chat avec des queues de cheval, je sors l'esprit curé de toute circonvolution cérébrale. »

Je remercie encore ce cher directeur de ce luxe instrumental inaccoutumé. Je lui ai dû les sympathies de beaucoup de musiciens.

Comme j'étais déjà occupé à un opéra-comique en trois actes qu'un jeune collaborateur de d'Ennery avait obtenu pour moi du maître du théâtre, – que mon souvenir ému aille vers Chantepie, disparu trop tôt pour la scène [158] ! – je reçus une lettre de du Locle [159], alors directeur de l'Opéra-Comique, m'annonçant qu'il fallait passer en novembre avec cet ouvrage : *Don César de Bazan* [160].

Voici quelle en était la distribution : Mlle Priola [161], Mme Galli-Marié, la déjà célèbre Mignon qui devait être l'inoubliable Carmen ; un jeune débutant à la voix savante, au physique charmant, M. Bouhy [162].

L'ouvrage fut monté à la hâte, dans de vieux décors qui déplurent à ce point à d'Ennery, qu'il ne reparut plus au théâtre.

Mme Galli eut les honneurs de la soirée, dans plusieurs bis, ainsi que l'*Entr'acte-Sevillana* [163]. L'ouvrage, cependant, ne réussit point, car il quitta l'affiche à la treizième représentation. Mon confrère, Joncières [164], l'auteur de *Dimitri*, plaida vainement ma cause à la Société des auteurs dont Auguste Maquet était le président, en prétendant qu'on n'avait pas le droit de retirer de l'affiche un ouvrage qui faisait encore une si belle moyenne de recettes. Chères paroles perdues ! *Don César* ne devait plus être joué.

Je rappelle ici que plus tard, à la demande de plusieurs théâtres de province, il me fallut réinstrumenter entièrement l'ouvrage, afin qu'il fût représenté selon les désirs exprimés [165]. La partition manuscrite (non gravée, sauf l'entr'acte) avait été brûlée lors de l'incendie de mai 1887, comme l'avait été mon premier ouvrage.

Une force invincible et secrète conduisait ma vie.

J'avais été invité à dîner chez la sublime tragédienne lyrique, Mme Pauline Viardot ; on me pria, dans la soirée, de faire un peu de musique [166].

---

158. Rédacteur au *Moniteur universel* et à *La Vie parisienne*, Jules Chantepie (1843-1885) fit aussi représenter *Velléda* avec Lenepveu (*Le Matin*, 7 mai 1885). Maître du mélodrame, auteur des *Deux Orphelines*, Adolphe d'Ennery (1811-1899) signe également une vingtaine de livrets.

159. Camille du Locle (1803-1903), librettiste et directeur de théâtre, dirige l'Opéra-Comique avec Adolphe de Leuven de 1870 à 1874 puis seul jusqu'en 1876.

160. *Don César de Bazan*, opéra-comique en trois actes, livret d'Adolphe d'Ennery et Jules Chantepie, créé le 30 novembre 1872. Au cours de l'été précédent, Massenet s'était lancé rapidement dans la composition de cet ouvrage initialement commandé à Jules Duprato qui devait finalement se désister tardivement.

161. Marguerite Priola (1849-1876), soprano.

162. Jacques Bouhy (1848-1929) sera, quant à lui, le premier Escamillo de *Carmen* en 1875.

163. Célestine Galli-Marié (1840-1905) ne put briller dans cette introduction instrumentale de l'acte III sur laquelle Massenet adaptera en 1890 un poème de Jules Ruelle pour la transformer en mélodie virtuose (*Sevillana*) dont Nellie Melba s'emparera avec succès.

164. *Dimitri*, opéra en cinq actes de Victorin Joncières, créé au Théâtre-Lyrique, le 1er mai 1876.

165. Massenet reprend sa partition, qu'il réorchestre et étoffe (numéros supplémentaires et ballet) en août 1887.

166. Pauline Viardot (1821-1910), figure marquante de l'histoire du chant, s'adonnait aussi à la composition. Alors qu'il était timbalier au Théâtre-Lyrique, Massenet l'entendit dans *Orphée*, arrangé par Berlioz.

Pris au dépourvu, je me mis à chanter un fragment de mon drame sacré : *Marie-Magdeleine*[167].

À défaut de voix, je possédais, à cet âge, beaucoup d'élan dans la façon de chanter ma musique. Maintenant je la parle et, malgré l'insuffisance de mes moyens vocaux, mes artistes en sont bien pénétrés quand même[168].

Je chantais donc, si j'ose dire, lorsque Mme Pauline Viardot, penchée vers le clavier et suivant mes doigts, me dit avec un accent d'émotion inoubliable : « Qu'est-ce que cela ? » — « Un ouvrage de jeunesse, *Marie-Magdeleine*, qui n'attend même plus l'espoir d'être exécuté, » lui dis-je. — « Comment ? Eh bien ! il le sera, et c'est moi qui serai votre Marie-Magdeleine. »

Je rechantai aussitôt cette scène de la Magdeleine à la croix :

O bien-aimé ! Sous ta sombre couronne...

Lorsque mon éditeur Hartmann connut cet événement, il voulut faire pièce à Pasdeloup qui, ayant entendu naguère la partition, l'avait refusée presque brutalement[169], et il créa, en collaboration avec Duquesnel, à l'Odéon, le *Concert national*[170]. Ce nouveau concert populaire eut pour chef d'orchestre Édouard Colonne, mon ancien camarade au Conservatoire[171], choisi déjà par moi pour diriger les *Érinnyes*.

La maison d'édition Hartmann était le rendez-vous de toute notre jeunesse, y compris César Franck, dont les œuvres sublimes n'étaient pas encore répandues[172].

Le petit magasin du 17 du boulevard de la Madeleine était devenu un véritable rendez-vous du mouvement musical. Bizet, Saint-Saëns, Lalo, Franck, Holmès faisaient partie de ce cénacle. Ils y devisaient gaiement et avec tout l'enthousiasme et toute l'ardeur de leur foi dans ce grand art qui devait illustrer leur vie.

---

167. Cette rencontre se tint probablement au tout début de l'année 1873 alors que l'oratorio était achevé depuis plusieurs mois puisque Massenet en réalise la composition entre l'automne 1871 et janvier 1872. Composé sur un livret de Louis Gallet, celui-ci est créé le 11 avril 1873 au Théâtre de l'Odéon.

168. Ce talent particulier a souvent été souligné. Dans la première édition de *Mes souvenirs* (Paris, Lafitte & Cie, 1912, p. 295), un témoignage de Reynaldo Hahn reste éloquent : « Je me souviens d'une séance où, emporté par une démonstration, il en vint à chanter toute la scène de la prédiction du grand prêtre dans Alceste : "Apollon est sensible à nos gémissements !" / Je ne pourrai jamais plus l'entendre chanter – que dis-je ! la voir jouer par personne ! »

169. Selon Félix Duquesnel (« Le premier oratorio », *Le Gaulois*, 14 mars 1900), la lecture infructueuse de l'oratorio se serait tenue le 13 mars 1872 chez Pasdeloup, lequel aurait lancé à la face du compositeur : « Vous jouer... jamais de la vie ! » La dimension humaine du Christ, en accord avec la pensée de Renan, l'aurait en fait dérangé.

170. L'objectif du « Concert national » était de promouvoir l'école française, mais l'entreprise ne fut pas viable financièrement. Colonne s'installe alors au Châtelet où il fonde en 1874 l'Association artistique des concerts Colonne.

171. Entré au Conservatoire en 1857, Édouard Colonne (1838-1910) fréquenta la classe d'Ambroise Thomas. Il obtient un premier prix de violon en 1863 alors que Massenet recevait son grand Prix de Rome. Il dirige ou crée par la suite plusieurs ouvrages du compositeur.

172. Massenet pouvait apprécier la musique de César Franck (1822-1890), notamment ses *Béatitudes*, mais la relation entre les deux hommes était plutôt distante. Quant à Franck, « seules les premières œuvres de Massenet trouvaient grâce à ses yeux. » (Joël-Marie Fauquet, *César Franck*, Paris, Fayard, 1999, p. 686).

Les cinq premiers programmes du *Concert national* furent consacrés à César Franck et à d'autres compositeurs [173]. Le sixième et dernier appartint à l'exécution complète de *Marie-Magdeleine*.

Chapitre X

De la joie. - De la douleur

La première lecture d'ensemble de *Marie-Magdeleine* eut lieu un matin, à neuf heures, dans la petite salle de la maison Érard, rue du Mail, qui avait autrefois servi aux séances de quatuors [174].

Quelque matinale que fût l'heure fixée, la bonne Mme Viardot l'avait devancée, tant elle avait hâte d'entendre les premières notes de l'ouvrage. Mes autres interprètes arrivèrent peu d'instants après.

Édouard Colonne conduisait les répétitions d'orchestre.

Mme Viardot s'intéressa vivement à la lecture. Elle la suivit en artiste très au courant de la composition. Chanteuse et tragédienne lyrique remarquable, elle était plus qu'une artiste, une grande musicienne, une femme merveilleusement douée et tout à fait supérieure.

Le 11 avril [1873], la salle de l'Odéon avait reçu le public habituel des répétitions générales et des premières. Le théâtre avait ouvert ses portes au Tout-Paris, toujours le même, composé d'une centaine de personnes pour qui être de « la première » ou de « la générale » semble le privilège le plus enviable.

La presse y assistait également.

Quant à moi, j'étais réfugié dans les coulisses avec mes interprètes très émus. Il semblait, dans leur émotion, qu'ils fussent appelés à faire prononcer sur moi une sentence suprême, que c'était un vote qu'ils allaient exprimer d'où dépendrait le sort de ma vie !

Je ne me rendis aucun compte de ce que pouvait être l'impression de la salle. Comme je devais partir avec ma femme, le lendemain, pour l'Italie, je n'eus pas de nouvelles immédiates.

Le premier écho de *Marie-Magdeleine* ne devait m'arriver qu'à Naples. Ce fut sous la forme touchante d'une lettre que m'adressait le toujours si bon Ambroise Thomas.

---

173. Le premier concert, le 2 mars 1873, proposait des œuvres de Mendelssohn, Schumann, Saint-Saëns, Bizet, Schubert (*Le Roi des Aulnes* chanté par Viardot) et Guiraud. On relève ensuite des œuvres de Massenet (extrait des *Érinnyes*) le 9 mars, Haendel (*Le Festin d'Alexandre*) le 16 mars, Gouvy (création de la *Symphonie brève*) le 23 puis Beethoven et Castillon le 30. Le sixième se déroula en fait sur deux jours (jeudi et vendredi saint) : des extraits de *Fiesque* de Lalo et les créations du *Psaume XVIII* de Saint-Saëns et de *Rédemption* de Franck furent donnés le 10 avril, tandis que le lendemain était exclusivement consacré à la création de *Marie-Magdeleine*.

174. Cette petite salle de prestige, édifiée à partir de 1860, contenait environ 300 places avant que Charles Garnier l'agrandisse en 1877.

Voici ce que m'écrivait ce maître si délicatement attentif à tout ce qui marquait mes pas dans la carrière artistique :

Paris, 12 avril 1873

> Obligé de me rendre aujourd'hui à ma campagne, j'aurai peut-être le regret de ne pas vous voir avant votre départ. Dans le doute, je ne veux pas tarder à vous dire, mon cher ami, tout le plaisir que j'ai éprouvé hier soir, et combien j'ai été heureux de votre beau succès...
> Voilà une œuvre sérieuse, noble et touchante à la fois ; elle est bien de *notre temps*, mais vous avez prouvé qu'on peut marcher dans la voie du progrès tout en restant clair, sobre et mesuré.
> Vous avez su émouvoir, parce que vous avez été ému.
> J'ai été pris comme tout le monde et plus que tout le monde.
> Vous avez rendu avec bonheur l'adorable poésie de ce drame sublime !
> Dans un sujet mystique où l'on est exposé à tomber dans l'abus des tons sombres et dans l'âpreté du style vous vous êtes montré coloriste en gardant le charme et la lumière...
> Soyez content, votre ouvrage reviendra et restera.
> Au revoir ; je vous embrasse de tout cœur.
> Mes affectueuses félicitations à Mme Massenet.

Ambroise Thomas

Je relisais cette chère lettre. Elle ne pouvait sortir de mon souvenir, tant était doux et précieux le réconfort qu'elle m'apportait.

J'étais tout à ces rêveries délicieuses lorsque, au moment de prendre le bateau pour me rendre à Capri, je vis accourir essoufflé, vers moi, le domestique de l'hôtel où j'étais descendu, un paquet de lettres à la main. C'étaient des lettres d'amis de Paris, heureux du succès, et qui avaient tenu à m'en exprimer leur joie. Un numéro du *Journal des Débats* y était joint. Il me venait d'Ernest Reyer et contenait, sous sa signature, un article faisant de mon œuvre le plus brillant éloge, un des plus émouvants même de ceux que j'aie jamais reçus [175].

J'étais donc retourné voir ce pays au charme si enivrant ; j'avais visité Naples et Capri, puis Sorrente, tous ces sites pittoresques et d'une si captivante beauté qu'embaument les senteurs des orangers, et tout cela au lendemain d'une aussi inoubliable soirée. Je vivais dans le plus indicible des ravissements.

Une semaine après, nous étions à Rome.

À peine étions-nous descendus à l'Hôtel de la Minerve, qu'une très gracieuse invitation à déjeuner nous arriva du directeur de l'Académie de France, membre de l'Institut, l'illustre peintre Ernest Hébert [176].

Il avait, à cette occasion, réuni quelques pensionnaires. Des fenêtres ouvertes du salon directorial où s'étalent les magnifiques tapisseries de De Troy, représentant l'histoire d'Esther, nous pouvions aspirer les tièdes haleines de cette journée tout à fait exquise.

---

175. « Un beau chœur d'allégresse termine cette œuvre gracieuse et forte, pleine d'élévation et de poésie chrétienne qui, toute proportion gardée, fera pour la jeune renommée de M. Jules Massenet ce que *L'Enfance du Christ* a fait pour la gloire d'Hector Berlioz. » (Ernest Reyer, *Journal des débats*, 23 avril 1873 ; repris dans *Quarante ans de musique*, éd. Émile Henriot, Paris, Calmann-Lévy [1909], 1910, p. 337).

176. Prix de Rome en 1837, Ernest Hébert (1817-1908), qui manie aussi bien le pinceau que l'archet d'un violon, dirige l'Académie de 1867 à 1873 (il y accueillera Liszt pour des soirées musicales) puis de 1885 à 1891 où il fait de la musique avec le jeune Debussy.

À l'issue du déjeuner, Hébert me pria de lui faire connaître quelques passages de *Marie-Magdeleine*. Des nouvelles flatteuses lui en étaient venues de Paris.

Le lendemain, les pensionnaires de la Villa m'invitèrent à leur tour. Ce fut avec une bien vive émotion que je me retrouvai dans cette salle à manger, au plafond en forme de voûte, où mon portrait [illustration 6] était appendu à côté de ceux des anciens Grands-Prix[177]; après le déjeuner, c'est dans un atelier donnant de plain-pied sur le jardin, que je pus contempler le *Gloria Victis*, ce splendide chef-d'œuvre destiné à immortaliser le nom de Mercié[178].

Venant de vous parler de *Marie-Magdeleine*, je vous confesserai, mes chers enfants, que, comme j'en avais eu le pressentiment, cet ouvrage devait finir par avoir les honneurs de la scène. Cependant, il me fallut attendre trente ans pour posséder cette bien douce satisfaction. Elle vérifiait l'opinion que je m'étais faite de ce drame sacré.

Ce fut M. Saugey, l'habile directeur de l'Opéra de Nice, qui, le premier, eut cette audace. Il n'eut qu'à s'en féliciter, et, pour ma part, je l'en remercie grandement.

Notre première Marie-Magdeleine, au *théâtre*, fut Lina Pacary[179]. La voix, la beauté, le talent de cette artiste de race la désignaient pour cette création et, lorsque plus tard le même grand théâtre donna *Ariane*, l'interprète tout indiquée fut encore Lina Pacary dont les succès ininterrompus consacrèrent sa vie théâtrale vraiment admirable.

L'année suivante, ce fut mon cher ami et directeur, Albert Carré, qui fit représenter l'œuvre au théâtre de l'Opéra-Comique[180]. J'eus la bonne fortune d'y avoir comme interprètes : Mme Marguerite Carré, Mme Aïno Ackté et Salignac[181].

Marie-Magdeleine m'avait donc fait revivre à Rome dans son bien cher souvenir. Il en fut naturellement question au cours de ces promenades idéalement belles que je fis avec Hébert dans la campagne romaine.

Hébert était non seulement un grand peintre, mais il était encore poète et musicien distingué. En cette dernière qualité, il participait à un quatuor qui se faisait souvent entendre à l'Académie.

Ingres, qui fut aussi directeur de l'Académie, jouait du violon. Comme on demandait un jour à Delacroix ce qu'il pensait du violon d'Ingres : « Il en joue comme Raphaël » fut l'amusante réponse du brillant coloriste !

Si délicieux que pût être notre séjour à Rome, il nous fallut, hélas ! quitter cette ville si chère à nos souvenirs et rentrer à Paris.

---

177. La Villa Médicis conserve un portrait à l'huile de Massenet, lequel, peint par Joseph Layraud (1834-1912) en décembre 1865 à la fin du séjour romain du compositeur, se trouvait à cette époque dans la salle à manger. Voir, dans le présent volume, Articles : « Comment je suis devenu compositeur ».

178. Marius Jean Antonin Mercié (1845-1916) réalisa à Rome en 1872 un plâtre de cette sculpture conservée au Musée du Petit Palais.

179. Lina Pacary (1868 ?-?), soprano falcon, est une interprète privilégiée des œuvres de Massenet puisqu'elle chante notamment Hérodiade à la Gaité (1903) ou Ariane à la Monnaie (1907).

180. Librettiste et directeur de théâtre, Albert Carré (1852-1938) dirige avec autorité l'Opéra-Comique à partir de 1898. Il noue avec Massenet des relations à la fois amicales et professionnelles.

181. L'oratorio est donné en version scénique à Nice, le 9 février 1903, puis seulement le 12 avril 1906 à l'Opéra-Comique où s'illustrent les sopranos Marguerite Carré (1880-1947), épouse du directeur de l'Opéra-Comique, Aïno Ackté (1876-1944), dans le rôle-titre, et le ténor Thomas Salignac (1867-1945).

À peine étais-je de retour rue du Général-Foy, au n° 46, maison que j'ai habitée pendant plus de trente ans[182], que je me jetai sur un poème de Jules Adenis : *Les Templiers.*

J'en avais déjà écrit plus de deux actes et cependant je me sentais inquiet. La pièce était fort intéressante, mais elle me mettait, par ses situations historiques, dans une voie déjà parcourue par Meyerbeer.

Ce devait être également l'opinion d'Hartmann ; mon éditeur fut même si catégorique à cet égard que je déchirai en quatre morceaux les deux cents pages que je venais de lui soumettre.

Dans un trouble inexprimable, ne sachant plus où j'allais, je m'avisai d'aller voir mon collaborateur de *Marie-Magdeleine*, Louis Gallet, alors économe à l'hôpital Beaujon[183].

Je sortis de cet entretien avec le plan du *Roi de Lahore*[184]. Du bûcher du dernier grand-maître des Templiers, Jacques de Molay, que j'avais abandonné, je me retrouvais dans le paradis d'Indra. C'était le septième ciel pour moi !

Charles Lamoureux, le célèbre chef d'orchestre, venait de fonder *les Concerts de l'Harmonie sacrée* dans le local du Cirque des Champs-Élysées, aujourd'hui disparu[185]. (Quel malin plaisir prend-on à faire d'un superbe théâtre la succursale de la Banque[186], et d'une salle excellente pour de grands concerts une pelouse dans les Champs-Élysées !)

On sait que les oratorios d'Haendel rendirent fameux le succès de ces concerts[187].

Un jour, par une neigeuse matinée de janvier, Hartmann me présenta à Lamoureux, qui habitait un grand chalet dans un jardin de la cité Frochot. J'avais apporté avec moi le manuscrit d'*Ève*, mystère en trois parties[188].

L'audition eut lieu avant le déjeuner. Au café, nous étions tout à fait d'accord.

L'ouvrage allait entrer en répétition avec les acclamés interprètes : Mme Brunet-Lafleur, MM. Lassalle et Prunet[189].

Les *Concerts de l'Harmonie sacrée* eurent à leur programme du 18 mars 1875 *Ève*, ainsi qu'il avait été convenu.

---

182. De 1871 à 1903, date à laquelle il déménage au 48 rue de Vaugirard, Massenet habite dans le 8ᵉ arrondissement rue du Général Foy (appelée d'abord rue Malesherbes), au n° 38 qui devient 46 en 1892.

183. Louis Gallet (1835-1898), qui mène en parallèle une carrière à l'assistance publique, écrit des livrets pour les compositeurs majeurs de son temps, comme Bizet (*Djamileh*) ou Saint-Saëns (*La Princesse jaune*) notamment.

184. Après avoir cherché un sujet avec Gallet, en 1868 ou 1869, Massenet commence la composition du *Roi de Lahore* dès la fin de 1872, abandonnant celle des *Templiers* qu'il aurait donc entreprise plutôt avant. Le livret de Jules Adenis, écrit en collaboration avec Armand Silvestre, échoira à Henry Litolff dont l'opéra sera créé en 1886.

185. Appelée Cirque de l'Impératrice sous le Second Empire, puis cirque d'été, cette salle, construite en 1840 dans le carré Marigny des Champs-Élysées, sera démolie à la fin de l'année 1899.

186. Massenet pense à la salle Ventadour transformée en banque après 1879.

187. Lamoureux (1834-1899) fonde à l'automne 1873 sa Société de l'harmonie sacrée avec laquelle il exécute principalement des œuvres de Bach ou de Haendel.

188. Cette rencontre se situe en janvier 1875, le manuscrit de la partition d'orchestre (Yale University, Beinecke Rare Book and Manuscript Library, Frederick R. Koch coll.) de cet oratorio, composé sur un livret de Louis Gallet, portant *in fine* la date du 1ᵉʳ novembre 1874.

189. Le soprano Marie-Hélène Brunet-Lafleur (1847-1927), épouse de Lamoureux, le baryton Jean Lassalle (1847-1909), qui participera en 1877 à la création du *Roi de Lahore* (voir chapitre XI) à l'Opéra de Paris où il chante entre 1872 et 1894, et le ténor Ernest Prunet (?-?).

Malgré la superbe répétition générale qui avait eu lieu dans la salle complètement vide, – c'est précisément le motif pour lequel j'y assistai, car je commençais, alors déjà, à me soustraire aux émotions des exécutions publiques, une anxiété secrète m'agitait et j'allai attendre, dans un petit café voisin, les renseignements que devait m'apporter mon ancien camarade Taffanel, premier flûtiste, alors, à l'Opéra et aux Concerts de l'Harmonie sacrée. – Ah ! mon cher Taffanel, ami disparu que j'ai bien aimé, comme ton affection et ton talent m'étaient précieux, alors que tu dirigeais, comme chef d'orchestre, mes ouvrages à l'Opéra [190] !

Après chaque partie, Taffanel traversait la rue en courant et me communiquait des nouvelles bien réconfortantes. Après la troisième partie, toujours très encourageant, il me dit : avec précipitation que tout était fini, le public sorti, et il me pria de venir en hâte remercier Lamoureux.

Je le crus ; mais, ô supercherie ! à peine me trouvai-je dans le foyer des musiciens que je fus emporté comme une plume dans les bras de mes confrères que je griffais de mon mieux, car j'avais compris la trahison. Ils me déposèrent sur l'estrade, devant un public encore présent et manifestant, mouchoirs et chapeaux agités.

Je me relevai, bondis comme une balle et disparus furieux !

Mes chers enfants, si je vous ai fait ce tableau, sans doute exagéré, du succès, c'est que les minutes qui suivirent me furent terribles et montrent bien, par leur contraste, l'inanité des choses de ce monde.

Une domestique m'avait cherché toute la soirée, ne sachant où j'étais dans Paris, et elle venait de me découvrir à la porte de la salle des concerts. Il était près de minuit. Elle me dit, les yeux en larmes, de venir voir ma mère très malade.

Ma mère affectionnée habitait alors rue Notre-Dame-de-Lorette. Je lui avais envoyé des places pour elle et ma sœur. J'étais certain qu'elles avaient toutes les deux assisté au concert.

Je sautai dans un fiacre avec cette domestique, et quand j'arrivai sur le palier, ma sœur, les bras étendus, en un cri étouffé, me jeta ces mots : « Maman est morte, à dix heures du soir !... »

Quelles paroles pourraient dire ma profonde douleur à l'annonce de l'horrible malheur qui fondait sur moi ? Il venait obscurcir mes jours au moment où il semblait qu'un ciel clément voulût en dissiper les nuages [191] !

Selon les dernières volontés de ma mère, son embaumement eut lieu le lendemain. Ma sœur et moi y assistions atterrés, lorsque nous fûmes surpris par la vue de ce bon Hartmann. Je l'écartai vivement du pénible spectacle. Il s'éloigna rapidement, me jetant cependant ces mots : « Vous êtes porté pour la croix ! » [192].

Pauvre mère, elle eût été si fière !...

*

190. Surnommé le « Paganini de la flûte », le flûtiste et chef d'orchestre Paul Taffanel (1844-1908) dirige, entre 1890 et 1906, l'orchestre de l'Opéra où il assure la création de *Thaïs*.

191. Massenet perd sa mère en réalité le 25 mai suivant, soit quelques jours après la création.

192. Massenet sera fait officier de la Légion d'honneur que l'année suivante (voir chapitre XI). Mais, peu avant la création d'*Ève*, la presse réclama pour lui la célèbre décoration que Bizet venait de recevoir.

En rentrant de l'enterrement, brisé, ayant oublié les jours précédents, ceux-ci devaient m'être rappelés par la lettre suivante que je reçus de Gounod :

21 mars [18]75

Cher ami,

Si je n'avais égaré votre carte (et par suite votre adresse) que j'ai du reste cherchée pendant un bon quart d'heure dans le « Testaccio » de mes papiers, je vous aurais dit, dès avant-hier, la joie vive et l'émotion profonde que m'ont causées l'audition et le succès de votre *Ève*. Le triomphe d'un élu doit être une fête pour l'Église. Vous êtes un élu, mon cher ami : le ciel vous a marqué du signe de ses enfants : je le sens à tout ce que votre belle œuvre a remué dans mon cœur ! Préparez-vous au rôle de martyr ; c'est celui de tout ce qui vient d'en haut et gêne ce qui vient d'en bas. Souvenez-vous que quand Dieu a dit : « Celui-ci est un vase d'élection », Il a ajouté : « et je lui montrerai combien il lui faudra souffrir pour mon nom ».

Sur ce, mon cher ami, déployez hardiment vos ailes et confiez-vous sans crainte aux régions élevées où le plomb de la terre n'atteint pas l'oiseau du ciel.

À vous de tout mon cœur.

Ch. Gounod

Chapitre XI

Début à l'Opéra

La mort qui était venue me frapper dans mes plus vives affections, en m'enlevant ma mère, avait également ravi sa mère à ma chère femme. Ce fut donc dans une demeure tristement endeuillée que nous habitâmes, l'été suivant, Fontainebleau.

Le souvenir des deux disparues planait sur nos têtes, lorsque j'appris, le 5 juin [1875], la mort foudroyante de Bizet, – Bizet qui avait été un camarade si plein de sincère et profonde affection, et pour lequel j'avais une admiration respectueuse, bien que je fusse à peu près de son âge[193].

La vie avait été bien dure pour lui. Sentant ce qu'il était, il pouvait croire à l'avenir de gloire qui devait lui survivre ; mais cette *Carmen*, depuis plus de quarante ans célèbre[194], avait paru à ceux qui étaient chargés de la juger une œuvre contenant de bonnes choses, quoique bien incomplète, et aussi – que n'a-t-on pas dit alors ? – un sujet dangereux et immoral !...

Quelle leçon pour les jugements trop hâtifs !...

193. Les deux compositeurs se connaissaient et s'appréciaient, mais une rivalité de plus en plus grande s'était installée entre eux. Ils s'étaient dédié réciproquement les *Scènes hongroises* (1871) et l'ouverture dramatique *Patrie* (1873). Massenet écrira à la mémoire de Bizet (1838-1875) un *Lamento*, créé aux Concerts Colonne en octobre 1875.

194. *Carmen*, opéra-comique de Bizet, créé le 3 mars 1875, n'accéda à la célébrité en France qu'à partir de sa reprise de 1883.

Rentré à Fontainebleau après la sombre cérémonie des obsèques, j'essayai de me reprendre à la vie, en travaillant à ce *Roi de Lahore* qui m'occupait déjà depuis bien des mois.

L'été, cette année-là, fut particulièrement chaud et fatigant. J'en étais accablé à ce point qu'un jour où un formidable orage avait éclaté, je me sentis comme anéanti et me laissai aller au sommeil.

Si le corps cependant était ainsi assoupi, mon esprit, par contre, ne restait pas inactif : il sembla n'avoir cessé de travailler. Mes idées apparurent, en effet, avoir profité de cette accalmie involontaire imposée par la nature, pour se classer. J'avais entendu, comme en songe, mon troisième acte, le paradis d'Indra, joué sur la scène de l'Opéra !... L'impalpable audition en avait comme imprégné mon cerveau. Ce phénomène, je le vis, d'ailleurs, se renouveler en moi par la suite, à différentes reprises.

Je n'aurais jamais osé l'espérer. Je commençai, ce jour-là et les jours suivants, à écrire le brouillon instrumental de cette scène paradisiaque.

Je continuais, entre temps, à donner à Paris des leçons assez nombreuses. Elles étaient accablantes et bien énervantes également [195].

J'avais pris l'habitude depuis longtemps de me lever de bonne heure. Mes travaux me prenaient de quatre heures du matin à midi et mes leçons remplissaient les six heures de l'après-midi. Quant aux soirées, la plupart étaient consacrées aux parents de mes élèves, chez lesquels on faisait de la musique, et nous y étions si choyés, si fêtés ! Le travail du matin, je l'aurai connu toute ma vie, car je le continue maintenant encore...

Après la saison d'hiver et le printemps passés à Paris, nous retournâmes à Fontainebleau, dans cette tranquille et paisible demeure de famille. J'y terminai, au commencement de l'été 1876, la partition complète du *Roi de Lahore*, entreprise plusieurs années avant [196].

Avoir terminé un ouvrage, c'est dire adieu à l'inexprimable bonheur qu'un travail vous a procuré !...

J'avais sur ma table 1100 pages d'orchestre et ma réduction pour piano que je venais d'achever [197].

Que deviendrait cet ouvrage ? Je me le demandais tout soucieux. Serait-il jamais joué ? Il était écrit, en effet, pour un grand théâtre. C'était là l'écueil, le point obscur de l'avenir...

Au cours du dernier hiver, j'avais fait la connaissance d'un poète à l'âme vibrante, Charles Grandmougin. Le chantre délicieux des *Promenades*, le barde chaleureux de la *Patrie française*, avait écrit, à mon intention, une légende sacrée, en quatre parties : *La Vierge* [198].

---

195. Massenet se plaindra longtemps et constamment de devoir donner des leçons de piano au détriment de la composition.

196. La dernière page du manuscrit de la partition d'orchestre (BnF, Bibliothèque-musée de l'Opéra) porte les dates suivantes : « Fontainebleau / Uriage, / Paris / années 1872, 1873, 1874, 1875, 1876, janvier 1877 ».

197. L'ordre de la composition tranche avec les habitudes que Massenet installera dès *Hérodiade* en établissant d'abord une partition pour chant et piano qu'il orchestre ensuite.

198. L'ouvrage est en fait annoncé dans la presse dès la création d'*Ève*. Fervent wagnérien, Grandmougin (1850-1930) fournit des livrets ou poèmes à de nombreux compositeurs (Pugno, Godard, Franck, Fauré). Il

Je n'ai jamais pu laisser en friche mon esprit et j'y semai, de suite, les beaux vers de Grandmougin. Pourquoi fallut-il qu'un amer découragement y germât ? Je vous le conterai plus tard, mes chers enfants. Le fait est que je n'y tenais plus. J'avais absolument le désir de revoir Paris ; il me semblait que j'en reviendrais allégé de cette crise de défaillance que je subissais sans trop m'en rendre compte.

Le 26 juillet [1876], j'allai donc à Paris, avec l'intention de persécuter Hartmann de mes agitations, de lui en faire la confession.

Je ne le trouvai pas chez lui. Pour occuper mon temps, j'allai flâner au Conservatoire. Un concours de violon y avait lieu. Quand j'arrivai, on était aux dix minutes de repos. J'en profitai pour aller saluer mon maître, Ambroise Thomas, dans le grand salon qui précédait la loge du jury.

Puisque cet endroit, jadis si délicieusement animé, est aujourd'hui désert et qu'on l'a abandonné pour une autre enceinte, je rappelle, à votre intention, mes chers enfants, ce qu'était alors ce séjour où je devais grandir et vivre ensuite pendant bien des années.

On arrivait au salon, dont je parle, par un grand escalier prenant accès dans un vestibule à colonnades. Parvenu au palier, on voyait deux tableaux de vastes dimensions, dus à des peintres du Premier Empire.

La porte de face ouvrait sur une salle qu'ornait une grande cheminée et qu'éclairait un plafond à vitrages dans le goût des temples antiques.

L'ameublement était dans le style de Napoléon Ier.

Une porte s'ouvrait sur la loge du directeur du Conservatoire, assez vaste celle-ci pour contenir une dizaine de personnes, les unes assises au bord d'une table à tapis vert ; les autres, soit assises, soit debout, à des tables séparées.

La décoration de la grande salle du Conservatoire, où se donnaient les concours, était en style pompéien, s'harmonisant avec le caractère du salon dont je vous ai parlé [199].

Ambroise Thomas était accoudé à la cheminée. En m'apercevant, il eut un sourire de joie, me tendit ses bras, dans lesquels je me jetai, et me dit d'un air résigné et délicieux à la fois : « Acceptez-la, c'est le premier échelon ! »

Que faut-il accepter ? lui dis-je.

Vous l'ignorez donc ? Depuis hier, vous avez la croix [200].

Émile Réty [201], le précieux secrétaire général du Conservatoire, enleva, alors, de sa boutonnière, le ruban qui s'y trouvait et le passa, non sans beaucoup de difficultés, dans ma boutonnière. Il fallut l'ouvrir avec un grattoir qui se trouvait sur la table du jury, près de l'écritoire du président !

Ce mot : « le premier échelon », n'était-il pas d'une délicatesse exquise et d'un encouragement profond ?

Maintenant, je n'avais qu'une hâte : celle de voir mon éditeur.

---

publie aussi deux recueils de poésies : *Pour la patrie !* (1902), auquel Massenet se réfère approximativement, puis *Promenades* (1904).

199. Voir chapitre I.

200. Massenet est fait officier de la Légion d'honneur le 26 juillet 1876.

201. Après avoir étudié la musique au Conservatoire, Émile Réty (1833-1915) y est membre de l'administration, devenant en 1896 chef du secrétariat général et membre du Conseil supérieur de l'enseignement.

Il est un sentiment intime que je dois vous avouer et qui rentre dans mes goûts s'il cadre aussi avec mon caractère. J'avais un physique assez jeune encore et je me sentais tout gêné de ce ruban qui me semblait flamboyer et attirer tous les regards ! N'est-ce pas, mes chers enfants, que vous me pardonnez cette naïve confession, pas tant ridicule cependant, puisque je la fais sincèrement ?

Le visage encore humide de toutes les embrassades prodiguées, je songeais à retourner chez moi, à la campagne, lorsque je fus arrêté, au coin de la rue de la Paix, par le directeur de l'Opéra, alors M. Halanzier[202]. J'en eus d'autant plus de surprise, que je me croyais en médiocre estime dans la *grande maison*[203], à la suite du refus de mon ballet : *Le Preneur de rats*.

M. Halanzier avait l'âme ouverte et franche.

— Que fais-tu donc ? me dit-il. Je n'entends plus parler de toi !

J'ajoute qu'il ne m'avait jamais adressé la parole[204].

— Comment aurais-je osé parler de mon travail au directeur de l'Opéra ? répondis-je tout interdit

— Et si je le veux, moi !

— Apprenez alors que j'ai un ouvrage simplement en cinq actes, *Le Roi de Lahore*, avec Louis Gallet.

— Viens, demain, à neuf heures, chez moi, 18, place Vendôme, et apporte-moi tes feuilles.

Je cours chez Gallet, le prévenir. Je rentrai, ensuite, chez moi, à Fontainebleau, apportant à ma femme ces deux nouvelles : l'une, visible à ma boutonnière, l'autre, l'espoir le plus grand que j'avais eu jusqu'alors.

Le lendemain, à neuf heures du matin, j'étais place Vendôme. Gallet m'y attendait déjà.

Halanzier habitait un très bel appartement au troisième étage de la superbe maison-palais qui forme un des coins de la place Vendôme.

Arrivé chez Halanzier, je commençai aussitôt la lecture. Le directeur de l'Opéra ne m'arrêta pas tant que je n'eus pas terminé la lecture complète des cinq actes. J'en étais aphone... et j'avais les mains brisées de fatigue...

Comme je remettais dans ma vieille serviette de cuir mon manuscrit et que Gallet et moi nous nous disposions à sortir :

— Eh bien ! alors, tu ne me laisses rien pour la copie ?

Je regardai Gallet avec stupéfaction.

---

202. Hyacinthe Olivier Henri Halanzier-Dufresnoy (1819-1896) dirige l'Opéra de Paris entre 1871 et 1879.

203. Massenet fait sans doute allusion à Verdi qui attribua le nom de « grande boutique » à l'Opéra de Paris.

204. Massenet avait rencontré Halanzier à l'époque de son projet chorégraphique avec Gautier puis l'avait sollicité en mars 1876 pour obtenir Gabrielle Krauss dans une exécution de Marie-Magdeleine : « L'éclat qui serait ainsi donné à cette reprise, lui écrivait-il, [...] assurerait une autorité plus grande auprès du public et [...] offrirait des garanties plus considérables le jour [...] où [il pourrait] songer [au] Roi de Lahore. » (Lettre de Jules Massenet, cosignée par Louis Gallet, à Hyacinthe Halanzier, Paris, 7 mars 1876, BnF, Département des Arts du spectacle). En outre, sa décoration n'a pas pu directement jouer en sa faveur puisque son ouvrage est reçu par l'Opéra le 10 juillet 1876.

— Mais, alors, vous comptez donc jouer l'ouvrage ?...
— L'avenir te le dira !
À ma rentrée à Paris, en octobre, à peine étais-je réinstallé dans notre appartement de la rue du Général-Foy, que le courrier du matin m'apporta un bulletin de l'Opéra, avec ces mots :

Le Roi.
2 heures. — Foyer.

Les rôles avaient été distribués à Mlle Joséphine de Reszké[205] – dont les deux frères Jean et Édouard devaient illustrer la scène plus tard : – Salomon[206] et Lassalle, dont ce fut la première création.

Il n'y eut pas de répétition générale publique. Ce n'était, d'ailleurs, pas encore la coutume de remplir la salle, comme on le fait de nos jours à la répétition dite des « couturières », puis à la répétition dénommée « colonelle », et, enfin, à la répétition appelée « générale »[207].

Halanzier, malgré les manifestations sympathiques dont l'ouvrage avait été l'objet aux répétitions par l'orchestre et tout le personnel, fit savoir que, jouant le premier ouvrage à l'Opéra d'un débutant dans ce théâtre, il voulait veiller seul à tout, jusqu'à la première représentation.

Je redis ici ma reconnaissance émue à ce directeur uniquement bon qui aimait la jeunesse et la protégeait !

La mise en scène, décors et costumes, était d'un luxe inouï; l'interprétation, de premier ordre...

La première du *Roi de Lahore*, qui eut lieu le 27 avril 1877, marque une date bien glorieuse dans ma vie[208].

Je rappelle, à ce propos, que le matin du 27 avril Gustave Flaubert laissa à ma domestique, sans même demander à me voir, sa carte, avec ces mots :

> Je vous plains ce matin. Je vous envierai ce soir !

Que ces lignes peignent bien, n'est-il pas vrai ? l'admirable pénétration d'esprit de celui qui a écrit *Salammbô* et l'immortel chef-d'œuvre qu'est *Madame Bovary*[209].

---

205. D'origine polonaise, Joséphine (1855-1891), Jean (1850-1935) et Édouard de Reszké (1853-1917) mènent une brillante carrière d'interprètes. Joséphine quitte cependant rapidement la scène après son mariage en 1885.

206. Élève de Jean-Baptiste Faure, le ténor Marius Salomon (1843-1916) fait ses débuts à l'Opéra de Paris en 1873, où il chante régulièrement jusqu'en 1879, puis de 1882 à 1886.

207. Les trois dernières répétitions précédant la première sont, dans un ordre chronologique : la « couturière », pour fixer les dernières retouches, la « colonelle » qui, au regard de la hiérarchie militaire, précède la « générale ».

208. Cette date restera particulièrement chère à Massenet qui, désigné par la presse comme la figure montante des jeunes compositeurs français, y fera souvent référence dans sa correspondance ou ses manuscrits.

209. Flaubert venait de faire paraître trois jours avant, le 24 avril, ses *Trois contes* dont le troisième, *Hérodias*, sera adapté et mis en musique par Massenet quelques mois plus tard, mais, semble-t-il, sans la participation de l'écrivain.

Et le lendemain matin, je reçus du célèbre architecte et grand artiste Charles Garnier les lignes suivantes :

> Je ne sais pas si c'est la salle qui fait de bonne musique ; mais, sapristi ! ce que je sais bien, c'est que je n'ai rien perdu de ton œuvre et que je la trouve admirable. Ça, c'est la vérité.
>
> Ton Carlo

La magnifique salle de l'Opéra avait été inaugurée seize mois auparavant, le 5 janvier 1875, et la critique avait cru devoir s'attaquer à l'acoustique de ce merveilleux théâtre, construit par l'homme le plus exceptionnellement compétent que les temps modernes aient connu. Il est vrai que cela ne devait guère durer, car lorsqu'on parle de l'œuvre d'une si haute magnificence de Charles Garnier, c'est par ces mots éloquents dans leur simplicité qu'on s'exprime : Quel bon théâtre ! La salle, évidemment, n'a pas changé, mais bien le public qui rend à Garnier un légitime et juste hommage !

Chapitre XII

Théâtres d'Italie

Les représentations du *Roi de Lahore* à l'Opéra se succédaient, très suivies et très belles [210]. C'était, du moins, ce que j'entendais dire, car je n'allais déjà plus au théâtre.

Je quittai de très bonne heure Paris, où je consacrais, ainsi que je l'ai dit, mon temps aux leçons, et je retournai à la campagne, travailler à *La Vierge*.

J'appris, sur ces entrefaites, que le grand éditeur italien Giulio Ricordi [211], qui avait entendu *Le Roi de Lahore* à l'Opéra, s'était mis d'accord avec Hartmann pour le faire représenter en Italie [212].

Pareil fait était réellement unique, alors que les ouvrages traduits en italien et joués dans ce pays étaient ceux des grands maîtres. Ils devaient même parfois attendre assez longtemps leur tour, tandis qu'il m'arrivait, à moi, la bonne fortune de voir jouer *Le Roi de Lahore* au lendemain de ses premières représentations.

Le premier théâtre d'Italie où m'échut cet honneur fut le Regio, à Turin [213].

Revoir l'Italie, connaître ses théâtres autrement que par leurs façades, pénétrer dans leurs coulisses, quel bonheur inespéré ! J'en éprouvais un enchantement indicible dans lequel je vécus pendant les premiers mois de 1878.

---

210. L'ouvrage totalise 57 représentations jusqu'en 1879.

211. Giulio Ricordi (1840-1912) occupe à cette époque une position prédominante dans le monde de l'édition musicale italienne grâce à sa maison qui, ouverte depuis 1808 par son grand-père Giovanni, diffuse les ouvrages de la majorité des compositeurs transalpins.

212. Massenet et Hartmann sont en fait approchés par Ricordi peu avant la première parisienne d'avril 1877. Massenet compose dès juin des numéros supplémentaires pour l'édition italienne : la « Romance-Sérénade » pour Kaled (acte II, n° 7 bis), un important duo entre Sitâ et Timour, en guise de premier tableau à l'acte IV, et un nouvel air pour Alim à l'acte IV (n° 12 bis « O Sitâ bien aimée »). Il les fera entendre à l'éditeur italien dans sa villa, sur les bords du lac de Côme en septembre suivant.

213. *Il Re di Lahore* est en effet donné le 13 février 1878.

Nous partîmes donc Hartmann et moi pour l'Italie, le 1er février 1878.

Avec la Scala de Milan, le San Carlo de Naples, l'Opéra communal de Bologne, l'ancien Apollo de Rome, démoli depuis et remplacé dans la faveur du public par le Costanzi, avec la Pergola de Florence, le Carlo Felice de Gênes et le Fenice de Venise, le beau théâtre de Regio, qui s'élève en face du palais Madame, sur la piazza Castella, est l'un des plus renommés de l'Italie. Il rivalisait alors, comme encore de nos jours, avec les théâtres les plus réputés de cette terre classique des arts qui leur fut toujours si hospitalière et si accueillante.

Il existait au Regio des mœurs tout à fait différentes de celles que l'on pratique à Paris, mœurs avec lesquelles j'ai retrouvé plus tard, en Allemagne, des traits de ressemblance très grands. Avec une déférence complète, il y règne une exactitude ponctuelle, et cela non seulement chez les artistes, mais dans ce que nous appelons le petit personnel. L'orchestre était soumis aux moindres intentions du *direttore* d'orchestre.

Celui du Regio était alors dirigé par le maître Pedrotti, devenu par la suite directeur du Conservatoire Rossini, à Pesaro, connu par des mélodies pleines de gaieté et de brio et de nombreux opéras, dont les *Masques* (*Tutti in maschera*). Sa mort survint dans des circonstances tragiques[214]. J'entends encore ce brave Pedrotti me répéter à tout instant : « Es-tou content ? Je le souis tant, moi ! »

Nous avions un ténor fameux à cette époque, il signor Fancelli[215]. Il possédait une voix superbe, mais son geste habituel consistait à mettre en avant ses mains, toutes grandes ouvertes et les doigts écartés. Malgré que cette manie soit déplaisante, beaucoup d'autres artistes que j'ai connus usent de ce moyen pour donner l'expression, du moins ils le croient, alors qu'eux-mêmes ne ressentent absolument rien.

Ses mains ainsi ouvertes avaient fait surnommer ce remarquable ténor : Cinq et Cinq font dix ! (*Cinque e cinque fanno dieci*).

Au sujet d'une première représentation à ce théâtre, je citerai le baryton Mendioroz et la signorina Mecocci[216], qui en étaient.

Ces déplacements devenaient très fréquents ; c'est ainsi qu'Hartmann et moi, à peine rentrés à Paris, nous en repartions pour nous rendre à Rome, où *Il Re di Lahore* eut les honneurs d'une première représentation, le 21 mars 1879[217].

J'eus, comme interprètes, des artistes encore plus remarquables, ainsi le ténor Barbacini et le baryton Kashmann[218], tous deux chanteurs de grand mérite, puis la signorina Mariani, admirable chanteuse et tragédienne, et sa plus jeune sœur, charmante également[219].

---

214. Carlo Pedrotti (1817-1893), qui dirige d'une main de fer le Teatro Regio jusqu'en 1882, se suicide le 16 octobre 1893 en se jetant dans l'Adige à Vérone où son opéra *Tutti in maschera* avait été créé en 1856.

215. Giuseppe Fancelli (1833-1887), qui participa à la première italienne d'*Aida* en 1872, avait déjà derrière lui une belle carrière européenne après s'était illustré dans de nombreux rôles du répertoire italien.

216. Le baryton Giuseppe Mendioroz et le soprano Eleonora Mecocci tiennent respectivement les rôles de Sîta (Nair dans la version italienne) et de Scindia.

217. Il faut lire 1878.

218. Le ténor Enrico Barbacini (1834-1905) chante surtout sur les scènes italiennes entre 1853 et 1888 ; le baryton italien Giuseppe Kaschmann (1847-1925) fait ses débuts en Italie en 1876 avant d'entamer une brillante carrière internationale qui le mènera notamment à Bayreuth en 1892.

219. Impressionné par le talent de Maddalena Mariani-Masi (1850-1916), Massenet lui compose dans la foulée des représentations romaines un air (« Préludio, Récitativo ed Aria ») qui remplacera, dans la seconde

Le directeur de l'Apollo, M. Jacovacci, était un vieillard étrange, fort amusant, fort gai surtout lorsque lui revenait en mémoire la première représentation du *Barbier de Séville* au Théâtre Argentina, à laquelle il avait assisté dans sa jeunesse[220]. Il faisait du jeune Rossini, la vivacité et le charme mêmes, un portrait des plus intéressants. Avoir écrit le *Barbier de Séville* et *Guillaume Tell* est, en vérité, l'éclatant témoignage de l'esprit en personne et aussi de l'âme la plus puissante !

J'avais profité de mon séjour à Rome pour revoir ma chère Villa Médicis. Il m'amusait d'y reparaître en auteur... comment dirai-je ? Ma foi, tant pis, mettons : acclamé !

J'habitais l'hôtel de Rome, en face de San Carlo, dans le Corso.

Le lendemain de la première, on m'apporta le matin, dans ma chambre – j'étais à peine éveillé, car on était rentré très tard – un billet portant ces mots :

> Prévenez-moi quand vous descendrez dans un hôtel, car je n'ai pas dormi de la nuit, tant on vous a sérénadé, festoyé ! Quel vacarme ! Mais je suis bien content pour vous !
> Votre vieil ami,
>
> Du Locle

Du Locle ! Comment, lui ? Il était là, lui qui fut mon directeur au moment de *Don César de Bazan !* Je courus l'embrasser.

La matinée du 21 mars eut pour moi des heures d'enchantement magique et du plus captivant attrait ; aussi comptent-elles parmi les meilleures dans mes souvenirs.

J'avais obtenu une audience du pape Léon XIII, nouvellement intronisé. Le grand salon où je fus introduit était précédé d'une longue antichambre. Ceux qui avaient été admis comme moi s'y trouvaient tous agenouillés sur un rang, de chaque côté de la salle. Le pape, de la main droite bénissant, dit quelques mots à différents fidèles. Son camérier lui ayant fait savoir qui j'étais et le motif de mon voyage à Rome, le Souverain Pontife ajouta à sa bénédiction des paroles d'heureux souhaits pour mon art.

À une dignité exceptionnelle, Léon XIII joignait une simplicité qui me rappela tout à fait celle de Pie IX.

À onze heures, ayant quitté le Vatican, je me rendis au palais du Quirinal. Le marquis de Villamarina devait me présenter à la reine Marguerite.

Nous avions traversé cinq ou six salons en enfilade ; dans celui où nous attendions, il y avait une vitrine entourée de crêpe, avec des souvenirs de Victor-Emmanuel, mort récemment. Entre deux fenêtres se trouvait un piano droit.

Le détail que je vais dire est presque une impression théâtrale.

J'avais remarqué qu'un huissier était à la porte de chacun des salons que j'avais traversés et j'entendais une voix très lointaine sortant évidemment du premier salon, annoncer à haute voix : *La Regina* (la Reine !), puis, plus rapprochée : *La Regina !* ensuite, plus près encore : *La Regina* ! après et plus fort : *La Regina* ! et enfin, dans le salon voisin, d'une voix éclatante : *La Regina* ! Et la reine parut dans le salon où nous étions.

édition italienne, le nouveau tableau de l'acte IV. Mais, partie au Brésil, la cantatrice italienne ne pourra en assurer la création au grand désespoir de Massenet. En revanche, sa sœur, Flora Mariani-De Angelis, qui participait également à la production romaine en interprétant le rôle de Kaled, crée la « romance-sérénade ».

220. L'opéra de Rossini est créé au Théâtre Argentina de Rome le 28 février 1816. Admirateur de Verdi, Vincenzo Jacovacci (1811-1881) donne les premières du *Trouvère* et du *Bal masqué*.

Le marquis de Villamarina me présenta, salua la reine et sortit.

D'une voix charmante, Sa Majesté me dit qu'il fallait l'excuser si elle n'allait pas le soir, à l'Opéra, entendre *il Capolavoro* du maître français et, désignant la vitrine : « Nous sommes en deuil ! »[221] Puis elle ajouta : « Puisque je serai privée ce soir, voulez-vous me faire entendre quelques motifs de l'opéra ? »

N'ayant pas de chaise à côté du piano, je commençais à jouer debout, lorsque, apercevant le mouvement de la reine cherchant une chaise, je m'élançai et plaçai celle-ci devant le piano pour continuer l'audition si adorablement demandée.

Je quittai Sa Majesté très ému et très reconnaissant pour son gracieux accueil ; puis, ayant traversé les nombreux salons, je retrouvai le marquis de Villamarina, que je remerciai grandement de sa haute courtoisie.

Un quart d'heure après, j'étais *via delle Carrozze*, rendant visite à Menotti Garibaldi, pour lequel j'avais une lettre d'un ami de Paris.

Ce fut une matinée peu ordinaire et véritablement rare par la qualité des personnages que j'avais eu l'honneur de voir : Sa Sainteté le pape, Sa Majesté la reine, et le fils de Garibaldi !

Dans la journée je fus présenté au prince Massimo de la plus antique noblesse romaine, et comme je lui demandais, peut-être indiscrètement, mais surtout curieusement, s'il descendait de l'empereur Maxime, il me répondit simplement, modestement : « Je ne le sais pas positivement, mais on l'assure dans ma famille, depuis dix-huit cents ans. »

Le soir, après le théâtre, succès superbe, j'allai souper chez notre ambassadeur, le duc de Montebello[222]. À la demande de la duchesse, je recommençai l'audition donnée le matin à Sa Majesté la reine. La duchesse fumant elle-même, je me souviens d'avoir grillé beaucoup de cigarettes, pendant cette audition. Cela me permit, en regardant la fumée monter vers les frises, d'y contempler les peintures merveilleuses dues à l'immortel Carrache, l'auteur de la célèbre galerie Farnèse.

Quelles heures inoubliables encore !

Et je rentrai, vers trois heures du matin, à mon hôtel, où la sérénade (mieux l'aubade) qui me fêtait avait empêché mon ami du Locle de dormir.

Le printemps s'écoula rapidement dans le souvenir de ce brillant hiver que je venais de passer en Italie. Je me remis à la besogne à Fontainebleau, et terminai *La Vierge*[223].

Nous partîmes ensuite, ma chère femme et moi, pour Milan et la villa d'Este.

Nous étions en cette année d'enthousiasmes, de joies pures et radieuses, pour moi, que des heures d'inexprimable bonheur devaient marquer, dans ma carrière, de leur trace ineffable.

Giulio Ricordi m'avait invité, ainsi que Mme Massenet et notre chère fille, encore tout enfant, à passer le mois d'août à la villa d'Este, en ce pittoresque et merveilleux pays

---

221. Victor-Emmanuel II meurt le 9 janvier 1878. *Il Capolavoro* : le chef-d'œuvre.

222. Le Marquis de Noailles est l'ambassadeur de France en Italie à cette époque.

223. Massenet rentre à Paris peu après la première romaine du *Roi de Lahore*. La partition d'orchestre de *La Vierge* sera achevée plus tard si l'on considère cette date portée sur le dernier folio du manuscrit : « *22 août 1878*. Fontainebleau / 10 h du matin. » (Yale University, Beinecke Rare Book and Manuscript Library, Frederick R. Koch coll.). Il se lance aussitôt dans la correction des épreuves de la partition chant et piano avant de repartir pour l'Italie le 18 septembre 1878.

que baigne le lac de Côme[224]. Nous y trouvâmes, avec la belle Mme Giuditta Ricordi, femme très gracieuse de notre aimable hôte, sa fille Ginetta, délicieuse camarade de ma fillette, et ses fils Tito et Manuele, en bas âge alors, grands messieurs depuis. Nous y vîmes également une tout adorable jeune fille, rose à peine fleur, qui, dans ce séjour, travaillait le chant avec un renommé professeur italien.

Arrigo Boito, le célèbre auteur de *Mefistofele*[225], qui était aussi en villégiature à la villa d'Este, avait été frappé comme moi du timbre si personnel de cette voix... Cette exquise voix, déjà prodigieusement souple, était celle de la future artiste qui devait se rendre inoubliable dans sa création de *Lakmé*[226], de mon glorieux et si regretté Léo Delibes : J'ai nommé Marie Van Zandt.

Un soir que je rentrais à l'hôtel de la Bella Venezia, piazza San Fedele, à Milan (où j'aurais encore aujourd'hui plaisir à descendre), Giulio Ricordi, mon voisin – car ses grands établissements d'édition étaient, à cette époque, installés dans un superbe et vieil hôtel de la via degli Omenoni, à côté de l'église San Fedele – Giulio Ricordi vint m'y voir et me présenter une personne de haute distinction, poète très inspiré, qui me lut un scénario en quatre actes du plus puissant intérêt, sur l'histoire d'Hérodiade ; ce lettré remarquable était Zanardini[227], descendant d'une des plus grandes familles vénitiennes.

On devine tout ce que pouvait avoir de suggestif et d'attachant, sous une plume aussi riche en couleurs que celle qui me l'avait peinte, l'histoire du tétrarque de Galilée, de Salomé, de Jean et d'Hérodiade[228].

Le 15 août, pendant notre séjour en Italie, *Le Roi de Lahore* fut représenté au théâtre de Vicence, puis, le 3 octobre, on en donna la première représentation au Théâtre communal de Bologne. C'est le motif pour lequel nous avions prolongé notre séjour en Italie[229].

En voyage, il faut s'intéresser à tout. C'est ainsi qu'un détail pittoresque que je vais dire prit le dessus même sur mes occupations au théâtre, quelque belles qu'elles fussent.

Pour qui connaît Bologne et ses rues à arcades, lesquelles durent certainement inspirer Napoléon Ier quand il créa à Paris la rue de Rivoli et la place des Pyramides, je ne saurais oublier le décor étonnant dans lequel j'ai pu voir défiler un soir, à la nuit tombante, un cortège funéraire.

Ces confréries de pénitents enveloppés de cagoules, tenant à la main de gros cierges qu'ils inclinent, laissant tomber généreusement leur cire, que des gamins recueillent

---

224. À ne pas confondre avec la célèbre villa du même nom, située près de Rome.

225. Massenet manifestera à plusieurs reprises son intérêt pour *Mefistofele* (1868, 2/1875) qu'il avait entendu à Bruxelles en 1883.

226. Après des études auprès de Francesco Lamperti, Marie Van Zandt (1858-1919) fait ses débuts à Turin en janvier 1879. Elle triomphe dans *Lakmé*, opéra en trois actes de Léo Delibes, livret d'Edmond Gondinet et Philipe Gille, créé à l'Opéra-Comique, le 14 avril 1883.

227. Angelo Zanardini (1820-1893), librettiste et homme de lettres.

228. Massenet se trompe d'une année, le projet d'adapter *Hérodias* germant en Italie dès septembre 1877. À son retour à Paris, le compositeur adresse à Ricordi les *Trois Contes* de Flaubert, suite à plusieurs conversations avec l'éditeur italien lors de son séjour. Il prendra connaissance du scénario de Zanardini en janvier suivant.

229. Massenet n'arrivera en Italie que vers le 20 septembre 1878. Il assista à une représentation de son ouvrage à Vicence puis à sa création à Bologne le 4 octobre suivant.

dans des cornets de papier tout en suivant la file du cortège, ces chants, ces psalmodies alternant avec le silence, ce défilé lugubre à travers une foule respectueuse et recueillie, tout ce spectacle était vraiment impressionnant et laissait après lui une grande et bien mélancolique tristesse.

Notre retour à Fontainebleau suivit immédiatement après. J'avais à reprendre, avec la vie normale, le travail inachevé.

Le lendemain de ma rentrée, quelle ne fut pas ma surprise, de recevoir la visite de M. Émile Réty ! Il venait de la part d'Ambroise Thomas m'offrir la place de professeur de contrepoint et fugue et de composition au Conservatoire, en remplacement de François Bazin, de l'Institut, décédé quelques mois auparavant[230]. Il me conseilla vivement, en même temps, de poser ma candidature à l'Académie des beaux-arts, l'élection du successeur de Bazin étant proche.

Comme cela contrastait avec ces mois de folies et d'acclamations passés en Italie ! Je me croyais oublié en France, alors que tout autre était la vérité !

Chapitre XIII

Le Conservatoire et l'Institut

J'avais reçu l'avis officiel de ma nomination comme professeur au Conservatoire. Je partis pour Paris. Pouvais-je me douter que c'était sans espoir d'y revenir que je disais adieu à ma chère demeure de Fontainebleau[231] ?

La vie qui s'annonçait pour moi allait prendre mes étés de travail au sein d'une douce et paisible solitude, ces étés que je passais si heureux, loin des bruits et du tumulte de la ville.

Si les livres ont leur destinée (*habent sua fata libelli*), comme dit le poète[232], chacun de nous ne poursuit-il pas la sienne, également fatale, inéluctable ? On ne remonte pas le courant. II est doux de le suivre, surtout s'il doit vous mener aux rivages espérés !

Je donnais, deux fois par semaine, mes cours au Conservatoire, le mardi et le vendredi, à une heure et demie.

Vous l'avouerai-je ? J'étais heureux et fier en même temps de m'asseoir sur cette chaise, dans cette même classe où, enfant, j'avais reçu les conseils et les leçons de mon maître. Mes élèves… je les considérais comme d'autres nouveaux enfants, plutôt encore comme des petits-enfants dans lesquels pénétrait cet enseignement reçu par moi et qui semblait filtrer à travers les souvenirs du maître vénéré qui me l'avait inculqué[233].

---

230. Nommé par décret du 7 octobre 1878, Massenet est préféré à César Franck et Ernest Reyer qui avaient aussi posé leur candidature.

231. Massenet se sépare de sa maison de Fontainebleau (Avon) au début des années 1880.

232. Le grammairien Terentianus Maurus.

233. Massenet, qui évoque le souvenir d'Ambroise Thomas, exerça une profonde impression sur ses nombreux étudiants dont les témoignages sont unanimes à louer la qualité de l'enseignement. Reynaldo Hahn se souvient du lien privilégié que Massenet savait instaurer entre lui et ses élèves : « Il se penchait

Les jeunes gens auxquels j'avais affaire semblaient presque de mon âge, et je leur disais, en manière d'encouragement, pour les exhorter au travail : « Vous n'avez qu'un camarade de plus, qui tâche d'être aussi bon élève que vous ! »

Il était touchant de voir la déférente affection que, depuis le premier jour, ils me témoignaient. Je me sentais tout heureux lorsque, parfois, je les surprenais dans leurs chuchotements, se racontant leurs impressions sur l'ouvrage joué la veille ou qui devait se jouer le lendemain. Cet ouvrage était, au début de mon professorat, *Le Roi de Lahore*.

Je devais continuer à être ainsi, pendant dix-huit ans, l'ami et le « patron », ainsi qu'ils m'appelaient, d'un nombre considérable de jeunes compositeurs.

Qu'il me soit permis de rappeler, tant j'en éprouvais de joie, les succès qu'ils remportaient, chaque année, dans les concours de fugue, et combien cet enseignement me fut utile à moi-même. Il m'obligeait à être le plus habile à trouver rapidement, devant le devoir présenté, ce qu'il fallait faire selon les préceptes rigoureux de Cherubini.

Quelles douces émotions n'ai-je point ressenties pendant ces dix-huit années, où, presque annuellement, le grand Prix de Rome fut décerné à un élève de ma classe ! Comme il me tardait alors d'aller au Conservatoire, chez mon maître, lui en rapporter tout l'honneur !

Je revois encore aussi le soir, dans son paisible salon, dont les fenêtres donnaient sur la cour déserte, à ce moment-là, du Conservatoire, le bon administrateur général, Émile Réty, m'écoutant lui raconter mon bonheur d'avoir assisté aux succès de mes enfants.

Je fus, il y a quelques années, l'objet d'une touchante manifestation de leur part.

Au mois de décembre 1900, je vis un jour arriver chez mon éditeur [Heugel], où l'on savait me rencontrer, Lucien Hillemacher[234], disparu depuis, hélas ! qu'accompagnait un groupe d'anciens grands-prix. Il venait me remettre plus de cent cinquante signatures tracées sur des feuilles de parchemin par mes anciens élèves. Ces feuilles étaient réunies sous forme de plaquette in-8 °, reliée avec luxe en maroquin du Levant constellé d'étoiles. Les pages de garde portaient, dans de brillantes enluminures, avec mon nom, ces deux dates : 1878-1900. Les signatures étaient précédées des lignes suivantes :

> Cher Maître,
>
> Heureux de votre nomination de grand-officier de la Légion d'honneur[235], vos élèves se réunissent pour vous offrir ce témoignage de leur profonde et très affectueuse reconnaissance.

pour atteindre le clavier, s'appuyait sur vous, très familier, très camarade, le monocle à l'œil, ébauchait la modification toujours opportune, ingénieuse, rapidement trouvée et toujours dans le sens de votre propre idée, de votre propre sentiment. » (« Lettre à M. Max d'Ollone », *Le Ménestrel*, 82 e année, n° 43, 22 octobre 1920, p. 397).

234. Premier Prix de Rome en 1880, Lucien Hillemacher (1860-1909) entreprend une carrière de compositeur dès 1879, le plus souvent en binôme avec son frère Paul (1852-1933), premier Prix de Rome en 1876.

235. Massenet est nommé grand officier de la Légion d'honneur par décret du 14 décembre 1900.

Les noms des grands-prix de l'Institut[236] qui me prouvaient ainsi leur gratitude étaient ceux de : Hillemacher, Henri Rabaud, Max d'Ollone, Alfred Bruneau, Gaston Carraud, G. Marty, André Bloch, A. Savard, Crocé-Spinelli, Lucien Lambert, Ernest Moret, Gustave Charpentier, Reynaldo Hahn, Paul Vidal, Florent Schmitt, Enesco, Bemberg, Laparra, d'Harcourt, [Edmond] Malherbe, Guy Ropartz, Tiersot, Xavier Leroux, Dallier, Falkenberg, Ch. Silver, et tant d'autres chers amis de la classe[237] !

*

Ambroise Thomas, voyant que je ne pensais pas à me présenter à l'Institut, ainsi qu'il m'avait fait l'honneur de me le conseiller, voulut bien me prévenir que j'avais encore deux jours pour envoyer la lettre posant ma candidature à l'Académie des beaux-arts. Il me recommandait de la faire courte, ajoutant que le rappel des titres n'était nécessaire que lorsqu'on pouvait les ignorer. La remarque judicieuse froissait un peu ma modestie...

Le jour de l'élection était fixé au samedi 30 novembre. Je savais que nous étions beaucoup de prétendants et que, parmi eux, Saint-Saëns, dont j'étais et fus toujours l'ami et le grand admirateur[238], était le candidat le plus en évidence[239].

J'avais cédé au conseil bienveillant d'Ambroise Thomas, sans avoir la moindre prétention à me voir élu.

Ainsi que j'en avais l'habitude, j'avais été ce jour-là donner mes leçons dans différents quartiers de Paris. Le matin, cependant, j'avais dit à mon éditeur Hartmann que je serais

236. Massenet cite, non pas des lauréats du Prix de Rome, mais certains de ses élèves, Hermann Bemberg (1859-1931), Reynaldo Hahn (1874-1947) ou Georges Enesco (1881-1955) n'ayant jamais pris part au concours. De même, Ernest Moret (1871-1949), qui sera proche de Massenet dans les dernières années de son existence, Guy Ropartz (1864-1955), Julien Tiersot (1857-1936), Georges Falkenberg (1854-1940) et Eugène d'Harcourt (1859-1918) ne semblent pas avoir concouru ou été lauréats. Quant à Lucien Lambert (1857-1945), il remporte le Prix de la Ville de Paris avec son opéra *Le Saphi* en 1896. La présence dans cette liste du nom de Henri Dallier, élève de Bazin, reste enfin énigmatique.

237. Henri Rabaud (1873-1949; Prix de Rome, 1894), Max d'Ollone (1875-1959; Prix de Rome, 1897), Alfred Bruneau (1857-1934; second Prix de Rome, 1881), Gaston Carraud (1864-1920; Prix de Rome, 1890), Georges Marty (1860-1908; Prix de Rome, 1882), André Bloch (1873-1960; Prix de Rome, 1893), Augustin Savard (1861-1942; Prix de Rome, 1886), Bernard Crocé-Spinelli (1871-1932; second Prix de Rome, 1897), Gustave Charpentier (1860-1956; Prix de Rome, 1887), Paul Vidal (1863-1931; Prix de Rome, 1883), Florent Schmitt (1870-1958; Prix de Rome, 1900), Raoul Laparra (1876-1943; Prix de Rome, 1903), Edmond Malherbe (1870-1963; second grand Prix de Rome, 1899), Xavier Leroux (1863-1919; Prix de Rome, 1885), Charles Silver (1868-1949; Prix de Rome, 1891).

238. Massenet enjolive considérablement la réalité. Les deux compositeurs se fréquentent, mais sans parvenir à nouer des liens étroits d'amitié en raison d'une rivalité croissante aussi bien d'un point de vue institutionnel qu'artistique. Grand Prix de Rome en 1863, Massenet est élu à l'Institut en 1878 contre Saint-Saëns qui y entre cependant en 1881 mais sans avoir jamais décroché le célèbre prix de composition. Saint-Saëns réagira très vivement à sa mort : « Massenet s'est conduit envers moi d'une façon infâme; il a réussi à retarder ma carrière de plusieurs années [...], sans parler de tous les tours qu'il m'a joués toutes les fois qu'il a pu. [...] L'égoïsme, le mensonge et l'avarice n'ont jamais eu plus belle incarnation ! » (Lettre de Camille Saint-Saëns à Jacques Durand, Aix-les-Bains, 15 août 1912, Médiathèque musicale Mahler).

239. Massenet était-il sincère quand il écrit peu avant à son ami le compositeur Paul Lacombe : « J'ai beaucoup hésité à me présenter à l'Institut – ces Messieurs de l'Académie me pressent d'une façon si aimable que j'espère sortir de l'épreuve avec *un nombre* de voix *suffisant pour que mon échec ne paraisse pas un four.* / Saint-Saëns *passera*; il le mérite, et je *prendrai rang*. Voilà mon but. » (Lettre de Jules Massenet à Paul Lacombe, Paris, 24 octobre 1878, Carcassonne, Bibl. municipale).

le soir, entre cinq et six heures, chez un élève, rue Blanche, n° 11, et j'avais ajouté, en riant, qu'il savait où me trouver pour m'annoncer le résultat, quel qu'il fût. Sur ce, Hartmann de dire avec grandiloquence : « Si vous êtes, ce soir, membre de l'Institut, je sonnerai deux fois et vous me comprendrez ! »

J'étais en train de faire travailler au piano, l'esprit tout à mon devoir, les *Promenades d'un Solitaire*[240], de Stephen Heller[241] (ah ! ce cher musicien, cet Alfred de Musset du piano, ainsi qu'on l'a appelé !), lorsque deux coups de sonnette précipités se firent entendre. Mon sang se retourna. Mon élève ne pouvait en deviner le motif.

Un domestique entra vivement et dit :

« Il y a là deux messieurs qui veulent embrasser votre professeur ! » Tout s'expliqua. Je sortis avec ces Messieurs, plus ébahi encore qu'heureux et laissant mon élève beaucoup plus content que moi-même peut-être.

Lorsque j'arrivai chez moi, rue du Général-Foy, j'avais été devancé par mes nouveaux et célèbres confrères. Ils avaient déposé chez mon concierge, leurs félicitations signées : Meissonier, Lefuel, Ballu, Cabanel. Meissonier avait apporté le bulletin de la séance signé par lui, indiquant les deux votes, car je fus élu au second tour de scrutin. Voilà, certes, un autographe que je ne recevrai pas deux fois dans ma vie !

Quinze jours après, selon l'usage, je fus introduit dans la salle des séances de l'Académie des beaux-arts par le comte Delaborde, secrétaire perpétuel[242].

La tenue du récipiendaire était l'habit noir et la cravate blanche ; en me rendant à l'Institut pour cette réception – le frac, à trois heures de l'après-midi ! – on aurait cru que j'étais de noce.

Je pris place dans la salle des séances au fauteuil que j'occupe encore aujourd'hui. Cela remonte à plus de trente-trois ans déjà !

À quelques jours de là, je voulus profiter de mes privilèges pour assister à la réception de Renan[243], sous la coupole ; les huissiers de service ne me connaissant pas encore, j'étais alors le Benjamin de l'Académie, ne voulurent pas me croire et refusèrent de me laisser pénétrer. Il fallut qu'un de mes confrères, et non le moindre, le prince Napoléon[244], qui entrait en ce moment, me fit connaître.

J'étais en tournée de visites habituelles de remerciements, lorsque je me présentai chez Ernest Reyer, dans son appartement si pittoresque de la rue de la Tour-d'Auvergne. Ce fut lui qui m'ouvrit la porte, tout surpris de se trouver en face de moi, qui devais savoir qu'il ne m'avait pas été tout à fait favorable. « Je sais, lui fis-je, que vous n'avez pas voté pour moi. Ce qui me touche, c'est que vous n'avez pas été contre moi ! » Ces mots mirent Reyer de bonne humeur, car aussitôt il me dit : « Je déjeune ; partagez avec moi mes œufs sur le plat ! » J'acceptai et nous causâmes longuement de tout ce qui intéressait l'art et ses manifestations.

---

240. *Spaziergänge eines Einsamen*, ensemble de pièces caractéristiques pour piano en plusieurs volumes, op. 78 (1851) et 89 (1856).

241. Stephen Heller (1813-1888), compositeur et pianiste d'origine hongroise, s'établit rapidement à Paris, où il vécut jusqu'à sa mort, et s'illustre avant tout dans des pièces pour piano d'inspiration romantique.

242. Massenet est élu le 30 novembre 1878, mais ne sera reçu officiellement que le 19 juillet suivant.

243. Ernest Renan est reçu le 3 avril 1879.

244. Napoléon Joseph Charles Paul Bonaparte (1822-1891), cousin de Napoléon III.

Pendant plus de trente ans, Ernest Reyer fut mon meilleur et plus solide ami[245].

L'Institut, ainsi qu'on pourrait le croire, ne modifia pas sensiblement ma situation. Elle resta d'autant plus difficile que, désirant avancer la partition d'*Hérodiade*[246], je supprimai plusieurs leçons qui comptaient au nombre de mes plus sûres ressources.

Trois semaines après mon élection, eut lieu à l'Hippodrome, situé à cette époque près du pont de l'Alma, un festival monstre. Plus de vingt mille personnes y assistaient.

Gounod et Saint-Saëns conduisirent leurs œuvres. J'eus l'honneur de diriger le final du troisième acte du *Roi de Lahore*. Qui ne se souvient encore de l'effet prodigieux de ce *Festival*[247], organisé par Albert Vizentini, un de mes plus tendres camarades d'enfance[248] ?

Comme j'attendais dans le foyer mon tour de paraître en public, et que Gounod revenait tout auréolé de son triomphe, je lui demandai quelle impression il avait de la salle :

« J'ai cru voir, me fit-il, la Vallée de Josaphat ! » Un détail assez amusant, qui me fut conté plus tard, est celui-ci :

La foule était considérable au-dehors et comme elle continuait toujours à vouloir entrer, malgré les protestations bruyantes des personnes déjà placées, Gounod cria à haute voix et de manière à être bien entendu : « Je commencerai quand tout le monde sera *sorti* ! » Cette apostrophe ahurissante fit merveille. Les groupes qui avaient envahi l'entrée et les abords de l'Hippodrome reculèrent. Ils se retirèrent comme par enchantement.

*

Le 20 mai 1880 eut lieu, à l'Opéra, le second des *Concerts historiques*[249] créés par Vaucorbeil, alors directeur de l'Académie nationale de musique[250].

Il y fit exécuter ma légende sacrée : *La Vierge*. Mme Gabrielle Krauss et Mlle Daram[251] en furent les principales et bien splendides interprètes.

---

245. Après l'avoir soutenu à ses débuts, Reyer, tel Saint-Saëns, ne fut pas en excellents termes avec Massenet. Voir chapitre XVIII.

246. Massenet esquisse sa partition chant et piano (Yale University, Beinecke Rare Book and Manuscript Library, Frederick R. Koch coll.) dès novembre 1878 avant de la mettre au net entre mars 1879 et janvier 1880.

247. Le festival, qui se tint le 17 décembre 1878, comprenait, entre autres, des extraits d'ouvrages de Gounod (*Marche religieuse*, *Gallia*), Saint-Saëns (*Occident et Orient*, *Le Timbre d'argent*). Selon Henri Heugel (H. Moreno, « Semaine théâtrale », *Le Ménestrel*, 45e année, n° 4, 22 décembre 1878, p. 26), la direction de Massenet fut appréciée : « C'est, croyons-nous, la première fois, du moins en France, que l'auteur du *Roi de Lahore* prenait en main l'archet de commandement. Il l'a tenu en maître, de façon à faire ratifier, par des acclamations sans fin, son élection à l'Institut. Quel triomphe ! »

248. Massenet a fréquenté Albert Vizentini (1841-1906) dans la classe d'Ambroise Thomas puis peut-être au Théâtre-Lyrique où celui-ci occupa un poste de violon solo de 1861 à 1868.

249. Ce concert, qui commençait par des extraits d'opéras de Lully à Rossini, était en fait le premier d'une série qui allait s'arrêter la semaine suivante, dès la seconde représentation, en raison d'une désaffection du public.

250. Emmanuel Vaucorbeil dirige l'Opéra de Paris de 1879 à 1884.

251. Après avoir chanté à Vienne, notamment le rôle de Vénus dans *Tannhäuser*, Gabrielle Krauss (1842-1906) s'installe à Paris où elle mène une brillante carrière, se faisant remarquer par ses dons de tragédienne, notamment à l'Opéra entre 1875 et 1888. Elle crée le rôle-titre de *La Vierge* et Joséphine Daram (1845-?) celui de l'Archange Gabriel.

Rappelez-vous, mes chers enfants, que lorsque je vous ai parlé de cet ouvrage, je faisais entendre qu'il avait laissé dans ma vie un souvenir plutôt pénible[252].

L'accueil fut froid; seul un fragment parut satisfaire le nombreux public qui remplissait la salle. On redemanda jusqu'à trois fois ce passage qui, depuis, est au répertoire de beaucoup de concerts : le prélude de la quatrième partie, *Le Dernier Sommeil de la Vierge*[253].

Quelques années plus tard, la Société des Concerts du Conservatoire donnait, à deux reprises, la quatrième partie, entière, de *La Vierge*. Mlle Aïno Ackté fut vraiment sublime dans l'interprétation du rôle de la Vierge[254].

Ce succès fut pour moi la plus complète des satisfactions, j'allais dire la plus précieuse des revanches.

CHAPITRE XIV

UNE PREMIÈRE À BRUXELLES

Mes voyages en Italie, les pérégrinations auxquelles je me livrais pour suivre, sinon pour préparer, les représentations du *Roi de Lahore*, successivement à Milan, Plaisance, Venise, Pise, et de l'autre côté de l'Adriatique, à Trieste[255], ne m'empêchaient pas de travailler à la partition d'*Hérodiade*; elle arriva bientôt à son complet achèvement[256].

Vous devez, mes chers enfants, être quelque peu surpris de ce vagabondage, alors surtout qu'il est si peu dans mes goûts. Beaucoup de mes élèves, cependant ont suivi mon exemple sur ce point et la raison en est fort compréhensible. Au début d'une carrière comme la nôtre, il y a à donner des indications au chef d'orchestre, au metteur en scène, aux artistes, aux costumiers; le pourquoi et le parce que d'une partition sont souvent à expliquer; et les mouvements, d'après le métronome, sont si peu les véritables[257] !

---

252. Lors de la composition de son oratorio, Massenet avait subi une profonde crise de découragement. Voir chapitre XI.

253. Composé à Fontainebleau pendant l'été 1878, cet épisode s'accompagne d'une note signée par Massenet sur le manuscrit de sa partition d'orchestre : « Je désire que ce morceau / soit exécuté à l'occasion de mon enterrement. » (Yale University, Beinecke Rare Book and Manuscript Library, Frederick R. Koch coll.). Cette disposition ne fut, semble-t-il, pas respectée.

254. Ce concert eut lieu les 5 et 12 mars 1899, sous la direction de Paul Taffanel.

255. Le 25 janvier 1879, Massenet assiste à Budapest à la création de son opéra, soutenue par Liszt, puis, peu après, à une représentation à Venise, avant d'arriver à Milan où il supervise les répétitions de la première au Théâtre de la Scala, le 6 février 1879. À la même époque, l'opéra est créé à Piacenza (26 décembre 1878), à Pise (16 mars 1879) et à Mantoue (25 mai 1879). En revanche, il ne sera donné à Trieste qu'en 1890.

256. La partition chant et piano est achevée le 4 janvier 1880 (Yale University, Beinecke Rare Book and Manuscript Library, Frederick R. Koch coll.). Massenet lui apporte ensuite, entre février et septembre, de multiples retouches suscitées par son travail d'orchestration qu'il effectue et achève dans ce même intervalle.

257. Massenet attachait beaucoup d'importance à l'exactitude des mouvements métronomiques. Mais, fort de son expérience, il précise dans sa partition chant et piano de *Bacchus* (Paris, Heugel, 1909) : « Les mouvements au métronome marqués sur la partition sont des indications *initiales à peu près exactes*.

Depuis longtemps je laisse aller les choses ; elles vont d'elles-mêmes. Il est vrai, que depuis tant d'années on me connaît, que faire choix, décider où je devrais aller, me serait difficile. Par où commencer aussi – ce serait dans mes vœux les plus chers – à aller exprimer, en personne, ma gratitude à tous ces directeurs et à tous ces artistes qui connaissent maintenant mon théâtre ? Ils ont pris les devants quant aux indications que j'aurais pu leur donner, et des écarts d'interprétation de leur part sont devenus très rares, beaucoup plus qu'ils ne l'étaient au commencement lorsque directeurs et artistes ignoraient mes volontés et ne pouvaient les prévoir ; quand mes ouvrages, enfin, étaient ceux d'un inconnu pour eux.

Je tiens à rappeler, et je le fais avec une sincère émotion, tout ce que j'ai dû, dans les grands théâtres de province, à ces chers directeurs, d'affectueux dévouement à mon égard : Gravière, Saugey, Villefranck, Rachet, et combien d'autres encore, qui ont droit avec mes remerciements, à mes plus reconnaissantes félicitations[258].

Pendant l'été 1879, je m'étais installé au bord de la mer, à Pourville, près de Dieppe. Mon éditeur Hartmann et mon collaborateur Paul Milliet[259] venaient passer les dimanches avec moi. Quand je dis avec moi, j'abuse des mots et je m'en excuse, car je ne tenais guère compagnie à ces excellents amis. J'étais habitué à travailler de quinze à seize heures par jour ; je consacrais six heures au sommeil ; mes repas et ma toilette me prenaient le reste du temps. Il faut le constater, ce n'est qu'ainsi, dans l'opiniâtreté du travail poursuivi inlassablement pendant plusieurs années, qu'on peut mettre debout des ouvrages de grande envergure.

Alexandre Dumas fils, dont j'étais le modeste confrère à l'Institut depuis un an, habitait une superbe propriété à Puys, près de Dieppe. Ce voisinage me procurait souvent de bien douces satisfactions. Je n'étais jamais si heureux que lorsqu'il venait me chercher en voiture, à sept heures du soir, pour aller dîner chez lui. Il m'en ramenait à neuf heures pour ne pas prendre mon temps. C'était un repos affectueux qu'il désirait pour moi, repos exquis et tout délicieux en effet, car on peut deviner quel régal me valait la conversation d'allure si vivante, si étincelante, du célèbre académicien[260].

Combien je l'enviais alors pour ces joies artistiques qu'il goûtait et que j'ai connues plus tard, moi aussi ! Il recevait et gardait chez lui ses grands interprètes et leur faisait

---

Le sentiment, le caractère des situations devront les modifier s'il en est besoin. À remarquer que chaque métronome a *son mouvement* et qu'aucun balancier n'a son pareil. »

258. La première française d'*Hérodiade* se tiendra ainsi à Nantes, le 9 mars 1883, avec la création en français du tableau de la Demeure de Phanuel qui avait été ajouté pour la première à Milan en février 1882. Tancrède Gravière dirige avec autorité les opéras de Nantes, Lyon puis, de 1885 à sa mort, le Grand-Théâtre de Bordeaux, où il donne la première en province d'*Esclarmonde* en 1892. Henri Villefranck dirige les théâtres de Nantes de 1900 à 1905. Quant à Émile Rachet, il montera *Marie-Magdeleine* à Reims en 1906 après qu'Amédée Saugey, qui se fait un ardent défenseur de Massenet dans les théâtres qu'il dirige (Alger, Vichy, Marseille), l'eut fait à Nice dès 1903.

259. Directeur du *Monde artiste* à partir de 1888, Paul Milliet (1848-1924) s'engage d'abord dans une carrière de librettiste avec Hartmann. Coauteur des livrets de *Kérim* (1887) pour Bruneau ou de *Néron* (1891) pour Lalo, il réalise aussi de nombreuses adaptations françaises d'opéras italiens mais aussi de *La Vie brève* de Manuel de Falla.

260. C'est à cette époque que germe un projet d'adapter *Don Juan de Marana* d'Alexandre Dumas père en collaboration avec Paul Milliet et William Busnach. Il sera abandonné au profit de *Manon*.

travailler leurs rôles. À ce moment c'était la superbe comédienne, Mme Pasca[261], qui était son hôte.

Au commencement de 1881, la partition d'*Hérodiade* était terminée. Hartmann et Paul Milliet me conseillèrent d'en informer la direction de l'Opéra. Les trois années que j'avais données à *Hérodiade* n'avaient été qu'une joie ininterrompue pour moi. Elles devaient connaître un dénouement inoubliable et bien inattendu.

Malgré la répulsion que j'ai toujours éprouvée à frapper à la porte d'un théâtre, il fallait bien pourtant me décider à parler de cet ouvrage, et j'allai à l'Opéra, ayant une audience de M. Vaucorbeil, alors directeur de l'Académie nationale de musique. Voici l'entretien que j'eus l'honneur d'avoir avec lui.

— Mon cher directeur, puisque l'Opéra a été un peu ma maison avec *Le Roi de Lahore*, me permettez-vous de vous parler d'un nouvel ouvrage *Hérodiade*?

— Quel est votre poète?

— Paul Milliet, un homme de beaucoup de talent que j'aime infiniment.

— Moi aussi, je l'aime infiniment : mais... il vous faudrait avec lui... (cherchant le mot)... un *carcassier*.

— Un *carcassier!...* répliquai-je, bondissant de stupeur; un *carcassier!...* Mais quel est cet animal?...

— Un *carcassier*, ajouta sentencieusement l'éminent directeur, un *carcassier* est celui qui sait établir, de solide façon, la carcasse d'une pièce[262] et j'ajoute que vous-même, vous n'êtes pas assez *carcassier*, selon la signification exacte du mot : apportez-moi un autre ouvrage et le théâtre national de l'Opéra vous est ouvert.

... J'avais compris : l'Opéra m'était fermé; et, quelques jours après cette pénible séance, j'appris que, depuis longtemps déjà, les décors du *Roi de Lahore* avaient été rigoureusement remisés au dépôt de la rue Richer, – ce qui signifiait l'abandon final.

Un jour du même été, je me promenais sur le boulevard des Capucines, non loin de la rue Daunou; mon éditeur Georges Hartmann habitait un rez-de-chaussée, au fond de la cour, du numéro 20 de cette rue. Mes pensées étaient terriblement noires... La mine soucieuse et le cœur défaillant, j'allais, déplorant ces décevantes promesses qu'en façon d'eau bénite de cour me donnaient les directeurs... Soudain, je fus salué, puis arrêté, par une personne en laquelle je reconnus M. Calabrési, directeur du Théâtre-Royal de la Monnaie, à Bruxelles[263].

Je restai interloqué. Allais-je devoir le mettre, lui aussi, dans la collection des directeurs qui me montraient visage de bois?

---

261. Alix Pasca (1835-1914), pour laquelle Dumas fils aurait écrit le rôle-titre des *Idées de Madame Aubray* (1867), incarnait « le type de la comédienne bourgeoise, ne parlant jamais de ce théâtre que, cependant, elle adorait, goûtant surtout le commerce d'amis illustres et sûrs. » (« Échos », *La Renaissance politique, littéraire et artistique*, 2e année, n° 23, 6 juin 1914, p. 13). Elle était admirée de Maupassant : « Son jeu est sobre, savant, violent ou doux, à sa volonté. Tous ses effets sont étudiés, sûrs et naturels. » (Guy de Maupassant, *Chroniques*, éd. Henri Mitterand, Paris, Librairie générale française, 2008, p. 145).

262. Milliet, dont la qualité du travail sera souvent contestée, n'avait pas l'expérience de la scène lyrique à cette époque.

263. Si les modalités de la rencontre sont sujettes à caution, un accord entre Massenet et les directeurs de la Monnaie, Oscar Stoumon et Édouard-Fortuné Calabrési, intervient bien au cours de l'été 1881.

— Je sais (dit en m'abordant M. Calabrési) que vous avez un grand ouvrage : *Hérodiade.* Si vous voulez me le donner, je le monte, tout de suite, au Théâtre de la Monnaie.

— Mais vous ne le connaissez pas ? lui dis-je.

— Je ne me permettrais pas de vous demander, à vous, une audition.

— Eh bien ! moi, répliquai-je aussitôt, cette audition, je vous l'inflige.

— Mais... demain matin, je repars pour Bruxelles.

— À ce soir, alors ! ripostai-je. Je vous attendrai à huit heures dans le magasin d'Hartmann. Ce sera fermé à cette heure-là... nous y serons seuls.

Tout rayonnant, j'accourus chez mon éditeur et lui racontai, riant, pleurant, ce qui venait de m'arriver !

Un piano fut immédiatement apporté chez Hartmann, tandis que Paul Milliet était prévenu en toute hâte.

Alphonse de Rothschild, mon confrère à l'Académie des beaux-arts[264], sachant que je devais me rendre très souvent à Bruxelles, pour les répétitions d'*Hérodiade* qui allaient commencer au Théâtre-Royal de la Monnaie, et voulant m'éviter les attentes dans les gares, m'avait donné un permis de circulation.

On avait tellement l'habitude de me voir passer aux frontières de Feignies et de Quévy, que j'étais devenu un véritable ami des douaniers, surtout de ceux de la frontière belge. Il me souvient que, pour les remercier de leurs obligeantes attentions, je leur envoyai même des places pour le théâtre de la Monnaie !

Au mois d'octobre de cette année 1881 eut lieu une véritable cérémonie au Théâtre-Royal. C'était, en effet, le premier ouvrage français qui allait être créé sur cette superbe scène de la capitale de Belgique[265].

Au jour fixé, mes deux excellents directeurs, MM. Stoumon et Calabrési, m'accompagnèrent jusqu'au grand foyer du public. C'était une vaste salle aux lambris dorés, prenant jour par le péristyle à colonnades du théâtre sur la place de la Monnaie. De l'autre côté de cette place (souvenir du vieux Bruxelles) se trouvaient l'hôtel des Monnaies et, dans un angle, le local de la Bourse. Ces établissements ont disparu depuis pour être remplacés par le magnifique hôtel des Postes. Quant à la Bourse, elle a été transportée dans le palais grandiose qui a été construit, non loin de là.

Au milieu du foyer, où je fus introduit, se trouvait un piano à queue, autour duquel étaient rangés, en hémicycle, une vingtaine de fauteuils et de chaises. En plus des directeurs, se trouvaient là mon éditeur et mon collaborateur, ainsi que les artistes choisis par nous pour créer l'ouvrage. En tête de ces artistes étaient Marthe Duvivier[266], que le talent, la réputation et la beauté désignaient pour le rôle de Salomé ; Mlle Blanche

---

264. Alphonse de Rothschild (1827-1905), banquier, philanthrope et collectionneur.

265. Suivront notamment *Sigurd* (1884), *Gwendoline* (1886), *Salammbô* (1890), *Fervaal* (1897) et *Le Roi Arthus* (1903).

266. Marthe Duvivier (1850 ?-), soprano belge, chante surtout en France et sur les scènes de son pays natal.

Deschamps[267], qui devait devenir la femme du célèbre chef d'orchestre Léon Jehin[268], représentant Hérodiade; Vergnet, Jean; Manoury, Hérode; Gresse père, Phanuel[269]. Je me mis au piano, le dos tourné aux fenêtres et chantai tous les rôles, y compris les chœurs.

J'étais jeune, vif et alerte, heureux, et, je l'ajoute à ma honte, très gourmand. Je le suis resté. Mais si je m'en accuse, c'est pour m'excuser d'avoir voulu souvent quitter le piano pour aller luncher à une table chargée d'exquises victuailles étalées sur un plantureux buffet, dans ce même foyer. Chaque fois que je faisais mine de m'y rendre, les artistes m'arrêtaient et c'était à qui m'aurait crié : « De grâce!... Continuez!... Ne vous arrêtez plus!... » Je le fis, mais quelle revanche! Je croquai presque toutes les friandises préparées à l'intention de tous! Si contents étaient les artistes qu'ils pensèrent bien plus à m'embrasser qu'à manger. De quoi me serais-je plaint?

Je demeurais à l'hôtel de la Poste, rue Fossé-aux-Loups, à côté du théâtre. C'est dans cette même chambre, que j'occupais au rez-de-chaussée, à l'angle de l'hôtel et donnant sur la rue d'Argent, que, durant l'automne suivant, je traçai l'esquisse de l'acte du séminaire, de *Manon*[270]. Plus tard, je préférai habiter, et jusqu'en 1910, le cher « hôtel du Grand-Monarque », rue des Fripiers.

Cet hôtel se rattache à mes plus profonds souvenirs. J'y vécus si souvent en compagnie de Reyer, l'auteur de *Sigurd* et de *Salammbô*, mon confrère de l'Académie des beaux-arts! Ce fut là que nous perdîmes, lui et moi, notre collaborateur et ami, Ernest Blau[271]. Il mourut dans cet hôtel et, malgré l'usage qui veut qu'un drap mortuaire ne soit jamais étalé devant un hôtel, Mlle Wanters, la propriétaire, tint à ce que ses obsèques fussent rendues publiques et non cachées aux habitants de l'établissement. Ce fut, dans le salon même, où avait été placé le cercueil, au milieu des étrangers, que nous prononçâmes de tendres paroles d'adieu à celui qui avait été le collaborateur de *Sigurd* et d'*Esclarmonde*.

Un détail vraiment macabre. Notre pauvre ami Blau avait dîné, la veille de sa mort, chez le directeur Stoumon. Étant en avance, il s'était mis à regarder, dans la rue des Sablons, des bières très luxueuses exposées chez un marchand de cercueils. Comme nous venions de dire le suprême adieu et qu'on avait placé la dépouille mortelle de Blau dans un caveau provisoire à côté du cercueil tout fleuri de roses blanches d'une

---

267. Né à Lyon, le mezzo-soprano Blanche Deschamps-Jehin (1857-1923) fait ses débuts à la Monnaie en 1879 avant de rejoindre l'Opéra-Comique et l'Opéra de Paris. Interprète privilégiée de Massenet, elle participe aux créations de *Cendrillon* (1899), à la salle Favart, et de *Chérubin* (1905) à Monte-Carlo.

268. De 1894 à 1925, le chef d'orchestre Léon Jehin (1853-1928) dirige avec succès les concerts et représentations lyriques de la principauté de Monaco.

269. Le ténor Edmond Vergnet (1850-1904) s'illustre dans plusieurs salles en Europe, créant notamment les rôles de Shahabarim dans la *Salammbô* (Bruxelles, 1890) de Reyer, de Zarâstra dans *Le Mage* (Opéra de Paris, 1891) de Massenet ou de Dominique dans *L'Attaque du moulin* (Opéra-Comique, 1893) de Bruneau. Le baryton Théophile-Adolphe Manoury (1846-1909) et la basse Léon Gresse (1845-1900), fils d'André Gresse, amené à participer aux créations de *Bacchus* et de *Don Quichotte*.

270. Plusieurs notes autographes datées, portées par le compositeur sur le manuscrit de sa partition chant et piano (Morgan Library), confirment ce séjour.

271. Alfred (et non Ernest) Blau meurt subitement fin février 1896 alors qu'il était venu assister à la première bruxelloise de *Thaïs* (avec Georgette Leblanc) dont Massenet supervisait les préparatifs.

jeune fille, un des porteurs trouva que le défunt, s'il eût pu être consulté, n'aurait pu préférer meilleur voisinage, tandis que le commissaire des pompes funèbres faisait cette réflexion : « Nous avons bien fait les choses. M. Blau avait remarqué une bière superbe, et nous la lui avons laissée à très bon compte !... »

En sortant de ce vaste cimetière, encore bien désert à cette époque, l'émotion poignante de la grande artiste, Mme Jeanne Raunay, frappa tous les assistants[272]. Elle marchait lentement aux côtés du grand maître Gevaert.

Ah ! le triste jour d'hiver !...

*

Les répétitions d'*Hérodiade* se succédaient à la Monnaie. Elles n'étaient pour moi que joies et surprises enivrantes. Vous savez, mes enfants, que le succès fut considérable. Voici ce que je retrouve dans les journaux du temps[273] :

> Enfin, le grand soir arriva.
> Dès la veille – c'était un dimanche – le public prit la file aux abords du théâtre (on ne donnait pas, à cette époque, les petites places en location). Les marchands de billets passèrent ainsi toute la nuit, et, tandis que d'aucuns vendaient cher, le lundi matin, leur place dans la file, les autres tenaient bon et revendaient couramment soixante francs les places de parterre. Un fauteuil coûtait cent cinquante francs.
> Le soir, la salle fut prise d'assaut.
> Avant le lever du rideau, la reine [Marie-Henriette] entrait dans son avant-scène, accompagnée de deux dames d'honneur et du capitaine Chrétien, officier d'ordonnance du roi.
> Dans la baignoire voisine avaient pris place LL. AA. RR. le comte et la comtesse de Flandre, accompagnés de la baronne Van den Bossche d'Heylissem et du comte d'Oultremont de Duras, grand-maître de la maison princière.
> Dans les loges de la cour se trouvaient Jules Devaux, chef du cabinet du roi ; les généraux Goethals et Goffinet, aides de camp ; le baron Lunden, chef du département du grand-écuyer ; le colonel baron d'Anethan ; le major Donny, le capitaine de Wyckerslooth, officiers d'ordonnance du roi.
> Aux premières loges : M. Antonin Proust, ministre des beaux-arts de France, avec le baron Beyens, ministre de Belgique à Paris ; le chef du cabinet et Mme Frère-Orban, etc.
> Dans l'avant-scène du rez-de-chaussée : M. Buls, qui venait d'être nommé bourgmestre [de la ville de Bruxelles], et les échevins.
> Aux fauteuils, au balcon, de nombreuses personnalités parisiennes : les compositeurs Reyer, Saint-Saëns, Benjamin Godard, Joncières, Guiraud, Serpette, Duvernoy, Julien Torchet, Wormser, Le Borne, Lecocq, etc., etc[274].

---

272. Après avoir fait ses débuts dans *Sigurd* à l'Opéra de Paris, la cantatrice Jeanne Raunay (1868-1942) intègre en 1895 la troupe du Théâtre de la Monnaie où elle interprète l'année suivante le rôle d'Elsa dans *Tannhäuser* avant de créer celui de Guilhen dans *Fervaal* en 1897. Selon Louis Schneider (*Massenet (1842-1912)*, Paris, Charpentier, 1926, p. 230), Massenet lui destinait en 1891 le rôle-titre d'*Amadis* qu'elle ne chantera jamais, cet ouvrage posthume n'étant créé qu'en 1922.

273. Massenet reproduit ensuite mot pour mot de larges extraits d'un article anonyme (« *Hérodiade* (souvenirs) », *L'Éventail*, 25ᵉ année, nº 7, 15 octobre 1911) publié à Bruxelles pour le trentième anniversaire de la création d'*Hérodiade* au Théâtre de la Monnaie. L'auteur y cite quelques extraits d'articles de 1881 non conservés par Massenet cependant.

274. Massenet a écourté une liste impressionnante où figuraient notamment les noms de Pauline Viardot, Messager et Maupassant. Il a en revanche ajouté celui de Julien Torchet pour rendre hommage à un ami critique et organiste qui lui est d'un soutien indéfectible depuis leur rencontre à la fin des années 1870. Voir nos Prolégomènes.

Cette salle brillante, frémissante, disent les chroniqueurs d'alors, fit à l'œuvre un succès délirant.

Entre le deuxième et le troisième acte, la reine Marie-Henriette fit venir dans sa loge le compositeur, qu'elle félicita chaleureusement, et Reyer, de qui la Monnaie venait de reprendre *La Statue*.

L'enthousiasme alla crescendo jusqu'à la fin de la soirée. Le dernier acte se termina dans les acclamations. On appela le compositeur en scène à grands cris, le rideau se releva plusieurs fois, mais « l'auteur » ne parut point ; et comme le public ne voulait pas quitter le théâtre, le régisseur général, Lapissida[275], qui avait mis l'œuvre en scène, dut enfin venir annoncer que « l'auteur » avait quitté le théâtre au moment où se terminait la représentation.

Deux jours après la première, le compositeur était invité à dîner à la cour, et un arrêté royal paraissait au *Moniteur*, le nommant chevalier de l'Ordre de Léopold.

Le succès éclatant de la première fut claironné par la presse européenne, qui le célébra presque sans exception en termes enthousiastes. Quant à l'engouement des premiers jours, il persista obstinément pendant cinquante-cinq représentations consécutives qui réalisèrent, disent toujours les journaux de l'époque, en dehors de l'abonnement, plus de quatre mille francs chaque soir…

*

Hérodiade, qui a fait sa première apparition sur la scène de la Monnaie, le 19 décembre 1881, dans les circonstances exceptionnellement brillantes que nous venons de dire, d'après les journaux, tant de Belgique que d'ailleurs, a reparu à ce théâtre, après plusieurs reprises, au cours de la première quinzaine de novembre de l'année 1911, à la distance donc de bientôt trente ans. *Hérodiade* avait dépassé depuis longtemps, à Bruxelles, sa centième représentation.

*

Et je pensais déjà à un nouvel ouvrage !…

CHAPITRE XV

L'ABBÉ PRÉVOST À L'OPÉRA-COMIQUE

Par un certain matin de l'automne 1881, j'étais assez agité, anxieux même. Carvalho, alors directeur de l'Opéra-Comique[276], m'avait confié trois actes : la *Phœbé*, d'Henri Meilhac[277]. Je les avais lus, relus aussi, rien ne m'avait séduit ; je me heurtais contre le travail à faire ; j'en étais énervé, impatienté !

---

275. Régisseur à la Monnaie depuis 1871, Alexandre Lapissida (1839-1907) codirige ce théâtre de 1886 à 1889 avant d'être nommé régisseur général de l'Opéra de Paris où il mettra en scène *Le Mage*.

276. Après avoir dirigé avec succès le Théâtre-Lyrique, où il contribue à faire connaître Gounod notamment, Léon Carvalho (1825-1897) est à la tête de l'Opéra-Comique depuis 1876.

277. Le manuscrit de la *Marche solennelle* (Yale University, Beinecke Rare Book and Manuscript Library, Frederick R. Koch coll.) porte la note autographe datée du 9 mars 1881 : « *Le Figaro* annonce : / *La Phoebe* / op. comique en 3 actes / Meilhac et Gille ».

Rempli d'une belle bravoure, je fus donc chez Meilhac… L'heureux auteur de tant d'œuvres ravissantes, de tant de succès, Meilhac, était dans sa bibliothèque, au milieu de ses livres rarissimes aux reliures merveilleuses, véritable fortune amoncelée dans une pièce de l'entresol qu'il habitait au 30 de la rue Drouot.

Je le vois encore, écrivant sur un petit guéridon, à côté d'une autre grande table du plus ruisselant style Louis XIV. À peine m'eut-il vu que, souriant de son bon sourire, et comme ravi, croyant que je lui apportais des nouvelles de notre *Phœbé :*

— C'est terminé ? me fit-il.

À ce bonjour, d'un ton moins assuré, je ripostai *illico* :

— Oui, c'est terminé ; nous n'en reparlerons plus jamais !

Un lion dans sa cage n'eût pas été plus penaud. Ma perplexité était extrême, je voyais le vide, comme le néant autour de moi. Au même instant, jetant les yeux sur la bibliothèque que j'avais devant moi, le titre d'un ouvrage me frappa comme une intime révélation.

— *Manon* ! m'écriai-je en montrant du doigt le livre à Meilhac.

— *Manon Lescaut*, c'est *Manon Lescaut* que vous voulez ?

— Non ! *Manon*, *Manon* tout court ; *Manon*, c'est *Manon*[278] *!*

Meilhac s'était depuis peu séparé de Ludovic Halévy ; il s'était lié avec ce délicieux et délicat esprit, cet homme au cœur tendre et charmant qu'était Philippe Gille[279].

— Venez demain déjeuner chez Vachette[280], me dit Meilhac, je vous raconterai ce que j'aurai fait…

En me rendant à cette invitation, l'on devine si je devais avoir au cœur plus de curiosité émue que d'appétit à l'estomac. J'allai donc chez Vachette, et là, inénarrable et toute adorable surprise, je trouvai, quoi ? sous ma serviette, les deux premiers actes de *Manon* ! Les trois autres actes devaient suivre, à peu de jours.

L'idée de faire cet ouvrage me hantait depuis longtemps[281]. C'était le rêve réalisé.

Bien que très enfiévré par les répétitions d'*Hérodiade*, et fort dérangé par mes fréquents voyages à Bruxelles, je travaillais déjà à *Manon* au courant de l'été 1881[282].

Pendant ce même été, Meilhac était allé habiter le pavillon Henri IV, à Saint-Germain. J'allais l'y surprendre, ordinairement vers les cinq heures du soir, quand je savais sa journée de travail terminée. Alors, tout en nous promenant, nous combinions des arrangements nouveaux dans le poème. Ce fut là que nous décidâmes l'acte du séminaire et que pour amener, au sortir de celui-ci, un contraste plus grand, je réclamai l'acte de Transylvanie.

278. L'idée reviendrait plutôt à Carvalho suite à un concert donné en janvier 1882, dans le cadre des festivités du Centenaire d'Auber, à la salle Favart où fut exécuté un extrait de l'opéra-comique *Manon Lescaut* (1856). Un contrat, stipulant les dates de remise du scénario et du livret, sera signé le 2 février 1882.

279. Auteur, avec Halévy, de nombreux livrets mis en musique par Offenbach, Henri Meilhac (1831-1897) s'associe avec Philippe Gille (1831-1901) au début des années 1880. Ancien secrétaire du Théâtre-Lyrique, Gille, gendre de Victor Massé, rédige plusieurs livrets pour Léo Delibes tout en exerçant ses talents redoutés de critique littéraire au *Figaro*.

280. Situé au coin de la rue des Écoles et du boulevard Saint-Michel, le café Vachette était fréquenté par de nombreux écrivains.

281. Aucun document ne fait état d'un projet antérieur à cette date.

282. Il faut lire 1882. Massenet met au net sa partition chant et piano (Morgan Library, Mary Flager Cary Music coll.) entre le 15 mai et le 19 octobre de cette année.

Combien je me plaisais à cette collaboration, à ce travail où nos idées s'échangeaient sans se heurter jamais, dans le commun désir d'arriver, si possible, à la perfection !

Philippe Gille venait partager cette utile collaboration, de temps en temps, à l'heure du dîner et sa présence m'était si chère !

Que de tendres et doux souvenirs j'ai conservés depuis cette époque, à Saint-Germain, à sa magnifique terrasse, à la luxuriante frondaison de sa belle forêt ! Mon travail avançait lorsqu'il me fallut retourner à Bruxelles, au début de l'été 1882[283].

Pendant mes divers séjours à Bruxelles, je m'étais fait un ami délicieux en la personne de Frédérix, qui tenait avec une rare maîtrise la plume de critique dramatique et lyrique dans les colonnes de *L'Indépendance belge*[284]. Il occupait dans le journalisme de son pays une situation très en vue ; on l'appréciait hautement aussi dans la presse française.

C'était un homme de grand mérite, doué d'un caractère charmant. Sa physionomie expressive, spirituelle et ouverte, rappelait assez bien celle de l'aîné des Coquelins. Il était entre les premiers, de ces chers et bons amis que j'ai connus, dont un long sommeil, hélas ! a clos les paupières, et qui ne sont plus là, ni pour moi, ni pour ceux qui les aimaient.

Notre Salomé d'alors, Marthe Duvivier, qui avait continué à chanter ce rôle, dans *Hérodiade*, pendant toute la nouvelle saison, était allée se fixer durant l'été dans une maison de campagne près de Bruxelles. Mon ami Frédérix m'entraîna un jour chez elle, et, comme j'avais sur moi les manuscrits des premiers actes de *Manon*, je risquai devant lui et notre belle interprète une audition tout intime. L'impression que j'emportai de cette audition me fut un encouragement à poursuivre mon travail.

Si j'étais retourné en Belgique, à cette époque, c'est qu'une invitation à aller en Hollande m'avait été faite dans des conditions certainement amusantes.

Un monsieur hollandais, grand amateur de musique, d'un flegme plutôt apparent que réel, comme parfois nous en envoie de la Côte d'Émeraude le pays de Rembrandt, me fit la visite la plus singulière, la plus inattendue qui soit[285]. Ayant appris que je m'occupais du roman de l'abbé Prévost, il m'offrit d'aller installer mes pénates à la Haye, dans l'appartement même où avait vécu l'abbé. J'acceptai l'offre et j'allai m'enfermer – ce fut pendant l'été de 1882 – dans la chambre qu'avait occupée l'auteur des *Mémoires d'un homme de qualité*. Son lit, grand berceau en forme de gondole, s'y trouvait encore.

Mes journées se passèrent à La Haye, promenant mes rêvasseries tantôt sur les dunes de Scheveningue, et tantôt dans le bois qui dépend de la résidence royale[286].

---

283. Massenet passe quelques jours à Bruxelles au début du mois d'août, où il dirige un concert de ses œuvres le 8, avant d'y revenir après le 15 pour assister, le 20, à une exécution de ses *Scènes de féerie*.

284. Selon Émile Deschanel (*Trente ans de critique*, Paris, Hetzel, 1900, p. XIV), le critique Gustave Frédérix (1834-1894), qui « aimait la musique autant que les lettres », « était, au piano et au violon, un amateur des plus distingués. »

285. C. J. Brecht, qui dirige la fanfare municipale de La Haye, invite Massenet à séjourner en Hollande, lequel y compose la majeure partie du tableau de Saint-Sulpice entre le 11 et le 14 août 1882. Il assiste aussi à une répétition de ses *Scènes pittoresques*, dans un arrangement pour musique militaire conçu par un certain Bolten, assistant de Brecht.

286. Le 13 août 1882, il note sur son manuscrit chant et piano (Morgan Library, Mary Flager Cary Music coll.) : « La Haye dimanche matin 13 août /82 / quel calme, personne dans les rues, l'air est bon, le soleil doux – au lointain des carillons – je me rappellerai ce matin-là si j'écris un jour des Scènes Hollandaises… »

J'y avais, d'ailleurs, rencontré de délicieuses et exquises petites amies, des biches qui m'apportaient les fraîches haleines de leurs museaux tendrement humides.

Nous étions au printemps de 1883[287]. J'étais rentré à Paris, et l'œuvre terminée, rendez-vous fût pris chez Mr Carvalho, au 54 de la rue de Prony. J'y trouvais, avec notre directeur, Madame Miolan-Carvalho, Meilhac et Philippe Gille. *Manon* fut lue de 9 heures du soir à minuit[288]. Mes amis en parurent charmés; Madame Carvalho m'embrassa de joie, ne cessant de répéter :

— « Que n'ai-je vingt ans de moins ! »

Je consolais de mon mieux la grande artiste dont je voulus que le nom fût sur la partition. Je lui dédiai celle-ci.

Il fallait trouver une héroïne; beaucoup de noms furent prononcés. Du côté des hommes, Talazac, Taskin et Cobalet[289] étaient une superbe distribution, mais, pour « la Manon », le choix resta indécis. Beaucoup, certes, avaient du talent, une grande réputation même, mais je ne sentais pas une seule artiste qui répondit à ce rôle, comme je le voulais, et qui aurait pu rendre la perfide et chère Manon avec tout le cœur que j'y avais mis.

Cependant j'avais trouvé dans une jeune artiste, Mme Vaillant-Couturier, des qualités de séduction vocale qui m'avaient engagé à lui confier la copie de plusieurs passages de la partition. Je la faisais travailler chez mon éditeur. Elle fut, en fait, ma première Manon[290].

À cette époque, on jouait aux Nouveautés un des gros succès de Charles Lecocq[291]. Mon grand ami, le marquis de la Valette, un parisien de Paris, m'y avait entrainé un soir[292].

Mlle Vaillant, - plus tard Mme Vaillant-Couturier, - y tenait adorablement le premier rôle. Elle m'intéressa grandement; elle avait aussi, à mes yeux, une ressemblance étonnante avec une jeune fleuriste du Boulevard des Capucines. Sans avoir jamais parlé

---

287. Massenet orchestre sa partition d'orchestre (BnF, Bibliothèque-musée de l'Opéra) entre le 5 février et le 15 juillet 1883 tout en continuant d'apporter des modifications à son ouvrage.

288. Le manuscrit de la partition d'orchestre (*ibid.*) conserve le souvenir de cette réunion qui s'est déroulée semble-t-il plus tôt : « Hier soir lundi 12 fév. /83 je fais entendre à Carvalho, Meme Carvalho et son fils, M. Culliard, Meilhac et Gille toute la partition chez lui après dîner. »

289. Alexandre Talazac (1853-1892), ténor, créateur, entre autres, des rôles de Gérald (*Lakmé*, 1883) et de Mylio (*Le Roi d'Ys*, 1888); Alexandre Taskin (1853-1897), baryton, crée aussi le rôle de Phorcas dans *Esclarmonde* (1889); Arthur Cobalet (1855-1901), baryton-basse, chante à l'Opéra-Comique de 1882 à 1890, participant à plusieurs créations dont celles de *Lakmé* et du *Roi d'Ys*.

290. Massenet rencontre ce jeune soprano (1855-?) lorsqu'il commence la mise au net de sa partition chant et piano (Morgan Library, Mary Flager Carry Music coll.), comme l'indique une note autographe du 26 mai 1882 : « à 5 h. connaissance de Madame Vaillant-Couturier - (Manon) / J'en parle à Mme Carvalho de suite. » La personnalité et la voix de la chanteuse, dont la carrière se déroule ensuite surtout en province et au Théâtre de la Monnaie, vont donc le guider tout au long de son travail.

291. L'anecdote suivante se situe plutôt en octobre ou novembre 1882 lorsque la cantatrice incarne, au Théâtre des Variétés, le rôle de Michaëla dans *Le Cœur et la Main*, opéra-comique de Charles Lecocq (1832-1818).

292. Fils adoptif du marquis de La Valette (ministre de Napoléon III), Samuel Welles (1834-1892), natif de Boston, fut député sous le Second Empire. Il était marié à la fille d'Eugène Rouher (autre ministre de l'empereur) à la mémoire duquel Massenet écrira un *Pie Jesu* qui sera chanté par Alexandre Talazac en février 1884.

(*proh pudor*!) à cette délicieuse jeune fille, sa vue m'avait obsédé, son souvenir m'avait accompagné, c'était bien la Manon que j'avais vue, que je voyais sans cesse devant moi en travaillant!

Emballé par la ravissante artiste des Nouveautés, je demandai à parler à l'aimable directeur du théâtre, à cet homme à la nature franche et ouverte, à l'incomparable artiste qu'était Brasseur[293].

— « *Illustre maître* », fit-il, en m'abordant; quel bon vent vous amène? vous êtes chez vous ici, vous le savez!...

— Je viens vous demander de me céder Mlle Vaillant, pour mon opéra nouveau?...

— « *Cher Monsieur* », ce que vous désirez n'est pas possible. Mlle Vaillant m'est nécessaire. Je ne puis vous l'accorder.

— Pour de bon?

— Absolument; mais j'y pense. Si vous voulez écrire un ouvrage pour mon théâtre, je vous donnerai cette artiste. Est-ce convenu, *Bibi?*

Les choses en restèrent là, sur de vagues promesses formulées de part et d'autre.

Pendant que s'échangeait le dialogue, j'avais remarqué que l'excellent marquis de la Valette était très occupé d'un joli chapeau gris tout fleuri de roses, qui sans cesse passait et repassait au foyer du théâtre.

À un moment je vis ce joli chapeau ce diriger vers moi, et me dire : « Un débutant ne reconnaît donc plus une débutante?... » Heilbronn m'écriai-je! - elle-même! - Heilbronn venait de me rappeler la dédicace écrite sur le premier ouvrage que j'avais fait et sur lequel elle avait paru pour la première fois sur scène.

— Chantez-vous encore?

— Non! je suis riche, et pourtant, vous le dirai-je? Le théâtre me manque, j'en suis hantée[294]. Ah! si je trouvais un beau rôle?...

— J'en ai un : *Manon*!

— Manon Lescaut?

— Non : *Manon*... cela dit tout

— Puis-je entendre la musique?

— Quand vous voudrez.

— Ce soir?

— Impossible! Il est près de minuit

— Comment? Je ne puis attendre jusqu'à demain. Je sens qu'il y a là, quelque chose. Cherchez la partition. Vous me trouverez dans mon appartement, (l'artiste habitait alors aux Champs-Élysées), le piano sera ouvert, le lustre allumé...

Ce qui fut dit fut fait.

---

293. Jules Brasseur (1829-1890), comédien et directeur de Théâtre, dont plusieurs descendants seront aussi d'illustres comédiens.

294. Ne pouvant disposer du talent de Vaillant-Couturier, Massenet semble avoir porté ensuite son choix sur Jeanne Granier jusqu'en juin 1883. Hartmann parvient alors à convaincre Heilbronn de revenir sur scène alors qu'elle avait mis un terme à sa carrière après son mariage en 1880 avec le vicomte de La Panouse. Après ses débuts à l'Opéra-Comique, elle avait été engagée aux Variétés, à la Scala puis à l'Opéra de Paris, se faisant remarquer dans *La Traviata* ou *Roméo et Juliette*.

Je rentrai chez moi, prendre la partition. Quatre heures et demie sonnaient, quand je chantais les dernières mesures de la mort de Manon.

Heilbronn, pendant cette audition avait été attendrie jusqu'aux larmes. À travers ces pleurs, je l'entendais soupirer : « C'est ma vie – mais c'est ma vie, cela ! »...

Cette fois, comme toujours par la suite, j'avais eu raison d'attendre, de prendre le temps de choisir l'artiste qui devait vivre mon œuvre.

Le lendemain de cette audition Carvalho signait l'engagement [295].

L'année suivante, après plus de quatre-vingts représentations consécutives, j'apprenais la mort de Heilbronn !...

Ah ! qui dira aux artistes, combien fidèles nous sommes à leurs souvenirs, combien nous leur sommes attachés, le chagrin immense que nous apporte le jour de l'éternelle séparation !!!

Je préférais arrêter l'ouvrage plutôt que de le savoir chanté par une autre [296].

À quelque temps de là, l'Opéra-Comique disparaissait dans les flammes [297]. *Manon* fut arrêtée pendant dix années. Ce fut la chère et unique Sibyl Sanderson qui reprit l'ouvrage à l'Opéra-Comique – elle joua la 200e [298].

Une gloire m'était réservée pour la 500e. Ce soir-là *Manon* fut chantée par Madame Marguerite Carré. Il y a quelques semaines cette captivante et exquise artiste était acclamée le soir de la 740e représentation [299].

Qu'on me laisse saluer, en passant, les belles artistes qui tinrent aussi le rôle. J'ai cité Mlles Mary Garden, – Géraldine Farrar, – Lina Cavalieri [300], Mme Bréjean-Silver [301], – Mlles Courtenay, Geneviève Vix et Nicot-Vauchelet [302], et combien d'autres chères

295. Marie Heilbronn et son époux habitent l'hôtel de Suffren sur les Champs-Élysées. Elle signe son engagement le 28 juin 1883, soit six mois avant la première de l'ouvrage, accueillie tièdement à l'Opéra-Comique, le 19 janvier 1884.

296. La mort de Heilbronn, le 31 mars 1886, interrompt en effet définitivement les représentations de *Manon* (la dernière et 88e est donnée le 16 décembre 1885) d'autant que la reprise en novembre, plutôt tardive, s'était déroulée dans un climat tendu entre Massenet et Carvalho qui ne croyait pas en la pérennité de l'ouvrage.

297. Le 25 mai 1887, l'Opéra-Comique est totalement détruit par le feu, faisant un nombre considérable de victimes.

298. Sibyl Sanderson, qui reprend le rôle-titre en octobre 1891 (donc sept ans après), installe l'ouvrage au répertoire et le chante au-delà de la 200e, le 16 octobre 1893, avant de quitter l'Opéra-Comique en novembre suivant pour préparer la création de *Thaïs* au Palais Garnier.

299. Depuis 1904, Marguerite Carré (1880-1947) est l'interprète privilégiée du rôle qu'elle chante devant Massenet le 13 janvier 1905 pour la 500e représentation. La 740e se tient le 15 novembre 1911.

300. Mary Garden (1874-1967), créatrice par la suite du rôle-titre de *Chérubin* (chapitre XXIV), est passée à la postérité pour avoir créé le rôle de Mélisande en 1902 ; Géraldine Farrar (1882-1967) ; Lina Cavalieri (1874-1944), qui s'illustre surtout dans le rôle-titre de *Thaïs*, participe aussi à la création de *Chérubin*.

301. Massenet composera le *Fabliau* (air alternatif à la *Gavotte* de l'acte III) à l'intention de Georgette Bréjean-Silvère (1870-1951 ?) après qu'elle eut endossé le rôle-titre à la salle Favart en septembre 1894. Elle crée le rôle de la Fée dans *Cendrillon* en 1899.

302. Les sopranos Vera Courtenay, Geneviève Vix (1879-1939) et Marianne Nicot-Vauchelet (1882-1935) chantent le rôle de Manon à l'Opéra-Comique dans les années 1910. Nicot-Vauchelet écrira au compositeur : « Une amie m'apporte aujourd'hui votre article sur *Manon* et je ne puis vous dire combien je suis touchée de voir que vous avez pensé à mettre mon nom parmi les interprètes de votre œuvre. Je n'ai eu la joie de jouer Manon que deux fois, hélas, et j'avoue que, étant donné l'accueil que me fit le public de l'Opéra-Comique, j'avais bien l'espoir d'incarner ce rôle exquis bien d'autres fois encore. – les jours s'écoulent et les

artistes, encore ! Elles me pardonneront si leurs noms, à toutes, n'est pas venu en ce moment sous ma plume reconnaissante.

Le Théâtre-Italien (saison Maurel) venait, quinze jours après la première représentation de *Manon*, comme je l'ai déjà dit, de jouer *Hérodiade* avec les admirables artistes : Fidès Devriès[303], Jean de Reszké, Victor Maurel, Édouard de Reszké[304].

Tandis que j'écris ces lignes en 1911, *Hérodiade* continue sa carrière au Théâtre-Lyrique de la Gaîté (direction des frères Isola[305]), qui, en 1903, avait représenté cet ouvrage avec la célèbre Emma Calvé[306]. Le lendemain de la première d'*Hérodiade* à Paris, je recevais ces lignes de notre illustre maître Gounod :

Dimanche 3 février 84.

Mon cher ami,

Le bruit de votre succès d'*Hérodiade* m'arrive; mais il me manque celui de l'œuvre même, et je me le paierai le plus tôt possible, probablement samedi. Encore de nouvelles félicitations[307], et

Bien à vous.

Ch. Gounod.

---

représentations de *Manon* aussi sans ramener mon nom sur l'affiche, et ce m'a été une douce consolation de voir que le maître, lui, n'avait pas oublié la cadette de ses "Manon" et lui avait gardé une place dans son souvenir. » Lettre de M. Nicot-Vauchelet à J. Massenet, [Paris], s.d., BnF, Département de la Musique, NLA 358 (77).

303. Fidès Devriès (1851-1941), qui se produit sur plusieurs scènes européennes, chante le rôle de Salomé. Elle crée le rôle de Chimène (*Le Cid*, 1885) au Palais Garnier l'année suivante.

304. *Hérodiade* est donnée en italien à partir du 1er février 1884 dans sa version définitive en 4 actes et 7 tableaux, avec le tableau de la Chambre d'Hérode. Genève semble être la première ville à accueillir l'ouvrage sous cette forme, et en français, le 10 décembre 1884. Le baryton Victor Maurel (1848-1923), futur créateur du rôle-titre de *Fasltaff* de Verdi, chante Hérode; la basse Édouard de Reszké (1853-1917) interprète le rôle de Phanuel tandis que son frère, le ténor Jean de Reszké (1850-1925), qui assurera la création du rôle-titre du *Cid* (1885), tient le rôle de Jean.

305. À partir de 1903, Vincent Isola (1862-1947) et Émile Isola (1860-1945) prennent la direction du Théâtre de la Gaîté qu'ils inaugurent brillamment avec *Hérodiade*.

306. Emma Calvé (1858-1941), qui avait été la doublure de Marthe Duvivier en 1881 à Bruxelles, impose l'ouvrage en octobre 1903 au Théâtre de la Gaîté. Son interprétation joua probablement un rôle décisif pour relancer la vogue d'un opéra qui n'entre au Palais Garnier qu'en 1921.

307. Ces louanges méritent d'être nuancées. Gounod préférait sans aucun doute le style de Saint-Saëns, car l'année précédente il avait ouvertement apprécié *Henri VIII* en des termes critiquant implicitement Massenet : « Autre mérite (sur lequel j'insiste, par le temps qui court). M. Saint-Saëns fait de la musique qui *va en mesure* et qui ne s'étale pas, à chaque instant sur ces ineptes et odieux *temps d'arrêt* avec lesquels il n'y a plus d'ossature musicale possible, et qui ne sont que de l'affectation et de la sensiblerie. » (« M. Camille Saint-Saëns (l'opéra *Henri VIII*) », *La Nouvelle Revue*, 5e année, t. 21, mars-avril 1883, p. 489). Quant à Saint-Saëns, il tient des propos similaires au lendemain de la mort de Massenet : « Sa mélodie, flottante, incertaine, tenant parfois du récit plutôt que de la mélodie proprement dite, lui est tout à fait personnelle ; en théorie, je ne l'aimerais pas beaucoup : elle manque d'ossature et de style. Mais comment résister quand on entend Manon aux pieds de Des Grieux, dans la sacristie de Saint-Sulpice ? » (« Jules Massenet », *L'Écho de Paris*, 12 octobre 1912 ; repris dans Saint-Saëns, *Écrits sur la musique et les musiciens (1870-1921)*, p. 824).

Entre-temps, *Marie-Magdeleine* poursuivait sa carrière dans de grands festivals à l'étranger. Ce n'est pas sans un profond orgueil que je me rappelle cette lettre que Bizet m'écrivait quelques années auparavant [308] :

> Notre école n'avait encore rien produit de semblable ! Tu me donnes la fièvre, brigand !
> Tu es un fier musicien, va !
> Ma femme vient de mettre *Marie-Magdeleine* sous clef
> Ce détail est éloquent, n'est-ce pas ?
> Diable ! tu deviens singulièrement inquiétant !...
> Sur ce, cher, crois bien que personne n'est plus sincère dans son admiration et dans son affection que ton
>
> Bizet

Vous me remercierez, mes chers enfants, de vous laisser ce témoignage de l'âme si vibrante du camarade excellent, de l'ami bien affectueux que j'avais en Georges Bizet, ami et camarade qu'il serait resté pour moi, si un destin aveugle ne nous l'avait enlevé en plein épanouissement de son prestigieux et merveilleux talent.

Encore à l'aurore de la vie, quand il disparut de ce monde, il pouvait tout attendre de cet art auquel il s'était consacré avec tant d'amour.

Chapitre XVI

Une collaboration à cinq

Selon mon habitude, je n'avais pas attendu que *Manon* eût un sort, pour tracasser mon éditeur Hartmann et mettre son esprit en éveil afin de me trouver un nouveau sujet. À peine achevais-je mes doléances, qu'il avait écoutées en silence, la bouche rieuse, qu'il alla à son bureau et en retira cinq cahiers d'un manuscrit reproduit sur ce papier à teinte jaune, dit pelure, bien connu des copistes. C'était *Le Cid*, opéra en cinq actes, de Louis Gallet et Édouard Blau [309]. En me présentant ce manuscrit, Hartmann eut cette réflexion à laquelle je n'avais rien à répondre : « Je vous connais. J'avais prévu l'accès !... »

Écrire un ouvrage d'après le chef-d'œuvre du grand Corneille, et en devoir le livret aux collaborateurs que j'avais eu lors du concours de l'Opéra impérial : *La Coupe du roi de Thulé*, où j'avais failli enlever le premier prix [310], ainsi que je l'ai déjà dit, tout cela était fait pour me plaire.

J'appris donc, comme toujours, le poème par cœur. Je voulais l'avoir sans cesse présent à la pensée, sans être obligé d'en garder le texte en poche et pouvoir ainsi y

308. Cette lettre date probablement de la création de *Marie-Magdeleine* dont le succès incitera Bizet à demander à Gallet le livret d'un oratorio, *Geneviève de Paris*, qu'il ne put mener à bien, suite à son décès survenu le 3 juin 1875.

309. Massenet hérite en fait d'un livret écrit par Louis Gallet et Édouard Blau à l'intention de Bizet qui en avait composé l'essentiel de la musique en 1873. Mais, suite à un refus de l'Opéra, celui-ci n'avait pas achevé son ouvrage dont seules les parties vocales étaient notées.

310. Voir chapitre VIII.

travailler hors de chez moi, dans la rue, dans le monde, à dîner, au théâtre, partout enfin où j'en aurais eu le loisir. Je m'arrache difficilement à un travail, surtout lorsque je m'en sens empoigné, comme c'était le cas.

Je me souviens, tout en travaillant, que d'Ennery m'avait confié quelque temps auparavant un livret important et que j'y avais trouvé au cinquième acte une situation fort émouvante. Si cela ne m'avait pas paru suffisant cependant pour me déterminer à écrire la musique de ce poème, j'avais le grand désir de conserver cette situation[311]. Je m'en ouvris au célèbre dramaturge et j'obtins de lui qu'il consentît à me donner cette scène pour l'intercaler dans le deuxième acte du *Cid*. D'Ennery entra ainsi dans notre collaboration. Cette scène est celle où Chimène découvre en Rodrigue le meurtrier de son père.

Quelques jours après, en lisant le romancero de Guilhem de Castro, j'y prenais un épisode qui devint le tableau de l'apparition consolante au Cid éploré, au deuxième tableau du troisième acte. J'en avais été directement inspiré par l'apparition de Jésus à saint Julien l'Hospitalier.

Je continuai mon travail du *Cid*, là où je me trouvais, suivant que les représentations de *Manon* me retenaient dans les théâtres de province où elles alternaient avec celle d'*Hérodiade*, données en France et à l'étranger[312].

Ce fut à Marseille, à l'hôtel Beauvau, pendant un assez long séjour que j'y fis, que j'écrivis le ballet du *Cid*[313].

J'étais si confortablement installé dans la chambre que j'occupais et dont les grandes fenêtres à balustrade donnaient sur le vieux port ! J'y jouissais d'un coup d'œil absolument féerique. Cette chambre était ornée de lambris et de trumeaux remarquables et comme j'exprimais mon étonnement au propriétaire de l'hôtel de les voir si bien conservés, il m'apprit que la chambre était l'objet d'un soin tout particulier, car elle rappelait que Paganini, puis Alfred de Musset et George Sand y avaient autrefois vécu. Ce que peut le culte du souvenir allant parfois jusqu'au fétichisme !

---

311. Au début de l'année 1882, Massenet travaille d'abord sur *Montalte* dont le livret, écrit par Adolphe d'Ennery et Louis Gallet, met en scène la vie du cardinal de Montalte, le futur pape Six-Quint. En octobre il se lance dans la composition aussitôt après avoir achevé celle de *Manon*. Mais, entre février et avril suivant, probablement encouragé par l'interprète (Lassalle ?) appelé à tenir le rôle principal, il s'en désintéresse au profit du *Cid*. En proposant ce sujet dont le livret était achevé, Louis Gallet, qui, en 1878, affirmait déjà l'avoir confié à Massenet (Lettre à [Jules Prével ?], Paris, 30 décembre 1878, dans Jules Prével, « Courrier des théâtres », *Le Figaro*, 31 décembre 1878), a sans doute permis de dénouer une situation de plus en plus tendue entre le compositeur, d'Ennery et l'administration de l'Opéra. D'Ennery était donc associé dès le départ à la confection d'un ouvrage destiné à la première scène lyrique parisienne.

312. Accaparé par l'orchestration et la création de *Manon*, Massenet ne mettra au net sa partition chant et piano du *Cid* (coll. Bonynge) qu'entre juin et octobre 1884. Sa partition d'orchestre (BnF, Bibliothèque-musée de l'Opéra), écrite entre novembre 1884 et avril 1885, est constellée de nombreuses notes autographes relatives à des représentations de *Manon* à Paris (78e, le 19 novembre 1884), à Reims (15 novembre 1884), à Angers (5 mars 1885), à Nantes (11 mars 1885) ou d'*Hérodiade* à Genève (10 décembre 1884) ou à Marseille (11 mai 1885).

313. Le manuscrit de la partition d'orchestre (*ibid.*) indique que le ballet fut en effet composé en partie à l'hôtel Beauvau, situé sur le vieux port de Marseille. Les folios 34 (« Aragonaise ») et 48 (« Aubade ») portent ces notes respectives : « Marseille, jeudi 7 mai /85 4 h après-midi, Hôtel Beauvau / 1ère de *Manon* à Londres » ; « Marseille, dimanche 10 mai /85 dans la journée à l'Hôtel Beauvau. Triste et seul – Demain 1ère d'*Hérodiade* au G^d^ Th. »

On était au printemps. Ma chambre était embaumée par des gerbes d'œillets que m'envoyaient, chaque jour, des amis de Marseille. Quand je dis « des amis », le terme n'est pas suffisant; peut-être faudrait-il avoir recours aux mathématiques pour en obtenir la racine carrée, et encore?

Les amis, à Marseille, débordent de prévenances, d'attentions, de gentillesses sans fin. N'est-ce pas le pays, ô beau et doux opéra! où l'on sucre son café en le mettant à l'air, sur son balcon, la mer étant de miel?...

Avant de quitter la bien hospitalière cité phocéenne, j'y avais reçu des directeurs de l'Opéra, Ritt et Gailhard [314], cette lettre :

> Mon cher ami,
>
> Voulez-vous prendre jour et heure pour votre lecture du *Cid?*
>
> Amitié.
>
> E. Ritt

Je n'avais pas quitté Paris sans en emporter de vives angoisses au sujet de la distribution de l'ouvrage. Je voulais, pour incarner Chimène, la sublime Mme Fidès Devriès, mais l'on disait que, depuis son mariage, elle ne désirait plus paraître au théâtre [315]. Je tenais aussi à mes amis Jean [316] et Édouard de Reszké, arrivés spécialement à Paris pour causer du *Cid*. Ils connaissaient mes intentions à leur égard. Que de fois ai-je monté l'escalier de l'hôtel Scribe, où ils habitaient!...

Enfin les contrats furent signés, et, finalement, la lecture eut lieu, comme l'Opéra me le demandait.

Puisque je vous ai parlé du ballet du *Cid*, il me revient en mémoire que c'est en Espagne que j'ai entendu le motif devenu le début de ce ballet.

J'étais donc dans la patrie même du Cid, habitant une assez modeste posada. Le hasard voulut qu'on y fêtât un mariage, ce qui donna motif à des danses qui durèrent tout la nuit, dans la salle basse de l'hôtel. Plusieurs guitares et deux flûtes répétaient à satiété un air de danse. Je le notai. Il devint le motif dont je parle. C'était une couleur locale à saisir. Je ne la laissai pas échapper [317].

---

314. Ancien chanteur, Pedro Gailhard (1848-1918) assume les fonctions de directeur de l'Opéra avec Eugène Ritt de 1885 à 1891, puis avec Eugène Bertrand entre 1893 et 1900; seul ensuite jusqu'en 1907. Voir chapitre XXIV.

315. Fidès Devriès, qui avait fait ses débuts à l'Opéra en 1871, s'était retirée prématurément de la scène après son mariage en 1874. Elle reparut ponctuellement au Théâtre-Italien, où elle chante Salomé (1884), puis à l'Opéra pour créer le rôle de Chimène. Sa voix et son jeu scénique étaient fort appréciés.

316. Après sa participation à la création parisienne d'*Hérodiade* en 1884, Jean de Reszké sera reconnaissant à Massenet de l'avoir encouragé à poursuivre sa carrière qu'il avait envisagé d'interrompre. Le rôle du Cid fut sans doute composé pour lui.

317. Massenet séjourne à Barcelone en avril 1881 pour l'inauguration de la salle Beethoven (ou Teatro Lírico) où, le 17, seront donnés sous sa direction, les *Scènes pittoresques*, l'acte III du *Roi de Lahore* et la création de la *Marche solennelle* pour orchestre, fanfare, grand orgue et chœur. La veille, il avait écrit à son épouse : « Je suis si fatigué encore de cette longue route – il y a pourtant des choses si pittoresques, surtout en ce moment, à observer. / La ville est en fête – le canon tonne et les cloches sonnent à toute volée partout à la fois! [...] Je vis dans une *petite chambre* à balcon, donnant sur la *promenade*!!! » (ancienne coll. Bessand-Massenet).

Je destinais ce ballet à Mlle Rosita Mauri[318], qui faisait déjà les beaux soirs de la danse à l'Opéra. Je dus même à la célèbre ballerine plusieurs rythmes très intéressants.

*

De tout temps, les liens d'une vive et cordiale sympathie ont uni le pays des Magyars à la France. L'invitation que des étudiants hongrois nous firent un jour, à une quarantaine de Français, dont j'étais, de nous rendre en Hongrie, à des fêtes qu'ils se proposaient de donner en notre honneur, n'est donc point pour surprendre[319].

Par une belle soirée d'août [1885], nous partîmes vers les rives du Danube, en caravane joyeuse. François Coppée[320], Léo Delibes, Georges Clairin[321], les docteurs Pozzi et Albert Robin[322], beaucoup d'autres camarades et amis charmants, en étaient. Quelques journalistes y figuraient aussi. À notre tête, comme pour nous présider, par le droit de l'âge tout au moins, sinon par celui de la renommée, se trouvait Ferdinand de Lesseps. Notre illustre compatriote avait alors bien près de quatre-vingts ans. Il portait si allègrement le poids des années que, pour un peu, on l'eût pris pour l'un des plus jeunes d'entre nous.

Le départ eut lieu au milieu des élans de la plus débordante gaieté. Le voyage lui-même ne fut qu'une suite ininterrompue de lazzis, de propos de la plus franche belle humeur, semés de farces et de plaisanteries sans fin.

Le wagon-restaurant nous avait été réservé. Nous ne le quittâmes pas de toute la nuit, si bien que notre sleeping-car resta absolument inoccupé.

En traversant Munich, l'Express-Orient avait fait un arrêt de cinq minutes pour déposer dans cette ville deux voyageurs, un monsieur et une dame, qui, nous ne savons comment, avaient trouvé moyen de se caser dans un coin du *dining-car*, et avaient assisté impassibles, à toutes nos folies. Ils firent, en descendant du train, avec un assez fort accent étranger, cette réflexion d'un tour piquant : « Ces gens distingués sont bien communs ! » N'en déplaise à ce couple puritain, nous ne dépassâmes jamais les bornes de la facétie ou de la jovialité permises.

Ce voyage de quinze jours se continua fertile en incidents inénarrables et dont la drôlerie le disputait au burlesque.

Chaque soir, après les réceptions enthousiastes et chaleureuses faites par la jeunesse hongroise, celui qui était notre chef vénéré, Ferdinand de Lesseps, appelé dans tous les discours hongrois : le *Grand Français*, Ferdinand de Lesseps nous quittait en fixant l'ordre des réceptions du lendemain, et, en finissant de nous indiquer le programme, il ajoutait : *Demain matin, à quatre heures, en habit noir*, et le premier levé, habillé et à cheval, le lendemain, était le « Grand Français ». Comme nous le félicitions de son

318. D'origine espagnole, Rosita Mauri (1856-1923) est danseuse étoile à l'Opéra de Paris de 1878 à 1898.

319. Une délégation française fut invitée en août 1885 par la Société des gens de lettres de Hongrie à visiter l'Exposition nationale de Budapest. Le 11 août, Massenet conduisit à l'Opéra royal ses *Scènes pittoresques* et quelques extraits d'*Hérodiade*.

320. Massenet avait écrit pour une pièce de François Coppée, *Le Passant* (1869), une de ses plus célèbres mélodies : *Sérénade de Zanetto* ou *Sérénade du Passant*.

321. Le peintre Georges Clairin (1843-1919) est proche de Massenet pour lequel il conçoit, la même année, le dessin de couverture de la partition chant et piano du *Cid*.

322. Samuel Pozzi (1846-1918), gynécologue réputé, et Albert Robin (1847-1928), médecin et amateur d'art éclairé, fréquentent les milieux artistiques et mondains.

extraordinaire allure, si juvénile, il s'en excusait par ces mots : « Il faut bien que jeunesse se passe ! »

Au cours des fêtes et des réjouissances de toute nature, données en notre honneur, on organisa, en spectacle de gala, une grande représentation, au théâtre royal de Budapest. Delibes et moi fûmes invités à diriger, chacun, un acte de nos ouvrages.

Quand j'arrivai dans l'orchestre des musiciens, au milieu des hourras de toute la salle qui, en Hongrie, se traduisent par le cri : *Elyen* !!! je trouvai au pupitre la partition... du premier acte de *Coppélia* alors que je comptais avoir devant moi le troisième acte d'*Hérodiade* que je devais conduire. Ma foi, tant pis ! Il n'y avait pas à hésiter et je battis la mesure, de mémoire.

L'aventure, cependant, se compliqua.

Lorsque Delibes, reçu avec les mêmes honneurs, vit sur le pupitre le troisième acte d'*Hérodiade*, comme j'étais retourné dans la salle auprès de nos camarades, la vue de Delibes fut un spectacle unique. Le pauvre cher grand ami s'essuyait le front, tournait, soufflait, suppliait les musiciens hongrois, qui ne le comprenaient pas, de lui donner sa vraie partition, mais rien n'y fit ! Il dut conduire de mémoire. Cela sembla l'exaspérer, et, pourtant, l'adorable musicien qu'était Delibes était bien au-dessus de cette petite difficulté !

Après le gala, nous assistâmes tous au banquet monstre, où naturellement, les toasts étaient de rigueur. J'en portai un au sublime musicien Franz Liszt, auquel la Hongrie s'honore d'avoir donné le jour.

Quand vint le tour de Delibes, je lui proposai de collaborer à son speech, avec la même interversion qu'on avait faite au théâtre, dans nos partitions. Je parlai pour lui, il parla pour moi. Ce fut une succession de phrases incohérentes accueillies par les applaudissements frénétiques de nos compatriotes et par les « Elyen » enthousiastes des Hongrois.

J'ajoute que Delibes comme moi, comme bien d'autres, nous étions dans un état d'ivresse délicieuse, car les vignes merveilleuses de la Hongrie sont bien des vignes du Seigneur lui-même ! Il faudrait être « tokay », pardon, toqué, pour n'en pas savourer, avec le charme pénétrant, le très voluptueux et capiteux parfum !

Quatre heures du matin ! nous étions, selon notre protocole, en habit noir (nous ne l'avions du reste pas quitté) et prêts à partir porter des couronnes sur la tombe des quarante martyrs hongrois, morts pour la liberté de leur pays.

Au milieu de toutes ces joies folles, de toutes ces distractions, de ces cérémonies touchantes, je pensais aux répétitions du *Cid* qui m'attendaient, dès mon retour à Paris[323].

J'y trouvai, en arrivant, encore un souvenir de la Hongrie. C'était une lettre de l'auteur de la *Messe du Saint-Graal*[324], cet ouvrage avant-coureur de *Parsifal* :

323. Dès son retour, Massenet supervise en effet les premières répétitions de son opéra.

324. Dans sa réponse à une enquête contemporaine de la rédaction de *Mes souvenirs* (voir ci-dessous, Enquêtes, « Liszt jugé par les Maîtres contemporains »), Massenet effectue un parallèle similaire et transforme encore le nom de la *Messe de Gran* qu'il avait applaudie à Paris en mars 1866.

Très honoré confrère,

La *Gazette* d'Hongrie (sic) m'apprend que vous m'avez témoigné de la bienveillance au banquet des Français à Budapest. Sincères remerciements et constante cordialité.

F. Liszt

26 août 85. Weimar[325].

*

Les études en scène du *Cid*, à l'Opéra, furent menées avec une sûreté et une habileté étonnantes par mon cher directeur, P. Gailhard, un maître en cet art, lui qui avait été aussi le plus admirable des artistes au théâtre. Avec quelle affectueuse amitié il mit tout en œuvre pour le bien de l'ouvrage ! J'ai le devoir bien doux de lui en rendre hommage.

Je devais retrouver, plus tard, le même précieux collaborateur, lors d'*Ariane* à l'Opéra.

Le soir du 30 novembre 1885, l'Opéra affichait la première du *Cid*, en même temps que l'Opéra-Comique jouait, ce même soir, *Manon*, qui avait dépassé sa quatre-vingtième représentation.

Malgré les belles nouvelles que m'avait apportées la répétition générale du *Cid*, j'allai passer ma soirée avec mes artistes de *Manon*. Inutile de dire que, dans les coulisses de l'Opéra-Comique, il n'était question que de la première du *Cid* qui, à la même heure, battait son plein.

Malgré mon calme apparent, j'étais dans mon for intérieur très soucieux; aussi allai-je, à peine le rideau baissé sur le cinquième acte de *Manon*, vers l'Opéra, au lieu de rentrer chez moi. Une force invincible me poussait de ce côté.

Tandis que je longeais la façade du théâtre d'où s'écoulait une foule élégante et nombreuse, j'entendis, dans un colloque entre un journaliste connu et un courriériste qui s'informait, en hâte, auprès de lui, des résultats de la soirée, ces mots : *C'est crevant, mon cher !...* Très troublé, on le serait à moins, je courais, pour la suite des informations, chez les directeurs, quand je rencontrai, à la porte des artistes, Mme Krauss. Elle m'embrassa avec transport, en prononçant ces paroles : *C'est un triomphe !...*

Je préférais, dois-je le dire ? l'opinion de cette admirable artiste. Elle me réconforta complètement.

Je quittai Paris (quel voyageur je faisais alors !) pour Lyon, où l'on donnait *Hérodiade* et *Manon*[326].

Trois jours après mon arrivée, et comme je dînais au restaurant avec deux grands amis, Joséphin Soulary, le délicat poète des *Deux Cortèges*, et Paul Mariéton, le vibrant félibre provençal[327], on m'apporta un télégramme d'Hartmann, ainsi conçu :

---

325. Cette lettre est désormais conservée à la BnF, Département de la Musique.

326. La création d'*Hérodiade*, le 18 décembre 1885, déclenche une polémique lancée dans la presse par l'abbé Pubély et le cardinal Caverot aux yeux desquels l'opéra de Massenet brave la conscience chrétienne. Attisée par les Républicains, qui accuseront à tort le cardinal d'avoir menacé Massenet d'excommunication mineure, la polémique retombe rapidement et ne trouble pas la création de *Manon*, quelques semaines plus tard, le 30 janvier 1886.

327. À partir de 1884, Massenet envisage d'écrire un opéra sur *Nerte* (*Nerto*) de Frédéric Mistral avec Paul Mariéton (1862-1911) comme librettiste, mais le projet fut abandonné en 1890. Mariéton regroupe, sous le nom de « pléiade lyonnaise », Joséphin Soulary (1815-1891) et plusieurs poètes d'origine lyonnaise. Dans

« Cinquième du *Cid* remise à un mois, peut-être. Location énorme rendue. Artistes souffrants. »

Nerveux comme je l'étais, je me laissai aller à un évanouissement qui se prolongea et inquiéta beaucoup mes amis.

Ah ! mes chers enfants, qui peut se dire heureux avant la mort ?

Au bout de trois semaines, cependant, le *Cid* reparut sur l'affiche [328], et je me sentis, de nouveau, entouré de hautes sympathies, ce dont témoigne, entre autres, la lettre suivante :

> Mon cher confrère,
>
> Je tiens à vous féliciter de votre succès, et je désire vous applaudir moi-même le plus tôt possible. Le tour de ma loge ne revenant que le vendredi 11 décembre, j'ai recours à vous pour qu'on donne *Le Cid* ce jour-là, *vendredi 11 décembre.*
>
> Croyez à tous les sentiments de votre affectionné confrère.
>
> H. d'Orléans

Combien j'étais attendri et fier de cette marque d'attention de S. A. R. le duc d'Aumale [329] !

Je me rappelle toujours ces ravissantes et délicieuses journées passées au château de Chantilly avec mes confrères de l'Institut : Léon Bonnat, Benjamin-Constant, Édouard Detaille, Gérôme. Qu'elle était charmante dans sa simplicité, la réception que nous faisait notre hôte royal, et comme sa conversation était celle d'un lettré éminent, d'un érudit sans prétention !... Quel attrait captivant elle avait, lorsque, réunis dans la bibliothèque du château de Chantilly, nous l'écoutions, absolument séduits par la parfaite bonhomie avec laquelle le prince contait les choses, la pipe à la bouche, comme il l'avait si souvent fait au bivouac, au milieu de nos soldats !

Il n'y a que les grands seigneurs qui sachent avoir ces mouvements d'exquise familiarité.

Et *Le Cid*, en province, à l'étranger, poursuivait sa carrière [330].

En octobre 1900, on fêta la centième à l'Opéra [331], et, le 21 novembre 1911, au bout de vingt-six ans, je pouvais lire dans les journaux :

---

une lettre à Mariéton, Massenet écrit avoir « hâte de connaître personnellement Soulary, hâte de causer avec vous, avec lui, hâte enfin de profiter de mon passage à Lyon. » (Lettre de Jules Massenet à Paul Mariéton, Lyon, 14 décembre 1885; lettre citée d'après le catalogue de vente Alde, Paris, Salle Rossini, 29 mai 2015, p. 41, lot 139).

328. Suite à une indisposition de Jean de Reszké, qui tient le rôle-titre, *Le Cid* est reporté après la troisième représentation (4 décembre 1885) dix jours plus tard : Fidès Devriès est remplacée par Mme Bosman, laquelle s'empare du rôle de Chimène pour trois soirées. L'opéra rentre en possession de tous ses interprètes le 25 décembre et poursuit sa carrière triomphale.

329. Le duc d'Aumale, propriétaire du château de Chantilly qu'il légua à l'Institut, dut sans doute patienter, car *Le Cid* ne sera pas joué ce soir-là.

330. En s'emparant du rôle de Chimène en février 1886, Rose Caron (1857-1930) assoit définitivement le succès du *Cid*. L'opéra est représenté dès l'année suivante à Nantes, à Bordeaux, à Anvers, à Francfort et à Vienne.

331. La représentation se déroule en présence de Massenet, le 1er octobre 1900, avec Albert Alvarez (Le Cid), Lucienne Bréval (Chimène), Jean-François Delmas (Don Diègue) et Carlotta Zambelli dans le ballet.

> Hier soir, la représentation du *Cid* fut des plus belles. Une salle tout à fait comble applaudit avec enthousiasme la belle œuvre de M. Massenet et ses interprètes : Mlle Bréval, MM. Franz, Delmas, et l'étoile du ballet, Mlle Zambelli [332].

Je fus particulièrement heureux dans les interprétations précédentes de cet ouvrage. Après la sublime Fidès Devriès, Chimène fut chantée à Paris par l'incomparable Mme Rose Caron, la superbe Mme Adini [333], l'émouvante Mlle Mérentié et particulièrement par Louise Grandjean [334], l'éminent professeur au Conservatoire.

Chapitre XVII

Voyage en Allemagne

Le dimanche 1er août, nous étions, Hartmann et moi, allés entendre *Parsifal*, au Théâtre Wagner, à Bayreuth [335]. Nous fûmes, après l'audition de ce *miracle unique*, visiter la ville, chef-lieu du cercle de la Haute-Franconie. Quelques-uns de ses monuments se recommandent à l'attention. Pour ma part, je tenais beaucoup à voir l'église de la ville (Stadtkirche) construction gothique du milieu du quinzième siècle, dédiée à sainte Marie-Magdeleine. On peut deviner le souvenir qui m'attirait vers cet édifice vraiment remarquable.

Après avoir parcouru ensuite quelques villes de l'Allemagne, visité différents théâtres [336], Hartmann, qui avait son idée, me mena à Wetzlar [337]. Dans Wetzlar, il avait vu Werther. Nous visitâmes la maison où Goethe avait conçu son immortel roman, *Les Souffrances du jeune Werther*.

Je connaissais les lettres de Werther, j'en avais gardé le souvenir le plus ému. Me voir dans cette même maison, que Goethe avait rendue célèbre en y faisant vivre d'amour son héros, m'impressionna profondément.

— J'ai de quoi, me dit en sortant de là Hartmann, compléter la visible et belle émotion que vous éprouvez.

---

332. Massenet s'est probablement inspiré de la note du *Gaulois* (« Courrier des spectacles », 21 novembre 1911) qui rapporte l'événement en des termes similaires.

333. Épouse de Paul Milliet, le soprano américain Adèle Chapman (1855-1925), dite Ada Adini, fait des débuts remarqués au Palais Garnier en 1887 dans le rôle de Chimène.

334. Marguerite Mérentié (1880-?) et Louise Grandjean (1870-1934) font une belle carrière au Palais Garnier où elles s'illustrent notamment dans *Ariane* (1906) de Massenet. Grandjean, qui enseignera au Conservatoire de 1909 à sa mort, compte Jean Planel ou Mireille Berthon parmi ses élèves.

335. Massenet séjourne à Bayreuth où *Parsifal* est représenté les 2, 6, 9, 13, 16 et 20 août 1886. Le compositeur, qui put y voir aussi *Tristan et Isolde*, aurait confié à Théodore de Wyzewa après la représentation de *Parsifal* : « Ah ! il me tarde de rentrer à Paris pour brûler mon *Werther* ! » (« M. Jules Massenet », *Le Figaro*, 16 janvier 1893).

336. Après Bayreuth, Massenet se rend à Munich où il retrouve notamment Ernest Van Dyck, Vincent d'Indy, Charles Lamoureux, Georges Marty, Paul Vidal et Julien Tiersot. Il assiste à des représentations de *La Tétralogie* sous la direction de Hermann Levi.

337. Dans ses *Souvenirs de théâtre* consacrés à *Werther*, publiés par *L'Écho de Paris*, le 26 février 1911, Massenet situe ce voyage à Wetzlar plus justement au cours de l'hiver 1885.

Et, ce disant, il tira de sa poche un livre à la reliure jaunie par le temps. Ce livre n'était autre que la traduction française du roman de Goethe. « Cette traduction est parfaite, » m'affirma Hartmann, en dépit de l'aphorisme *traduttore traditore*, qui veut qu'une traduction trahisse fatalement la pensée de l'auteur.

J'eus à peine ce livre entre les mains, qu'avides de le parcourir, nous entrâmes dans une de ces immenses brasseries comme on en voit partout en Allemagne. Nous nous y attablâmes en commandant des bocks aussi énormes que ceux de nos voisins. On distinguait, parmi les nombreux groupes, des étudiants, reconnaissables à leurs casquettes scolaires, jouant aux cartes, à différents jeux, et tenant presque tous une longue pipe en porcelaine à la bouche. En revanche, très peu de femmes.

Inutile d'ajouter ce que je dus subir dans cette épaisse et méphitique atmosphère imprégnée de l'odeur âcre de la bière. Mais je ne pouvais m'arracher à la lecture de ces lettres brûlantes, d'où jaillissaient les sentiments de la plus intense passion. Quoi de plus suggestif, en effet, que les lignes suivantes, qu'entre tant d'autres nous retenons de ces luttes fameuses, et dont le trouble amer, douloureux et profond jettera Werther et Charlotte, en pâmoison, dans les bras l'un de l'autre, après cette lecture palpitante des vers d'Ossian :

« Pourquoi m'éveilles-tu, souffle du printemps ? Tu me caresses et dis : Je suis chargé de la rosée du ciel, mais le temps approche où je dois me flétrir ; l'orage qui doit abattre mes feuilles est proche. Demain viendra le voyageur ; son œil me cherchera partout, et il ne me trouvera plus… »

Et Goethe d'ajouter[338] :

« Le malheureux Werther se sentit accablé de toute la force de ces mot ; il se renversa devant Charlotte, dans le dernier désespoir.

« Il sembla à Charlotte qu'il lui passait dans l'âme un pressentiment du projet affreux qu'il avait formé. Ses sens se troublèrent, elle lui serra les mains, les pressa contre son sein ; elle se pencha vers lui avec attendrissement et leurs joues brûlantes se touchèrent. »

Tant de passion délirante et extatique me fit monter les larmes aux yeux.

Les émouvantes scènes, les passionnants tableaux que cela devait donner ! C'était *Werther* ! C'était mon troisième acte.

La vie, le bonheur m'arrivaient. C'était le travail apporté à la fiévreuse activité qui me dévorait, le travail qu'il me fallait et que j'avais à placer, si possible, au diapason de ces touchantes et vives passions !

Les circonstances voulurent, cependant, que je fusse momentanément éloigné de ce projet d'ouvrage. Carvalho m'avait proposé *Phœbé*[339], et les hasards m'amenèrent à écrire *Manon*.

Ce fut ensuite *Le Cid* qui remplit ma vie. Enfin, dès l'automne de 1885[340], n'attendant même pas le résultat de cet opéra, nous tombâmes d'accord, Hartmann et mon grand

---

338. Massenet cite des extraits de la traduction de Philippe-François Aubry dont il possédait un exemplaire : *Les Passions du jeune Werther*, Manheim, Paris, Pissot, 1777.

339. Voir chapitre XXV.

340. Le projet d'écrire *Werther* remonte en fait à 1879, un entrefilet du *Figaro* (« Courrier des théâtres », 18 novembre 1879) annonçant la composition imminente d'un « drame lyrique en trois actes et cinq tableaux, destiné à l'Opéra-Comique. Titre : *Werther.* » Le compositeur attendra cependant 1885 pour mettre au net sa

et superbe collaborateur d'*Hérodiade*, Paul Milliet, pour nous mettre décidément à *Werther*[341].

Afin de m'inciter plus ardemment au travail (en avais-je bien besoin ?), mon éditeur, qui avait improvisé un scénario, retint pour moi, aux Réservoirs, à Versailles, un vaste rez-de-chaussée, donnant de plain-pied sur les jardins de notre grand Le Nôtre. La pièce où j'allai m'installer était de plafond élevé, aux lambris du dix-huitième siècle, et garnie de meubles du temps. La table sur laquelle j'allais écrire était elle-même du plus pur Louis XV. Tout avait été choisi par Hartmann chez le plus renommé antiquaire.

Hartmann était doué de qualités toutes particulières pour tirer habilement parti des événements; il parlait fort bien l'allemand; il comprenait Goethe, il aimait l'âme germanique; il tenait donc à ce que je m'occupe enfin de cet ouvrage.

Comme on me proposait un jour d'écrire une œuvre lyrique sur *La Vie de Bohème*, de Murger, il prit sur lui, sans me consulter en aucune manière, de refuser ce travail.

La chose, cependant, m'aurait bien tenté. Il m'eût plu de suivre, dans son œuvre et dans sa vie, Henry Murger, cet artiste en son genre, celui que Théophile Gautier a si justement appelé un poète, bien qu'il eût excellé comme prosateur. Je sens que je l'aurais suivi dans ce monde spécial que lui-même a défini, qu'il nous a fait parcourir à travers mille péripéties, à la suite des originaux les plus amusants qu'on ait pu voir, et tant de gaieté et tant de larmes, tant de francs rires et de pauvreté vaillante, comme disait Jules Janin en parlant de lui, auraient pu, je pense, me captiver ! Comme Alfred de Musset, un de ses maîtres, il possédait la grâce et l'abandon, les ineffables tendresses, les gais sourires, le cri du cœur, l'émotion. J'en appelle à Musette ! Il chantait les airs chers aux amoureux, et ses airs nous charmaient. Son violon, on l'a dit, n'était pas un stradivarius, mais avait une âme comme celui d'Hoffmann, et il en savait jouer jusqu'aux pleurs.

Je connaissais personnellement Murger, tellement que je le vis encore la veille de sa mort, à la maison de santé Dubois, au faubourg Saint-Denis, où il trépassa[342]. Il m'arriva même d'assister à un bien attendrissant entretien qu'il eut en ma présence et auquel ne manqua pas la note comique. Avec Murger, aurait-il pu en être autrement ?

J'étais donc à son chevet, lorsqu'on introduisit M. Schaune (le Schaunard de la *Vie de Bohème*), lequel, voyant Murger manger de magnifiques raisins qu'il avait dû payer avec son dernier louis, lui dit en souriant : « Que tu es donc bête de boire ton vin en pilules ! »

---

partition chant et piano (aujourd'hui non localisée : *Autographs, Travel and Americana, Literature, Fine Books and Hebrew Books*, Sotheby Parke Bernet Inc., 15 octobre 1974, lot 16) qu'il achève et orchestre entre mars et juillet 1887 (BnF, Bibliothèque-musée de l'Opéra).

341. Dans ses souvenirs, Milliet évoquera les « caprices de l'éditeur » (« Werther », *L'Art du théâtre*, 3e année, n° 31, juillet 1903, p. 107) qui exigeait d'incessantes modifications. Ces propos sont réfutés par Julien Torchet, qui, sur un exemplaire de la biographie publiée par Louis Schneider (*Massenet*, Paris, Carteret, 1908, p. 155-156) où sont cités les propos de Milliet, a écrit en marge : « Non, non, non : Hartmann n'y était pour rien. Les vers de Milliet ne plaisaient pas à Massenet; voilà toute la vérité (ne pas oublier que Milliet, s'étant fâché avec Hartmann, se venge après sa mort ». Il note aussi à la page précédente : « C'est Hartmann qui établit le scénario tout entier. Comme Milliet ne pouvait venir à bout des vers, il fallut avoir recours à Édouard Blau ». (New York, Morgan Library, Mary Cary Flager Music coll.).

342. Ce récit est le seul, à ce jour, qui évoque des relations entre Massenet et Murger qui s'éteint le 28 janvier 1861 à la maison municipale Dubois (aujourd'hui hôpital Fernand Widal).

Ayant connu non seulement Murger, mais Schaunard, et aussi Musette, il me semblait que nul mieux que moi n'était fait pour être le musicien de *La Vie de Bohème*[343]. Mais tous ces héros étaient des amis, je les voyais tous les jours, et je comprends maintenant pourquoi Hartmann trouva que le moment n'était pas encore venu d'écrire cet ouvrage si parisien, de chanter ce roman si vécu.

Parlant de cette époque assez lointaine déjà, je me fais gloire de me rappeler que je connus Corot, à Ville-d'Avray, ainsi que notre célèbre Harpignies, qui, en dépit de ses quatre-vingt-douze années accomplies, est encore, au moment où j'écris ces lignes, dans toute la vigueur de son immense talent. Hier encore, il gravissait gaillardement mon étage. Ô le cher grand ami ! Le merveilleux artiste, que je connais depuis plus de cinquante ans !...[344]

*

L'ouvrage achevé, j'allai, le 25 mai 1887, chez M. Carvalho. J'avais obtenu de Mme Rose Caron, alors à l'Opéra, qu'elle m'aiderait à auditionner. L'admirable artiste était près de moi, tournant les pages du manuscrit et témoignant, par instants, de la plus sensible émotion. J'avais lu, seul, les quatre actes ; quand j'arrivai au dénouement, je tombai épuisé... anéanti[345] !

Carvalho s'approcha alors de moi en silence, et, enfin, me dit :

— J'espérais que vous m'apporteriez une autre *Manon* ! Ce triste sujet est sans intérêt. Il est condamné d'avance...

Aujourd'hui, en y repensant, je comprends parfaitement cette impression, surtout en réfléchissant aux années qu'il a fallu vivre pour que l'ouvrage soit aimé !

Carvalho, qui était un tendre, m'offrit alors de ce vin exquis, du claret, je crois, comme celui que j'avais déjà pris un soir de joie, le soir de l'audition de *Manon*... J'avais la gorge aussi sèche que la parole ; je sortis sans dire un mot.

Le lendemain, *horresco referens*, oui, le lendemain, j'en suis encore atterré, l'Opéra-Comique n'existait plus ! Un incendie l'avait totalement détruit pendant la nuit, Je courus auprès de Carvalho. Nous tombâmes dans les bras l'un de l'autre, nous embrassant et pleurant... Mon pauvre directeur était ruiné !... Inexorable fatalité ! L'ouvrage devait attendre six années dans le silence, dans l'oubli.

Deux années auparavant, l'Opéra de Vienne avait représenté *Manon*[346] ; la centième y fut atteinte et même dépassée en très peu de temps. La capitale autrichienne me faisait donc un accueil fort aimable et des plus enviables ; il fut tel, même, qu'il suggéra à Van Dyck[347] la pensée de me demander un ouvrage.

---

343. Comment ne pas discerner dans cette assertion une pique à l'encontre de Puccini qui avait attiré l'attention sur lui en 1893 en s'emparant de *Manon Lescaut* avant d'adapter peu après avec un même succès les *Scènes de la vie de bohème* de Murger ? Cette hypothèse est d'autant plus probable que la création parisienne de *Manon Lescaut*, le 9 juin 1910, avait suscité des comparaisons enjouées dans la presse.

344. Aucun document ne confirme à ce jour des liens existant entre Massenet et Jean-Baptiste Corot (1796-1875) ou Henri Harpignies (1819-1916), deux peintres amis, proches de l'école de Barbizon.

345. Rose Caron est souvent pressentie dans la presse comme future créatrice du rôle de Charlotte. L'incendie, contrairement à l'audition, est mentionné dans une note autographe de la partition d'orchestre (BnF, Bibliothèque-musée de l'Opéra) dont Massenet a déjà composé le premier acte.

346. Il faut comprendre deux années avant la création de *Werther* à Vienne, le 16 février 1892. La refonte du *Souvenir de théâtre* du 26 février 1911 en un chapitre plus étoffé a entraîné cette ambiguïté chronologique.

347. Ernest Van Dyck (1861-1923), ténor belge, qui s'illustre surtout dans le répertoire wagnérien.

C'est alors que je proposai *Werther*. Le peu de bon vouloir des directeurs français m'avait rendu libre de disposer de cette partition.

Le théâtre de l'Opéra, à Vienne, est un théâtre impérial. La direction ayant fait demander à S. M. l'empereur de pouvoir disposer en ma faveur d'un appartement, celui-ci me fut très gracieusement offert à l'excellent et renommé hôtel Sacher, situé à côté de l'Opéra.

Ma première visite, en arrivant, fut pour le directeur Jahn[348]. Ce doux et éminent maître me mena au foyer des répétitions. Ce foyer est un vaste salon, éclairé par d'immenses fenêtres et garni de majestueux fauteuils. Un portrait en pied de l'empereur François-Joseph en orne un des panneaux ; dans le centre, un piano à queue.

Tous les artistes de *Werther* se trouvaient réunis autour du piano, lorsque le directeur Jahn et moi nous entrâmes dans le foyer. En nous voyant, les artistes se levèrent, d'un seul mouvement, et nous saluèrent en s'inclinant.

À cette manifestation de touchante et bien respectueuse sympathie – à laquelle notre grand Van Dyck ajouta la plus affectueuse accolade – je répondis en m'inclinant à mon tour ; et, quelque peu nerveux, tout tremblant, je me mis au piano.

L'ouvrage était absolument au point. Tous les artistes le chantèrent de mémoire. Les démonstrations chaleureuses dont ils m'accablèrent dans cette circonstance m'émurent à diverses reprises, jusqu'à sentir les larmes me venir aux yeux.

À la répétition d'orchestre, cette émotion devait se renouveler. L'exécution de l'ouvrage avait atteint une perfection si rare, l'orchestre, tour à tour doux et puissant, suivait à ce point les nuances des voix que je ne pouvais revenir de mon enchantement : « Est-ce possible ? C'est trop beau ! Est-ce bien moi qui ai écrit cela ? » murmurais-je en un naïf attendrissement, du fauteuil où j'étais blotti, dans un coin de la salle obscure et immense. Ces mots étaient à peine sortis de mes lèvres qu'une artiste du théâtre, assise non loin de moi, y répondit par cette exclamation d'une conviction si touchante qu'elle m'alla au plus profond du cœur :

— *Ja ! Göttlicher Mann !...* (Oui, homme aimé de Dieu !...)

La répétition générale eut lieu le 15 février [1892], de neuf heures du matin à midi, et je vis (ineffable et douce surprise !) assis aux fauteuils d'orchestre, mon bien cher et grand éditeur Henri Heugel[349], Paul Milliet mon précieux collaborateur, et quelques intimes de Paris[350]. Ils étaient venus de si loin, pour me retrouver dans la capitale autrichienne, au milieu de mes bien grandes et vives joies, car j'y avais été vraiment reçu de la plus flatteuse et exquise manière.

Les représentations qui suivirent devaient être la consécration de cette belle première, qui eut lieu le 16 février 1892 et fut chantée par les célèbres artistes Marie Renard et Ernest Van Dyck.

---

348. D'origine morave, le chef d'orchestre Wilhelm Jahn (1835-1900) dirige, de 1881 à 1897, l'Opéra de Vienne où il introduit de nombreux ouvrages français au répertoire, comme *Le Cid*, *Manon*, *Werther* ou *Jean de Nivelle*. Il dirigera la première de *Werther*.

349. Heugel, éditeur de Massenet depuis mai 1891. Voir chapitre XIX.

350. Outre Brahms, J. Strauss ou Goldschmidt, la presse relève, parmi les invités de Massenet, les noms de Heugel, Roddaz, Milliet, Léon Bessand, gendre du compositeur, Gustave Dreyfus, célèbre collectionneur, et Jules Conte, directeur des bâtiments civils.

En cette même année 1892, Carvalho était redevenu directeur de l'Opéra-Comique, alors place du Châtelet. Il me demanda *Werther*, et cela avec un accent si ému que je n'hésitai pas à le lui confier [351].

La semaine même de cette entrevue, je dînai avec Mme Massenet chez M. et Mme Alphonse Daudet. Les convives étaient, avec nous, Edmond de Goncourt et l'éditeur Charpentier.

Le dîner fini, Daudet m'annonça qu'il allait me faire entendre une jeune artiste « la Musique même », disait-il. Cette jeune fille n'était autre que Marie Delna ! Aux premières mesures qu'elle chanta (l'air de *la Reine de Saba*, de notre grand Gounod) je me retournai vers elle, et lui prenant les mains :

— Soyez Charlotte ! notre Charlotte ! lui dis-je, transporté [352].

Au lendemain de la première représentation qui eut lieu à l'Opéra-Comique, à Paris, en janvier 1893, je reçus ce mot de Gounod :

> Cher ami,
>
> Toutes nos félicitations bien empressées pour ce double triomphe dont nous regrettons que les premiers témoins n'aient pas été des Français [353].

Ces lignes si touchantes et si pittoresques à la fois me furent aussi envoyées par l'illustre architecte de l'Opéra [354] :

> AMICO MIO,
> Deux yeux pour te voir,
> Deux oreilles pour t'entendre,
> Deux lèvres pour t'embrasser,
> Deux bras pour t'enlacer,
> Deux mains pour t'applaudir,
> et Deux mots pour te faire tous mes compliments et te dire que ton *Werther* est joliment tapé, - savez-vous ? Je suis fier de toi et de ton côté ne rougis pas d'un pauvre architecte tout content de toi.
>
> Carlo

En 1903, après neuf années d'ostracisme, M. Albert Carré réveilla de nouveau l'ouvrage oublié [355]. Avec son incomparable talent, son goût merveilleux et son art de

---

351. Ayant été contraint de démissionner suite à l'incendie de 1887, Carvalho est réintégré dans ses fonctions de directeur de l'Opéra-Comique le 6 mars 1891. Suite au triomphe de la création viennoise, il aurait écrit à Massenet : « Revenez-nous [...] et rapatriez ce *Werther* que, musicalement, vous avez fait français. » (Robert Charvay, « Conversation avec J. Massenet », « *Werther* », *L'Écho de Paris*, supplément gratuit, [janvier 1893]).

352. Marie Delna situe cette rencontre au cours de l'été 1892, mais dans le jardin des Ménard-Dorian rue de la Faisanderie à Paris. Massenet avait donc pu l'entendre à l'Opéra-Comique dans *Les Troyens à Carthage* où, âgée alors de 17 ans, elle venait d'incarner magistralement le rôle de Didon.

353. Cette double allusion laisse penser que Gounod adressa ces mots plutôt après les créations successives de *Werther* et du ballet *Le Carillon* à Vienne en février 1892.

354. Charles Garnier (1825-1898).

355. L'ouvrage fut accueilli froidement lors de sa création à l'Opéra-Comique, le 16 janvier 1893, en raison des insuffisances du ténor Guillaume Ibos dans le rôle-titre. Les prestations ponctuelles de Jean Mouliérat ou Pierre Cornubert en janvier 1894 et de Julien Leprestre en 1897 ne parviennent pas à sauver un

lettré exquis, il sut présenter cette œuvre au public et ce fut, pour celui-ci, une véritable révélation.

Beaucoup d'acclamées artistes ont chanté le rôle depuis cette époque : Mlle Marié de l'Isle, qui fut la première Charlotte de la reprise et qui créa l'ouvrage avec son talent si beau et si personnel; puis Mlle Lamare, Cesbron, Wyns, Raveau, Mme de Nuovina, Vix, Hatto, Brohly[356] et… d'autres, dont j'écrirai plus tard les noms.

À la reprise, due à M. Albert Carré, *Werther* eut la grande fortune d'avoir Léon Beyle comme protagoniste du rôle; plus tard, Edmond Clément[357] et Salignac furent aussi les superbes et vibrants interprètes de cet ouvrage.

CHAPITRE XVIII

UNE ÉTOILE

Je reprends les événements au lendemain du désastre de l'Opéra-Comique.

On transporta l'Opéra-Comique, place du Châtelet, dans l'ancien théâtre dit des Nations, devenu plus tard Théâtre Sarah-Bernhardt[358]. M. Paravey en fut nommé directeur. J'avais connu M. Paravey alors qu'il dirigeait, avec un réel talent, le Grand-Théâtre de Nantes[359].

Hartmann lui offrit deux ouvrages : *Le Roi d'Ys*, d'Édouard Lalo, et mon *Werther*, en souffrance.

J'étais si découragé, que je préférais attendre pour laisser voir le jour à cet ouvrage.

Sa genèse et sa destinée vous sont connues par ce que je viens d'en dire.

Je reçus, un jour, une fort aimable invitation à dîner dans une grande famille américaine. Après l'avoir déclinée, comme le plus souvent il m'arrive – le temps me manquant, d'accord en cela avec mon peu de penchant pour ce genre de distractions – l'on était, cependant, si gracieusement revenu à la charge, que je ne persistai pas dans mon refus. Il m'avait semblé que mon cœur affligé devait y rencontrer un dérivatif à mes désespérances ! Sait-on jamais ?…

ouvrage qui s'impose au répertoire grâce au talent (et au physique avantageux) de Léon Beyle (1871-1922) en avril 1903, avec, en Charlotte, Jeanne Marié de L'Isle (1872-1926).

356. Berthe Lamare, Suzanne Cesbron-Viseur (1879-1967), Charlotte Wyns (1868-?), Alice Raveau (1884-1945), Zina de Nuovina (1865-1940) et Suzanne Brohly (1882-?) chantent surtout à l'Opéra-Comique; Jeanne Hatto (1879-1958), qui fait l'essentiel de sa carrière à l'Opéra de Paris entre 1899 et 1922, chante aussi avec succès le rôle de Charlotte à l'Opéra-Comique en octobre 1910.

357. Edmond Clément (1867-1928) fait ses débuts en 1899 à l'Opéra-Comique où il effectue une brillante carrière qu'il poursuit aux États-Unis à partir de 1909.

358. Après l'incendie de la salle Favart, le 25 mai 1887, l'Opéra-Comique rouvre ses portes le 15 octobre suivant au Théâtre des Nations (actuel Théâtre de la Ville), place du Châtelet.

359. De 1886 à 1888, Louis Paravey (1850?-1915) dirige le Théâtre Graslin où, le 8 janvier 1887, il accueille la première en province du *Cid*, dirigée par Massenet. Sa direction de l'Opéra-Comique (1888-1890) n'a pas marqué l'histoire de l'institution.

J'avais été placé, à table, à côté d'une dame, compositeur de musique d'un grand talent. De l'autre côté de ma voisine avait pris place un diplomate français d'une amabilité complimenteuse qui dépassait, me sembla-t-il, les limites. « *Est modus in rebus*[360], – en toutes choses il y a des bornes » ; et notre diplomate aurait peut-être pu, avec ce très ancien adage, se souvenir du conseil qu'un maître en la matière, l'illustre Talleyrand, a donné depuis : « Pas de zèle, surtout !... »

Je ne songerai pas à raconter, par... le menu, les conversations qui s'échangèrent dans ce milieu charmant, non plus que je ne pense à redire quel fut le menu, lui-même, de ce repas. Ce dont je me souviens, c'est qu'en fait de salade, il y en eut surtout une, composée d'une bigarrure de langues absolument déconcertante, où entraient l'américain, l'anglais, l'allemand, le français.

Mais pourquoi aussi, en France, ne savoir que le français, et encore ?

Mes voisins français m'occupaient donc seuls. Cela me permit de retenir ce délicieux colloque entre la dame compositeur et le monsieur diplomate :

Le monsieur. — Vous êtes toujours alors l'enfant des Muses, nouvelle Orphéa ?

La dame. — La musique n'est-elle pas la consolation des âmes en détresse ?...

Le monsieur (insinuant). — Ne trouvez-vous pas l'amour plus fort que les sons pour effacer les peines du cœur ?

La dame. — Hier, je me sentais consolée, j'écrivais la musique du Vase brisé[361].

Le monsieur (poétique). — Un nocturne, sans doute...

Quelques rires étouffés s'entendirent. La conversation changea aussitôt de cours.

Le dîner avait pris fin ; l'on s'était retiré dans un salon pour y faire un peu de musique ; j'allais habilement m'éclipser, lorsque deux dames, vêtues de noir, l'une jeune, l'autre plus âgée, furent introduites.

Le maître de céans s'empressa d'aller les saluer, et, presque au même instant, je leur fus présenté.

La plus jeune était extraordinairement jolie ; l'autre était sa mère, en beauté aussi, de cette beauté absolument américaine, telle que souvent nous en envoie la République étoilée.

« Cher maître, me dit la jeune femme, avec un accent légèrement accusé, on m'a priée de venir en cette maison amie, ce soir, pour avoir l'honneur de vous y voir et vous faire entendre ma voix. Fille d'un juge suprême, en Amérique, j'ai perdu mon père. Il nous a laissé, à mes sœurs et à moi, ainsi qu'à ma mère, une belle fortune, mais je veux aller (ainsi s'exprima-t-elle) au théâtre. Si, ayant réussi, l'on m'en blâmait, je répondrais que le succès excuse tout ! »

Sans autre préambule, j'accédai à ce désir et me mis aussitôt au piano.

« Vous m'excuserez, ajouta-t-elle, si je ne chante pas votre musique. Ce serait de l'audace, devant vous, et cette audace, je ne l'aurai pas ! »

Elle avait à peine prononcé ces quelques paroles que sa voix résonna d'une façon magique, éblouissante, dans l'air de la « Reine de la Nuit », de la *Flûte enchantée*.

---

360. Horace, *Satires* (I, 1, 106).

361. S'agit-il de la Vicomtesse de Grandval (1830-1907) qui, outre César Franck et Pauline Viardot, mit en musique le poème de Sully Prudhomme au début des années 1880 ?

Quelle voix prestigieuse ! Elle allait du *sol* grave au *contre-sol*, trois octaves en pleine force et dans le pianissimo !

J'étais émerveillé, stupéfait, subjugué ! Quand des voix semblables se rencontrent, il est heureux qu'elles aient le théâtre pour se manifester ; elles appartiennent au monde, leur domaine. Je dois dire que, avec la rareté de cet organe, j'avais reconnu en la future artiste une intelligence, une flamme, une personnalité qui se reflétaient lumineusement dans son regard admirable. Ces qualités-là sont premières au théâtre.

Je courus, dès le lendemain matin, chez mon éditeur, lui conter l'enthousiasme que j'avais ressenti à l'audition de la veille[362].

Je trouvai Hartmann préoccupé. « Il s'agit bien, me dit-il, d'une artiste... J'ai à vous parler d'autre chose, à vous demander si, oui ou non, vous voulez faire la musique de ce poème qu'on vient de me remettre. » Et il ajouta : « C'est urgent, car la musique est désirée pour l'époque de l'ouverture de l'Exposition universelle, qui doit avoir lieu dans deux ans, en mai 1889. »

Je pris le manuscrit, et à peine en eus-je parcouru une scène ou deux que je m'écriai, dans un élan de profonde conviction : « J'ai l'artiste pour ce rôle !... J'ai l'artiste ! Je l'ai entendue hier !... C'est Mlle Sibyl Sanderson ! Elle créera Esclarmonde, l'héroïne de l'opéra nouveau que vous m'offrez ! »

C'était l'artiste idéale pour ce poème romanesque en cinq actes de MM. Alfred Blau et Louis de Gramont[363].

Le nouveau directeur de l'Opéra-Comique, qui se montra toujours à mon égard plein de déférence et d'une bonté parfaite, engagea Mlle Sibyl Sanderson en acceptant, sans discussion, le prix proposé par nous pour ses représentations.

La commande des décors, comme celle des costumes, il les laissa à mon entière discrétion, me faisant le maître absolu de diriger décorateurs et costumiers suivant mes propres conceptions.

Si je recueillis de cet état de choses une agréable satisfaction, M. Paravey, de son côté, n'eut qu'à se féliciter des résultats financiers que lui donna *Esclarmonde*. Il est vrai d'ajouter qu'elle fut représentée à l'époque forcément brillante de l'Exposition universelle de 1889. La première eut lieu le 14 mai de cette même année.

Les superbes artistes qui figurèrent sur l'affiche, avec Sibyl Sanderson, furent MM. Bouvet, Taskin et Gibert.

L'ouvrage avait été joué à Paris cent et une fois de suite, lorsque j'appris que, depuis quelque temps déjà le Théâtre-Royal de la Monnaie avait engagé Sibyl Sanderson, à

362. La date et les circonstances exactes de la rencontre entre Massenet et Sibyl Sanderson (1865-1903), dont il s'agit ici, restent inconnues. On sait, en revanche, que cette rencontre fut initiée par Ruggero Leoncavallo probablement en 1887. En septembre, Massenet adapte *Manon* aux capacités vocales de la chanteuse dans la perspective de représentations à La Haye au début de l'année suivante.

363. Massenet était en possession du livret, conçu par Alfred Blau et Louis de Gramont, bien avant sa rencontre avant Sanderson puisque *Le Ménestrel* du 6 décembre 1885 évoque la collaboration du compositeur avec ces deux auteurs, lesquels avaient d'abord proposé leur texte, intitulé alors *Pertinax*, au compositeur belge François-Auguste Gevaert en janvier 1884 alors que *Sigurd* triomphait à la Monnaie. Selon Massenet lui-même (« Esclarmonde », *Le Matin*, 26 avril 1889), sa découverte du talent de Sanderson réactive son désir de mettre en musique *Esclarmonde* qu'il avait laissé de côté, faute de trouver l'interprète idéale.

Bruxelles, pour y créer *Esclarmonde*[364]. C'était forcément la faire disparaître de la scène de l'Opéra-Comique, où elle triomphait depuis plusieurs mois[365].

Si Paris, cependant, devait voir se taire cette artiste, applaudie par tant de publics divers pendant l'Exposition ; si cette étoile, si brillamment levée à l'horizon de notre ciel artistique, allait un instant charmer d'autres auditeurs, des grands théâtres de la province arrivaient les échos des succès remportés, dans *Esclarmonde*, par des artistes renommées, telles que Mme Bréjean-Silver, à Bordeaux[366] ; Mme de Nuovina, à Bruxelles ; Mme Verheyden et Mlle Vuillaume, à Lyon[367].

Esclarmonde devait, malgré tout, rester le souvenir vivant de la rare et belle artiste que j'avais choisie pour la création de l'ouvrage à Paris ; elle lui avait permis de rendre son nom à jamais célèbre.

Sibyl Sanderson !... Ce n'est pas sans une poignante émotion que je rappelle cette artiste fauchée par la mort impitoyable, en pleine beauté, dans l'épanouissement glorieux de son talent[368]. Idéale Manon à l'Opéra-Comique ; Thaïs inoubliée à l'Opéra, ces rôles s'identifiaient avec le tempérament, l'âme d'élite de cette nature, une des plus magnifiquement douées que j'aie connues.

Une invincible vocation l'avait poussée au théâtre, pour y devenir l'interprète ardente de plusieurs de mes œuvres ; mais aussi, pour nous, quelle joie enivrante d'écrire des ouvrages, des rôles, pour des artistes qui réaliseront vos rêves !

C'est en pensée reconnaissante que, parlant d'*Esclarmonde*, je lui consacre ces quelques lignes. Les publics nombreux venus à Paris, comme en 1889, de tous les points du monde, ont, eux aussi, gardé le souvenir de l'artiste qui avait été leur joie, qui avait fait leurs délices.

*

Elle fut considérable, la foule silencieuse et recueillie qui se pressa sur le passage du cortège menant Sibyl Sanderson à sa suprême demeure ! Un voile immense de tristesse semblait la recouvrir.

Albert Carré et moi, nous suivions le cercueil, nous marchions les premiers derrière ce qui restait, pauvre chère dépouille, de ce qui avait été la beauté, la grâce, la bonté,

---

364. Massenet supervise la création à Bruxelles en novembre 1889, mais avec Zina de Nuovina dont le talent n'égale pas celui de Sanderson. Massenet écrit à son épouse le 20 novembre : « On coupe le point d'orgue du 3e acte à Mme de Nuovina cela nuirait à son succès car dans le reste elle a de grandes qualités – mais si la voix est jolie quelque fois mieux que jolie, elle *n'a aucun charme* – c'est gauche – mais cependant pour tous ceux qui n'ont pas de points de comparaisons cela paraît "très bien" – j'excepte les directeurs qui tout en étant assurés du succès de l'ouvrage et de la femme savent que Mlle Sanderson est absolument supérieure et unique. » (ancienne coll. Bessand-Massenet). Le soprano américain, encore engagé à l'Opéra-Comique à cette époque, lui succède l'année suivante en septembre 1890.

365. Dans une lettre adressée au soprano Victoire Verheyden en mars 1891 (BnF, Bibliothèque-musée de l'Opéra, Rés. 2195), Massenet affirme avoir cessé toute relation avec Paravey lorsque ce dernier interrompit les représentations d'*Esclarmonde* après la centième, le 6 février 1890. L'éphémère directeur de la salle Favart ne laissa donc pas un souvenir impérissable dans la mémoire du compositeur.

366. Massenet dirige la première à Bordeaux en janvier 1892 avec Georgette Bréjean-Silver.

367. *Esclarmonde* est créée à Lyon le 23 février 1890 en présence de Massenet, avec Marie-Marguerite Vuillaume (1861-1933 ?), à laquelle succède Victoire Verheyden la saison suivante.

368. Après avoir quitté la scène en juin 1897, Sanderson épouse un riche Cubain, Antonio Terry, le 1er décembre suivant. La mort inattendue de son époux deux ans plus tard l'engage à revenir sur scène. La cantatrice réapparaît à l'Opéra-Comique en 1901, mais sans succès, et sombre dans une dépression dont elle ne sortira pas. Elle meurt à Paris le 15 mai 1903.

le talent avec toutes ses séductions; et, comme nous constations cet attendrissement unanime, Albert Carré, interprétant l'état d'âme de la foule à l'égard de la belle disparue, dit ces mots, d'une éloquente concision, et qui resteront :

— *Elle était aimée !*

Quel plus simple, plus touchant et plus juste hommage rendu à la mémoire de celle qui n'est plus ?...

Il me plairait, mes chers enfants, de remémorer en quelques traits rapides le temps d'agréable souvenir que je passai à écrire *Esclarmonde.*

Pendant les étés de 1887 et 1888, j'avais pris le chemin de la Suisse et j'étais allé m'installer à Vevey, au Grand-Hôtel[369]. J'étais curieux d'aller voir cette jolie ville, au pied du Jorat, sur les bords du lac de Genève, et que sa *Fête des vignerons* a rendue célèbre. Je l'avais entendu vanter pour les multiples et charmantes promenades de ses environs, la beauté et la douceur de son climat. Je me souvenais surtout de ce que j'en avais lu dans les *Confessions* de Jean-Jacques Rousseau, qui avait, d'ailleurs, toutes les raisons d'aimer cette ville. Mme de Warens y était née. L'amour qu'il avait pris pour cette délicieuse petite cité l'a suivi dans tous ses voyages.

Un superbe parc dépendait de l'hôtel et offrait à ses habitants l'ombre de ses grands arbres, tout en les menant vers une de ses extrémités, à un petit port où il leur était loisible de s'embarquer pour des excursions sur le lac.

En août 1887, j'avais voulu rendre visite à mon maître Ambroise Thomas. Il avait acheté un ensemble d'îles dans l'Océan, près les Côtes-du-Nord, et j'avais été l'y trouver. Ma visite lui fut agréable, sans doute, car je reçus de lui, l'été d'après, en Suisse, les pages suivantes :

Illiec, lundi 20 août 1888

> Merci de votre bonne lettre, mon cher ami. Elle m'a été renvoyée ici, dans cette île sauvage, où vous êtes venu l'année dernière. Vous me rappelez cette aimable visite, dont nous parlons souvent, mais qui nous a laissé le regret de ne vous avoir gardé que deux jours[370] ! C'était trop peu !...
>
> Pourrez-vous revenir ici, ou plutôt, pourrai-je vous y revoir ?
>
> Vous travaillez avec plaisir, dites-vous, et vous paraissez content... Je vous en félicite, et, je le dis sans jalousie, je voudrais pouvoir en dire autant.
>
> À votre âge, on est plein de confiance et d'ardeur, mais au mien !...
>
> Je reprends, non sans peine, un travail depuis longtemps interrompu[371], et, ce qui vaut mieux, je me sens déjà reposé, dans ma solitude, des agitations et des fatigues de la vie de Paris.

---

369. Massenet séjourne à Vevey, non pas en 1887, mais en août et septembre 1888, pour y achever la composition d'*Esclarmonde* dont il avait établi la partition chant et piano (coll. Bonynge) entre avril et juillet.

370. Massenet rend visite à Ambroise Thomas, dans son île d'Illiec, au début de septembre 1887. Dans une lettre à son épouse, datée du 6, il se réjouit que Thomas ait « créé son rêve – le sien » après avoir décrit les lieux : « Figure-toi un coin de la forêt de Fontainebleau, les *Grandes Roches*, les *bruyères, les fougères* enfin : exactement le long rocher et Barbizon (*comme terrain seulement* !) et voilà l'Ile Zilliec [*sic*] – 3 hectares de cataclysmes ! Tout cela entouré par une mer furieuse, verte et bleue – sans cesse retentissante et écumante !! » (ancienne coll. Bessand-Massenet).

371. Ambroise Thomas doit poursuivre la composition du deuxième acte de son ballet *La Tempête*, lequel sera créé au Palais Garnier le 26 juin 1889. Voir « Nouvelles diverses », *Le Ménestrel*, 54e année, n° 33, 12 août 1888, p. 264.

Je vous envoie les affectueux souvenirs de Mme Ambroise Thomas, et je vous dis au revoir, cher ami, en vous serrant bien fort la main.

De tout cœur à vous.

Ambroise Thomas

Oui, comme le disait mon maître, je travaillais avec plaisir.

Mlle Sibyl Sanderson, sa mère et ses trois sœurs habitaient aussi le Grand-Hôtel de Vevey, et chaque soir, de cinq à sept heures, je faisais travailler à notre Esclarmonde future la scène que j'avais écrite dans la journée[372].

N'attendant pas que mon esprit soit en friche après *Esclarmonde*, et connaissant mes sentiments attristés au sujet de *Werther*, que je persistais à ne pas vouloir donner au théâtre (aucune direction, d'ailleurs, ne faisait d'avances pour cet ouvrage[373]), mon éditeur s'en était ouvert à Jean Richepin, et ils avaient décidé de m'offrir un grand sujet pour l'Opéra sur l'histoire de Zarastra, titre : *Le Mage*[374].

Au cours de l'été 1889, je mettais déjà sur pied quelques scènes de l'ouvrage[375].

Mon excellent ami, l'érudit historiographe Charles Malherbe, qui nous a dit si malheureusement son suprême adieu, ces temps derniers, était au courant des moments très rares qui restaient inutilisés par moi[376]. Je trouvai en lui un véritable collaborateur dans cette circonstance. Il choisit, en effet, dans mes papiers épars, une série de manuscrits qu'il m'indiqua pour m'en servir dans différents actes du *Mage*[377].

---

372. Massenet offrira à Sanderson le jour de son anniversaire le manuscrit chant et piano (coll. Bonynge) sur lequel figure cette dédicace éloquente : « Paris / 7 décembre 1888 / Mademoiselle, / Vous avez droit à une si grande part / dans la composition de cet opéra / que je me permets de vous en offrir / le manuscrit avec l'expression de ma reconnaissance. / J. Massenet ». Le manuscrit de la partition d'orchestre (BnF, Bibliothèque-musée de l'Opéra), conçu presque entièrement à Vevey, porte de nombreuses notes autographes attestant d'une collaboration, certes étroite, mais aussi émaillée de quelques tensions.

373. Des tractations ont cependant été menées sérieusement avec le Théâtre de la Monnaie en 1889 et 1890, avec le concours de Sanderson, mais en vain, car le choix du ténor ne fut jamais arrêté. Un projet vit également le jour au Théâtre de la Porte-Saint-Martin où, en 1890, Félix Duquesnel envisagea de créer une saison lyrique.

374. Un article anonyme publié peu avant la première, le 16 mars 1891, donne une version plausible de la genèse de l'ouvrage : « C'est en 1887 que les directeurs de l'Opéra demandèrent à M. Massenet une nouvelle partition pour la saison 1890-91. Le compositeur entra d'abord en pourparlers, pour le livret, avec M. Victorien Sardou qui avait le projet d'écrire un opéra sur le Mexique et la conquête espagnole, dont le titre serait : *Les Incas* ou bien *La Fille du Soleil*. Les pourparlers avec M. Sardou n'aboutirent pas, et M. Hartmann, l'éditeur de M. Massenet, eut alors l'heureuse idée de s'adresser à M. Richepin. » (« Avant la première », *Paris*, 15 mars 1891).

375. La composition de la partition chant et piano (BnF, Département de la musique) occupe Massenet entre le 27 février et le 24 décembre 1889, date à laquelle l'opéra s'achevait sur une scène (Saint-Étienne, Bibl. municipale) que Massenet retire en février et mars 1890 au profit de celle que nous connaissons (l'embrasement du temple). Le compositeur se lance ensuite immédiatement dans l'orchestration qu'il mène avec ardeur entre le 7 mars et le 4 août (BnF, Bibliothèque-musée de l'Opéra).

376. Charles Malherbe (1853-1911), qui occupe un poste d'archiviste-bibliothécaire à l'Opéra, rédige de nombreux essais dont une *Notice sur Esclarmonde* en 1889. Son importante collection de manuscrits musicaux anciens et contemporains, aujourd'hui conservée dans le fonds du Conservatoire (BnF, Département de la musique), comprend de nombreux autographes de Massenet, comme le manuscrit chant-piano du *Mage*, les esquisses de *Thaïs* ou le brouillon d'orchestre du *Jongleur de Notre-Dame*.

377. Massenet intègre notamment *Apollo's Invocation* dont Malherbe possédait une copie avec annotations du compositeur (BnF, Département de la Musique). Cette ode pour soliste et orchestre, composée

P. Gailhard, notre directeur de l'Opéra, fut, comme toujours, le plus dévoué des amis. Il monta l'ouvrage avec un luxe inusité. Je lui dus une distribution magnifique avec Mmes Fiérens et Lureau-Escalaïs, MM. Vergnet et Delmas[378]. Le ballet, très important et mis en scène d'une façon féerique, eut comme étoile Rosita Mauri.

L'ouvrage, quoique fort ballotté dans la presse, arriva cependant à avoir plus de quarante représentations[379].

D'aucuns étaient heureux de chercher noise à notre directeur, qui jouait sa suprême carte, étant arrivé aux derniers mois de son privilège. Peines inutiles Gailhard devait reprendre peu de temps après le sceptre directorial de notre grande scène lyrique, où je le retrouvai associé à E. Bertrand, lors de l'apparition de *Thaïs*, dont je parlerai[380].

À ce propos, quelques vers du toujours si spirituel Ernest Reyer me reviennent à la pensée. Les voici :

> Le « Mage » est loin, « Werther » est proche,
> Et déjà « Thaïs » est sous roche ;
> Admirable fécondité...
> Moi, voilà dix ans que je pioche
> Sur le *Capucin enchanté.*

Il vous étonne, mes chers enfants, de n'avoir jamais vu jouer cette œuvre de Reyer. En voici le sujet raconté par lui-même, avec un sérieux des plus amusants dans l'un de nos dîners mensuels de l'Institut, à l'excellent restaurant Champeaux, place de la Bourse.

> Acte premier et unique !
> La scène représente une place publique ; à gauche l'enseigne d'une taverne fameuse. Entre par la droite un capucin. Il regarde la porte de la taverne. Il hésite ; puis, enfin se décide à en franchir le seuil, dont il referme la porte. Musique à l'orchestre si l'on veut. Tout à coup, on voit ressortir le *capucin... enchanté...* enchanté certainement de la cuisine[381] !

Le titre de l'ouvrage vous est donc expliqué ; il ne s'agit nullement de l'enchantement féerique d'un pauvre capucin !!!![382]

---

pour le ténor Joseph Maas et créée au festival de Norwich de 1884, deviendra la grande scène introductive de l'acte III du *Mage*.

378. Edmond Vergnet, qui avait créé le rôle de Jean dans *Hérodiade* en 1881, est entouré des sopranos Caroline Fiérens (1867-1913), Maria Lureau-Escalaïs (1860-1923) et de Jean-Francois Delmas (1861-1933).

379. L'opéra, qui totalise 31 représentations jusqu'au 11 octobre 1891, ne sera jamais repris par la suite dans aucune salle à l'exception du Théâtre royal français de La Haye en janvier 1896.

380. Eugène Bertrand (1834-1899) est nommé directeur de l'Opéra en avril 1891, mais ne prend ses fonctions que le 1er janvier suivant. Il les partage avec Auguste Deloche, dit Campocasso, puis avec le Toulousain Pedro Gailhard à partir de 1893.

381. Reyer aurait confié à Hugues Imbert (*Profils d'artistes contemporains*, Paris, Fischbacher, 1897, p. 234) que « ce titre donné un jour par lui à un interviewer, n'était là que pour la rime. » Dans une lettre publiée en première page du *Figaro*, le 16 septembre 1895, l'auteur de *Sigurd* s'était déjà amusé à annoncer qu'il avait composé, sous ce même titre, un « fantastique opéra » destiné « au théâtre de Bayreuth. »

382. Massenet oublie à dessein de retracer la polémique qui, à l'automne 1890, l'opposa à Reyer quelques mois avant la création du *Mage*, laquelle retarda celle de *Salammbô* d'une année. Cette polémique, dont la presse se fit les gorges chaudes, trouva sa conclusion dans l'article vengeur que Reyer fournit aux *Journal des débats*, le 29 mai 1892, au lendemain de la première parisienne de *Salammbô* en faisant allusion à la réplique

CHAPITRE XIX

UNE VIE NOUVELLE

L'année 1891 fut marquée par un événement qui devait avoir sur ma vie une profonde répercussion.

Au mois de mai de cette année, la maison d'édition Hartmann cessa d'exister.

Comment cela se fit-il? Par quels motifs cette catastrophe advint-elle? Je me le demandais sans pouvoir y répondre. Il me semblait que tout marchait pour le mieux, chez mon éditeur. Je tombai donc dans la plus grande stupeur en apprenant que tous les ouvrages édités par la maison Hartmann allaient être mis à l'encan, auraient à affronter le feu des enchères publiques. C'était pour moi le plus troublant inconnu.

J'avais un ami qui possédait un coffre-fort. L'heureux ami! Je lui confiai la partition, pour orchestre et pour piano, de *Werther*, et la partition d'orchestre d'*Amadis*. À côté de ses valeurs, il mit donc à l'abri des papiers... sans valeur. Ces partitions étaient manuscrites.

Vous connaissez, mes chers enfants, la destinée de *Werther*; peut-être apprendrez-vous un jour celle d'*Amadis*[383], dont le poème est de notre grand ami Jules Claretie, de l'Académie française.

Mon anxiété, on le devine, était extrême. Je m'attendais à voir mon labeur de tant d'années dispersé chez tous les éditeurs. Où irait *Manon?* Où échouerait *Hérodiade?* Qui acquerrait *Marie-Magdeleine?* Qui aurait mes *Suites d'orchestre?* Tout cela agitait confusément ma pensée et la rendait inquiète.

Hartmann, qui m'avait toujours manifesté tant d'amitié et qui eut un cœur si sensible à mon égard, devait avoir, j'en suis persuadé, autant de tristesse que moi-même de cette très pénible situation.

Henri Heugel et son neveu, Paul-Émile Chevalier, propriétaires de la grande maison *Le Ménestrel*, devaient être mes sauveurs. Ils allaient être les pilotes qui gareraient du naufrage tous les travaux de ma vie passée, empêcheraient qu'ils soient disséminés, qu'ils courent les risques de l'aventure ou du hasard[384].

Ils acquirent en bloc tout le fonds d'Hartmann et le payèrent un prix considérable.

En l'année 1911, au mois de mai, je leur donnais l'accolade du vingtième anniversaire des bons et affectueux rapports que nous n'avons jamais cessé d'avoir ensemble et je leur exprimais, en même temps, la gratitude émue que je leur en conserve.

Que de fois j'étais passé devant *Le Ménestrel*, enviant, sans aucune pensée hostile, d'ailleurs, ces maîtres, ces édités, tous les favorisés de cette grande maison.

---

conclusive de l'ouvrage de Massenet (« Laissez passer le Mage! ») : « Je n'avais qu'une chose à faire, c'était de m'incliner et de laisser passer *Le Mage*. Et *Le Mage* passa. »

383. Voir chapitre XXVII. L'écrivain et librettiste Jules Claretie (1840-1913) dirige avec autorité la Comédie-Française de 1885 à 1913.

384. Avec son neveu Paul-Émile Chevalier (1861-1931), Henri Heugel (1844-1916) achète en mai 1891 le fonds de Georges Hartmann dont l'entreprise avait été mise en liquidation trois mois auparavant.

Mon entrée au *Ménestrel* devait inaugurer pour moi une ère de gloire, et chaque fois que j'y vais, j'ai le même profond bonheur. Toutes les satisfactions que j'éprouve, comme les chagrins que je ressens, ont au cœur de mes éditeurs l'écho le plus fidèle.

*

Quelques années après, Léon Carvalho redevint directeur de l'Opéra-Comique[385]. Le privilège de M. Paravey se trouvait expiré.

Je me rappelle cette carte de Carvalho, au lendemain de son départ, en 1887, sur laquelle il avait raturé son titre de « directeur ». Elle exprimait bien sa résignation attristée :

> Mon cher maître,
>
> J'efface le titre, mais je garde le souvenir de mes grandes joies artistiques. *Manon* y tient une première place...
>
> Ah ! le beau diamant
>
> Léon Carvalho[386]

Sa première pensée fut de reprendre *Manon*, qui avait disparu de l'affiche depuis l'incendie de si lugubre mémoire. Cette reprise eut lieu au mois d'octobre 1892 [*sic* pour 1891].

Sibyl Sanderson, ainsi que je l'ai dit, était engagée depuis un an au théâtre de la Monnaie, à Bruxelles. Elle y jouait *Esclarmonde* et *Manon*. Carvalho l'enleva de la Monnaie pour venir reprendre *Manon*, à Paris. *Manon* qui, depuis lors, ne devait plus quitter l'affiche et qui, au moment où j'écris ces lignes, en est à sa 763e représentation[387].

Au commencement de cette même année, on avait joué *Werther*, à Vienne, et un ballet : *Le Carillon*. Les collaborateurs applaudis en étaient notre Des Grieux et notre Werther allemand : Ernest Van Dyck et de Roddaz[388].

Ce fut en rentrant d'un nouveau séjour que j'avais fait à Vienne, que mon fidèle et précieux collaborateur Louis Gallet vint un jour me rendre visite au *Ménestrel*. Mes affectueux éditeurs m'y avaient aménagé un superbe cabinet de travail où je pouvais faire répéter leurs rôles à mes artistes de Paris comme de partout. Louis Gallet et Heugel me proposèrent un ouvrage sur l'admirable roman d'Anatole France, *Thaïs*[389].

---

385. Carvalho reprend en fait ses fonctions le 6 mars 1891.

386. En réponse à cette citation de l'acte V de *Manon* (« Ah ! le beau diamant !... », s'écrie Manon au seuil de sa mort en apercevant une étoile dans la nuit), Massenet lui écrira : « Mon cher directeur et ami, / Vous dites : Ah ! le beau diamant ! / Je ne sais – mais ce dont je me souviendrai toujours c'est du nom et de l'amitié *du joaillier qui l'a monté !* » (Lettre de Jules Massenet à Carvalho, [s. l. n. d.], sur une carte de visite : « Massenet / 38 rue du Général Foy », BnF, Département de la musique, NLA-386).

387. Le 12 octobre 1891 (et non 1892), Sibyl Sanderson incarne le rôle-titre de *Manon* qu'elle impose au répertoire de l'Opéra-Comique. D'après les registres de l'Opéra-Comique (BnF, Bibliothèque-musée de l'Opéra), la 763e se tint le 31 mars 1912.

388. Composé pendant l'été et l'automne 1891, sur un livret d'Ernest Van Dyck et Camille de Roddaz, *Le Carillon*, qui devait d'abord accompagner les représentations de *Werther*, est créé avec un succès d'estime le 21 février 1892.

389. Si la proposition, à laquelle Mme Massenet ne serait pas étrangère, a été faite après un séjour à Vienne, c'est plutôt à la fin de 1890 après les représentations viennoises de *Manon* en novembre. Les premières traces de la « comédie lyrique » se trouvent dans une note autographe inscrite le 9 août 1891 sur le manuscrit de la rédaction pour piano du *Carillon* (BnF, Bibliothèque-musée de l'Opéra) : « pense à Thaïs – je me déciderai ».

La séduction fut rapide, complète. Dans le rôle de *Thaïs*, je voyais Sanderson. Elle appartenait à l'Opéra-Comique, je ferais donc l'ouvrage pour ce théâtre.

À peine le printemps me permit-il de partir pour la mer, aux bords de laquelle il m'a toujours plu de vivre, que j'abandonnai Paris avec ma femme et ma fille, emportant avec moi tout ce qu'avec tant de bonheur j'avais déjà composé de l'ouvrage [390].

J'emmenai un ami qui ni jour ni nuit ne me quittait, un énorme chat angora gris, au poil long et soyeux.

Je travaillais assis à une grande table placée devant une véranda contre laquelle les vagues de la mer, se développant parfois avec impétuosité, venaient se briser en écume [391]. Le chat posé sur ma table, couché presque sur mes feuilles avec un sans-gêne qui me ravissait, ne pouvait admettre un si étrange et bruyant clapotage, et chaque fois qu'il se produisait, il allongeait la patte et montrait ses griffes comme pour le repousser !

Je connais une personne qui aime, non pas davantage, mais autant que moi les chats, c'est la gracieuse comtesse Marie de Yourkevitch, qui remporta la grande médaille d'or pour le piano, au Conservatoire impérial de musique de Saint-Pétersbourg. Elle habite à Paris, depuis quelques années, un luxueux appartement, où elle vit entourée de chiens et de chats, ses grands amis.

« Qui aime les bêtes aime les gens », et nous savons que l'aimable comtesse est un vrai mécène pour les artistes [392].

L'exquis poète Jeanne Dortzal [393] aussi est un ami de ces félins aux yeux verts, profonds et inquiétant ; ils sont les compagnons de ses heures de travail [394] !

*

Je terminai *Thaïs*, rue du Général-Foy, dans ma chambre, dont rien n'aurait troublé le silence, n'eût été la crépitation des bûches de Noël qui flambaient dans la cheminée [395].

À cette époque, je n'avais pas encore, comme je l'ai eu depuis, un monceau de lettres auxquelles il me fallait répondre ; je ne recevais pas cette quantité de livres que je dois parcourir pour en remercier les auteurs ; je n'étais pas absorbé, non plus, par ces incessantes répétitions ; enfin, je ne menais pas encore cette existence que, volontiers, je qualifierais d'infernale, si je n'avais pris l'habitude de ne pas sortir le soir.

---

390. Le 2 avril 1892, Massenet commence à Paris la mise au net de sa partition chant et piano (coll. Bonynge) qu'il achève le 15 juillet 1892 à Neufchâtel en Bray (Normandie).

391. La partition d'orchestre (BnF, Bibliothèque-musée de l'Opéra) est conçue à Pourville, Paris et Pont-de-l'Arche, entre le 3 septembre et fin octobre 1892.

392. Quelques mois avant que Massenet n'écrive son article, *Fémina* avait informé ses lecteurs de l'ouverture de deux refuges pour chiens abandonnés grâce à la générosité de Mme de Yourkevitch, présidente de l'Union nationale contre la vivisection. Voir Françoise [*sic*], « Les bavardages de Françoise », *Fémina*, 1er avril 1911, 11e année, n° 245, p. 186. Une lettre de Yourkevitch à Massenet (Paris, 46 avenue Kléber, 15 juin [1911 ?], BnF, Bibliothèque-musée de l'Opéra, NLA 358 [127]) l'invitant à déjeuner atteste des liens qui les unissaient.

393. Massenet mettra en musique plusieurs poèmes de Jeanne Dortzal (1878-1943) et composera une musique de scène pour sa pièce *Perce neige et les Sept Gnomes* (1909).

394. De multiples photographies prises par Massenet attestent de sa passion pour les animaux et leur progéniture. Voir aussi ci-après, Enquêtes, « Portraits documentés », *L'Écho de Paris*, 9 mars 1892.

395. Son opéra était achevé à cette époque. Sans doute Massenet le confond-il avec *Le Portrait de Manon* dont le manuscrit chant et piano (coll. Bonynge) porte sur le premier folio la date suivante : « Paris. Jour de Noël 1892 / après déjeuner / chez moi. »

À six heures du matin, j'avais à recevoir la visite d'un masseur. Ses soins étaient réclamés par un rhumatisme dont je souffrais à la main droite. J'en avais quelque inquiétude.

À cette heure matinale, j'étais au travail depuis longtemps et ce praticien nommé Imbert et fort aimé de tous ses clients, m'apportait le bonjour d'Alexandre Dumas fils, de chez qui il sortait. Il avait rempli chez mon illustre confrère de l'Institut le même office, et lorsqu'il en venait, il me disait : « J'ai laissé le maître, ses bougies allumées, sa barbe faite, et confortablement installé dans son déshabillé de flanelle blanche. »

Un certain matin, il m'apporta ces quelques mots d'Alexandre Dumas répondant à un reproche que je m'étais permis de lui faire :

> Avouez que vous avez cru que je vous oubliais, homme de peu de foi !
>
> A. Dumas.

Le Christ n'aurait pas dit autre chose à ses disciples bien-aimés.

Entre temps, et ce me fut une distraction exquise, j'avais écrit *Le Portrait de Manon* [396], acte délicieux de Georges Boyer, auquel je devais déjà la poésie : *Les Enfants* [397].

De bons amis à moi, Auguste Cain, célèbre sculpteur animalier, et sa chère femme, m'avaient été généreusement utiles dans de grandes circonstances, et j'étais ravi d'applaudir le premier ouvrage dramatique de leur fils, Henri Cain [398]. Son succès de *La Vivandière* s'affirmait de plus en plus. La musique de cet ouvrage, en trois actes, fut le chant du cygne du génial Benjamin Godard [399]. Ah ! le cher grand musicien, qui fut un vrai poète dès son enfance, aux premières mesures qu'il écrivit ! Qui ne se souvient de ce chef-d'œuvre : *Le Tasse* ?

Un jour que je me promenais dans les jardins du sombre palais des ducs d'Este, à Ferrare, je cueillis une branche de lauriers-roses en fleurs, et je l'envoyai à mon ami. Mon souvenir rappelait l'incomparable duo du premier acte du *Tasse* [400].

Pendant l'été 1893, j'étais allé avec ma femme m'installer à Avignon. La Ville des Papes, la « terre papale », ainsi que disait Rabelais, devait m'attirer presque autant que l'avait fait la Rome antique, cette autre cité des papes.

---

396. Créé à l'Opéra-Comique le 8 mai 1894, *Le Portrait de Manon* forme un pendant à son illustre aînée. Sa genèse reste mystérieuse, Massenet ayant pu souhaiter fêter les dix ans de son œuvre la plus populaire ou simplement dédommager Carvalho pour le retrait inopiné de *Thaïs*. Massenet en établit la partition chant et piano (coll. Bonynge) entre le 25 décembre 1892 et le 18 mars 1893 puis l'orchestration (BnF, Bibliothèque-musée de l'Opéra) presque dans la foulée, du 19 avril au 28 mai suivant.

397. Auteur de plusieurs poèmes (*Si tu veux mignonne*, 1876; *Souvenez-vous, Vierge Marie!*, 1880; *Les Enfants*, 1881) et du livret de la cantate *Biblis*, mis en musique par Massenet, l'écrivain et chroniqueur Georges Boyer (1850-1931) est proche du compositeur : Massenet offre le manuscrit de la réduction chant et piano de son opéra (coll. Bonynge) à sa fille, Giselle, dont il est le parrain.

398. Élève de Laurens et Detaille, Henri Cain (1859-1937) mène parallèlement une carrière de librettiste et de peintre. L'aide dont il est question n'a pas été identifiée.

399. *La Vivandière*, opéra-comique en trois actes de Benjamin Godard sur un livret de Henri Cain, est créé le 1er avril 1895 peu après la mort du compositeur survenue le 10 janvier 1895. Elle est donc postérieure à la collaboration de Massenet avec Henri Cain, laquelle s'installe dans le courant de 1893 pour se développer ensuite rapidement.

400. La symphonie dramatique *Le Tasse* est créée le 15 décembre 1878.

Nous habitions l'excellent Hôtel de l'Europe, place Crillon. Nos hôtes, M. et Mme Ville, de bien dignes et obligeantes personnes, furent pleins d'attentions pour nous. Cela m'était fort nécessaire, car j'avais besoin de tranquillité, écrivant alors *La Navarraise*, l'acte que m'avaient confié Jules Claretie et mon nouveau collaborateur, Henri Cain[401].

Tous les soirs, à cinq heures, nos hôtes, qui, avec un soin jaloux, avaient défendu ma porte pendant la journée, nous faisaient servir un lunch délicieux, autour duquel se réunissaient mes amis félibres et, parmi eux, l'un des premiers et des plus chers, Félix Gras[402].

Un jour, nous décidâmes d'aller rendre visite à Frédéric Mistral, qui, immortel poète de la Provence, prit une part si large à la renaissance de l'idiome poétique du Midi[403].

Il nous reçut, ainsi que Mme Mistral, dans sa demeure de Maillane, que sa présence idéalisait. Comme, avec cette science de la forme, il montrait bien, quand il nous parlait, qu'il possédait ces connaissances générales qui font le grand écrivain et doublent le poète d'un artiste ! En le voyant, nous nous rappelions cette *Belle d'août*, poétique légende, pleine de larmes et de terreurs, puis cette grande épopée de *Mireille*, et tant d'autres œuvres encore qui l'ont rendu célèbre[404].

Oui, par l'allure, par la vigueur de cette belle stature, on sent bien en lui un enfant de la campagne, mais il est gentilhomme fermier, *gentleman farmer*, comme disent les Anglais; il n'est pas, pour cela, plus paysan, comme il l'écrivit à Lamartine[405], que Paul-Louis Courier, le brillant et spirituel pamphlétaire, ne fut vigneron.

Nous revînmes à Avignon, pénétrés du charme indicible et si enveloppant des heures que nous avions passées dans la maison de cet illustre et grand poète.

L'hiver qui suivit fut entièrement consacré aux répétitions de *Thaïs*, à l'Opéra. Je dis à l'Opéra, et, pourtant, j'avais écrit l'ouvrage pour l'Opéra-Comique, auquel appartenait Sanderson. Elle y triomphait dans *Manon*, trois fois par semaine.

Quelle circonstance m'amena à ce changement de théâtre ? La voici : Sanderson, que l'idée d'entrer à l'Opéra avait éblouie, s'était laissée aller à signer avec Gailhard, sans se préoccuper d'en informer à l'avance Carvalho.

Quelle ne fut pas notre surprise, à Heugel et à moi, lorsque Gailhard nous avisa qu'il allait jouer *Thaïs* à l'Opéra, avec Sibyl Sanderson ! « Vous avez l'artiste, l'ouvrage

401. Massenet destine *La Navarraise* au soprano Emma Calvé, compagne d'Henri Cain à cette époque. L'« épisode lyrique », issu d'une nouvelle de Claretie (*La Cigarette*), forme une réponse à *Cavalleria rusticana* où Calvé s'était brillamment illustrée lors de la création parisienne de 1892.

402. Célèbre aussi pour ses engagements républicains, le poète Félix Gras (1844-1901) s'investit rapidement dans un mouvement, le Félibrige, souhaitant restaurer et valoriser la langue et la culture provençales.

403. Ce séjour date plutôt de l'automne 1893, car Massenet écrit sur le dernier folio de sa partition chant et piano : « En Avignon. Vendredi 24 nov[embre] 1893. / 10 h du matin – grand vent (mistral) toute la nuit – soleil admirable en ce moment. Nous allons à Maillane voir F. Mistral. » (*Jules Massenet*, *E&VE*, Drouot Richelieu, 19 novembre 2002, lot 145). Il réalise sa partition d'orchestre (BnF, Bibliothèque-musée de l'Opéra) dans la foulée du 30 novembre au 9 décembre 1893 mais à Beaulieu.

404. *Belle d'août*, ballade de 1848, et *Mireille*, poème provençal de 1859.

405. La deuxième édition de *Mireille* porte cette dédicace au poète : « Je te consacre Mireille : c'est mon cœur et mon âme; / C'est la fleur de mes années; C'est un raisin de Crau qu'avec toutes ses feuilles / T'offre un paysan. »

la suivra ! » Je n'avais pas autre chose à répondre[406]. Je me souviens, cependant, des reproches très émus que me fit Carvalho. II m'accusa presque d'ingratitude, et Dieu sait si je le méritais !

Thaïs eut comme interprètes : Sibyl Sanderson, J.-F. Delmas[407], qui fit du rôle d'Athanael une de ses plus importantes créations ; Alvarez, qui avait consenti à jouer le rôle de Nicias, et Mme Héglon[408], qui avait agi de même pour celui qui lui était dévolu.

Tout en écoutant les dernières répétitions, dans le fond de la salle déserte, je revivais mes extases devant les restes de la Thaïs d'Antinoé, étendue auprès de l'anachorète, encore enveloppé de son cilice de fer, et qu'elle avait enivré de ses grâces et de ses charmes. Ce spectacle impressionnant, bien fait pour frapper l'imagination, nous le devions à une vitrine du musée Guimet[409].

La veille de la répétition générale de *Thaïs*, je m'étais échappé de Paris et j'étais parti pour Dieppe et Pourville, à seule fin de m'isoler et de me soustraire aux agitations de la grande ville. J'ai déjà dit que je m'arrache toujours ainsi aux palpitantes incertitudes qui planent forcément sur toute œuvre, quand elle affronte pour la première fois le public. Sait-on jamais à l'avance le sentiment qui l'agite, ses préventions ou ses sympathies, ce qui peut l'entraîner vers une œuvre ou l'en détourner ? Je me sens défaillir devant cette redoutable énigme ; aurais-je la conscience mille fois tranquille, que je ne désire pas en aborder l'obscur mystère !

Le lendemain de mon retour à Paris, je reçus la visite de Bertrand et Gailhard, les deux directeurs de l'Opéra. Ils avaient un air effondré. Je ne pus obtenir d'eux que des soupirs, des paroles qui m'en disaient long dans leur laconisme : « La presse !!!! mauvaise !... Sujet immoral !... C'est fini !... » Autant de mots, autant d'indices de ce qu'avait dû être la représentation[410].

Je me le disais, et cependant voilà dix-sept années bientôt que la pièce n'a pas quitté les affiches, qu'on la joue en province, à l'étranger ; qu'à l'Opéra lui-même *Thaïs* a depuis longtemps dépassé la centième[411].

---

406. Sanderson quitte la salle Favart à la fin de l'année 1893 (où elle chante la 200e de *Manon* en octobre) pour rejoindre le Palais Garnier. Ce départ, décidé au moins un an auparavant, va contraindre Massenet à reprendre sa partition pour y intégrer un ballet composé au cours de l'été 1893.

407. Entre 1891 et 1912, Jean-François (ou Francisque) Delmas (1861-1933) mène une brillante carrière à l'Opéra de Paris où il participe à plusieurs créations d'opéras de Massenet, en tenant les rôles d'Amrou (*Le Mage*), d'Athanaël (*Thaïs*), de Pirithoüs (*Ariane*) et de Fabius Maximus (*Roma*).

408. Le ténor Albert Alvarez (1860-1933) et le mezzo-soprano Meyrianne Héglon (1867-1942), alors à l'orée d'une brillante carrière, tiennent respectivement les rôles secondaires de Nicias et de Myrtale dans la création de *Thaïs*, le 16 mars 1894.

409. Les « restes » évoqués ici désignent la momie de Thaïs, qui s'appelait en réalité Thaïas et n'entretient qu'un très lointain rapport avec la fameuse Thaïs de la Légende dorée. Dans sa vitrine du musée Guimet, la défunte, vêtue de plusieurs tuniques ornées, était accompagnée de l'anachorète Sérapion et entourée de son mobilier funéraire dont les différentes pièces sont aujourd'hui conservées au musée du Louvre. Massenet l'observa, non pas en 1894 puisqu'elle fut trouvée en 1901, mais plutôt en 1908 lors d'une grande exposition au Musée Guimet qui, dédiée à Antinoé, fit grand bruit : les catholiques affluèrent pour vénérer la pseudo-relique.

410. Le 13 mars 1894, la générale se déroule dans de mauvaises conditions qui incitent Massenet, toujours à Paris, à reprendre rapidement sa partition (modification du final, ballet écourté). La création, trois jours après, est cependant mal accueillie par la presse.

411. À partir de 1907, Lina Cavalieri (1874-1944) puis Maria Kousnezoff (1880-1966) vont imposer l'ouvrage qui fêtera sa centième avec la cantatrice ukrainienne le 28 mai 1910.

Jamais je n'ai autant regretté de m'être laissé aller à un moment de découragement. Celui-ci ne fut, il est vrai, que passager. Pouvais-je me douter que je serais destiné à revoir cette même partition de *Thaïs*, datant de 1894, dans le salon de la mère de Sibyl Sanderson, sur le pupitre de ce même piano qui servait à nos études, alors que la belle artiste n'est plus depuis longtemps ?...

Pour acclimater le public à l'ouvrage, les directeurs de l'Opéra lui avaient associé un ballet du répertoire[412]. Par la suite, Gailhard, voyant que l'ouvrage plaisait, et pour former à lui seul le spectacle de la soirée, eut l'idée de me demander d'ajouter un tableau, l'Oasis, et un ballet, au troisième acte[413]. Ce fut Mlle Berthet qui créa ce nouveau tableau, et Zambelli[414] fut chargée d'incarner le nouveau ballet.

Ensuite, le rôle fut joué à Paris par Mlles Alice Verlet, Mary Garden et Mme Kousnezoff. Je leur dus de superbes soirées à l'Opéra. Geneviève Vix et Mastio le jouèrent dans d'autres villes. Je me réserve de parler de Lina Cavalieri, car elle devait être la première créatrice de l'ouvrage à Milan, en octobre 1903. Cette création fut l'occasion de mon dernier voyage en Italie jusqu'à ce jour[415].

CHAPITRE XX

MILAN-LONDRES-BAYREUTH

Je regrette d'autant plus d'avoir abandonné les voyages, pour lesquels il semble que je sois devenu paresseux, que mes séjours à Milan furent toujours délicieux, j'allais dire adorables, grâce au très aimable Édouard Sonzogno, qui ne cessa de m'entourer des attentions les plus délicates et les plus affectueuses[416].

Oh ! ces exquises réceptions, ces dîners d'un raffinement si parfait, du bel hôtel du 11 de la via Goito ! Que de rires, que de gais propos, que d'heures vraiment enchanteresses je passai là, avec mes confrères italiens, invités aux mêmes agapes que moi, chez le plus gracieux des amphitryons : Umberto Giordano, Cilea[417] et tant d'autres.

---

412. *Thaïs*, dont le ballet est totalement abandonné au bout de la neuvième représentation, était accompagnée le plus souvent de *La Maladetta* de Paul Vidal ou de *La Korrigane* de Charles-Marie Widor.

413. Probablement encouragé par une reprise bien accueillie en 1896 avec Lucy Berthet dans le rôle-titre, Massenet compose au cours de l'été 1897 le tableau de l'Oasis et le ballet de la Place publique pour la reprise de *Thaïs*, le 13 avril 1898.

414. D'origine italienne, Carlotta Zambelli (1877-1968) entre en 1894 à l'Opéra de Paris où elle mène une brillante carrière de danseuse étoile puis de pédagogue jusqu'en 1955.

415. Plus exactement à Milan car Massenet, on le verra, ira en 1907 à Turin pour la création d'*Ariane* en Italie.

416. Après avoir eu Ricordi comme représentant de ses ouvrages en Italie (*Le Roi de Lahore* et *Hérodiade*), Massenet est passé chez Sonzogno probablement depuis son entrée chez Heugel.

417. Umberto Giordano (1867-1948) et Francesco Cilea (1866-1950) sont de fervents admirateurs de la musique de Massenet dont ils subissent l'influence.

J'avais, dans cette grande cité, d'excellents amis, également illustres, tels Mascagni, Leoncavallo que je connus autrefois et eus comme amis à Paris[418], mais alors ils ne se doutaient pas de la magnifique situation qu'ils devaient se créer un jour au théâtre.

À Milan, je fus aussi invité à sa table par mon ancien ami et éditeur Giulio Ricordi. J'éprouvai une émotion si sincère à me retrouver au sein de cette famille Ricordi à laquelle me rattachent tant de charmants souvenirs ! Inutile d'ajouter que nous bûmes à la santé de l'illustre Puccini[419].

J'ai gardé de mes séjours à Milan la souvenance d'y avoir assisté aux débuts de Caruso[420]. Ce ténor, devenu fameux, était bien modeste alors ; et, quand je le revis un an après, enveloppé d'une ample fourrure, il était évident que le chiffre de ses appointements avait dû monter *crescendo* ! Certes, je ne lui enviais pas, en le voyant ainsi, ni sa brillante fortune, ni son incontestable talent, mais je regrettais de ne pouvoir, surtout cet hiver-là, endosser sa riche et chaude houppelande !... Il neigeait, en effet, à Milan, à gros et interminables flocons. L'hiver était rigoureux ; il me souvient même que je n'eus pas trop du pain de mon déjeuner pour satisfaire l'appétit d'une trentaine de pigeons qui, tout grelottants, tremblants de froid, étaient venus chercher un abri sur mon balcon. Pauvres chères petites bêtes, pour lesquelles je regrettais de ne pouvoir faire davantage ! Et, involontairement, je pensais à leurs sœurs de la place Saint-Marc, si jolies, si familières, qui devaient être aussi frileuses qu'elles, en cet instant.

J'ai à m'accuser d'une grosse et bien innocente plaisanterie que je fis à un dîner chez l'éditeur Sonzogno. Nul n'ignorait les rapports tendus qui régnaient entre lui et Ricordi. Je me glissai donc, ce jour-là, dans la salle à manger, avant qu'aucun des convives n'y eût pénétré, et je posai sous la serviette de Sonzogno une bombe Orsini, d'une vérité d'apparence étonnante, que j'avais achetée – qu'on se rassure, elle était en carton – chez un confiseur. À côté de ce bien inoffensif explosif, j'avais placé la carte de Ricordi. Cette plaisanterie obtint un succès peu ordinaire. Les dîneurs en rirent tant et tant, que, pendant tout le repas, il ne fut pas question d'autre chose, si bien même que l'on ne songea que médiocrement au menu, et cependant l'on sait s'il devait être succulent, comme tous ceux, d'ailleurs, auxquels on était appelé à faire honneur dans cette opulente maison !

---

418. Ruggero Leoncavallo (1857-1919) et Massenet se sont rencontrés lors de la création d'*Hérodiade* au Théâtre-Italien en février 1884. Le jeune compositeur italien, qui vivait à Paris depuis 1883 comme pianiste de café-concert, accompagnait les répétitions. En revanche, aucun document n'atteste d'une rencontre entre Massenet et Pietro Mascagni (1863-1945) qui ne semble pas avoir séjourné en France à cette époque.

419. À partir des années 1880, Sonzogno et Ricordi vont se livrer à une concurrence féroce. Détenteur des droits de Rossini, Bellini, Donizetti ou Verdi, le premier soutient Puccini, tandis que le second affiche à son catalogue Mascagni, Leoncavallo, Cilea et Giordano mais aussi le répertoire français (Bizet, Gounod, Massenet, etc.). Cette rivalité affecte également les théâtres, Ricordi orientant la programmation de la Scala et Sonzogno celle des Teatro Costanzi (Rome) et Teatro Lirico (Milan) dont il est le directeur.

420. Présent aux créations milanaises de *Sapho* en avril 1898 et de *Cendrillon* en décembre de l'année suivante, Massenet a sans aucun doute entendu Enrico Caruso au Teatro Lirico où le ténor va progressivement se faire un nom en participant notamment aux créations de deux œuvres majeures de Cilea, *L'Arlesiana*, le 27 novembre 1897, puis *Adrienna Lecouvreur*, le 6 novembre 1902.

En Italie, toujours, j'eus la fortune glorieuse d'avoir pour interprète de *Sapho* la Bellincioni, la « Duse » de la tragédie lyrique[421]. En 1911, elle poursuivait, à l'Opéra de Paris, le cours de sa triomphale carrière[422].

J'ai parlé de la Cavalieri comme devant créer *Thaïs* à Milan. Sonzogno m'engagea vivement à lui faire voir le rôle avant mon départ. J'ai à me souvenir du succès considérable qu'elle obtint dans cet ouvrage, *al teatro lirico* de Milan. Sa beauté, sa plastique admirable, sa voix chaude et colorée, ses élans passionnés, empoignèrent le public qui la porta aux nues[423].

Elle m'invita à un déjeuner d'adieux qui eut lieu à « hôtel de Milan ». Le couvert fleuri était dressé dans un grand salon attenant à la chambre à coucher où Verdi était décédé deux ans auparavant. Cette chambre était demeurée telle que l'avait habitée l'illustre compositeur. Le piano à queue du grand maître était encore là, et, sur la table dont il se servait, se trouvaient l'encrier, la plume et le papier buvard encore imprégné des notes qu'il avait tracées. La chemise empesée, la dernière qu'il eût portée, était là, accrochée à la muraille et l'on pouvait distinguer la forme du corps qu'elle dessinait!... Un détail qui me froisse et que la curiosité avide des étrangers peut seule expliquer, c'est que des morceaux de ce linge avaient été audacieusement coupés et emportés comme des reliques.

Verdi! C'est toute l'Italie victorieuse, de Victor-Emmanuel II jusqu'à nos jours. Bellini, lui, c'est l'image de l'Italie malheureuse sous le joug d'autrefois!

Peu après la mort, en 1835, de Bellini, l'inoubliable auteur de *La Sonnambula* et de la *Norma*, Verdi, l'immortel créateur de tant de chefs-d'œuvre, entrait en scène et ne devait cesser de produire avec une rare fécondité ses merveilleux ouvrages, toujours au répertoire de tous les théâtres du monde.

Deux semaines environ avant la mort de Verdi, je trouvai à mon hôtel la carte de ce grand homme, *avec ses affections et ses vœux*[424].

Camille Bellaigue, dans une remarquable étude sur Verdi, consacre à ce maître admirable ces paroles aussi justes qu'elles sont belles.

---

421. Le 14 avril 1898, Massenet assiste à la première triomphale de *Sapho* au Teatro Lirico avec Gemma Bellincioni (1864-1950). Le lendemain, il reçoit la lettre suivante de Ricordi : « Cher Ami, / Je viens vous dire toute la joie que nous avons éprouvée hier au soir. Bellincioni admirable – bien tous les autres, mais bien surtout l'exécution d'ensemble, de manière que l'ouvrage entier a donné l'impression du vérisme moderne, sans, pour cela, sortir de l'architecture musicale. Il a fallu pour cela avoir non une main d'artiste, mais une poigne de maître – *Bravo* ! » Lettre de Giulio Ricordi à Jules Massenet, 15 avril 1898, BnF, Bibliothèque-musée de l'Opéra, NLAS 118 (133).

422. Bellincioni incarne avec brio la Salomé de Strauss qu'elle chante à l'Opéra de Paris au cours de trois soirées à partir du 27 novembre 1911.

423. Lina Cavalieri chante au Teatro Lirico le 17 octobre 1903 en présence de Massenet, lequel préside ensuite le concours d'opéra organisé par Sonzogno dont l'édition de 1889 avait vu triompher *Cavalleria rusticana* (le prix sera attribué cette année-là à *La Cabrera* de Gabriel Dupont). Selon Jules Claretie (*Souvenirs du dîner Bixio*, Paris, Charpentier, 1924, p. 165), le compositeur français aurait brossé à son retour de Milan un portrait haut en couleur de la chanteuse : « 7 novembre 1903. [...] Massenet nous parle de la Cavalieri. À quinze ans, mère; à quatorze ans, un amant dans la campagne de Rome. Elle joue Thaïs presque nue avec des globes d'argent sur les seins, dont les pointes sont deux émeraudes. »

424. Massenet n'étant pas à Milan en janvier 1901, cet épisode se situe plutôt en décembre 1899 à l'époque de la création italienne de *Cendrillon*.

Il mourut le 27 janvier 1901, dans sa quatre-vingt-huitième année. Avec lui la musique a perdu quelque chose de sa force, de sa lumière et de sa joie. À l'équilibre, au « concert » européen, il manque désormais une grande voix, une voix nécessaire. Une fleur éclatante est tombée de la couronne du génie latin. Je ne puis songer à Verdi, sans me rappeler cette parole fameuse de Nietzsche, revenu du wagnérisme et même retourné contre lui : « Il faut méditerraniser la musique. » Non pas certes la musique tout entière. Mais aujourd'hui qu'a disparu le vieux maître, l'hôte glorieux de ce palais Doria, d'où son regard profond s'étendait chaque hiver sur l'azur de la mer ligurienne, on peut se demander qui viendra sauver dans la musique les droits et l'influence de la Méditerranée[425].

*

Pour ajouter encore à mes souvenirs de *Thaïs*, je rappellerai ces deux lettres qui devaient me toucher si vivement :

1er août 1892

Je vous avais apporté à l'Institut la petite poupée *Thaïs*, et comme je partais pour la campagne au sortir de la séance où vous n'êtes pas venu, je l'ai laissée à Bonvalot, le priant de la traiter avec soin. J'espère qu'il ne l'aura pas déshonorée, qu'il vous la rendra vierge encore.

Je rentre ces jours-ci, d'autant que samedi nous recevons Frémiet, qui me charge de vous remercier de lui avoir donné votre voix.

Gérôme

Cette statuette polychrome, œuvre de mon illustre confrère, avait été désirée par moi pour être placée sur ma table pendant que j'écrivais *Thaïs*[426]. J'ai toujours aimé avoir sous les yeux une image ou un symbole de l'ouvrage qui m'occupait.

La seconde lettre, je la reçus au lendemain de la première de *Thaïs* à l'Opéra :

Cher maître,

Vous avez élevé au premier rang des héroïnes lyriques ma pauvre *Thaïs*. Vous êtes ma plus douce gloire. Je suis ravi. *Assieds-toi près de nous*, l'air à Eros, le duo final, tout est d'une beauté charmante et grande.

Je suis heureux et fier de vous avoir fourni le thème sur lequel vous avez développé les phrases les mieux inspirées. Je vous serre les mains avec joie.

Anatole France[427]

*

425. On ne manquera pas de s'étonner de cette citation qui reproduit les dernières phrases d'une monographie (*Verdi*, Paris, Henri Laurens, [1912 ?], p. 122) de Camille Bellaigue dont les jugements dans la *Revue des deux mondes* furent rarement favorables à Massenet.

426. À cette date, Massenet avait déjà composé la majeure partie de *Thaïs* (voir le chapitre précédent). Cette statuette, aujourd'hui non localisée, n'est pas connue des spécialistes du peintre Jean-Léon Gérôme (1824-1904), membre de l'Institut depuis 1865, contrairement à l'orientaliste Gabriel Bonvalot qui n'y siégea pas.

427. La collaboration avec France fut extrêmement réduite, Massenet ayant exclusivement travaillé avec Gallet qui affirma par ailleurs : « J'avais en tête le scénario de *Thaïs*; je le racontai à l'auteur du roman; il voulut bien le trouver à son gré et tout fut dit. Anatole France [...] ne connut la pièce que lorsque la partition était déjà écrite et ne vit l'ouvrage qu'à la répétition générale. » (« Théâtre : Musique », *La Nouvelle Revue*, 16e année, t. 87, mars-avril 1894, p. 644).

À deux reprises déjà je m'étais rendu au théâtre de Covent Garden. D'abord pour *Le Roi de Lahore*, ensuite pour *Manon*, jouée par Sanderson et Van Dyck[428].

Une nouvelle fois, j'y retournai pour les études de *La Navarraise*. Nous avions comme artistes principaux : Emma Calvé, Alvarez et Plançon[429].

Les répétitions privées, avec Emma Calvé, furent pour moi un grand honneur et une grande joie que je devais retrouver plus tard aussi, avec elle, lors des répétitions de *Sapho à* Paris[430].

À la première représentation de *La Navarraise* assistait le prince de Galles, plus tard Édouard VII.

Les rappels à l'adresse des artistes furent si nombreux, si enthousiastes, que l'on finit par me rappeler aussi. Comme je ne paraissais pas, par la bonne raison que je n'étais pas là, et ne pouvais non plus être présenté au prince de Galles qui voulait me féliciter, le directeur ne trouva que ce moyen pour m'excuser auprès du prince et du public. Il s'avança sur la scène et dit : « M. Massenet est en train de fumer une cigarette dehors; il ne veut pas venir ! »

C'était sans doute la vérité, mais « toute vérité n'est pas bonne à dire » !!!

Je repris le bateau avec ma femme et mon cher éditeur, Heugel, ainsi qu'avec Adrien Bernheim[431], commissaire général du gouvernement auprès des théâtres subventionnés. Ce dernier, qui avait honoré la représentation de sa présence, devait rester depuis lors pour moi l'ami le plus charmant et le plus précieux.

J'appris que S. M. la reine Victoria avait demandé à Emma Calvé de venir à Windsor lui jouer *La Navarraise*, et je sus qu'on avait improvisé dans le salon même de Sa Majesté une mise en scène des plus pittoresques, sinon primitive. La barricade qui est le sujet du décor fut figurée par une quantité d'oreillers et d'édredons. Ce détail, mes chers enfants, m'a paru fort amusant à vous rapporter.

Ai-je dit qu'au mois de mai qui précéda *La Navarraise* à Londres (20 juin 1894) l'Opéra-Comique avait représenté *Le Portrait de Manon*, un acte exquis de Georges Boyer, qui fut délicieusement interprété par Fugère, Grivot et Mlle Laisné[432] ?

Dans cet ouvrage reparaissaient plusieurs phrases de *Manon*. Le sujet me l'indiquait, puisqu'il s'agissait de des Grieux, à quarante ans, et d'un souvenir très poétique de Manon morte depuis longtemps[433].

---

428. *Le Roi de Lahore* et *Manon* sont créés sur cette scène, en présence de Massenet, respectivement le 28 juin 1879 et le 19 mai 1891.

429. La basse Pol Plançon (1851-1914) fait ses débuts en 1877 à l'Opéra de Lyon puis à l'Opéra de Paris en 1883 où il participe à la création du *Cid* (Gormas). Sa carrière se déroule ensuite essentiellement à Covent Garden entre 1891 et 1904.

430. La décision de composer *Sapho* fut probablement prise peu après la création parisienne de *La Navarraise*. Voir chapitre XXII.

431. Adrien Bernheim (1861-1914), critique dramatique et inspecteur général des théâtres.

432. Le ténor Pierre Antonin François Grivot (1834-1912), créateur du rôle de Guillot dans *Manon* en 1884, et le soprano Jeanne Laisné (1870-?).

433. Voir chapitre précédent.

Entre temps j'étais retourné à Bayreuth. J'étais allé y applaudir *Les Maîtres Chanteurs de Nuremberg*[434].

Depuis bien des années Richard Wagner n'était plus là, mais son âme titanique présidait à toutes ses représentations. Je me souvenais, tout en me promenant dans les jardins qui entourent le théâtre de Bayreuth, que je l'avais connu en 1861. J'avais habité pendant dix jours une petite chambre voisine de la sienne, dans le château de Plessis-Trévise, appartenant au célèbre ténor Gustave Roger. Roger connaissait l'allemand et il s'était proposé pour faire la traduction française du *Tannhäuser*. Richard Wagner était donc venu s'installer chez lui pour mettre les paroles françaises bien d'accord avec la musique[435].

Je me souviens encore de son interprétation énergique quand il jouait au piano les fragments de ce chef-d'œuvre, si maladroitement méconnu alors et depuis tant admiré du monde entier.

CHAPITRE XXI

VISITE À VERDI : ADIEUX À AMBROISE THOMAS

Henri Cain, qui nous avait accompagnés à Londres vint m'y voir à l'hôtel Cavendish, Jermyn Street, où j'étais descendu.

Nous restâmes plusieurs heures en conférence, passant en revue les différents sujets d'ouvrages susceptibles de m'occuper dans l'avenir. Finalement, nous nous mîmes d'accord sur le conte de fées : *Cendrillon*[436].

Je rentrai à Pont-de-l'Arche, notre nouvelle demeure à ma femme et moi pour y travailler pendant l'été.

Notre habitation était fort intéressante; elle avait même une véritable valeur historique[437].

---

434. *Les Maîtres chanteurs* ne seront représentés à Bayreuth qu'en 1888, 1889 et 1892. Massenet semble être allé au festival de 1892, car, dans une lettre à Adolf von Gross du 24 avril 1892, Ernest Van Dyck, qui chantera néanmoins *Parsifal*, rappelle à l'intendant du festival de bien vouloir lui réserver des places, car « Rose Caron, Massenet, Paul Milliet et d'autres noms célèbres comptent absolument » sur lui. Voir Malou Haine, *Ernest Van Dyck, un ténor à Bayreuth suivi de la correspondance avec Cosima Wagner*, Lyon, Symétrie, 2005, p. 163.

435. Cet épisode se situe plutôt pendant l'hiver 1859-1860. Massenet était l'accompagnateur des leçons données par l'illustre ténor qui, le 17 septembre 1861, interpréta aussi avec succès des extraits de *Tannhäuser* à l'Opéra-Comique, soit quelques mois après la chute retentissante de l'ouvrage à l'Opéra, le 13 mars 1861.

436. *Cendrillon*, « conte de fées » en quatre actes, fut d'abord précédée de *Grisélidis* dont Massenet entame la composition en juillet 1894 soit quelques jours après la création de *La Navarraise* à Londres. Massenet abandonnera cependant *Grisélidis* au profit de *Cendrillon* qu'il met sérieusement sur le métier en juillet 1895.

437. Le nom de Pont-de-l'Arche, où Massenet et son épouse ont acquis une demeure en juillet 1891, apparaît régulièrement jusqu'en 1895 sur les manuscrits composés pendant l'été. Celui de la mélodie *Départ* (Chicago, Newberry Library), porte la note suivante : « Pont de l'arche / mardi 29 août / 93 7[h] *du soir.* / dernières pages écrites ici cette année. » Et Massenet précise à son dédicataire, le compositeur américain Frederic Grant Gleason : « Pont de l'arche est une petite ville sur les bords de la Seine, près de Rouen – / c'est

Une porte massive, tournant sur d'énormes gonds, donnait accès vers la rue à un vieil hôtel bordé d'une terrasse d'où l'on dominait la vallée de la Seine et celle de l'Andelle. C'était déjà la belle Normandie qui nous donnait le spectacle délicieux de ses riantes et magnifiques plaines et de ses riches pâturages se profilant à l'horizon, à perte de vue.

La duchesse de Longueville, la célèbre héroïne de la Fronde, avait habité cet hôtel, pavillon de ses amours. La très séduisante duchesse au parler si doux, aux gestes formant, avec l'expression de son visage et le son de sa voix, une harmonie merveilleuse, à ce point remarquable, écrivit un écrivain janséniste de l'époque, qu'« elle était la plus parfaite actrice du monde », – cette femme, splendide entre toutes, avait abrité là ses charmes et sa rare beauté. Il faut croire qu'on n'a rien exagéré à son égard pour que Victor Cousin, devenu son « amoureux posthume », (avec le duc de Coligny, Marcillac, duc de la Rochefoucauld et le grand Turenne ; il aurait pu se trouver en moins brillante compagnie), pour que, disons-nous, l'illustre et éclectique philosophe lui ait dédié une œuvre sans doute admirable, par le style, mais considérée encore comme l'œuvre la plus complète de l'érudition moderne[438].

Née Bourbon-Condé, fille d'un prince d'Orléans, les fleurs de lys auxquelles elle avait droit se voyaient aux clefs de voûte des fenêtres de notre petit château.

Il y avait un grand salon blanc, aux boiseries du temps délicatement sculptées, et éclairé par trois fenêtres sur la terrasse. C'était un chef-d'œuvre, d'une conservation parfaite, du dix-septième siècle.

Trois fenêtres donnaient également jour à la chambre où je travaillais, et où l'on pouvait admirer une cheminée, véritable merveille d'art de style Louis XIV. J'avais trouvé à Rouen une grande table ; elle datait de la même époque. Je m'y sentais à l'aise pour disposer les feuilles de mes partitions d'orchestre.

C'est à Pont-de-l'Arche, qu'un matin, j'appris la mort de Mme Carvalho[439]. Sa disparition devait plonger l'art du chant et du théâtre dans un deuil profond, car elle l'avait incarné, durant de longues années, avec le plus magistral talent. Ce fut là, aussi, que je reçus la visite de mon directeur, Léon Carvalho, que cette mort avait cruellement atteint. Il était accablé par cette perte irréparable, venant comme obscurcir l'éclat que la grande artiste avait contribué si glorieusement à donner à son nom.

Carvalho était venu me demander d'achever la musique de *La Vivandière*, cet ouvrage auquel travaillait Benjamin Godard, mais que son état de santé faisait craindre qu'il ne pût terminer.

---

une antique maison où je vis l'été avec ma femme – / c'est là que je travaille loin de Paris, loin des théâtres, loin des journaux – c'est là que je pourrais me dire vraiment heureux ! »

438. Victor Cousin, *Madame de Longueville : nouvelles études sur les femmes illustres et la société du* XVIIe *siècle*, Paris, Didier, 1853.

439. Le manuscrit de la partition chant et piano de *Cendrillon* (BnF, Bibliothèque-musée de l'Opéra) conserve le souvenir de cette nouvelle : « Mme Miolan-Carvalho/ est morte hier mercredi 10 juillet 1895 (matin) / à Puys. / profonde émotion. / télégraphie à Carvalho / et à Henri ».

J'opposai à la demande un refus très net. Je connaissais Benjamin Godard, je savais sa force d'âme ainsi que la richesse et la vivacité de son inspiration ; je demandai donc à Carvalho de taire sa visite et de laisser Benjamin Godard achever son œuvre[440].

Cette journée se termina sur un incident assez drolatique. J'avais fait quérir, dans le pays, une grande voiture pour reconduire mes hôtes à la gare. À l'heure convenue, arriva, à ma porte, un landau découvert, un seize ressorts au moins, garni en satin bleu ciel, dans lequel on montait par un marchepied à triple degré qui se repliait, une fois la portière refermée. Deux chevaux blancs, maigres et décharnés, véritables rossinantes, y étaient attelés.

Mes invités reconnurent aussitôt ce carrosse, à l'allure préhistorique, pour l'avoir autrefois rencontré au bois de Boulogne promenant ses propriétaires. La malignité publique avait trouvé ceux-ci à ce point ridicules, qu'elle leur avait donné des noms que, par *decorum*, on me permettra de taire. Je dirai seulement qu'ils avaient été empruntés au vocabulaire zoologique.

Jamais les rues de cette petite ville, si paisible et si calme, ne retentirent de semblables éclats de rire. Ceux-ci ne cessèrent qu'à l'arrivée à la gare, et encore !... Je ne jurerais pas qu'ils ne se soient quelque peu prolongés !

*

Carvalho décida de donner *La Navarraise* à Paris, à l'Opéra-Comique, et l'ouvrage passa au mois de mai 1895[441].

J'allai terminer *Cendrillon* à Nice, à l'hôtel de Suède. Nous y fûmes absolument gâtés par nos hôtes, M. et Mme Roubion, qui furent charmants pour nous[442].

Installé à Nice, je m'en étais échappé pendant une dizaine de jours, pour aller à Milan, y donner des indications à mes artistes de l'admirable théâtre de la Scala, qui répétaient *La Navarraise*. La protagoniste était l'artiste connue et aimée de toute l'Italie, Lison Frandin[443].

Comme je savais Verdi à Gênes, je profitai de mon passage par cette ville, sur la route de Milan, pour lui aller rendre visite[444].

En arrivant au premier étage de l'antique palais des Doria, où il habitait, je pus déchiffrer, dans un couloir sombre, sur une carte clouée à une porte, ce nom qui rayonne de tant de souvenirs d'enthousiasme et de gloire : VERDI.

---

440. Cette rencontre avec Carvalho doit se situer en 1894, car Benjamin Godard disparaît le 10 janvier 1895 en laissant inachevée l'orchestration de *La Vivandière*, opéra-comique aussitôt terminé par Paul Vidal et créé dans la foulée le 14er avril suivant.

441. La première parisienne de *La Navarraise* se tiendra exactement le 3 octobre 1895.

442. Plusieurs notes autographes du manuscrit de la partition d'orchestre (BnF, Bibliothèque-musée de l'Opéra), datée entre le 3 décembre 1895 et le 4 janvier 1896, attestent de ce long séjour. Sur le premier folio de l'acte I on peut lire : « Nice – Hôtel Roubion. / mardi matin 3 déc. /95. / grande chaleur – bon soleil / dans la chambre – voyage Ninon et moi ».

443. Massenet se garde bien d'écrire que la création milanaise de *La Navarraise*, le 6 février 1896, subit un échec retentissant, malgré la présence du célèbre soprano Lison Frandin (1859-1911) qui chante régulièrement en Italie depuis 1883. Le compositeur, qui en avait simplement supervisé les répétitions, n'assista pas à la première.

444. Selon *Le Ménestrel* des 19 janvier et 2 février 1896, Massenet s'arrêta à Gênes pour surveiller les études de *Werther* et assista à la première représentation après son passage à Milan. Cette rencontre s'est cependant plutôt tenue en novembre 1894. Voir, Articles, « Hommage à Verdi ».

Ce fut lui qui vint m'ouvrir. Je restai tout interdit. Sa franchise, sa bonne grâce, la noblesse accueillante que sa haute stature imprimait à toute sa personne eurent bientôt fait de nous rapprocher.

Je passai en sa compagnie quelques instants d'un charme indéfinissable, causant avec la plus délicieuse simplicité dans sa chambre à coucher, puis sur la terrasse de son salon, d'où l'on dominait le port de Gênes, et, par-delà, la haute mer dans l'horizon le plus lointain. J'eus cette illusion qu'il était lui-même un Doria me montrant avec orgueil ses flottes victorieuses.

En sortant de chez Verdi, je fus entraîné à lui dire que, « maintenant que je lui avais rendu visite, j'étais en Italie !... »

Comme j'allais reprendre la valise que j'avais déposée dans un coin sombre de la grande antichambre où se remarquaient de hauts fauteuils dorés, dans le goût italien du dix-huitième siècle, je lui dis qu'elle renfermait des manuscrits qui ne me quittaient jamais quand je voyageais. Verdi, se saisissant brusquement de mon colis, me déclara qu'il agissait absolument comme moi, ne voulant jamais se séparer de son travail en cours. Que j'eusse préféré que ma valise contînt sa musique plutôt que la mienne ! Le maître m'accompagna ainsi, jusqu'à ma voiture, après avoir traversé les jardins de sa seigneuriale demeure.

*

En rentrant à Paris, en février, j'appris, avec la plus vive émotion, que mon maître, Ambroise Thomas, était dangereusement malade.

Quoique souffrant, il n'avait pas craint de braver le froid pour aller assister à un festival donné à l'Opéra, où l'on exécutait tout le terrible et superbe prologue de *Françoise de Rimini.*

On bissa le prélude et on acclama Ambroise Thomas.

Mon illustre maître fut d'autant plus ému de cet accueil, qu'il n'avait pas oublié qu'on s'était montré cruellement sévère à l'Opéra pour ce bel ouvrage[445].

Au sortir du théâtre, Ambroise Thomas rentra chez lui, dans l'appartement qu'il occupait au Conservatoire, et se coucha. Il ne devait plus se lever...

Ce jour-là, le ciel était pur et sans nuages, le soleil resplendissait de son plus doux éclat et, pénétrant dans la chambre de mon tant vénéré maître, venait y caresser les courtines de son lit de douleurs. Les dernières paroles qu'il prononça furent pour saluer la nature en fête, et qui voulait, une dernière fois, lui sourire. *Mourir par un aussi beau temps !...* fit-il, et ce fut tout.

Une chapelle ardente avait été disposée dans le vestibule à colonnes, dont j'ai déjà parlé, et qui précédait le grand escalier menant à la loge du président, loge qu'il avait honorée de sa présence pendant vingt-cinq ans.

Le surlendemain, je prononçais son oraison funèbre, au nom de la Société des auteurs et compositeurs dramatiques. Je la commençais en ces termes :

445. L'exécution du Prologue de *François de Rimini* (opéra en quatre actes, créé le 14 avril 1882 à l'Opéra) s'inscrivait dans le cadre d'un concert donné le 17 janvier 1896.

> On rapporte qu'un roi de France, mis en présence du corps étendu à terre d'un puissant seigneur de sa cour, ne put s'empêcher de s'écrier : « Comme il est grand ! » Comme il nous paraît grand aussi, celui qui repose ici, devant nous, étant de ceux dont on ne mesure bien la taille qu'après leur mort.
> À le voir passer si simple et si calme dans la vie, dans son rêve d'art, qui de nous, habitués à le sentir toujours à nos côtés, pétri de bonté et d'indulgence, s'était aperçu qu'il fallait tant lever la tête pour le bien regarder en face ?... [446]

À ce moment, je sentis des larmes obscurcir mes yeux et ma voix sembla s'éteindre, étranglée par l'émotion. Je me contins cependant, et, maîtrisant ma douleur, je pus reprendre mon discours. Je savais que j'aurais tout le temps de pleurer !

Il me fut fort pénible, dans cette circonstance, d'observer les regards d'envie de ceux qui voyaient déjà en moi le successeur de mon maître au Conservatoire. Précisément, il advint que, peu de temps après, je fus convoqué au ministère de l'Instruction publique. Le ministre d'alors était mon confrère de l'Institut, l'éminent historien Rambaud, et à la tête des beaux-arts, comme directeur, était Henry Roujon, devenu, depuis, membre de notre Académie des beaux-arts, et son secrétaire perpétuel, et l'élu de l'Académie française.

La direction du Conservatoire me fut offerte. Vous savez, mes chers enfants, que je déclinai cet honneur, ne voulant pas interrompre ma vie de théâtre, qui réclamait tout mon temps.

En 1905, les mêmes offres me furent faites. J'y opposai les mêmes refus, les mêmes excuses[447].

Naturellement, je présentai ma démission de professeur de composition au Conservatoire. Je n'avais, d'ailleurs, accepté et conservé cette situation que parce qu'elle me rapprochait de mon directeur que j'aimais tant.

Enfin libre et débarrassé à tout jamais de mes chaînes, je partis dans les premiers jours de l'été, avec ma femme, pour les montagnes de l'Auvergne.

446. Voir Discours, « Funérailles d'Ambroise Thomas », 22 février 1896.

447. De plus en plus souvent sollicité, on l'a vu, par les représentations de ses ouvrages à l'étranger, Massenet laissait souvent sa classe à André Gedalge. Dans une lettre adressée au ministre et datée du 6 mai 1896, il justifia ainsi son refus : « À mon grand regret, je ne puis accepter, désirant garder mon indépendance et ma liberté. » (Citée par Anne Massenet, *Jules Massenet en toutes lettres*, Paris, Éditions de Fallois, 2001, p. 158) Le compositeur a pu aussi souhaiter décliner une offre qui allait l'exposer considérablement. Son successeur, Théodore Dubois, fut ainsi remplacé par Gabriel Fauré en 1905 après avoir été contraint de démissionner suite au scandale Ravel qui éclaboussa l'institution du Prix de Rome.

CHAPITRE XXII

DU TRAVAIL !… TOUJOURS DU TRAVAIL !…

L'année précédente, au commencement de l'hiver, Henri Cain avait proposé à Henri Heugel, pour me le faire accepter plus sûrement, sachant l'empire qu'il avait sur moi, un poème tiré du célèbre roman d'Alphonse Daudet : *Sapho*[448].

J'étais parti pour les montagnes, le cœur léger. Pas de direction du Conservatoire, plus de classes, je me sentais rajeuni de vingt ans ! J'écrivis *Sapho* avec une ardeur que je m'étais rarement connue jusqu'alors[449].

Nous habitions une villa, où je me sentais si loin de tout, de ce bruit, de ce tumulte, de ce mouvement incessant de la ville, de son atmosphère enfiévrée ! Nous faisions des promenades, de grandes excursions en voiture, à travers ce beau pays, tant vanté pour la variété de ses sites, mais alors encore trop ignoré. Nous allions silencieux. Le seul accompagnement de nos pensées était le murmure des eaux qui couraient le long des routes et dont la fraîcheur venait jusqu'à nous ; parfois, c'était le bruit jaillissant de quelque source qui interrompait le calme de cette luxuriante nature[450]. Les aigles, aussi, descendant de leurs rocs escarpés, « séjour du tonnerre », suivant le mot de Lamartine[451], venaient nous surprendre, en un vol audacieux, faisant retentir les airs de leurs cris aigus et perçants.

Tout en cheminant, mon esprit travaillait et, au retour, les pages s'accumulaient.

J'étais passionné pour cet ouvrage et je me réjouissais tant, à l'avance, de le faire entendre à Alphonse Daudet, un ami bien cher que j'avais connu alors que nous étions jeunes tous deux[452] !

448. Dès la fin de 1895, Henri Cain établit, en collaboration avec Arthur Bernède (1871-1937), le livret de *Sapho*, « pièce lyrique » en cinq actes, sous le regard de Daudet dont le roman éponyme avait été publié en 1884.

449. Entre fin mai et juillet 1896, Massenet s'installe près de Montluçon et de Néris-les-Bains, à Chamblet où il compose *Sapho*. Puis, avant de retourner en Auvergne à la fin du mois d'août, il séjourne chez Emma Calvé, près de Millau, afin de lui jouer les premières pages de sa partition. La cantatrice, qui lui aurait demandé, sans doute à cette occasion, d'insérer la Chanson de Magali, recevra le manuscrit (aujourd'hui non localisé) avec cette dédicace éloquente : « Toutes ces pages je les ai écrites avec votre constante pensée – elles doivent vivre par vous – elles vous appartiennent doublement et je vous les offre avec l'expression de ma reconnaissance *infinie*. » (Emma Calvé, *Sous tous les ciels j'ai chanté…*, Paris, Plon, 1940, p. 123).

450. Massenet transcrira ses impressions dans *Deux Impromptus* pour piano (« Eau courante » et « Eau dormante »), conçus sur des poèmes programmatiques écrits en Auvergne par Francisque Rochez. Les deux manuscrits musicaux (BnF, Département de la Musique) portent respectivement les notes autographes : « Clermont-Ferrand / 31 août /96. / G[de] chaleur. / Hôtel de la Poste / excellent déjeuner » ; « Murat / vendredi matin / 28 août /96. »

451. « Ainsi l'aigle superbe au séjour du tonnerre / S'élance » (« La Gloire », *Méditations poétiques*).

452. Peu avant la création de *Sapho*, Daudet confie à Jules Huret : « Il y a longtemps que je connais Massenet. Il venait d'obtenir son 2e Prix de Rome [*id est* : une mention avec *Louise de Mézières* en 1862]. J'habitais à ce moment-là dans le passage des Douze-Maisons, avenue Montaigne, un joli petit pavillon. Massenet pouvait bien avoir vingt ans et moi vingt-deux. » (« Avant *Sapho*. Chez M. Alphonse Daudet », *Le Figaro*, 24 novembre 1897).

Si je mets quelque insistance à parler de ce temps-là, c'est que dans ma carrière déjà longue, quatre ouvrages m'ont surtout donné des joies que je qualifierais volontiers d'exquises, dans le travail : *Marie-Magdeleine*, *Werther*, *Sapho* et *Thérèse*.

Au commencement de septembre de cette même année se place un incident assez comique. L'empereur de Russie était arrivé à Paris[453]. Toute la population, on peut l'affirmer, sans exagération était dehors, pour voir passer le cortège qui se déroulait à travers les boulevards et les avenues. Le monde, que la curiosité avait ainsi attiré, était venu de partout; l'évaluer à un million de personnes, ainsi disséminées, ne semble pas exagéré.

Nous avions fait comme tout le monde; nos domestiques étaient sortis également; notre appartement était resté vide. Nous étions chez des amis, à une fenêtre donnant sur le parc Monceau. À peine le cortège fut-il passé que, pris soudainement d'inquiétude à l'idée que le moment était particulièrement propice au cambriolage des appartements déserts, nous rentrâmes à la hâte.

Sur le seuil de notre demeure, des chuchotements nous arrivant de l'intérieur, nous mirent dans un vif émoi. Nous savions nos serviteurs dehors. C'était ça! on nous cambriolait!..

Nous entrâmes, sous le coup de cette appréhension et… nous aperçûmes, dans le salon, Emma Calvé et Henri Cain qui nous attendaient et, entre temps, conversaient ensemble. Ahurissement!… Tableau!… Nous nous mîmes tous à rire, et du meilleur cœur, de cette bien curieuse aventure. Nos serviteurs, qui étaient entrés avant nous, avaient naturellement ouvert la porte à ces aimables visiteurs qui nous avaient un instant, si profondément terrifiés! Ô puissance de l'imagination, voilà bien de tes fantaisistes créations[454]!

*

La maquette des décors et les costumes de *Cendrillon* avaient déjà été préparés par Carvalho, lorsque, apprenant qu'Emma Calvé était à Paris, il donna le tour à *Sapho*.

Avec l'admirable protagoniste de *La Navarraise*, à Londres et à Paris, nous avions pour interprètes la charmante artiste Mlle Julia Guiraudon (qui devait devenir par la suite la femme de mon collaborateur Henri Cain) et M. Leprestre, mort depuis[455].

J'ai dit la joie extrême que j'avais ressentie en écrivant la musique de *Sapho*, pièce lyrique en 5 actes. Henri Cain et le cher Arthur Bernède en avaient très habilement construit le poème.

Jamais, jusqu'alors, les répétitions d'un ouvrage ne m'avaient paru plus séduisantes. Ô les excellents artistes! Avec eux, quelle besogne douce et agréable!

Pendant ces répétitions se succédant avec tant d'agrément, nous étions, ma femme et moi, allés dîner un soir, chez Alphonse Daudet, qui nous affectionnait tant.

453. Nicolas II effectue en fait une visite d'État au début du mois d'octobre 1896.

454. Une note autographe portée sur le manuscrit de la partition d'orchestre (BnF, Bibliothèque-musée de l'Opéra) atteste de cette visite : « mercredi / Paris – 7 octobre 1896. / hier, entrée du tzar à Paris – grande surprise de *Mlle Calvé & H. Cain* venus à la maison. / 1ère audition de Sapho. »

455. La liaison puis le mariage de Julia Guiraudon (1873-?) avec Henri Cain entrava sans doute de nouveaux projets avec Emma Calvé. Le jeune soprano incarnait le rôle d'Irène et Julien Leprestre (1864-1909), qui chantera aussi Werther à l'Opéra-Comique, tenait celui de Jean Gaussin.

Les premières épreuves avaient été déposées sur le piano.

Je vois encore Daudet, assis très bas sur un coussin et effleurant presque le clavier de sa jolie tête si capricieusement encadrée par sa belle et opulente chevelure. Il me paraissait tout ému. Le vague de sa myopie rendait plus admirables encore ses yeux à travers lesquels parlait son âme, faite de pure et attendrissante poésie[456].

Il serait difficile de retrouver des instants pareils à ceux que ma femme et moi connûmes alors.

Danbé, mon ami d'enfance[457], au moment où allait avoir lieu la première répétition de *Sapho*, avait dit aux musiciens de l'orchestre l'émouvant ouvrage qu'ils allaient avoir à exécuter.

Enfin, la première eut lieu le 27 novembre 1897.

La soirée dut être fort belle, car le lendemain la poste, à sa première distribution, m'apporta le billet suivant :

> Mon cher Massenet,
>
> Je suis heureux de votre grand succès.
> Avec Massenet et Bizet, *non omnis moriar*[458].
>
> Tendrement à vous.
>
> Alphonse Daudet

J'appris que mon bien-aimé ami et collaborateur célèbre avait assisté à la première représentation dans le fond d'une baignoire, alors qu'il ne sortait déjà plus ou très rarement[459].

Sa présence à la représentation me touchait donc davantage encore.

Un soir que je m'étais décidé à me rendre au théâtre, dans les coulisses, la physionomie de Carvalho me frappa. Lui si alerte et qui portait si beau, il était tout courbé, et l'on pouvait voir derrière des lunettes bleues ses yeux tout congestionnés. Sa bonne humeur et sa gentillesse à mon égard ne l'avaient cependant pas quitté.

Son état ne laissa pas que de m'inquiéter.

Combien étaient fondés mes tristes pressentiments !

Mon pauvre directeur devait mourir le surlendemain.

---

456. « Et Massenet ! Oh ! Quand il est venu me lire sa partition, je me rappelle.... il y avait là mes fils, ma femme et sa femme. À partir du 2e acte les larmes ont commencé à couler, et, à la fin, nous étions là tous deux, Massenet et moi, à sangloter comme des enfants. Mes fils n'en revenaient pas : jamais ils n'avaient vu leur père dans les larmes, excepté lors des grands drames de l'existence. Ah ! Massenet a dû mettre là-dedans toutes les blessures, toutes les angoisses de sa jeunesse, il a dû enterrer là je ne sais quoi.... car, c'est bien humain, bien sincère, bien beau, bien beau !... » (« Avant *Sapho*. Chez M. Alphonse Daudet », *Le Figaro*, 24 novembre 1897).

457. Le chef d'orchestre et violoniste Jules Danbé (1840-1905) dirige à l'Opéra-Comique de 1877 à 1898 où il assure de nombreuses créations (*Manon*, *Esclarmonde*, *Sapho*, etc.). Il rencontra sans doute Massenet lorsqu'il assumait les fonctions de violoniste dans diverses institutions parisiennes entre 1859 et 1866 (Théâtre-Lyrique, Concerts populaires, etc.).

458. « Je ne mourrai pas tout entier » Horace, *Odes*, livre III.

459. Daudet, dont le nom était déjà lié à Bizet avec *L'Arlésienne*, assista, non pas à la première du 27 novembre, mais trois jours auparavant à la générale au terme de laquelle il qualifia Emma Calvé de « reine et déesse du chant » (Le Masque de fer, « Échos : Emma Calvé », *Le Figaro*, 27 novembre 1897).

Presque au même moment, je devais apprendre que Daudet, lui dont l'existence avait été si admirablement remplie, entendait sa dernière heure sonner à l'horloge du temps. Ô la mystérieuse et implacable horloge ! J'en ressentis un coup des plus pénibles [460].

Le convoi de Carvalho fut suivi par une foule considérable. Son fils qui éclatait en sanglots, derrière le char funèbre, faisait peine à voir. Tout était douloureux et navrant dans ce triste et impressionnant cortège.

Les obsèques de Daudet furent célébrées en grande pompe, à Sainte-Clotilde. *La Solitude* de *Sapho* (entr'acte du 5e acte) fut exécutée pendant le service, après les chants du *Dies irae*.

J'avais dû me frayer un passage, presque de vive force, à travers la foule, tant elle était grande, pour pénétrer dans l'église. C'était comme un reflet avide et empressé de cette longue théorie d'admirateurs et d'amis qu'il avait possédés dans sa vie.

Lorsque je jetai l'eau bénite sur le cercueil, je me rappelai ma dernière visite rue de Bellechasse, où demeurait Daudet. En lui donnant des nouvelles du théâtre, je lui avais apporté des branches d'eucalyptus, un des arbres de ce Midi qu'il adorait. Je savais quel bonheur intime cela lui valait.

*

Sapho, entre-temps, poursuivait sa carrière. Je partis pour Saint-Raphaël, ce pays que Carvalho aimait tant habiter.

Je comptais sur l'appartement que j'y avais retenu, lorsque le propriétaire de l'hôtel me dit qu'il avait dû le louer à deux dames très affairées.

J'allais me chercher un autre logis, lorsque je fus rappelé. J'appris que les deux dames qui devaient prendre ma place étaient Emma Calvé et une de ses amies. Ces dames, en entendant sans doute prononcer mon nom, avaient brusquement changé d'itinéraire. Leur présence, toutefois, dans cette région assez éloignée de Paris, me montrait que notre *Sapho* avait dû suspendre le cours de ses représentations. Quelles fantaisies ne pardonnerait-on pas à une telle artiste ?

Je sus que, le surlendemain, tout était rentré dans l'ordre, à Paris, au théâtre. Que n'étais-je là pour embrasser notre adorable fugitive [461] !

Deux semaines après, étant à Nice, les journaux m'apprirent qu'Albert Carré était nommé directeur de l'Opéra-Comique. Le théâtre avait été, jusqu'alors, géré provisoirement par l'administration des beaux-arts.

Qui m'aurait dit, alors, que ce serait notre nouveau directeur qui, plus tard, reprendrait *Sapho*, avec la si belle artiste qui devint sa femme ?

Oui, ce fut elle qui incarna la *Sapho* de Daudet, avec une rare séduction d'interprétation.

Le ténor Salignac eut beaucoup de succès dans le rôle de Jean Gaussin.

---

460. Daudet, dont la santé déclinait depuis longtemps, s'éteint le 16 décembre 1897, tandis que Carvalho meurt subitement d'une congestion cérébrale, le 29.

461. Selon *Le Ménestrel* du 26 décembre 1897, les représentations de *Sapho* furent suspendues en raison d'un « enrouement subit » de Calvé. Ainsi, sous le ton badin se glisse une forme d'agacement que Massenet pouvait ressentir face au comportement capricieux de ses divas.

Au sujet de cette reprise, Albert Carré me demanda d'intercaler un nouvel acte, celui des lettres, et son idée fut suivie par moi avec enthousiasme[462].

Sapho fut aussi chantée par la très personnelle artiste Mme Georgette Leblanc, devenue l'épouse du grand homme de lettres Maeterlinck.

Mme Bréjean-Silver fit aussi, de ce rôle, une figure étonnante de vérité[463].

Que d'autres excellentes artistes ont chanté cet ouvrage !

Le premier opéra représenté sous la nouvelle direction fut *L'Île du rêve*, de Reynaldo Hahn. Il m'avait dédié cette partition exquise. Que la musique écrite par ce véritable maître est pénétrante ! Comme elle a aussi le don de vous envelopper de ses chaudes caresses[464] !

Il n'en était pas de même pour celle de certains confrères que Reyer trouvait insupportable et pour laquelle il eut, un soir, cette remarque imagée :

« Je viens de rencontrer dans les escaliers la statue de Grétry qui en avait assez et qui filait... »

Cela me remet en mémoire une autre boutade, bien spirituelle également, celle de du Locle, disant à Reyer, au lendemain de la mort de Berlioz :

« Eh bien, mon cher, vous voilà passé Berlioz en chef ! »

Du Locle pouvait se permettre cette inoffensive plaisanterie, étant le plus vieil ami de Reyer[465].

*

Je retrouve ce mot de l'auteur de *Louise*, que j'avais connu, enfant, dans ma classe du Conservatoire, et qui a toujours conservé pour moi une familiale affection[466] :

Saint-Sylvestre, minuit.

Cher maître,

Fidèle souvenir de votre affectionné, en ce dernier jour qui finit par *Sapho*, et la première heure d'une année qui finira par *Cendrillon*.

Gustave Charpentier

---

462. Nommé le 13 janvier 1898, Albert Carré (1852-1938) est l'instigateur mais aussi probable coauteur du tableau des Lettres (acte III, 1er tableau) dont la partition est établie pendant l'été 1908. À ce titre, il en exigera le monopole pendant deux ans dans certaines villes pour sa femme, Marguerite, laquelle en assure la création lors de la reprise de *Sapho* à l'Opéra-Comique, le 22 janvier 1909.

463. Georgette Leblanc, dont les qualités vocales n'égalaient pas, semble-t-il, l'engagement dramatique, incarne en mai 1898 le rôle de Fanny Legrand à l'Opéra-Comique où elle succède à Emma Calvé. Georgette Bréjean-Silver en avait donné une interprétation remarquée la même année à Bordeaux deux mois plus tôt.

464. *L'Île du rêve*, « idylle polynésienne » en trois actes, est créée le 23 mars 1898. Massenet encouragea Carré à programmer cet ouvrage composé sur un livret d'André Alexandre et de Georges Hartmann par le jeune Reynaldo Hahn, son ancien élève au Conservatoire dont il fut très proche malgré une brouille en 1907.

465. Massenet ne peut avoir oublié que du Locle qualifiait Reyer de « Sous-Berlioz », ce qu'il rappelait rageusement dans une lettre à son épouse du 22 août 1878. Voir Prolégomènes.

466. Venu diriger un concert à Lille en 1879, Massenet rencontre Gustave Charpentier qui, alors âgé de 19 ans, occupe un emploi de violoniste dans l'orchestre. Le compositeur engage ses parents à le laisser venir étudier au Conservatoire de Paris. Charpentier n'entrera cependant dans la classe de composition de Massenet qu'en septembre 1883 pour en sortir avec un premier Grand Prix de Rome en 1887.

Cendrillon ne passa que le 24 mai 1899. Ces ouvrages, représentés coup sur coup, à plus d'une année d'intervalle cependant, me valurent le mot suivant de Gounod[467] : « Mille félicitations, mon cher ami, sur votre dernier beau succès. Diable!... Mais!... vous marchez d'un tel pas, qu'on a peine à vous suivre. »

Ainsi que je l'ai dit, la partition de *Cendrillon*, écrite sur l'une des perles les plus brillantes de cet écrin : « Les Contes de Perrault », était depuis longtemps terminée. Elle avait cédé la place à *Sapho*, sur la scène de l'Opéra-Comique. Notre nouveau directeur, Albert Carré, m'annonça son intention de donner *Cendrillon*, à la saison la plus prochaine, dont plus de seize mois nous séparaient encore.

J'habitais Aix-les-Bains, en souvenir de mon vénéré père qui y avait vécu, et j'y étais tout à mon travail de *La Terre promise*, dont la Bible m'avait fourni le poème et dont j'avais tiré un oratorio en trois parties[468], lorsque ma femme et moi, nous fûmes bouleversés par la terrifiante nouvelle de l'incendie du *Bazar de la Charité*. Ma chère fille y était vendeuse!...

Il fallut attendre jusqu'au soir pour avoir une dépêche et sortir de nos vives alarmes[469].

Coïncidence curieuse et que je ne connus que longtemps après, c'est que l'héroïne de *Perséphone*[470] et de *Thérèse*, celle qui fut aussi la belle « Dulcinée », se trouvait également parmi les demoiselles vendeuses, au comptoir de la duchesse d'Alençon. Elle n'avait alors que douze ou treize ans. Au milieu de l'épouvante générale, elle découvrit une issue, derrière l'hôtel du Palais, et put ainsi sauver sa mère et quatre personnes.

Voilà qui témoigne d'une décision et d'un courage bien rares chez un enfant.

Puisque j'ai parlé de *La Terre promise*, j'en eus une audition bien inattendue. Eugène d'Harcourt, le musicien et le critique si écouté, le compositeur grandement applaudi d'un Tasse représenté à Monte-Carlo[471], me proposa d'en diriger l'exécution dans l'Église Saint-Eustache, avec un orchestre et un personnel choral immenses.

---

467. Cette lettre, qui ne peut avoir été envoyée à cette date, Gounod disparaissant en 1893, est peut-être liée aux créations successives de *Manon* à l'Opéra-Comique en janvier 1884 et à celle d'*Hérodiade* au Théâtre-Italien en février suivant.

468. Ce projet remonte à plusieurs années puisque en 1879 *Le Journal de musique* (« Nouvelles de partout », *Le Journal de musique*, 3ᵉ année, nº 136, 4 janvier 1879) informait ainsi ses lecteurs : « M. Massenet termine en ce moment, pour l'Albert-Hall de Londres, un grand oratorio en trois parties dont le poème est de M. Roger Bailu. Titre : *La Terre promise.* / 1ère partie : *la Captivité des Hébreux* / 2ᵉ partie : La *Prise de Jéricho* / 3ᵉ partie : *Le Pays de Chanaan.* » Sur le manuscrit de la partition d'orchestre de son oratorio dont il écrivit en définitive lui-même le livret, Massenet a noté les éléments chronologiques suivants : « Cet ouvrage a été / *commencé* à Aix *les bains, 1897.* / *continué à Pourville* / *mer 1898.* / et terminé à / *Égreville* le *17 août 1899.* » (Yale University, Beinecke Rare Book and Manuscript Library, Frederick R. Koch coll.).

469. L'incendie spectaculaire du Bazar de la Charité eut lieu le 4 mai 1897, faisant plus d'une centaine de victimes. L'événement put conforter Massenet dans son travail bien qu'il dédia sa partition à la mémoire d'Ambroise Thomas. En outre, l'ouvrage n'était semble-t-il pas conçu pour la France, une notice biographique adressée en décembre 1897 à Frederic Grant Gleason (Chicago, Newberry Library) portant une note autographe du compositeur (« écrit pour l'Amérique ») à côté de la mention imprimée : « En portefeuille : [...] Un oratorio en 3 parties. »

470. Massenet fait allusion à Georgette Wallace, future Lucy Arbell, et à son opéra *Ariane* (voir chapitre XXVI) dont seul le quatrième acte est centré sur le rôle de Perséphone, spécialement conçu pour Arbell, laquelle, née le 8 juin 1878, avait alors près de vingt-ans et échappa à cet incendie.

471. *Le Tasse*, opéra en quatre actes sur un livret de Jules et Pierre Barbier, est créé à l'Opéra de Monte-Carlo, le 14 février 1903.

La seconde partie était consacrée à la prise de Jéricho. Une marche, coupée sept fois par l'éclatante sonnerie de sept grands tubas, se terminait par l'écroulement des murs de cette cité fameuse, boulevard de la Judée, que devaient prendre et détruire les Hébreux. Il y joignait le formidable tonnerre des grandes orgues de Saint-Eustache, dominé par les retentissantes clameurs de tout l'ensemble vocal.

J'assistai, avec ma femme, à la dernière répétition, dans une grande tribune, où le vénérable curé de Saint-Eustache nous avait fait l'honneur de nous inviter.

Ce fut le 15 mars 1900[472] !

*

J'en reviens à *Cendrillon*. Albert Carré avait monté cet opéra en créant une mise en scène aussi nouvelle que merveilleuse !

Julia Guiraudon fut exquise dans le rôle de Cendrillon, Mme Deschamps-Jehin étonnante comme chanteuse et comme comédienne, la jolie Mlle Emelen[473] fut notre Prince Charmant et le grand Fugère se montra artiste inénarrable dans le rôle de Pandolphe. Ce fut lui qui m'envoya le bulletin de victoire reçu le lendemain matin, à Enghien-les-Bains, que j'avais choisi avec ma femme comme villégiature voisine de Paris, pour échapper à la « générale » et à la « première ».

Plus de soixante représentations, non interrompues, matinées comprises, suivirent cette première. Les frères Isola, directeurs de la Gaîté, en donnèrent plus tard un grand nombre de représentations et, chose curieuse, pour un ouvrage si parisien d'allure, l'Italie, en particulier, fit à *Cendrillon* un très bel accueil. À Rome, cette œuvre lyrique fut jouée une trentaine de fois, chiffre rare[474] ! De l'Amérique[475], un câblogramme m'arrive, dont voici le texte :

« CENDRILLON *hier, succès phéno ménal.* »

Le dernier mot, trop long, avait été coupé en deux par le bureau expéditeur !...

*

Nous étions donc en 1900, aux instants mémorables de la Grande Exposition.

J'étais à peine remis de la belle émotion de *La Terre promise*, à Saint-Eustache, que je tombai gravement malade[476]. L'on procédait alors, à l'Opéra, à des répétitions du *Cid*, qu'on allait bientôt reprendre. La centième eut lieu au mois d'octobre de cette même année.

Paris était tout en fête ! La capitale, un des lieux les plus fréquentés du monde, était mieux que cela, le monde lui-même, car tous les peuples s'y étaient donné rendez-vous. Toutes les nationalités s'y coudoyaient, toutes les langues s'y faisaient entendre, tous les costumes y contrastaient.

---

472. Ancien élève de Massenet, Eugène d'Harcourt (1859-1918) dirige en définitive la première de *La Terre promise* à Saint-Eustache, le 15 mars 1900, avec plus de 400 exécutants.

473. Marie-Louise Emelen (1871-?), soprano belge, fait ses débuts à La Haye en 1894 puis chante peu de temps à l'Opéra-Comique à partir de 1899.

474. Après sa création à l'Opéra-Comique, le 24 mai 1899, *Cendrillon* est donnée la même année à Bruxelles (3 novembre), à Genève (15 décembre), à Milan (Teatro Lirico, 28 décembre), en présence de Massenet, puis à Rome (Teatro Adriano) en mars de l'année suivante. Les frères Isola accueillent *Cendrillon* pour dix-huit représentations à partir du 17 novembre 1908.

475. Il s'agit sans doute de la création à Philadelphie, le 6 novembre 1911.

476. Massenet semble avoir souffert d'une bronchite persistante de janvier à l'été 1900.

Si l'Exposition envoyait vers le ciel ses millions de notes joyeuses et ne devait pas manquer d'obtenir dans l'histoire une place d'honneur, le soir venu, cette foule immense accourait se reposer de ses émotions du jour dans les théâtres partout ouverts ; elle envahissait ce palais magnifique élevé par notre cher et grand Charles Garnier aux manifestations de l'art lyrique et au culte de la danse.

Notre directeur, Gailhard, qui était venu me rendre visite au mois de mai, alors que j'étais si malade, m'avait fait promettre d'assister, dans sa loge, à la centième qu'il espérait bien donner et qui eut lieu, en effet, en octobre. À cette date je me rendis à son invitation.

Mlle Lucienne Bréval, MM. Saléza[477] et Francisque Delmas furent acclamés le soir de la centième du *Cid*, avec un enthousiasme délirant. Au rappel du troisième acte, Gailhard me poussa vigoureusement au-devant de sa loge, malgré ma résistance…

Vous devinez, mes chers enfants, ce qui se passa sur la scène, dans le superbe orchestre de l'Opéra, et dans la salle, bondée jusqu'au cintre[478].

Chapitre XXIII

En plein Moyen Âge

Je venais d'être très souffrant à Paris ; j'avais éprouvé cette sensation que, de la vie à la mort, le chemin est d'une facilité si grande, la pente m'en avait semblé si douce, si reposante, que je regrettais d'être revenu comme en arrière, pour me revoir dans les dures et âpres angoisses de la vie.

J'avais échappé aux pénibles froids de l'hiver ; nous étions au printemps et j'allais, dans ma vieille demeure d'Égreville, retrouver la nature, la grande consolatrice, dans son calme solitaire[479].

J'avais emporté avec moi une assez volumineuse correspondance, composée de lettres, de brochures, rouleaux, que je n'avais pas encore ouverte. Je me proposais de le faire en route, pour me distraire des longueurs du chemin. J'avais donc décacheté quelques lettres ; je venais d'ouvrir un rouleau : « Oh ! non, fis-je, c'est assez ! » J'étais, en effet, tombé sur une pièce de théâtre…

---

477. Lucienne Bréval (1869-1935), soprano, appelée à créer le rôle-titre d'*Ariane* notamment (voir chapitre XXVI), et Albert Saléza (1867-1916), ténor, créateur à Paris du rôle-titre d'*Otello* de Verdi.

478. *Les Annales du théâtre et de la musique* (Paris, Paul Ollendorff, 1902, p. 16) rapportent le succès de la soirée du 1er octobre 1900 en ces termes : « Après l'admirable duo du 3e acte, spontanément la salle tout entière a fait une superbe ovation à M. Massenet qui, très ému, a dû saluer le public à deux reprises, de la loge directoriale, au fond de laquelle il s'était tenu caché. »

479. En février 1899, Massenet acquiert, près de Nemours, un petit château (reconstruit par la duchesse d'Étampes, favorite de François Ier, sur les vestiges d'un château médiéval) qu'il nomme souvent sa « vieille solitude ».

Faut-il donc, pensais-je, que le théâtre me poursuive ainsi ? Moi qui voulais ne plus en faire[480] ! J'avais donc rejeté l'importun. Tout en cheminant, question plutôt de tuer le temps, comme on dit, je le repris et me mis à parcourir ce fameux rouleau, quelque désir contraire, cependant, que j'en eusse.

Mon attention, superficielle et distraite d'abord, se précisa peu à peu, – je pris insensiblement intérêt à cette lecture, tant et si bien que je finis par ressentir une véritable surprise, – ce devint même, l'avouerai-je, de la stupéfaction !

— Quoi ! m'écriai-je, une pièce sans rôle de femme, sinon une apparition muette de la Vierge !

Si je fus surpris, si je restai comme stupéfait, quels sentiments étonnés auraient-ils éprouvés, ceux que j'avais habitués à me voir mettre à la scène *Manon*, *Sapho*, *Thaïs* et autres aimables dames ? C'est vrai ; mais ils auraient oublié, alors, que la plus sublime des femmes, la Vierge, devait me soutenir dans mon travail, comme elle se serait montrée charitable au jongleur repentant !

À peine eus-je parcouru les premières scènes que je me sentis devant l'œuvre d'un véritable poète, familiarisé avec l'archaïsme de la littérature du moyen âge. Aucun nom d'auteur ne figurait sur le manuscrit.

M'étant adressé à mon concierge pour connaître l'origine de ce mystérieux envoi, il me fit savoir que l'auteur lui avait laissé son nom et son adresse, en lui recommandant expressément de ne me les dévoiler que si j'avais accepté d'écrire la musique de l'ouvrage.

Le titre de *Jongleur de Notre-Dame*, suivi de celui de « miracle en trois actes », me mit dans l'enchantement.

Le caractère, précisément, de ma demeure, vestige survivant de ce même moyen âge, l'ambiance où je me trouvais à Égreville, devait envelopper mon travail de l'atmosphère rêvée.

La partition terminée, c'était l'instant attendu pour en faire part à mon inconnu[481].

Connaissant enfin son nom et son adresse, je lui écrivis.

On ne pourrait douter de la joie avec laquelle je le fis. L'auteur n'était autre que Maurice Léna, l'ami si dévoué que j'avais connu à Lyon, où il occupait une chaire de philosophie[482].

---

480. À la veille de la création de *Cendrillon*, Massenet avait affirmé à Adolphe Brisson : « Ma résolution est arrêtée. Vous allez écouter mon dernier ouvrage. Je cesse d'écrire pour le théâtre. » (« Figures qui passent. M. Massenet », *Le Figaro*, 23 mai 1899).

481. La genèse du *Jongleur de Notre-Dame*, « miracle » en 3 actes, relève de la légende. Selon Raymond de Rigné (« Souvenirs sur Massenet », *Mercure de France*, 32ᵉ année, nᵒ 545, 1ᵉʳ mars 1921), qui en propose une version plausible, le livret fut déposé anonymement chez Massenet en juin 1899. Séduit, ce dernier contacte l'auteur, Maurice Léna, avec lequel il correspond pendant une année (de juillet 1899 à juillet 1900) tout en composant la partition chant et piano. Massenet lui joue son œuvre le jour de l'Assomption et, suite à cette visite, effectue quelques retouches avant d'achever son ouvrage peu après, son manuscrit portant la dédicace suivante : « à Madame Henri Heugel / En souvenir de la profonde et reconnaissante / affection que j'ai pour votre mari, / permettez-moi de vous offrir / ce manuscrit / écrit dans la vielle solitude d'Égreville / et terminé en septembre 1900 » (Saint-Étienne, Bibl. municipale).

482. Maurice Léna (1859-1928), qui avait fourni à Massenet le poème de sa mélodie *Fourvières* (1893), est aussi l'auteur des livrets de la *Suite théâtrale* et de la *Suite parnassienne* dont les ébauches remontent à 1902.

Ce bien cher Léna vint donc à Égreville le 14 août 1900. De la petite gare, nous ne fîmes qu'un bond jusqu'à mon logis. Là, dans ma chambre, nous trouvâmes étalées, sur la grande table de travail (table fameuse, je m'en flatte, elle avait appartenu à l'illustre Diderot) les quatre cents pages d'orchestre et la réduction gravée pour piano et chant, du *Jongleur de Notre-Dame.*

À cette vue, Léna resta interdit. L'émotion la plus délicieuse l'étreignait...

Tous les deux, nous avions vécu heureux dans le travail. L'inconnu, maintenant, se dressait devant nous. Où ? dans quel théâtre allions-nous être joués ?

La journée était radieuse. La nature, avec ses enivrantes senteurs, la blonde saison des champs, les fleurs des prés, cette douce union elle-même qui, dans la production, s'était faite entre nous, tout nous redisait notre bonheur ! Ce bonheur d'un moment qui vaut l'éternité !... comme l'a si bien dit le poète, Mme Daniel Lesueur [483].

L'enveloppante blancheur des prés nous rappelait que nous étions à la veille du 15 août, de cette fête dédiée à la Vierge, que nous chantions dans notre ouvrage.

N'ayant jamais de piano chez moi, et surtout à Égreville, je ne pouvais satisfaire la curiosité de mon cher Léna d'entendre la musique de telle ou telle scène...

Nous nous promenions, vers l'heure des vêpres, dans le voisinage de la vieille et vénérable église; de loin, on pouvait distinguer les accords de son petit harmonium. Une idée folle traversa ma pensée. « Hein !... si je vous proposais, dis-je à mon ami, chose d'ailleurs irréalisable dans cet endroit sacré, mais à coup sûr bien tentante, d'entrer dans l'église aussitôt que, déserte, elle serait retournée à sa sainte obscurité : si, dis-je, je vous faisais entendre, sur ce petit orgue, des fragments de notre *Jongleur de Notre-Dame ?* Ne serait-ce pas un moment divin dont l'impression resterait à jamais gravée en nous ?... » Et nous poursuivîmes notre promenade; l'ombre complaisante des grands arbres protégeait les chemins et les routes contre les morsures d'un soleil trop ardent.

Le lendemain, triste lendemain, nous nous séparâmes.

L'automne qui allait suivre, puis l'hiver, le printemps enfin de l'année suivante, devaient s'écouler sans que, d'aucune part, me vînt l'offre de jouer l'ouvrage [484].

Une visite, aussi inattendue qu'elle fut flatteuse, m'arriva quand j'y pensais le moins. Ce fut celle de M. Raoul Gunsbourg.

J'aime à rappeler ici la haute valeur de ce grand ami, de ce directeur si personnel, de ce musicien dont les ouvrages triomphent au théâtre [485].

Raoul Gunsbourg m'apporta la nouvelle que, sur ses conseils, S. A. S. le prince de Monaco [486] m'avait désigné pour un ouvrage nouveau à monter au théâtre de Monte-Carlo.

---

483. Daniel Lesueur (1860-1920), pseudonyme de Jeanne Lapauze, femme de lettres.

484. Massenet orchestre rapidement son ouvrage au cours de l'automne et l'hiver 1900 si l'on considère cette note portée sur le dernier folio du manuscrit de la partition d'orchestre (BnF, Bibliothèque-musée de l'Opéra) : « *fin du Miracle. / Deo gratias ! / Felicitas ! / Amen ! /* [signé :] J. Massenet / Égreville *1899. / 1900.* »

485. D'origine roumaine, le compositeur et impresario Raoul Gunsbourg (1859-1955) est directeur de l'Opéra de Monte-Carlo de 1893 à 1951.

486. Albert Ier de Monaco (1848-1922) entretint des liens étroits avec Massenet de 1902 jusqu'à la mort du compositeur en 1912.

Le Jongleur de Notre-Dame était prêt. Je l'offris. Il fut convenu que Son Altesse Sérénissime daignerait venir, en personne, écouter l'œuvre, à Paris. Cette audition eut lieu, en effet, dans la belle et artistique demeure de mon éditeur, Henri Heugel, avenue du Bois-de-Boulogne. Elle donna au prince toute satisfaction ; il nous fit l'honneur d'exprimer, à plusieurs reprises, son sincère contentement. L'œuvre fut mise à l'étude, et les dernières répétitions en eurent lieu à Paris, sous la direction de Raoul Gunsbourg.

En janvier 1902, nous quittâmes Paris, Mme Massenet et moi, pour nous rendre au palais de Monaco, où Son Altesse nous avait fort affectueusement invités à être ses hôtes. Quelle existence à l'antipode de celle que nous quittions !

Nous avions laissé Paris, le soir, enseveli dans un froid glacial, sous la neige, et voilà que, quelques heures après, nous nous trouvions enveloppés d'une autre atmosphère !... C'était le Midi, c'était la belle Provence ; c'était la Côte d'Azur qui s'annonçait ! C'était l'idéal même ! C'était, pour moi, l'Orient, aux portes presque de Paris !...

Le rêve commençait. Faut-il dire tout ce qu'eurent de merveilleux ces jours passés comme un songe, dans ce paradis dantesque, au milieu de ce décor splendide, dans ce luxueux et somptueux palais, tout embaumé par la flore des tropiques ?

Ce palais, dont les tours génoises rappelaient le quinzième siècle, révélait, par son aspect grandiose, ces incomparables richesses intérieures offertes à l'admiration, dès que l'on y avait pénétré.

En venant décorer Fontainebleau, le Primatice n'avait point négligé, arrivant d'Italie, de s'arrêter en cet antique manoir de l'illustre famille des Grimaldi. Ces plafonds admirables, ces marbres polychromes, ces peintures que le temps a conservées, tout donnait à cette opulente demeure, avec le charme souriant, une imposante et majestueuse beauté. Mais ce qui dépassait, en cette fastueuse ambiance, tout ce qui nous parlait aux yeux, ce qui allait à l'âme, c'était la haute intelligence, cette bonté sereine, cette exquise urbanité de l'hôte princier qui nous avait accueillis.

La première du *Jongleur de Notre-Dame* eut lieu à l'Opéra de Monte-Carlo, le mardi 18 février 1902. Elle avait pour protagonistes superbes MM. Renaud, de l'Opéra, et Maréchal[487], de l'Opéra-Comique.

Détail qui relève de la faveur qu'on voulut bien lui faire, c'est que l'ouvrage fut joué quatre fois de suite pendant la même saison.

Deux ans après, mon cher directeur, Albert Carré, donnait la première du *Jongleur de Notre-Dame*, au théâtre de l'Opéra-Comique, avec cette distribution idéale : Lucien Fugère, Maréchal, le créateur, et Allard[488].

L'ouvrage a dépassé depuis longtemps, à Paris, la centième, et je puis ajouter qu'au moment où j'écris ces lignes *Le Jongleur de Notre-Dame* est au répertoire des grands théâtres d'Amérique depuis plusieurs années.

487. Le baryton Maurice Renaud (1860-1933), membre de la troupe de l'Opéra de Paris entre 1891 et 1902, chante régulièrement à Monaco de 1891 à 1907, et le ténor Adolphe Maréchal (1867-1935), qui, engagé à l'Opéra-Comique depuis 1895, tient le rôle-titre.

488. Le baryton-basse André Allard (1874-1938) remplace Gabriel Soulacroix dans le rôle du Prieur, et Lucien Fugère, Maurice Renaud dans celui de Boniface.

Une particularité intéressante à signaler, c'est que le rôle du Jongleur fut créé au Metropolitan House par Mary Garden, l'étincelante artiste admirée à Paris comme aux États-Unis[489] !

Mes sentiments sont un peu effarés, je l'avoue, de voir ce moine jeter le froc, après le spectacle, pour reprendre ensuite une élégante robe de la rue de la Paix. Toutefois, devant le triomphe de l'artiste, je m'incline et j'applaudis.

Ainsi que je l'ai dit, cet ouvrage attendait son heure, et, comme Carvalho m'avait autrefois engagé à écrire la musique de la pièce tant applaudie au Théâtre-Français, *Grisélidis*, d'Eugène Morand et Armand Silvestre[490], j'avais écrit cette partition, par intervalles, durant mes voyages dans le Midi et au Cap d'Antibes[491]. Ah ! cet hôtel du cap d'Antibes ! Séjour unique, séjour à nul autre pareil ! C'était l'ancienne propriété créée par Villemessant, qu'il avait baptisée si justement et si heureusement *Villa Soleil*, et qu'il destinait aux journalistes accablés par la misère et par l'âge.

Représentez-vous, mes chers enfants, une grande villa aux murailles blanches, empourprée tout entière par les feux de ce clair et bon soleil du Midi, ayant pour ceinture merveilleuse un bois d'eucalyptus, de myrtes et de lauriers. L'on en descend par des allées ombreuses, imprégnées des parfums les plus suaves, vers la mer, cette mer qui, de la Côte d'Azur et de la Riviera, le long des côtes dentelées de l'Italie, s'en va promener ses vagues transparentes jusqu'à l'antique Hellade, comme pour lui porter sur ses ondes azurées qui baignent la Provence le salut lointain de la cité phocéenne.

Qu'elle me plaisait, mes chers enfants, ma chambre ensoleillée ! Que vous eussiez été heureux de m'y voir travaillant dans le calme et la paix, en pleine jouissance d'une santé parfaite[492] !

Ayant parlé de *Grisélidis*, j'ajouterai que, possédant deux ouvrages libres, celui-ci et *Le Jongleur de Notre-Dame*, mon éditeur en entretint Albert Carré, dont le choix se porta sur *Grisélidis*[493]. Ce fut le motif pour lequel ainsi que je l'ai écrit plus haut, *Le Jongleur de Notre-Dame* fut représenté à Monte-Carlo en 1902.

---

489. Créé à l'Opéra-Comique le 10 mai 1904, *Le Jongleur de Notre-Dame* fête sa centième représentation dans ce théâtre le 1er février 1909. Mary Garden avait endossé l'année précédente le rôle-titre, en principe dévolu à un ténor, au Manhattan Opera de New York.

490. Le projet de transformer le « mystère » d'Armand Silvestre et Eugène Morand germe en 1893, soit deux ans après sa création à la Comédie-Française. La partition chant et piano, dont il ne subsiste à ce jour que le prologue (Yale University, Beinecke Rare Book and Manuscript Library) et l'« Entracte-idylle » (BnF, Département de la Musique), est composée à partir de l'année suivante en juillet. Puis Massenet abandonne son ouvrage au profit de *Cendrillon*, *La Navarraise* et *Sapho*.

491. Le manuscrit de la partition d'orchestre (BnF, Bibliothèque-musée de l'Opéra) conserve les traces de cette chronologie complexe. La page de garde situe les différentes étapes d'une composition discontinue : « (première partition *1893-1894*) / (nouvelle partition 1898-1899) / partition nouvelle *1901* ». Et sur le dernier folio, Massenet a noté : « fin de *Grisélidis* / 1894 – 98 – 1900 – 1901. »

492. Massenet séjourne au Cap d'Antibes pendant l'hiver 1900-1901.

493. Massenet omet de préciser que les multiples remaniements de *Grisélidis* sont dus à Carré qui les exigea pour accepter l'ouvrage dans son théâtre. Les premières retouches datent ainsi de sa nomination à l'Opéra-Comique.

Grisélidis prit donc les devants, et cet ouvrage fut donné à l'Opéra-Comique, le 20 novembre 1901[494].

Mlle Lucienne Bréval en fit une création superbe. Le baryton Dufranne parut pour la première fois dans le rôle du marquis, mari de Grisélidis[495]; il obtint un succès éclatant dès son entrée en scène; Fugère fut extraordinaire dans le rôle du Diable, et Maréchal tendrement amoureux dans celui d'Alain.

J'aimais beaucoup cette pièce. Tout m'en plaisait.

Elle faisait converger vers des sentiments si touchants la fière et chevaleresque allure du haut et puissant seigneur partant pour les croisades, l'aspect fantastique du diable vert, qu'on aurait dit échappé d'un vitrail de cathédrale médiévale, la simplicité du jeune Alain et la délicieuse petite figure de l'enfant de Grisélidis! Nous avions pour ce grand personnage une petite fille de trois ans qui était le théâtre même.

Comme au second acte l'enfant, sur les genoux de Grisélidis, devait donner l'illusion de s'endormir, la petite artiste trouva seule le geste utile et compréhensible de loin pour le public : elle laissa tomber un de ses bras, comme accablée de fatigue. Ô la délicieuse petite cabotine!

Albert Carré avait trouvé un oratoire de caractère archaïque et historique d'un art parfait, et, quand le rideau se leva sur le jardin de Grisélidis, ce fut un enchantement. Quel contraste entre les lis fleuris du premier plan et l'antique et sombre castel à l'horizon!

Et ce décor du prologue, tapisserie animée, une trouvaille!

Quelles joies je me promettais de pouvoir travailler au théâtre avec mon vieil ami Armand Silvestre, connu par moi d'une façon si amusante! Depuis un an déjà, il était souffrant et il m'écrivait : « Va-t-on me laisser mourir avant de voir *Grisélidis* à l'Opéra-Comique?... » Il devait, hélas! en être ainsi, et ce fut mon cher collaborateur, Eugène Morand, qui nous aida de ses conseils de poète et d'artiste[496].

Alors que je travaillais à *Grisélidis*, un érudit tout féru de littérature du moyen âge, et qui s'intéressait aimablement à un sujet de cette époque, me confia un travail qu'il avait fait sur ce temps-là, travail bien ardu et dont je ne pouvais tirer assez parti.

Je l'avais montré à Gérôme, esprit curieux de tout, et comme nous étions réunis, Gérôme, l'auteur et moi, notre grand peintre, qui avait l'à-propos si rapide et si amusant, dit à l'auteur, qui attendait son opinion : « Ah! comme je me suis endormi avec plaisir en vous lisant hier! » Et l'auteur de s'incliner, complètement satisfait.

---

494. Le « conte lyrique » en 3 actes remporte un certain succès. Mais il quitte l'affiche en 1906 après une soixante de représentations et sera repris ponctuellement au Palais Garnier en 1922 et 1923.

495. Hector Dufranne (1871-1951) entre dans la troupe de l'Opéra-Comique en septembre 1901. Le Marquis de Saluces n'est donc pas son premier rôle mais sa première création.

496. Armand Silvestre disparaît le 19 février 1901.

CHAPITRE XXIV

DE *CHÉRUBIN* À *THÉRÈSE*

Je venais de voir jouer au Théâtre-Français trois actes, d'une allure toute nouvelle, qui m'avaient fort intéressé. C'était le *Chérubin*, de Francis de Croisset[497].

J'étais, deux jours après, chez l'auteur, dont le talent très remarqué n'a cessé de s'affirmer hautement depuis, et je lui demandais la pièce[498].

Il me souvient que ce fut par un jour de pluie, à l'issue de la glorieuse cérémonie qui nous avait réunis devant la statue d'Alphonse Daudet qu'on inaugurait, en revenant par les Champs-Élysées, que nous établîmes nos accords[499].

Le titre, le milieu, l'action, tout me charmait dans ce délicieux *Chérubin*.

J'en écrivis la musique à Égreville[500].

En prononçant le nom de cette chère petite ville, oasis de paix et de tranquillité parfaite dans ce beau département de Seine-et-Marne – vous savez, mes chers enfants, qu'elle abrite la vieille demeure de vos grands-parents – mes pensées se reportent aussitôt vers les souvenirs qui s'en échappent, vers ceux que vous voudrez conserver quand nous ne serons plus là...

Ces arbres vous rappelleront que c'est la main de vos grands-parents, qui vous auront tant aimés, qui a dirigé leurs ramures pour en dispenser l'ombre contre les rayons du soleil et vous apporter leur douce et tendre fraîcheur dans les étés brûlants.

Avec quelle joie nous les avons vus croître, ces arbres ! Nous pensions tant à vous, en admirant leur lente et précieuse croissance !

Vous voudrez les respecter, ne point permettre à la hache de les frapper ! Il semble que les blessures que vous leur feriez arriveraient jusqu'à nous, par-delà la mort, nous atteindraient dans la tombe, et vous ne le voudrez pas !...

*

S. A. S. le prince de Monaco, ayant eu connaissance de la mise en musique de *Chérubin*, et se souvenant de ce *Jongleur de Notre-Dame*, qu'il avait si splendidement accueilli et que je lui avais respectueusement dédié, me fit proposer par M. Raoul

---

497. Après ses débuts d'auteur dramatique à Paris en 1898, Francis de Croisset (1876?-1937), écrivain d'origine belge, fait scandale avec sa première grande pièce, *L'Homme à l'oreille coupée*, créée au Théâtre de l'Athénée en janvier 1900. Il sera par la suite coauteur du livret de *Ciboulette* (1923) de Reynaldo Hahn.

498. Massenet assista, au mieux, à la générale (1er juin 1901) d'une pièce dont la création fut suspendue puis, en raison d'une vive polémique dans la presse, abandonnée trois mois après par Jules Claretie, alors administrateur de la Comédie-Française. Cette demande aussi empressée que spontanée apparaît donc peu probable. Une série de lettres de Croisset adressées à Massenet (BnF, Bibliothèque-musée de l'Opéra) laisse clairement penser qu'une collaboration s'établit plutôt en juin 1902.

499. *Le Gaulois* du 1er juin 1902 relève dans deux articles la présence de Massenet et de Croisset parmi les invités d'une cérémonie, qui s'est déroulée la veille sous « une vilaine pluie septentrionale » (« Le monument Daudet »), puis, à la page suivante (« Petit Chérubin... vit encore »), il informe ses lecteurs de la collaboration entre les deux hommes pour un opéra-comique, tiré de *Chérubin*, dont la création serait envisagée salle Favart l'année suivante.

500. Après avoir suivi de près l'élaboration du livret, Massenet entame la composition de sa partition chant et piano dès l'été 1902. Il l'achèvera l'année suivante en juillet avant d'en entreprendre l'orchestration (BnF, Bibliothèque-musée de l'Opéra) pendant l'hiver 1903-1904.

Gunsbourg d'en donner la première à Monte-Carlo. On peut imaginer avec quel élan j'accueillis cette proposition. J'allais donc, avec Mme Massenet, me retrouver en ce pays idéal et dans ce palais féerique, dont nous avions conservé de si impérissables souvenirs.

Chérubin fut créé par Mary Garden, la tendre Nina par Marguerite Carré, – l'ensorcelante Ensoleillad par la Cavalieri, – et le rôle du philosophe fut rempli par Maurice Renaud.

Ce fut, en vérité, une interprétation délicieuse. La soirée se prolongea, grâce aux acclamations et aux *bis* constants dont on fêta les artistes; les spectateurs les tinrent littéralement dans une atmosphère du plus délirant enthousiasme.

Le séjour au palais fut pour nous une suite d'indicibles enchantements que nous devions, d'ailleurs, voir se renouveler, par la suite, quand nous nous retrouvâmes les hôtes de ce prince de la science, à l'âme si haute et si belle[501].

Henri Cain, qui, pour *Chérubin*, avait été mon collaborateur avec Francis de Croisset, m'avait amusé, entre temps, en me faisant écrire la musique d'un joli et pittoresque ballet en un acte : *Cigale*.

L'Opéra-Comique le donna le 4 février 1904. La ravissante et talentueuse Mlle Chasles fut notre Cigale, et Messmaecker, de l'Opéra-Comique, mima en travesti, d'une façon désopilante, le rôle de Mme Fourmi, rentière[502] !

De ceux qui assistèrent aux répétitions de *Cigale*, je fus, certes, celui qui s'y divertit le plus. Il y avait, à la fin, une scène fort attendrissante et d'une poésie exquise : celle d'une apparition d'ange, avec une voix d'ange qui chantait au loin. La voix d'ange était celle de Mlle Guiraudon, devenue Mme Henri Cain[503].

Un an après, ainsi que je l'ai dit, le 14 février 1905, *Chérubin* fut représenté à l'Opéra princier de Monte-Carlo, et, le 23 mai suivant, l'on clôtura avec lui la saison de l'Opéra-Comique, à Paris. En paraissant à ce dernier théâtre, la distribution n'avait été modifiée que pour le rôle du philosophe, qui, passant à Lucien Fugère, y venait ajouter un nouveau succès à tant d'autres déjà obtenus par cet artiste, et pour celui de l'Ensoleillad, qui fut confié à la charmante Mme Vallandri[504].

*

Vous m'observerez peut-être, mes chers enfants, que je ne vous ai rien dit encore d'*Ariane*, dont vous avez vu les pages à Égreville, pendant plusieurs étés. La raison en est que je ne parle jamais d'un ouvrage que lorsqu'il est terminé et gravé. Je n'ai rien dit d'*Ariane*, pas davantage que de *Roma*, dont j'avais écrit les premières scènes en

---

501. Parallèlement à ses obligations politiques, Albert Ier mène une importante activité d'océanographe. Voir chapitre XXV.

502. La ballerine Jeanne Chasles (?-1939), à qui Massenet offrira son manuscrit de la réduction piano, est membre du corps de ballet de l'Opéra-Comique, alors que Messmaecker, fils du célèbre comédien éponyme, est chanteur de la troupe.

503. Massenet élabore sa partition parallèlement à celle de *Chérubin* puisque la réduction pour piano (coll. Bonynge) et la partition d'orchestre (BnF, Bibliothèque-musée de l'Opéra) sont rapidement composées pendant l'été 1902. La création de ce « divertissement-ballet », réglé par Mariquita, intervint lors d'un gala de bienfaisance; elle précédait une exécution de *La Damoiselle élue* de Debussy avec Mary Garden.

504. Suite à la création monégasque, la cantatrice italienne aurait été jugée par Massenet « un peu *rastaquouère* pour Paris. » (Jules Claretie, *Souvenirs du dîner Bixio*, Paris, Charpentier, 1924, p. 191).

1902, enthousiasmé que j'étais par la tragédie sublime, la *Rome vaincue*, d'Alexandre Parodi[505].

À l'heure où je trace ces lignes, les cinq actes de *Roma* sont en répétitions, pour Monte-Carlo et pour l'Opéra, mais, silence ! j'en dis déjà trop... À plus tard !...

Je reprends donc le courant de ma vie.

Ariane ! Ariane ! l'ouvrage qui m'a fait vivre dans des sphères si élevées ! En pouvait-il être autrement avec la fière collaboration de Catulle Mendès[506], le poète des aspirations et des rêves éthérés ?

Ce fut un jour mémorable dans ma vie que celui où mon ami Heugel m'annonça que Catulle Mendès était prêt à me lire le poème d'*Ariane*.

Depuis très longtemps germait en moi le désir de pleurer les larmes d'Ariane. Je vibrais donc de toutes les forces de mon cœur et de ma pensée avant de connaître le premier mot de la première scène !

Rendez-vous fut pris pour cette lecture. Elle eut lieu chez Catulle Mendès, 6, rue Boccador, dans le logis si personnellement artistique de ce grand lettré et de sa femme exquise, poète, elle aussi, du plus parfait talent[507].

Je sortis de là, tout enfiévré, le poème dans ma poche, contre mon cœur, comme pour lui en faire sentir les battements, et je montai dans une victoria découverte pour rentrer chez moi[508]. La pluie tombait à torrent, je ne m'en étais pas aperçu. C'était sûrement les larmes d'Ariane qui, avec délices, mouillaient ainsi tout mon être.

Chères et bonnes larmes, comme vous deviez un jour couler avec bonheur, pendant ces délicieuses répétitions ! De quelle estime, de quelles attentions en effet, n'étais-je pas comblé par mon cher directeur Gailhard, comme aussi par mes bien remarquables interprètes !

Au mois d'août 1905, je me promenais tout pensif, sous la pergola de notre demeure d'Égreville, quand, soudain, la trompe d'une automobile réveilla les échos de ce paisible pays.

N'était-ce pas Jupiter tonnant au ciel, *Cœlo tonantem Jovem*, comme eût dit Horace, le délicat poète des *Odes*[509] ? Un instant je pus le croire, mais quelle ne fut pas ma surprise, – surprise entre toutes agréable – lorsque, de ce tonitruant soixante à l'heure, je vis descendre deux voyageurs qui, pour ne point arriver du ciel, n'en venaient pas moins me faire entendre les accents les plus paradisiaques de leurs voix amies.

---

505. Voir chapitre XXVII.

506. Catulle Mendès (1841-1909), poète et écrivain, collabore avec plusieurs compositeurs, comme Claude Debussy, Emmanuel Chabrier ou Camille Erlanger.

507. Jane Catulle-Mendès (1867-1965), dont Massenet met en musique *La Lettre* (1907) peu après la création d'*Ariane*.

508. La lecture du poème, qui eut lieu au début de juillet 1904, suscita l'enthousiasme de Massenet. Une fois le livret achevé, le musicien se lance peu après en septembre dans la composition de sa partition chant et piano qu'il achève à une date indéterminée, ses manuscrits (réduction et orchestration) conservés à la BnF (Bibliothèque-musée de l'Opéra) étant très peu datés. Le dernier volume du manuscrit de la partition d'orchestre porte *in fine* la note : « Égreville 10 / oct.[tobre] 1905 11 h du *matin*. »

509. *Cœlo tonantem credidimus Jovem regnare* : « Aux terribles éclats de son bruyant tonnerre, on voit que Jupiter est le maître des cieux » Horace, *Odes*, III.5.

L'un était le directeur de l'Opéra, Gailhard, et l'autre, l'érudit architecte du monument Garnier[510]. Mon directeur venait me demander où j'en étais d'*Ariane*, et si je voulais confier cet ouvrage à l'Opéra[511] ?

On monta dans ma grande chambre, qu'avec ses tentures jaunes et ses meubles de l'époque on eût volontiers prise pour celle d'un général du Premier Empire. J'y montrai aussitôt, sur une grande table en marbre noir supportée par des sphinx, un amoncellement de feuilles. C'était toute la partition terminée.

Au déjeuner, entre la sardine du hors-d'œuvre et le fromage du dessert, à défaut du cassoulet parfait, délice pour un Toulousain, je déclamai plusieurs situations de la pièce. Puis mes convives, mis en charmante humeur, voulurent bien accepter de faire le tour du propriétaire.

Ce fut tout en faisant les cent pas sous la pergola dont j'ai parlé, et dans l'ombre délicieusement fraîche et épaisse des vignes, dont le feuillage formait ce verdoyant encorbeillement, que l'on décida de l'interprétation.

Le rôle d'Ariane fut destiné à Lucienne Bréval, celui de la dramatique Phèdre à Louise Grandjean, et, d'un commun accord, nous souvenant du tragique talent de Lucy Arbell, dont les succès s'affirmaient à l'Opéra[512], nous lui destinâmes le rôle de la sombre et belle Perséphone, reine des Enfers[513].

Muratore[514] et Delmas furent tout indiqués pour Thésée et pour Pirithoüs.

En nous quittant, Gailhard, se souvenant de la forme simple et confiante dont nos pères, au bon vieux temps, s'engageaient entre eux, cueillit une branche à l'un des eucalyptus du jardin, et, l'agitant en me le montrant, il me dit : « Voici le gage des promesses que nous avons échangées aujourd'hui. Je l'emporte avec moi ! »

Puis mes hôtes remontèrent dans leur auto et ils disparurent à mes yeux, enveloppés de la poussière tourbillonnante du chemin. Emmenaient-ils vers la grande ville les réalisations prochaines de mes bien chères espérances ? Tout en remontant à ma chambre, je me le demandais.

Fatigué, brisé par les émotions de la journée, je me couchai.

---

510. Jean-Louis Pascal (1837-1920), qui avait assisté Charles Garnier lors de la construction de l'Opéra, est l'auteur du monument érigé à la mémoire du célèbre architecte (1902), situé derrière l'édifice.

511. À cette date, *Ariane* était depuis longtemps destinée à l'Opéra, *Le Temps* du 3 juin 1904 affirmant : « Depuis plusieurs mois déjà, MM. Catulle Mendès et Massenet travaillent ensemble à un grand ouvrage dramatique. / Titre : *Ariane*. / *Ariane* sera représentée à l'Académie nationale de Musique. »

512. Dans ses *Souvenirs de théâtre* consacrés à *Thérèse* (*L'Écho de Paris*, 13 mai 1911), Massenet affirme que la prestation d'Arbell dans un duo de *La Favorite*, lors d'un gala des Trente ans de théâtre en 1904, fut déterminante.

513. La rencontre entre Lucy Arbell (1878-1947) et Massenet reste mystérieuse, mais elle est antérieure aux débuts remarqués de la jeune cantatrice à l'Opéra de Paris (octobre 1903) puisque le compositeur lui dédicace une mélodie (*On dit...*) en 1901. Massenet va nouer une relation privilégiée avec la chanteuse au point d'ajouter expressément pour elle un nouveau tableau à son opéra alors qu'il en avait déjà orchestré les trois premiers actes. Massenet dissimule donc la vérité afin de ne pas froisser son épouse dont les relations avec Arbell vont considérablement se dégrader après la mort du compositeur.

514. Après un bref passage à l'Opéra-Comique, où il participe à la création de *La Carmélite* (1902) de Reynaldo Hahn, le ténor Lucien Muratore (1876-1954) fait ses débuts à l'Opéra en 1905 pour mener ensuite une belle carrière qui le mène notamment à Monte-Carlo où il chante Lentulus lors de la première de *Roma* en 1912 (voir chapitre XXVIII).

Le soleil brillait encore à l'horizon, dans toute la gloire de ses feux. Il venait empourprer mon lit de ses rayons éclatants. Je m'endormis dans un rêve, le rêve le plus beau qui puisse vous bercer après la tâche remplie.

On le croira sans peine. Je ne ressemblais guère, à ce moment, à « ces poules tellement agitées qu'elles parlent de passer la nuit », selon l'expression d'Alphonse Daudet[515].

Je place ici un détail concernant *Ariane*. On verra qu'il ne manque pas d'importance, au contraire.

Ma petite Marie-Magdeleine était venue à Égreville, passer quelques jours auprès de ses grands-parents. Cédant à sa curiosité, je lui racontai la pièce. J'en étais arrivé à l'instant où Ariane est menée aux Enfers, afin d'y retrouver l'âme errante de sa sœur Phèdre, et comme je m'arrêtais, ma petite-fille de s'exclamer aussitôt : « Et maintenant, bon papa, nous allons être aux Enfers ? »

La voix argentine et bien câline de la chère enfant, son interrogation si soudaine, si naturelle, produisirent sur moi un effet étrange, presque magique. J'avais précisément l'intention de demander la suppression de cet acte, mais subitement, je me décidai à le conserver[516] et je répondis à la juste question de l'enfant : « Oui, nous allons dans les Enfers » Et j'ajoutai : « Nous y verrons l'émouvante figure de Perséphone, retrouvant avec enivrement ces roses, ces roses divines, qui lui rappellent la terre bien-aimée où elle vécut jadis, avant de devenir la reine de ce terrible séjour, ayant comme sceptre un lis noir à la main. »

*

Cette visite aux Enfers nécessite une mise en scène, une interprétation que je qualifierais volontiers d'intensives. J'étais allé à Turin (mon dernier voyage dans ce beau pays) par un froid assez vif, c'était le 14 décembre 1907, accompagné de mon cher éditeur, Henri Heugel, assister aux dernières répétitions du « Regio », le théâtre royal où, pour la première fois en Italie, on avait monté *Ariane*. L'ouvrage avait une luxueuse mise en scène et des interprètes remarquables. La grande artiste, Maria Farneti, remplissait le rôle d'Ariane. J'observai surtout le soin particulier avec lequel Serafin, l'éminent chef d'orchestre, faisant fonction de régisseur, mettait en scène l'acte des Enfers[517]. Notre Perséphone était aussi tragique que possible ; l'air des roses, cependant, me paraissait manquer d'émotion. Je me souviens lui avoir dit, à la répétition au foyer, en lui jetant une brassée de roses dans ses bras larges ouverts, de les presser ardemment contre son cœur, comme elle eût fait, ajoutais-je, d'un mari, d'un fiancé toujours aimé,

---

515. Massenet cite approximativement un extrait des *Lettres de mon moulin* où Daudet raconte comment la fin des transhumances et le retour des troupeaux agitent tous les animaux : « Le poulailler qui s'endormait se réveille en sursaut. [...] La basse-cour est comme folle ; les poules parlent de passer la nuit !... »

516. Cet acte, qui figurait en effet dès la conception du livret, fut surtout rétabli, on l'a vu, à l'attention de Lucy Arbell. Il fut composé en grande partie en août 1905 à Saint-Aubin où la cantatrice possédait une villa. Le manuscrit de la partition chant et piano (BnF, Bibliothèque-musée de l'Opéra) porte la dédicace suivante : « *En souvenir attendri et reconnaissant / de la chère maison de S*[t] *Aubin / j'offre / à Mademoiselle Georgette Wallace / ce manuscrit dont un acte entier / a été composé pour / Lucy Arbell de l'Opéra.* / [signé :] J. Massenet / Noël 1905. »

517. Grande interprète du répertoire vériste, le soprano Maria Farneti (1877-1955) endosse aussi les rôles de Grisélidis ou de Salomé (*Hérodiade*). Tullio Serafin (1878-1968) était à l'aube d'une prometteuse carrière puisqu'il sera nommé directeur musical de la Scala en 1909.

qu'elle n'aurait pas vu depuis vingt ans ! « Des roses depuis si longtemps disparues, au cher adoré qu'enfin l'on retrouve, il n'y a pas loin ! Pensez-y, signorina, et l'effet sera certain ! » La charmante artiste sourit ; avait-elle compris [518] ?...

Ariane donc était terminée. Mon illustre ami, Jules Claretie, l'ayant appris, me rappela la promesse que je lui avais faite d'écrire *Thérèse*, drame lyrique en deux actes. Il ajouta : « L'ouvrage sera court, car l'émotion qu'il dégage ne saurait se prolonger » [519].

Je me mis au travail [520]. Mes souvenirs vous en reparleront plus tard.

J'ai fait allusion, mes chers enfants, au plaisir que je ressentais à chaque répétition apportant constamment des trouvailles de scène et de sentiments. Ah ! avec quelle intelligence dévouée, incessamment en éveil, nos artistes suivaient les précieux conseils de Gailhard !

Le mois de juin, cependant, fut marqué de jours sombres. Une de nos artistes tomba très gravement malade. On lutta, pour l'arracher à la mort, pendant 36 heures [521] !...

L'ouvrage étant presque terminé comme scène, et cette artiste devant nous manquer pendant plusieurs semaines, on arrêta les répétitions pendant l'été, pour les reprendre à la fin de septembre, tous nos artistes étant alors réunis et bien portants, de façon à répéter, généralement, en octobre et passer à la fin du mois.

Ce qui fut dit fut fait ; exactitude rare au théâtre. La première eut lieu le 31 octobre 1906.

Catulle Mendès, qui avait été souvent sévère pour moi dans ses critiques de presse, était devenu mon plus ardent collaborateur, et, chose digne de remarque, il appréciait avec joie le respect que j'avais apporté à la déclamation de ses beaux vers [522].

Dans notre travail commun ainsi que dans nos études d'artistes au théâtre, j'aimais en lui ces élans de dévouement et d'affection, cette estime dans laquelle il me tenait.

Les représentations se succédèrent jusque dix fois par mois, fait unique dans les annales du théâtre pour un ouvrage nouveau, et cela se poursuivit ainsi jusqu'à la soixantième.

À ce propos on demandait à notre Perséphone, Lucy Arbell, combien de fois elle avait joué l'ouvrage, étant certain que sa réponse ne serait pas exacte. Évidemment, elle répondit : Soixante fois. — Non exclama son interlocuteur ; vous l'avez joué cent vingt fois, puisque vous avez toujours bissé l'air des roses !

---

518. Elisa Bruno (1869-?), mezzo-soprano, incarnait le rôle de Perséphone.

519. Par sa brièveté et son style, ce « drame musical » en 2 actes relève en partie du vérisme de *La Navarraise*.

520. Fidèle à ses habitudes, Massenet élabore surtout le livret en collaboration avec Claretie, dès novembre 1905.

521. La presse de l'époque ne mentionne nullement cette situation.

522. Si, après la création de *Sapho* en 1897, Mendès (1841-1909) jugeait sur un ton doucereux que « Massenet a le Charme, plus puissant peut-être que le Génie » (*L'Art au théâtre*, Paris, Charpentier, 1900, p. 458), il avoue peu avant la création d'*Ariane* : « J'ai eu la parfaite joie de trouver en Massenet, sans qu'il renonçât lui non plus, cela va sans dire, à sa personnalité et la technique moderne, un merveilleux Lulli, un parfait Rameau et un très parfait Gluck. » (*L'Écho de Paris*, 28 octobre 1906). Une collaboration s'établit lorsque l'écrivain fournit au compositeur le poème de la mélodie *L'Heure volée* (1902).

Ce furent les nouveaux directeurs, MM. Messager et Broussan[523], auxquels je dus cette soixantième qui semble, jusqu'à ce jour, être la dernière de cet ouvrage dont l'aurore fut si brillante[524].

*

Quelle différence, je le dis encore, entre la façon dont mes ouvrages étaient montés depuis des années, avec ce qu'il en avait été à l'époque de mes débuts !

Mes premiers ouvrages devaient être représentés en province, dans de vieux décors, et il me fallait entendre de la part du régisseur, des paroles de ce genre : « Pour le premier acte, nous avons trouvé un vieux fond de *La Favorite* ; pour le second, deux châssis de *Rigoletto*, etc., etc. »

Je me souviens encore d'un directeur obligeant qui, sachant que, la veille d'une première, je manquais d'un ténor, m'en offrit un, en me prévenant ainsi : « Cet artiste connaît le rôle, mais je dois vous dire qu'il est toujours *tombé* au troisième acte ! »

Ce même théâtre me rappelle que j'y connus une basse qui avait une prétention étrange, plus étrangement exprimée encore : « Ma voix, disait notre basse, descend *tellement* qu'on ne peut pas trouver la note sur le piano !... »

Eh bien ! tous ces artistes amis furent de braves et vaillants artistes. Ils me rendirent service et eurent leurs années de succès.

Mais je m'aperçois que je m'attarde à vous parler de ces souvenirs d'antan. J'ai à vous entretenir mes chers enfants, du nouvel ouvrage qui allait entrer en répétition à Monte-Carlo, je veux dire *Thérèse*.

Chapitre XXV

En parlant de 1793

Georges Cain, mon grand ami, l'éminent et éloquent historiographe du Vieux Paris[525], nous avait réunis un matin de l'été 1905 : la belle et charmante Mme Georges Cain, Mlle Lucy Arbell, de l'Opéra, et quelques autres personnes, pour visiter ensemble ce qui fut, autrefois, le couvent des Carmes, dans la rue de Vaugirard.

Nous avions parcouru les cellules de l'ancien cloître, vu le puits où la horde sanguinaire des septembriseurs jeta les corps des prêtres massacrés, nous étions arrivés à ces jardins demeurés tristement célèbres par ces effroyables boucheries, quand, s'arrêtant dans le chaud et prenant récit de ces lugubres événements, Georges Cain nous montra une forme blanche qui errait au loin, solitaire.

523. Le compositeur et chef d'orchestre André Messager (1853-1929) dirige l'Opéra de Paris avec Leimistin Broussan (1858-1958) de 1908 à 1914.

524. *Ariane*, dont la soixantième et dernière représentation se tient le 9 mars 1908, ne sera reprise qu'en 1937.

525. Frère du librettiste, Georges Cain (1856-1919) est peintre, écrivain et conservateur au Musée Carnavalet. Il rédige plusieurs ouvrages historiques sur Paris.

« C'est l'âme de Lucile Desmoulins », fit-il. La pauvre Lucile Desmoulins, si forte et si courageuse auprès de son mari qu'on mena à l'échafaud, où, elle-même, bientôt, ne tardait pas à le suivre.

Ni ombre, ni fantôme ! La forme blanche était bien vivante !… C'était Lucy Arbell qui, envahie par une crise poignante de sensibilité, s'était écartée pour cacher ses larmes.

Thérèse se révélait déjà…

À peu de jours de là, je déjeunais à l'Ambassade d'Italie. Au dessert, la si aimable comtesse Tornielli nous raconta avec la grâce charmante, la fine et séduisante éloquence qui lui sont familières, l'histoire du palais de l'Ambassade, rue de Grenelle.

En 1793, ce palais appartenait à la famille des Galliffet. Des membres de cette illustre maison, les uns avaient été guillotinés, les autres avaient émigré à l'étranger. On voulait vendre l'immeuble comme bien de la nation ; il se trouva, pour s'y opposer, un vieux serviteur au caractère ferme et décidé. « Je suis le peuple, dit-il, et vous n'enlèverez pas au peuple ce qui lui appartient. Je suis chez moi, ici !… »

Lorsque, en 1798, l'un des émigrés survivants des Galliffet revint à Paris, sa première pensée fut d'aller voir la demeure familiale[526]. Sa surprise fut grande d'y être reçu par le fidèle serviteur, dont l'âpre et énergique parole en avait empêché la spoliation. « Monseigneur, dit celui-ci en tombant aux pieds de son maître, j'ai su conserver votre bien. Je vous le rends ! »

Le poème de Thérèse s'annonçait ! Cette révélation le faisait pressentir.

*

Je peux dire que c'est à Bruxelles, en novembre de cette année-là, dans le Bois de la Cambre, que j'eus la première vision musicale de l'ouvrage[527].

C'était en un bel après-midi, par un pâle soleil aux lueurs automnales. On sentait qu'une sève généreuse se retirait lentement de ces beaux arbres. Le vert et gai feuillage qui couronnait leur cime avait disparu. Une à une, au caprice du vent, tombaient les feuilles grillées, roussies, jaunies par le froid, ayant pris à l'or, ironie de la nature ! son éclat, ses nuances comme ses teintes les plus variées.

Rien ne ressemblait moins aux arbres maigres et chétifs de notre bois de Boulogne. Au développement de leurs rameaux, ces arbres magnifiques pouvaient rappeler ceux tant admirés dans les parcs de Windsor et de Richmond. Je marchais sur ces feuilles mortes, et les chassais du pied ; leur bruissement me plaisait, il accompagnait délicieusement mes pensées.

J'étais d'autant plus au cœur de l'ouvrage, dans « les entrailles du sujet », que, parmi les quatre ou cinq personnes avec lesquelles je me trouvais, figurait la future héroïne de *Thérèse*.

Je recherchais partout, avidement, ce qui se rapportait aux temps horribles de la Terreur, tout ce qui, dans les estampes, pouvait me redire la sinistre et sombre histoire

526. Saisi comme bien d'immigrés en 1792, l'Hôtel de Galliffet (73, rue de Grenelle) redevient la propriété de la famille Galliffet en 1821. L'Italie le loue, avant de l'acheter en 1909, pour en faire le siège de son ambassade entre 1895 et 1938.

527. En novembre 1905, Massenet séjourne trois jours à Bruxelles où il supervise les répétitions de la création de *Chérubin* au Théâtre de la Monnaie.

de cette époque, afin d'en rendre avec la plus grande vérité possible les scènes du second acte, que j'avoue aimer profondément.

Étant donc rentré à Paris, ce fut dans mon logis de la rue de Vaugirard que, pendant tout l'hiver et le printemps (j'achevai l'ouvrage, l'été, aux bords de la mer), je composai la musique de *Thérèse*[528].

Je me souviens qu'un matin, le travail d'une situation qui réclamait impérieusement le secours immédiat de mon collaborateur, Jules Claretie, m'avait fort énervé. Je me décidai incontinent à écrire au ministre des Postes, Télégraphes et Téléphones, pour qu'il m'accordât cette chose presque impossible : avoir le téléphone placé chez moi, dans la journée, avant quatre heures!...

Ma lettre, naturellement, reflétait plutôt le ton d'une supplique déférente.

Aurais-je pu l'espérer? Quand je rentrai de mes occupations, je trouvai sur ma cheminée un joli appareil téléphonique, tout neuf!

Le ministre, M. Bérard, lettré des plus distingués, avait dû s'intéresser sur-le-champ à mon capricieux désir[529]. Il m'envoya *illico* une équipe d'une vingtaine d'hommes munis de tout ce qu'il fallait pour un rapide placement.

Ô le cher et charmant ministre! Je l'aime d'autant plus qu'il eut un jour pour moi une parole bien aimable : « J'étais heureux, fit-il, de vous donner cette satisfaction, à vous qui m'avez si souvent causé tant de plaisir au théâtre, avec vos ouvrages. »

Par pari refertur[530], oui, c'était la réciproque, mais rendue avec une grâce et une obligeance que j'appréciai hautement.

Allo!... Allo! À mon premier essai, on s'en doute, je fus très inhabile. Je parvins cependant à avoir la communication.

J'appris aussi, autre gracieuseté bien utile, que mon numéro ne figurerait pas à l'*Annuaire*. Personne donc ne pourrait m'appeler. Je serais seul à pouvoir user du merveilleux instrument.

Je ne tardai pas à téléphoner à Claretie. Il resta fort surpris de cet appel lui venant de la rue de Vaugirard. Je lui communiquai mes idées sur la scène difficile qui avait occasionné la mise en place du téléphone[531].

Il s'agissait de la dernière scène.

Je lui téléphonai :

Faites égorger Thérèse et tout sera bien.

J'entendis une voix qui m'était inconnue et qui poussait des cris affolés (notre fil était en communication maladroite avec un autre abandonné) ; elle me hurlait :

---

528. La partition d'orchestre (BnF, Bibliothèque-musée de l'Opéra) est datée avec précision : « Paris – le dimanche 20 mai 1906 à 5 h 47 du matin ». Massenet effectuera cependant quelques retouches par la suite, le manuscrit de la partition chant et piano (Monaco, Archives du Palais princier) portant sur la dernière page la signature du compositeur précédée de la mention autographe : « Paris / de décembre 1905, / à février 1907. »

529. Alexandre Bérard (1859-1923) est sous-secrétaire d'État aux Postes et Télécommunications de 1902 à 1906.

530. « On rend la pareille »

531. Dans *La Vie à Paris* (Paris, Charpentier, 1907, p. 326), Claretie a également évoqué sa collaboration téléphonique avec Massenet qu'il pouvait appeler au besoin. En affirmant le contraire, le compositeur manifeste une nouvelle fois sa peur d'être importuné.

Ah ! si je savais qui vous êtes, gredin ! je vous dénoncerais à la police. Un crime pareil ! De qui est-il question ?

Subitement la voix de Claretie :

Une fois égorgée, elle ira rejoindre son mari dans la charrette. Je préfère cela au poison !

La voix du monsieur :

Ah ! c'est trop fort ! Maintenant, les scélérats, ils vont l'empoisonner ! J'appelle la surveillante !... Je veux une enquête !...

Une friture énorme se produisit dans l'appareil, et le calme bienheureux reparut.

Il était temps ; avec un abonné monté à un tel diapason, nous risquions, Claretie et moi, de passer un mauvais quart d'heure ! J'en tremble encore !

Souvent, depuis, je travaillai avec Claretie dialoguant de chaque côté d'un fil, et ce fil d'Ariane conduisit ma voix jusqu'à celle de Perséphone, je veux dire... de Thérèse, à laquelle je faisais entendre telle ou telle terminaison vocale, voulant avoir son opinion, avant de l'écrire[532].

Par une belle journée de printemps, j'étais allé revoir le parc de Bagatelle, et ce joli pavillon, alors encore abandonné, construit sous Louis XVI par le comte d'Artois. Je fixai bien dans ma mémoire ce délicieux petit château que la Révolution triomphante avait laissé devenir une entreprise de fêtes champêtres, après en avoir spolié son ancien propriétaire. En rentrant en sa possession, sous la Restauration, le comte d'Artois l'avait appelé « Babiole ». « Bagatelle » ou « Babiole », c'est tout un, et ce même pavillon devait, presque de nos jours, être habité par Richard Wallace, le célèbre millionnaire, philanthrope et collectionneur[533].

Je voulus, plus tard, que le décor du premier acte de *Thérèse* le rappelât exactement. Notre artiste fut particulièrement sensible à cette pensée. On sait, en effet, la parenté qui l'unit à la descendance des marquis d'Hertford[534].

La partition une fois terminée et connaissant les intentions de Raoul Gunsbourg, qui avait désiré cet ouvrage pour l'Opéra de Monte-Carlo, nous fûmes informés, Mme Massenet et moi, que S. A. S. le prince de Monaco honorerait de sa présence notre modeste demeure et viendrait déjeuner chez nous avec le chef de sa maison, M. le comte de Lamotte d'Allogny. Immédiatement, nous invitâmes mon cher collaborateur et Mme Claretie, ainsi que mon excellent éditeur et ami et Mme Heugel.

Le prince de Monaco, d'une si haute simplicité, voulut bien s'asseoir près d'un piano que j'avais fait venir pour la circonstance, et il écouta quelques passages de *Thérèse*. Il apprit de nous ce détail. Lors de la première lecture à notre créatrice, Lucy Arbell, en véritable artiste, m'arrêta comme j'étais en train de chanter la dernière scène, celle où

532. Massenet destine le rôle-titre de *Thérèse* à sa nouvelle égérie, Lucy Arbell.

533. En 1720 le maréchal d'Estrées offrit à sa femme une petite demeure appelée « babiole » ou « bagatelle » pour des raisons obscures (lieu de libertinage ou coût élevé de la construction). Richard Seymour, marquis d'Hertford, l'achète en 1835 et le lègue à sa mort à Richard Wallace, son prétendu fils naturel ou adoptif qui y meurt en 1890. Le domaine, dès lors délaissé, est acquis en mauvais état par la Ville de Paris en mars 1904. Sa transformation en lieu d'exposition n'ayant été décidée qu'en décembre 1905, Massenet visita un lieu alors encore non restauré.

534. D'après son certificat de naissance, Lucy Arbell, née au Vésinet en 1878 de père inconnu, fut reconnu en 1884 par Edmond-Richard Wallace (1840-1887), fils de Sir Richard Wallace.

Thérèse, en poussant un grand cri d'épouvante, aperçoit la terrible charrette emmenant son mari, André Thorel, à l'échafaud, et clame de toutes ses forces : « Vive le roi ! » pour être ainsi assurée de rejoindre son mari dans la mort. Ce fut à cet instant, dis-je, que notre interprète, violemment émue, m'arrêta et me fit, dans un élan de transport : « Jamais je ne pourrai *chanter* cette scène jusqu'au bout, car lorsque je reconnais mon mari, celui qui m'a donné son nom, qui a sauvé Armand de Clerval, je dois perdre la voix. Je vous demande donc de *déclamer* toute la fin de la pièce. »

Les grands artistes, seuls, ont le don inné de ces mouvements instinctifs[535] ; témoin Mme Fidès Devriès qui me demanda de refaire l'air de Chimène : « Pleurez mes yeux !... » Elle trouvait qu'elle n'y pensait qu'à son père mort, qu'elle oubliait trop son ami Rodrigue[536] !

Un geste bien sincère aussi, fut trouvé par le ténor Talazac, créateur de Des Grieux. Il voulut ajouter : *toi !...* avant le *vous !* qu'il lance en retrouvant Manon, dans le séminaire de Saint-Sulpice. Ce *toi !* n'indiquait-il pas le premier cri de l'ancien amant, retrouvant sa maîtresse[537] ?

*

Les premières études de *Thérèse* eurent lieu dans le bel appartement, si richement décoré de tableaux anciens et d'œuvre d'art, que Raoul Gunsbourg possède rue de Rivoli. Nous étions au premier jour de l'an [1907] ; nous le fêtâmes en travaillant dans le salon, de huit heures du soir à minuit.

Au-dehors, il faisait un froid très vif, mais un superbe feu nous le laissait ignorer ; et ce fut dans cette douce et toute exquise atmosphère qu'on but le champagne à la réalisation prochaine de nos communes espérances.

Étaient-elles assez émouvantes, ces répétitions, qui réunissaient ces trois beaux artistes : Lucy Arbell, Edmond Clément et Dufranne !

Le mois suivant, le 7 février 1907, eut lieu la première de *Thérèse*, à l'Opéra de Monte-Carlo.

Ma chère femme et moi, nous étions, cette année encore, les hôtes du prince, dans ce magnifique palais pour lequel je vous ai déjà dit toute mon admiration.

---

535. Dans un entretien accordé à Darthenay (« Avant-premières : *Thérèse*, de M. Massenet à Monte-Carlo », *Le Figaro*, 6 février 1907), peu avant la création de *Thérèse*, Massenet attribue l'utilisation de la déclamation parlée à Claretie qui l'avait appréciée dans *Ariane* où Arbell était déjà appelée à en faire l'usage. Lors des répétitions de cet ouvrage, Massenet et Mendès eurent l'idée de transformer un épisode chanté en déclamation peut-être sur les conseils de la cantatrice qui suscitera en 1909 la composition des *Expressions lyriques* (voir chapitre XXVII).

536. Dans une importante correspondance adressée au soprano (*Lettres et manuscrits autographes* [...], Paris Drouot Richelieu, 22 et 23 mai 1997, lot 202), Massenet, de retour d'un voyage en Normandie, lui écrit le 4 septembre 1906 : « Je disais à mes compagnons d'excursion... c'est ici – dans cet hôtel [de Deauville] que Madame Fidès Devriès m'a donné la place de "l'air de Chimène" tel qu'il est depuis ; c'est avec de pareilles artistes qu'il faudrait toujours travailler !... »

537. Le manuscrit chant et piano (Morgan Library), où se trouvent déjà les deux répliques, infirme cette intervention de Talazac qui ne prit connaissance de *Manon* que le 26 avril 1883 alors que Massenet orchestrait son opéra-comique (BnF, Bibliothèque de l'Opéra). La succession « Toi... vous ! » provient d'une préface d'Arsène Houssaye, pour une édition de *Manon Lescaut* (1875), et dans laquelle puiseront abondamment les librettistes.

Son Altesse nous avait invités dans la loge princière, la même loge où j'avais été appelé, à la fin de la première du *Jongleur de Notre-Dame*, et dans laquelle, en vue du public, le prince de Monaco m'avait placé lui-même, sur la poitrine, le grand cordon de son ordre de Saint-Charles.

Aller au théâtre, c'est bien ; autre chose, cependant, est d'assister à la représentation et d'écouter ! Je repris donc, le soir de *Thérèse*, ma place accoutumée dans le salon du prince. Des tentures et des portes le séparaient de la loge. J'y étais seul, dans le silence, du moins je le pouvais supposer.

Le silence ? Parlons-en ! Le vacarme des acclamations qui saluaient nos trois artistes fut à ce point formidable que ni portes, ni tentures n'y résistèrent, ne parvinrent à l'étouffer !

Au dîner officiel donné au palais, le lendemain, nos créateurs applaudis étaient invités et fêtés. Mon célèbre confrère, M. Louis Diémer, le merveilleux virtuose qui avait consenti à jouer le clavecin au premier acte de *Thérèse*[538], Mme Louis Diémer, Mme Massenet et moi, nous en étions également. Nous n'avions, ma femme et moi, pour arriver à la salle du banquet, qu'à gravir l'escalier d'honneur. Il était proche de notre appartement, cet appartement idéalement beau, véritable séjour de rêve.

Pendant deux années consécutives, *Thérèse* fut reprise à Monte-Carlo, et, avec Lucy Arbell, la créatrice, nous avions le brillant ténor Rousselière[539] et le maître professeur Bouvet[540].

Au mois de mars 1910, des fêtes d'un éclat inusité, véritablement inouï, eurent lieu à Monaco pour l'inauguration du colossal palais du Musée océanographique.

À la représentation de gala, on redonna *Thérèse*, devant un public composé de membres de l'Institut, confrères de Son Altesse Sérénissime, membre de l'Académie des Sciences. Quantité d'illustrations, de savants du monde entier, les représentants du corps diplomatique, ainsi que M. Loubet, ancien président de la République, étaient là.

Le matin de la séance solennelle d'inauguration, le prince prononça un admirable discours, auquel répondirent les présidents des académies étrangères[541].

J'étais déjà fort souffrant et je ne pus prendre ma place au banquet qui eut lieu au palais, et à la suite duquel on se rendit au spectacle de gala dont j'ai parlé.

Mon confrère de l'Institut, Henry Roujon, voulut bien, au banquet du lendemain matin, lire le discours[542] que j'aurais dû prononcer moi-même, si je n'avais été obligé de garder le lit.

Être lu par Henry Roujon, c'est un honneur et un succès !

---

538. Ami et condisciple de Massenet au Conservatoire, Louis Diémer (1843-1919) joua un rôle important dans la redécouverte du clavecin en participant notamment à la création de la Société des instruments anciens en 1895. Il avait créé le *Concerto pour piano* de Massenet en février 1903.

539. Le ténor Charles Rousselière (1875-1950) chante à l'Opéra de Paris de 1900 à 1905 avant de devenir un hôte privilégié de l'Opéra de Monte-Carlo jusqu'en 1919.

540. Après une belle carrière à l'Opéra-Comique où il participe à de multiples créations (*Le Roi malgré lui*, *Le Roi d'Ys*, *Esclarmonde*, etc.), puis dans divers théâtres en Europe, Max Bouvet (1854-1943) s'adonne surtout à l'enseignement, notamment au Conservatoire.

541. L'inauguration, le 29 mars 1910, s'accompagnait de la création de plusieurs ouvrages composés pour l'occasion, dont une cantate de Massenet, *La Nef triomphale*, et l'*Ouverture de fête* de Saint-Saëns.

542. Voir, dans le présent volume, le discours du 30 mars 1910.

Saint-Saëns, invité aussi à ces fêtes et habitant le palais, ne cessa de me prodiguer les marques de la plus affectueuse sollicitude [543]. Le prince lui-même daigna me visiter dans ma chambre de malade, et chacun me redisait, avec le succès de la représentation, celui de notre Thérèse, Lucy Arbell.

Mon médecin, aussi, qui m'avait quitté, le soir, plus calme, ouvrit ma porte vers les minuit. Ce fut, sans doute, pour prendre de mes nouvelles, mais également pour me parler de la belle représentation. Il savait que ce serait un baume d'une efficacité certaine pour moi.

Un détail qui me causa une grande satisfaction fut celui-ci :

On avait représenté *Le Vieil Aigle*, de Raoul Gunsbourg [544], où Mme Marguerite Carré, femme du directeur de l'Opéra-Comique, se vit acclamée. *Thérèse* était en même temps sur l'affiche. Albert Carré, qui avait assisté à la représentation, ayant rencontré un de ses amis parisiens aux fauteuils d'orchestre, lui annonça qu'il jouerait *Thérèse*, à l'Opéra-Comique, avec la bien dramatique créatrice [545].

Effectivement, quatre ans après la première à Monte-Carlo, et après tant d'autres théâtres qui avaient déjà représenté cet ouvrage, la première de *Thérèse* eut lieu, à l'Opéra-Comique, le 28 mai 1911 [546], et *L'Écho de Paris* voulut bien faire paraître, pour la circonstance, un supplément merveilleusement présenté [547].

Au moment où j'écris ces lignes, je lis que le second acte de *Thérèse* fait partie du rare programme de la fête qui m'est offerte, à l'Opéra, le dimanche 10 décembre 1911, par l'œuvre pie, française et populaire : les « Trente Ans de Théâtre », la si utile création de mon ami Adrien Bernheim, qui a l'esprit aussi généreux que l'âme grande et bonne [548].

*

Un tendre ami me disait dernièrement : « Si vous avez écrit *le Jongleur de Notre-Dame* avec la foi, vous avez écrit *Thérèse* avec le cœur. »

Rien ne pouvait être pensé plus simplement et me toucher davantage.

---

543. À Charles Lecocq, Saint-Saëns écrit le 30 mars 1910 (lettre citée par Yves Gérard, « Massenet à travers les écrits de Saint-Saëns », *Massenet en son temps*, éd. Gérard Condé, Saint-Étienne, Association Festival Massenet, 1999, p. 104) : « Il ne va pas bien l'auteur [Massenet], il a passé la soirée dans son lit et va y passer la journée. Le cœur, les reins fonctionnent mal et je trouve l'état inquiétant. Il est très changé, vieilli, maigri, il a des tremblements de mauvais augure. Cela me fait beaucoup de peine car, bien qu'il me soit impossible de le considérer comme un ami (c'est lui qui ne l'a pas voulu), je lui sais gré de l'éclat qu'il jette sur l'école française et je lui pardonne tout pour cela. »

544. Drame lyrique en 1 acte, livret et musique de Raoul Gunsbourg, créé à Monte-Carlo, le 13 février 1909.

545. L'opéra de Massenet allait être cette fois couplé avec *L'Heure espagnole* de Maurice Ravel, ouvrage plus sulfureux que *Le Vieil aigle* pour lequel Massenet s'était enthousiasmé non sans arrière-pensée stratégique... Dans son compte rendu de la création (« Les théâtres », *Le Figaro*, 15 février 1909), Robert Brussel avait publié une lettre élogieuse de Massenet adressée à Gunsbourg.

546. Le 19 mai 1911 plus exactement, avec en première partie, *L'Heure espagnole* de Ravel.

547. Dans ce supplément dont un exemplaire est préservé à la Bibliothèque-musée de l'Opéra (dossier d'œuvre), une version primitive du présent chapitre, publiée à la suite des *Souvenirs de théâtre*, complétait différents articles et documents iconographiques consacrés à l'ouvrage.

548. Voir chapitre XXVII.

CHAPITRE XXVI

D'*ARIANE* À *DON QUICHOTTE*

Je reprenais, ce matin, le cours de *Mes souvenirs,* quand j'appris une nouvelle qui me navra : la mort d'une amie de mon enfance, Mme Maucorps-Delsuc !

Je dois à ce parfait professeur, qui enseigna autrefois le solfège au Conservatoire, les conseils précieux qui contribuèrent à me faire obtenir mon prix de piano, en 1859. Mme Maucorps meurt ayant dépassé sa quatre-vingtième année, emportant dans un autre monde les sentiments de tendre reconnaissance que je lui avais voués et qui correspondaient à l'affectueux intérêt qu'elle n'avait jamais cessé de me témoigner.

En sincère émotion, mon cœur va vers elle[549] !

*

Je ne livre jamais un ouvrage qu'après l'avoir conservé, par-devers moi, pendant des mois, des années même[550].

J'achevais de terminer *Thérèse* – longtemps avant qu'elle dût être représentée – quand mon ami Heugel m'apprit qu'il s'était déjà entendu avec Catulle Mendès pour donner une suite à *Ariane.*

Tout en étant un ouvrage distinct, *Bacchus* devait, dans notre pensée, ne former qu'un tout avec *Ariane.*

Le poème en fut écrit en très peu de mois. J'y prenais un grand intérêt.

Cependant, et ceci est bien d'accord avec mon caractère, des hésitations, des doutes vinrent souvent me tourmenter[551].

De l'histoire fabuleuse des dieux et des demi-dieux de l'antiquité, celle qui se rapporte aux héros hindous est peut-être celle aussi qu'on connaît le moins.

L'étude des fables mythologiques, qui n'avait, jusqu'à ces derniers temps, qu'un intérêt de pure curiosité, tout au plus d'érudition classique, a acquis une plus haute importance, grâce aux travaux des savants modernes, lui faisant trouver sa place dans l'histoire des religions.

Il devait plaire à l'esprit avisé d'un Catulle Mendès d'y promener les inspirations de sa muse poétique, toujours si chaude et si colorée.

549. Une importante correspondance de Massenet à Dorothée Jeanne Maucorps-Delsuc (1827-1911), conservée dans la collection de Sylvain Chambre, atteste de cette affection qui perdure jusqu'à la disparition de la pianiste. Le 16 janvier 1873, Massenet lui écrivait aussi : « Je n'ai point oublié vos conseils qui ont décidé de mon avenir. / Ah ! vous êtes responsable de tous mes méfaits futurs car sans vous, Madame, sans votre bonne et utile sollicitude aurai-je quitté ma classe de piano pour me lancer dans la composition ! »

550. La genèse de nombreux ouvrages prouve le contraire.

551. Massenet remodela à sa guise un poème qui, dans un premier temps, ne lui convenait pas. Le 10 juillet 1907, il écrivait à son épouse : « Hier lecture de *Bacchus* – chez Heugel – je n'ai pas ressenti.... *encore* !! les émotions captivantes… *engageantes* de la lecture d'*Ariane* ! » Mais trois jours après, il fait part de sa satisfaction : « J'ai travaillé *hier chez Heugel* à *Bacchus* avec Mendès – il a accepté toutes mes modifications & cela devient superbe – *très supérieur* à *Ariane.* (beaucoup plus clair, plus simple, *plus facile.* » Puis début août : « J'ai fait aussi de *bonnes besognes* pour Bacchus. – mon travail sera *libre* – *à ma volonté* comme coupures & ». Lettres citées dans Jean-Christophe Branger, « Massenet et ses livrets : du choix du sujet à la mise en scène », dans Alban Ramaut et Jean-Christophe Branger (dir.), *Le livret d'opéra au temps de Massenet*, Saint-Étienne, Publications universitaires de Saint-Étienne, 2002, p. 267.

Le poème sanscrit, à la fois religieux et épique, de Vālmīki, *Râmayana*, pour ceux qui ont lu cette sublime épopée, est plus curieux et plus immense même que les *Niebelungen*, ce poème épique de l'Allemagne du moyen âge, retraçant la lutte de la famille des Niebelungen contre Etzel ou Attila et la destruction de cette famille. En proclamant *Râmayana* l'Iliade ou l'Odyssée de l'Inde, on n'a rien exagéré. C'est divinement beau, comme l'œuvre immortelle du vieil Homère, qui a traversé les siècles.

Je connaissais cette légende pour l'avoir lue et relue, mais il me fallut ajouter, par la pensée, ce que les mots, les vers, les situations même, ne pouvaient expliquer assez clairement pour le public souvent distrait.

Mon travail, cette fois, fut acharné, opiniâtre, je luttais; je rejetais, je reprenais. Enfin je terminai *Bacchus*, après y avoir consacré tant de jours, tant de mois[552] !

La distribution que nous accorda la nouvelle direction de l'Opéra, MM. Messager et Broussan, fut celle-ci : Lucienne Bréval reparut dans la figure d'Ariane; Lucy Arbell, en souvenir de son grand succès dans Perséphone, fut la reine Amahelly, amoureuse de Bacchus; Muratore, notre Thésée devint en même temps Bacchus, et Gresse accepta le rôle du prêtre fanatique[553].

La nouvelle direction, encore peu affermie, voulut donner un cadre magnifique à notre ouvrage.

Comme autrefois, pour *Le Mage*, on avait été cruel, je l'ai dit, pour notre excellent directeur Gailhard, dont c'était la dernière carte avant son départ de l'Opéra, - ce qui ne l'empêcha pas d'y revenir peu de temps après, encore plus aimé qu'avant, - de même, on fut dur pour *Bacchus*.

Au moment de *Bacchus*, le public, la presse étaient indécis sur la vraie valeur de la nouvelle direction[554].

Donner un ouvrage dans ces conditions était, pour la seconde fois, affronter un péril. Je m'en aperçus, mais trop tard, car l'ouvrage, malgré ses défauts, paraît-il, ne méritait pas cet excès d'indignité.

Le public, cependant, qui se laisse aller à la sincérité de ses sentiments, fut, en certains endroits de l'ouvrage, d'un enthousiasme bien réconfortant. II accueillit, notamment, le premier tableau du troisième acte par des applaudissements et des rappels nombreux. Le ballet, dans une forêt de l'Inde, fut très apprécié.

L'entrée de Bacchus sur son char, d'une mise en scène admirable, eut un gros succès.

Avec un peu de patience, ce bon public aurait triomphé des mauvaises humeurs dont j'avais été prévenu à l'avance.

---

552. Conservés pour la plupart à la BnF (Bibliothèque-musée de l'Opéra), les manuscrits de *Bacchus* ne sont pas datés, comme de nombreux autres manuscrits de la dernière période créatrice de Massenet. Seul le dernier folio de la partition d'orchestre (BnF, Bibliothèque-musée de l'Opéra) porte la note suivante : « Paris (48 rue de Vaugirard) / *mardi 12 mai 1908*. / anniversaire... / [signé :] M. Massenet / *Fin de "Bacchus"* ». Massenet aura donc composé et orchestré toute la partition de cet important « opéra » en quatre actes en moins d'un an...

553. André Gresse (1868-1937), fils de Léon Gresse, créateur de Phanuel dans *Hérodiade*, sera aussi le premier Sancho de *Don Quichotte* (1910).

554. La direction d'André Messager et de Leimistin Broussan fut régulièrement contestée. Massenet ne peut cacher son amertume vis-à-vis de ceux qui, étant à la tête de l'Opéra depuis le 1er janvier 1908, ne reprirent jamais *Ariane* et n'apportèrent qu'un soutien timide à *Bacchus* après la création

Un jour du mois de février 1909, comme je venais de terminer un des actes de *Don Quichotte* (j'en parlerai plus loin), il était quatre heures du soir, je courus chez mon éditeur, au *Ménestrel*, au rendez-vous que j'avais avec Catulle Mendès. Je me croyais en retard en y arrivant, et comme je disais, en entrant, mes regrets d'avoir fait attendre mon collaborateur, un employé de la maison me répondit par ces mots : « Il ne viendra pas. Il est mort ! »

Je fus renversé à cette nouvelle terrifiante. Un coup de massue ne m'eût pas accablé davantage ! J'appris, un instant après, les détails de l'épouvantable catastrophe[555].

Lorsque je revins à moi, je ne pus que dire : « Nous sommes perdus pour *Bacchus* à l'Opéra ! Notre soutien le plus précieux n'est plus !... »

Les colères que sa critique si vibrante et si belle cependant avait soulevées contre Catulle Mendès[556] devaient être le prétexte d'une revanche de la part des meurtris.

Ces craintes n'étaient que trop justifiées par les doutes dont j'ai déjà parlé, et si Catulle Mendès eût assisté, par la suite à nos répétitions, il aurait, par là même, rendu grand service.

Elle est unique la reconnaissance que je garde à ces admirables artistes : Bréval, Arbell, Muratore, Gresse ! Ils combattirent avec éclat et leurs talents pouvaient faire croire à un bel ouvrage.

Souvent on forma le projet de réagir. Je remercie de cette pensée, sans lendemain, MM. Messager et Broussan.

J'avais écrit un important morceau d'orchestre (rideau baissé) pour accompagner le combat victorieux des singes des forêts de l'Inde contre l'armée héroïque de Bacchus. Je m'étais amusé à réaliser, je le crois du moins, au milieu des développements symphoniques, les cris des terribles chimpanzés armés de blocs de pierre qu'ils précipitaient du haut des rochers.

Les défilés des montagnes ne portent décidément pas bonheur. Les Thermopyles ! Roncevaux ! Le paladin Roland comme Léonidas l'apprirent à leurs dépens. Toute leur vaillance n'y put rien.

Que de fois, en écrivant ce morceau, j'allai étudier les mœurs de ces mammifères, au Jardin des Plantes ! Je les aimais, ces amis, eux dont a si mal parlé Schopenhauer en disant que si l'Asie a les singes, l'Europe a les Français ! Peu aimable pour nous, l'Allemand Schopenhauer[557] !

Longtemps avant qu'on se décidât, après maintes discussions, à laisser *Bacchus* entrer en répétitions (il ne devait passer, en fin de saison, qu'en 1909[558]), j'avais le bonheur d'avoir mis en train la musique de trois actes, *Don Quichotte*, dont le sujet et

555. Mendès meurt renversé par un train, le 8 février 1909, à Saint-Germain-en-Laye.

556. Mendès écrivait dans *Le Journal* des chroniques musicales ou dramatiques où il pouvait se montrer féroce.

557. « Si les autres parties du monde ont des singes, l'Europe a des Français. Cela se compense. » (*Aus Arthur Schopenhauer's handschriftlichem Nachlass*, Leipzig, 1864, traduit dans *Pensées et fragments*, éd. J. Bourdeau, Paris, Alcan, 1900, p. 223).

558. Créé le 5 mai 1909, à grand renfort de publicité et dans une mise en scène fastueuse, *Bacchus* tombe au bout de 5 représentations.

la distribution des artistes avaient été désirés si affectueusement par Raoul Gunsbourg pour le théâtre de Monte-Carlo.

Vous le pressentez, mes chers enfants, j'étais de fort méchante humeur en songeant aux tribulations qu'allait me valoir *Bacchus*, sans qu'en ma conscience d'homme et de musicien j'eusse quoi que ce soit à me reprocher.

Don Quichotte arrivait donc comme un baume dulcifiant dans ma vie. J'en avais grand besoin. Depuis le mois de septembre précédent, je souffrais de douleurs rhumatismales aiguës et je passais mon existence plutôt dans le lit que debout. J'avais trouvé un système de pupitre qui me permettait d'écrire étant couché.

J'éloignais de ma pensée *Bacchus* et le sort incertain que lui réservait l'avenir, et j'avançais ainsi, chaque jour, la composition de *Don Quichotte*[559].

Henri Cain avait très habilement, suivant son habitude, établi un scénario d'après la comédie héroïque de Le Lorrain, ce poète dont le bel avenir fut tué par la misère, qui précéda sa mort. Je salue ce héros de l'art dont la physionomie rappelait celle de notre héros à la longue figure[560] !

Ce qui, en me charmant, me décida, à écrire cet ouvrage, ce fut une géniale invention de Le Lorrain, de substituer à la grossière servante d'auberge, la Dulcinée de Cervantès, la si originale et si pittoresque *Belle Dulcinée*. Les auteurs dramatiques français les plus en renom n'avaient pas eu cette excellente idée[561].

Elle apportait à notre pièce un élément de haute beauté dans le rôle de la femme et un attrait de puissante poésie à notre *Don Quichotte* mourant d'amour, du véritable amour cette fois, pour une Belle Dulcinée qui justifiait à un si haut point cette passion.

Ce fut donc avec un délice infini que j'attendis le jour de la représentation. Celle-ci eut lieu à l'Opéra de Monte-Carlo, en février 1910. Ô la belle, la magnifique première !

Combien grand fut l'enthousiasme avec lequel on accueillit nos merveilleux artistes : Chaliapine, Don Quichotte idéal ; Lucy Arbell, étincelante, extraordinaire dans la Belle Dulcinée, et Gresse, Sancho du plus parfait comique !

En repensant à cet ouvrage, que l'on donna cinq fois dans la même saison, à Monte-Carlo, fait unique dans les annales de ce théâtre, je sens tout mon être vibrer de bonheur à l'idée de revoir ce pays de rêve, le palais de Monaco et Son Altesse Sérénissime à l'occasion prochaine de *Roma*.

J'ai déjà réservé sur cet ouvrage beaucoup de notes pour *Mes souvenirs* en 1912.

Des joies nouvelles se réalisèrent lors des répétitions de *Don Quichotte* au Théâtre-Lyrique de la Gaîté, où je savais recevoir l'accueil le plus franc, le plus ouvert, le plus affectueux des directeurs, les frères Isola[562].

---

559. À la fin de l'été 1908, Massenet esquisse sa partition qu'il achève dans son entier au printemps 1909.

560. Le livret, initialement proposé à Charles Lecocq, est une adaptation du « drame héroïque » de Jacques Le Lorrain (1856-1904), *Le Chevalier à la longue figure*, créé avec succès le 3 avril 1904 au Théâtre Victor-Hugo de Paris. Le titre générique « comédie héroïque » figurait seulement dans le programme.

561. Massenet songe notamment à Jean Richepin dont le « drame héroï-comique », *Don Quichotte*, avait été créé à la Comédie-Française, le 16 octobre 1905.

562. La « comédie héroïque » est créée, le 19 février 1910, puis, le 29 décembre suivant, au Théâtre Lyrique-Municipal de la Gaité à Paris.

La distribution de Monte-Carlo se modifia en ce sens que nous eûmes à Paris pour Don Quichotte le superbe artiste Vanni-Marcoux[563], et, pour Sancho, le maître comédien Lucien Fugère[564]. Lucy Arbell devait à son triomphe de Monte-Carlo d'être engagée pour la Belle Dulcinée au Théâtre-Lyrique de la Gaîté.

Mais fut-il jamais un bonheur sans mélange ?

Cette amère et mélancolique réflexion, je ne la fais certainement pas pour ce qui concerne l'éclatant succès de nos artistes et de la mise en scène des frères Isola, si bien secondés par le régisseur général Labis.

Mais jugez-en plutôt. La répétition dut être ajournée à trois semaines par les maladies graves et successives de nos trois artistes. Chose curieuse cependant et vraiment digne d'admiration, nos trois interprètes furent guéris presque en même temps, et ils quittèrent leurs chambres, témoins de leurs souffrances, le matin même du jour où eut lieu la répétition générale. Vivent les beaux et bons artistes !

Les acclamations frénétiques du public devaient être pour eux une douce et tout exquise récompense, quand elles éclatèrent, le 28 décembre 1910, pendant cette répétition générale qui dura de une heure à cinq heures du soir.

Mon premier jour de l'an fut bien fêté, lui aussi. J'étais très souffrant ce jour-là et ce fut dans mon lit de douleur qu'on m'apporta les cartes de visite de mes fidèles élèves, les pneumatiques des amis, heureux du succès, les belles fleurs envoyées à ma femme, et une délicieuse statuette en bronze, souvenir de Raoul Gunsbourg, qui me rappelait ainsi tout ce que je lui devais pour *Don Quichotte* à Monte-Carlo, pour les premières et pour la reprise faite à ce même théâtre.

Je sais que la saison 1912 débutera par une reprise nouvelle de cet ouvrage pendant les répétitions de *Roma*, en février prochain.

La première année de *Don Quichotte*, au théâtre des frères Isola aura eu quatre-vingts représentations consécutives de cet ouvrage.

J'ai plaisir à rappeler certains détails pittoresques qui m'ont vivement intéressé pendant les études de cet ouvrage.

C'est, d'abord, la curieuse audace que notre Belle Dulcinée, Lucy Arbell, eut de vouloir accompagner elle-même, sur la guitare, la chanson du quatrième acte. Elle parvint, en très peu de temps, à devenir une véritable virtuose sur cet instrument, dont on soutient les chants populaires en Espagne, en Italie et même en Russie. Ce fut une innovation charmante; elle nous débarrassait de cette banalité : l'artiste frottant une guitare garnie de ficelles, tandis que, dans la coulisse, un instrumentiste exécute, d'où désaccord entre le geste de l'artiste et la musique. Jusqu'à ce jour, toutes les Dulcinées n'ont pu réaliser ce tour de force de la créatrice[565]. Je me souviens aussi que, connaissant son habileté vocale, j'éclairai le rôle avec de hardies vocalises et que cela surprit fort, par

563. Le baryton Vanni-Marcoux (1877-1962), qui fait ses débuts à l'Opéra de Paris en 1908, est une figure importante de la vie musicale parisienne jusqu'à la Seconde Guerre mondiale. Il laisse un enregistrement de la mort de Don Quichotte qui atteste d'une diction exemplaire.

564. Massenet ne semble pas avoir apprécié la prestation de Chaliapine pour lequel il avait d'abord conçu sa partition qu'il dédicacera, en définitive, à Lucien Fugère après les représentations parisiennes.

565. Prudent, Massenet réalisa une version avec castagnettes (coll. particulière) qui fut sans doute utilisée par des chanteuses non guitaristes.

la suite, plus d'une interprète ; et, pourtant, un contralto doit savoir vocaliser comme un soprano. *Le Prophète* et *Le Barbier de Séville* en témoignent[566].

La mise en scène de l'acte des Moulins, si ingénieusement trouvée par Raoul Gunsbourg, se compliqua au théâtre de la Gaîté, tout en gardant cependant l'effet réalisé à Monte-Carlo.

Un échange de chevaux, fort habilement dissimulé au public, fit croire que Don Quichotte et son sosie n'étaient qu'un seul homme !

Une trouvaille aussi fut celle de Gunsbourg, lorsqu'on mit en scène le cinquième acte. Un artiste, dans une scène d'agonie, fût-il le premier du monde, veut naturellement mourir couché à terre. Gunsbourg s'écria, dans un éclair génial : « Un chevalier doit mourir debout ! » Et notre Don Quichotte, alors Chaliapine, s'adossa contre un grand arbre de la forêt et exhala ainsi son âme fière et amoureuse[567].

Chapitre XXVII

Une soirée !

Au printemps de 1910, ma santé était un peu chancelante.

Roma était gravée depuis longtemps, matériel prêt ; *Panurge* terminé[568] ; et je sentais, chose rare, l'impérieux besoin de me reposer pendant quelques mois.

Ne rien faire absolument, me livrer tout entier, si doux qu'il pût être, au *dolce farniente*, n'était point possible ! Je cherchai donc et je trouvai une occupation qui ne pouvait fatiguer ni mon esprit ni mon cœur.

Je vous ai dit, mes chers enfants, qu'au mois de mai 1891, lors de la disparition de la maison Hartmann, j'avais confié à un ami les partitions de *Werther* et d'*Amadis*. Je n'ai à parler, maintenant, que d'*Amadis*. J'allai donc trouver mon ami qui m'ouvrit son coffre-fort, non pour en tirer des billets de banque, mais pour en extraire sept cents pages (brouillon d'orchestre), qui formaient la partition d'*Amadis*, composée fin de l'année 1889 et année 1890.

Il y avait donc vingt et un ans que cet ouvrage attendait dans le silence.

Amadis ! Quel joli poème j'avais là ! Quel aspect vraiment nouveau ! Quelle poétique et touchante allure avait ce *Chevalier du lys*, resté le type des amants constants et respectueux ! Quel enchantement dans ces situations ! Quelle attachante résurrection,

566. Les rôles de Fidès du *Prophète* (1849) de Meyerbeer ou de Rosine, dans *Le Barbier de Séville* (1816), exigent de telles aptitudes que réclame encore celui de Dalila dans lequel Arbell fit ses débuts en 1903.

567. Dans un article tardif (« Jules Massenet », *Les Nouvelles musicales*, 1re année, n° 9, 15 octobre 1933, p. 1), Henri Cain s'attribue cette idée qui aurait incité Massenet à lui offrir le brouillon d'orchestre (BnF, Bibliothèque-musée de l'Opéra) : elle accentue, dans tous les cas, les liens de leur « comédie héroïque » avec *Cyrano de Bergerac* de Rostand dont le titre générique est identique.

568. Massenet se trompe d'une année, car seule la partition chant et piano de *Roma* était prête (voir chapitre suivant). Il prend aussi connaissance du livret de *Panurge*, écrit (d'après Rabelais) par Georges Spitzmuller et Maurice Boukay, en février 1910 avant de le mettre véritablement au point en juillet suivant. La composition de cette « haulte-farce musicale » s'étale alors rapidement au printemps 1911.

enfin, que celle de ces nobles héros de la chevalerie du moyen âge, de ces preux, si vaillants et si braves !

Je retirai donc cette partition du coffre et y laissai un quatuor et deux chœurs pour voix d'hommes [569]. *Amadis* devait être mon travail de l'été. J'en commençai allégrement la copie à Paris et allai la continuer à Égreville [570].

Malgré ce travail facile et qui me semblait un si lénitif et si parfait calmant au malaise que je ressentais, je me trouvais véritablement très souffrant et je me disais que j'avais bien fait de renoncer à composer, me sachant dans un état de santé si précaire.

J'arrivai à Paris pour consulter mon médecin. Il m'ausculta, puis, ne me cachant pas ce que lui avait révélé son diagnostic : « Vous êtes très malade ! » me fit-il. « Comment ? lui dis-je, c'est impossible ! Je copiais encore lorsque vous êtes venu ! »

« Vous êtes très gravement malade ! » insista-t-il.

Le lendemain matin, médecins et chirurgien m'obligeaient à quitter mon cher et doux foyer, ma chambre tant aimée.

Une ambulance automobile m'emporta à la maison de santé de la rue de La Chaise. Ce m'était une consolation. Je ne quittais pas mon quartier. Je fus inscrit sur le registre de la maison sous un nom d'emprunt, les médecins ayant craint les interviews, bien aimables d'ailleurs, qu'on m'aurait demandées et qu'il m'était tout à fait défendu d'accorder dans ces moments-là.

Le lit dans lequel je m'étendis était placé, par une toute gracieuse attention, au milieu de la plus belle chambre de l'établissement, dite le salon Borghèse. J'en fus ému.

Je fus l'objet, de la part du professeur chirurgien Pierre Duval et des docteurs Richardière et Laffitte, des soins les plus admirables et les plus dévoués.

J'étais là, environné d'un calme silencieux et comme enveloppé par une tranquillité dont j'appréciais tout le prix.

Mes plus chères amitiés venaient me rendre visite, chaque fois que l'autorisation leur en était donnée. Ma femme, tout inquiète, était accourue d'Égreville et m'apportait son affection la plus émue.

Je devais être sauvé au bout de quelques jours [571].

Le repos forcé imposé à mon corps n'empêchait cependant pas mon esprit de travailler.

Je n'attendis pas que le mieux se fît dans mon état pour m'occuper des discours que j'aurais à prononcer comme président de l'Institut et président de l'Académie des

---

569. Le quatuor, composé à la fin des années 1890, ne nous est pas parvenu. En revanche, Massenet a peut-être aussi repris *Mort à Néron !*, « scène chorale » a cappella pour voix d'hommes. Cet ouvrage semble constituer son ultime travail de composition puisque le manuscrit porte la note suivante : « Paris – copie juillet 1912. / (cruelle chaleur…) » (Montrouge, Archives Heugel).

570. À la fin de son manuscrit chant et piano (coll. particulière), Massenet a écrit et signé cette note : « *(fin d'Amadis.) / d'après des feuilles* : *1889-1890…* remis en g[de] *partie au net* / en *1910 – Juin… / Septembre.* » L'écriture, comme celle de la partition d'orchestre (BnF, Bibliothèque de l'Opéra), qui, datée d'octobre 1910, lui est similaire, atteste d'une refonte complète de l'ouvrage. Refusé, selon Massenet, par Carvalho, *Amadis* sera créé après la mort du compositeur, à l'Opéra de Monte-Carlo, le 1er avril 1922.

571. Massenet fut hospitalisé une quinzaine de jours en août 1910 pour une supposée péritonite qui devait marquer une nouvelle étape dans la dégradation de son état de santé.

beaux-arts (double présidence qui m'était échue cette année[572]) et enveloppé de glace, de mon lit, j'envoyais aussi mes instructions pour les futurs décors de *Don Quichotte.*

Enfin, je rentrai chez moi !

Revoir sa demeure, ses meubles ; retrouver les livres qu'on aimait à feuilleter, tous ces objets qui caressaient vos yeux, vous rappelaient de chers souvenirs, et dont on s'était fait une habitude ; revoir les êtres qui vous sont chers, ces serviteurs pleins d'attentions, ah ! quelle joie ! Et si vive fut cette joie qu'elle me causa une crise de larmes.

Et ces promenades que je faisais, encore tout chancelant, appuyé sur le bras de mon tendre frère, le général, et sur celui d'une amie bien chère, comme je les reprenais avec bonheur[573] ! Que j'étais heureux de promener ma convalescence à travers ces allées ombreuses du Luxembourg, au milieu des rires enjoués des enfants, de toute cette jeunesse qui y prenait ses ébats, parmi les claires chansons des oiseaux qui allaient sautillant de branche en branche, contents de vivre dans ce beau jardin, leur ravissant royaume !

*

Égreville, que j'avais déserté alors que je me doutais si peu de ce qui devait m'advenir, reprit sa vie ordinaire dès que, tranquillisée sur mon sort, ma femme bien-aimée put y retourner.

L'été qui m'avait été si triste prit fin, et l'automne arriva avec les deux séances publiques de l'Institut et de l'Académie des beaux-arts et les répétitions, aussi, de *Don Quichotte.*

Une idée d'un réel intérêt me fut soumise, entre temps, par l'artiste à qui devait échoir la mission de la faire triompher plus tard. Ayant mis cette idée à profit, j'écrivis une suite de compositions et leur donnai le nom proposé par l'interprète : les *Expressions lyriques.* Cette réunion des deux forces expressives, le chant et la parole, je m'intéressai grandement à la faire vibrer dans une même voix.

Les Grecs, d'ailleurs, n'agissaient pas autrement dans l'interprétation de leurs hymnes, en alternant le chant avec la déclamation.

Et comme il n'y a rien de nouveau sous les étoiles, ce que nous jugions une innovation moderne n'était que « renouvelé des Grecs », ce dont on peut s'honorer, cependant.

Depuis ce temps, et toujours depuis, j'ai vu les auditeurs très captivés par ces compositions et émus par l'admirable expression personnelle que leur donnait l'interprète[574].

*

572. Ces deux discours des 25 octobre et 5 novembre 1910 (voir ci-dessous, Discours) furent rédigés par Henri Heugel. Voir nos Prolégomènes.

573. Le général Edmond Massenet et, sans doute, Lucy Arbell.

574. Mêlant chant et déclamation, les *Expressions lyriques* sont composées à partir de juin 1909 pour Lucy Arbell qui en sera la dédicataire. La création parcellaire eut lieu en mai 1910 dans le cadre d'une conférence de l'Université des Annales au cours de laquelle Massenet accompagna lui-même la chanteuse au piano. Les deux artistes se retrouveront à plusieurs reprises pour interpréter le cycle que Massenet étoffe progressivement jusqu'en septembre 1911.

Un matin, tandis que j'en étais aux dernières corrections d'épreuves de *Panurge*[575], dont le poème m'avait été confié par mon ami Heugel et avait pour auteurs Maurice Boukay, pseudonyme de Couyba, plus tard ministre du Commerce, et Georges Spitzmuller[576], je reçus l'affectueuse visite de O. de Lagoanère, administrateur général du Théâtre-Lyrique de la Gaîté[577]. Il venait au nom de nos excellents directeurs, les frères Isola, me demander de leur donner *Panurge*.

À cette démarche, aussi spontanée que flatteuse, je répondis que ces messieurs s'engageaient bien aimablement à mon égard, mais qu'ils ne connaissaient pas l'ouvrage. « C'est vrai, me répliqua aussitôt l'aimable M. de Lagoanère, mais c'est un ouvrage qui vient de vous ! »

On prit date et, séance tenante, le traité fut signé avec les noms des artistes proposés par la direction.

Je me réserve, mes chers enfants, de vous parler plus en détail de *Panurge*, aussitôt qu'il sera rentré en répétitions[578].

*

Au moment où j'écris ces lignes, je suis encore sous l'émouvante impression de la splendide soirée donnée le 10 décembre [1911] à l'Opéra.

II y a quelques semaines, mon excellent ami Adrien Bernheim vint me voir et, entre deux dragées (il est aussi gourmand que moi), il me proposa de participer à une grande représentation qu'il organisait en mon honneur, pour fêter le dixième anniversaire de l'œuvre française et populaire : *Trente ans de Théâtre*[579]. « En mon honneur ! » m'écriai-je dans une extrême confusion…

Il n'y eut pas un artiste, et des plus grands, qui ne se sentît heureux de prêter son concours à cette soirée.

Ce fut ensuite, de jour en jour, toujours chez moi, dans le salon de famille de la rue de Vaugirard, que je vis se réunir, animés d'un égal dévouement pour assurer le succès, les secrétaires généraux de l'Opéra et de l'Opéra-Comique, MM. Stuart et Carbonne[580],

575. Massenet corrige les épreuves de la partition d'orchestre à la fin du printemps 1911.

576. Ministre du Commerce entre juin 1911 et janvier 1912, le sénateur Charles-Maurice Couyba (1866-1931) s'est d'abord fait connaître, sous le pseudonyme de Maurice Boukay, par ses poèmes dont certains furent préfacés par Verlaine ou mis en musique par Paul Delmet. Georges Spitzmuller (1867-1925), romancier, librettiste et auteur dramatique.

577. Oscar de Lagoanère (1853-1918), compositeur, auteur dramatique et directeur de théâtres.

578. Massenet compose *Panurge* pour Vanni-Marcoux en guise de dédommagement, car les directeurs de l'Opéra avaient refusé d'engager le baryton pour la création de *Roma*. Alors probablement en plein travail, il interrogea Heugel à propos d'un courrier qu'il souhaitait adresser au chanteur en ces termes : « Vous ne pouvez douter de mes sentiments et de mon admiration ; je les prouve, une fois de plus, en écrivant pour vous *Panurge*. Dans le théâtre de la Gaîté nous avons rencontré une sympathie qui me permet d'avoir la distribution que je veux ! » (Lettre de Jules Massenet à Henri Heugel, [s. d.], BnF, Département de la musique, NLA-364, f. 168) Prévue au printemps 1912, la création de *Panurge* se tiendra le 25 avril 1913 au Théâtre de la Gaîté, soit après la mort du compositeur, mais dans la distribution qu'il avait souhaitée, Lucy Arbell se produisant aussi dans le rôle de Colombe.

579. Commissaire du gouvernement auprès des théâtres subventionnés, Adrien Bernheim (1861-1914) avait fondé cette association pour répondre au besoin d'un théâtre populaire. Elle devait cependant rapidement se transformer en galas de bienfaisance.

580. Paul Stuart (1861-1914) et Ernest Carbonne (1866-1924) assument plutôt les fonctions de régisseur et de directeur de la scène de ces deux institutions.

et l'administrateur du Théâtre-Lyrique de la Gaîté, M. O. de Lagoanère. Mon bien cher Paul Vidal[581], chef d'orchestre à l'Opéra, et professeur de composition au Conservatoire, se joignit à eux.

Le programme fut décidé tout de suite[582]. Les études particulières commencèrent aussitôt. La peur cependant que j'éprouvais, et que j'ai toujours eue, lorsque j'ai fait une promesse, d'être souffrant quand arrivait l'instant de l'exécution, me causa plus d'une insomnie.

« Tout est bien qui finit bien », dit la sagesse des nations. J'avais tort, on va le voir, de me torturer pendant tant de nuits.

Aucun artiste, ai-je dit, ne se serait senti heureux s'il n'avait pas participé à cette soirée en lui accordant son généreux concours. Notre vaillant président Adrien Bernheim, avait, après quelques paroles chaleureusement patriotiques, obtenu de tous les professeurs de l'orchestre de l'Opéra qu'ils viendraient répéter les différents actes, intercalés dans la soirée, à six heures vingt-cinq du soir. Personne ne dîna; tout le monde fut au rendez-vous!

À vous tous, mes amis, mes confrères, mes remerciements émus!

Je n'ai point à apprécier moi-même ce que fut cette fête, à laquelle je pris une part si personnelle...

Il n'y a pas de circonstances, si belles et si sérieuses qu'elles soient dans la vie, auxquelles ne se mêle parfois un incident qui leur fait contraste.

Tous mes amis voulaient témoigner de leur empressement à assister à la soirée de l'Opéra. Il se trouva parmi eux un fidèle habitué des théâtres qui tint à venir m'exprimer ses regrets de ne pouvoir assister à cette fête. Il avait perdu tout récemment son oncle, qu'on savait millionnaire et dont il était héritier.

Je lui présentai mes condoléances et il partit.

Le plus drôle, c'est que je devais apprendre fortuitement l'étrange conversation qu'à l'occasion des funérailles de cet oncle, il avait eue avec le représentant des pompes funèbres.

« Si monsieur désire, avait dit ce dernier, un service de première classe, il aura l'église entièrement tendue de noir aux armes du défunt, l'orchestre de l'Opéra, les premiers artistes, le catafalque le plus monumental », suivant la somme.

L'héritier hésita...

« Alors, monsieur, ce sera la seconde classe, l'orchestre de l'Opéra-Comique, des artistes de second plan », suivant la somme.

Nouvelle hésitation...

---

581. Le compositeur et chef d'orchestre Paul Vidal (1863-1931), Prix de Rome en 1883, fut l'élève de Massenet au Conservatoire.

582. Donnée en présence du président de la République, cette manifestation réunit essentiellement des artistes de l'Opéra-Comique, de l'Opéra et de la Gaîté-Lyrique mais aussi Mounet-Sully qui déclama deux poèmes d'Edmond Rostand écrits en hommage à Massenet. Lucy Arbell et Henri Albers interprétèrent l'acte II de *Thérèse*, conduit par François Ruhlmann; le troisième acte de *Manon* fut chanté par Louise Edvina et Lucien Muratore, sous la direction d'André Messager; le troisième acte du *Cid* par Lucienne Bréval et Paul Franz, dirigés par Paul Vidal; le dernier acte de *Don Quichotte* par Vanni-Marcoux et André Gresse, dirigés par Auguste Amalou.

Le représentant ajouta alors, avec un accent contrit :

« Ce sera donc la troisième classe ; mais je vous préviens, monsieur, que ce ne sera pas *gai !* (sic) »

Puisque je suis sur ce terrain, et le mot est bien le mot juste, j'ajouterai que j'ai reçu d'Italie une lettre de félicitations qui se terminait par les salutations d'usage et, cette fois, ainsi conçue :

« Veuillez croire à mes plus sincères... *obsèques.* » (Traduction libre *d'ossequiosita.*)

La mort a quelquefois des côtés aussi amusants que la vie en a de tristes.

Cela me fait souvenir de la fidélité avec laquelle les frères Lionnet suivaient les enterrements[583].

Était-ce sympathie pour les défunts, ou bien ambition de voir leurs noms au nombre de ceux des personnes de distinction citées à cette occasion, par les journaux ? On n'a jamais pu savoir.

Étant un jour de cortège funèbre, Victorien Sardou entendit l'un des frères Lionnet parler avec un de ses voisins et lui dire, l'air navré, en lui donnant de tristes nouvelles de la santé d'un ami : « Allons, ce sera à lui bientôt ! »

Ces mots éveillèrent l'attention de Sardou, qui s'exclama, en montrant les frères Lionnet : « Non seulement ils suivent tous les enterrements, mais ils les annoncent ! »

CHAPITRE XXVIII

CHÈRES ÉMOTIONS

Durant l'été de 1902, arrivant de Paris, je rentrai dans ma demeure, à Égreville.

Parmi les livres et les brochures que j'avais emportés avec moi, se trouvait *Rome vaincue*, d'Alexandre Parodi. Cette magnifique tragédie avait obtenu, en 1876, au moment où elle fut jouée pour la première fois sur la scène de la Comédie-Française, un succès resté inoubliable[584].

Sarah Bernhardt et Mounet-Sully, jeunes tous les deux à cette époque, avaient été les protagonistes de deux actes les plus émouvants de l'œuvre : Sarah Bernhardt, en incarnant l'aïeule aveugle, Posthumia, et Mounet-Sully, en interprétant l'esclave gaulois, Vestapor.

583. Frères jumeaux surnommés « l'excellent chanteur à deux voix », Anatole et Hippolyte Lionnet font une carrière remarquée dans le milieu de la chanson. D'après leurs *Souvenirs et anecdotes* (Paris, Olledorff, 1888, p. 325), Massenet leur aurait accordé la primeur d'une de ses œuvres lors d'une soirée organisée en 1860.

584. Cette tragédie en cinq actes, créée à la Comédie-Française, le 27 septembre 1876, remporte un succès considérable en raison de sa couleur patriotique particulièrement sensible au lendemain de la défaite de Sedan. Dans un entretien (« Une visite au maître Massenet », *Comœdia*, 4 septembre 1911), Massenet donne une version sensiblement différente de la genèse, la reprise en novembre 1902 de la pièce dans cette même salle ayant suscité l'achat du poème et la rédaction, dans la foulée, du plan de l'ouvrage.

Sarah dans toute l'efflorescence de sa radieuse beauté, avait demandé le rôle de l'aïeule, tant il est vrai de dire que la véritable artiste ne pense pas à elle ; qu'elle sait, quand il le faut, faire abstraction d'elle-même, sacrifier le charme de ses grâces et l'éclat de ses attraits aux exigences supérieures de l'art !

Il en fut de même, mes chers enfants, trente-cinq années plus tard, à l'Opéra, ainsi que la remarque pourra en être justement faite.

Je me souviens encore de ces hautes fenêtres, de ces baies immenses qui envoyaient le jour dans ma grande chambre d'Égreville.

J'avais lu, après dîner la très attachante brochure de la *Rome vaincue* jusqu'aux extrêmes lueurs de la journée. Je ne pouvais m'en détacher, tant elle m'enthousiasmait. Il fallut, comme l'a dit notre grand Corneille, que

> ... l'obscure clarté qui tombe des étoiles,
> Bientôt, avec la nuit... [585]

arrêtât ma lecture.

Dois-je ajouter, après cela, que je ne pus résister à me mettre aussitôt au travail, et que j'écrivis, les jours suivants, toute la scène de Posthumia, au 4ᵉ acte ? Vous me direz, sans doute, que je travaillais ainsi bien au hasard, n'ayant pas encore distribué les scènes suivant les exigences d'un ouvrage lyrique. J'avais cependant décidé déjà mon titre : *Roma* [586].

Le véritable emballement dans lequel ce travail me jeta, ne m'empêcha pas, néanmoins, de songer qu'à défaut d'Alexandre Parodi, mort en 1901, l'autorisation de ses héritiers m'était nécessaire. J'écrivis donc ; mais ma lettre devait rester sans réponse.

Je dus ce contretemps à une adresse erronée. La veuve de l'illustre tragique m'apprit, en effet, par la suite, que ma demande n'était jamais parvenue à sa destination.

Parodi ! qu'il était bien le *vir Probus dicendi peritus* des anciens [587] ! Quels souvenirs j'ai gardés de nos promenades le long du boulevard des Batignolles, où je pensais que se trouvait toujours son ancienne demeure ! Avec quelle éloquence il narrait la vie des Vestales qu'il avait lue dans Ovide, leur grand historiographe !

J'écoutais avidement sa parole colorée, si enthousiaste des choses du passé. Ah ! que ses emportements contre tout ce qui n'était pas élévation dans les sentiments, noble fierté dans les intentions, dignité et simplicité dans la forme, que ces emportements, dis-je, étaient superbes et comme on sentait que son âme vibrait toujours dans l'au-delà ! Il semblait qu'une flamme la consumât, imprimant à ses joues le creux de ses tortures intérieures.

---

585. « Cette obscure clarté qui tombe des étoiles / Enfin avec le flux nous fit voir trente voiles » (*Le Cid*, acte IV).

586. L'ouvrage portait d'abord le titre de *Vesta* que Massenet avait suggéré à ses éditeurs.

587. « Un homme de bien qui sait parler » : définition de l'orateur selon Caton l'ancien. Écrivain d'origine crétoise, Alexandre Parodi (1840-1901) se fait surtout connaître par son œuvre théâtrale proche de Hugo ou de Leconte de Lisle. Lors de la reprise de *Rome vaincue* en 1902, André Beaunier écrivait : « Il était romantique de tempérament. La destinée a voulu que ses drames en vers, que ses tragédies héroïques vissent le jour en un temps où la prose domina. Conséquemment, il n'a pu donner toute sa mesure. Mais il avait le sens du dramatique et ses alexandrins ont de l'allure. » (*Minerva*, 1ʳᵉ année, nᵒ 17, 1ᵉʳ décembre 1902).

Je l'ai tant admiré et bien aimé ! Il me semble que notre collaboration n'est point finie, qu'un jour nous pourrons la reprendre ensemble, dans le mystérieux séjour où l'on va, mais d'où l'on ne revient jamais !

Fort déçu du silence qui avait suivi l'envoi de ma lettre, j'allais abandonner mon projet d'écrire *Roma* lorsque, dans ma vie, apparut un maître poète, Catulle Mendès. Il m'offrit cinq actes pour l'Opéra : *Ariane*, je vous en ai déjà parlé[588].

Ce fut cinq ans après, en 1907, que mon ami Henri Cain vint me demander si j'avais l'intention de reprendre avec lui notre fidèle collaboration.

Tout en causant avec moi, il remarqua que j'avais mes pensées ailleurs, qu'une autre idée me préoccupait. C'était exact. Je fus amené à lui confier mon aventure à propos de *Roma*.

Mon désir de trouver dans cette œuvre le poème rêvé fut immédiatement partagé par Henri Cain : quarante-huit heures après, il me rapportait l'autorisation des héritiers. Ceux-ci avaient signé un traité qui m'accordait un délai de cinq ans pour écrire et faire représenter l'ouvrage[589].

Il m'est agréable, aujourd'hui, de remercier Mme veuve Parodi, femme d'une rare et parfaite distinction, et ses fils, dont l'un occupe une situation éminente dans l'instruction publique[590].

Ainsi que je vous l'ai déjà dit, mes chers enfants, je me trouvais, en février 1910, à Monte-Carlo, pour les répétitions et la première représentation de *Don Quichotte*. J'habitais alors, déjà, cet appartement qui m'a tant plu, à l'Hôtel du Prince de Galles. J'y suis toujours revenu avec bonheur. Comment aurait-il pu en être autrement ?

La chambre où je travaillais donnait de plain-pied sur un des boulevards de la ville, et de mes fenêtres j'avais une vue incomparable.

Au premier plan : des orangers, des citronniers, des oliviers ; à l'horizon : le grand rocher surplombant la mer aux flots d'azur, et, sur le roc, l'antique palais modernisé du prince de Monaco.

Dans cette calme et paisible demeure – chose exceptionnelle pour un hôtel – malgré l'affluence des familles étrangères qui y étaient installées, j'étais incité au travail. Pendant mes heures de liberté, entre les répétitions, je m'occupais à écrire une ouverture pour *Roma* ; j'avais emporté avec moi les huit cents pages d'orchestre de la partition manuscrite complètement terminée[591].

---

588. Voir chapitre XXIV.

589. Un traité fut signé le 7 juillet 1909 entre Cain, Massenet, la veuve du dramaturge et ses deux fils. Une clause stipulait que les héritiers Parodi « reprendraient la libre disposition de » *Rome vaincue* si l'opéra n'était pas représenté avant le 1er octobre 1914 (archives Patrick Gillis).

590. Le premier, Dominique (1870-1955), fut essayiste et inspecteur de l'Instruction publique, tandis que le second, Hippolyte (1874-1968), fit une brillante carrière d'ingénieur qui le mena à l'Institut.

591. Une fois le livret rapidement écrit, dès juillet 1909, Massenet s'engage dans la composition de son opéra dont il achève la partition chant et piano en octobre avant d'entreprendre l'orchestration pendant l'hiver. Seul repère chronologique figurant sur le manuscrit d'orchestre (BnF, Bibliothèque-musée de l'Opéra), deux notes autographes des 24 et 25 janvier 1910 se réfèrent aux importantes inondations dans Paris. Une lettre adressée de Monaco à Henri Heugel, datée du 22 février 1910, confirme cependant la composition tardive de l'ouverture : « [...] je travaille à... ce que vous savez ! j'écris cette "ouverture" qui me passionne ! – puis je veux avancer la copie.. de la Gde partition.. » (BnF, Département de la Musique, NLA-364, f. 86).

Le second mois de mon séjour à Monte-Carlo, je le passai au palais de Monaco. C'est là que j'achevai cette composition, dans ce milieu enchanteur, dans la haute poésie de cette splendeur.

Lorsque, deux ans plus tard, aux répétitions de *Roma*, j'assistai à l'audition de cette ouverture, lue par les artistes de l'orchestre et dirigée par le maitre Léon Jehin avec un art extraordinaire, je pensai à cette coïncidence qui faisait que ces pages, écrites dans le pays, l'avaient été tout proche du théâtre où elles étaient jouées.

En rentrant à Paris, en avril [1910], après les fêtes somptueuses par lesquelles avait été inauguré le Palais océanographique, et que je vous ai racontées[592], je reçus la visite de Raoul Gunsbourg. Il venait, au nom de Son Altesse Sérénissime, s'informer si j'avais un ouvrage à lui confier pour 1912. *Roma* était terminée depuis longtemps, le matériel en était prêt, et, par conséquent, je pouvais le lui promettre et attendre deux années encore. Je le lui proposai.

Mon habitude, je l'ai déjà dit, est de ne jamais parler d'un ouvrage que lorsqu'il est complètement achevé, que son matériel, toujours important, est gravé et corrigé. C'est là une besogne considérable dont j'ai à remercier mes chers éditeurs, Henri Heugel et Paul-Émile Chevalier, ainsi que mes scrupuleux correcteurs, en tête desquels j'aime à placer Ed. Laurens, un maître musicien. Si j'insiste sur ce point, c'est que rien n'a pu empêcher, jusqu'ici, la persistance de cette formule : « M. Massenet se hâte d'achever sa partition afin d'être prêt pour le premier... ! » Laissons dire et... continuons.

Ce ne fut qu'au mois de décembre 1911 que les études de *Roma* pour les artistes commencèrent, rue de Rivoli, chez Raoul Gunsbourg.

Qu'il était beau de voir nos grands artistes se passionner aux leçons de Gunsbourg qui, vivant les rôles, leur infusait sa vie même en les mettant en scène !

Hélas ! pour moi, un accident me retint au lit dès le début de ces passionnantes études[593]. Tous les soirs, cependant, de cinq à sept heures, je suivais, de mon lit, grâce à mon téléphone, les progrès des études de *Roma*.

L'idée de ne pouvoir, peut-être, aller à Monte-Carlo, me tourmentait, lorsque enfin mon excellent ami, l'éminent docteur Richardière, autorisa mon départ ! Le 29 janvier, nous partîmes donc, ma femme et moi, pour ce pays des rêves.

À la gare de Lyon, excellent dîner !... Bon signe. Cela s'annonce bien !

La nuit, toujours fatigante en wagon... supportée dans la joie des répétitions futures. Le mieux se maintient !

L'arrivée dans ma chambre aimée du « Prince de Galles »... Une ivresse. C'est le mieux qui continue !

Quel incomparable bulletin de santé, n'est-il pas vrai ?

Enfin, la lecture de *Roma*, dite à l'italienne orchestre, artistes et chœurs, fut l'objet de si belles et si bienveillantes manifestations, que je payai ces *chaudes* émotions par un... *refroidissement*.

---

592. Voir chapitre XXV.

593. Au début de l'année 1912, l'état de santé de Massenet inspire les plus vives inquiétudes. À Henri Heugel, Ernest Moret écrit le 2 janvier 1912 : « Je quitte à l'instant Mme Massenet. Il y a du mieux, il garde depuis hier après-midi les aliments et les douleurs sont moins longues et moins vives. [...] Gardons un peu d'espoir... c'est encore une larme de joie avant les grands et profonds chagrins... » (coll. particulière).

Ô contraste ! Ô ironie ! Comment s'étonner cependant ? Tous les contrastes ne sont-ils pas dans cette même nature ?

Le refroidissement dont je fus atteint ne dura guère, heureusement. Deux jours après, j'avais rebondi ; j'étais plus solide que jamais. J'en profitai pour aller, avec ma femme, toujours avide et curieuse de sites pittoresques, m'égarer dans un parc abandonné, le parc Saint-Roman. Nous étions là, dans la solitude de cette riche et luxuriante nature, dans ces bois d'oliviers laissant voir, à travers leurs petites feuilles d'un vert grisâtre, si tendre et si doux, la mer immuablement bleue, quand j'y trouvai... Quoi ? Je vous le donne en dix, en cent, comme eût fait Mme de Sévigné ! Quand j'y trouvai, mes chers enfants... un chat.

Oui ! c'était un chat, un vrai chat, fort aimable. Me sachant, sans doute, depuis toujours, en amitié avec ses semblables, il m'honora de sa société et ses miaulis insistants et affectueux ne me quittèrent pas. Ce fut pour ce compagnon que j'épanchai mon cœur tout palpitant. N'était-ce pas, en effet, ce jour-là, pendant ces heures d'isolement, que la répétition générale de *Roma* battait son plein ? Oui, me disais-je, en ce moment Lentulus vient d'arriver ! Ah ! maintenant, c'est Junia ! Voilà Fausta dans les bras de Fabius : Actuellement, c'est Posthumia se traînant aux pieds des sénateurs cruels !... Car nous avons, nous autres, fait étrange, comme l'intuition du moment exact où se joue telle ou telle scène, une sorte de divination de la division mathématique du temps, appliquée à l'action théâtrale. Nous étions au 14 février [1912]. Le soleil de cette splendide journée ne pouvait éclairer que la joie de tous mes beaux artistes !

Sans une gêne bien naturelle, mes chers enfants, il me serait difficile de vous parler de la superbe première représentation de *Roma*[594]. Je me permettrai donc, laissant ce soin à autrui, de reproduire les impressions que chacun pouvait lire le lendemain dans la presse :

> L'interprétation – une des plus complètement belles à laquelle il nous a été donné d'applaudir – a été en tous points digne de ce nouveau chef-d'œuvre de Massenet.
> Chose remarquable et qu'il faut d'abord noter : tous les rôles de Roma sont, au point de vue théâtral, ce qu'on appelle de bons rôles. Tous comportent, pour leurs interprètes, des effets de chant et de jeu qui sont de nature à soulever l'admiration et les bravos du public. Cela dit à l'éloge de l'œuvre, félicitons ces merveilleux interprètes, dans l'ordre de la distribution portée au programme :
> Mlle Kousnezoff, dont la jeunesse, la fraîche beauté et la voix superbe de soprano dramatique ont été un régal des yeux et des oreilles, fut et demeurera longtemps la plus jolie et la plus séduisante Fausta qu'on puisse souhaiter.
> Le rôle particulièrement dramatique de l'aveugle Posthumia a été pour la grande tragédienne lyrique qu'est Mlle Lucy Arbell l'occasion d'une création qui comptera parmi les plus extraordinaires de sa brillante carrière. Drapée avec un sens esthétique parfait dans un sombre et beau péplum de soie gris fer, le visage artificiellement vieilli, mais d'une pure beauté de lignes classiques, Mlle Lucy Arbell a profondément ému et enthousiasmé le public tant par son jeu impressionnant que par les accents tout à la fois graves et veloutés de sa voix de contralto.

594. La première représentation se tint le 17 février 1912.

Mme Guiraudon a trouvé moyen, dans sa seule scène du deuxième acte, de se tailler un très gros succès personnel, et jamais autant qu'hier soir la critique parisienne n'a regretté que cette jeune et exquise chanteuse ait abandonné prématurément la carrière artistique, ne consentant désormais à se faire acclamer qu'exceptionnellement, et... à Monte-Carlo [595].

Mme Éliane Peltier (la grande-prêtresse) et Mlle Doussot (Galla) ont complété excellemment une interprétation féminine de premier ordre.

Au surplus, les partenaires masculins ne furent pas moins remarquables et pas moins acclamés.

M. Muratore, qui est un ténor de grand opéra, de superbe allure et de voix généreuse, a campé le rôle de Lentulus avec une vigueur et une mâle beauté qui lui ont conquis tous les cœurs et qui, à Paris comme ici, lui vaudront un éclatant et mémorable triomphe.

M. J.-F. Delmas, à la diction si nette, à la déclamation lyrique si théâtrale, a été un Fabius incomparable et non moins applaudi que ses camarades de l'Opéra, Muratore et Noté. Celui-ci, en effet, a fait également merveille dans le rôle de l'esclave Vestapor, dont son organe sonore et vibrant de grand baryton a fait retentir à souhait les farouches imprécations.

M. Clauzure, enfin, dont le masque romain était parfait, a fait une création – la première de sa carrière – qui place ce jeune premier prix du Conservatoire sur le pied d'égalité avec les célèbres vétérans de l'Opéra de Paris, auprès desquels il combattait hier au soir le bon combat de l'art.

Les chœurs d'hommes et de femmes, patiemment stylés par leur maître dévoué, M. Louis Vialet, et les artistes de nos orchestres, qui, de nouveau, ont affirmé leur maîtrise et leur homogénéité, ont été irréprochables sous la direction suprême du maître Léon Jehin, auquel tous les compositeurs dont il dirige les œuvres prodiguent à juste titre les remerciements et les félicitations, et dont tous les dilettanti de Monte-Carlo ne cessent d'acclamer le talent et l'infatigable vaillance.

M. Visconti, qui, lui aussi, en son genre, est une des chevilles ouvrières, ou plutôt artistiques, indispensables à la renommée du théâtre de Monte-Carlo, a brossé pour *Roma* cinq décors, ou, pour mieux dire, cinq tableaux de maître qui ont été longuement admirés et applaudis. Son Forum et son Bois sacré sont parmi les plus belles peintures théâtrales qu'on ait encore vues ici.

Pour M. Raoul Gunsbourg, metteur en scène dont il est désormais superflu de célébrer les louanges, qu'il nous suffise de dire que *Roma* est une des partitions qu'il a montées avec le plus de plaisir et le plus de sincère vénération. N'est-ce pas dire qu'il y a apporté tous ses soins, toute son âme de directeur et d'artiste ?...

Avec un pareil concours d'éléments de succès mettant en valeur *Roma*, la victoire était certaine. Elle a été hier soir une des plus complètes dont nous ayons eu depuis quinze années, à rendre compte ici. Et c'est avec joie que nous le constatons à la gloire du maître Massenet et de l'Opéra de Monte-Carlo [596].

*

Cette année, les jours passés au palais furent d'autant plus doux à mon cœur que le prince me témoigna, s'il est possible, une affection d'autant plus touchante.

595. La cantatrice avait considérablement réduit ses activités depuis son mariage avec Henri Cain.

596. Massenet cite un extrait d'un article signé Jules Michel (*Le Petit Monégasque*, n° 48, 18 février 1912) avec de minimes coupures qui n'en entravent pas le sens.

Honoré du devoir que j'avais à me rendre dans le salon voisin de la loge princière (et l'on sait que je ne vais jamais à mes premières), je rappelle que Son Altesse Sérénissime, à la fin du dernier acte, et devant la salle attentive, me dit : « Je vous ai donné tout ce que je pouvais; je ne vous avais pas encore embrassé! » Et, ce disant, Son Altesse m'embrassa avec une vive effusion[597].

*

Me voici dans Paris, à la veille des répétitions et de la première de *Roma*, à l'Opéra. J'espère... J'ai de si admirables artistes! Ils m'ont déjà gagné la première bataille. Pourraient-ils ne pas triompher dans la seconde[598] ?

Chapitre XXIX (intermède)

Pensées posthumes

J'avais quitté cette planète, laissant mes pauvres terriens à leurs occupations aussi multiples qu'inutiles; enfin, je vivais dans la splendeur scintillante des étoiles qui me paraissaient alors grandes chacune comme des millions de soleils! Autrefois, je n'avais pu jamais obtenir cet éclairage-là pour mes décors, dans ce grand théâtre de l'Opéra où les fonds restent trop souvent obscurs. Désormais, je n'avais plus à répondre aux lettres; j'avais dit adieu aux premières représentations, aux discussions littéraires et autres qui en découlaient.

Ici, plus de journaux, plus de dîners, plus de nuits agitées!

Ah! si je pouvais donner à mes amis le conseil de me rejoindre là où je suis, je n'hésiterais pas à les appeler près de moi! Mais le voudraient-ils?

Avant de m'en aller dans le séjour éloigné que j'habite, j'avais écrit mes dernières volontés (un mari malheureux avait profité de cette occasion testamentaire pour écrire avec joie ces mots : *Mes premières volontés*).

J'avais surtout indiqué que je tenais à être inhumé à Égreville, près de la demeure familiale dans laquelle j'avais si longtemps vécu. Oh! le bon cimetière! En plein champ, dans un silence qui convient à ceux qui l'habitent.

J'avais demandé que l'on évitât de pendre à ma porte ces tentures noires, ornements usés par la clientèle. J'avais désiré qu'une voiture de circonstance me fît quitter Paris. Ce voyage, avec mon consentement, dès huit heures du matin.

---

597. Dans son journal, Albert Ier de Monaco écrit : « Jamais je n'avais vu faire une ovation semblable à celle qui se produisit après le dernier acte, lorsque Massenet parut sur le devant de ma loge. Toute la salle était dressée vers nous en acclamant avec passion; et sur la scène, tout le personnel du théâtre en faisait autant. Alors je n'ai pu me retenir d'étreindre Massenet dans mes bras ce qui provoqua dans la salle entière une explosion nouvelle et spontanée. » Albert Ier de Monaco, *Journal*, éd. Jacqueline Carpine-Lancre et Thomas Fouilleron, Paris, Perrin (à paraître).

598. *Roma*, créé à l'Opéra de Paris le 24 avril 1912, reçoit un succès d'estime et sera joué 18 fois jusqu'au 22 octobre 1913. En raison de ses résonnances patriotiques, l'œuvre sera reprise en plein conflit les 29 décembre 1917 et 8 janvier 1918.

Un journal du soir (peut-être deux) avait cru devoir informer ses lecteurs de mon décès. Quelques amis – j'en avais encore la veille – vinrent savoir, chez mon concierge, si le fait était exact, et lui de répondre : « Hélas ! Monsieur nous a quittés sans laisser son adresse. » Et sa réponse était vraie, puisqu'il ne savait pas où cette voiture obligeante m'emmenait.

À l'heure du déjeuner, quelques connaissances m'honorèrent, entre elles, de leurs condoléances, et même, dans la journée, par-ci, par-là, dans les théâtres, on parla de l'aventure :

Maintenant qu'il est mort, on le jouera moins, n'est-ce pas ?

Savez-vous qu'il a laissé encore un ouvrage[599] ? Il ne finira donc pas de nous gêner !

Ah ! ma foi, moi je l'aimais bien ! J'ai toujours eu tant de succès dans ses ouvrages !

Et c'était une jolie voix de femme qui disait cela[600]. Chez mon éditeur, on pleurait, car on m'y aimait tant !

Chez moi, rue de Vaugirard, ma femme, ma fille, mes petits et arrière-petits-enfants étaient réunis, et, dans des sanglots, trouvaient presque une consolation.

La famille devait arriver à Égreville le soir même, veille de l'enterrement.

Et mon âme (l'âme survit au corps) écoutait tous ces bruits de la ville quittée. À mesure que la voiture m'en éloignait, les paroles, les bruits s'affaiblissaient, et je savais, ayant fait construire depuis longtemps mon caveau, que la lourde pierre, une fois scellée, serait, quelques heures plus tard, la porte de l'oubli ! [601]

---

599. En mai ou juin 1912, Massenet achève la composition de *Cléopâtre*, « drame passionnel » en 4 actes, qu'il avait entamée en décembre 1911 sur un livret de Louis Payen conçu avec l'aide de Henri Cain (son nom, mentionné régulièrement dans la presse, ne figure pas dans la partition). L'ouvrage, gravé rapidement (voir « Nouvelles diverses », *Le Ménestrel*, 78ᵉ année, nº 26, 29 juin 1912, p. 207) ne sera créé au Théâtre de Monte-Carlo que le 23 février 1914.

600. Il s'agit sans aucun doute de Lucy Arbell. Dans un codicille à son testament de janvier 1912, Massenet l'avait explicitement désignée pour la création des rôles de Cléopâtre et Amadis mais en vain : la famille s'y opposera fermement au point que la cantatrice intente un procès en 1914 dont le jugement, qui lui était favorable, fut cependant cassé pour vice de forme.

601. Massenet, qui s'était opposé à l'organisation d'obsèques nationales, fut inhumé à Égreville, le 17 août 1912, dans l'intimité familiale.

Seconde partie

ARTICLES, ENQUÊTES, DISCOURS

ARTICLES

1

[LE CONSERVATOIRE] *

Professeur au Conservatoire depuis 1878 [1], Massenet étudie, dans un article méconnu, aussi bien l'institution, dont il est issu, que les caractéristiques de la musique française dont il prend la défense. Des extraits furent cités dans *Le Temps* que nous reproduisons ici, faute d'avoir pu trouver un exemplaire du *Galignani's Messenger*.

M. Jules Massenet publie dans le Galignani's Messenger du 18 août un article sur le Conservatoire. Il y expose en détail l'organisation de ce grand établissement et fait, en passant, l'éloge suivant de l'école de composition musicale française :

« Notre jeune école se distingue tout au moins par une importante qualité, la vitalité. Derrière nous surgissent de jeunes musiciens qui, je n'en doute pas, seront capables de maintenir, comme nous nous efforçons de le faire, la haute réputation de l'école française de musique. À ce moment, la France est sans conteste à la tête de l'Europe musicale. Jamais notre pays n'a eu un plus grand nombre de compositeurs, et jamais leurs créations n'ont été plus variées. L'un est remarqué pour sa grâce, l'autre pour sa force; celui-ci est réputé pour la profonde connaissance qu'il a de son art, celui-là pour la passion, l'émotion, la sensibilité qui jaillissent de son propre cœur et touchent le cœur de ses auditeurs [2].

Les compositeurs français d'aujourd'hui sont si féconds, qu'il n'y a pas à Paris assez de théâtres pour représenter leurs œuvres. Ils sont obligés d'aller en province ou à l'étranger chercher des scènes libres. Ce sont des musiciens français qui fournissent de pièces le théâtre de la Monnaie, à Bruxelles, un des meilleurs opéras de l'Europe,

---

* « [Le Conservatoire] », *Galignani's Messenger*, 18 août 1888; cité partiellement dans « Spectacles et concerts », *Le Temps*, 20 août 1888.

1. Voir *Mes souvenirs*, chapitre XIII.

2. On est tenté de distinguer dans ces portraits successifs les traits de Camille Saint-Saëns… et de Massenet.

et il en est de même à Gand, Liège, La Haye et même Weimar[3]. Jamais encore l'école française n'avait offert au monde un tel ensemble de talents de premier ordre, et il faut reconnaître que c'est au Conservatoire qu'elle doit en grande partie cette situation. »

M. Massenet, après avoir signalé le caractère international de l'enseignement du Conservatoire, conclut en ces termes :

« Tel est le Conservatoire de musique de Paris, c'est-à-dire une école où l'élite du monde musical français garde en vie les grandes traditions françaises, sans pourtant se fermer les oreilles à ce qui se fait dans les pays étrangers. L'art musical français n'est pas enfermé dans les étroites traditions d'une école particulière. Il n'est pas régi par des coteries ni rapetissé par la vanité nationale. Son premier but est de cultiver la clarté et la précision, ses deux principales qualités. C'est au Conservatoire que revient le crédit d'avoir préservé ces principes fondamentaux qui caractérisent toujours l'œuvre de ses élèves, lesquels, à leur tour, nourrissent une grande affection pour leur *Alma mater*. Heureux surtout ceux d'entre nous qui, devenus professeurs, ne rompent jamais leurs liens avec le vieil établissement où ils ont passé tant de bonnes et profitables heures. »

2

COMMENT JE SUIS DEVENU COMPOSITEUR *

Au cours de 1890, un journaliste américain, Théodore Stanton[4], commande à Massenet un article qu'il reçoit en octobre avec une lettre du compositeur : « Voici l'article. / Je l'ai fait recopier sur un papier spécial en vue de l'expédition par la poste. Dites-moi si la chose vous satisfait et si vous m'excusez d'avoir tardé ainsi à vous envoyer ces pages »[5]. Le journaliste manifesta sa satisfaction puisque Massenet lui écrit le mois suivant : « C'est bien aimable à vous de me parler si sympathiquement de cet article et je vous renvoie de suite la page en

3. *Manon* est jouée à La Haye avec Sanderson en février 1888 tandis que *Hérodiade* (1881), *Sigurd* (1884) ou *Salammbô* (1890) sont créés à Bruxelles, et *Samson et Dalila* à Weimar en 1877.

* Version I : s. l. [1890], photocopie conservée dans les archives Patrick Gillis, issue de la vente *Autographes – dessins / photographies / Musiciens / Lettres et manuscrits autographes [...]*, Hôtel Drouot, 18 avril 1989, Étude Couturier Nicolay, lot 99. Version II : *Revue illustrée*, 8e année, vol. XV, n° 171, 15 janvier 1893, p. 105-107; repris dans *Les Annales politiques et littéraires*, 13e année, n° 641, 6 octobre 1895, p. 212-213; *La Lecture illustrée*, n° 5, 10 juin 1896, Paris, Juven et Cie, s. d., t. I, n° 1-6, p. 449-454; tous les trois traduits de l'anglais « Autobiographical Notes by the Composer Massenet », *The Century Illustrated Monthly Magazine*, vol. 45, novembre 1892, p. 122-126.

4. Théodore Stanton (1851-1925), éditeur et agent littéraire à Paris, publia conjointement en France et aux États-Unis des textes inédits de Balzac, de Hugo et de Zola. Il était le correspondant du *Century* si l'on considère les articles qu'il signe dans ce périodique dont le titre initial – *Scribner's Monthly* – explique les nombreuses références erronées qui accompagnèrent par la suite l'article de Massenet.

5. Lettre de Jules Massenet à Théodore Stanton, Paris, 24 octobre 1890, Rutgers University Special collections, Archibald S. Alexander Library.

question. / Non, je n'ai pas conservé de brouillon – ce que vous possédez est une copie, mais c'est la seule copie »[6].

Pour des raisons inconnues, le projet est cependant suspendu puisque l'article ne paraîtra que deux ans plus tard[7] dans *The Century Magazine* avec l'objectif probable de former un pendant à la publication, au tout début de la même année, des souvenirs de Gounod relatifs à son séjour à la Villa Médicis[8]. Publié en anglais[9] en novembre 1892[10], l'article de Massenet paraît en français dans *La Revue illustrée*, en janvier suivant, puis, quelques années après, dans *Les Annales politiques et littéraires* (1895) et *La Lecture illustrée* (1896).

L'authenticité des trois publications en français, identiques à une variante près qui relève plutôt d'une coquille, mérite cependant d'être contestée. Un manuscrit de l'article, autographe, non daté et passé en vente à Drouot en 1989[11], diffère considérablement de la version française imprimée, sur la forme mais aussi parfois sur le fond, comme le montre une confrontation des trois versions du texte (manuscrit, version imprimée anglaise et française). De même, des divergences subsistent entre la version manuscrite et l'édition anglaise. Le manuscrit de Massenet constitue donc une première version d'un texte plus développé dont l'autographe ne nous est pas parvenu.

Dans tous les cas, cet article définitif aurait-il servi de support à la traduction anglaise, laquelle aurait ensuite été remaniée puis traduite en français, ou bien a-t-il été entièrement repris par Massenet lui-même ou une tierce personne lors de sa publication française pour gagner en qualité sur le plan du style ? Nous penchons pour la première hypothèse pour plusieurs raisons. Tout d'abord, dans sa monographie en majeure partie écrite du vivant du

6. Lettre de Jules Massenet à Théodore Stanton, Paris, 11 novembre 1890, Rutgers University Special collections, Archibald S. Alexander Library.

7. Massenet écrit au journaliste en août 1892 : « Je vais rentrer à Paris où mon éditeur M. Heugel sera aussi très prochainement – nous causerons et je vous écrirai *de suite.* » Lettre de Jules Massenet à Théodore Stanton, « en voyage – Suisse / août 1892 », Rutgers University Special collections, Archibald S. Alexander Library.

8. « Gounod in Italy and Germany : Reminiscences of a Pensionnaire of the Academy of France », *The Century Illustrated Monthly Magazine*, vol. 43, janvier 1892, p. 388-395. Cet article, dont le manuscrit n'est pas autographe, « semble être issu d'une première rédaction des Mémoires copiée par Édith de Beaucourt (1876). » Gérard Condé, *Charles Gounod*, Paris, Fayard, 2009, p. 1023.

9. L'article est agrémenté (page 122) de deux reproductions iconographiques : une gravure de Charles State représentant le tableau de Layraud (voir illustration 6), au bas de laquelle figure la reproduction en fac-similé d'une note autographe du compositeur (« d'après mon portrait / peint par *Layraud* et placé au plafond de la salle à manger de *l'académie de France à Rome* / (X^{bre} 1865) / Villa Médicis [signé :] J. Massenet ») et, page 124, un dessin (signé et daté « Arthur [J ?] Goodman / Paris / ? 17 1890 »), représentant le compositeur dans son cabinet de travail.

10. On peut supposer que, à son tour, la publication de Massenet engagea Stanton à solliciter Saint-Saëns, lequel écrit peu après à Auguste Durand : « M. Th. Stanton me demande de lui faire ma propre biographie pour l'Amérique, c'est au-delà de mes forces ! Fais la faire par quelqu'un d'autre, je comprends que c'est nécessaire, mais le faire moi-même jamais ! » Lettre de Camille Saint-Saëns à Auguste Durand, Alger, 20 février 1893, Médiathèque musicale Mahler, Fonds Saint-Saëns. Saint-Saëns devait en définitive fournir un article sur Liszt (vol. 45, février 1893, p. 517-525) tandis que, entre autres, Reyer et Dvořák signaient respectivement un article sur Berlioz (vol. 47, décembre 1893, p. 304-311) et Schubert (vol. 48, janvier 1894, p. 341-347).

11. Jules Massenet, « Manuscrit autographe à Monsieur *Stanton* », *Autographes – dessins / photographies / Musiciens / Lettres et manuscrits autographes [...]*, Hôtel Drouot, 18 avril 1989, Étude Couturier Nicolay, lot 99. Acquis par Anne Bessand-Massenet, qui en a reproduit quelques extraits dans sa monographie (Anne Massenet, *Jules Massenet en toutes lettres*, Paris, Éditions de Fallois, 2001, p. 18, 20, 32, 34) ce document est repassé en vente à Drouot (*Estimations et Vente aux Enchères* [*E&VE*], *Jules Massenet*, Drouot Richelieu, 19 novembre 2002, lot 155) : il est aujourd'hui non localisé.

compositeur, Louis Schneider confirme le principe d'une traduction[12]. Ensuite, le style de la version française imprimée, plus recherché que celui de Massenet, laisse supposer l'intervention d'une personne extérieure. Enfin, pourquoi Massenet aurait-il pris le temps et le soin d'effectuer une refonte totale et en profondeur de son texte, son manuscrit offrant la lecture aisée d'un texte abouti dont les quelques corrections autographes n'entravent jamais sa lisibilité ?

Toujours est-il que le manuscrit est précieux à plus d'un titre, car, outre les transformations successives qu'il suggère, certains épisodes conservés dans la version anglaise seront retirés des éditions françaises, comme l'évocation des voyages effectués à partir de Rome ou l'hommage à Sibyl Sanderson qui concluent l'article. De leur côté, les éditions françaises offrent un long paragraphe consacré à la guerre de 1870 qui, déjà présent dans l'édition anglaise, ne figure pas dans le manuscrit.

Aussi l'article est-il présenté ci-dessous conjointement dans ses deux versions françaises qui à la fois se complètent et se ressemblent.

Version I : *Autographes – dessins/photographies/ Musiciens/Lettres et manuscrits autographes [...]*, Hôtel Drouot, 18 avril 1989, Étude Couturier Nicolay, lot 99.	Version II : *Revue illustrée*, 8ᵉ année, vol. XV, nº 171, 15 janvier 1893, p. 105-107.
Monsieur, vous voulez bien vous intéresser à mes débuts dans la carrière musicale et vous me demandez « comment je suis devenu musicien ? » / La question paraît naturelle et voilà cependant qu'au moment d'y répondre je me sens fort embarrassé. / Si je vous dis que, comme beaucoup de mes confrères, j'ai cédé à ma vocation, je vais paraître un peu prétentieux peut-être, et si j'avoue que j'ai eu beaucoup de difficultés pour arriver à m'adonner entièrement à la musique vous serez alors en droit d'ajouter : « pourquoi vous *êtes-vous fait* musicien ? »	Vous avez eu l'amabilité de m'écrire pour savoir ce que furent les débuts de ma carrière musicale et vous me demandez : « Comment êtes-vous devenu musicien ? » Toute simple que soit la question, elle ne laisse pas de m'embarrasser fort. Si je vous répondais (comme le font parfois quelques-uns de mes confrères) que j'ai suivi ma vocation, je pourrais paraître légèrement vaniteux, car, je dois l'avouer, il m'a fallu lutter beaucoup avant de me consacrer entièrement à la musique. Vous devriez donc ajouter logiquement : « Pourquoi êtes-vous devenu musicien ? »
Mon père était officier supérieur sous le premier empire – il donna sa démission à la rentrée des Bourbons et comme il avait été un élève très distingué de l'École polytechnique il se voua à l'industrie et fonda une importante usine près de St Étienne (Loire).	Mon père était officier supérieur sous le premier Empire. Quand les Bourbons revinrent au pouvoir, il donna sa démission. Étant sorti de l'École polytechnique dans un très bon rang, il put se lancer dans l'industrie, devint maître de forges près de Saint-Étienne

12. Il reste cependant approximatif quant au titre du périodique lorsqu'il évoque une « interview donnée au *Scribner's Magazine*, autobiographie qui fut traduite et publiée dans *La Lecture* du 10 juin 1896 ». Louis Schneider, *Massenet (1842-1912)*, Paris, Bibliothèque-Charpentier, 1926, p. 13.

Mon père devint maître de forges et c'est à lui que l'on doit l'invention de ces énormes marteaux qui, écrasant l'acier avec une force extraordinaire, transforment, sous une seule pression les barres de métal qui devenaient en un instant faux et faucilles.

C'est au bruit de ces lourds marteaux d'airain, comme dit le poète antique, que je suis né.

Voilà un début peu musical qui va bien mal vous disposer à continuer la lecture de cette lettre !

Six ans plus tard, ma famille habitant Paris, je me trouvais un certain jour en face d'un vieux piano et soit pour m'amuser soit pour essayer mes « futures » (?) disposition ma chère mère me donnait ma première leçon de musique. / C'était le 24 février 1848. / Le moment était singulièrement choisi car notre leçon fut interrompue par le bruit d'une fusillade qui devait durer plusieurs heures. / La révolution éclatait et l'on se tuait dans les rues.

Si mon entrée dans le Monde fût accompagnée bruyamment par les marteaux d'une usine, mon premier début dans la carrière que je devais poursuivre n'était pas plus musical !

Trois années après cette journée qui fit tant de bruit dans Paris (je parle des coups de fusil) j'étais devenu un assez habile petit pianiste ou plutôt mes parents avaient l'affectueuse prétention de le croire – et l'on me présenta à l'examen d'admission pour les classes de piano au Conservatoire « Impérial » de musique.

Je fus admis.

Pour ma mère j'étais donc un « artiste » et bien que mon éducation occupât dix heures de ma journée, elle trouva le temps de me faire travailler « mon piano » de telle façon que j'étais lauréat du Conservatoire un an après mon admission.

(Loire) et fut l'inventeur de ces marteaux gigantesques qui, broyant d'un seul coup l'acier avec une force irrésistible, transforment d'énormes barres métalliques en faucilles et en faux.

Je suis donc né au bruit des pesants marteaux d'airain, comme disait jadis le poète. Mes premiers pas dans la voie musicale n'eurent pas un accompagnement plus mélodieux. Six ans plus tard, en effet, ma famille habitant alors Paris, on me mit un jour devant un vieux piano et, soit pour me distraire, soit pour éprouver mes aptitudes, ma mère voulut m'y donner une première leçon. C'était le 24 février 1848, date bien étrangement choisie, comme vous voyez. Quelques instants plus tard la Révolution éclatait et la fusillade partant des rues voisines venait interrompre notre leçon.

Trois ans, après j'étais devenu – du moins mes parents, dans leur tendresse, semblaient le croire – un petit pianiste assez habile. On sollicita mon admission aux classes de piano du Conservatoire impérial de musique et j'eus le bonheur d'être reçu. Dès lors, j'étais, aux yeux de ma mère, un « artiste » et, bien que mes classes ordinaires m'occupassent six heures par jour, elle trouva le temps de me faire travailler au piano avec tant de fruit qu'en moins d'un an je devins « lauréat » du Conservatoire.

La santé de mon père nous obligea à quitter Paris – ce fut pour « ma musique » un arrêt de plusieurs années; j'en profitais pour achever mes études littéraires mais le chagrin d'avoir dit adieu au Conservatoire me donna le courage de supplier mes parents attristés de cette résolution de me laisser retourner dans ce Paris que je ne devais plus quitter jusqu'au jour où j'obtins le premier grand prix de composition musicale (1863) et où je me dirigeais sur Rome comme pensionnaire de l'Académie de France.

Les progrès réalisés en ces quelques années de travail témoignaient-ils véritablement de la vocation que je me supposais?

J'avais bien obtenu le « Prix de Rome » de même que j'avais remporté les prix de piano, de contrepoint et fugue & & j'étais bien ce que l'on appelle un bon élève; mais je n'étais pas un artiste, dans l'acception unique de ce mot; être artiste, être poète, être touché, ému de toutes les manifestations de la nature et de l'art, aimer, souffrir, vivre enfin!

C'est aussi quiconque est accessible à toutes les manifestations de la beauté et en est pénétré.

Que de grands peintres, d'illustres musiciens n'ont pas été foncièrement des « artistes ».

Ah! les deux belles années passées dans notre chère Villa Médicis à Rome, séjour réglementaire des pensionnaires de l'Institut, années uniques dont le souvenir est si vibrant en moi qu'il m'aide encore parfois à remonter le courant des influences décourageantes.

C'est donc à Rome que j'ai commencé à vivre; c'est pendant ces bonnes promenades avec mes camarades peintres ou statuaires et devant ces causeries sous les chênes de la Villa Borghèse ou les pins de la Villa Pamphili que j'ai éprouvé mes premiers admirations pour la nature et pour l'art.

À cette époque, une maladie de mon père nous força à quitter Paris et mit ainsi un temps d'arrêt à mon éducation musicale. J'en profitai pour achever mes études littéraires. Mais bientôt le chagrin que m'avait causé mon éloignement du Conservatoire l'emporta. J'eus le courage de demander à mes parents d'y revenir. Mon désir les affligea vivement. Ils consentirent cependant à m'accorder l'autorisation et, depuis ce moment, je ne quittai plus Paris jusqu'au jour où, ayant obtenu le « premier grand prix » de composition musicale, je partis pour Rome avec une bourse de l'Institut.

Les progrès accomplis pendant ces années de travail avaient-ils suffisamment donné la mesure de ma vocation? Sans doute, j'avais gagné le « prix de Rome », j'avais remporté également des prix de piano, de contrepoint, de fugue, etc. ; j'étais, enfin, ce qu'on appelle un bon élève, mais je n'étais pas un *artiste* dans le véritable sens du mot.

Être artiste, c'est être poète, c'est être touché par toutes les révélations de l'art et de la nature, c'est aimer et souffrir, c'est en un mot : vivre! Produire un travail d'art n'est pas encore être un artiste. Un artiste doit être, avant tout, sensible à toutes les manifestations de la beauté; il doit s'en pénétrer et les savoir goûter. Combien de grands peintres, d'illustres musiciens ne furent jamais artistes dans le sens le plus profond du mot!

Oh! ces deux années délicieuses passées dans Rome, à la chère Villa Médicis (séjour officiel des boursiers de l'Académie), ces années sans pareilles, dont le souvenir vibre encore dans ma mémoire et m'aide aujourd'hui même à refouler les influences néfastes du découragement!

Ce fut à Rome que je commençai à vivre, ce fut là, au cours des joyeuses excursions faites en compagnie de mes camarades musiciens, peintres ou sculpteurs, et durant nos causeries sous les chênes de la Villa Borghèse ou sous les pins de la Villa Pamphili, que je ressentis les premiers élans

Et nos heures de « flâneries » dans les musées de Naples ou de Florence!

Et nos contemplations attendries dans les sombres églises de Sienne ou d'Assise!

Ah! comme j'avais bien oublié Paris et ses théâtres et ses foules, comme je n'étais plus « musicien » comme j'étais « davantage »!

Cette ardeur, cette fièvre salutaires me soutiennent toujours; car nous autres musiciens, ainsi que les poètes, nous devons être les traducteurs de tout ce qui est une émotion vraie – être émue, émouvoir, tout est là.

Le temps de mon séjour réglementaire à la Villa Médicis allait expirer et quelques jours à peine me séparaient de la date où je devais dire adieu à ma vie si heureuse, vie de travail, vie de tranquillité d'esprit, vie unique que je n'ai jamais revécue!...

Le 17 décembre 1865 il fallut me préparer à ce départ – mais je ne pouvais me décider à quitter Rome; c'est Rome qui me dit adieu, et voici comment :

Il était 6 heures du soir – j'étais seul dans ma chambre, debout, devant la fenêtre, regardant à travers les vitres cette silhouette de Rome qui se profilait en gris sur les dernières clartés d'un beau et pur soleil couchant. Mes yeux gardèrent de ce spectacle une empreinte qui ne devait plus s'effacer.

Hélas, peu à peu, l'ombre gagna un coin du ciel, puis, le ciel tout en entier... Rome avait disparu...

Ces moments-là devaient rester ineffacés et c'est dans leur souvenir que je retrouve l'évocation d'une jeunesse qui n'est plus[13]!

Je m'aperçois, cher Monsieur Stanton, que je vous parle peu de musique et que je me plais bien plus à tout ce qui émeut le regard qu'à ce qui charme l'oreille.

d'admiration pour la nature et pour l'art. Quelles heures charmantes nous employions alors à errer dans les musées de Naples et de Florence! Quelles délicates et mélancoliques émotions nous faisait éprouver la visite des églises mystérieusement obscures de Sienne et d'Assise! Comme l'on oubliait vite Paris et ses théâtres et sa foule bruyante et sa vie enfiévrée!

Cependant mes études à la Villa Médicis touchaient à leur fin. Quelques jours à peine me séparaient de l'heure à laquelle il me fallait dire adieu à cette bienheureuse vie, à cette vie si laborieuse, si tranquille et si douce, à cette vie comme je n'en ai jamais vécu depuis.

Mon départ était fixé au 17 décembre, mais je ne pouvais me résoudre à faire mes adieux à la Ville Éternelle. Ce fut Rome elle-même qui me les fit. Voici comment. Il était six heures du soir. J'étais seul dans ma chambre, debout auprès de ma fenêtre, contemplant une dernière fois, à travers la vitre, l'immortelle cité dont la silhouette s'ébauchait en gris sous les dernières lueurs d'un magnifique coucher de soleil. Cette vision est restée très nette dans ma mémoire, mais, ce jour-là, je ne pouvais en détacher mes yeux. Hélas! peu à peu une ombre se glissa sur un coin de ciel, s'étendant progressivement jusqu'à ce que Rome tout entière eût disparu dans l'obscurité. Jamais je n'oublierai l'impression que me fit cette simple scène et son souvenir évoque toujours pour moi les meilleures heures de ma jeunesse...

Mais je m'aperçois que je ne vous parle guère de musique et je vous dois sembler prendre plus de souci de ce qui frappe l'œil que de ce qui charme l'oreille. Parcourons donc ensemble quelques-unes de mes compositions.

13. Ces premiers paragraphes seront développés dans les six premiers chapitres de *Mes souvenirs*.

Ouvrons ensemble quelques-unes de mes partitions d'orchestre où l'habitude m'oblige à inscrire le jour, l'heure et quelques fois jusqu'aux moindres événements de la vie[14]; nous allons y trouver des points de similitudes qui affirmeront mes opinions.

Marie-Magdeleine – début de la 1ère partie – « aux portes de Magdala le soir ». C'est bien à Magdala que j'ai pensé, c'est en Judée que mon imagination a voyagé, mais c'était le souvenir de la campagne de Rome qui m'a dominé et c'est à lui que j'ai obéi parce que là était l'accent vrai, le paysage vu, l'impression exacte.

Plus tard, en écrivant *Les Érinnyes* c'est la tendresse que j'éprouvais pour une exquise terre cuite de tanagra qui m'a dicté les danses du 1er acte de l'admirable drame antique de Lecomte de Lisle.

Puis, c'est *Le Roi de Lahore* que j'orchestre; et près de moi c'est un coffret indien dont l'émail bleu sombre étoilé de taches d'or clair attire sans cesse mes regards; toute ma joie, toute mon ardeur est dans la vue de ce coffret; c'est là que je vois l'Inde entière[15]!

La première partie de *Marie-Magdeleine* commence « aux portes de Magdala, le soir ». Je pensais bien sans doute, en travaillant à cet ouvrage, à la véritable Magdala et mon imagination était souvent en route pour la lointaine Judée; mais ce qui m'inspirait dans la circonstance, ce qui me touchait le plus, c'était en réalité le souvenir de la campagne romaine dont je subissais l'obsession. Je retraçais par la pensée un paysage connu, je notais son accent, je reproduisais l'impression qu'il m'avait laissée.

Dans la suite, en écrivant *Les Érinnyes*, ce fut le goût que j'avais pour une exquise terre cuite de Tanagra qui m'inspira l'air à danser du premier acte de l'admirable drame de Leconte de Lisle.

Plus tard, tandis que je préparais l'orchestration du *Roi de Lahore*, j'avais auprès de moi une petite boîte indienne dont l'émail bleu foncé tacheté d'or attirait invinciblement mes regards. La *contemplation* de ce coffret qui était, pour moi, comme une image de l'Inde même, activait mon ardeur et facilitait mon travail.

De tristes événements tinrent enfin une grande place dans la vie du compositeur dont les modestes débuts avaient été salués jadis par la canonnade du 24 février.

En 1870, – lugubre date pour mon pauvre cher pays – les canons prussiens, répondant à ceux du Mont-Valérien, ponctuaient parfois lugubrement les fragments que j'essayais d'écrire, durant les courts moments de répit que le service de la garde et les exercices militaires sur les remparts me laissaient. Alors, en dépit des fatigues physiques de cette vie nouvelle et bien qu'il s'efforçât de gagner quelques instants d'oubli, le musicien ne perdait pas tous ses droits. Je retrouvais encore dernièrement les feuillets d'une composition complètement achevée, mais qui ne sera jamais livrée au public et qui portait pour titre : *Méduse*[16].

14. Durant les années 1880 et 1890 plus particulièrement, Massenet note en effet sur ses manuscrits certains événements qui accompagnent la composition de ses ouvrages.

15. Sur cette disposition, voir aussi *Mes souvenirs*, chapitre XX.

16. Voir *Mes souvenirs*, chapitre VIII.

J'avais annoté là, à l'époque de la guerre, les cris patriotiques du peuple et les échos de *La Marseillaise* chantés par les régiments qui défilaient devant ma petite maison de Fontainebleau avant d'aller combattre. En d'autres fragments, je sens revivre les pensées, amères qui m'agitaient lorsque, revenu à Paris avant l'investissement, je pleurais sur les douleurs de ce long hiver et de cette terrible année.

Oh! l'inoubliable tristesse de ces jours lugubres où nos cœurs sautaient subitement de l'enthousiasme délirant au plus sombre désespoir, où des semaines d'incertitude et d'attente étaient à peine éclairées de rares lettres, reçues on ne savait ni d'où ni comment, et apportant de *vieilles* nouvelles de nos familles et de nos amis que nous n'espérions plus revoir.

Vint le dernier effort, la dernière lutte à Buzenval, la mort de mon pauvre ami, le peintre Henri Regnault[17], puis la plus terrible épreuve de toutes, dont la réalité honteuse nous fit oublier le froid, la faim, tout ce que nous avions enduré, – l'armistice, qui, dans nos cœurs fatigués mais non résignés, sonna le dernier glas de notre juste colère. Oui, vraiment, durant ces jours sombres du siège de Paris, c'était bien l'image de mon pays agonisant qui saignait en moi, faible instrument que j'étais, quand grelottant de froid, les yeux aveuglés par les larmes, je composai la musique du *Poème du Souvenir* sur les stances enflammées écrites par mon ami le grand poète Armand Silvestre :

Levez-vous, bien-aimés, aujourd'hui dans la tombe!

Oui, au double titre de citoyen et d'artiste, je sentais l'image de la patrie se graver dans mon cœur meurtri sous la douce et touchante figure d'une Muse blessée, et quand, avec le poète, je chantai :

17. Le peintre Henri Regnault (1843-1871), qui disposait d'une jolie voix de ténor, fréquente de nombreux compositeurs, comme Saint-Saëns dont il interpréta le rôle de Samson lors d'une soirée. Sa *Salomé* (1870) inspira les choix vestimentaires d'Emma Calvé lorsqu'elle endossa ce rôle dans *Hérodiade* en 1903. Voir *Mes souvenirs*, chapitre XV.

Arrache ton linceul de fleurs[18] !

Je savais bien que, quoique ensevelie, la France sortirait aussi de son linceul, les joues pâlies peut-être, mais plus aimable et plus adorable que jamais !

Je vous ai dit combien m'est toujours cher et fidèle le souvenir de mes années « romaines » et je voudrais vous convaincre de l'utilité qu'il y a pour les jeunes musiciens à quitter Paris pour vivre, ne fût-ce qu'un an à la Villa Médicis dans ce milieu de camaraderie intelligente.

Oui, je suis pour cet exil (ainsi que l'appellent les mécontents[19]) je suis pour ce séjour qui peut faire naître des artistes, des poètes et éveiller des sentiments qui seraient restés inconnus même à ceux qui les possèdent en eux !...

J'ai déjà dit combien m'est cher et combien fidèle me reste le souvenir des années que je passai à Rome. J'aimerais à convaincre d'autres débutants de l'utilité qu'il y a pour les jeunes musiciens de quitter Paris et de vivre – ne fût-ce qu'une seule année – à la Villa Médicis au milieu d'une élite de camarades. Oui, je suis tout à fait partisan de cet *exil*, comme l'appellent les mécontents. Je pense qu'un tel séjour peut créer des poètes et des artistes, et qu'il doit éveiller des sentiments et des impressions qui, faute de cela, seraient en danger de rester éternellement inconnus de ceux mêmes chez lesquels ils étaient endormis.

Afin de donner plus de poids à mes opinions personnelles, laissez-moi vous citer ici un fragment d'un discours prononcé à l'une des dernières distributions de prix de l'Académie des beaux-arts par un de mes anciens condisciples de l'École de Rome, aujourd'hui mon collègue à l'Institut de France, le célèbre graveur Chaplain[20].

« Durant leur séjour à la Villa Médicis, ces jeunes artistes sont loin de dépenser tout le trésor de pensées et d'impressions qu'ils y amassent. Quel plaisir et souvent quelle rare bonne chance de trouver plus tard une esquisse faite d'après quelque scène charmante, ou un air noté pendant que l'on voyageait à travers les montagnes !

18. Les premiers vers de ce cycle mélodique, dont le sujet est un amour déchu, sont plus exactement : « Lève-toi, chère ensevelie ! Déchire ton linceul de fleurs / Tu n'as pas oublié mes pleurs ? » Cette ambigüité sémantique, comme l'absence de date sur la partition imprimée, a conduit Massenet a propagé l'idée selon laquelle son œuvre aurait été composée pendant le siège de Paris. Or Julien Torchet (« Une lettre inédite de Georges Bizet [à Massenet] », *Le Guide musical*, 53ᵉ année, nº 20-21, 19 et 26 mai 1907, p. 394-395) rétablira la vérité en se référant, entre autres, à une audition privée au printemps 1869 mais peut-être aussi à une lettre que Massenet lui écrivit peu auparavant : « Le *Poème du souvenir* date de *1868-1869* ; *l'édition aussi.* » (Lettre de Jules Massenet à [Julien Torchet], Paris, 17 janvier 1907, BnF, Département de la Musique, NLA 352 [1]). Dans *Mes souvenirs*, Massenet se gardera bien de reprendre une telle affirmation que Louis Schneider (*Massenet*, Paris, Carteret, 1908, p. 357) avait habilement justifiée quelques années auparavant : « Il est fort possible qu'en 1871 Armand Silvestre ait, à la demande du musicien, fait à ses vers quelques remaniements ; et ainsi son poème serait devenu d'actualité. »

19. Massenet prendra continuellement la défense d'une institution de plus en plus critiquée. Voir, ci-après, discours du 5 novembre 1910.

20. Sur Chaplain et Massenet, voir *Mes souvenirs*, chapitre IV.

« Un jour d'été, sur la route de Tivoli à Subiaco, une petite bande d'étudiants avaient entrepris une excursion à travers les superbes montagnes qui s'élèvent en amphithéâtre et entourent Rome de tous côtés. Nous nous étions arrêtés afin de contempler à loisir le merveilleux panorama de la campagne romaine qui se déroulait devant nous. Soudain, au pied du sentier que nous venions de gravir, un berger commença à jouer un air doux et lent sur son chalumeau, et les notes s'égrenaient une à une dans le silence du soir. Pendant que nous écoutions, je regardai un jeune musicien qui faisait partie de l'excursion, curieux de lire ses impressions sur son visage; il inscrivait l'air du berger sur son carnet.

« Quelques années plus tard, une nouvelle œuvre du jeune compositeur était jouée à Paris. L'air du berger de Subiaco était devenu la superbe introduction de *Marie-Magdeleine* »[21].

J'ai cité le tout, même l'éloge amical qui m'a été donné par mon cher condisciple de Rome[22]. J'ai tellement parlé de moi ici que je n'ai pas cru devoir négliger ces compliments venant d'un autre, comme justification à mon enthousiasme pour ces années bénies auxquelles je crois devoir toutes les qualités qu'on a la bonté de me reconnaître.

Mais, me répondrez-vous, on ne donne pas du génie et, si ces jeunes gens ne sont pas d'excellents élèves déjà maîtres de leur métier, vous ne leur communiquerez pas les flammes qui leur manque.

Eh bien, si, je crois que cette obligation de vivre loin de leurs habitudes parisiennes est un bienfait; ah! l'oubli de toute réunion musicale, l'oubli de toute sonorité, l'oubli de toute représentation théâtrale, l'oubli de la musique enfin, voilà qui est compensé largement par ces heures de solitudes dans la campagne de Rome, de contemplation dans les admirables musées de Florence ou de Venise!

21. Massenet a reproduit un extrait du discours prononcé par Chaplain le 29 octobre 1887 lors de la séance à l'Institut où fut exécutée la cantate *Didon* de Gustave Charpentier. Cet extrait cite approximativement le texte original de Chaplain – publié par l'Institut – mais sans en déformer le contenu. Ce passage confirme ainsi l'hypothèse d'une traduction en français de la version anglaise de l'article de Massenet.

22. Sur cette anecdote, voir *Mes souvenirs*, chapitre VI.

Combien peu de ces jeunes gens, avant leur départ, ont connu le charme utile et pénétrant de vivre seul en relation avec la nature ou l'art; et le jour ou l'art et la nature vous adressent la parole, ce jour-là vous êtes un artiste, un croyant; ce jour-là, avec ce que vous avez appris, ce que vous devez savoir, vous pouvez produire sainement, fortement, car vous êtes sincère, vous êtes ému.

Ne me croyez pas cependant exclusif; si je vous parle de Rome c'est que la Villa Médicis est une retraite unique – c'est le rêve devenu la réalité.

D'autres pays certes m'ont enthousiasmé et je suis d'avis que les pensionnaires doivent voyager; alors que j'étais pensionnaire j'ai su quitter Rome pendant bien des mois – on se réunissait trois ou quatre amis et l'on partait ensemble – on allait à Venise, on descendait l'adriatique puis c'était la Grèce qui vous offrait l'hospitalité, puis, au retour, Tunis[23] vous retenait avant qu'on regagnât Messine & Naples.

Enfin, l'on apercevait les murs de Rome et, le cœur attendri, c'était l'Académie de France où l'on retrouvait sa chambre!

Alors, quelle joie de travailler! quel cadeau salutaire pour produire sans préoccupations, sans énervements, sans chagrins!

Après la vie errante, après les chambres banales des hôtels, après les tables de restaurants quel contentement de revivre dans « notre » Villa et de se recueillir sous ses antiques chênes toujours verts!...

Le voyageur, lui, ignorera ce repos car c'est à nous, pensionnaires, à nous seuls que la France prête cet abri!

Je ne remercie pas seulement la France de nous favoriser ainsi; car, si les souvenirs de ma jeunesse ont été presque toujours la consolation des années de luttes qui ont été ma vie, je veux apporter aussi à votre pays mon tribut de reconnaissance.

23. Lors de son séjour à la Villa Médicis, Massenet visita le sud de l'Italie, mais aucune source n'atteste d'un voyage en Grèce ou à Tunis.

Il s'agit de mon dernier ouvrage : *Esclarmonde.*

Je dois à une femme de votre grand pays, à une américaine, à *Miss Sibyl Sanderson*, à l'interprète admirable d'*Esclarmonde* la raison qui m'a fait écrire ce drame lyrique.

Et pour répondre à votre question, cher Monsieur Stanton, j'avoue que jusqu'à ce moment j'étais bien plutôt musicien par des sensations éprouvées : « par les yeux ».

Cette fois j'ai non seulement vu mais j'ai écouté !

3

Souvenirs d'une première *

L'article suivant se réfère à un épisode – fictif ou réel – de la création de *Hérodiade* à Milan, le 23 février 1882. Sa genèse reste mystérieuse bien que la publication française en janvier 1893 de « Comment je suis devenu compositeur » ait pu engager la rédaction du *Figaro* à solliciter Massenet dont la notoriété est parvenue à son sommet au début des années 1890. Publié en première page, cet article, dont le manuscrit n'est pas localisé, s'inscrit en effet dans une série, publiée sous la rubrique « Mémoires des hommes du temps présent »[24], où diverses personnalités confient le souvenir d'un événement particulier de leur existence[25]. Signe de sa réputation, Massenet est le seul musicien à y participer.

A sta sera, caro maestro[26], me dit le concierge du théâtre avec un sourire obligeant et protecteur.

C'était donc pour le soir ! je venais de descendre l'escalier qui conduit de la scène à la petite cour où les machinistes travaillaient à transporter les « praticables » et les « cartonages » devant servir à la « première » pour laquelle je me trouvais à Milan[27].

---

* *Le Figaro*, 28 août 1893 ; repris dans *La Semaine française*, 15ᵉ année, nᵒ 19, 11 mai 1902, p. 293-294.

24. Le préambule présentant cette série, qui commence avec un article signé Henri Rochefort (*Le Figaro*, 12 août 1893), stipule : « *Le Figaro*, pour reposer ses lecteurs des multiples détails de la période électorale a décidé de demander à différents personnages occupant des situations prépondérantes dans la littérature, l'armée, les beaux-arts, voire la politique, un chapitre inédit de leurs souvenirs personnels. Ces récits, publiés sous la rubrique *Mémoires des hommes du temps présent* auront, croyons-nous, un gros succès de curiosité et d'intérêt en ces temps où tous les mémoires sont si recherchés. »

25. Figurent parmi les personnalités Juliette Adam (« Première entrevue avec George Sand », 10 septembre 1893), Léon Tolstoï (« Au conseil de révision », 16 septembre 1893) ou encore le comte d'Haussonville (« La Fondation de la Troisième République », 21 septembre 1893).

26. « À ce soir, cher maître ».

27. Seule *La Semaine française* précise qu'il s'agit d'*Hérodiade*, dont la création italienne se tient à la Scala le 23 février 1882, et non du *Roi de Lahore* qui avait été représenté dans cette même salle en février 1878.

Quelques instants me séparaient à peine de l'heure affiché ; j'avais donné les derniers conseils à ces messieurs de l'« Impresa »[28], je m'étais promené, agité et silencieux, sur le plancher de cette immense scène de la Scala, observant si tout était bien mis en place dans les frises et dans les dessous.

Il faut se rendre compte de l'importance d'une « première » à Milan, à « la Scala », pour bien comprendre mon anxiété, je dirai plus ma fièvre ! À cette heure, la scène, à peine éclairée par un bec de gaz au premier plan et par un mince filet de jour tombant du cintre, semblait se reposer des répétitions sonores, et la salle plongée dans l'obscurité laissait deviner ses neuf rangs de loges et son parterre disparaissant dans la nuit ; un garçon de théâtre, une petite lanterne à la main, plaçait les parties d'orchestre sur les pupitres vides avec les soins attentifs d'un homme sur qui reposent les moindres détails de l'exécution.

— Tout sera en ordre, avais-je dit, et j'étais parti.

En sortant de « la Scala », l'on se trouve presque de suite sur la place du théâtre, en face de la belle statue de « Léonard de Vinci », à deux pas du « célèbre café Cora », rendez-vous des Milanais et des touristes.

Nous étions en mars[29] et le soleil était si bon, si chaud, que les flâneurs de « quatre heures » se faisaient servir leurs consommations en plein air tout en causant avec animation de la représentation du soir ; le théâtre est la vie en Italie.

Je me sentais plus seul encore au milieu de cette foule. Qui donc s'intéressait à ce passant que j'étais et que personne ne connaissait ?

Encore quelques pas et j'étais dans ma chambre de « l'Hôtel della Bella Venezia », un vieil hôtel qui eut, paraît-il, l'honneur d'abriter, certain soir, Paganini et Liszt.

À peine étais-je chez moi, que l'on frappa deux coups secs à ma porte. Une visite ! fis-je d'assez méchante humeur, et j'allai ouvrir.

Un monsieur d'un aspect froid et distingué, mis avec la correction et l'élégance d'un Américain moderne, entra, s'assit et me dit brièvement, presque sèchement :

« *Je vólé voir un auteur avant le première.* »

J'esquissai un sourire et j'allais le remercier d'une sympathie que je ne m'expliquais pas très bien.

— Alors, monsieur, vous vous intéressez à la musique ?

— No ! répondit-il avec indifférence

— À la pièce ?

— No !

— À l'art ?

— No !

— À l'artiste ? ajoutai-je avec une gêne toute naturelle.

— No ! répéta- t-il encore. *Je vólé voir un auteur avant le première.*

---

28. En assimilant la Scala à une sorte d'« entreprise », Massenet songe peut-être à l'Opéra de Paris que Verdi avait surnommé la « grande boutique »…

29. En février plus exactement.

Ma foi ! je commençais à être singulièrement agacé. L'heure me semblait mal choisie pour une plaisanterie, alors que j'avais le cœur tourmenté par l'attente et les nerfs déjà exaspérés par l'inquiétude de cette soirée où mon sort allait se décider.

Je le fis comprendre assez vivement à mon interlocuteur et je crois même que je le dirigeai… un peu rudement vers la porte.

Sa physionomie n'en prit pas moins un air d'impassible contentement :

— *Aoh ! je avais vu un auteur avant le première.*

Cette visite inattendue m'avait plutôt troublé que diverti et je ne pensais plus qu'aux accidents probables, à l'enrouement de celui-ci, au caractère capricieux de celle-là ; enfin, je ne tenais plus en place dans cette chambre qui me paraissait une cage que j'arpentais de long en large comme un animal féroce attendant impatiemment sa nourriture.

La petite église de « la Piazza San Fedele » sonna neuf heures et je m'aperçus alors seulement que, perdu dans mes réflexions, je n'avais pas remarqué que depuis longtemps déjà la nuit devait être venue.

En un instant j'étais dans la rue, puis au théâtre. En montant l'escalier qui conduit à la scène, je rencontrai la « figuration » du premier acte qui regagnait à la hâte les, foyers tout le monde était bruyant, pressé, haletant, et je fus littéralement bousculé avant d'avoir pu me faire place au milieu de cet encombrement ; cependant, par la porte ouverte et refermée à chaque instant, je distinguai assez nettement les mesures qui terminaient l'acte.

Je n'osai, après les deux premiers tableaux, m'informer de l'impression de la salle, je préférai rester dans un doute, peut-être cruel ; j'espérais mieux… plus tard… dans la soirée ; je redescendis rapidement vers la sortie et j'allai dîner comme si j'étais tranquille sur l'issue de la représentation.

Pourtant, que de pensées émues me rapprochaient des miens à cette heure anxieuse ; combien j'aurais désiré que notre ouvrage, si français dans la forme et dans l'expression, pût être estimé de ce public essentiellement musicien et enthousiaste de tout sentiment sincère ! – Nous avions pour défendre notre cause une interprétation remarquable et un orchestre incomparable comme le chef qui le dirigeait[30], et j'avais rarement rencontré plus de bienveillance et de cordialité.

Toutes ces réflexions rassurantes me firent reprendre le chemin du théâtre où je trouvai tous mes nouveaux amis, tous nos excellents artistes, émus, inquiets de mon absence et heureux de m'apprendre avec effusion que, si le succès de la soirée qui allait se terminer avait pu être un instant discuté, tout finissait à merveille. Il y eut alors ce

30. Massenet fait implicitement référence à Franco Faccio. Quelques jours auparavant la création, il écrivait : « Qu'il me tarde d'entendre *l'entracte du 3ᵉ acte* joué par l'orchestre de la Scala dirigé par Faccio – / Je l'avais écrit pour lui ! – / J'ai tellement pensé à la Scala en écrivant cet opéra – j'ai désiré ces grandes sonorités, ces accents – pourvu que le public soit indulgent et fasse bon accueil à mon nouvel ouvrage ? » Lettre de Jules Massenet à Giulio Ricordi, Paris, 3 février 1882, dans Jean-Christophe Branger, « Genèse d'*Hérodiade* de Jules Massenet : le manuscrit Koch de la Beinecke Library », dans Jean-Christophe Branger et Vincent Giroud (dir.), *Aspects de l'opéra français de Meyerbeer à Honegger*, Lyon, Symétrie, 2009, p. 71.

moment de douce expansion qui repose de toutes les angoisses et qui vous brise de bonheur en même temps[31] !

Après les poignées de mains, les remerciements affectueux, les accolades reconnaissantes, on se sépara et je rentrai à mon petit hôtel paisible où m'attendaient des dépêches de France pleines de tendres souhaits.

Demain matin, me dis-je avec soulagement, demain matin je bouclerai ma malle et je…

À ce moment, sans même que l'on frappât à ma porte, je vis apparaître mon étranger de l'après-midi ; il me tendit la main avec un bon sourire et me dit :

— *Je vólé voir un auteur après le première…*

Il accentua le mot *après* !

Cette fois, je lui aurais volontiers sauté au cou pour l'embrasser. J'avais donc devant moi un des vaillants de la salle qui avaient compris mon œuvre, qui l'avaient goûtée et applaudie. Et tout de suite je lui demandai des détails. Quelles avaient été ses sensations et celles de ses voisins ? Quel passage lui avait plu davantage ? Croyait-il à un succès durable ?

Sa figure prenait des mines étonnées et il ne semblait pas me comprendre.

Enfin, vous étiez dans la salle, cependant ? lui dis-je en éclatant de rire.

— *Moâ ? no ! je ne aimais pas le miousique. Je vôlé seulement voir un auteur après le première.*

Et il nota gravement sur son carnet de voyage « Les auteurs sont généralement plus joyeux après le première qu'avant le première. »

— Pas toujours, lui fis-je observer.

— *Aoh ! yes, si ce était une four* !

Et il se retira d'un air satisfait.

Peu à peu le calme se fit dans Milan, je n'entendis plus que de temps en temps rouler une voiture attardée, les passants devinrent rares dans les rues, et moi-même je finis par m'endormir.

Le lendemain soir j'étais à Paris et, si je n'ai pas revu mon bizarre visiteur, je n'ai pas oublié qu'il m'avait certainement montré tout au moins une curiosité sympathique « après la bataille » !

---

31. Massenet était bien dans la salle où la création de son ouvrage fut malmenée si l'on en juge par cette lettre qu'il adresse à son épouse au demain de la création : « La soirée d'hier a été rude !… et malgré de très beaux moments, les chuts, les sifflets, les rires n'ont cessé (ou à peine) depuis le 1er acte jusqu'à la fin. / Il y avait hostilité à cause d'un opéra italien (d'un jeune) qui vient de tomber à plat […] puis hostilité politique, on m'en avait prévenu – puis, exécution plus que médiocre… […] J'ai horreur de Paris, de ce monde, de tout… Ah ! m'en aller, m'en aller… et j'ai surtout horreur de moi qui me laisse aller à ma tristesse qui me mènera loin. » Lettre de Jules Massenet à son épouse, 24 février 1882, dans Anne Massenet, *Jules Massenet en toutes lettres*, p. 79-80.

4

HOMMAGE À VERDI *

Massenet a rarement manifesté son admiration pour Verdi qu'il ne semble pas avoir rencontré régulièrement. Quelques-unes de ses œuvres témoignent cependant de l'influence discrète du compositeur italien, comme *Manon* dont certains épisodes reproduisent des situations de *La Traviata*[32].

Son hommage à Verdi ne comporte cependant aucune allusion esthétique, car il fait partie d'un ensemble de réponses recueillies par *Le Gaulois du Dimanche* pour un numéro où plusieurs personnalités[33] furent invitées à donner « quelques lignes de souvenirs ou d'impressions » sur le compositeur italien à l'occasion de son 84e anniversaire[34].

C'était dans les premiers jours de janvier, en l'an 1896, presque hier, il me semble, tant les années passent vite pour les musiciens[35]. Ma femme et moi parcourions, comme tous les hivers, notre belle Provence, pour faire notre cour au soleil qui tient là ses grandes assises... et nous pensions aussi peu que possible à la musique, quand une dépêche du cher ami Sonzogno tombe au milieu de notre tranquillité; sans tarder, il faut prendre le chemin de Milan pour donner quelques soins à cette coquette de « Manon » et à ce rêveur de « Werther », qui vont faire des leurs jusque dans le Piémont! En voilà deux personnages qui auront parsemé mon existence d'inquiétudes et de préoccupations[36]!

Milan? Après tout, pourquoi pas? Nous irons à petites journées par le chemin des écoliers. Cette adorable corniche qui s'étend de Nice à Gênes, c'est encore du soleil, et des paysages rutilants, et de la mer étincelante qui bruit au bas des falaises. Par exemple, au bout du fossé... la musique! Mais nous n'arriverons jamais. On dit cela. Pourtant, cette route fleurie, je l'avais déjà faite autrefois, avec des camarades et en voiture, pour me rendre à l'Académie de France à Rome, à la villa Médicis, et nous avions fini par y arriver.

---

* *Le Gaulois du Dimanche. Supplément hebdomadaire littéraire et illustré*, 1re année, n° 17, 9-10 octobre 1897, p. [I]; repris sous le titre « Une visite à Verdi », *Les Annales politiques et littéraires*, 19e année, n° 919, 3 février 1901, p. 67.

32. Le duo de Manon et du comte Des Grieux à l'acte III rappelle celui entre Germont et Violetta (acte II), tandis que l'intervention inopinée du comte à l'acte IV n'est pas sans analogie avec celle du père d'Alfredo à l'acte II.

33. Ernest Reyer, Camille Saint-Saëns, Victorin Joncières, Gaston Salvayre, Louis-Albert Bourgault-Ducoudray, Charles Lenepveu, Léon Gastinel, Henri Maréchal, Arthur Coquard, Adélaïde Ristori, Camille Erlanger, Samuel Rousseau, Rose Caron, Christine Nilsson, Emma Nevada, Désirée Artôt et Meyrianne Héglon.

34. Curieusement, le périodique se trompe sur la date de naissance de Verdi qu'il fait naître en octobre 1814 et non 1813.

35. Marcello Conati (*Verdi : interviste e incontri*, Turin, Éditions de Turin, 2000, p. 313-314) situe plutôt cette visite en novembre 1894 pour deux raisons : une lettre de Boito à Verdi atteste d'une rencontre, à Gênes, du compositeur italien avec Massenet à cette époque; *Manon* et *Werther* furent joués respectivement en novembre et décembre 1894 au Teatro Lirico de Milan.

36. Dans *Mes souvenirs*, chapitre XXI, Massenet situe cette rencontre à l'époque de la création italienne de *La Navarraise* (1896) pour laquelle il s'est déplacé à Milan en passant cependant d'abord par Gênes où il dirigea des répétitions de *Werther* avant d'assister à la première à son retour de Milan. Il est donc possible que le compositeur français ait aussi rencontré Verdi au cours de ce voyage.

Cette fois encore, il y eut au voyage le terme qu'il devait avoir. Gênes ! Quelques heures d'arrêt. Vite ! où demeure Verdi ? On m'indique le palais Doria, et j'y cours. Au premier étage, à droite, collée sur la porte, une carte de visite toute simple :

VERDI

C'est là ! Je sonne, tout ému de me retrouver en présence de ce maître robuste et incomparable, pour lequel je ressens autant de respect que d'admiration.

Il faut avouer que la noblesse génoise d'alors se logeait somptueusement et que ces Doria devaient être des gens fort à leur aise. Il y a bien des artistes et même parmi eux des compositeurs, j'en connais, qui pourraient se tailler tout un appartement dans une seule des vastes salles de ce palais.

Après avoir traversé une immense antichambre, puis un salon dont les fenêtres donnaient sur une large terrasse, je me trouvais dans le cabinet de travail de l'illustre maître.

Verdi écrivait sur une petite table ; il se leva et vint à moi avec la plus chaleureuse courtoisie. Je lui dis que je ne me sentirai bien en Italie qu'après l'avoir salué.

Alors, c'est un passeport que vous venez chercher ? Préférez-vous des lettres de grande naturalisation ?

… Et pendant une demi-heure, il causa avec une charmante affabilité, demandant des nouvelles du théâtre en France et s'intéressant sympathiquement aux ouvrages de nos jeunes musiciens.

Puis, ouvrant une des hautes fenêtres du salon, il m'attira sur la terrasse d'où l'on dominait le merveilleux port de Gênes. Spectacle inoubliable !

Cependant, ce qui me reste surtout en l'esprit de cette vision féerique, c'est le souvenir de Verdi lui-même et de son attitude. Tête nue et droit sous le soleil écrasant, je le verrai toujours me montrant sous nos pieds la ville chatoyante et la mer dorée d'un geste fier comme son génie et simple comme sa belle âme d'artiste.

… Et ce fut comme une évocation d'un des grands doges d'autrefois, étendant sur Gênes sa main de puissance et de bonté.

5

[CINQUANTENAIRE DE *MIREILLE*] *

La Provence occupe une place primordiale dans l'œuvre et la vie de Massenet puisqu'elle forme l'arrière-plan géographique de plusieurs mélodies (*Noël provençal*, *Pitchounette*, *La Mort de la cigale*) et de deux opéras : *Grisélidis* (1901) et a fortiori *Sapho* (1897). Lors de ses multiples séjours en Provence, au cours desquels il s'adonne parfois à la composition[37], Massenet fréquente également des poètes félibriges, comme Paul Mariéton, Félix Gras ou Frédéric Mistral avec lequel il envisage de composer un opéra d'après sa nouvelle *Nerto* (1884). À ses yeux, la Provence constitue une terre d'élection, car elle conserve des traces de l'art gréco-romain mais également de celui des troubadours. Sa présence renouvelée dans son œuvre témoigne aussi d'un attachement à une culture française qui, selon le compositeur, prend naissance sur l'ensemble des rives de la Méditerranée[38].

L'armateur et homme politique marseillais Jules Charles-Roux (1841-1918), également engagé dans la cause du Félibrige, sollicita donc Massenet pour fêter le cinquantenaire de *Mireille* en 1909. Le compositeur lui adresse une lettre célébrant aussi bien la nouvelle de Mistral que l'opéra de Gounod, laquelle, tant par sa forme que par son ton, évoque plutôt un article ou une réponse à une enquête dont nous n'avons pas retrouvé la trace. En 1913, Charles-Roux publia (ou republia) ce document dont le manuscrit autographe est préservé en Avignon. Or le département de la Musique de la BnF conserve, dans un fonds d'archives du compositeur, un autre texte manuscrit qui, légèrement plus développé, correspond à une première version apocryphe et non signée, mais incontestablement rédigée par Louise Massenet, si on compare son écriture avec celles de quelques lettres autographes conservées à la BnF. Aussi est-il légitime de penser que Massenet fut sans doute aidé par son épouse pour la rédaction d'un texte qu'il modifia *in fine*, en retranchant surtout le premier paragraphe lorsqu'il le recopia; nous avons cependant conservé la version de son épouse, le lecteur pouvant la comparer avec celle que le compositeur adressa à Charles-Roux [voir illustrations 3 et 4].

De ma chambre de travail, quand par-delà la fenêtre, ma vue s'égare rêveuse, contemplant le jardin du Luxembourg et son musée dont l'entrée face à ma demeure, et que par la pensée je franchis le seuil de ce magnifique musée, mes yeux y recherchent aussitôt Mireille, la sublime héroïne de Mistral. Ils la voient, toute vêtue de noir, comme l'a si habilement dessinée Cot[39], descendant les marches de l'église, tenant des rameaux

* [Louise Massenet], [« Cinquantenaire de *Mireille* »], Ms autographe, s.l.n.d., Paris, BnF, Département de la Musique, NLA-358 (131); Jules Massenet, [« Cinquantenaire de *Mireille* »], Ms autographe signé, s.l.n.d., Avignon, Palais du Roure / Fondation Flandreysy-Espérandieu, Ms 172, publié dans Jules Charles-Roux, *Le jubilé de Frédéric Mistral : le cinquantenaire de Mireille*, Arles, 29-30-31 mai 1909, Paris, Bloud, 1913, p. 259-260.

37. *La Navarraise* fut en grande partie conçue en Avignon au cours de l'automne 1893. Voir *Mes souvenirs*, chapitre XIX.

38. Voir notre article « Massenet et la Provence », dans Simone Ciolfi (dir.), *Massenet and the Mediterranean World*, Bologna, Ut Orpheus Edizioni, 2015, p. 133-160.

39. Pierre-Auguste Cot (1837-1883), peintre originaire de l'Hérault. Sa toile, intitulée *Mireille faisant l'aumône* (1882), est conservée au Musée Fabre à Montpellier.

d'olivier de la main gauche, tandis que de l'autre, elle donne l'aumône à un enfant infirme.

Oui, c'est la tendre vision de Mireille, *Mireille* dont le cinquantenaire bientôt, sera digne d'être fêté, et pourtant le chef-d'œuvre de Mistral et de Gounod aura sa fête répétée pendant bien des siècles.

Le poème de Mistral, de ce « grand poète épique, ce poète primitif qui d'un patois vulgaire a fait un langage classique »[40], comme Lamartine l'a salué avec enthousiasme, – ce poème n'est pas seulement un livre admirable de plus, c'est la nature, les mœurs, les légendes, la poésie propre de la Provence. C'est la Provence elle-même. C'est un chef-d'œuvre unique !

Gounod seul pouvait avec sa divine musique ajouter encore aux beautés de *Mireille*, y prodiguer le soleil et la lumière, la jeunesse et la fraîcheur.

Gounod disait si éloquemment de certaines partitions aux rythmes et aux harmonies accumulées : « C'est de la musique irrespirable ! »[41] En écoutant *Mireille*, au contraire, on respire l'âme du Midi aimé ; les tendres cœurs de Mireille et Vincent palpitent. L'acte du Rhône, terrifiant, est rendu avec une simplicité de moyens, une force admirables.

Je me souviens que Gounod disait, en parlant de la scène infernale du second acte de *Freischütz* : « Voilà de la musique que je n'aimerais pas traverser seul, la nuit ! »

Ô Weber ! Ô Gounod ! Je vous admire ! Je vous chéris !

---

40. Dans son *Cours familier de littérature* (Paris, Chez l'auteur, entretien XL, vol. 7, 1859, p. 233-234), Alphonse de Lamartine fêta la publication de l'œuvre de Mistral en des termes très élogieux : « Un grand poète épique est né. [...] un poète qui d'un patois vulgaire fait un langage classique d'images et d'harmonies ravissant l'imagination et l'oreille [...]. »

41. Dans une notice sur la vie et les œuvres de Gounod, lue à l'Institut, Henri Delaborde, secrétaire perpétuel de l'Académie des beaux-arts, rappelle « la profonde aversion [du musicien], en matière musicale, pour les artifices de l'esprit de système, pour les pédantèsques ruses tendant à déguiser l'indigence de l'invention sous des formes surchargées et ne réussissant en réalité qu'à rendre, comme il disait la musique "irrespirable". » Citée dans « Académie des beaux-arts », *Journal des débats*, 3 novembre 1894.

ENQUÊTES

1

L'OPÉRA EN PROSE *

En 1889, une soirée de *Prose en musique*, organisée par le compositeur Marcel Legay, attira l'attention du librettiste Louis Gallet. Legay, qui observait « dans les œuvres des prosateurs contemporains un inépuisable filon de poésie, c'est-à-dire de musique »[1], interpréta plusieurs pièces de son cru pour justifier son propos. Intéressé par la tentative, à laquelle Gounod avait cédé dans un *George Dandin* inachevé[2], Gallet en conclut cependant : « Toute prose est bonne à mettre en musique, pourvu qu'on s'efforce d'en faire des vers »[3]. L'idée fait toutefois son chemin puisque le statut de la prose est de nouveau débattu en 1891 lors de la création du *Rêve* d'Alfred Bruneau dont le livret, versifié par Louis Gallet, est tiré du roman éponyme des Rougon-Macquart[4]. Peu avant la première, Émile Zola confie à la presse son intention d'adopter la prose lorsqu'il sera amené à écrire lui-même ses livrets[5]. *Le Figaro* du 8 juillet 1891 recueillit alors l'avis de plusieurs compositeurs sur cette conception. Quelques années plus tard, lors de la création de *Messidor* (1897), premier opéra de Bruneau composé sur un livret en prose écrit par Zola, *Le Gaulois* sollicite de nouveau librettistes et compositeurs[6], tandis que *Musica* élargit, en 1911, le sujet à toute musique vocale.

Massenet, qui ne participe pas à l'enquête de 1897, aborde la question en 1911, mais tranche, rapidement et avec humour, en faveur d'une écriture versifiée qu'il a récemment préférée pour *Ariane* et *Bacchus*, sans doute encouragé par son librettiste Catulle Mendès :

---

* Louis Baron, « L'opéra en prose », *Le Figaro*, 8 juillet 1891.

1. Louis Gallet, « Musique », *La Nouvelle Revue*, 11 e année, t. 58, mai-juin 1889, p. 796.

2. Voir Steven Huebner, « Molière "librettist" : Gounod, Georgina Weldon and *George Dandin* », *Revue de musicologie*, 2006, t. 2, p. 357-378.

3. Gallet, « Musique ».

4. Sur la question de la prose à l'opéra, voir, entre autres, Hugh Macdonald, « The Prose Libretto », *Cambridge Opera Journal*, 1989, n o 1, p. 155-166 et Christian Leroy, « Le chant de la prose : remarques sur le statut de la prose dans les livrets d'opéra français entre 1875 et 1914 », dans Alban Ramaut et Jean-Christophe Branger (dir.), *Le Livret d'opéra au temps de Massenet*, Saint-Étienne, Publications universitaires de Saint-Étienne, 2002, p. 115-138.

5. Voir Auguste Germain, « Zola musicien », *L'Écho de Paris*, 7 juin 1891.

6. Voir André Eyssette, « Le livret en prose », *Le Gaulois*, 2 mars 1897.

« On a écrit de très belle musique sur de méchants vers... Je préfère les bons ! »[7]. En revanche, il développe sa pensée en 1891, alors qu'il s'apprête à composer *Thaïs*[8] dont le livret sera, à sa demande, conçu en prose rythmée par... Louis Gallet[9].

On a pu voir à la veille de la première représentation du Rêve, parmi les renseignements donnés par notre collaborateur Georges Boyer sur l'œuvre de MM. Zola, Gallet et Bruneau, une curieuse révélation : le dessein formé par le maître de Médan d'écrire des livrets d'opéra en prose.

La substitution à la poésie de la langue qu'employait tous les jours, sans le savoir M. Jourdain, n'est pas à proprement parler une innovation.

Mais la personnalité littéraire de M. Zola n'en donne pas moins à son projet une importance d'autant plus grande que si les tentatives antérieures sont peu nombreuses, le nouveau librettiste trouvera, lui, on peut le prédire à coup sûr, dans la foulée zélée de ses discours de nombreux imitateurs.

Au reste, la transformation annoncée se rattache étroitement à l'évolution musicale qui, comme l'évolution littéraire et, comme elle, encore inachevée, marquera la fin du dix-neuvième siècle[10].

Il nous a donc semblé opportun de consulter sur la question ceux qu'elle peut intéresser le plus directement : les compositeurs[11].

Vous prenez un peu au dépourvu : la question demanderait à être examinée plus à fond. Je vais cependant m'efforcer de vous répondre *ex abrupto*.

Employer la prose dans les livrets d'opéra ? Pourquoi pas ? L'essai a déjà été fait, sur une petite échelle, par bon nombre de compositeurs. Personnellement, j'ai, dans *Don César de Bazan*, mis en musique toute une scène écrite en prose, le librettiste, à mon gré, était trop long à me donner les vers de ce passage : je me suis passé de lui, écrivant la musique sur le scénario ; le public ne s'en est même pas aperçu.

La poésie et la prose ont leurs inconvénients et leurs avantages propres ; au reste, grâce à l'emploi presque constant de l'enjambement, la première aujourd'hui ressemble quelquefois à la seconde. Il ne s'agit pas, je pense, dans la tentative projetée de mettre en musique le premier article de *La Gazette de Hollande* ; il faudra que la prose employée soit châtiée, épurée, de choix, de la prose *exprès*, enfin, dont certains mots difficiles

7. « Sous la musique que faut-il mettre ? De beaux vers, de mauvais, des vers libres, de la prose ? » Fernand Divoire (dir.), *Musica*, 10e année, n° 101, février 1911, p. 38-40.

8. Sur la genèse de *Thaïs*, voir *Mes souvenirs*, chapitre XX. Peu avant la création de *Thaïs*, Massenet adressera un courrier dont la teneur s'apparente à une réponse pour une enquête similaire que nous n'avons pas identifiée. Un revirement semblait alors déjà s'amorcer : « Mon avis, que vous me faites l'honneur de désirer, sera un peu en désaccord avec votre opinion – si l'on considère que mes nouveaux ouvrages sont en *prose* afin d'éviter le retour des rimes et de donner une plus grande liberté à la phrase musicale. / Cependant je vous félicite de votre idée que je trouve très juste et *très* musicale – donc, je *suis avec vous* sans, pourtant, me lier encore à la *poésie lyrique*. – sauf dans *Grisélidis* ». Lettre de Jules Massenet à J. A. Fouquet, Tournai, Belgique, vendredi, [26 janvier 1894], Bibliothèque de l'Institut, Ms 7322, F 300.

9. Dans la préface du livret de *Thaïs*, Gallet parle de « poésie mélique » à propos de ses vers blancs.

10. *Le Figaro* évoque la fameuse enquête sur l'évolution littéraire de Jules Huret. Voir nos Prolégomènes.

11. Charles Gounod, Ambroise Thomas, Ernest Reyer, Camille Saint-Saëns, Gaston Salvayre, Émile Paladilhe, Benjamin Godard, Victorin Joncières et Henri Maréchal apportèrent aussi leur contribution.

ou vulgaires devront être rigoureusement exclus. À cette condition on pourra en tirer quelque avantage. Dans une belle prose il y a des formes de phrases, des épithètes qui prêtent d'elles-mêmes aux progressions musicales. Dans Bossuet par exemple, ou dans Chateaubriand, que d'admirables pages pourraient inspirer un compositeur !

Les vers, eux aussi, surtout les vers libres, donnent parfois des choses charmantes ; ils ont leur musique propre qui guide souvent le compositeur, la rime produit quelques heureux effets ; mais, d'un autre côté, la répétition continuelle de la césure, surtout dans le couplet, genre aujourd'hui absolument démodé, devient à la longue monotone et peut gêner le musicien.

En résumé, et puisqu'il faut conclure, il me semble que l'adoption de la prose pour le livret d'opéra (comment les librettistes accueilleront-ils cette évolution [12] ?) est une sorte de corollaire de la transformation que subit en ce moment la musique ; la déclamation lyrique qui s'impose de plus en plus s'en accommodera bien, je le crois. Dans les traductions particulièrement, son emploi est préférable à celui du vers qui, trop souvent tronque, dénature, mutile l'original [13].

Elle est, dans l'opéra, un élément nouveau qui peut produire d'heureux résultats, à la condition toutefois qu'elle soit maniée par des hommes de talent et de goût, par de véritables écrivains.

Aujourd'hui il faut marcher, marcher de l'avant et rompre avec des procédés surannés. Plus d'entraves, telle doit être notre devise – mais toujours du bons sens !

2

Portraits documentés *

Cet autoportrait s'inscrit dans un vaste ensemble de réponses qu'apportèrent régulièrement pendant le premier trimestre de 1892 de nombreuses personnalités, issues de la société civile, politique ou culturelle, à un questionnaire dressé par *L'Écho de Paris* [14]. Il s'achevait par une étude de l'écriture et des lignes de la main que nous n'avons pas jugée bon d'intégrer, car elle assène des commentaires sans grand intérêt.

---

12. Quelques mois après, Louis Gallet écrit à Heugel : « Je viens d'achever mes deux premiers tableaux [de *Thaïs*] – Je me demande comment Massenet va prendre cette conception différente de celles qu'il a jusqu'à présent connues / Quoiqu'il en soit, cela m'amuse fort d'écrire, en cette prose rythmique qui donne un si curieux imprévu aux choses. » Lettre de Louis Gallet à Henri Heugel, 17 novembre 1891, ancienne coll. famille Heugel.

13. Massenet vise ici la traduction des livrets de Wagner pour laquelle la question fut régulièrement posée.

* [Signé :] Les deux aveugles, « Portraits documentés », *L'Écho de Paris*, 9 mars 1892.

14. Il est impossible de tous les énumérer ici. Citons Eugène Bertrand (20/01), Auguste Rodin (21/01), Émile Zola (22/01), Emma Calvé (23/01), Edmond de Goncourt (24/01), Carolus Duran (26/01), Jules Claretie (30/01), Alphonse Daudet (31/01), Albert Carré (02/02), Leconte de Lisle (4/02), Jean-Martin Charcot (16/02), Réjane (17/02), Louis Pasteur (29/02) ou Édouard Colonne (20/03).

Passeport.
Age : 50 ans
Taille : 1 m. 71
Cheveux : noirs, clairsemés.
Moustache : noire, fine.
Front : découvert.
Œil : marron foncé.
Nez : fort.
Lèvres : minces.
Signe particulier :
Voudrait déclamer partout les préfaces de Dumas [15].
Détective :

38, rue du Général Foy. Marié, une fille mariée et qui ne peut souffrir la musique. Et chez l'éditeur Heugel, rue Vivienne. Se lève à 5 heures. Travaille le matin, jusqu'à midi, avec acharnement. Déjeune. Mets très simples, toujours les même : des œufs; côtelettes, beefteacks [*sic*] aux pommes; boit du Bourgogne; préfère le Romanet [*sic* pour Vosne-Romanée], qui lui fait oublier les lettres désagréables. L'après-midi, visites, répétitions. De 4 heures ½ à 6 heures chez son éditeur, où il reçoit. Dîne. Sort peu le soir, peu dans le monde. Ne fume pas, ou si peu !

En art, les trois choses qu'il préfère et qu'il a chez lui en photographie de Braun [16], grandeur naturelle : la *Grande Vierge de Saint-Sixte*, de Raphaël, qui reste éclairée toute la nuit, son culte, sa consolation [17]; le portrait de la femme d'Holbein, du musée de Bâle [18], et le portrait d'Albert Dürer [19]. Enfin, le portrait de la duchesse de Connaught, d'Holbein, à Londres [20], qui lui arrache des larmes – qu'il cache. En sculpture, les archaïques, les primitifs.

La musique qu'il préfère, c'est celle qui lui fait oublier que c'en est : la chevauchée des Walkües, qui lui fait voir rouge, la *Bacchanale* du *Tannhäuser* et le finale de la symphonie pastorale; des passages de l'*Orphée* de Gluck, avec des moyens plus simples, lui procurent cette sensation.

15. S'agit-il, entre autres, de la préface que Alexandre Dumas fils écrivit en 1875 pour *Manon Lescaut* ?

16. Depuis le milieu du XIXe siècle, la maison Braun a acquis une réputation dans la reproduction photographique des œuvres d'art.

17. La toile, conservée à la Gemäldegalerie Alte Meister de Dresde, est plus connue sous le titre de *Madone Sixtine* ou *Madone de Saint-Sixte*. Une reproduction encadrée d'un détail de la toile figure en arrière-plan d'une photographie de Massenet (voir illustration 8) et d'une gravure d'un portrait du compositeur, chez lui à son bureau. Voir *L'Illustration*, 12 janvier 1884, reproduit dans Jean-Christophe Branger, *Manon de Jules Massenet ou le crépuscule de l'opéra-comique*, Metz, Éditions Serpenoise, 1999, p. 142.

18. Il s'agit du *Portrait de sa femme Elsbeth Binsenstock et de ses deux enfants*.

19. Albrecht Dürer a peint plusieurs autoportraits. Le Musée du Louvre en conserve un connu sous le titre *Autoportrait* ou *Portrait de l'artiste tenant un chardon* (1493).

20. Ce titre reste énigmatique. S'agit-il du célèbre portrait de Christine de Danemark, duchesse de Milan, conservé à la National Gallery, ou, plus probablement, du portrait de la duchesse de Suffolk (Windsor, Royal coll.) ?

Ses opinions sur : Saint-Saëns, magicien, le Banville, le Gautier de la musique ; quel admirable dictionnaire musical ! quelle science ! Reyer, moins de dictionnaire, mais quel génie ! Oh ! le deuxième acte de *Salammbô* ! Ambroise Thomas, Gounod, mes patrons, ceux-là, permet pas de discuter.

Aurait voulu être peintre. « Il me semble que ça doit se voir que je pense à la peinture en écrivant ma musique. » Est de l'école de René Ghil[21] : « Les sons ont des couleurs[22]. »

Peuple le plus musicien selon lui : l'Autriche, les Viennois. Lit de préférence les Mémoires (sentiment de la vérité). Le Mémorial de Sainte-Hélène, qui l'a attendri, tellement. Aucun jeu. N'a jamais dansé.

Sa distraction : les bêtes du jardin d'Acclimatation. « Je voudrais embrasser les museaux des chevaux, des ânes, des chiens que je rencontre ».

Sa fleur : l'œillet, pourvu qu'il sente le poivre. Aime la campagne pour s'y réfugier.

De son œuvre, préfère toujours celle qu'il va écrire. Aime les chanteurs « qui prononcent. » Compose toute sa musique avant de l'écrire ; jamais au piano. Le plus souvent se promène avec le livret dans sa poche, l'apprend par cœur et compose en marchant.

3

La crise théâtrale *

Cette importante enquête, menée par Henri de Wendel, rassembla, sous la forme d'entretiens romancés, les réponses d'un grand nombre de personnalités (écrivains, directeurs de théâtre, etc.) interrogées sur une crise que traverseraient la création artistique et le public. L'avis de Massenet inaugure une série qui, spécifique à la musique, s'étend du 13 novembre au 16 novembre 1892[23] avec pour préambule :

---

21. Proche de Mallarmé à ses débuts, Ghil (1862-1925) dirige *Écrits pour l'art*, revue d'avant-garde. L'année suivante, il proposera à Massenet une souscription pour sa nouvelle publication semestrielle, *L'Idée évolutive* (Lettre de René Ghil à Jules Massenet, Paris, 10 avril 1893, transcription de Demar Irvine, Northwestern Univ. Library, Music Library, Moldenhauer coll.). Puis il affirme en 1906 : « J'ai pour Mr Massenet une très grande admiration, en même temps qu'une grande reconnaissance, de la sympathie que, de toujours, il témoigne à mon effort littéraire » (Lettre de René Ghil à Jane Catulle-Mendès, Paris 30 avril et 1er mai 1906 ; citée d'après le catalogue *Les autographes*, expert Thierry Bodin, avril 2007).

22. Dans son *Traité du verbe* (Paris, Giraud, 1886, p. 25-26), dont Mallarmé écrivit la préface, Ghil élabore son principe de l'« audition colorée » en affirmant : « Si le Son peut être traduit en couleur, la Couleur peut se traduire en Son, et aussitôt en timbre d'instrument. »

* « La crise théâtrale », *Paris*, 13 novembre 1892.

23. Seuls Edmond Audran, Alfred Bruneau (15 novembre) et Ernest Reyer (16 novembre) y participèrent. Relevons simplement auparavant les contributions de Léon Carvalho et d'Eugène Bertrand, respectivement les 22 et 26 octobre.

La composition musicale, tout comme la littérature dramatique subit une évolution qu'il serait puéril de contester.

Le public des théâtres lyriques, s'il va à l'Opéra, demande autre chose que des grands airs au ténor et des gargarismes harmonieux à la première chanteuse, et s'il paie sa place dans une salle d'opérette, cherche mieux que de la verve et du brio à l'orchestre.

L'opérette, du reste, marche à grands pas dans la voie du progrès et la plupart des partitions légères que produisent les théâtres de genre sont de véritables opéras-comiques.

C'est en raison de ce mouvement que je suis allé consulter MM. Les compositeurs.

Chez lui, M. Massenet ne voit personne, me dit une concierge bien stylée ; du reste, il n'est pas là, c'est donc chez Heugel que je vais le trouver.

Quand je pénètre dans le magasin, j'aperçois le célèbre compositeur penché sur des livres de comptes, à côté d'un caissier.

Je m'approche.

— M. Massenet

— C'est moi.

M. Massenet a laissé tomber son monocle, il me contemple une minute, d'un regard cillant de myope attendant que je lui explique ce que je désire de lui.

Alors les pouces aux entournures de son gilet, il s'avance vers moi, disant, intéressé :

— Ah !... ah !... vraiment il y a crise.... Tiens, tiens,... c'est curieux... je fais pourtant des recettes avec *Manon* [24]...

Et il répète, d'un ton vague :

— Tiens, tiens !...

J'expose à M. Massenet, comme déjà je l'ai fait dix fois devant d'autres, que je ne conclus pas à la crise ; j'interroge, je me renseigne et rien de plus.

À présent, nous sommes appuyés tous deux contre un vaste cahier chargé de partitions et j'examine mon interlocuteur tandis qu'il parle.

La tête est jolie, très fine avec sa moustache tombante, sa bouche gracieuse, son front développé et ses yeux un peu troubles, chercheurs, inquiets, d'une extrême mobilité. Elle se penche sur l'épaule droite en un mouvement de coquette lassitude.

Pourtant le geste est rapide, très nerveux, M. Massenet mime avec des détentes ouatées malgré leur promptitude, chacune des paroles qu'il prononce. Et de l'ensemble, du regard, du geste, de la voix musicale et montante, avec son timbre d'éternelle confidence, se dégage un charme très féminin.

— Vous savez, dis-je à mon interlocuteur, que les directeurs déclarent que leurs théâtres vivent sur le répertoire.

— Mais oui... mais oui.... C'est très naturel. Un ouvrage a bien plus de succès à la xxx représentation qu'à la xxx...

Et avec une ironie charmante qui perce à peine dans le ton du causeur :

— Vous comprenez, on se dit : « Voilà une pièce qui a plu à cinq cents séries de spectateurs, donc elle doit être bonne et nous en aurons pour notre argent. » C'est vrai !... c'est très vrai... Mon tailleur... tenez... mon tailleur, et bien ! il me dit un

24. Depuis sa reprise en octobre 1891, *Manon* s'est inscrit durablement au répertoire de l'Opéra-Comique.

jour : « je suis allé hier à l'Opéra-Comique. — Ah!... Et qu'avez-vous entendu? — *Le Pré aux clercs.* — *Le Pré aux clercs*?... mais c'est très bien cela... Et vous allez souvent à l'Opéra-Comique? — Oh! non, monsieur, je me paie ce plaisir-là une fois par an. — Qu'êtes-vous allé voir l'année dernière? — Mais... *Le Pré aux clercs!* » Je m'étonnais, comme vous devez le penser, le brave homme m'expliqua : depuis sept ans, chaque douze mois, il allait voir l'opéra-comique d'Hérold[25]...

— Depuis sept ans?

— Oui. Un jour un de ses amis lui avait dit : « Je suis allé voir *Le Pré aux clercs*, c'est superbe. » À la première occasion il y fut, en famille, et se trouva le mieux du monde de cette audition. En somme, ces sorties sont des dépenses pour lui, aussi pour ne pas être trompé sur la qualité, retourne-t-il immuablement entendre cet ouvrage qui lui plaît et « que l'on joue depuis si longtemps. » La durée, à son sens c'est l'estampille, le poinçon de contrôle.

C'est pour cela que le répertoire est une si excellente chose; puisque les directeurs gagnent de l'argent avec - et qu'ils le disent - ces bénéfices doivent leur permettre de monter, sans grands risques les ouvrages des compositeurs nouveaux.

Le mouvement du public

— Croyez-vous que le public - un autre que celui dont vous me parliez - soit avec les jeunes et les audacieux?

La voix se couvre, semble devenir plus confidentielle encore pour déclarer :

— Oh!... tout..., tout à fait..., le grand public veut du nouveau.

— Et pensez-vous que les jeunes compositeurs, ceux de l'extrême avant-garde soient sur le chemin de la vérité?

— Absolument. D'ailleurs, la plupart de ces jeunes gens sont mes élèves, si je puis encore employer cette expression, car les Bruneau, les Charpentier et dix autres sont passés maîtres, et vous comprenez que je dois être avec eux. Je les pousse, je les jette en avant du mieux que je puis, je lutte avec eux et j'applaudis à leurs efforts[26].

— Vous admettez toutes leurs originalités?

— Oui, si leur auteur est nourri fortement du répertoire et des chefs-d'œuvre passés, afin de ne pas s'écarter du bon chemin. Tenez j'emploie souvent une figure avec mes élèves, je leur dis : « Vous marchez sur une grande route, toute droite. Eh bien, il faut toujours aller en avant, toujours en avant, toujours, vous devez être les... »

M. Massenet s'interrompt, cherchant le mot qui ne vient pas à ses lèvres. Il frappe une planche des casiers d'un doigt nerveux :

Voyons... ceux qui vont en avant... qui placent les bornes kilométriques?... les... les pionniers??? vous devez être les pionniers. Seulement, si au lieu de cela vous écartez, si

25. *Le Pré aux clercs*, qui connaît un succès presque sans faille depuis sa création le 15 décembre 1832, atteint la millième représentation dès 1871.

26. Chantres du naturalisme, Alfred Bruneau et Gustave Charpentier avaient attiré l'attention sur eux, le premier lorsqu'il fit représenter à l'Opéra-Comique *Le Rêve*, drame lyrique d'après Zola, en juin 1891, le second avec *La Vie du poète*, créée au Conservatoire, le 18 mai 1892. Massenet ne ménagea pas ses efforts pour soutenir leurs débuts.

vous allez dans les petits sentiers qui bordent le chemin, vous êtes perdus, vous serez des bizarres au lieu d'être des originaux. Allez loin, très loin, le plus loin que vous pourrez, mais suivez la grande route, n'oubliez pas cela.

Le grand progrès de la musique moderne, c'est de suivre l'action, sans embarras inutiles, sans accrocs. Ça marche, c'est bref, rapide et rien ne doit être inutile. La musique forme un tout avec le livret et le décor.

— L'unité trinitaire ?

— Justement. Et c'est là que se trouve l'expression d'art la plus complète.

— Aussi, vous êtes sûr que le public suit ?

— Le public est préparé, saturé à souhait. Son éducation musicale est telle aujourd'hui qu'il demande toujours plus et ce qui était audacieux la veille devient vieux le lendemain.

L'influence des concerts

— À quoi attribuez-vous cela ?

— Aux concerts. À Pasdeloup, à Colonne, à Lamoureux. On n'aurait jamais, vous entendez bien, jamais obtenu ce résultat par le théâtre. Les grands concerts ont servi considérablement notre cause et les musiciens présents leur doivent la meilleure part de leur succès. On en est arrivé à ne pas savoir, ayant fait l'œuvre la plus hardie, le matin, si, on sera encore le premier le soir. Car il en surgit de nouvelles chaque jour, qui dépassent les autres et les laissent loin derrière elles. Ce n'est pas par périodes, ce n'est pas par années, c'est par mois, presque par semaines que l'on peut noter les progrès vraiment extraordinaires et des compositeurs et des auditeurs.

— Cependant l'Opéra n'a-t-il pas décidé de donner *La Walkyrie* au lieu des *Maîtres-chanteurs*, prétextant que ceux-ci étaient plus allemands que celle-là [27] ?

— Oui, qu'est-ce que cela prouve ? *La Walkyrie* est plus avancée que *Les Maîtres chanteurs* d'abord. Mais nous avons mieux que cela, et dans peu de temps on considérera *Les Maîtres-chanteurs* comme du Donizetti. Cela semble exagéré, n'est-ce pas ? ce que je vous dis là, ce n'est pourtant que la vérité.

La preuve c'est que lors des concerts Pasdeloup, quand on jouait l'ouverture des *Maîtres chanteurs*, on cassait tout. Pasdeloup était obligé d'avertir les spectateurs qu'on donnerait la fameuse ouverture « après le concert » et que ceux qui ne voudraient pas l'entendre pourraient sortir. Le concert terminé, les protestataires sortaient du grand tumulte et on restait cent, cent fidèles, qui, avec des airs de conspirateurs, descendaient dans le cirque, « la fosse aux lions », et écoutaient la fameuse ouverture, tragiquement [28]. À présent, chez Lamoureux, quand on la joue, c'est un triomphe...

27. *La Walkyrie* sera créée l'année suivante, le 24 mai 1893, tandis que les *Maîtres chanteurs* attendront 1897 pour être représentés à Paris.

28. Un an après la création de l'opéra à Munich, Pasdeloup « se risque le 12 décembre 1869 à faire exécuter l'ouverture des *Maîtres-chanteurs*. Le public, désorienté par les enchevêtrements polyphoniques de la fugue et par le bousillage d'une exécution médiocre, témoigna son mécontentement par des huées. Les wagnériens se cabrèrent, le brouhaha dégénéra en bousculades et horions. Les mêmes scènes de désordre se répétèrent le dimanche suivant, dès le début du morceau. » (Georges Servières, *Richard Wagner jugé en France*, Paris, À la librairie illustrée, 1898, p. 119). La même année, Massenet avait adressé la partition à Bizet, lequel lui répondit en ces termes : « Merci de *l'ouverture de Wagner* ! / page 14, n° 3, 3ème ligne, mesure 4, 2e temps,

— Comment se fait-il alors que les jeunes aient tant de peine à se faire une place dans ces conditions.

— Dame ! l'habitude est là. Les directeurs vous le disiez vous-même, font de l'argent avec le répertoire, qui est sûr, alors qu'un ouvrage nouveau c'est l'*aléa*. Il ne s'agit point que des « jeunes » du reste. Voyez moi : mon *Werther*, que Carvalho va donner, a été joué à Vienne, voilà sept ans[29], mon *Hérodiade*, qu'on représente partout depuis douze années, n'a pu trouver encore sa naturalisation parisienne[30]. Ainsi !... Mais je n'accuse pas le public, il n'y est pour rien. Je suis même si persuadé de sa compétence que je m'en remets à son jugement. Je suis à la veille d'une bataille, n'est-il pas vrai avec une arme qui n'en est point à son coup d'essai ? Pourtant si je suis battu, je ne récriminerai pas, certain que le public voit juste. Au contraire si je reste vainqueur je serai heureux et fier.

4

Petite enquête sur l'Opéra-Comique *

La nomination d'Albert Carré à la tête de l'Opéra-Comique, en janvier 1898, suscita une vaste enquête du *Figaro* consacrée à cette salle comme au genre qui lui est attaché. Menée par un spécialiste du genre, Jules Huret, l'enquête fut livrée sur plusieurs jours, du 15 janvier au 4 février, après avoir été justifiée en ces termes[31] :

Au lendemain de la nomination du nouveau directeur de l'Opéra-Comique, il n'était pas sans intérêt de s'informer près des musiciens dramatiques notables de Paris ceux d'hier et ceux de demain de leurs vues sur ce que doivent être les tendances de ce théâtre subventionné.

Nous avons donc adressé à quelques-uns des principaux compositeurs français[32] *le questionnaire que voici, auquel ils ont tous répondu avec un empressement dont nous les remercions vivement ici.*

---

adorable 1er renv. de *si* mineur. Les *autres* auraient mis 7e dom. de *sol*. C'est charmant. Du reste c'est l'accord de 7e dom. dont la *résolution* est *anticipée. / Bazin ne comprendrait pas* ! » ; citée par Julien Torchet, « Une lettre inédite de Georges Bizet [à Massenet] », *Le Guide musical*, 53e année, n° 20-21, 19 et 26 mai 1907, p. 395.

29. Il faut bien entendu comprendre sept ans après sa composition. Créé en février 1892, *Werther* est représenté pour la première fois à Paris en janvier 1893. Voir *Mes souvenirs*, chapitre XVII.

30. *Hérodiade*, qui avait été donnée en italien au Théâtre-Italien en 1884, ne sera interprétée en français à Paris qu'en 1903 au Théâtre de la Gaîté.

* Jules Huret, « Petite enquête sur l'Opéra-Comique », *Le Figaro*, 4 février 1898.

31. Huret reproduisit les réponses dans *Loges et coulisses* (Paris, La Revue blanche, 1901, p. 357-389). Sur cette enquête voir Philippe Blay, « "Un théâtre français, tout à fait français" ou un débat fin-de-siècle sur l'Opéra-Comique », *Revue de musicologie*, t. 87, n° 1, 2001, p. 105-144.

32. Alfred Bruneau, Gustave Charpentier, Arthur Coquard, Théodore Dubois, Camille Erlanger, Alexandre Georges, Victorin Joncières, Xavier Leroux, Georges Marty, Georges Pfeiffer, Gabriel Pierné, Ernest Reyer, Samuel Rousseau, Gaston Salvayre, Charles Silver, André Wormser.

Que doit être l'Opéra-Comique sous la prochaine direction? Quelle part faudra-t-il faire au répertoire ancien, aux étrangers, aux jeunes musiciens français?

Croyez-vous que l'Opéra-Comique puisse suffire à la production des compositeurs français? Un théâtre lyrique d'essai semble-t-il nécessaire[33] *?*

Cher monsieur et ami,

La nomination de M. Albert Carré et les idées émises par notre nouveau directeur me paraissent répondre parfaitement à votre première question[34].

J'ajouterai seulement que le rétablissement d'un Théâtre lyrique, dans l'esprit de celui que nous avons connu à l'époque de *La Statue*, de *Faust* et des *Troyens*[35], serait certainement bien accueilli par le public et par les auteurs.

Alors que ce théâtre existait, il n'entravait nullement la brillante production et les succès du théâtre national de l'Opéra-Comique.

À vous, très cordialement.

Massenet

5

Théâtres [La disposition des orchestres] *

Massenet répondit sobrement à une enquête d'Adolphe Aderer qui sollicita l'avis de plusieurs compositeurs[36] sur une question bien précise qui, posée en ces termes, a le mérite de nous éclairer sur les dispositions des orchestres au tournant des XIXe et XXe siècles :

Il n'est personne qui n'ait constaté combien est défectueuse la disposition de l'orchestre dans les théâtres de musique; elle est à la fois gênante pour les chanteurs et le public qui les écoute.

---

33. Jules Huret « Petite enquête sur l'Opéra-Comique », *Le Figaro*, 15 janvier 1898.

34. Dans un entretien accordé à Huret (« Au jour le jour. Le directeur de l'Opéra-Comique », *Le Figaro*, 14 janvier 1898), Albert Carré s'était montré consensuel en s'engageant à « produire le plus possible d'œuvres nouvelles et de compositeurs nouveaux », sans négliger le répertoire et les ouvrages étrangers.

35. Sur les opéras d'Ernest Reyer et de Charles Gounod, voir *Mes souvenirs*, chapitre III, et sur celui de Berlioz, discours du 7 mars 1903.

* Adolphe Aderer, « Théâtres [La disposition des orchestres] », *Le Temps*, 13 octobre 1909.

36. Les réponses de Camille Saint-Saëns, Massenet, Claude Debussy, Charles-Marie Widor., Paul Dukas, Émile Paladilhe, Gaston Salvayre, Isaac de Camondo, Alfred Bruneau, Camille Erlanger, Théodore Dubois, Xavier Leroux, Raoul Gunsbourg, Félix Mottl, Félix Weingartner, et Siegfried Wagner furent publiées entre le 13 et 16 octobre 1909. Au terme de l'enquête, Aderer concluait : « Tous nos éminents correspondants ont estimé comme nous que la disposition de l'orchestre dans nos théâtres lyriques est défectueuse. / Donc, lorsque d'autres théâtres que ceux qui existent actuellement seront construits, les architectes seront bien inspirés s'ils tiennent compte de l'opinion des maîtres que nous avons consultés. / Pour ce qui est des théâtres existants, peut-être il est au moins difficile de changer complètement la disposition actuelle; mais il n'est pas défendu aux directeurs d'y apporter d'heureuses modifications : c'est le vœu des compositeurs et du public. Le voudront-ils? et surtout pourront-ils vaincre la résistance d'une personne qui depuis longtemps occupe la première place dans le calendrier français : Sainte-Routine? »

Un détail est particulièrement curieux pourquoi place-t-on tous les instruments à cordes d'un seul côté, le côté « jardin », et tous les instruments à vent d'un seul côté également, le côté « cour »

Voulant me renseigner à ce sujet, j'ai posé la question à un certain nombre de compositeurs dans les termes suivants :

Mon cher maître,

Un de mes bons amis, que les directeurs de théâtres lyriques convoquent à leurs premières représentations, se trouve placé aux premiers rangs de l'orchestre, en face de la partie droite de la scène vue du public, côté cour, et derrière les trombones, les pistons, les trompettes, les cymbales et la grosse caisse. Il ne peut entendre que difficilement les chanteurs qui peinent sur la scène; quant aux violons, violoncelles et autres instruments à cordes, il ne peut parvenir à les percevoir; les instruments à vent s'interposent obstinément.

Or, mon ami a remarqué que dans les concerts du dimanche, Colonne, Lamoureux et autres, l'orchestre est disposé de tout autre façon; les instruments à cordes s'alignent devant le chef d'orchestre, et les instruments à vent se placent derrière; le trombone, la grosse caisse et le trompette se trouvent tout à fait à l'extrémité. Il en résulte que les instruments à cordes, partie essentielle de l'orchestre, sont entendus par tout le monde.

Mon ami me demandait s'il ne serait pas possible d'admettre une disposition pareille dans les théâtres; les instruments à cordes occuperaient toute la première ligne auprès du chef, et les instruments à vent s'étageraient derrière eux, presque dans le dessous de la scène. Mon ami ajoutait : « Je ne comprends pas qu'il y ait encore des spectateurs qui acceptent d'être placés du côté droit de la salle; toute cette partie devrait être vide. » J'ai répondu à mon ami qu'il avait sans doute raison, mais qu'avant de lui donner une réponse définitive, je consulterais les principaux intéressés, c'est-à-dire les compositeurs de musique.

C'est ce que je fais aujourd'hui, mon cher maître, en vous priant instamment de me faire parvenir votre avis; il ne saurait en être de plus décisif.

Mon cher Aderer,

Votre ami me semble avoir raison en désirant une amélioration qui pourra satisfaire une partie du public (côté droit). Il s'agit de savoir si les dispositions des salles de spectacle permettront cet essai et aussi de connaître l'opinion des directeurs et des chefs d'orchestre.

J'ajoute cependant que l'on aurait tort de croire que ces instruments « incriminés » ne sont destinés seulement qu'à produire du bruit. Ils sont une des grandes richesses de l'orchestre et ont aidé les maîtres à exprimer des sensations admirables. Ne citerais-je que l'air d'Alceste[37].

À vous…

J. Massenet

37. Massenet songe probablement à l'air « Divinités du Styx » d'*Alceste* (acte I) de Gluck, célèbre pour ses accents de trombones.

6

La musique d'aujourd'hui et celle de demain *

Trois compositeurs (Massenet, Debussy, Saint-Saëns) participent à cette petite enquête publiée en une seule livraison sous la forme d'un entretien individuel. Le premier d'entre eux (Massenet) était précédé d'une courte présentation des objectifs de l'enquête que nous reproduisons :

Tous ceux de nos lecteurs qui s'intéressent sont certainement frappés par la diversité des tendances qui se manifestent aujourd'hui.

Si depuis ces dernières années, les musiciens ont délibérément orienté leurs recherches vers un but plus vraiment musical que celui visé jusqu'alors par leurs devanciers, il n'en reste pas moins vrai que des buts très différents les séparent.

Quels sont-ils ? Nous ne les chercheront point nous-même. Il nous a paru plus simple d'aller consulter quelques-uns des compositeurs les plus connus de notre époque.

Nous n'eûmes pas de peine à obtenir une entrevue de M. Massenet ; son amabilité est proverbiale, et c'est presque en ami que nous fûmes reçus chez lui.

L'avons-nous interviewé ? Non, le mot est trop spécial, trop américain pour indiquer l'heure de causerie charmante que nous passâmes dans le cabinet ensoleillé de la rue de Vaugirard.

Le maître a conservé une extraordinaire vivacité de parole et de mouvement et sa conversation pétillante, est pleine de jeunesse.

De suite, nous l'interrogeons sur Wagner, et avant même que nous ayons terminé notre phrase il nous interrompt.

« Ah ! certes, c'est un génie ! Sa vogue actuelle ne me surprend pas, et je suis même étonné qu'on ne l'ait pas compris plus tôt.

« Il est très simple, très *public*. Ses thèmes sont nets, précis, on les retient facilement. Connaissez-vous quelque chose qui s'impose plus à l'esprit que le motif du début de l'ouverture des *Maîtres chanteurs* ? Et celui de la Chevauchée ?

« Souvent, au Conservatoire, quand je voyais mes élèves se perdre dans un travail compliqué, je leur disais, « maintenant, je vais vous montrer quelque chose de simple, tenez ! *Parsifal* !!!

— Et que pensez-vous de son influence ? répliquons-nous.

— On l'a trop subie, répond-il, Wagner était lui-même. Il a trouvé ses formules et son orchestration. Il a été magnifique dans un art qui est l'expression de son tempérament. Mais, on ne peut l'imiter que dans son procédé.

— N'avez-vous pas subi, vous-même, cette influence ?

* Louis Borgex, « La musique d'aujourd'hui et celle de demain », *Comœdia*, 4 novembre 1909.

— Je ne crois pas, peut-être dans *Esclarmonde* ! Oui, je me suis quelque fois dit que cette partition n'était pas entièrement de moi. Çà et là on trouve des leitmotivs, des façons de faire qui ne me sont pas habituelles [38].

— Mais dans les passages passionnés, l'île magique par exemple ?

— Ah oui, là, j'ai été inspiré par ce vers de Gramont « Je suis belle et désirable ». Ceux-là sont bien de moi, car, voyez-vous, j'aime non pas une femme mais *la femme* !

— Et quelle est l'idée qui vous guide en musique, que recherchez-vous avant tout ?

— C'est de réaliser la première impression que j'ai ressentie sur un sujet.

J'écarte toute préoccupation de métier pour arriver à mon but. Quelquefois, après avoir écrit un passage où je me suis laissé entraîner à un trop long développement, je recommence et supprime tout ce qui peut gêner la réalisation de cette impression première.

Parmi mes élèves, j'en avais un qui voulait parfois épater ses camarades, par son écriture musicale, et je lui disais : « Mais non, ce n'est pas cela qu'il faut chercher, laissez parler votre âme, votre tempérament. Allez à Montmartre, regardez une jolie petite femme et laissez dire à votre cœur ce qu'il veut. » Celui-là c'était Charpentier ! Et à ces paroles l'œil de M. Massenet s'emplit soudain d'une tendre admiration.

— Vous pensez bien, reprenons-nous, que l'on a bien fait d'élargir l'horizon musical de toute cette école qui a sévi dans le courant du siècle dernier ?

— Oui, quoique cependant, vous savez Bellini, Rossini, Auber, tout en étant de leur époque ont fait de belles choses.

— Et Donizetti ?

— Ah ! non, celui-là n'est plus écoutable, mais Auber ! Songez qu'il écrit la *Muette* avant qu'il connut Rossini ! C'est lui qui a créé Naples !

— Et Meyerbeer ?

— Oh ! lui, quand il écrivait un duo d'amour, il pensait toujours à un troisième individu ! Le public !!!

Ses personnages s'aiment en public, entre trois murs, « ils s'adressent aux galeries », Ici, brusquement M. Massenet se lève et la main sur son cœur, avec un geste pompeux, il entonne : « *Tu-u l'a-as dit, oui tu m'ai-ai mes !!!!* » Se retournant vers nous, il ajoute : « Ces deux-là n'ont aucune pudeur ! Et Raoul sollicite bien plus les applaudissements, que l'amour de Valentine.

Gounod a réagi contre ces gros effets : *Laisse-moi contempler ton visage*…! c'est doux, pudique, caché. Ceux-là chantent entre *quatre murs* [39] !

— Wagner n'a pas été tendre pour lui. Il a dit, je crois, que *Faust* était de la musique de lorette [40] ?

38. La dimension wagnérienne de l'opéra a souvent été débattue. Voir, entres autres, Annegret Fauser, « *Esclarmonde*, un opéra Wagnérien ? », *Esclarmonde-Grisélidis*, numéro thématique de *L'Avant-Scène Opéra*, n° 14, 1992, p. 68-73.

39. Massenet confronte un extrait des *Huguenots* à un autre tiré de *Faust*.

40. Dans *Art et politique* (Bruxelles, Impr. de J. Sannes, 1868, p. 65), Wagner fustige Gounod, « compositeur parisien », pour avoir fait « traduire le poème de Gœthe dans le jargon à effet, qui convient à son public de boulevard, – un salmigondis nauséabond, une platitude douceâtre, dans un style affecté de lorette, avec la musique d'un talent subalterne qui voudrait arriver à quelque chose et, dans sa détresse, a recours à tous les moyens. »

— Oui, il l'a dit, en tous cas, c'est une lorette que j'aurais bien aimée !

— Et bien, maintenant maître, que pensez-vous des nouvelles tendances de la musique ?

— Mais elles sont tout à fait intéressantes !! J'aime beaucoup Debussy, Dukas, vous voyez, je ne crains pas de dire les noms. J'aime beaucoup aller entendre *Pelléas*. C'est une œuvre très nouvelle et très agréable à écouter.

— Les détracteurs de cette nouvelle école lui reprochent de ne pas être assez théâtre ?

— Mais, qu'est-ce que c'est que le théâtre ? Celui de Scribe ressemble-t-il à celui de Racine ? Toutes les formes d'art sont bonnes pourvu qu'elles soient employées par des artistes vraiment dignes de ce nom ! Je dirai même plus, elles se font valoir mutuellement. Ceux-là seulement qui copient un procédé sans s'inquiéter de leur propre tempérament sont dans l'erreur, car il manquera toujours dans leur œuvre la chose la plus importante, l'âme.

Nous croyons avoir résumé aussi complètement que possible les idées de M. Massenet, mais, ce que nous ne pouvons transcrire ici, c'est la quantité d'anecdotes intéressantes et de traits spirituels dont la conversation, si vivante du Maître a été émaillée. Il faudrait plus que les colonnes d'un journal où la place est toujours mesurée. Nous avons tâché de nous borner uniquement à dire ce que M. Massenet pense de la musique en général. Ses dons précieux, son œuvre considérable, et la place prépondérante qu'il occupe au théâtre à l'heure actuelle, donnent à ses déclarations un intérêt et une autorité incontestables que nos lecteurs apprécieront.

7

La musique étrangère et les compositeurs *

La création de *Paillasse* à l'Opéra-Comique en 1910 suscita dans la presse une vague de protestations si virulentes que, peu après, *Comœdia* publia le 31 janvier les avis de musiciens français interrogés sur la musique italienne contemporaine[41]. Mascagni, Leoncavallo et Puccini furent accusés d'occuper les scènes des théâtres français au détriment des compositeurs français. Massenet, qui ne s'était pas exprimé dans cette enquête, subit ensuite les foudres de certains critiques ou anciens élèves, la polémique s'enflammant suite à la publication d'articles hostiles au compositeur français dont la musique serait également favorisée. Dans un entretien avec Raoul Aubry, il réagit à cette hostilité avec émotion mais fermement : « Le public, voilà le souverain juge. Et qu'ils soient italiens, français ou allemands, les ouvrages qui font recette sont ceux qui vivront, en tous les temps comme en tous les pays[42]. »

---

* Louis Schneider, « La musique étrangère et les compositeurs », *Le Gaulois*, 13 décembre 1910.

41. Y figurent notamment les noms de Fauré, Debussy, d'Indy, Hahn, Bruneau et Dukas. Sur cet épisode de l'histoire de l'opéra en France, voir notre article « Les compositeurs français et l'opéra italien : la crise de 1910 », dans Jean-Christophe Branger et Alban Ramaut (dir.), *Le Naturalisme sur la scène lyrique*, Saint-Étienne, Publications universitaires de Saint-Étienne, 2004, p. 314-342.

42. Raoul Aubry, « Celui qu'on joue beaucoup », *Le Temps*, 13 novembre 1910.

Quelques mois plus tard, Louis Schneider souhaita prolonger le débat en justifiant ainsi sa démarche :

On se préoccupe beaucoup, dans tous les milieux artistiques, de l'agitation qui a été soulevée par un groupe de musiciens français contre l'envahissement de la musique étrangère, et principalement de la musique italienne, dans nos théâtres subventionnés. Le directeur du Gaulois a très nettement pris position l'autre jour dans un article remarquablement judicieux qui a fait sensation parmi tous les compositeurs et qui a été reproduit par toute la presse italienne[43]. *Il est même assez curieux que l'opinion du Gaulois sur la question se trouve – une fois n'est pas coutume – être la même que celle de journaux, comme La Lanterne, qui ne luttent pas précisément du même côté de la barricade*[44].

J'ai cru qu'il serait utile d'interroger, sur ce débat, les compositeurs eux-mêmes ; je n'ai pas fait un plébiscite, mais j'ai choisi parmi les intéressés certains de ceux que leur situation dans le monde de la musique pouvait désigner plus spécialement pour une réponse autorisée[45].

[...]

Je savais que je ne pouvais pas rencontrer le maître Massenet sur un autre champ de bataille que celui de la Gaîté-Lyrique où il préside aux études de son *Don Quichotte*[46]. M. Massenet se trouvait précisément, au moment où je l'abordais, sur la scène, en train de régler, avec MM. Isola les allées et venues de Rossinante qui doit porter Don Quichotte à la poursuite des moulins à vent. M. Massenet était entouré de tous ses interprètes, Mlle Lucy Arbell, M. Lucien Fugère ; eux et lui s'intéressaient vivement aux allées et venues de M. Vanni-Marcoux, qui avait enfourché Rossinante. Le maître voulut bien exprimer son opinion :

— Ne soyons pas imprudents et exagérés dans notre exclusivisme, me dit-il. Laissons pénétrer en France les œuvres italiennes pour qu'à leur tour les Italiens laissent pénétrer notre musique chez eux. Ouvrons largement nos portes aux œuvres étrangères ; les portes de nos voisins s'ouvriront elles aussi à notre art. Pourquoi vouloir fermer un pays ? Laissons le public choisir, il peut se tromper ; mais il a le droit de choisir. La France a toujours prêché l'exemple ; notre exemple a toujours prévalu à travers le monde entier ; les manifestations de l'esprit humain en peinture, en sculpture, en musique, en littérature, en science même, sont du domaine universel. Ne cherchons pas à canaliser notre production au détriment de la production étrangère. Le libre-échange, voilà quelle doit être la loi des peuples, en musique surtout, puisque la musique est le langage universel. Si une œuvre ne réussit pas momentanément, ayons bon espoir en elle malgré tout ; son heure peut venir ; et travaillons avec ardeur, de toute la force de

43. Dans son article au titre éloquent, « Craignons le faux nationalisme » (*Le Gaulois*, 1er décembre 1910), Arthur Meyer rejette tout boycott des partitions étrangères.

44. *Le Gaulois* (1868-1929) était un quotidien mondain, lu par la noblesse et dirigé par le monarchiste Arthur Meyer, tandis que *La Lanterne* (1877-1928), journal radical et anti-clérical, fut dirigé par Aristide Briand ou les socialistes Alexandre Millerand et René Viviani.

45. Les réponses furent livrées en deux temps, le 13 décembre 1910 (Saint-Saëns, Massenet, Dukas) et le 10 janvier 1911 (Debussy, Fauré, Widor.).

46. La création française se tiendra peu de jours après. Voir *Mes souvenirs*, chapitre XXVI.

notre talent. Notre existence, à nous musiciens, est un éternel concours où chacun peut se flatter d'avoir son heure et de décrocher la suprême récompense qui est le succès auprès du public ou l'estime auprès des êtres épris d'art. Ne décourageons surtout aucun des nôtres, à quelque pays, à quelque école qu'il appartienne ; ne mettons pas de barrières à nos frontières. »

Et le maître poursuivant non point sa chimère, comme Don Quichotte, mais sa réalité en musicien précis qui sait ce qu'il veut, s'en alla donner ses conseils si précieux à ses interprètes, à ses soldats, pour la victoire de demain.

8

La musique russe et les compositeurs français *

Suite au succès croissant des Ballets russes, arrivés à Paris en 1909, *Excelsior* publia en deux volets les avis de plusieurs compositeurs[47] invités à répondre au questionnaire suivant, lequel était précédé, sans doute pour les lecteurs, d'un important argumentaire dont nous ne fournissons qu'un extrait significatif :

Chaque année étend sur les sensibilités d'ici la conquête de la musique russe. On ne songe plus à la bannir d'aucun programme : l'austère Conservatoire et l'altière Schola, la bruyante Association Colonne et l'heureuse Société Lamoureux mettent un zèle égal à célébrer la gloire des compositeurs slaves. Enfin, dans deux grands théâtres, nous entendrons, sous peu, des opéras russes[48]*. [...]*

Cette invasion n'est-elle d'aucun danger ?

Ces litanies passionnées n'étoufferont-elles pas l'importance de la grâce de la musique française ? Réduiront-elles notre gloire, ou serviront-elles notre école ? [...]

À six heures et demie du soir, je me présentai chez M. Massenet. Il dormait déjà, car il s'est donné la discipline de se coucher tôt afin de se réveiller tôt. Troublé par le bruit, il se leva. Et il me reçut avec d'excellentes façons.

---

* Henry Malherbe, « La musique russe et les compositeurs français », *Excelsior*, 9 mars 1911.

47. Les 9 (Massenet, Debussy, Dukas, Bruneau et Leroux) et 16 mars 1911 (Leroux, Pierné). Les propos méconnus de Debussy méritent d'être cités : « Mais cela est fort bien. La musique russe m'intéresse au plus haut point. Moussorgsky est admirable par son indépendance, par sa sincérité, par son charme. C'est une sorte de dieu de la musique. / Ces russes sont étonnants ! L'année dernière, un jeune homme [Igor Stravinsky] composa, pour ses débuts, un ballet : *L'Oiseau de feu*, qui fut représenté à Paris. Eh bien, ce premier ouvrage était une chose exquisement originale. / Les russes apporteront de nouveaux motifs pour nous dégager d'absurdes contraintes. Ils nous pousseront à nous mieux connaître et à nous écouter plus librement. »

48. Le Théâtre Sarah-Bernhardt donne en mai 1911 *La Roussalka* d'Alexandre Dargomyjski et *Le Démon* d'Anton Rubinstein puis le Châtelet accueille les Ballets russes en juin suivant pour une série de représentations où figure un important extrait de *Sadko* de Nicolas Rimski-Korsakov.

Glissant sur le parquet du vaste salon parfumé, il vint doucement jusqu'à moi. Il sourit, serra affectueusement mes mains, m'indiqua le siège le plus confortable. Et de sa voix vive et attachante, il dit :

— Vous voulez que je vous parle des musiciens russes ? Mais je ne les connais pas ! Je ne sors jamais le soir et fort rarement le jour. J'aime la solitude dans ce salon si plaisant. Dès l'aube, le jardin du Sénat, qui se trouve sous mes fenêtres, me donne, comme la sérénade de ses arbres mouvants, de ses lignes heureuses, de ses grâces verdoyantes... Et je ne sors pas, même pour entendre de la musique russe...

M. Massenet fut secoué d'un rire insonore et léger. Mais comme je m'étonnais qu'un musicien aussi glorieux pût ignorer les compositeurs slaves, l'auteur de *Werther* m'avoua.

— Je ne les ai pas entendus au concert ! Mais je connais parfaitement leurs partitions. Je les ai lues chez moi. Tchaïkovski a une inspiration toute française[49]. Rubinstein procède des Italiens. Moussorgski et Rimski-Korsakov sont de grands musiciens. Mais j'aime Serov et tout particulièrement Balakirev. En leurs œuvres tremblent des larmes et scintillent des pierreries. Ils n'ont chanté que leur pays, ils n'ont aimé que leur sol natal. Ils ont voulu demeurer eux-mêmes et ne pas trahir leur vision. Ils ont eu ce qui est essentiel à l'artiste : la sincérité. Voyez-vous, il faut boire dans son verre, même quand il est petit...

« Certes, je suis heureux de savoir que Paris les accueillera aussi fastueusement. Ces générations étrangères aident au développement de l'art.

« Les Russes peuvent passer chez nous, mais non s'installer définitivement à notre répertoire. Que les musiciens s'attachent à connaître leurs aînés étrangers, rien de mieux ! Mais le public, nous devons surtout l'intéresser aux ouvrages français.

« D'ailleurs, ainsi, nous n'agirions pas autrement que les Russes eux-mêmes. Ils ne nous favorisent pas tant ! Personnellement je ne devrais pas m'en plaindre... On me joue dans toute la Russie et même beaucoup plus que je ne le désirerais... car seul, le Théâtre Impérial de Saint-Pétersbourg paie – et encore difficilement ! – les droits d'auteur ! »

Et m'ayant quitté fort aimablement, M. Massenet alla se recoucher.

49. Tchaïkovski subit l'influence de Massenet dans plusieurs ouvrages. Après avoir rencontré le compositeur français plusieurs fois à Paris, il l'invita en Russie mais en vain.

9

LISZT JUGÉ PAR LES MAÎTRES CONTEMPORAINS *

À l'occasion du centenaire de la naissance de Liszt, le mensuel *Musica* publia, dans le cadre d'un numéro entièrement consacré au compositeur hongrois, les résultats d'une enquête menée auprès des musiciens français invités à formuler un jugement à partir du questionnaire suivant[50].

La personnalité du beau-père de Wagner est encore très discutée à l'heure actuelle; nous avons jugé utile et très intéressante l'enquête ci-après à laquelle ont répondu nombre des personnalités notoires du monde musical.

1° Que pensez-vous des compositions de Franz Liszt, de leur valeur esthétique et de leur importance historique? Approuvez-vous, et dans quelle mesure, l'opinion des partisans enthousiastes du maître, selon laquelle Liszt aurait influencé, directement non seulement Wagner, Saint-Saëns, l'école russe, Richard Strauss, mais aussi les « impressionnistes » français modernes?

2° Admettez-vous, comme ces partisans, que la renommée et la popularité des grandes œuvres de Liszt ne fait que commencer, ou estimez-vous au contraire qu'elles sont surtout intéressantes par les chemins qu'elles ouvrent et ne possèdent point la perfection intrinsèque grâce à laquelle les œuvres durent?

3° Parmi la série des compositions de Liszt (poèmes symphoniques, musique de piano, musique religieuse, oratorios, mélodies) où vont vos préférences?

Les grandes fêtes musicales qui se préparent, tant en Allemagne qu'à l'étranger, en France tout particulièrement, sont bien l'affirmation du grand nom laissé par Franz Liszt.

Musica, en lui consacrant un numéro, a raison de glorifier cet homme admirable.

**

Liszt révéla au piano les plus merveilleuses sonorités, les plus surprenantes combinaisons, ainsi que Paganini sur le violon.

Il ne fut pas seulement un « virtuose grand musicien », mais un innovateur incomparable dans sa musique de piano, exquise aussi par la diversité de ses harmonies délicieusement appropriées aux sentiments qu'elles soulignaient.

Et quel poète il fut dans ses *Années de pèlerinage* et dans tant d'autres pièces !

Ses poèmes symphoniques sont des manifestations musicales d'entière beauté. Ses œuvres devaient enthousiasmer la jeunesse et avoir sur elle la plus vibrante influence,

---

* « Liszt jugé par les Maîtres contemporains », *Musica*, 10e année, n° 109, octobre 1911.

50. *Musica* reçut aussi les réponses de Louis Diémer, Jean Chantavoine, Marguerite Long, Isidor Philipp, Théodore Dubois, Harold Bauer, Reynaldo Hahn, Silvio Lazzari, Charles de Bériot, Alfred Bruneau, Camille Erlanger et Gabriel Dupont.

car elles indiquaient des formes nouvelles dans les compositions orchestrales, en dehors du plan habituel de la symphonie[51].

**

La *Messe du Saint Gran* [*sic*][52], véritable sommet, précéda *Parsifal*, qui subit cette puissante attraction, car, si Liszt fut, en cette occasion, le père spirituel de Richard Wagner, il reste un peu le grand père de toute une génération de musiciens qui, eux, ont encore élargi la route, grâce à leur personnalité.

**

J'eus la fortune de connaître Liszt, à Rome, en 1864; il prenait alors l'habit ecclésiastique et habitait un couvent sur le Monte Mario, non loin du Vatican.

Je me souviens, avec la plus durable émotion, d'avoir entendu ce gigantesque artiste dans des œuvres de Sébastien Bach (*Fantaisie chromatique*) et de Beethoven (*op. 106*); ce jour-là il improvisa une réduction pour le piano – c'était tout un orchestre! – de la *Marche au supplice* de notre grand Berlioz, et, tout en jouant, Liszt rappelait certaines rencontres avec l'auteur de la *Symphonie fantastique* qu'il connut à l'époque même de sa composition[53].

**

Notre admiration reconnaissante ira toujours vers vous Esprits sublimes, qui resterez la gloire et la raison de la musique.

---

51. Massenet sacrifiera au genre avec *Visions*… (1891), poème symphonique dont la matière thématique comme la forme seront remodelées dans *Thaïs* qui reste, avec le *Concerto pour piano*, son œuvre la plus lisztienne. Sur Liszt et Massenet, voir Jean-Christophe Branger, « Présences de Liszt dans la vie et les œuvres de Massenet », dans Malou Haine et Nicolas Dufetel (dir.), *Liszt et la France : musique, culture, société dans l'Europe du XIXe siècle*, Paris, Vrin, 2012, p. 275-294.

52. Dans *Mes souvenirs*, chapitre XVI, Massenet commet un lapsus similaire pour qualifier la *Messe de Gran* dont les liens avec *Parsifal* sont diffus.

53. Louis-Albert Bourgault-Ducoudray, pensionnaire à la Villa Médicis avec Massenet, a conservé un souvenir aussi prégnant de sa rencontre avec Liszt : « Comme pianiste, c'est un des plus grands virtuoses qui aient jamais existé, et je vous en parle pour l'avoir entendu. [...] Un jour dans la conversation, il me demanda si je connaissais l'adagio de la sublime *Sonate 106*, de Beethoven, [...]. Je lui avouai que je ne la connaissais pas. / – Eh bien ! je vais vous la jouer, je vais vous la faire entendre ! / Et il joua, pour moi tout seul, cette admirable œuvre, qui ne demande pas seulement un pianiste, mais qui demande un foyer incommensurable de sentiment et une âme capable de s'égaler à Beethoven en la comprenant bien. Je n'oublierai jamais l'impression extraordinaire que j'en ressentis, et, quand je fus un peu remis de cette émotion si profonde, je me demandais ce qu'il fallait le plus admirer, du jeu de l'artiste sublime, ou de l'artiste lui-même, du cœur de l'homme excellent, qui avait trouvé l'occasion de donner à un amoureux de l'art, bien jeune encore et bien timide, une minute inoubliable d'art et de beauté. » (« Liszt », conférence des 26 et 5 mars 1910, *Journal de l'Université des Annales*, 4e année, n° 19, 10 septembre 1910, p. 362 et 368).

10

QUEL EST L'AVENIR DE LA MUSIQUE FRANÇAISE ? *

L'évolution de la musique française, confrontée au prétendu péril wagnérien, suscita de nombreux commentaires dans la presse au tournant des XIXe et XXe siècles. En 1904, Paul Landormy avait déjà sondé les compositeurs sur « l'état actuel de la musique française », sans toutefois recueillir l'opinion de Massenet[54], alors que ce dernier était cité aussi bien par Duparc[55] que par Debussy[56]. Quelques années après, *Excelsior* va développer un thème similaire en partant du constat suivant : « Les étonnantes ressources contrapuntiques et instrumentales léguées par les maîtres du dix-neuvième siècle ont permis de serrer de plus près l'invisible, l'inconnaissable, l'infini. » Mais, estimant que la musique française « traversera incessamment » une « crise », *Excelsior* adresse le questionnaire suivant à de nombreux acteurs de la vie musicale française. Leurs réponses sont publiées du 7 au 11 octobre 1912[57] avec une conclusion de Jean Chantavoine le lendemain[58]. La première est celle que Massenet adressa « quelques jours avant de mourir » : elle apparaît, selon *Excelsior*, comme « des plus caractéristiques et des plus nettes. »

Estimez-vous que la mélodie, au sens le plus simple et le plus populaire du mot, l'emporte sur les combinaisons harmoniques et contrapuntiques aujourd'hui honorées ?

Observez-vous une influence de l'art littéraire et des arts plastiques sur la musique française ? En pourriez-vous signaler les marques, les causes et les effets ?

Quelles sont les formes de l'art musical vers lesquelles semble évoluer la musique française ? Y aura-t-il prochainement un retour au lyrisme ? Le genre français de l'opéra-comique renaîtra-t-il, et le faut-il souhaiter ?

Pensez-vous que le snobisme musical ait d'heureux effets, tant pour les compositeurs que pour les interprètes ?

---

* Pierre Montamet, « Nos grandes enquêtes – Quel est l'avenir de la musique française ? », *Excelsior*, 7 octobre 1912.

54. Parmi les compositeurs, seuls d'Indy, Bruneau, Duparc, Dukas et Debussy apportèrent leur contribution.

55. Duparc : « Debussy veut trop plaire ; il s'attache trop à la caresse des sons ; il me ravit, mais je voudrais autre chose. Cette sensualité raffinée nous la trouvions déjà en partie chez M. Massenet / M. Massenet est encore coupable d'avoir ouvert la voie à M. Charpentier » ; cité dans Paul Landormy, « L'État actuel de la musique française », *Revue politique et littéraire : revue bleue*, 41e année, t. 1, Paris, 1904, p. 397.

56. Debussy : « J'aime beaucoup Massenet. Massenet a compris le vrai rôle de l'art musical. La musique doit humblement chercher à *faire plaisir* ; il y a peut-être une grande beauté possible dans ces limites. » *Ibid.*, p. 422. Debussy écrira cependant au lendemain de la publication de cette enquête : « Avez-vous lu un article de Landormy dans la *Revue bleue* où il rapporte une conversation avec C. Debussy ? C'est extraordinaire comme ce soi-disant musicien entend mal... » Lettre de Claude Debussy à Louis Laloy, 3 avril 1904, dans Claude Debussy, *Correspondance (1872-1918)*, éd. François Lesure, Denis Herlin *et alii*, Paris, Gallimard, 2005, p. 834.

57. Les 7 (Alexandre Georges, Albert Carré, Camille Chevillard, Max d'Ollone, Gabriel Grovlez), 8 (Saint-Saëns, Duparc, Ricardo Viñes, Guy Ropartz), 9 (d'Indy, Gabriel Dupont, Albert Roussel), 10 (Debussy, Jean Huré, Lucien Capet) et 11 octobre 1912 (Pierre de Bréville, Augustin Savard, Louis Aubert, Charles Koechlin et Jules Boucherit).

58. Jean Chantavoine : « Aujourd'hui, l'influence accablante du wagnérisme, l'influence nébuleuse du symbolisme, l'influence grave, mais un peu maussade de César Franck sur la musique française, semblent avoir fait leur temps. »

Vous voulez bien me faire l'honneur de me demander si l'on peut prévoir l'avenir prochain de la musique française ; je répondrai que, depuis que la musique existe, il y a eu, comme en tout, en ce monde et dans l'autre, des transformations nécessaires et naturelles.

Pour ne citer que des exemples contemporains, Rossini a tenu le théâtre pendant cinquante ans, Meyerbeer aussi ; Wagner s'y maintient ; Richard Strauss s'avance…

Qui nous dit que demain n'amènera pas un maître qui renversera les habitudes acquises avec une âme très simple, très émue et très puissante à la fois ?

Quand à ce que l'on appelle la mélodie, je ne crois pas encore au mépris que l'on espère lui marquer.

Ce serait alors nier son équivalent ; les vers sublimes de Musset ; des *Feuilles d'automne*, de Victor Hugo ; des poèmes de Sully Prudhomme et de Verlaine !…

Massenet

DISCOURS

1

Notice sur François Bazin *

Élu à l'Institut le 30 novembre 1878, Massenet fut contraint de se livrer à un exercice obligé, lors de sa réception quelques mois plus tard, le 19 juillet 1879 : faire l'éloge de son prédécesseur, François Bazin (1816-1878), dont il prit aussi la place au Conservatoire. Or Massenet conservait un souvenir amer de Bazin, car, en 1859, il avait rapidement quitté sa classe après y avoir subi « la forme dure et peu aimable »[1] de son enseignement. Ses propos ne manquent donc pas d'ironie quand il fait l'éloge d'un compositeur dont « l'originalité artistique » serait, selon lui, dans ses activités pédagogiques.

Messieurs,

Le mercredi 7 octobre 1840, l'affiche du théâtre de l'Opéra annonçait la première représentation d'une scène lyrique intitulée : *Loyse de Montfort*, dont les trois rôles étaient confiés à Mme Stolz, à MM. Dérivis et Marié[2].

Le public accueillit avec faveur ce premier essai d'un jeune musicien qui entrait dans la carrière, et trois auditions successives en furent données avec le même bonheur.

Si je rappelle ce fait, c'est qu'il est tout à la louange de l'artiste remarquable dont j'ai à retracer devant vous la vie; de l'artiste auquel, malgré la modestie de mes titres, vos suffrages bienveillants m'ont appelé à succéder dans cette noble et illustre compagnie.

La scène lyrique dont je parle ici n'était autre chose, en effet, que la cantate qui avait fait décerner, quelques mois auparavant, le premier grand Prix de Rome à Bazin, et c'est la valeur exceptionnelle de cette composition qui avait procuré au jeune lauréat l'honneur inconnu jusqu'alors, d'une exécution publique sur la scène de l'Académie royale de musique.

---

* « Note sur François Bazin », *Le Ménestrel*, 45e année, n° 38, 23 août 1879, p. 300-301; Paris, Imprimerie de Firmin-Didot, 1879.

1. Voir *Mes souvenirs*, chapitre VIII.

2. Rosine Stolz (1815-1903), Prosper Dérivis (1808-1880) et Claude-Marie-Mécène Marié de l'Isle (1811-1879), membres de la troupe de l'Opéra de Paris.

François-Joseph-Emmanuel Bazin, que vous aviez élu membre de l'Académie des beaux-arts en 1872, après la mort de Carafa [3], était né à Marseille, le 4 septembre 1816, et avait commencé l'étude de la musique dans sa ville natale, où son père exerçait les fonctions de chef de division à la préfecture des Bouches-du-Rhône.

Il avait reçu ses premières leçons de Barsotti [4], fondateur de l'école communale de musique de Marseille, et plus tard, il était venu se fortifier au Conservatoire de Paris, où il avait été l'élève de Dourlen et de M. Le Couppey pour l'harmonie, de Benoist pour l'orgue, de Berton et d'Halévy pour la Composition [5].

Dans cet établissement, qu'il ne devait plus quitter désormais que pour faire en Italie le voyage auquel l'obligeait son titre de Prix de Rome, et où il devint professeur avant même de cesser d'en être l'élève, il fit des études exceptionnellement brillantes.

En 1836, deux ans seulement après son admission, il y obtenait le premier prix d'harmonie et accompagnement pratique ; en 1837 le premier prix de fugue et le second prix d'orgue, et en 1839 le premier prix d'orgue.

C'est en cette même année 1839 que l'Académie lui décernait le second grand prix de composition musicale, alors qu'elle donnait le premier à M. Gounod, et enfin, en 1840, Bazin remportait le premier grand Prix de Rome avec la cantate de *Loyse de Montfort*.

Pendant son séjour en Italie, il fit exécuter à Rome, d'abord une messe solennelle écrite pour l'église Saint-Louis-des-Français, puis le psaume *Super flumina Babylonis* et un oratorio intitulé : *La Pentecôte*.

À son retour à Paris, il retrouva au Conservatoire la classe d'harmonie et accompagnement dont il avait été nommé professeur dès 1837, alors qu'il était à peine âgé de vingt et un ans, et il commença, cette brillante carrière du professorat qu'il devait poursuivre pendant plus de trente-cinq ans et qui restera l'éternel honneur de sa vie active et laborieuse [6].

Mais en même temps il cherchait à se produire comme compositeur, et bientôt il débuta sous ce rapport en donnant à l'Opéra-Comique un petit ouvrage élégant, *Le Trompette de M. le Prince* [7], qui obtint les suffrages du public et des artistes, et qui se faisait déjà remarquer non seulement par une heureuse inspiration, mais par le soin et la correction habituels à ce maître en l'art d'écrire.

---

3. Michel Carafa (1787-1872), élu à l'Institut en 1837, professeur de composition au Conservatoire de 1840 à 1870.

4. En 1822, T. Barsotti, « pianiste habile, harmoniste instruit » (Alexis Rostand, *La musique à Marseille*, Paris, Sandoz et Fischbacher, 1874, p. 46) fonde le Conservatoire de Marseille qu'il dirige jusqu'en 1851.

5. Victor Dourlen (1780-1864), Félix Le Couppey (1811-1887), François Benoist (1794-1878), Henri-Montan Berton (1767-1844) et Fromental Halévy (1799-1862).

6. Lorsque Ambroise Thomas prit la tête du Conservatoire à la mort d'Auber en 1871, Bazin lui succède comme professeur de composition.

7. *Le Trompette de M. le Prince*, opéra-comique en un acte, livret de Mélesville, créé à l'Opéra-Comique, le 15 mai 1846.

Au *Trompette de M. le Prince* succéda *Le Malheur d'être jolie*[8], puis *La Nuit de la Saint-Sylvestre*[9], production plus importante, dans laquelle l'auteur faisait preuve de véritables aptitudes dramatiques et scéniques.

Les autres œuvres théâtrales de Bazin, toutes représentées à l'Opéra-Comique, sont : *Madelon*[10], *Maître Pathelin*[11], partition charmante dont on annonce une reprise prochaine, *Les Désespérés*[12], *Le Voyage en Chine*[13], dont on se rappelle le succès retentissant, et *L'Ours et le Pacha*[14].

Là ne se bornent pas les travaux de Bazin comme compositeur.

À l'époque où il entrait dans la vie artistique, un grand mouvement se produisait en France en faveur du chant choral, trop longtemps négligé chez nous, tandis que depuis de longues années il était en honneur en Allemagne, en Belgique et en Angleterre, où il brillait d'un vif éclat.

Grâce à l'énergie, à la force de volonté, au talent d'initiation d'un homme de bien qui était en même temps un artiste distingué, Wilhem[15], l'étude, l'application et l'expansion du chant choral étaient devenues, chez nous, la préoccupation non seulement d'un grand nombre d'artistes, mais même de divers hommes politiques qui y voyaient avec raison la manifestation intelligente et élevée d'un nouvel élément civilisateur, d'une moralisation certaine des masses populaires.

Avec son coup d'œil sûr, Bazin comprit rapidement le parti qu'on pouvait tirer d'une telle situation, les services qu'on pouvait rendre dans cet ordre d'idées.

Bientôt le chant populaire, l'orphéon, – puisque c'est le nom qu'on lui a donné en France, – n'eut pas d'adepte plus fervent, de propagateur plus dévoué que lui.

Il se consacra de sa personne à l'enseignement de ce chant populaire, il s'en fit l'un des apôtres, il en devint l'un des vulgarisateurs les plus intelligents, et, pour en accélérer les progrès d'une façon pratique et sûre, il écrivit un grand nombre de chœurs à trois ou à quatre voix dont quelques-uns sont de véritables chefs-d'œuvre, et dont la belle allure, le grand style, contrastaient heureusement avec le ton vulgaire et par trop négligé des compositions qui formaient le répertoire ordinaire de l'orphéon.

---

8. *Le Malheur d'être jolie*, opéra-comique en un acte, livret de Charles Desnoyers, créé à l'Opéra-Comique, le 18 mai 1847.

9. *La Nuit de la Saint-Sylvestre*, opéra-comique en trois actes, livret de Mélesville et de Michel Masson, créé à l'Opéra-Comique, le 7 juillet 1849.

10. *Madelon*, opéra-comique en deux actes, livret de Thomas Sauvage, créé à l'Opéra-Comique, le 26 mars 1852.

11. *Maître Pathelin*, opéra-comique en un acte, livret d'Adolphe de Leuven et de Ferdinand Langlé, créé à l'Opéra-Comique, le 12 décembre 1856.

12. *Les Désespérés*, opéra-comique en un acte, livret d'Adolphe de Leuven et de Jules Moinaux, créé à l'Opéra-comique, le 26 janvier 1858.

13. *Le Voyage en Chine*, opéra-comique en trois actes, livret d'Eugène Labiche et d'A. Delacour, créé à l'Opéra-Comique, le 9 décembre 1865.

14. *L'Ours et le Pacha*, opéra-comique en un acte, livret d'Eugène Scribe et de Saintine, créé à l'Opéra-Comique, le 21 février 1870.

15. Le théoricien et pédagogue Guillaume-Louis Bocquillon (1781-1842), dit Wilhem, œuvra en faveur du mouvement orphéonique.

Aussi, le nom de Bazin valut-il rapidement à celui qui le portait une double notoriété, comme professeur d'abord, comme compositeur ensuite.

Directeur d'une des sections de l'orphéon municipal de Paris, prenant une part prépondérante, comme président des jurys de concours, à toutes les grandes manifestations du chant populaire qui se produisaient dans les principales villes de France, Bazin voyait sa renommée s'étendre encore à l'aide des belles compositions chorales qui chaque jour tombaient de sa plume.

Parmi celles-ci, il faut surtout citer : le *Départ des Apôtres*, *Annibal traversant les Alpes*, *Gloire à la France*, *Les Vendangeurs du Rhin*, *Les Noces de Cana*, *Attila devant Rome*, *Les Noces de l'Adriatique*, etc.

Nous l'avons vu peu de jours avant sa mort, si rapide et si inattendue, remporter ainsi un triomphe éclatant.

C'était le 30 juin 1878, au plus fort de cette admirable Exposition universelle. Une fête orphéonique grandiose groupait, dans le jardin des Tuileries, plusieurs milliers de chanteurs, réunis pour se faire entendre devant un public immense, comprenant autant d'étrangers que de nationaux.

C'est en présence de cet auditoire formidable, de ce public houleux et frémissant, pressé sur lui-même et contenu avec peine dans les grilles du vaste jardin, que cette masse orphéonique fit éclater les accents mâles et vigoureux d'un chœur de Bazin qui semblait alors comme un noble hommage rendu à la patrie, guérie de ses blessures et convoquant l'univers entier au spectacle merveilleux de sa résurrection.

Ce chœur intitulé : *Gloire à la France*, produisit un effet éblouissant, indescriptible, et l'auteur, acclamé à la fois par le public, que son inspiration avait électrisé, et par les chanteurs auxquels il avait su communiquer l'émotion dont lui-même était animé, fut l'objet d'une de ces ovations spontanées, éclatantes, incomparables, qui laissent dans l'âme et dans l'esprit un souvenir ineffaçable à jamais [16].

Ce triomphe, qui fut assurément le plus beau de toute sa vie, fut aussi malheureusement le dernier, et cette joie si pure ne devait pas se renouveler pour lui.

Moins d'une semaine après, nous conduisions Bazin à sa dernière demeure.

La mort l'avait foudroyé, sans qu'il eût eu le temps de la voir venir.

Compositeur élégant, vulgarisateur d'un art qu'il aimait jusqu'à la passion et qui a fait le bonheur de toute son existence, Bazin était encore un professeur de premier ordre. Peut-être est-ce même là ce qui a fait son originalité artistique, sa véritable personnalité.

La liste serait longue à dresser des noms de tous les artistes qu'il a formés pendant sa belle carrière de professeur au Conservatoire [17], sans compter ceux qui lui ont dû leur instruction au Gymnase musical, où il occupa aussi une chaire d'harmonie [18].

Bazin a expliqué, groupé et coordonné ses doctrines dans un beau livre, son *Traité d'harmonie*, dont les préceptes font depuis longtemps autorité.

16. Quelques jours avant sa mort, Bazin avait conduit, dans le cadre d'un important festival musical, les répétitions de quatre cents chanteurs orphéonistes.

17. Il formera Léo Delibes et Théodore Dubois notamment.

18. Ouvert en 1836, le Gymnase musical militaire ferme ses portes en 1855 après avoir formé de nombreux chefs de musique des régiments militaires.

Dans les dernières années de sa vie, il s'était occupé aussi d'un *Traité de contrepoint*, qu'il a laissé complètement achevé et qu'un de nos premiers éditeurs doit publier prochainement[19].

Le temps lui a manqué pour compléter l'ensemble de son œuvre par un *Traité de fugue*, dans lequel il aurait certainement fixé avec la clarté, la netteté qui lui étaient habituelles, les principes de cette science admirable, complément et couronnement naturels de toute véritable éducation musicale.

Que vous dirai-je maintenant, Messieurs, que vous ne sachiez mieux que moi ?

Depuis longtemps vous connaissiez Bazin, son sens droit, la rectitude de son esprit, la sûreté de ses relations, son honnêteté profonde et ces qualités, qu'il apportait dans le commerce habituel de la vie, vous aviez été plus que personne à même de les apprécier dans la part qu'il avait prise à vos importants travaux.

Nature méditative et réfléchie, Bazin, qui reportait tout à son art, avait pris l'excellente habitude d'analyser ses sensations, de les étudier, de les définir, et il n'entendait pas une œuvre musicale sans consigner soigneusement par écrit les impressions que cette œuvre lui avait fait éprouver, les réflexions qu'elle lui avait suggérées, les émotions qu'elle avait produites en lui.

Voilà pour l'artiste.

Pour ce qui est de l'homme, le plus grand éloge qu'on puisse faire de Bazin, c'est de rappeler son culte profond pour la famille, le souvenir respectueux et attendri qu'il avait conservé des siens : souvenir touchant qui l'avait empêché de jamais quitter son modeste appartement de la rue des Martyrs, où il avait vécu avec son père et sa mère, et où il leur avait fermé les yeux.

Théoricien éminent, compositeur distingué, professeur renommé d'une des premières écoles du monde, Bazin, qui était officier de la Légion d'honneur et de divers ordres étrangers, a fourni une carrière utile, solide, bien remplie.

Par des travaux et des productions d'un mérite incontestable, il a rendu de véritables services à l'art, dont il fut toujours le serviteur respectueux et dévoué, et il a honoré son pays, qu'il aimait plus que tout au monde.

C'en est assez, sans doute, pour légitimer les regrets que sa perte a causés chez tous ceux qui l'ont connu.

19. Le *Cours d'harmonie théorique et pratique* (1858) de Bazin faisait déjà autorité lorsque ce dernier succède à Ambroise Thomas. Le *Cours de contrepoint théorique et pratique* (1881), publié chez Lemoine, est posthume.

2

[Inauguration de la statue de Victor Massé à Lorient] *

Victor Massé[20] et Massenet ont entretenu une relation peu suivie si l'on en juge par cette lettre que l'auteur des *Noces de Jeannette* adressa à son jeune confrère deux jours avant la création du *Roi de Lahore* : « Quelle aimable lettre, et combien elle m'a fait plaisir ! [...] Le fâcheux état de ma santé m'a empêché d'assister à vos dernières répétitions scéniques, j'en suis fort triste ; j'aurais été très heureux de vous être utile et livrer à côté de vous la grande bataille ! Les relations trop courtes que nous avons eues ensemble, mon cher Massenet, m'ont confirmé dans la haute opinion que j'avais de votre talent, à la fois si fort et si délicat. L'artiste éminent une fois connu, j'ai pu apprécier aussi les qualités de l'homme, laissez-moi vous le dire sans blesser votre modestie : votre charmant esprit et votre cœur m'ont complètement conquis ! à vendredi, mon cher Massenet, la beauté de votre œuvre est déjà chose acquise, personne plus que moi ne fait des vœux pour votre succès »[21]. Pourtant, en 1867, Massé aurait porté un jugement négatif sur *La Coupe du Roi de Thulé* en raison de ses couleurs wagnériennes[22]. Quant à Massenet, il ne semble pas avoir eu une grande estime pour la musique de son aîné qu'il se garde bien d'évoquer dans une petite allocution qu'il prononce parmi d'autres à Lorient, le 4 septembre 1887, au cours d'un banquet qui clôturait en soirée une journée de commémorations, marquée par l'inauguration d'une statue de Massé à laquelle participaient notamment, selon *Le Ménestrel*[23], Jules Simon, ami du compositeur et également natif de Lorient, Léo Delibes, Ernest Guiraud et les librettistes Jules Barbier et Philippe Gille[24]. Aussi Massenet s'est-il déplacé avant tout pour témoigner son amitié à Philippe Gille, librettiste de *Manon*, mais aussi gendre de Massé[25].

Les éloges que vous avez entendus aujourd'hui sont si complets[26] que malgré mon désir de bien faire, j'altèrerais maladroitement la figure aimé du Maître.

---

* « [Inauguration de la statue de Victor Massé à Lorient] », Ms autographe, 2 pages sur un double folio, signées *in fine* « J. Massenet / Lorient 4 7bre [septembre] 1887 / 9 ho ½ du soir », coll. Jean-Louis Debauve ; transcription de Jean-Louis Debauve. Cette statue, exécutée par le sculpteur Antonin Mercier et située au milieu du cours de la Bove, n'a pas survécu aux bombardements de la Seconde Guerre mondiale. Voir Lorient.fr, consulté le 18 juin 2015.

20. Grand Prix de Rome en 1844, Victor Massé (1822-1884) laisse surtout de nombreux ouvrages lyriques, comme *Galathée* (1852), *Paul et Virginie* (1876) et surtout *Les Noces de Jeannette* (1853), opéra-comique en un acte sur un livret de Jules Barbier et Michel Carré, dont le succès ne s'est pas démenti à la salle Favart pendant tout le XIXe siècle.

21. Lettre de Victor Massé à Jules Massenet, [s. l.], 25 avril 1877, Stockholm, Stiftelsen Musikkulturens Främjande (The Nydahl Collection).

22. Voir *Mes souvenirs*, chapitre VIII.

23. Voir « La statue de Victor Massé », *Le Ménestrel*, 53e année, n° 37, 11 septembre 1887, p. 292-293.

24. On relèvera aussi la présence du jeune Ropartz, élève de Massenet, qui fit un compte rendu des manifestations dans *L'Indépendance musicale et dramatique* où, regrettant une « sortie » de Barbier « contre la musique qu'il appelle savante », il conclut : « Tout en glorifiant V. Massé, on peut laisser Wagner en paix. » Jean-Guy Ropartz, « La statue de Victor Massé », *L'Indépendance musicale et dramatique*, 1re année, n° 14, 15 septembre 1887, p. 412.

25. Voir *Mes souvenirs*, chapitre XV.

26. Seuls Jules Simon, Léo Delibes et Jules Barbier prononcèrent un important discours. Delibes, qui fut un tout jeune élève de Massé au Conservatoire, lui attribue surtout le « titre de mélodiste ». Voir son discours reproduit dans « La statue de Victor Massé », *Le Ménestrel*, p. 292.

Pardonnez-moi donc, si volontairement, j'oublie un instant quel artiste il fut, pour me reporter vers les êtres dont les soins ont prolongé sa vie et endormi ses dernières souffrances[27] :

Permettez-moi de saluer ici

Mademoiselle Alix Massé.

Je serais injuste si je n'associais pas dans ce respectueux hommage madame Philippe Gille retenue auprès de son jeune fils.

L'expression de nos sympathies adoucira, du moins, l'amertume du sacrifice qu'elle s'est imposée.

Enfin, vous n'accueillerez pas avec moins de faveur le nom de ce petit-fils de Victor Massé[28], le fils de mon ami et collaborateur Philippe Gille, l'auteur applaudi de délicieuses œuvres dramatiques, le poète qui, hier encore, chantait en des vers émus et délicats les joies et les consolations du foyer[29].

Rappeler le souvenir de ceux que Victor Massé a aimés c'est encore honorer sa mémoire.

3

[Funérailles d'Édouard Lalo] *

Édouard Lalo (1823-1892) reste avant tout un compositeur de musique instrumentale. Il ne semble pas avoir été un proche de Massenet bien que les deux hommes aient fréquenté un temps le même éditeur, Hartmann[30], et participé ensemble aux premières séances de la Société nationale de musique[31]. Lalo appréciait cependant *Marie-Magdeleine* (1873) si l'on considère ce témoignage rapporté par le librettiste de l'oratorio, Louis Gallet. En 1889, au lendemain d'une exécution de l'ouvrage, ce dernier écrit : « Toutes les fois que je l'écoute, avec une émotion nouvelle, il me revient à l'esprit cette parole que M. Édouard Lalo, dans un élan de sincère admiration, disait au jeune compositeur, lui faisant entendre pour la première fois

27. D'après Jules Simon, dont le discours est reproduit par la presse généraliste (« La statue de Victor Massé », *L'Univers illustré*, 30e année, n° 1694, 10 septembre 1887, p. 586), Massé resta alité et paralysé les six dernières années de son existence.

28. Petit-fils de Massé, fils de Philippe Gille et Alix Massé, Victor Gille (1884-1964) fit par la suite une brillante carrière de pianiste.

29. Massenet fait allusion au recueil poétique de Philippe Gille, récemment publié, *L'Herbier*, Paris, Alphonse Lemerre, 1887.

* [Funérailles d'Édouard Lalo], Ms autographe, 4 ff. individuel, [s. l.], [avril 1892], ancienne coll. Charles Malherbe, BnF, Département de la musique, Rés F 1665 (25); repris dans « Édouard Lalo », *Le Ménestrel*, 58e année, n° 18, 1er mai 1892, p. 140. Des mots du manuscrit sont biffés et la présence d'une collette (avec une encre différente) sur le dernier folio trahit des modifications successives. On relèvera aussi ci-après quelques différences entre le manuscrit et la version éditée du *Ménestrel*, lesquelles n'en modifient cependant pas fondamentalement la substance.

30. Voir *Mes souvenirs*, chapitre IX.

31. Le 27 janvier 1872, Massenet avait accompagné Léon Jacquart et Julie Lalo, respectivement dans la *Sonate pour violoncelle* et des extraits de *Fiesque*, deux œuvres de Lalo.

en ma présence, sa partition achevée : — Vous pourrez bien écrire des œuvres : vous resterez l'auteur de *Marie-Magdeleine* »[32]. Par la suite, Lalo manifesta néanmoins régulièrement son mépris pour les œuvres de Massenet[33], lequel n'a pas laissé à ce jour de jugements précis sur son aîné à l'exception de cet hommage qui, au demeurant très court, apparaît plutôt comme un exercice de circonstance : Massenet représentait la Société des auteurs et compositeurs dramatiques lors des obsèques de Lalo à Paris, au cimetière du Père-Lachaise, le 27 avril 1892.

Messieurs,

C'est au nom de la Société des auteurs et compositeurs dramatiques que je prends la parole en cette cruelle circonstance.

Triste honneur, Messieurs, car l'éminent confrère que nous perdons était le plus sûr et le meilleur des amis.

Ma tâche serait trop pénible si je n'étais soutenu par mes sentiments de profonde admiration pour Lalo, pour l'artiste si personnel dans ses ouvrages, et pour l'homme dont le caractère était à la hauteur des œuvres.

Lalo a lutté sans jamais connaître une défaillance dans ses convictions, sans jamais se laisser aller au découragement qui entraîne les faiblesses.

C'était un tempérament, c'était une âme d'élite.

Mais l'heure du triomphe a sonné – Lalo a connu la gloire, la pure gloire, et son dernier chef-d'œuvre, *Le Roi d'Ys*, était applaudi à Paris pour la cent-soixantième fois[34], comme il le sera longtemps, partout et toujours à l'heure même où notre pauvre cher ami quittait cette vie qui lui avait fait payer chèrement quelques années de bonheur et de calme si grandement mérités.

Qui de nous n'a pu apprécier dans les œuvres de Lalo sa personnalité énergique et tendre à la fois ! Qui de nous ne se souvient de cet ami d'une si parfaite bienveillance et d'une distinction si exquise !

Lalo comptera parmi les compositeurs français dont nous devons être fiers, parce que sa musique tantôt élégante[35] ou étincelante, tantôt dramatique ou élégiaque est toujours de la véritable musique de Lalo.

Il était né à Lille ; il est mort à Paris. Français il était donc d'origine. Français aussi il avait su rester dans ses œuvres et ce sera sa gloire et la nôtre.

Au nom de tous ses confrères, au nom de ce public qui l'a acclamé et l'acclamera toujours, j'adresse à Édouard Lalo un suprême adieu.

32. Louis Gallet, « Musique », *La Nouvelle Revue*, 11 e année, t. 58, mai-juin 1889, p. 138.

33. Voir Édouard Lalo, *Correspondance*, éd. Joël-Marie Fauquet, Paris, Aux Amateurs de livres, 1989, p. 128 et 274.

34. *Le Roi d'Ys*, opéra en trois actes, livret d'Édouard Blau, créé à l'Opéra-Comique le 7 mai 1888, est repris dans cette salle le 22 février 1892.

35. L'adjectif a été modifié, « élégante » remplaçant « hardie » qui figure sur le manuscrit. Massenet aurait-il souhaité minimiser le caractère novateur de la musique de Lalo ?

4

[Funérailles d'Ernest Guiraud] *

Élu à l'Institut en 1891, Ernest Guiraud (1837-1892) est passé à la postérité pour avoir eu Claude Debussy et Paul Dukas dans sa classe de composition au Conservatoire, qu'il occupe de 1880 jusqu'à sa mort. Ami de Bizet, il a aussi composé des récitatifs pour *Carmen*, arrangé la seconde suite de *L'Arlésienne* puis, à la demande des héritiers de Jacques Offenbach, achevé *Les Contes d'Hoffmann*. Il ne semble pas avoir été un proche de Massenet qu'il tutoyait cependant si l'on en juge par quelques correspondances professionnelles conservées à la Beinecke Rare Book and Manuscript Library (Yale University). Une forme de proximité transparaît aussi dans ce discours, prononcé au nom des professeurs du Conservatoire lors des obsèques de Guiraud à Paris le 10 mai 1892 : Massenet y retient surtout les qualités humaines du défunt.

Messieurs,

Ce m'est un devoir bien douloureux que d'adresser ici un dernier adieu à Ernest Guiraud, au nom du Conservatoire, dont il fut d'abord le disciple brillant, puis l'un des professeurs renommés.

Et la peine m'est double, puisque, non seulement j'ai à pleurer sur un camarade qui m'était cher et auprès duquel j'avais toujours vécu dans une sorte de fraternité artistique, mais qu'encore il faut que je prenne ici la parole à la place du directeur du Conservatoire, d'Ambroise Thomas, que la maladie retient loin de cette tombe.

On lui a même caché jusqu'ici la mort subite d'Ernest Guiraud pour lui épargner un grand chagrin, qui eût encore accru ses souffrances déjà vives.

D'autres [36] vous ont dit ce qu'avait été Guiraud comme compositeur, quel symphoniste habile il fut, quelle grâce il avait mise dans *Piccolino* [37], quelle fantaisie dans *Gretna-Green* [38]. – Ce sont ces qualités si françaises qu'il s'efforça toujours de communiquer aux élèves qui suivaient sa classe, se tenant constamment sur le terrain d'un enseignement fort et rationnel.

Et n'est-ce pas là tout notre devoir, Messieurs ?

Donner à ceux qui veulent bien suivre nos cours l'instruction solide qui doit servir de base à leur talent, tenter de leur inoculer un peu de la moelle des maîtres glorieux qui ont établi la réputation de notre école nationale, les élever autant qu'il nous est possible au niveau des progrès accomplis, les mettre à même enfin de suivre sans embarras, au

---

* [Funérailles d'Ernest Guiraud] reproduit dans « Les obsèques d'Ernest Guiraud », *Le Ménestrel*, 58ᵉ année, nº 20, 15 mai 1892, p. 158 ; repris dans *Funérailles de M. Guiraud*, Paris, Institut de France, [1892].

36. S'exprimèrent aussi Henry Roujon, représentant le gouvernement, le sculpteur Paul Dubois, au nom de l'Académie des beaux-arts, Victorin Joncières, au nom de la Société des auteurs et compositeurs dramatiques, et André Gedalge au nom des élèves du défunt.

37. *Piccolino*, opéra-comique en trois actes, livret de Victorien Sardou et de Charles Nuitter, créé à l'Opéra-Comique, le 11 avril 1876.

38. *Gretna-Green*, ballet-pantomime en un acte, livret de Charles Nuitter et de Louis Mérante, créé à l'Opéra de Paris, le 28 avril 1873.

sortir de l'école, grâce à une éducation première loyale et saine, la pente naturelle de leur esprit artistique.

Ces devoirs. Guiraud ne les a jamais négligés.

De même qu'il avait été un élève merveilleux, emportant le grand prix de Rome dès son premier concours, de même il fut un professeur vaillant, sans peur et sans reproche, tenant haut le drapeau de l'école [39].

Et cependant, Messieurs, il est encore quelque chose dans Guiraud qu'on peut, mettre au-dessus de l'artiste : ce fut l'homme en lui-même.

Il eut cette bonté qu'a célébrée le poète et qu'il place au-dessus de la gloire même.

Fut-il en effet sur terre un être aussi profondément bon que Guiraud, toujours dévoué, toujours prêt à tout pour rendre service, même à ses ennemis, s'il en eut jamais ?

Il n'était pas un simple d'esprit, selon l'Évangile, mais il était assurément un simple de bonté, et, à ce titre, tous les paradis lui seront ouverts.

Que ce soit notre consolation, Messieurs, dans cette nouvelle douleur qui nous étreint le cœur.

Tu fus artiste et tu fus bon. C'est une double auréole qui entoure ton front et qui éclairera longtemps ton souvenir dans la mémoire de ceux qui t'ont fidèlement aimé.

5

Inauguration de la statue de Méhul à Givet *

Prononcé au nom de l'Académie des beaux-arts le 2 octobre 1892, à Givet (lieu de naissance de Méhul (1763-1817), dans les Ardennes près de la frontière belge), ce discours, témoigne de l'intérêt renouvelé de Massenet pour la musique française de la fin du XVIIIe siècle, et plus particulièrement l'opéra-comique qui fut une de ses principales sources d'inspiration dans *Manon*, puis *Le Portrait de Manon*. Il sonne aussi comme une ode patriotique à la musique française dont Massenet se fait particulièrement le chantre au début des années 1890.

Messieurs,

Nous sommes à une époque où chaque pays, chaque coin de terre, tient à honneur de glorifier dans le marbre ou dans le bronze les hommes célèbres qu'il a vus naître.

Cela vaut mieux assurément qu'une coupable indifférence pour ceux dont la patrie a le droit de s'enorgueillir.

---

39. Premier grand Prix de Rome en 1859 avec la cantate *Bajazet et le joueur de flûte*, Guiraud est nommé professeur de composition au Conservatoire en 1880.

* « Inauguration de la statue de Méhul à Givet », *Le Ménestrel*, 58e année, n° 41, 9 octobre 1892, p. 322-323 ; repris dans *Discours prononcés à l'occasion de la cérémonie d'inauguration de la statue de Méhul, à Givet*, Paris, Imprimerie de Firmin-Didot, [1892], puis dans *Mes souvenirs*, Paris, Pierre Lafitte & Cie, 1912, p. 305-311. La statue, conçue par Aristide Croisy, se trouve toujours place Méhul.

Cependant, dans le nombre des statues qu'on a élevées en ces derniers temps, peut-être quelques-unes l'ont-elles été avec précipitation, comme sous le coup d'une admiration trop hâtive. Ce n'est pas le reproche qu'on pourra adresser à celle de votre Méhul, le fier et mâle artiste dont nous voyons ici la noble image.

Cent ans ont passé sur sa gloire sans l'entamer. Et c'est pourquoi je remercie l'Académie des beaux-arts de l'honneur qu'elle m'a fait en m'envoyant parmi vous pour porter la parole en son nom et pour déposer au pied de ce monument le tribut de son admiration. Je le ferai, sinon avec l'éloquence que vous auriez désirée, du moins avec tout le respect et la piété d'un descendant très humble pour un ancêtre illustre et vénéré.

Il est né dans votre ville, non loin d'ici, dans l'ancienne rue des Religieuses, le 24 juin 1763, marqué au front par la Providence pour de grandes destinées artistiques.

C'est un vieil organiste du couvent des Récollets qui joua en cette circonstance le rôle de la Fortune. Il était aveugle comme elle et imagina, en manière de passe-temps, d'inculquer à l'enfant les éléments de la musique. On n'a pas conservé son nom et nous devons le regretter : n'eût-il pas été juste qu'il prît aujourd'hui sa part du triomphe, celui qui le premier fit vibrer cette petite âme musicale ?

Dans la suite, Méhul trouva des maîtres plus remarquables, plus dignes de lui comme cet Hanser, le savant organiste de Laval-Dieu, qui venait d'Allemagne et lui apprit du contrepoint tout ce qu'on peut en savoir[40], ou comme cet Edelmann, compositeur lui-même de mérite, qui eut le temps de faire épanouir le génie de son élève, avant de porter sur les échafauds de la Révolution une tête plus faite pour les combinaisons harmoniques que pour les combinaisons si dangereuses de la politique[41].

Oui, ce furent là les deux maîtres qui formèrent son talent. Mais nous n'en devions pas moins un souvenir au vieil aveugle, qui, le premier, posa les mains de l'enfant merveilleux sur un clavier d'orgue dont il devait devenir le titulaire dès l'âge de dix ans.

Laval-Dieu, où professait cet Hanser dont j'ai parlé, fut le vrai berceau artistique de Méhul. C'était alors une puissante abbaye située tout près d'ici, de l'autre côté de la Meuse, où vivaient et priaient des chanoines de Prémontré, mettant tous leurs soins à posséder une des plus belles maîtrises de France, afin d'y chanter dignement les louanges du Seigneur.

C'est dans cette solitude propice aux méditations, dans un parc enchanteur aux riches végétations, que Méhul passa les plus belles années de sa vie. Il aimait à le dire et à le répéter. C'est là qu'il reçut les fortes leçons d'Hanser, là aussi qu'il prit pour les fleurs cette passion qui ne le quitta plus. Toute sa vie, il se plut à en cultiver comme il avait fait à Laval-Dieu et ce lui fut souvent d'un grand secours[42].

Il est dans la vie des artistes bien des heures de lassitude, de doute, de découragement. Avec sa nature fine et impressionnable, Méhul les connut plus que tout autre. Il eut

40. Méhul prend des cours avec Wilhelm Hanser dont il devient ensuite l'assistant.

41. Compositeur, harpiste et pédagogue de renom, Jean-Frédéric Edelmann (1749-1794) s'engage d'abord auprès du maire de Strasbourg, Dietrich, qu'il contribue ensuite à faire guillotiner en 1793. Mais accusé d'être un traître, Edelmann sera à son tour guillotiné, six mois plus tard.

42. Massenet se plaira aussi, quelques années plus tard, à entretenir le jardin d'Égreville. Voir aussi, Enquêtes, son portrait documenté dans *L'Écho de Paris* du 8 mars 1892.

à lutter parfois contre la mauvaise fortune, contre les intrigues et les jalousies, même contre les douleurs privées. Dans ces jours d'amertume, Méhul se retournait du côté de ses fleurs et il y retrouvait des horizons roses, des douceurs parfumées. Il s'oubliait en de longues extases devant un parterre où toutes les couleurs se mariaient à ses yeux, comme tous les sons dans son esprit de musicien. Les tulipes surtout le dominaient et il y avait telles [*sic*] d'entre elles aux nuances vives et changeantes qui lui faisaient tourner la tête tout aussi bien qu'une de ces mélodies rares écloses en sa fertile imagination.

On a dit qu'il y avait toujours un serpent caché sous les fleurs. Cela était vrai pour celles de Laval-Dieu, et le serpent prit ici la forme d'une robe de moine. Les parents de Méhul, bonnes gens fort simples, se demandèrent un moment pourquoi leur fils ne la revêtirait pas, cette robe, puisqu'il était si bien accueilli des religieux. Ils ne pensaient pas pouvoir élever plus haut leur ambition.

Eh ! mon Dieu, Méhul eût peut-être fait un excellent moine, mais quel artiste nous aurions perdu !

Les chanoines pourtant n'eussent pas demandé mieux, tant ils avaient pris en affection leur jeune élève. Heureusement celui-ci n'avait reçu qu'une éducation très rudimentaire et à toutes les avances il put répondre : « Je ne sais pas le latin », comme l'ingénue de Molière répondait : « Je ne sais pas le grec » aux savantins qui voulaient l'embrasser[43].

Et le voilà parti pour Paris, la ville où l'on trouve la gloire, mais au prix de quelles luttes et de quelles misères ! Méhul souffrit des unes et des autres, touchant de l'orgue dans les églises et courant le cachet pour vivre médiocrement. Mais il eut bientôt des bonheurs inespérés.

Gluck, le grand Gluck, s'intéressa à lui et lui prodigua ses précieux conseils. Il y a plus d'une affinité entre le génie de ces deux illustres musiciens, et Méhul devait accomplir dans la forme de l'opéra-comique la même révolution que celle qu'avait accomplie Gluck dans l'opéra. Aux ariettes de Philidor il fit succéder des accents plus mâles et même, délaissant la petite flûte aimable qui régnait alors en souveraine à la salle Favart, il ne craignit pas d'y emboucher la trompette épique dès son premier ouvrage, cette *Euphrosine*[44] qui fut une révélation et provoqua dans tout Paris un véritable enthousiasme.

Un maître artiste était né à la France.

D'autres, et parmi eux mon éminent ami Arthur Pougin, vous ont dit dans leurs études sur Méhul[45], bien mieux que je ne saurais le faire, toute la glorieuse série des ouvrages qui suivirent *Euphrosine*, et ont fait ressortir les mérites de *Stratonice*[46],

43. Allusion à une réplique d'Henriette dans *Les Femmes savantes* de Molière.

44. *Euphrosine, ou le Tyran corrigé*, comédie en trois actes, créée à la Comédie-Italienne (Favart), le 4 septembre 1790.

45. Arthur Pougin est l'auteur d'une monographie (*Méhul : sa vie, son génie, son caractère*, Paris, Fischbacher [1889], 1893), dédiée à Ambroise Thomas, dans laquelle Massenet a largement puisé pour construire son discours.

46. *Stratonice*, comédie-héroïque en un acte, créée à la Comédie-Italienne (Favart), le 3 mai 1792.

d'*Ariodant*[47], d'*Adrien*[48], de l'*Irato*[49], du *Jeune Henry*[50] et surtout de cet incomparable *Joseph*[51], qui passe immuable à travers les âges dans son éternelle beauté.

J'aime à me reporter à ces temps héroïques de la musique où l'opéra moderne, secouant les formes pédagogiques qui l'enserraient, sortait si superbement de ses langes, servi par cette grande pléiade d'artistes qu'on appelait Cherubini, Lesueur, Spontini, Grétry, Berton ; et je dis moderne avec intention, car ce sont eux qui ont ouvert les voies que nous suivons encore. Sans doute la palette orchestrale a pu s'enrichir avec l'armée des instruments qui s'augmentait ; on apporte peut-être à la musique de nos jours plus de raffinements, plus de recherches, plus de coloris et de pittoresque, mais on ne saurait y mettre plus de noblesse, plus de foi, plus d'ampleur que ces rudes pionniers d'un art qu'ils ont créé.

Méhul était à leur tête et conduisait le mouvement. Il eut tous les honneurs, tous les succès. Il fut le premier musicien nommé à l'Institut de France, il fut aussi le premier dans la Légion d'honneur[52]. C'était donc une sorte de préséance qu'on lui reconnaissait et devant laquelle, d'ailleurs, ses rivaux, qui étaient tous ses amis, s'inclinaient sans la moindre arrière-pensée. Et comment ne l'eût-on pas aimé, cet homme qui, en dehors de son rare talent, était si excellent, si bon, si aimable pour tous ? Il mettait du charme et de l'esprit, nous dit un de ses biographes, jusque dans le simple bonjour qu'il vous donnait.

Et voyez, messieurs, comme le génie rayonne éternellement à travers les siècles. Voilà cent trente années que Méhul naquit dans cette ville de Givet, et son souvenir y grandit toujours. Aujourd'hui, c'est l'apothéose ; et nous voici tous réunis autour de la statue que viennent de lui ériger ses concitoyens reconnaissants. Rendons hommage à la forte volonté de votre maire, M. Lartigue, qui a mené à bien cette entreprise, et au talent du sculpteur, M. Croisy, qui nous rend si vivante cette image chère et glorieuse.

Non seulement, par cette belle manifestation, vous honorez la mémoire de Méhul, mais vous vous honorez grandement vous-mêmes, et vous honorez la France aussi. Il ne saurait nous déplaire qu'à l'extrémité de notre pays et sur sa limite même, ce soit tout d'abord la statue d'un musicien illustre qu'on découvre en entrant chez nous. C'est comme une étiquette d'art donnée à la patrie ; c'est plus encore quand ce musicien s'appelle Méhul et qu'il a écrit *Le Chant du départ* – ce frère jumeau de notre *Marseillaise* – qui retentit si souvent à l'heure du danger parmi les armées de la première République[53].

47. *Ariodant*, drame mêlé de musique en trois actes, créé à l'Opéra-Comique, le 11 octobre 1799.

48. *Adrien*, opéra en trois actes, créé à l'Opéra, le 4 juin 1799.

49. *L'Irato ou L'Emporté*, comédie-parade en un acte, créé à l'Opéra-Comique, le 17 février 1801.

50. *Le Jeune Henry*, drame lyrique en deux actes, créé à l'Opéra-Comique, le 1er mai 1797.

51. *Joseph*, drame mêlé de chants en trois actes, créé à l'Opéra-Comique, le 17 février 1807.

52. Membre fondateur de l'Institut en 1795, Méhul est nommé dans l'ordre de la Légion d'honneur en 1804.

53. *Le Chant du départ* (1794) était chanté par les troupes révolutionnaires au même titre que *La Marseillaise* (1792).

Tournez-la donc du côté de la frontière, la statue du musicien patriote dont les chants enflammés entraînèrent les fils de la France à la défense du sol sacré. Mettez-y des lyres et des roses, des lyres pour symboliser son génie, des roses parce qu'il les aima tendrement, mais n'oubliez pas d'y joindre le clairon qui sonne la victoire.

6

[FUNÉRAILLES D'AMBROISE THOMAS] *

Massenet suivi les cours d'Ambroise Thomas (1811-1896) d'octobre 1860 à juillet 1863, date à laquelle il obtint son premier grand Prix de Rome. Il fréquentait peut-être encore la classe peu avant son départ pour la Villa Médicis, le manuscrit de son *Ouverture de concert opus 1* portant la date du 29 novembre 1863 avec, sur la page de titre, la mention autographe « Classe de Mr. Ambroise Thomas »[54]. Par la suite, les deux hommes entretiennent une relation amicale sans ombrage, Massenet éprouvant une affection filiale pour un auteur dont il est l'héritier le plus marquant sur un plan esthétique. Le discours suivant fut prononcé au nom de la Société des auteurs et compositeurs dramatiques, à Paris au cimetière de Montmartre, le 22 février 1896, lors des obsèques de Thomas.

Messieurs,

On rapporte qu'un roi de France, mis en présence du corps étendu à terre d'un puissant seigneur de sa cour, ne put s'empêcher de s'écrier : « Comme il est grand ! »[55]

Comme il nous paraît grand aussi celui qui repose ici devant nous, étant de ceux dont on ne mesure bien la taille qu'après leur mort ! À le voir passer si simple et si calme dans la vie, enfermé dans son rêve d'art, qui de nous, habitués à le sentir toujours à nos côtés pétri de bonté et d'indulgence, s'était aperçu qu'il fallait tant lever la tête pour le bien regarder en face ?

Et c'est à moi que des amis, des confrères de la Société des auteurs ont confié la douloureuse mission de glorifier ce haut et noble artiste, alors que j'aurais encore bien plus d'envie de le pleurer. Car elle est profonde notre douleur, à nous surtout, ses disciples, un peu les enfants de son cerveau, ceux auxquels il prodigua ses leçons et ses conseils, nous donnant sans compter le meilleur de lui-même dans cet apprentissage de la langue des sons qu'il parlait si bien. Enseignement doux parfois et vigoureux aussi, où semblait se mêler le miel de Virgile aux saveurs plus âpres du Dante, – heureux alliage

---

* [Funérailles d'Ambroise Thomas] dans Henri Moreno [Henri Heugel], « Les obsèques d'Ambroise Thomas », *Le Ménestrel*, 62ᵉ année, n° 8, 23 février 1896, p. 58; repris dans *Funérailles d'Ambroise. Institut de France. Académie des beaux-arts*, Paris, Imprimerie de Firmin-Didot, 1896, puis dans *Mes souvenirs*, Paris, Pierre Lafitte & Cie, 1912, p. 312-314.

54. *Ouverture de concert* opus 1, partition d'orchestre, Ms autographe, BnF, Département de la musique, Ms. 4265.

55. Devant la dépouille du Duc de Guise qu'il venait de faire assasiner, Henri III se serait exclamé, le 23 décembre 1588 : « Il est plus grand mort que vivant ! ».

dont il devait nous donner plus tard la synthèse dans ce superbe prologue de *Françoise de Rimini*, tant acclamé aux derniers concerts de l'Opéra[56].

Sa Muse, d'ailleurs, s'accommodait des modes les plus divers, chantant aussi bien les amours joyeuses d'un tambour-major que les tendres désespoirs d'une Mignon. Elle pouvait s'élever jusqu'aux sombres terreurs d'un drame de Shakespeare, en passant par la grâce attique d'une Psyché ou les rêveries d'une nuit d'été[57].

Sans doute il n'était pas de ces artistes tumultueux qui font sauter toutes les cordes de la lyre, pythonisses agitées sur des trépieds de flammes, prophétisant dans l'enveloppement des fumées mystérieuses. Mais, dans les arts comme dans la nature, s'il est des torrents fougueux, impatients de toutes les digues, superbes dans leur furie et s'inquiétant peu de porter quelquefois le ravage et la désolation sur les rives approchantes, il s'y trouve aussi des fleuves pleins d'azur qui s'en vont calmes et majestueux, fécondant les plaines qu'ils traversent.

Ambroise Thomas eut cette sérénité et cette force assagie. Elles furent les bases inébranlables sur lesquelles il établit partout sa grande renommée de musicien sincère et probe. Et quand quelques-uns d'entre nous n'apportent pas dans leurs jugements toute la justice et toute l'admiration qui lui sont dues, portons vite nos regards au-delà des frontières, et quand nous verrons dans quelle estime et dans quelle vénération on le tient en ces contrées lointaines, où son œuvre a pénétré glorieusement, portant dans ses pages vibrantes un peu du drapeau de France, nous trouverons là l'indication de notre devoir. N'étouffons pas la voix de ceux qui portent au loin la bonne chanson, celle de notre pays.

D'autres avant moi, et plus éloquemment, vous ont retracé la lumineuse carrière du Maître que nous pleurons[58]. Ils vous ont dit quelle fut sa noblesse d'âme et quel fut aussi son haut caractère. S'il eut tous les honneurs, il n'en rechercha aucun. Comme la Fortune pour l'homme de la fable, ils vinrent tous le trouver sans qu'il y songeât, parce qu'il en était le plus digne.

C'est donc non seulement un grand compositeur qui vient de disparaître, c'est encore un grand exemple.

56. Voir *Mes souvenirs*, chapitre XXI.

57. Allusions successives au *Caïd* (Opéra-Comique, 1849), *Mignon* (Opéra-Comique, 1866), *Hamlet* (Opéra, 1867), *Psyché* (Opéra-Comique, 1857, 1878) et au *Songe d'une nuit d'été* (Opéra-Comique, 1850).

58. S'exprimèrent notamment Louis-Albert Bourgault-Ducoudray, Henry Roujon, Léon Bonnat ou Théodore Dubois.

7

Centenaire d'Hector Berlioz *

Massenet fréquenta Berlioz, notamment au Théâtre-Lyrique où, pendant les représentations d'*Orphée* avec Pauline Viardot, Berlioz aurait apprécié la justesse des timbales du jeune percussionniste[59]. Mais, si une partition dédicacée des *Troyens* témoigne aussi de cette relation, Massenet subit modérément l'influence de son aîné, car il n'adhérait probablement pas entièrement à ses conceptions révolutionnaires. Au-delà de liens esthétiques relativement diffus, on relève plutôt dans ses œuvres des relations intertextuelles qui témoignent de son rapport singulier à l'histoire de la musique : Massenet aime à citer des extraits significatifs des chefs-d'œuvre que le temps a consacrés, comme l'« Invocation à la nature » dans *Werther*. Il prononça son discours à Monaco, le 7 mars 1903, au nom de l'Institut, lors de l'inauguration d'un monument élevé à l'occasion du centenaire de la naissance de Berlioz.

Messieurs,

C'est le propre du génie d'être de tous les pays.

À ce titre Berlioz est partout chez lui ; il est le citoyen de l'entière humanité.

Et pourtant il passa dans la vie sans joie et sans enchantement. On peut dire que sa gloire présente est faite de ses douleurs passées. Incompris, il ne connut guère que les amertumes. On ne vit pas la flamme de cette énergique figure d'artiste, on ne fut pas ébloui de l'auréole qui le couronnait déjà.

N'est-ce donc pas une merveille singulière de voir cet homme, qui avait de son vivant l'apparence d'un vaincu, créature malheureuse et tourmentée, chercheur d'un idéal qui toujours semblait se dérober, pionnier d'art haletant et de soif inapaisée, musicien de misère souvent lapidé, se redresser tout à coup après sa mort, ramasser les pierres qu'on lui jetait pour s'en faire un piédestal et dominer tout un monde !

C'est que sous cette enveloppe de lutteur acharné et succombant à la peine brûlait une âme ardente de créateur, de ces âmes qui vivifient tout autour d'elles, qui apportent à chacun un peu de leur lumière, de leurs hautes aspirations, âmes généreuses qui ne s'élèvent pas seules, mais qui élèvent en même temps les âmes des autres hommes. Nous devons tous à Berlioz la reconnaissance qu'on doit à un bienfaiteur, à un dispensateur de grâce et de beauté.

Autour de ce groupe d'art, qui nous apparaît presque, dans sa pure et sainte blancheur, comme un monument expiatoire, nous voici réunis non seulement dans un sentiment de même admiration, mais encore avec la ferveur pieuse de pécheurs repentants.

Le voilà donc sur son rocher, à Monte-Carlo, le Prométhée musicien, l'Orphée nouveau qui fut déchiré par la plume des écrivains comme autrefois l'ancien par la griffe des Ménades. Mais le rocher est ici couvert de roses ; l'aigle dévorant s'en est enfui pour

---

* « Centenaire d'Hector Berlioz », *Le Ménestrel*, 69 e année, n o 11, 15 mars 1903, p. 84 ; repris en fascicule (*Centenaire de Hector Berlioz. Institut de France. Académie des beaux-arts*, Paris, Imprimerie de Firmin-Didot, 1903), puis dans *Mes souvenirs*, Paris, Pierre Lafitte & C ie, 1912, p. 315-318.

59. Voir Georges Cain, *Promenades dans Paris*, Paris, Flammarion, [s. d.], p. 334.

toujours. Berlioz y connaîtra dans l'apothéose le repos qu'il chercha vainement dans la vie. La mort, c'est l'apaisement, et cet autel de marbre, c'est la déification.

S'il pouvait vivre encore, qu'il serait heureux de ce pays d'enchantement qui l'entoure et comme il y trouverait ses rêves épanouis.

Le long de ces pentes fleuries qui montent en serpentant vers le ciel, son esprit d'illusion croirait voir la Vierge avec Jésus gravissant la rude montagne pour se diriger vers Bethléem. Voici les palmiers qui abritèrent l'enfance du Christ.

Contraste saisissant, n'est-il pas, sur ces mêmes côtes souvent rugueuses de la Turbie, des coins désolés, des pierres arides, des chaos terrifiants où dans la nuit noire on croirait suivre la Course à l'abîme, la chevauchée sinistre de Faust et de Méphistophélès.

Mais, en redescendant vers la rive, sous ces berceaux, dans ces allées mystérieuses, on pourrait entendre les soupirs de Roméo promenant sa tristesse. La Fête chez Capulet n'est pas loin; j'en entends souvent les fanfares joyeuses et les orchestres impétueux.

Ne croyez-vous pas aussi que les ombres d'Énée et de Didon aimeraient à errer sous ces voûtes de verdure épaisse et parfumée et à chanter leur amour au bord des flots murmurants, dans la chaude volupté d'une nuit d'été, sous les lueurs blanches des étoiles[60] ?

Il dormira ainsi dans son rêve jusqu'au jour du jugement dernier, où les trompettes fulgurantes de son *Requiem* grandiose viendront le réveiller, en ranimant ce marbre pour en tirer son âme glorieuse.

Ainsi donc et jusque-là, cet agité dans la vie aura pu contempler le calme de cette mer clémente; ce pauvre verra dans les airs comme des ruissellements d'or; ce cœur ulcéré sentira monter jusqu'à lui en un baume l'odeur des lis et des jasmins.

Oui! c'était bien ici sa terre d'élection, celle où l'on devait faire à son œuvre maîtresse, la *Damnation*, un si enthousiaste accueil en en animant encore davantage les personnages, en les transportant sur la scène, en les entourant du prestige des costumes et des décors merveilleux que le prince de Monaco a voulu pour cette adaptation qui est son œuvre et qu'il a maintenue malgré les attaques des malveillants[61].

Combien Son Altesse est récompensée aujourd'hui en voyant que l'Italie et l'Allemagne, ces deux patries de la musique et de la poésie, ont suivi son impulsion et triomphent avec ses idées[62].

Tournons-nous donc à présent vers le prince magnanime auquel Berlioz a dû cette rosée bienfaisante, remercions ce prince de la science qui est aussi le protecteur des arts[63].

---

60. Allusions respectives à *La Damnation de Faust* (1846), à *Roméo et Juliette* (1839) et aux *Troyens* (1863).

61. Raoul Gunsbourg avait adapté à la scène la *Damnation*, ajoutant des récits et modifiant l'ordre des scènes, ce qui suscita, entre autres, les foudres de Debussy : « Le résultat donna une œuvre où les artifices de la féerie se mêlèrent aux agréments qu'offrent les Folies-Bergère ». Claude Debussy, « Berlioz et M. Gunsbourg », *Gil Blas*, 8 mai 1903; repris dans Claude Debussy, *Monsieur Croche et autres écrits*, éd. François Lesure, Paris, Gallimard, 1987, p. 171.

62. L'œuvre de Berlioz est en effet portée à la scène en Italie et en Allemagne, notamment en 1902, à Hambourg puis à la Scala de Milan. Voir *La Damnation de Faust*, numéro thématique de *L'Avant-scène Opéra*, n° 22, 1979, p. 78.

63. Assistaient aussi à la cérémonie, quelques hommes politiques locaux, Jules Combarieu, représentant du gouvernement français, et Albert Ier de Monaco.

En cette terre qui semble un paradis, si chaude et si colorée, en ce jardin des Hespérides qu'aucun dragon jaloux ne garde, dans ces transparences et dans ces clartés, il nous apparaît en vérité comme le roi du Soleil.

8

TOAST PRONONCÉ PAR M. MASSENET, MEMBRE DE L'INSTITUT, PRÉSIDENT DE L'ACADÉMIE DES BEAUX-ARTS, AU NOM DE L'ACADÉMIE DES BEAUX-ARTS [MONACO, INAUGURATION DU MUSÉE OCÉANOGRAPHIQUE, 30 MARS 1910] *

Les quatre discours de 1910 furent rédigés par Henri Heugel sous le regard de Massenet, qui a pu en réécrire certains[64]. Celui du 30 mars fut prononcé par Henry Roujon, Massenet, indisposé, ayant été contraint de rester alité. Il s'inscrivait dans une série de festivités qui, en présence de leur commanditaire Albert Ier de Monaco, accompagnèrent pendant plusieurs jours l'inauguration du Musée océanographique du 29 mars au 1er avril 1910. Ainsi, une cantate de Massenet, *La Nef triomphale*, composée expressément pour l'occasion, fut interprétée lors du concert inaugural donné la veille, le 29 mars[65].

Monseigneur,

Sept ans déjà – le temps vole comme la parole – sept ans se sont écoulés, Monseigneur, depuis le jour merveilleux où, dans une véritable fête de la nature, au milieu des brises parfumées et des clartés de Votre terre de paradis, Vous nous aviez convié à célébrer, autour de son monument, la gloire d'un musicien français illustre entre tous, celle d'Hector Berlioz.

Il me souvient qu'en cette journée resplendissante, j'avais pu, sans hyperbole, tant la nature qui nous entourait s'y prêtait, Vous proclamer le « Roi du Soleil »[66].

Aujourd'hui que Vous nous convoquez dans ce palais nouveau, dans cet Institut élevé à la gloire de la Science où Vous avez réuni, en collections rares, le fruit de Vos recherches et le résultat de Vos travaux, ne pourrait-on ajouter que Vous êtes aussi le vainqueur des ombres et des brouillards. Car c'est souvent aux mers polaires, dans les brumes, dans les fjords et des icebergs, que vous avez dirigé Votre nef audacieuse et jeté Votre sonde au plus profond des ondes pour en scruter les mystères et en rapporter les

* « Toast prononcé par M. Massenet, Membre de l'Institut, Président de l'Académie des Beaux-Arts, au nom de l'Académie des beaux-arts », Ms autographe, [s. l. n. d.], 8 ff., Monaco, Musée océanographique, dossier « Inauguration du Musée océanographique de Monaco (29 mars-1er avril 1910) ; Discours, conférences et toasts » ; *Discours prononcés à l'occasion des fêtes d'inauguration du Musée océanographique de Monaco*, [s. l.], s. éd., Draeger Imp., [1910], p. 39-41.

64. Voir nos Prolégomènes.

65. Voir *Mes souvenirs*, chapitre XXV.

66. Voir discours précédent du 7 mars 1903.

découvertes les plus précieuses, les études les plus inattendues sur une faune et une flore sous-marines encore inconnues.

Et alors, Monseigneur, que tout semblait devoir Vous attacher au rivage, en cette terre véritablement attique, où l'existence humaine peut couler si mollement en face des flots bleus d'une Méditerranée douce et clémente, alors qu'il eut semblé opportun de s'abandonner, nouveau Périclès, au culte exclusif des arts et des lettres qui sont le délice de la vie, ou à celui des œuvres de charités qui en sont la bonté, Vous avez aspiré à un devoir plus élevé encore, en servant la Science qui en est peut-être la raison.

Et ce vaisseau que nous voyons se balancer au milieu de la baie, dans ce port, avec les allures trompeuses d'un yacht de plaisance, destiné aux croisières de joie, Vous l'avez arraché rudement au calme des mers ensoleillées pour le lancer vers les Océans de glace qui sont au Nord – bateau somptuaire transformé en une sorte de laboratoire flottant, où l'on menait la vie sérieuse à la recherche de vérités nouvelles[67].

Puis, un autre jour – et ce fut Votre récompense – Vous avez pu édifier ici même ce palais de la Science qui se dresse si superbement et qu'on voit, du large, de tous les horizons qu'il domine, comme un phare de clarté, comme un symbole de civilisation et de progrès.

Ce sont là vos conquêtes, Monseigneur, et ce sont les plus belles que Vous puissiez rêver, conquêtes de la paix, les seules durables, de cette paix que Vous aimez pour tous et que Vous avez contribué à maintenir entre tous[68].

Et c'est pour cela que vous Vivez entouré d'hommages, et mieux encore, d'affections respectueuses.

Mais, humble musicien, et servant trop peu autorisé des choses de la politique et de la Science[69], j'ai voulu seulement Vous porter ici, Monseigneur, les vœux de l'Académie des beaux-arts, les félicitations des artistes reconnaissants de tout ce que Vous avez fait pour eux[70], autant que pour les savants eux-mêmes.

De tout cœur, nous vous saluons donc, Prince de lumière, Prince de concorde, Prince de science et d'art, Prince utile.

---

67. À partir de 1873, Albert Ier de Monaco (1848-1922) se dote de bateaux qu'il fait transformer en navires scientifiques pour mener ses expéditions (de 1898 à 1910, il navigue avec le *Princesse-Alice II*). À ce titre, il fut élu en 1909 membre associé étranger de l'Académie des Sciences dont il était membre correspondant depuis 1891.

68. Albert Ier œuvra longuement en faveur d'un rapprochement entre la France et l'Allemagne pour éviter un nouveau conflit. En avril 1907, Massenet sera ainsi l'hôte du prince à Berlin, avec Saint-Saëns et Xavier Leroux, pour accompagner la troupe de l'Opéra de Monte-Carlo venu donner du 3 au 13 avril, en présence de l'Empereur Guillaume II, plusieurs représentations d'ouvrages français ou italiens parmi lesquels figuraient *Théodora* de Xavier Leroux, des extraits d'*Hérodiade* de Massenet et de *Samson et Dalila* de Saint-Saëns.

69. Dans le manuscrit autographe, cette phrase était plus longue, le passage suivant ayant été biffé : « Mais, l'humble musicien, et servant trop peu autorisé des choses de la politique et de la Science, ça n'est pas après les belles et savantes paroles de mon éminent confrère de l'Académie des Sciences que je puis m'avancer davantage sur un terrain trop ignoré et qu'il peut si bien revendiquer comme sien. J'ai voulu [...]. »

70. Sans compter Massenet ou Saint-Saëns, avec *Hélène* (1904) et *Déjanire* (1911), Puccini et Fauré allaient aussi bénéficier des largesses d'Albert Ier, puisque *Pénélope* et *La Rondine* seront créées à Monaco respectivement en 1913 et 1917.

9

[Funérailles d'Emmanuel Frémiet] *

Encore affaibli par son hospitalisation d'août 1910[71], Massenet, alors président de l'Académie des beaux-arts, ne put prononcer son discours qui fut lu à Paris, le 15 septembre 1910, par l'architecte et académicien Honoré Daumet. Ses liens avec Frémiet semblent avoir été seulement institutionnels.

Messieurs et chers confrères,

Un deuil immense vient de frapper l'Institut!... Il a perdu l'un de ses membres les plus illustres[72]! C'est, de nouveau, l'Académie des beaux-arts où la mort impitoyable a cherché sa victime!

Frémiet, notre grand Frémiet n'est plus!... Notre désolation en est profonde, elle nous laisse inconsolables!...

Enfant de Paris, de ce Paris qu'il aimait tant et dont il fut l'orgueil, la renommée d'Emmanuel Frémiet eut tôt fait de franchir les limites de sa patrie, pour rayonner de son pur éclat dans le monde entier.

Ses œuvres, considérables par leur nombre et leur diversité, lui survivront, portant l'empreinte de son talent génial. Elles laisseront un sillon lumineux dans l'histoire de la sculpture française.

Éloigné de toute prétention, il avait, quand il le fallait, le sourire qui sait faire valoir et aimer la pensée créatrice. Il avait un don merveilleux de l'à-propos et de la mesure.

Emmanuel Frémiet était lui-même.

Ce qui caractérisait le talent si fort, si personnel de Frémiet, c'était aussi l'esprit. Son esprit ingénieux et nerveux était habile à choisir ses sujets; il les composait avec une mesure, avec une malice exquises. On a pu avancer avec raison, de lui, que de tous les sculpteurs de son temps il fut le plus cultivé.

Dans la science de la mythologie, il se montra admirable, comme il le fut en archéologie, respectant avec un scrupule extrême la vérité, l'exactitude historique.

Après *Le Cavalier gaulois* et *Le Cavalier romain*, après *La Statue équestre de Louis d'Orléans*, chef-d'œuvre d'une beauté sans égale, après *Le Centaure Térée*, emportant un enfant dans ses bras, et le *Faune taquinant de jeunes oursons*, après avoir traité *L'Homme à l'âge de pierre*[73], il nous donna cette œuvre si tragique : *Gorille enlevant une femme*[74].

---

* *Funérailles de M. E. Frémiet. Institut de France, Académie des beaux-arts*, Paris, Imprimerie de Firmin-Didot, 1910; repris dans *Mes souvenirs*, Paris, Pierre Lafitte & Cie, 1912, p. 319-322.

71. Voir *Mes souvenirs*, chapitre XXVII.

72. Emmanuel Frémiet (1824-1910) était entré à l'Institut en 1892.

73. *Cavalier gaulois* ou *Chef gaulois* (1864); *Cavalier romain* (1866); *Louis d'Orléans* (1870); *Centaure Térée* (1/1861; 2/1900); *Faune taquinant de jeunes oursons* ou *Pan et Ours* (1864); *L'Homme à l'âge de pierre* ou *Chasseurs d'ours* (1897).

74. C'est au salon de 1887 que Frémiet reçoit une médaille d'honneur avec son *Gorille enlevant une femme*, seconde version d'une statue dont la première, datée de 1859, avait été refusée au Salon puis détruite par malveillance.

Frémiet était alors en plein épanouissement de son éblouissant, de son merveilleux talent. La médaille d'honneur au Salon de 1888 devait venir lui dire l'universelle admiration que, dès longtemps d'ailleurs, il avait su inspirer à la foule de ses contemplateurs.

L'artiste fut toujours soucieux de la vérité et des leçons de l'histoire. Sa *Jeanne d'Arc* en est l'éclatant témoignage. Elle a fait décerner à Frémiet la glorieuse appellation de précurseur.

En reproduisant cette page inoubliable de l'histoire de son pays, en donnant à sa *Jeanne d'Arc* cet aspect délicat, tout en laissant à l'héroïne le visage décidé et énergique, en la plaçant, contraste voulu, sur un de ces robustes chevaux du Perche comme les utilisaient, dans leurs chevauchées, les hommes bardés de fer du moyen âge, Frémiet a supérieurement rendu, dans sa profonde et parfaite éloquence, ce qu'on a nommé la philosophie, la leçon à tirer de l'histoire, par la statuaire[75]. Il est passé maître en ce genre.

Notre illustre confrère portait avec une modestie souriante le poids de ses glorieux travaux. Il suivait, avec une ponctualité qu'aucun de nous n'a oubliée, les séances de l'Académie des beaux-arts, montrant sa belle et verte vieillesse, prenant la part la plus consciencieuse à ses travaux, servant ainsi d'exemple aux plus tard venus dans la carrière ; et quand, dans ces temps récents, en pleine inondation, force fut, pour arriver à l'Institut, d'y aborder en canots, il ne fut pas le dernier à prendre séance[76] !

Son cœur était à la fois généreux et tendre, et sa conversation n'avait rien de ce marbre glacial qu'il savait si admirablement sortir de sa froidure pour lui imprimer sa chaleur et sa vie.

Il y a peu de semaines, nous étions avec lui à l'Institut, dont il était le patriarche vénéré, et il nous parlait de sa mort (la pressentait-il déjà prochaine ?) avec une sérénité, une résignation admirables ; nous l'écoutions silencieux, émus. Nous ne pensions pas que l'heure suprême dût si tôt sonner pour notre cher et grand maître.

Rien des honneurs que l'on décerne aux vivants ne lui aura manqué ; peut-être la grand-croix de la Légion d'honneur, dont il n'était que grand-officier, mais si ce suprême honneur lui faisait défaut, l'opinion publique le lui avait depuis longtemps décerné[77], de telle sorte que nous pouvons réellement dire de Frémiet que rien ne manqua à sa gloire, mais que, par son trépas, désormais, il manque à la nôtre.

Adieu, Frémiet, adieu vaillant et illustre Français, tu peux rejoindre avec la conscience tranquille, avec la sereine conviction du devoir accompli, ce séjour large ouvert à ceux qui, comme toi, ont su remplir leur existence de sublimes travaux, leçons précieuses pour les générations futures.

75. La première version de cette statue, maintes fois reproduite et modifiée, date de 1874. Une des plus célèbres est érigée sur la place des Pyramides à Paris.

76. Allusion aux inondations parisiennes de 1910.

77. Massenet songe bien évidemment à lui qui, quelques mois auparavant, s'était retrouvé en compétition avec Saint-Saëns pour recevoir la suprême distinction mais en vain, aucun des deux n'ayant été distingué. Seul Saint-Saëns sera élevé à ce grade mais en 1913, soit après la mort de son concurrent.

Adieu ! Pas plus que les êtres chers à ton cœur, que tu as tant aimés et que tu laisses après toi, pas plus que notre éminent confrère Gabriel Fauré, auquel tu donnas l'une de tes filles chéries [78], l'Académie des beaux-arts, elle non plus, ne saura t'oublier.

10

Séance publique annuelle des cinq Académies [: discours d'ouverture] *

Prononcés à quelques jours d'intervalles à l'Institut, les 25 octobre et 5 novembre 1910, les deux grands discours de l'automne 1910 se complètent, se ressemblent et relèvent de l'exercice de style, même si le premier fut prononcé devant les membres des cinq académies [79] et le second dans le cadre plus restreint de l'Académie des beaux-arts dont Massenet occupe un siège depuis 1878 : rendre avant tout hommage aux académiciens ou membres correspondants de l'Institut récemment disparus. On peut cependant y déceler quelques éléments éclairant la personnalité de Massenet, comme sa passion pour l'astronomie ou son engagement en faveur du Prix de Rome et du séjour à la Villa Médicis, alors fort controversé.

Messieurs,

C'est la roue de la Fortune, qui n'a jamais été plus aveugle – ou bien encore la malice de mes confrères les artistes – qui m'a porté jusqu'à ce fauteuil, où m'échoit l'honneur redoutable de présider l'une de ces séances annuelles où se trouvent réunies les cinq Académies. Lourde tâche pour un pauvre compositeur que les questions scientifiques et littéraires ont toujours vivement intéressé, mais auquel la tyrannie des doubles croches n'a laissé le loisir d'en approfondir aucune.

Cependant, un musicien déjà – mais celui-là de haute taille et de grande envergure – s'est ainsi trouvé à votre tête, en pleine Sorbonne cette fois, pour célébrer, en 1895, le glorieux centenaire de l'Institut de France. C'était mon maître vénéré Ambroise Thomas. Certains de ceux qui sont ici se rappellent assurément sa noble figure, sa belle tenue, la sobriété et l'élévation de son éloquence, en cette solennelle circonstance [80]. Avec l'émotion du souvenir et du culte reconnaissant que je lui dois, vous me permettrez de me placer ici sous sa protection.

---

78. Fauré avait épousé Marie Frémiet en mars 1883.

* « Séance publique annuelle des cinq Académies : discours de M. Jules Massenet », *Le Temps*, supplément au numéro du 26 octobre 1910; repris en fascicule (*Séance publique annuelle des cinq académies du mardi 25 octobre 1910*, Paris, Imprimerie de Firmin-Didot, 1910) puis dans *Mes souvenirs*, Paris, Pierre Lafitte & Cie, 1912, p. 323-339.

79. Académie française, Academie des inscriptions et belles-lettres, Académie des sciences, Académie des beaux-arts et Académie des sciences morales et politiques.

80. Le 24 octobre 1895, au lendemain d'un spectacle mêlant musique et déclamation poétique ou théâtrale, Ambroise Thomas prit brièvement la parole en premier à la Sorbonne où le président de la République reçut les membres et correspondants de l'Institut.

Pour chanter dignement nos cinq Académies, il eût fallu cette lyre antique à cinq cordes, que les hellénistes appellent pentacorde. Je n'en ai pas trouvé, par l'excellente raison que c'est là, paraît-il, un instrument presque fabuleux et que l'on n'est même pas certain qu'il ait existé. Si M. Henri Weil[81], le premier de vos confrères dont nous aurons à déplorer la perte, était parmi nous, il aurait pu d'une science sûre élucider cette question délicate. Mais voici l'an révolu déjà depuis que l'Académie des Inscriptions et Belles-Lettres a perdu ce grand professeur qui était son doyen, étant né en 1818, à Francfort-sur-le-Main, alors ville libre. Ses études de prédilection le reportaient toujours vers la Grèce antique. Il était comme un Hellène attardé parmi nous, le huitième sage, et se plaisait à vivre dans la rare compagnie d'Eschyle, d'Euripide et de Démosthène, dont il a commenté les œuvres dans des éditions restées fameuses.

En 1848, ne pouvant remonter le cours des temps pour devenir citoyen de l'ancienne Athènes, il choisit la nationalité française sans doute parce qu'il la jugea même dans sa dégénérescence, la plus raffinée, la plus subtile de l'époque présente. On sait ce qu'il ajouta d'honneur au patrimoine de sa patrie d'adoption.

En 1882, il entre à l'Académie, comme porté par Denys d'Halicarnasse lui-même, encore un de ses amis fort anciens.

Faut-il citer ses *Études sur le drame antique*, celles sur l'*Antiquité grecque*, sa longue collaboration au *Journal des savants* et à la *Revue des études grecques*?

Ainsi il arriva jusqu'aux dernières limites de sa vie, toujours souriant et affectueux. Quand son corps affaibli semblait ne plus pouvoir le porter, son cerveau restait lumineux et il suffisait de lui parler de la chère Grèce ou de nouveaux papyrus découverts ici ou là, pour le voir se dresser tout aussitôt, l'œil animé. Ah! pour l'amour du grec, qu'on l'eût alors volontiers embrassé et couronné de roses, le doux vieillard, qui s'éteignit, un soir, comme un souffle, au milieu des odes légères d'Anacréon.

Puis ce fut le tour de M. d'Arbois de Jubainville[82], qui nous quitta également dans un âge fort avancé, puisqu'il était né à Nancy en 1827. Fils d'avocat, il ne trouve sa vocation qu'à l'École des Chartes d'où il sort le premier en 1851 avec une thèse qui fait quelque bruit : *Recherches sur la minorité et ses effets sur le droit féodal.*

C'en était fait! Dès 1852 il est archiviste du département de l'Aube et, dans la solitude des faubourgs de Troyes, il entreprend la série des admirables travaux qui remplirent son existence. Ce qui l'intéresse surtout, c'est la recherche des véritables origines nationales de notre histoire. Et voyez son énergie et son opiniâtreté :

Pour approfondir les mystères de nos premières destinées, il juge que la connaissance du breton d'Armorique lui donnerait des facilités; il l'apprend. Puis constatant que le bas-breton ne suffit pas et qu'il trouverait de nouvelles forces à savoir le gallois, il l'apprend aussi. Amené enfin à reconnaître que l'irlandais a grande importance en un tel objet, il l'apprend encore.

C'en était trop! D'Arbois de Jubainville devait être des vôtres. Il en fut, en 1884. C'est en s'appuyant sur la philologie plus que sur l'archéologie qu'il entreprit de résoudre le problème ardu des origines françaises. Aux illusions dorées du rêve, il

81. Henri Weil (1818-1909), helléniste.

82. Henri d'Arbois de Jubainville (1827-1910), archiviste et linguiste.

opposa la précision rigide du document. Et là, tout en rendant hommage à l'énergie et à la rudesse victorieuse de d'Arbois, les artistes, qui sont de grands enfants, auront parfois le regret qu'on leur ait gâté ces récits, contes de fées si l'on veut, si délicatement sertis, qui bercèrent leur jeunesse et ouvrirent leur imagination.

Il est permis de croire d'ailleurs que d'Arbois de Jubainville s'en rendit compte lui-même, sur la fin de sa vie. Que lui advint-il en effet ? Il fréquentait alors le salon de Gaston Paris[83], si achalandé en gens de lettres remarquables. Il y rencontra de grands esprits, de vastes cerveaux comme ceux de Renan et de Taine ; il s'y frotta à des poètes radieux comme Sully Prudhomme et de Heredia. Ce sont là séductions auxquelles on n'échappe guère. Ce qui devait arriver, arriva. L'imagination prit un jour sa revanche. Où voyons-nous s'endormir le Celte enraciné ? Dans les bras d'Homère, pour la plus grande joie de son confrère Henri Weil. Il se met à approfondir le grec, puisqu'il lui fallait toujours apprendre quelque chose, et, comptant avec la chimère, il écrit L'Épopée homérique ! Ce fut, messieurs, sa dernière signature devant l'Éternel, le « Sésame » qui lui ouvrit les portes du paradis.

Il semble que l'Académie des Inscriptions et Belles-Lettres donne à ses membres un véritable brevet de longévité. Henri Weil disparaît à 90 ans, d'Arbois de Jubainville à 83, et voici Léopold Delisle qui nous laisse à 84[84]. À 32 ans, il était déjà des vôtres et vous avez pu célébrer son jubilé, il y a deux années à peine.

On peut dire que sa gloire tint presque entière dans les quatre murs de la Bibliothèque nationale, mais qu'elle les fit éclater de toutes parts par son intensité même.

Et pourtant il arriva qu'après plus d'un demi-siècle passé dans cette chère bibliothèque, illustrée et remplie de ses travaux, il arriva qu'un décret inattendu dans sa rigueur vint lui rappeler qu'il était temps de songer à la retraite, comme s'il était des limites pour la gloire. L'émotion fut grande dans le pays, à la ville et aux champs, sinon à la cour. Car le nom de Léopold Delisle était partout populaire.

Il sortit de la Bibliothèque, le cœur affligé mais le front haut, comme un général sort d'une ville assiégée et courageusement défendue, avec tous les honneurs de la guerre. Il semblait un vainqueur ouvrant les portes de la place à qui voulait la prendre.

Jusqu'au dernier moment il suivit vos séances et il est mort debout, ainsi qu'il convenait à ce rude travailleur. À quelqu'un des siens qui lui reprochait, en ces derniers temps, de se lever trop matin [*sic*] ne répondit-il pas que « les vieillards devaient faire de longues journées parce qu'ils n'en avaient plus beaucoup à faire ». Parole admirable à graver sur le marbre de sa tombe, car elle est l'indication de toute une vie.

L'Académie des Inscriptions et Belles-Lettres a eu encore le regret de perdre un associé étranger en la personne d'Adolf Tobler, qui professait à Berlin la philologie romane depuis plus de quarante ans. Il était né le 23 mai 1835, près de Zurich.

Il contribua pour sa part, en plein dix-neuvième siècle, aux progrès et à la diffusion des études relatives à notre vieille langue française et à notre ancienne littérature. Et il

83. Massenet aurait-il aussi fréquenté le salon de Gaston Paris (1839-1903) ? Selon Romain Rolland, cet historien et académicien, membre du collège de France, « réunissait à ses soirées, parmi la foule des invités, "toute la musicologie française", comme il disait : elle tenait alors en quatre noms : Pierre Aubry, Maurice Emmanuel, Jules Combarieu et moi… ». Romain Rolland, *Mémoires*, Paris, Albin Michel, 1956, p. 272.

84. Léopold Delisle (1826-1910), archiviste et paléographe.

est curieux de constater que cette œuvre pie fut entreprise à Berlin par un professeur de Zurich. Saluons donc d'un dernier adieu ce savant étranger qui devait aimer notre pays, puisqu'il en aimait les lettres.

Je ne voudrais pas quitter l'Académie des Inscriptions sans signaler ici ce qui fut pour elle le grand événement de cette année, je veux parler des récentes découvertes faites dans la haute Asie. Le 25 février dernier, M. Paul Pelliot est venu rendre compte à l'Académie des résultats de la mission qui lui avait été confiée dans le Turkestan chinois et qu'il a remplie avec une admirable énergie durant trois années. Les ruines explorées dans ces régions, les temples, les grottes à sculptures et à peintures nous révèlent des civilisations insoupçonnées, contemporaines des premiers siècles du christianisme. Mais la découverte la plus étonnante est celle de toute une bibliothèque de manuscrits antérieurs au onzième siècle. Cette bibliothèque se trouvait cachée dans une grotte qui fut murée, apparemment en l'an 1035 de notre ère, et dont l'entrée a été découverte par hasard en 1900, par des moines bouddhistes.

M. Pelliot a été assez heureux pour pouvoir acheter aux moines et rapporter en France, à la Bibliothèque nationale, cinq mille rouleaux, entre autres un manuscrit chinois du cinquième siècle ou du début du sixième siècle, sur soie, admirablement conservé. Quel trésor !

Que sortira-t-il, au point de vue historique, du déchiffrement de cette énorme et inattendue source d'informations ? Connaîtrons-nous l'histoire des migrations des races humaines qui de là sont venues fondre sur l'Europe ? Un avenir prochain nous le dira[85].

Mais il nous faut reprendre la liste funèbre. L'Académie des Sciences n'a pas été parmi les plus épargnées, ayant perdu deux de ses membres : M. Bouquet de la Grye et Maurice Lévy.

Nous ne suivrons pas M. Bouquet de la Grye[86] dans toutes les étapes de sa carrière d'ingénieur explorateur, en Nouvelle-Calédonie, où le bateau qui le portait fait naufrage, en Égypte, à Saint-Jean-de-Luz dont il sauve la plage par la surélévation du récif Artha, au port de la Rochelle, à l'île Campbell et au Mexique pour y observer le passage de Vénus. C'est un an après son retour que vous l'appelez parmi vous. Son dernier rêve, vous le connaissez tous, c'était de faire de Paris un port de mer. Il n'aura pas vu la réalisation de ses plans grandioses, malgré les quinze années de lutte qu'il y consacra. D'autres recueilleront ce qu'il aura semé. L'idée d'ailleurs semble avoir perdu aujourd'hui de son intérêt, puisque les temps sont proches où nous verrons flotter au-dessus de nos têtes des bateaux aériens. À quoi bon dès lors les ports et les canaux !

L'Académie des Sciences vient d'être très éprouvée par la mort toute récente de Maurice Lévy[87]. Quand on lit, dans la notice nécrologique que lui a consacrée le président Émile Picard, l'étendue et la variété de ses travaux, on reste confondu. C'était une sorte de cerveau encyclopédique, d'un ressort et d'une lucidité incomparables, qui

85. Le fonds Paul Pelliot (1878-1945) de la BnF rassemble des documents majeurs pour la connaissance de la Chine médiévale.

86. Jean Jacques Anatole Bouquet de la Grye (1827-1909), ingénieur hydrographe et astronome français.

87. Maurice Lévy (1838-1910), mécanicien et ingénieur des Ponts et Chaussées.

put s'attaquer à tous les sujets scientifiques et s'en rendre maître avec une merveilleuse dextérité.

Ce sont là d'ailleurs questions extrêmement délicates, sur lesquelles il est difficile et peut-être dangereux pour un musicien de disserter longuement. En toute humilité, il me faut déclarer n'être pas certain d'en avoir tout pénétré et peut-être, en insistant, m'aventurerais-je sur un clavier qui ne m'est pas familier. Or la crainte des fausses notes est le commencement de la sagesse. Quand on entend parler, à propos de Maurice Levy, des principes de la thermodynamique et de l'énergétique, de la géométrie infinitésimale, de la théorie mathématique de l'élasticité, de la mécanique analytique et de la mécanique céleste, toutes matières où il excellait, il est bien permis de frémir un peu.

L'Académie des Sciences a encore perdu trois membres associés et un membre libre : d'abord M. Agassiz[88], mort sur le navire qui le ramenait en Amérique, au sortir d'une de vos séances. Grand zoologiste, il était le principal représentant aux États-Unis de la biologie marine.

Puis ce fut le docteur allemand Robert Koch[89], dont les luttes contre la tuberculose sont restées célèbres. Il ne l'a pas vaincue tout à fait, mais il en a trouvé le bacille et peut-être par-là a-t-il ouvert la brèche par où d'autres passeront pour venir à bout du terrible mal.

Enfin le si renommé astronome italien Schiaparelli, directeur de l'Observatoire de Milan, vient de disparaître[90].

Ce n'est pas parce que ce savant s'est toujours préoccupé de la gestation des étoiles filantes, un point qui préoccupe aussi parfois les compositeurs, qu'il attire surtout mon attention. De façon générale, – et mon illustre ami Saint-Saëns ne me contredira pas, lui qui est un des membres les plus actifs de la Société astronomique de France, à laquelle il confie volontiers ses pensées sur l'histoire du firmament[91], – de façon générale, dis-je, les musiciens ont toujours été attirés vers ce concert des astres dont parle le divin Platon et dont ils auraient bien voulu à leur tour percevoir quelque chose.

Moi-même j'ai installé, au sommet de ma chère retraite d'Égreville, une sorte d'observatoire, non dans l'espoir fallacieux, je dois le dire, de pénétrer la musique céleste, mais pour y mieux choisir, à l'aide d'un télescope, la planète où j'aimerais passer ma seconde existence[92]. Car il n'en faut pas douter, puisque le philosophe américain William James, le membre associé que vient de perdre l'Académie des Sciences morales et politiques, l'auteur de *L'Immortalité humaine* et de *L'Univers pluralistique*, nous donne l'espérance d'une autre vie. On estime qu'il est le plus illustre penseur qu'ait produit l'Amérique depuis Emerson[93]. C'est surtout *Le Pragmatisme* qui établit sa réputation

88. Alexander Agassiz (1835-1910), zoologue, océanographe et explorateur.

89. Robert Koch (1843-1910), médecin et bactériologiste.

90. Giovanni Virginio Schiaparelli (1835-1910), astronome, directeur de l'Observatoire de Milan (1862-1900).

91. Saint-Saëns aborde ces questions surtout dans *Problèmes et mystères* (1894).

92. Dans une lettre à Jacques Heugel, fils de son éditeur, datée « Observatoire d'Égreville », 14 juin [1902], Massenet se disait « membre de la Société astronomique de France » (BnF, Département de la Musique, NLA-364, f. 37). À cette époque, il ébauche une *Symphonie des Muses* qui deviendra dix ans plus tard la *Suite parnassienne* (1912) dont le premier mouvement, « Uranie », porte en sous-titre : « L'Astronomie ».

93. Ralph Waldo Emerson (1803-1882), écrivain et philosope américain.

et créa une sorte de religion nouvelle. C'est là qu'il affirmait sa foi spiritualiste dans les termes les plus ardents. Il a poussé la conviction jusqu'à laisser après lui des messages réservés à plusieurs adeptes de la *Société de recherches psychiques*, leur promettant de communiquer avec eux de « l'au-delà »[94].

Il n'est donc que temps de retenir sa place là-haut, si on veut pouvoir s'y loger. C'est l'avis de beaucoup d'esprits avisés, et il me souvient, à ce propos, d'une anecdote amusante qui me fut contée par Catulle Mendès, mon grand collaborateur. C'était à l'époque de sa jeunesse, alors qu'il menait une vie difficile, n'ayant que son talent pour subsister. Il était des soirs où il ne savait trop comment dîner, où il lui fallait, comme on dit, serrer d'un cran sa ceinture. Un de ces soirs mornes, il déambulait mélancoliquement sur le boulevard, en compagnie de son ami Villiers de l'Isle-Adam, dont l'escarcelle n'était pas mieux garnie. Mendès, qui avait l'âme forte malgré tout, faisait de son mieux pour réconforter son compagnon particulièrement découragé, et entreprenait de le nourrir de rêves, à défaut d'un menu plus substantiel.

Un peu fiévreux, tout auréolé d'or comme un apôtre, avec des gestes larges enveloppant l'espace, il parlait sous la lune blafarde des temps futurs qui leur apporteraient la fortune avec la gloire, et se lançait dans des spéculations philosophiques transcendantes et des plus hasardeuses. Affirmant sa foi ardente dans une autre vie supérieure, il appuyait complaisamment sur les délices de la planète lumineuse, où l'on ferait bombance, après avoir erré si misérablement sur une terre d'amertume.

Et Villiers de l'Isle-Adam, à moitié convaincu, de l'interrompre en s'abattant sur un banc : « Eh bien ! mon vieux, nous nous en souviendrons alors de cette planète-ci où nous sommes ! »

Mais nous voici peut-être un peu loin de Schiaparelli, dont il convient de rappeler qu'il fut le premier à vouloir distinguer des « canaux » dans la planète Mars. Qui, d'ailleurs, pourrait prétendre le contraire ?

Le membre libre qu'a perdu l'Académie des Sciences s'appelait Eugène Rouché. Que de générations d'écoliers lui doivent d'avoir été initiés, bon gré, mal gré, aux beautés du carré de l'hypoténuse[95] ! Enfin, il a trouvé sur les équations algébriques des nouveautés qui devinrent classiques dans le monde pédagogique.

L'Académie française a fait trois pertes cruelles : Eugène-Melchior de Vogüé, Henri Barboux et Albert Vandal.

On pourrait, semble-t-il, établir une sorte de rapprochement entre les destinées d'Eugène-Melchior de Vogüé[96] et celles mêmes de Chateaubriand.

Comme il arriva pour Chateaubriand au château de Combourg, nous le voyons passer les premières années de sa jeunesse dans ce château de Gourdan, berceau de la noble famille des Vogüé ; il y trouve surtout de la mélancolie et de la méditation autour d'une vieille bibliothèque, où il se plut, selon ses propres expressions, « à lire des poètes chéris, à deviser de voyages et d'histoires, de projets et d'espérances ».

94. William James (1842-1910), philosophe, frère du romancier Henry James.
95. Eugène Rouché (1832-1910), mathématicien.
96. Eugène-Melchior de Vogüé (1848-1910), diplomate, essayiste, historien et critique littéraire.

La politique n'avait pas laissé Chateaubriand indifférent, Eugène-Melchior de Vogüé s'y laissa prendre aussi.

Et voici sa carrière de romancier qui commence. De même que Chateaubriand avait écrit avec *René* une sorte d'autobiographie, de même on a voulu voir dans la personne du député Jacques Andarran, principal personnage du roman *Les Morts qui parlent*, celle même de Melchior.

Il faut citer encore, pour cette période de production, *Jean d'Agrève* et *Le Maître de la mer*, qui répondent à d'autres phases de la vie intellectuelle et morale de l'auteur.

Eugène-Melchior de Vogüé n'a pu achever son quatrième roman, *Claire*, qu'il laissait espérer.

Il est mort dans la sérénité d'une conscience sans reproche, ne voulant à ses funérailles, prescrivit-il dans son testament, « que les prières de l'Église catholique ». Il était donc un bon chrétien, tout comme encore l'auteur du *Génie du Christianisme*.

Un mois après, presque jour pour jour, nouveau deuil pour l'Académie française.

Henri Barboux[97], l'un des plus illustres maîtres du barreau, s'en allait après une courte maladie que ne put vaincre sa verte vieillesse. Profitons de ce que la parole du bâtonnier Barboux est encore chaude à nos oreilles, pour dire quelle émotion elle soulevait au prétoire, et quelles nobles causes elle a souvent servies.

Le frêle et charmant Albert Vandal[98] ne devait pas non plus longtemps attendre pour rejoindre dans la mort le puissant et vigoureux Eugène-Melchior de Vogüé. Le chêne et le roseau furent emportés d'un même coup.

« L'histoire manquerait à son but, disait Albert Vandal[99], si elle ne cherchait dans le passé des avis et des leçons. » Un lien coordonne ses premières publications, leur apportant une unité qui double leur force.

Mais l'œuvre qui gardera surtout son nom de tout oubli, c'est assurément *L'Avènement de Bonaparte*, où il éclaire tant de coins demeurés obscurs des lueurs de la vérité, redresse tant d'erreurs accréditées, et lave son héros des souillures dont on le voulait salir. Il ne faut pas oublier qu'Albert Vandal appartenait à une famille napoléonienne d'idées et d'affection, et que son père avait une haute situation sous le second Empire. Il était lui-même resté fidèle à ces souvenirs, et on ne peut que l'en honorer davantage, puisqu'il s'était ainsi fermé volontairement toutes les carrières diplomatiques ou autres, où son esprit délié si fertile, si averti, aurait pu utilement briller au service de la France. Il ne lui restait qu'à se réfugier dans l'histoire, qui ne s'en plaignit pas.

Avec Émile Cheysson[100], l'Académie des Sciences morales et politiques a perdu surtout un grand homme de bien. Sans lui, au siège de Paris, nous serions certainement tous morts de faim. Meunier génial et gigantesque, il sut accumuler dans notre ville un bloc enfariné qui dit plus à nos estomacs affamés que celui de la fable, d'apparence si suspecte. Conquis par les doctrines du célèbre économiste Le Play, une notion précise

97. Henri Barboux (1834-1910), avocat, prit notamment la défense, avec succès, de Carvalho lors du procès de l'incendie de l'Opéra-Comique.

98. Albert Vandal (1852-1910), historien.

99. Albert Vandal, *Napoléon et Alexandre Ier : l'alliance russe sous le premier Empire*, Paris, Plon, 1893, t. 1, p. XVII.

100. Émile Cheysson (1836-1910), inspecteur général des Ponts et Chaussées.

s'empare de son esprit : celle du devoir social. De là cette suite continue d'ouvrages se rapportant tous au même but poursuivi : *La Guerre au taudis*, *La Mutualité*, *La Protection des enfants*, etc., etc. La mort le surprit au milieu de cette lutte incessante contre la misère et le mal. Saluons bien bas sa mémoire.

M. Evellin [101] fut, lui, docteur en philosophie, et il la professa en plusieurs lycées. Ses thèses de doctorat ne sont pas oubliées. Elles avaient pour sujet la critique de la théorie cosmologique de Boscovich (*Quid de rebus corporeis vel incorporeis senserit Boscovich*) et la critique du concept de l'infini. Je suis heureux, messieurs, que les circonstances me permettent de vous citer un peu de latin, mais soyez assuré que je n'en abuserai pas.

Les deux ouvrages principaux d'Evellin : *Infini et Quantité*, *La Raison pure et les Antinomies*, lui assurent pour l'avenir un rang distingué dans la lignée de Descartes et de Kant.

Il me faut ajouter encore ici le nom considérable de M. Gustave Moynier, né à Genève en 1826, associé étranger de l'Académie des Sciences morales en 1902 [102].

Il fut un fervent et précieux appui dans toutes les causes où la charité, l'ordre, le droit réclamaient sa parole et l'autorité de son esprit si largement ouvert au bien.

J'en arrive à ma chère Académie des beaux-arts qui vient d'être frappée cruellement par deux morts récentes, sur lesquelles je n'appuierai pas autant qu'il le faudrait, me réservant d'y revenir avec plus de détails et de tendresse aussi, lors de la prochaine séance annuelle de notre Académie [103].

Charles Lenepveu fut pour nous le bon compagnon, l'ami sûr. Le sort ne lui donna pas toujours ce qu'il méritait et pourtant il prenait avec enjouement la vie telle qu'elle se présentait, se gardant de lui demander plus qu'elle ne pouvait donner.

En 1865, il était admis au concours de Rome et d'emblée en sortit vainqueur. Il prit part à un nouveau concours ouvert par l'État pour un ouvrage en trois actes destiné à l'Opéra-Comique. Il en fut encore le triomphateur avec cette partition du *Florentin* que, par suite des graves événements de 1870, il ne put voir au théâtre qu'en 1874. Enfin une *Velléda*, qui fut représentée à Londres, où il eut la bonne fortune d'avoir pour principal interprète Adelina Patti.

Au Conservatoire il fut un professeur admirable d'harmonie et de composition. Il laissera après lui d'autres maîtres formés à son école, laquelle, tout en suivant sans hâte la marche ascendante et un peu précipitée de l'art musical, resta celle de la conscience, de la probité, de la force tranquille et du clair bon sens.

La perte de Frémiet est une sorte de découronnement pour la sculpture française [104]. C'était un très grand artiste, personnel et original. Michel-Ange a dit : « Celui qui s'habitue à suivre n'ira jamais devant » [105]. Frémiet ne suivit pas.

---

101. François Evellin (1835-1910), philosophe.

102. Gustave Moynier (1826-1910), membre fondateur de la Croix-Rouge.

103. Voir ci-dessous, dans les discours suivants, les notes afférentes aux artistes ici brièvement cités.

104. Voir discours précédent.

105. Cette maxime est abondamment citée dans les ouvrages du temps : « Qui s'habitue à suivre n'ira jamais devant; et qui ne sait pas faire bien de soi-même, ne saurait profiter du bien des autres. » (*Biographie universelle ancienne et moderne*, Paris, 1821, t. XXVIII, p. 588).

Faut-il rappeler ici ses principaux ouvrages : la statue équestre de *Louis d'Orléans, L'Homme à l'âge de pierre*, le *Saint Grégoire de Tours*, *L'Éléphant* du jardin du Trocadéro [106], le *Centaure Térée*, les *Chiens courants* [107], le *Faune taquinant de jeunes oursons*, son œuvre tragique et si émotionnante : *Gorille enlevant une femme* qui lui valut à l'Exposition de 1888 une médaille d'honneur acclamée, et cette *Jeanne d'Arc* populaire qui a fait de la place de Rivoli une sorte de lieu de pèlerinage patriotique. Ainsi il travailla sans s'arrêter, toujours svelte et alerte, jusqu'à l'extrême vieillesse puisqu'il est mort à 86 ans et que parfois encore on le surprenait à l'atelier triturant la glaise ou le ciseau à la main, l'esprit éveillé, la chanson aux lèvres, avec son air un peu narquois de vieux gamin de Paris.

Maintenant sa gloire repose dans un linceul de pierre, de cette pierre qu'il a tant aimée et qu'il animait de son souffle créateur. Elle lui dut souvent la vie, et elle l'encercle de mort.

Avec Georges Berger [108], notre Académie a perdu un gentilhomme d'art. Il n'en pratiquait aucun, mais il les aimait tous et les servit loyalement.

Il fut d'abord l'organisateur de nos grandes Expositions, celle si merveilleuse de 1889. Rappelons aussi l'Exposition spéciale d'électricité en 1881, d'où partirent les applications usuelles des découvertes d'Edison; car c'est là aussi qu'on vit ou plutôt qu'on entendit la première application pratique du téléphone. Se rappelle-t-on la stupéfaction des auditeurs quand il leur fut donné de percevoir au bout d'un fil la musique qu'on faisait à l'Opéra ? De loin, c'est quelque chose.

La « Société des amis du Louvre » lui doit son existence. Il créa enfin ce « *Musée* des arts décoratifs » dont on connaît l'intérêt pratique. Il voulut entrer dans la politique et sut y apporter la grâce et le sourire.

Je dirai encore quelques mots du peintre anglais Sir William Quiller Orchardson [109], notre membre associé. Né en 1835 à Édimbourg il fut nommé membre de la Royal Academy en 1877. C'est une vie heureuse qui n'a pas d'histoire et fut toute consacrée au labeur.

Pour aujourd'hui, j'estime que le plaisir de converser avec vous – les occasions pareilles en sont si rares – m'a entraîné plus loin qu'il n'eût fallu. Je vais donc tirer le rideau, comme nous disons au théâtre.

Aussi bien nous voici arrivés au bout de cette voie Appienne, où dorment à présent nos morts. Les anciens la voulaient mélancolique, mais non douloureuse : « Aux jours d'anniversaire, ils la traversaient avec des fleurs, et la blancheur des tombeaux y rayonnait dans le deuil des noirs cyprès ». Adressons un dernier salut à ceux des nôtres qui nous ont quittés dans l'apaisement d'une noble tâche accomplie, et continuons la route humaine, en puisant des forces dans leur exemple.

---

106. *Saint Grégoire de Tours* (1878) et *Éléphant pris au piège* (1878).
107. Il existe plusieurs versions sur ce thème dont la plus célèbre est *Chien courant blessé* (1850).
108. Georges Berger (1834-1910), ingénieur et homme politique.
109. William Quiller Orchardson (1832-1910), peintre.

11

SÉANCE PUBLIQUE ANNUELLE [DE L'ACADÉMIE DES BEAUX-ARTS] DU SAMEDI 5 NOVEMBRE 1910 *

Messieurs,

Il y a quinze jours à peine, sous cette même coupole, c'était grande réception. Ici se trouvaient réunis les membres des cinq Académies, d'illustres savants, des philosophes éminents, la fine fleur des lettres françaises, et nous aussi, les fervents de l'art. C'était une cérémonie; aujourd'hui c'est une fête familiale. Nous sommes entre nous, nous pouvons nous livrer sans contrainte aux douceurs de la causerie et, encore tout à l'heure, nous ferons de la musique, comme chez M. Choufleuri [110]. Sous le même frac brodé et avec, en parade, la même épée au côté, ce n'est plus pourtant au fauteuil le président d'hier, mais un camarade un peu plus haut juché.

Mais voici qu'une pensée nous afflige au début de notre entretien, celle de ne point voir parmi nous, à sa place habituelle, notre si aimé et si éminent secrétaire perpétuel Henry Roujon, retenu loin de nous par les soins d'une convalescence. Qu'il sache, lui et sa chère famille, que nous sommes profondément attristés de la raison de son absence, que nous lui souhaitons un heureux et prompt retour et que nous lui adressons l'expression de notre souvenir le plus vibrant et le plus ému.

Qu'il me soit permis de remercier ici les généreux donateurs qui ont pensé aux jeunes artistes. M. Gustave Clausse [111] a fait donation entre vifs à l'Académie des beaux-arts d'un titre de rente annuelle qui sera employée à faciliter le travail de « restauration » exigé comme envoi de dernière année d'un architecte pensionnaire de la Villa Médicis.

M. John Sanford Saltus [112], artiste, citoyen des États-Unis, demeurant à New-York, a fait aussi donation entre vifs à l'Académie des beaux-arts de la somme nécessaire pour la fondation d'un prix annuel de cinq cents francs en faveur de l'auteur d'un tableau de bataille admis aux Expositions des beaux-arts de Paris.

Mme veuve Ambroise Thomas, par son testament, en date du 27 juillet 1898, a, en souvenir de son illustre mari, légué une rente annuelle de douze cents francs pour être partagée également chaque année entre les jeunes musiciens admis au concours définitif du grand Prix de Rome.

L'épouse vénérée de mon grand et tendre maître devait avoir cette touchante attention dont profiteront désormais les concurrents au grand prix de composition musicale.

---

* *Séance publique annuelle du samedi 5 novembre 1910*, Paris, Imprimerie de Firmin-Didot, 1910; repris dans *Mes souvenirs*, Paris, Pierre Lafitte & Cie, 1912, p. 340-352.

110. Cette allusion à l'opérette d'Offenbach, *Monsieur Choufleuri restera chez lui le...* (1861) semble curieuse, le livret mettant en scène un bourgeois parvenu organisant chez lui une soirée musicale, prétexte à une satire féroce des salons et à une parodie de l'opéra italien. Elle peut cependant témoigner du statut proverbial de l'ouvrage.

111. Gustave Clausse (1833-1914), architecte et historien d'art.

112. John Sanford Saltus (1853-1922), philanthrope américain.

Nous avons en face de nous de la jeunesse radieuse, les triomphateurs des derniers concours, le futur convoi pour la Villa Médicis, bagne fleuri des arts, et nous prenons notre part de leur joie et de leurs espérances. Sans doute, mes jeunes amis, nous sommes le crépuscule et vous êtes l'aurore. Mais un dicton prétend qu'au cœur des artistes vit on printemps éternel. Dépêchons-nous d'y croire.

S'il en fallait un exemple, ne le trouverions-nous pas de suite chez notre grand Frémiet, que nous venons d'avoir la douleur de perdre, la seule qu'il nous ait faite en sa longue vie de quatre-vingt-six années [113].

Prenez-le à ses débuts, à l'heure des premières difficultés. Il lutte, mais dans l'allégresse de ses vingt ans, soutenu par sa foi et l'œil obstinément fixé vers les horizons qui le tentent. Il est employé aux moulages anatomiques du musée Orfila – il l'a bien fallu pour vivre – mais de ce stage à la clinique de l'École de médecine, quelles leçons il sait tirer ! Il en profite pour étudier de plus près l'anatomie des fauves et le jeu de leurs muscles. Ces années de labeur obscur feront plus tard sa force et sa puissance.

On est toujours le neveu de quelqu'un, selon la formule de Figaro ; Frémiet eut la chance d'être celui de Rude. Quel maître et quel élève ! De Rude il tenait les principes solides de son métier ; miais qu'il sut rester, malgré tout, personnel et original ! « Celui qui s'habitue à suivre n'ira jamais devant », assurait Michel-Ange. Frémiet voulut aller devant. Et la gloire commence.

Si on le voulait pousser un peu, il ne faisait nulle difficulté d'accorder aux bêtes, comme le poète Lucrèce, une suprématie évidente sur les hommes, et il en donnait nombre de raisons ingénieuses. Il est donc naturel que ses prédilections l'aient porté surtout du côté des animaux. « Sculpteur animalier » était le titre qu'il revendiquait.

Ne trouvez-vous pas prodigieux cet art superbe du sculpteur ? Le peintre a sa palette aux couleurs multiples, où d'un pinceau léger il peut trouver tous les tons que lui suggère une riche imagination ; le musicien a les sept notes de la gamme, dont il peut varier à l'infini les combinaisons, selon les lois de l'harmonie, s'il en est encore, et celles de la polyphonie la plus truculente ; l'architecte trace des plans, que d'un crayon agile et d'une gomme élastique, complaisante il peut modifier à sa guise.

Mais le sculpteur ?

On met devant lui un bloc de pierre, et de cette pierre inerte on lui demande de tirer de la vie : « Va, mon bonhomme, voici un ciseau, rogne et taille tout à ton aise. De cet obscur caillou, fais de la lumière ; de ce quartier de roc, de la tendresse ; de ce poids lourd, de la légèreté. De la glaise humide et grise, que les fleurs éclosent et que les dentelles se déroulent ! Va, échauffe ce marbre glacé. Crée et multiplie. »

Et voici le *Cavalier romain* qui se dresse hautain sur son cheval de guerre, comme un maître du monde, voici *Louis d'Orléans*, d'élégante allure, qui passe sur son destrier, galant, et Napoléon, vainqueur, dans sa grande redingote grise sur sa fine jument blanche, et tant d'autres écuyers de tout temps, – tout un carrousel ! C'est la lutte sauvage de l'ours contre l'homme du premier âge, ce sont les *Chevaux marins*, crinière au vent, et leurs amis les Dauphins, clowns de l'Océan, qui prennent leurs ébats dans les eaux paisibles de la Fontaine du Luxembourg, *L'Éléphant* pesant du Trocadéro, la

113. Voir ci-dessus, « Funérailles de Frémiet ».

trompe en bataille, et le faune étalé qui, du bout de ses baguettes malicieuses taquine de jeunes ours, le *Rétiaire* portant ses filets qui descend dans l'arène[114], le *Saint Grégoire de Tours*, le *Centaure Térée* avec l'enfant dans les bras, les *Chiens courants* si ardents dans leur poursuite et le *Gorille enlevant une femme*, chef-d'œuvre tragique où l'on ne sait quoi plus admirer ou de la puissante musculature de l'horrible bête ou de la grâce pâmée de la belle victime aux chairs souples et palpitantes ; c'est encore la *Jeanne d'Arc* si menue sur son gros cheval de labours, mais dont la foi rayonne et qui porte si fièrement l'étendard de France. C'est toute l'œuvre de Frémiet enfin qui sort resplendissante du néant de la pierre.

Ah ! cette pierre, qu'il l'a aimée et caressée ! Comme il a su la faire parler ! Aujourd'hui qu'il dort son dernier sommeil, encore tout entouré d'elle, elle s'attendrira sans doute, comme s'il était là toujours pour l'émouvoir, et trouvera, dans l'obscur tombeau, des pleurs humides pour son vieil adorateur.

Et je vous le disais tout à l'heure, messieurs, cette œuvre si abondante et si diverse fut enfantée dans la joie. Jusqu'au dernier jour, haut, svelte, rapide, il a passé dans la vie, le sourire aux lèvres et fredonnant volontiers quelque alerte refrain. Car il aimait la musique et ne craignit pas de confier l'une de ses filles chéries à un de vos plus chers confrères, oui, messieurs, au compositeur Gabriel Fauré lui-même, ici présent. Ah ! quel bonheur d'avoir un gendre et des petits-enfants à choyer, à dorloter, de petites âmes à modeler ! Mais voilà, les enfants grandissent si vite ! Ils veulent devenir à leur tour des artistes, comme papa et grand-papa. Attendons-nous à une nouvelle lignée de Fauré-Frémiet. Événement inéluctable.

Une des dernières fois que nous vîmes Frémiet tout court, c'était sur un canot, dans les rues de Paris, ce qui n'est pas banal. Il vint ainsi, hardi navigateur, jusqu'aux portes mêmes de l'Institut, lors des inondations. Il en riait, comme un jeune homme qui fait une bonne farce. Pauvre cher et grand ami !

Ce fut aussi un bon compagnon que Charles Lenepveu[115], d'un large rire épanoui et qui n'engendrait pas la mélancolie, avant que la maladie l'ait trop fortement atteint, sorte de bon géant rabelaisien, tout de franchise et de loyauté, quelque chose comme un chevalier servant de la musique, sans peur et sans reproche.

« Prenez-moi comme je suis », semblait-il dire à tout venant. Et il était beaucoup, plus peut-être encore qu'il ne le pensait en sa modestie. Il ne sera pas possible en effet d'oublier de sitôt sa magnifique carrière de professeur. Il meurt, on peut le dire, sur un lit de lauriers cueillis par ses élèves au dernier concours.

Vous vous rappellerez longtemps, mes jeunes amis, cette dernière visite pieuse que nous avons faite à son chevet, où déjà touché par l'aile de la mort, il eut pour vous, en apprenant la bonne nouvelle, un dernier regard d'affection, une dernière joie. Il souleva sa tête pâlie, et d'une voix qu'il croyait forte : « Nous allons sabler le champagne, mes enfants, murmura-t-il. La coupe en main, célébrons le triomphe. » Pour un instant,

---

114. *Napoléon Ier en redingote* (1909), *Chevaux marins* (1870), *Rétiaire étouffé par un ours* ou *Ours et gladiateur* (?).

115. Élève d'Ambroise Thomas, grand Prix de Rome en 1865, Charles Lenepveu (1840-1910) enseigna au Conservatoire à partir de 1880. Il eut Caplet dans sa classe de composition.

votre chère présence l'avait ranimé. Ah ! conservez toujours le souvenir respectueux de votre maître et, dans les succès que l'avenir vous réserve, gardez-lui sa part légitime.

Mais ce n'est certes pas la seule gloire à laquelle peut prétendre Lenepveu. Il se survivra non seulement dans ses élèves, mais encore dans son œuvre personnelle d'ouvrier d'art probe et souvent inspiré. Ainsi qu'il est arrivé pour beaucoup d'entre vous, sa famille, au début, fit tout pour le détourner d'une voie qu'elle estimait ne devoir le mener à rien et d'une carrière, pour tout dire, si parfaitement inutile. Que serait cette vie pourtant sans ces inutilités qui en sont la fleur et la seule vraie raison peut-être ? Voulant briser avec des fantaisies dangereuses, on l'envoie à Paris pour y faire ses études de droit. Nous ne savons trop ce qu'il advint de ses examens à la Faculté, mais, sous le manteau de Cujas et en gardant un profond anonymat, nous le voyons affronter des concours de musique en province, ici et là, pour chaque fois en sortir vainqueur. Et dès lors il ne résiste plus au flot qui l'emporte. De l'École de droit il saute d'un bond au Conservatoire, et de ses grandes jambes il y marche vite, je vous assure. Tous les prix, il les cueille de haute lutte pour finir à la Villa Médicis. À Rome même, il se remet à concourir – c'était sa marotte – pour un prix d'opéra-comique institué par l'État et naturellement – c'était sa manie – le voilà couronné avec sa partition du *Florentin*, œuvre de jeunesse pleine d'une verve charmante en bien des endroits [116]. Puis ce fut la *Messe de Requiem*, celle-ci de premier ordre, je ne crains pas de l'affirmer, et qu'on peut mettre à côté des plus célèbres œuvres du genre [117].

Il eut plus de peine à forcer la porte des théâtres. Pourtant on ne peut oublier les belles pages de *Velléda*, donnée au théâtre Covent-Garden de Londres avec Adelina Patti pour principale interprète [118], non plus que celles d'une *Jeanne d'Arc*, un drame lyrique en trois parties, qui eut la curieuse fortune d'être représenté sous les voûtes mêmes de la cathédrale de Rouen et dont la réussite très vive eut du retentissement [119].

Lenepveu aimait à raconter la conversation qu'il eut à la suite de ce succès avec notre grand Gounod, qui se plaisait à le féliciter dans les termes hyperboliques et imagés dont il était coutumier : « Ah ! cher ami, quelle œuvre ! J'en ai été remué jusqu'au tréfonds de mon être intime. Votre piété de musicien est de l'améthyste pure sertie dans de l'or vierge et votre cerveau de penseur recèle des trésors insoupçonnés, des pierres précieuses qui ruissellent pour les seuls élus. » Et Lenepveu de se confondre en remerciements et de « boire du petit-lait », comme il disait : « Ah ! mon illustre maître, que je suis confus de vos éloges, que je vous suis reconnaissant d'avoir bien voulu pénétrer en mon œuvre modeste. — Moi ? interrompait Gounod, je ne la connais pas, je ne l'ai entendue ni lue. — Mais alors ? » répliquait Lenepveu légèrement interloqué. Gounod de mettre alors un doigt mystérieux sur ses lèvres et de laisser tomber ces paroles fatidiques : « Ni vue, ni connue, mais par les effets on devine les causes. » Et le bon Lenepveu de s'esclaffer au souvenir de cette histoire.

116. Voir aussi *Mes souvenirs*, chapitre VIII.

117. Le *Requiem* est créé le 10 mai 1871 à Bordeaux.

118. *Velléda*, opéra en quatre actes, créé au Théâtre de Covent-Garden, le 4 juillet 1882.

119. *Jeanne d'Arc*, poème lyrique en trois parties, créé à la cathédrale de Rouen, le 1er juin 1886.

Toute cette gaieté n'est plus. Je sais que vous avez du chagrin d'avoir perdu cet excellent camarade. Vous comprendrez donc mon émotion et ma douleur personnelle d'avoir perdu, moi, cet ami très affectionné, auprès duquel j'avais, pour ainsi dire, vécu côte à côte, devisant des mêmes choses, tout le long de la route humaine, et marquant chacun sur le calepin de notre jeunesse laborieuse plus d'heures noires que d'heures blanches.

Heureusement, pour nous musiciens, les blanches valaient deux noires.

De Georges Berger, qui fut l'un des plus aimables et des plus qualifiés parmi nos membres libres, j'ai fait l'éloge mérité dans un précédent discours, et passerai cette fois plus brièvement, car le temps presse et j'entends les violons s'accorder[120]. Véritable gentilhomme d'art, il prit toujours en main notre cause et la servit loyalement, chaque fois qu'il en eut l'occasion. C'est surtout dans les grandes expositions, dont il était l'âme et l'organisateur habile, que nous l'avons rencontré, pour nous faire la place la plus belle. À la Chambre des députés aussi, son éloquence prit souvent et victorieusement la défense de nos intérêts.

Nous garderons longtemps le souvenir de ce galant homme si courtois et si finement disert.

Et voici encore une curieuse figure d'artiste qui disparaît avec sir William Quiller Orchardson, un de nos membres associés.

Il fut peintre de genre et portraitiste très intéressant, comme le sont en général les artistes anglais, chez qui l'on sent un vif souci de la ressemblance cherchée même au-delà des traits du modèle et jusque dans son âme intime. Une fois, il s'élève à la grande peinture d'histoire avec son Napoléon sur le « Bellérophon ». L'œuvre est restée célèbre, popularisée par la gravure et la photographie[121].

Aux jours qui précédèrent sa mort, il achevait le portrait de lord Blyth. Se sentant atteint gravement, il dut prendre le lit. C'était la fin et il s'y résignait, quand sa femme, stoïque et courageuse comme une ancienne Romaine, lui demanda s'il ne voulait pas signer sa dernière œuvre. Il se fit alors conduire devant la toile, y mit ses initiales tremblantes, se recoucha et mourut. Belle fin d'artiste !

Mais secouons cette poussière de tombes, et n'attristons pas davantage par des images funèbres cette jeunesse vivante, qui est trop loin de la mort pour y croire et qui attend de nous simplement son viatique pour le voyage à Rome.

Rome ! c'est la ville sainte où vous trouverez le réconfort et la méditation féconde. Oh ! je sais, vous avez rencontré déjà des esprits forts ou des doctrinaires à tous crins qui ont tenté de vous en détourner, qui vous ont représenté comme du temps perdu et de la paresse ces années bénies entre toutes[122]. Méfiez-vous de ces éternels renards pour qui tous les raisins sont trop verts.

---

120. Le discours précédait l'exécution de la cantate *Acis et Galatée* de Noël Gallon qui avait reçu en juillet le premier Prix de Rome.

121. Selon Armand Dayot qui la reproduit dans une étude (*La peinture anglaise de ses origines à nos jours*, Paris, Lucien Laveur, 1908, h.t.), la toile, désormais conservée à la Tate, fut présentée en 1880 et « lui valut un très brillant succès. » (*ibid.*, p. 264).

122. Massenet a toujours été un partisan du séjour romain pour les titulaires du Prix de Rome (voir, ci-dessus, l'article « Comment je suis devenu compositeur »). Or, au début du XXe siècle, cette position reste

Allez en toute confiance vers la cité des arts, allez, peintres, sculpteurs, graveurs, architectes et musiciens, allez, et de l'échange de vos enthousiasmes faites une collaboration. Un art doit être en effet la réunion de tous les arts ; un artiste ne doit pas se confiner en sa seule spécialité, il doit l'être en tout, dans tout et partout.

Dès le premier soir, vous serez conquis et, quand des hauteurs du Pincio vous verrez se, dérouler sous vos regards attendris les méandres de la ville des papes et des Césars, dominée ici par la coupole souveraine de Saint-Pierre, là par le Colisée païen, et plus loin la campagne romaine s'étendant, déjà baignée des nuances indécises du crépuscule, jusqu'au Janicule encore doré des derniers rayons du soleil couchant, vous comprendrez. Vous sentirez votre âme se fondre dans une muette prière d'adoration et de reconnaissance. Ou alors, c'est que rien ne bat sous votre mamelle gauche et qu'il est inutile d'aller plus loin.

Faites sauter les cordes de la lyre.

Et vous vous répandrez par les musées. Entrez dans l'intimité de ces œuvres maîtresses, prodiges de pensée et d'émotion, et ne vous pressez pas de porter sur elles des jugements hâtifs que vous pourriez regretter plus tard. Souvenez-vous qu'une œuvre d'art est une Majesté et qu'il faut attendre qu'elle vous parle d'abord. Mais ensuite, quels sublimes et chaleureux entretiens !

Quand sonnera l'heure du repas, réunis autour de la table commune, vous échangerez encore vos impressions et vos admirations de la journée, et c'est là surtout que vous profiterez les uns des autres et que naîtra cette collaboration de l'enthousiasme. S'il m'est permis de parler plus spécialement de la musique, je vous dirai que notre art n'est que le reflet de nos sensations. Il faut tout attendre d'une émotion souvent fortuite. Une mélodie peut naître spontanée au souvenir d'une impression ressentie, d'une pensée laissée en notre cœur, d'un regard, d'un mot, d'un son de voix.

Ainsi vous deviserez jusqu'à l'heure de l'Ave Maria : les peintres communieront en Raphaël, les sculpteurs s'agenouilleront devant Michel-Ange, les architectes, emportés par leurs rêves au-delà même de la ville éternelle, vous diront les merveilles de l'Acropole, et les musiciens chanteront pour chanter !... car à la Villa Médicis comme en notre belle France, tout finit par des chansons.

Je me souviens qu'Henner se plaisait aux harmonies imprécises pour bercer les vagues rêveries de ses nymphes au clair de lune, tandis que les sculpteurs et les architectes s'extasiaient devant les robustes constructions musicales de Gluck et de Haendel. Ainsi se révèlent les états d'âme.

---

marginale, car les attaques contre le célèbre concours se multiplient, Maurice Le Blond déclarant notamment, dans un article au titre fracassant (« Supprimons le Prix de Rome », *L'Aurore*, 6 avril 1903) : « Pour un musicien, comment considérer le séjour à la Villa Médicis, sinon comme une villégiature agréable sans doute, mais inutile et un peu longue ? » Il lancera peu après une enquête où, sans critiquer le prix en tant que tel, Alfred Bruneau et Camille Erlanger afficheront un même scepticisme sur le séjour en Italie pour les musiciens (voir Maurice Le Blond, « Notre enquête sur l'École de Rome » », *L'Aurore*, 22 avril 1903). Les attaques sont par la suite particulièrement vives lorsqu'éclate l'Affaire Ravel en 1905, les modalités d'attributions du prix étant en outre fortement critiquées. Voir Alexandre Dratwicki, « "Une" histoire du prix de Rome de musique », dans Julia Lu et Alexandre Dratwicki (dir.), *Le concours du prix de Rome de musique (1803-1968)*, Lyon, Symétrie, 2011, p. 24-26.

Et voilà ce qu'on voudrait détruire ! Les plus purs enivrements de votre jeunesse ! Ah ! mes jeunes amis, vous subirez le charme comme nous l'avons subi et, plus tard, quand vous aurez quelque découragement des luttes quotidiennes, vous ferez ainsi que vos aînés : vous reviendrez vers cette Mecque des arts pour y retremper vos forces défaillantes, nouveaux Antées qui sentirez le besoin de toucher le sol sacré.

Sur le Pincio même, juste en face de l'Académie de France, il est une petite fontaine jaillissante en forme de vasque antique, qui, sous un berceau de chênes verts, découpe ses fines arêtes sur les horizons lointains. C'est là que, de retour à Rome après trente-deux années, un grand artiste, Hippolyte Flandrin [123], avant d'entrer dans le temple, trempa ses doigts comme en un bénitier et se signa.

Chers amis, gardez aussi cette religion, et qu'elle vous conduise, fermes et courageux, au milieu des cahots de la vie, jusqu'au paradis des arts.

12

Discours prononcé par M. Massenet à l'inauguration du monument d'Ernest Reyer, au Lavandou *

Massenet devait prononcer ce discours à l'automne 1912 au nom de l'Institut puisque, en juin 1912, *Le Ménestrel* informait ainsi ses lecteurs : « C'est le maître Massenet que l'Académie des beaux-arts a désigné pour la représenter à la cérémonie d'inauguration du monument qui sera élevé, au Lavandou, en l'honneur d'Ernest Reyer [124]. » Suite au décès du compositeur, Julien Torchet reprit le texte que Gustave Charpentier prononça peut-être lors de son inauguration en 1916 [125].

Malgré les relations distantes qu'il entretenait avec Reyer depuis la création du *Mage* [126], Massenet renouvèle surtout son intérêt pour l'opéra-comique *La Statue*, à la création duquel il avait participé [127].

Appelé à l'honneur de procéder à l'inauguration de ce monument élevé à la mémoire d'Ernest Reyer, dans ce coin admirable de notre chère France, dans ce midi qu'il a tant aimé, où il devait finir sa glorieuse et géniale existence, il me faut constater combien l'ont toujours attiré ces terres bénies de la nature, que la Méditerranée caresse de ses

---

123. Sur cet épisode, voir *Mes souvenirs*, chapitre V.

* « Discours prononcé par M. Massenet à l'inauguration du monument d'Ernest Reyer, au Lavandou », manuscrit d'un copiste avec quelques annotations autographes de Massenet au crayon bleu et à l'encre bleue, [1912 ?], 10 ff., Yale University, Beinecke Rare Book and Manuscript Library, GEN MSS MUSIC MISC, Group 1/ Massenet, Jules, Folder 193 ; coupure de presse d'un périodique non identifié, Bibliothèque historique de la Ville de Paris, Fonds Charpentier, dossier 121.

124. « Nouvelles diverses », *Le Ménestrel*, 78 e année, n° 25, 22 juin 1912, p. 198.

125. Voir nos Prolégomènes. Selon le site e-monument.net, consulté le 18 juin 2015, la statue, faite en bronze, aurait été fondue sous le régime de Vichy pour être remplacée par un marbre toujours en place.

126. Voir *Mes souvenirs*, chapitre XVIII.

127. *Ibid.*, chapitre III.

ondes, que celles-ci baignent les côtes de notre belle Provence ou qu'elles aillent frapper les rivages de l'Algérie où Reyer alla passer les années de sa jeunesse !

Leurs cadences et leurs rythmes devaient bercer ses premières rêveries.

Qu'il apporta d'honneur à ce cher, charmant et bien délicieux pays du Lavandou qui devait être le repos final après avoir été le suprême refuge de toute une vie énergique et glorieuse ! Oui, sa belle et noble existence fut faite d'énergie : elle eut la droiture pour constante et bien fidèle compagne.

Sa voix, l'écho de son âme, sonnait claire et vibrante ; on eût dit du commandement d'un officier de cavalerie dont d'ailleurs, il avait l'allure. Sa bravoure dans l'art éclatait dans son regard d'acier.

Les théâtres lui tinrent rigueur au début de sa carrière. Après cette exquise partition : *Maître Wolfram* au Théâtre-Lyrique [128], après *Le Sélam* [129] œuvre ensoleillée de ces deux grands amis qu'étaient Théophile Gautier et Reyer, si bien faits pour se comprendre et s'aimer, vint *La Statue.*

La Statue ! Jeune gens d'aujourd'hui saluez cette œuvre : donnez-lui, accordez-lui le juste tribut de vos admirations ! Elle est non seulement unique dans l'œuvre d'Ernest Reyer, mais elle fut encore un événement au théâtre. Félicien David nous avait fait pénétrer dans le théâtre [130], Reyer nous y a fait vivre !

Quelle merveilleuse, quelle intense et sublime poésie, que ce second acte de *La Statue* ! Avec quel esprit aussi, avec quelle richesse de couleurs, avec quelle vérité locale, la réalité même, il dépeint les mœurs de l'Orient, de cet orient éblouissant comme son soleil, aux mirages éclatants et sans fin qui vous attirent et vous fascinent [131].

Après ce très retentissant succès de *La Statue*, un silence se fit, long et prolongé à faire croire que Reyer se reposait. Il méditait.

Il devint le successeur d'Hector Berlioz au *Journal des débats.* Ce que fut la plume qu'il y tint avec une rare maîtrise, on s'en souvient encore. Les articles qu'il donnait au journal, étincelaient de malice mais laissaient voir en même temps la droiture et l'honnêteté de son jugement réconfortant et sans pareil [132].

Hector Berlioz ! Comme il aimait Reyer, comme tous deux ils comprenaient leurs génies ! Ce fut aussi une adoration de Reyer pour Berlioz qui ne devait cesser qu'à leurs derniers moments.

Pendant plus de vingt ans on ne parla dans les milieux artistiques que d'un *Sigurd* que notre Opéra national s'obstinait à remettre d'année en année.

Ce fut l'étranger qui devait faire connaître ce chef-d'œuvre [133].

---

128. *Maître Wolfram*, opéra-comique en un acte, livret de Joseph Méry, créé au Théâtre-Lyrique, le 20 mai 1854.

129. *Le Sélam*, ode symphonie (1850) pour soli, chœurs et orchestre.

130. Massenet fait allusion aux opéras d'inspiration exotique de Félicien David comme *La Perle du Brésil* (1852) et surtout *Herculanum* (1859) ou *Lalla-Roukh* (1862).

131. Massenet éprouva toujours une forme de tendresse pour *La Statue*, opéra-comique inspiré des contes des *Mille et une nuits*, et à la création duquel il avait participé dans sa jeunesse alors qu'il était timbalier au Théâtre-Lyrique (voir *Mes souvenirs*, chapitre III).

132. Reyer écrit dans le *Journal des débats* de 1866 à 1901.

133. *Sigurd*, opéra en quatre actes, livret de Camille du Locle et Alfred Blau, créé au Théâtre de la Monnaie à Bruxelles, le 7 janvier 1884.

Chef-d'œuvre, ce *Sigurd*! Chef-d'œuvre aussi cette admirable *Salammbô* qui allait suivre de près [134]!

Ces deux immenses triomphes consacrèrent la gloire de Reyer. Gloire pure et décisive également.

La France, pourtant, ne devait lui conférer la suprême récompense dans la Légion d'honneur, que peu d'années avant sa mort [135]. Pour nous, ses confrères de l'Institut, pour ses admirateurs, pour le public, cette heure tardive de la récompense officielle n'avait pas été attendue...

Au nom de l'Institut, au nom de toutes les âmes qu'il a fait palpiter, de tous les cœurs qu'il a émus, au nom du pays qu'il a honoré si dignement, j'apporte ici l'hommage qui est dû à ce célèbre musicien, hommage qui se prolongera et s'accroîtra, comme ira grandissant celui que lui rendront les générations en acclamant et toujours, ses admirables ouvrages!

134. *Salammbô*, opéra en cinq actes, livre de Camille du Locle, créé au Théâtre de la Monnaie, le 10 février 1890.

135. Massenet fait encore une fois allusion au grade de Grand-Croix qu'il n'obtiendra jamais, mais auquel Reyer avait accédé en 1906.

Annexe 1

JULES MASSENET (1842-1912) : CHRONOLOGIE

1842

12 mai : naissance à Montaud (désormais faubourg de Saint-Étienne) au lieu-dit La Terrasse, de Jules, Émile, Frédéric Massenet, fils en secondes noces d'Alexis Massenet (1788-1863) et d'Adélaïde Royer de Marancour (1809-1875).

1847

Déménagement à Paris.

1848

24 février : révolution et abdication de Louis-Philippe. Adélaïde aurait donné ce jour-là une première leçon de piano à son fils dont elle assure l'éducation musicale jusqu'à ce qu'il entre au Conservatoire de Paris.

1851

9 octobre : échec à l'examen d'admission au Conservatoire ?

1853

10 janvier : admis au Conservatoire dans la classe de piano d'Adolphe Laurent et dans celle de solfège d'Augustin Savard.
Juillet : troisième accessit au concours de solfège.

1854

Juillet : troisième accessit au concours de piano.
Fin août : en raison de la mauvaise santé d'Alexis, la famille Massenet s'installe à Chambéry.
Octobre : tentative de fugue vers Paris. Reconnu à Lyon par un ami de la famille, le jeune Massenet est reconduit chez ses parents.

1855

Hébergé à Paris par sa sœur Julie (1832-1905), vraisemblablement dès le début du printemps.
Octobre : retour au Conservatoire.

1856

Juillet : premier accessit au concours de piano.

1859

Timbalier au Théâtre-Lyrique jusqu'en 1861 ou 1863.
Juillet : premier prix de piano.
Rencontre Richard Wagner chez le ténor Roger.
Septembre : admis dans la classe de composition de François Bazin qu'il quitte presque aussitôt.

1860

Janvier : admis dans la classe d'harmonie de Henri Reber.
Juillet : premier accessit en harmonie et cours particuliers de contrepoint avec son ancien professeur de solfège, Savard.
Octobre : entre dans la classe de composition d'Ambroise Thomas.

1861

Première publication importante, chez Brandus et Dufour, d'une paraphrase pour piano, *Grande Fantaisie de concert sur le Pardon de Ploërmel de G. Meyerbeer.*

1862

Mai : Massenet concourt pour le Prix de Rome, avec la cantate *Louise de Mézières* : mention honorable.
Juillet : second prix de contrepoint et fugue.

1863

1er janvier : mort d'Alexis Massenet.
Juillet : premier grand Prix de Rome avec la cantate *David Rizzio*.
Juillet : premier prix de contrepoint et fugue.
3 octobre : exécution de la cantate.
19 décembre : départ pour la Villa Médicis.

1864

24 janvier : arrive à Rome, après un périple dans le nord de la péninsule.
Mars : excursions dans la campagne romaine.
Mai : termine une *Messe*.
De juillet à octobre : voyage à Naples, Palestrina, Pompéi, Herculanum, Capri.

Novembre : commence un *Requiem*.
Fin de l'année : rencontre Liszt qui le recommande à Louise-Constance de Gressy. Débuts d'une relation avec celle qui deviendra son épouse.

1865

Termine le *Requiem*, compose la suite *Pompéïa* et un trio pour piano, violon et violoncelle.
Septembre et octobre : voyage à Venise et composition d'une *Symphonie en fa* qui deviendra la *Première Suite d'orchestre*.
17 décembre : retour à Paris.

1866

24 février : première audition de *Pompéïa*.
Au printemps : composition de *La Grand'Tante* pour l'Opéra-Comique grâce à l'intervention d'Ambroise Thomas.
Premier prix de la Ville de Paris pour son chœur à quatre voix mixtes, *Alleluia*.
Composition d'un premier cycle de mélodies, *Poème d'avril*, op. 14, sur des poésies d'Armand Silvestre.
8 octobre : mariage à Avon, près de Fontainebleau. Massenet s'installe à Paris, 51, rue Laffitte, et dispose pour l'été de la maison de sa belle-mère à Fontainebleau.
Publication chez Girod des *Dix Pièces de genre*, pour piano, op. 10.

1867

24 mars : création de la *Première Suite d'orchestre* aux Concerts Populaires de Jules Pasdeloup.
3 avril : création de *La Grand'Tante* à l'Opéra-Comique, avec Marie Heilbronn et Victor Capoul.
Avril-mai : échec au concours de l'Exposition universelle avec un *Hymne à la Paix*.
Août : trois concours de composition lancés par le ministère des Beaux-Arts pour l'Opéra, l'Opéra-Comique et le Théâtre-Lyrique. Massenet prend part aux deux premiers.
15 août : cantate *Paix et liberté* (Jules Adenis), Théâtre-Lyrique

1868

31 mars : naissance de Juliette, fille unique du compositeur.
Juin : Georges Hartmann ouvre une maison d'édition musicale et devient très vite l'éditeur exclusif de Massenet.
Octobre-novembre : publication du *Poème d'avril*.

1869

Printemps : première exécution du *Poème du souvenir*; projet avorté d'un *Manfred* avec Jules Ruelle.

Été et hiver : composition de *Méduse*, opéra sur un livret de Michel Carré.
Vers cette époque, emménage au 38, rue Malesherbes, future rue du Général Foy, adresse qu'il garde jusqu'en 1903.
Novembre : échec aux concours lancés en 1867, avec *Le Florentin*, opéra-comique, et *La Coupe du Roi de Thulé*, opéra.

1870

Février : publication du *Poème du souvenir*.
Mai à juillet : séjour à Fontainebleau, Massenet termine *Méduse*.
De septembre à janvier 1871 : incorporé dans la Garde nationale.

1871

Février : Massenet rejoint sa famille à Biarritz.
Printemps : de retour à Fontainebleau, compose de nombreuses mélodies et duos ainsi que les *Scènes hongroises*.
Projet avorté de ballet avec Gautier.
Automne : composition d'un oratorio, *Marie-Magdeleine*, sur un livret de Louis Gallet.
26 novembre : première audition des *Scènes hongroises* aux Concerts Populaires.

1872

Janvier : achève *Marie-Magdeleine*.
Mars : refus par Pasdeloup de créer *Marie-Magdeleine*.
Été : composition de *Don César de Bazan*.
30 novembre : création de *Don César de Bazan* à l'Opéra-Comique.
Décembre : composition d'une musique de scène pour *Les Érinnyes* de Leconte de Lisle.
Début de la composition d'un opéra en cinq actes : *Le Roi de Lahore*.

1873

6 janvier : création des *Érinnyes* au Théâtre de l'Odéon.
11 avril : création de *Marie-Magdeleine* à l'Odéon, avec Pauline Viardot dans le rôle-titre.
Avril-mai : voyage à Naples, Capri et Rome. Massenet et sa femme sont les hôtes de la Villa Médicis.
Printemps : composition avortée de l'opéra *Les Templiers*, sur un livret de Jules Adenis.
11-14 août : composition (ou refonte ?) des *Scènes pittoresques*.
29 décembre : achève l'*Ouverture de Phèdre*.

1874

22 février : première audition de l'*Ouverture de Phèdre* aux Concerts populaires.
22 mars : création des *Scènes pittoresques* aux Concerts du Châtelet.
18 avril : création de *L'Adorable Bel-Boul*, opérette, au Cercle des Mirlitons.
Été et automne : composition des *Scènes dramatiques* et de l'oratorio *Ève*.

1875

10 janvier : première audition des *Scènes dramatiques* aux Concerts du Conservatoire.
18 avril : première audition d'*Ève* au Cirque des Champs-Élysées.
25 mai : mort d'Adélaïde Massenet.

1876

15 mai : reprise des *Érinnyes* avec une partition considérablement étoffée.
26 juillet : chevalier de la Légion d'honneur.
Été et automne : orchestration du *Roi de Lahore*, en répétition à l'Opéra de Paris dès octobre.

1877

Janvier : composition de l'ouverture du *Roi de Lahore*.
27 avril : création du *Roi de Lahore* au Palais Garnier.
Été : composition du *Poème d'octobre*, de l'oratorio *La Vierge* et remaniements du *Roi de Lahore* en prévision de représentations en Italie sous la conduite de l'éditeur milanais Ricordi.
Septembre : Ricordi et Massenet s'entendent pour un nouvel opéra, *Erodiade*, d'après Flaubert.

1878

13 février : création italienne du *Roi de Lahore* au Teatro Regio de Turin en présence de Massenet.
Mars : second voyage en Italie pour la création romaine du *Roi de Lahore*, le 22 mars.
22 août : fin de la composition de *La Vierge* à Fontainebleau.
Septembre : nouveau voyage en Italie pour des représentations du *Roi de Lahore*.
7 octobre : nommé professeur de composition au Conservatoire de Paris.
30 novembre : élu à l'Académie des Beaux-Arts.
Novembre : début de la composition d'*Hérodiade*, sur un livret traduit et remanié.
17 décembre : festival à l'Hippodrome.

1879

Janvier : premier voyage en Hongrie pour la création du *Roi de Lahore* à Budapest le 25 janvier.
6 février : création du *Roi de Lahore* à la Scala en présence de Massenet.
28 juin : création du *Roi de Lahore* à Covent Garden en présence de Massenet.
Novembre : la presse annonce un *Werther* pour l'Opéra-Comique.

1880

4 janvier : la partition chant et piano d'*Hérodiade* est achevée.
De janvier à septembre : orchestration d'*Hérodiade.*
22 mai : Massenet dirige la création de *La Vierge* aux Concert Historiques de l'Opéra de Paris.
Hiver : composition des *Scènes de féerie*

1881

Mars : la presse annonce *Phœbé*, livret de Henri Meilhac.
Avril : premier voyage en Espagne à Barcelone où Massenet dirige, entre autres, la création de la *Marche solennelle.*
Printemps et été : importante refonte de *Hérodiade.*
Été : composition des *Scènes alsaciennes.*
19 décembre : création de *Hérodiade* à la Monnaie de Bruxelles.

1882

2 février : signature du contrat d'édition de *Manon*, composée de février à octobre.
23 février : première d'*Erodiade à* la Scala de Milan en présence de Massenet avec le nouveau tableau de l'Observatoire.
Printemps et automne : genèse et composition avortée de *Montalte.*
19 mars : première audition des *Scènes alsaciennes* aux Concerts du Châtelet.

1883

6 mars – 21 août : orchestration de *Manon.*
29 mars : création française de *Hérodiade* à Nantes, en présence de Massenet.
Septembre : répétitions de *Manon* à l'Opéra-Comique.

1884

19 janvier : création de *Manon* à l'Opéra-Comique, avec Marie Heilbronn dans le rôle-titre.
1er février : création parisienne de *Hérodiade* au Théâtre-Italien avec le nouveau tableau de la Chambre d'Hérode.
Juin – octobre : composition du *Cid.*
Été : composition d'une cantate pour le festival de Norwich, *Apollo's Invocation.*
5 novembre : commence l'orchestration du *Cid.*

1885

13 avril : orchestration du *Cid* achevée.
Mai : composition du ballet du *Cid.*
Août : voyage officiel en Hongrie avec une importante délégation.
30 novembre : création du *Cid* à l'Opéra de Paris.
Hiver : début de la composition de *Werther.*

1886

31 mars : mort de Marie Heilbronn. *Manon* quitte l'affiche de l'Opéra-Comique.
Août : *Parsifal* à Bayreuth et *La Walkyrie* à Munich.
Été : reprise de la composition de *Werther*.

1887

14 mars : la composition de *Werther* est achevée.
15 mars – 2 juillet : orchestration de *Werther*.
25 mai : les partitions d'orchestre, manuscrites et inédites, de la cantate *Paix et liberté*, *La Grand'Tante* et de *Don César de Bazan* sont détruites dans l'incendie de l'Opéra-Comique.
Août : séjour à Pourville-sur-mer; réorchestration et remaniements de *Don César de Bazan*.
Septembre : Massenet modifie le rôle de Manon pour Sibyl Sanderson.
Septembre : visite à Ambroise Thomas sur son île d'Illiec en Bretagne.
31 décembre : Officier de la Légion d'Honneur.

1888

20 janvier : création de la nouvelle version de *Don César de Bazan* à Genève, en présence de Massenet.
2 février : Sibyl Sanderson fait ses débuts dans *Manon* à La Haye sous la direction de Massenet.
29 avril – 6 juillet : composition d'*Esclarmonde*; orchestration du 16 juillet au 14 octobre.
Août : séjour au Grand Hôtel de Vevey avec Sanderson pour lui faire travailler Esclarmonde.
Décembre : premières répétitions d'*Esclarmonde* à l'Opéra-Comique.

1889

27 février – 24 décembre 1889 : composition du *Mage*, destiné à l'Opéra.
Mars : retouches du *Mage*.
15 mai : création d'*Esclarmonde* à l'Opéra-Comique avec Sibyl Sanderson dans le rôle-titre.
27 novembre : première d'*Esclarmonde* à la Monnaie de Bruxelles.
Fin 1889 – début 1890 : esquisse *Amadis*.

1890

6 février : 100e et dernière d'*Esclarmonde* à l'Opéra-Comique.
7 mars – 14 août : orchestration du *Mage*.
19 novembre : création de *Manon* à Vienne avec Marie Renard et Ernest Van Dyck, en présence de Massenet.

1891

Mars : faillite de Hartmann dont le fonds est acheté en mai par l'éditeur Henri Heugel et son neveu Paul-Émile Chevalier.
10 mars : Carvalho réintègre ses fonctions de directeur de l'Opéra-Comique.
16 mars : création sans lendemain du *Mage* à l'Opéra de Paris.
19 mai : Sanderson et Van Dyck chantent *Manon* à Covent Garden, en présence de Massenet.
Juillet : achat d'une résidence d'été à Pont-de-l'Arche (Eure).
Été et automne : composition d'un ballet pour Vienne, *Le Carillon*.
12 octobre : reprise triomphale de *Manon* à l'Opéra-Comique avec Sanderson.

1892

16 février : création de *Werther* avec Van Dyck à l'Opéra de Vienne, en allemand, en présence de Massenet.
21 février : création du *Carillon* à l'Opéra de Vienne.
2 avril – 15 juillet : composition de *Thaïs* pour Sanderson et l'Opéra-Comique.
3 septembre – octobre : orchestration de *Thaïs*.
25 décembre – mars 1893 : composition du *Portrait de Manon*.
27 décembre : première de *Werther* en français à Genève.

1893

16 janvier : création de *Werther* à l'Opéra-Comique.
19 avril – 28 mai : orchestration du *Portrait de Manon*.
Été : composition d'un ballet (« La Tentation ») pour *Thaïs*, désormais destinée au palais Garnier où Sanderson est engagée l'année suivante.
Septembre : première allusion à un projet de *Grisélidis*.
16 octobre : 200e de *Manon* à l'Opéra-Comique, avec Sibyl Sanderson.
Octobre – 23 novembre : composition de *La Navarraise* dans le Midi.
30 novembre – 9 décembre : orchestration de *La Navarraise*.

1894

Janvier : *Werther* quitte l'affiche de l'Opéra-Comique.
16 mars : création de *Thaïs* à l'Opéra de Paris, avec Sibyl Sanderson dans le rôle-titre.
8 mai : création du *Portrait de Manon* à l'Opéra-Comique.
20 juin : création de *La Navarraise* à Londres (Covent Garden) avec Emma Calvé dans le rôle-titre.
Juillet – octobre : premières ébauches de *Grisélidis*.
Novembre : séjour en Italie (Milan et Gènes) pour des représentations de *Manon* et de *Werther* à Milan.

1895

Mai – août : composition de *Cendrillon* à Pont-de-L'arche.
3 octobre : création parisienne de *La Navarraise* à l'Opéra-Comique, avec Emma Calvé.
3 décembre – 4 janvier 1896 : orchestration de *Cendrillon*, à Nice notamment.
31 décembre : Commandeur de la Légion d'honneur.

1896

Janvier – février : voyage à Milan pour la première de *La Navarraise* à la Scala, le 6 février.
12 février : mort d'Ambroise Thomas.
6 mai : Massenet démissionne de sa classe de composition et refuse la direction du Conservatoire.
Mai – juillet : séjour en Auvergne et composition de *Sapho*.
Octobre – décembre : orchestration de *Sapho*.

1897

Avril – mai : premières ébauches de l'oratorio *La Terre promise* lors d'un séjour à Aix-les-Bains.
Été : composition pour *Thaïs* d'un nouveau tableau (« L'Oasis ») et d'un nouveau ballet.
27 novembre : création de *Sapho* à l'Opéra-Comique avec Emma Calvé dans le rôle-titre.

1898

13 avril : reprise de *Thaïs* à l'Opéra de Paris dans sa version définitive.
14 avril : Massenet assiste à la création milanaise de *Sapho* (Teatro Lirico) avec Gemma Bellincioni.
Juillet : séjour à Pourville; reprise de la composition de *La Terre promise*.
Hiver 1898-1899 : remaniements de *Grisélidis*.
7 décembre : inauguration de la troisième salle Favart.

1899

7 – 13 janvier : séjour en Italie à Gênes (*Sapho*), à Turin (*Roi de Lahore*) et à Milan (*Le Carillon* ?).
Vers le 20 : séjour à Bruxelles pour *Thaïs*.
1er février : acquisition du château d'Égreville (Seine-et-Marne), nouvelle résidence d'été.
24 mai : création de *Cendrillon* à l'Opéra-Comique.
17 août : *La Terre promise* achevée à Égreville.
Été : début de la composition du *Jongleur de Notre-Dame* à Égreville.
Décembre : voyage à Genève et Milan pour *Cendrillon*.

1900

15 mars : création de *La Terre promise* à l'église Saint-Eustache (Paris).
1er octobre : 100e du *Cid* à l'Opéra de Paris.
Automne – hiver : orchestration du *Jongleur de Notre-Dame.*
8 décembre : première audition de la musique de scène de *Phèdre* au Théâtre de l'Odéon.
14 décembre : Grand-Officier de la Légion d'honneur.

1901

Janvier – février : séjour à Antibes, achèvement de *Grisélidis.*
20 novembre : création de *Grisélidis* à l'Opéra-Comique, avec Lucienne Bréval dans le rôle-titre.
9 décembre : création à l'Opéra-Comique du « divertissement pour orchestre » *Les Rosati,* sous la forme d'un ballet.

1902

18 février : création du *Jongleur de Notre-Dame* à Monte-Carlo, en présence de Massenet et de son épouse.
Juin-juillet : premières ébauches de la *Suite parnassienne* intitulée alors *La Symphonie des Muses.*
Été : composition à Égreville de *Cigale* et du premier acte de *Chérubin.*
Automne : composition du *Concerto pour piano* et orchestre.

1903

1er février : première audition du *Concerto pour piano* aux Concerts du Conservatoire de Paris, avec Louis Diémer.
9 février : création de la version scénique de *Marie-Magdeleine* à l'Opéra de Nice en présence de Massenet.
Février : séjour à Monaco. *Hérodiade* à Monte-Carlo et inauguration d'un monument Berlioz.
24 avril : reprise de *Werther* à l'Opéra-Comique avec Léon Beyle qui impose l'ouvrage.
15 mai : mort de Sibyl Sanderson à Paris.
Juillet : achèvement de la composition de *Chérubin* à Égreville.
Septembre : emménagement au 48, rue de Vaugirard.
2 octobre : reprise d'*Hérodiade* au Théâtre-Lyrique de la Gaîté.
17 octobre : reprise de *Thaïs* au Teatro Lirico de Milan avec Lina Cavalieri dans le rôle-titre, en présence de Massenet.
Hiver : orchestration de *Chérubin.*

1904

27 janvier : reprise de *Thaïs* à l'Opéra avec Lucy Berthet.
4 février : création du ballet *Cigale* à l'Opéra-Comique.
10 mai : création parisienne du *Jongleur de Notre-Dame* à l'Opéra-Comique.
Été : premières esquisses et composition d'*Ariane.*

1905

13 janvier : 500 e de *Manon* à l'Opéra-Comique.
14 février : création de *Chérubin* à Monte-Carlo, avec Mary Garden dans le rôle-titre et Lina Cavalieri.
23 mai : création parisienne de *Chérubin* à l'Opéra-Comique.
19 juin : reprise de *Thaïs* à l'Opéra avec Alice Verlet
Août : premier séjour *à* Saint-Aubin (Calvados) chez Lucy Arbell. Composition de l'acte IV et orchestration d'*Ariane*, achevée le 10 octobre à Égreville.
Décembre : composition de *Thérèse.*

1906

Février : création du *Roi de Lahore* à Monte-Carlo.
20 mai : achèvement de l'orchestration de *Thérèse.*
31 octobre : création d'*Ariane* à l'Opéra de Paris, avec Lucienne Bréval dans le rôle-titre et Lucy Arbell.

1907

Janvier : séjour à Nice pour *Ariane.*
7 février : création de *Thérèse* à l'Opéra de Monte-Carlo avec Lucy Arbell dans le rôle-titre.
Juin : Lina Cavalieri impose *Thaïs* à l'Opéra de Paris.
Composition d'un ballet destiné à Monte-Carlo, *Espada.*
Juillet : remaniement du livret de *Bacchus.*
Août : séjour à Saint-Aubin, composition de *Bacchus.*
Décembre : assiste à la création italienne d'*Ariane* à Turin.

1908

13 février : reprise à Monte-Carlo de *Thérèse* et création d'*Espada.*
9 mars : dernière représentation d'*Ariane.*
12 mai : achève l'orchestration de *Bacchus.*
Juillet et fin août : composition du « tableau des Lettres » pour *Sapho*; premières esquisses de *Don Quichotte.*
27 septembre : 100 e du *Jongleur de Notre-Dame* à l'Opéra-Comique.

1909

22 janvier : reprise de *Sapho* à l'Opéra-Comique avec le tableau des Lettres, avec Marguerite Carré dans le rôle principal.
Au printemps : achève *Don Quichotte.*
5 mai 1909 : création et échec de *Bacchus* à l'Opéra de Paris avec Lucien Muratore, Lucienne Bréval et Lucy Arbell.
Juin-juillet : début de la composition des *Expressions lyriques.*
Juillet : remaniement du livret tiré par Henri Cain de *Rome vaincue* d'Alexandre Parodi, baptisé d'abord *Vesta.*
Septembre : composition de *Roma.*
Décembre : composition de *La Nef triomphale*, cantate commandée par le Prince Albert Ier pour l'inauguration du Musée océanographique de Monaco.

1910

Janvier : orchestration de *Roma.*
Février – mars : long séjour à Monaco ; composition de l'ouverture de *Roma.*
19 février : création de *Don Quichotte* à Monte-Carlo avec Chaliapine dans le rôle-titre et Lucy Arbell.
29 mars : première et unique audition de *La Nef triomphale.*
Au printemps : achèvement de l'orchestration de *Roma.*
Juillet : remaniement en profondeur et orchestration d'*Amadis* jusqu'en octobre.
Juillet : révision du livret et premières esquisses de *Panurge.*
Fin août : hospitalisation d'urgence à Paris.
25 octobre et 5 novembre : discours à l'Institut.
29 décembre : création parisienne de *Don Quichotte* à la Gaîté-Lyrique avec Vanni-Marcoux dans le rôle-titre.

1911

Au printemps : composition, orchestration et corrections des épreuves de *Panurge.*
19 mai : création parisienne de *Thérèse* à l'Opéra-Comique, précédée de la première de *L'Heure espagnole* de Ravel.
Juillet – août : composition de nouvelles *Expressions lyriques.*
19 novembre : début de la publication en feuilletons de *Mes souvenirs* dans *L'Écho de Paris.*
10 décembre : Gala Massenet à l'Opéra de Paris.
Hiver : composition de *Cléopâtre.*

1912

17 février : création de *Roma* à Monte-Carlo avec Lucy Arbell et Marie Kousnezoff.
24 avril : création parisienne de *Roma* à l'Opéra.
Mai – juin : Massenet termine *Cléopâtre.*
Juillet : séjour à Vichy pour *Roma*, puis retour à Égreville.
Début août : détérioration brutale de l'état de santé.

13 août : décès à la clinique de la rue de la Chaise à Paris.
17 août : enterrement à Égreville dans l'intimité.

1913

Février : création de la *Suite théâtrale* à Monte-Carlo avec Lucy Arbell en récitante.
25 avril : création de *Panurge* au Théâtre de la Gaîté-Lyrique à Paris.

1914

17 janvier : première audition de la musique de scène de *Jérusalem !* à Monte-Carlo.
23 février : création partielle de la *Suite parnassienne* (« Calliope ») puis création, le soir, de *Cléopâtre* à Monte-Carlo.

1922

1er avril : création d'*Amadis* à Monte-Carlo.

Annexe 2

LISTE DES PRINCIPALES ŒUVRES DE JULES MASSENET

Opéras

La Grand'Tante, opéra-comique en un acte, Opéra-Comique, 3 avril 1867.

Don César de Bazan, opéra-comique en trois actes, Opéra-Comique, 30 novembre 1872.

Le Roi de Lahore, opéra en cinq actes, Opéra de Paris, 27 avril 1877.

Hérodiade, opéra en quatre actes, théâtre de la Monnaie de Bruxelles, 19 décembre 1881.

Manon, opéra-comique en cinq actes, Opéra-Comique, 19 janvier 1884.

Le Cid, opéra en quatre actes, Opéra de Paris, 30 novembre 1885.

Esclarmonde, opéra romanesque en quatre actes, Opéra-Comique, 15 mai 1889.

Le Mage, opéra en cinq actes, Opéra de Paris, 16 mars 1891.

Werther, drame lyrique en quatre actes, Opéra de Vienne, 16 février 1892.

Thaïs, comédie lyrique en trois actes, Opéra de Paris, 16 mars 1894.

Le Portrait de Manon, opéra-comique en un acte, Opéra-Comique, 8 mai 1894.

La Navarraise, épisode lyrique en deux actes, Covent-Garden de Londres, 20 juin 1894.

Sapho, pièce lyrique en cinq actes, Opéra-Comique, 27 novembre 1897.

Cendrillon, conte de fées en quatre actes, Opéra-Comique, 24 mai 1899.

Grisélidis, conte lyrique en quatre actes, Opéra-Comique, 20 novembre 1901.

Le Jongleur de Notre-Dame, miracle en trois actes, Monte-Carlo, 18 février 1902.

Chérubin, comédie chantée en trois actes, Monte-Carlo, 14 février 1905.

Ariane, opéra en cinq actes, Opéra de Paris, 31 octobre 1906.

Thérèse, drame musical en deux actes, Monte-Carlo, 7 février 1907.

Bacchus, opéra en quatre actes, Opéra de Paris, 5 mai 1909.

Don Quichotte, comédie héroïque en cinq actes, Monte-Carlo, 19 février 1910.

Roma, opéra tragique en cinq actes, Monte-Carlo, 17 février 1912.

Panurge, haulte farce musicale en trois actes, Gaîté-Lyrique, 25 avril 1913.

Cléopâtre, opéra en quatre actes, Monte-Carlo, 23 février 1914.

Amadis, opéra légendaire en trois actes et un prologue, Monte-Carlo, 1er avril 1922.

Ballets

Le Carillon, légende dansée et mimée en un acte, Opéra de Vienne, 21 février 1892.

Les Rosati, divertissement en un acte, Opéra-Comique, 9 décembre 1901.

Cigale, divertissement-ballet en deux actes, Opéra-Comique, 4 février 1904.

Espada, ballet en un acte, Monte-Carlo, 18 février 1908.

Musiques de scène

Les Érinnyes (Leconte de Lisle), Odéon, 6 janvier 1873.

Nana-Sahib (Jean Richepin), Porte-Saint-Martin, 20 décembre 1883.

Théodora (Victorien Sardou), Porte-Saint-Martin, 26 décembre 1884.

Le Crocodile (Victorien Sardou), Porte-Saint-Martin, 21 décembre 1886.

Phèdre (Racine), Odéon, 8 décembre 1900.

Le Grillon du foyer (Ludovic de Francmesnil). Odéon, 1er octobre 1904.

Le Manteau du Roi (Jean Aicard), Porte-Saint-Martin, 22 octobre 1907.

Perce-Neige et les Sept Gnomes (Jeanne Dortzal), Théâtre Femina, 2 février 1909.

Oratorios et cantates profanes

Paix et Liberté, Théâtre-Lyrique, 15 août 1867.

Marie-Magdeleine, drame sacré en trois actes, Odéon, 11 avril 1873.

Ève, mystère en trois parties, Société de l'Harmonie sacrée (Cirque d'Été), 18 mars 1875.

La Vierge, légende sacrée en quatre scènes, concerts historiques de l'Opéra de Paris, 22 mai 1880.

Narcisse, idylle antique pour solo, chœur et piano, Paris, 11 février 1878.

Biblis, [scène lyrique] pour solistes, chœur et piano, Paris, 27 janvier 1887; version orchestrale : Paris, 12 avril 1891.

La Terre promise, oratorio en trois parties, Paris, église Saint-Eustache, 15 mars 1900.

Œuvres orchestrales et concertantes

Première Suite d'orchestre, Pasdeloup, 24 mars 1867.

Scènes hongroises, Pasdeloup, 26 novembre 1871.

Scènes dramatiques, Concerts du Conservatoire, 10 janvier 1875.

Scènes pittoresques, Colonne, 22 mars 1874.

Scènes napolitaines, Concerts Arban (Casino, rue Cadet), 2 février 1867 ?, janvier 1879 ? et Concerts Besselièvre, juillet 1879.

Marche héroïque de Szabady, Opéra de Paris, 7 juin 1879.

Scènes de féerie, Londres, mars 1881.

Scènes alsaciennes, Colonne, 19 mars 1882.

Visions…, poème symphonique, festival de Leeds, octobre 1895, et Nancy, 8 mars 1896.

Fantaisie pour violoncelle et orchestre, Joseph Hollman (violoncelle), La Haye, concerts Diligentia début mars 1898.

Concerto pour piano, Louis Diemer (piano), Concerts du Conservatoire, 1er février 1903.

Suite théâtrale, Monte-Carlo, ? février 1913

Suite parnassienne, « Calliope » : Monte-Carlo, 23 février 1914; création intégrale : Paris, 16 novembre 2003.

Piano

Dix Pièces de genre, 1866.

Scènes de bal (4 mains), 1871-1874 ?

Le Roman d'Arlequin, 1872.

Improvisions, 1875.

Deux Impromptus, 1896.

Années passées (4 mains), 1897.

Deux Pièces pour piano, 1907.

Mélodies

Huit volumes de mélodies et plusieurs cycles parmi lesquels :

Poème d'avril, 1866-1868 ?

Poème du souvenir, 1868-1869

Poème pastoral, 1872.

Poème d'octobre, 1878.

Poème d'amour, 1880.

Poème d'hiver, 1882.

Poème d'un soir, 1895.

Expressions lyriques, 1909-1911.

BIBLIOGRAPHIE

Sources manuscrites

[Certificat d'admission de Jules Massenet au Conservatoire de Paris en classe de piano], 10 janvier 1853, Saint-Étienne, Bibl. municipale.

[Deux minutes d'un article de Jules Massenet], Ms anonyme, [mai ? 1909], Paris, BnF, Département de la Musique, NLA-358 (131).

Gallet, Louis, Lettre à Henri Heugel, [s. l], 17 novembre 1891, ancienne coll. famille Heugel.

Ghil, René, Lettre à Jules Massenet, Paris, 10 avril 1893, transcription de Demar Irvine, Northwestern University Library, Music Library, Moldenhauer coll.

Labouret, Maurice, Lettre à Jules Massenet, [papier à entête : « Librairie Hachette & Cie / 79 Boulevard Saint-Germain »], Paris, 16 avril 1912, BnF, Département de la musique, NLA-358 (126).

Liszt, Franz, Lettre à Jules Massenet, 26 août 1885, BnF, Département de la Musique, LA-Liszt Franz-31.

Malherbe, Charles, Lettre à Jules Massenet, Cormeilles (Eure), 21 septembre 1911, BnF, Bibliothèque-musée de l'Opéra, NLAS-119 (116).

Massé, Victor, Lettre à Jules Massenet, [s. l.], 25 avril 1877, Stockholm, Stiftelsen Musikkulturens Främjande (The Nydahl Collection), MMS 893.

Massenet, Jules, *Amadis*, partition chant et piano, Ms autographe, 1889-1890, 1910, coll. particulière.

—, *Amadis*, partition d'orchestre, Ms autographe, 1910, BnF, Bibliothèque-musée de l'Opéra, Rés. 556 a et b.

—, *Apollo's Invocation*, partition d'orchestre, Ms d'un copiste avec annotations et corrections autographes de Massenet, BnF, Département de la Musique, Ms 4300.

—, *Ariane*, partition chant et piano, Ms autographe, [1904], 1905, BnF, Bibliothèque-musée de l'Opéra, Rés. A. 694 f.

—, *Ariane*, partition d'orchestre, Ms autographe, 1905, BnF, Bibliothèque-musée de l'Opéra, A 694 a (I-III).

—, *Bacchus*, partition d'orchestre, 1908, Ms autographe, BnF, Bibliothèque-musée de l'Opéra, A. 700 a (I-IV).

—, *Le Carillon*, partition pour piano, Ms autographe, 1891, BnF, Bibliothèque-musée de l'Opéra, Rés 2188.
—, *Le Carillon*, partition d'orchestre, Ms autographe, 1891, BnF, Bibliothèque-musée de l'Opéra, Rés. 554.
—, *Cendrillon*, partition chant et piano, Ms autographe, [1894], 1895, BnF, Bibliothèque-musée de l'Opéra, Rés 563.
—, *Cendrillon*, partition d'orchestre, Ms autographe, 1894, 1895, 1896, BnF, Bibliothèque-musée de l'Opéra, Rés. 540 (1-5).
—, *Chérubin*, partition d'orchestre, Ms autographe, [1904], BnF, Bibliothèque-musée de l'Opéra, Rés 550 (1-3).
—, *Cigale*, partition d'orchestre, Ms autographe, [1902], BnF, Bibliothèque-musée de l'Opéra, Rés. 2165.
—, *Le Cid*, partition d'orchestre, Ms autographe, 1885, BnF, Bibliothèque-musée de l'Opéra, A-645 a (I-IV).
—, [« Cinquantenaire de *Mireille* »], Ms autographe, s. l. n. d., Avignon, Palais du Roure / Fondation Flandreysy-Espérandieu, Ms 172.
—, *Départ*, partition chant et piano, Ms autographe, 1893, Chicago, Newberry Library, F MS VM 1621 M 41 de.
—, *Deux Impromptus* : « Eau courante » et « Eau dormante », partition pour piano, Ms autographe, 1896, BnF, Département de la Musique, Ms. 17 688.
—, « Discours prononcé par M. Massenet à l'inauguration du monument d'Ernest Reyer au Lavandou », Ms anonyme avec quelques annotations autographes de Massenet au crayon bleu et à l'encre bleue, [s. l.], [1912 ?], 10 ff., Yale University, Beinecke Rare Book and Manuscript Library, gen mss music misc, Group 1/Massenet, Jules.
—, *Les Érinnyes*, partition d'orchestre, Ms autographe, 1872, 1873, 1875, 1876, Yale University, Beinecke Rare Book and Manuscript Library, Frederick R. Koch coll.
—, *Esclarmonde*, partition d'orchestre, Ms autographe, 1888, BnF, Bibliothèque-musée de l'Opéra, A-750 a (I-IV).
—, *Ève*, partition d'orchestre, Ms autographe, 1874, Yale University, Beinecke Rare Book and Manuscript Library, Frederick R. Koch coll.
—, [Funérailles d'Édouard Lalo], Ms autographe, [s. l.], [avril 1892], 4 ff. individuels, ancienne coll. Charles Malherbe, BnF, Département de la musique, Rés F 1665 (25).
—, *Grisélidis*, « Prologue », partition chant et piano, Ms autographe, 1894, Yale University, Beinecke Rare Book and Manuscript Library, GEN MSS MUSIC MISC, volume 3.
—, *Grisélidis*, « Entracte-Idylle », partition pour piano, Ms autographe, 1894, BnF, Département de la Musique, Ms 4270.
—, *Grisélidis*, partition d'orchestre, Ms autographe, 1893-1894, 1898, 1900, 1901, BnF, Bibliothèque-musée de l'Opéra, A. 744 a. (I-III).
—, « [Inauguration de la statue de Victor Massé à Lorient] », Ms autographe, 2 pages sur un double folio, signées *in fine* « J. Massenet / Lorient 4 7bre [septembre] 1887 / 9 ho ½ du soir », coll. Jean-Louis Debauve.

—, *Le Jongleur de Notre-Dame*, partition pour chant et piano, Ms autographe, 1899-1900, Saint-Étienne, Bibl. municipale, MS E416.
—, *Le Jongleur de Notre-Dame*, partition d'orchestre, Ms autographe, 1899-1900, BnF, Bibliothèque-musée de l'Opéra, Rés. 846 (1-2).
—, Lettre à Albert Wolff, Paris, 4 janvier [*sic* pour février] 1868, BnF, Département de la Musique, LA Massenet 22.
—, Lettre à Charles Delagrave, Paris, 22 octobre 1911, coll. particulière Sylvain Chambre.
—, Lettre à Dorothée Jeanne Maucorps-Delsuc, 16 janvier 1873, coll. particulière Sylvain Chambre.
—, Lettre à Édouard Noël, [s. l.], 4 juillet 1895, Austin, The Harry Ramson Humanities Research Center.
—, Lettre à [Gaston Calmette], Pont-de-l'Arche, 2 août 1893, BnF, Bibliothèque-musée de l'Opéra, LAS Massenet 1.
—, Lettre à Hyacinthe Halanzier, cosignée par Louis Gallet, Paris, 7 mars 1876, BnF, Département des Arts du spectacle, 4 MRO 317.
—, Lettre à J. A. Fouquet, Tournai, Belgique, vendredi, [26 janvier 1894], Bibliothèque de l'Institut, Ms 7322, F 300.
—, Lettre à Carvalho, [s. l. n. d.], sur une carte de visite : « J. Massenet / 38 rue du Général Foy », BnF, Département de la musique, NLA-386.
—, Lettre à [Julien Torchet], Paris, 17 janvier 1907, BnF, Département de la Musique, NLA 352 (1).
—, Lettre à Louise Massenet, Barcelone, 16 avril 1881, ancienne coll. Bessand-Massenet (photocopie archives Patrick Gillis).
—, Lettre à Louise Massenet, Illiec, 6 septembre 1887, ancienne coll. Bessand-Massenet (photocopie archives Patrick Gillis).
—, Lettre à Louise Massenet, 20 novembre 1889, ancienne coll. Bessand-Massenet (photocopie archives Patrick Gillis).
—, Lettre à Martial Teneo, 16 avril 1912, BnF, Bibliothèque-musée de l'Opéra, LAS Massenet 39.
—, Lettre à Raymond Bouyer, [s. l.], 4 janvier 1912, BnF, Département de la musique, LAS J. Massenet 161.
—, Lettre à Paul Lacombe, Paris, 24 octobre 1878, Carcassonne, Bibl. municipale.
—, Lettre à un correspondant non identifié, Paris, 31 mars 1912, ancienne coll. famille Heugel.
—, Lettre à un correspondant non identifié, Paris, 27 juillet 1912, coll. particulière.
—, Lettres à Adolphe Brisson, 1887-1911, Institut mémoires de l'édition contemporaine (Imec), Fonds Pierre Brisson, Correspondance d'Adolphe Brisson APL 30.
—, Lettres à Adolphe Henn, Paris, 1er-5 novembre 1911, New Haven, Yale University, Beinecke Rare Book and Manuscript Library, GEN MSS MUSIC MISC.
—, Lettres à Théodore Stanton, 1890-1892, Rutgers University Special collections, Archibald S. Alexander Library.
—, Lettres à Henri (ou Jacques) Heugel, 1910-1912, BnF, Département de la Musique, NLA-364.

—, Lettres, cartes pneumatiques ou cartes de visite à Henry Simond, 1893-1912, BnF, Département des Manuscrits, NAF-14478.

—, *Le Mage*, [fin primitive de l'acte V], partition chant et piano, Ms autographe, 1889, Saint-Étienne, Bibl. municipale, Ms 483.

—, *Le Mage*, partition chant et piano, Ms autographe, 1889-1890, BnF, Département de la Musique, Ms 7031.

—, *Le Mage*, partition d'orchestre, Ms autographe, 1890, BnF, Bibliothèque-musée de l'Opéra, A-655 a (I-V).

—, « Manuscrit autographe à Monsieur Stanton », *Autographes – dessins / photographies / Musiciens / Lettres et manuscrits autographes [...]*, Étude Couturier Nicolay, Hôtel Drouot, 18 avril 1989, lot 99.

—, *Marche solennelle*, partition d'orchestre, Ms autographe, 1881, Yale University, Beinecke Rare Book and Manuscript Library, Frederick R. Koch coll.

—, *Mort à Néron !*, partition pour voix d'hommes a cappella, Ms autographe, 1912, Montrouge, Archives Heugel.

—, *La Navarraise*, partition d'orchestre, Ms autographe, 1893, BnF, Bibliothèque-musée de l'Opéra, Rés 546.

—, [Notice autobiographique imprimée (impr. Chaix), avec annotations autographes de Massenet], 1897, Chicago, Newberry Library, Case 29. 5542.

—, *Ouverture de concert opus 1*, partition d'orchestre, Ms autographe, BnF, Département de la musique, Ms. 4265

—, *Première suite d'orchestre*, partition d'orchestre, Ms autographe, 1865, 1867, 1875, BnF, Département de la Musique, Ms 4336.

—, *Le Roi de Lahore*, partition d'orchestre, Ms autographe, 1872, 1873, 1874, 1875, 1876, janvier 1877, BnF, Bibliothèque-musée de l'Opéra, Rés. A 630 a (I-V).

—, *Sapho*, partition d'orchestre, Ms autographe, 1896, BnF, Bibliothèque-musée de l'Opéra, Rés. 560 (1-2).

—, *Scènes pittoresques*, partition d'orchestre, Ms autographe, 1873, Saint-Étienne, Bibl. municipale, Ms 526-527-528-529.

—, « [Souvenirs de Théâtre :] *Esclarmonde* », Ms autographe, [s. l.], [*ca* 1911], 9 ff., New Haven, Yale University, Beinecke Rare Book and Manuscript Library, gen mss music misc, Group 1/Massenet, Jules.

—, « [Souvenirs de Théâtre :] *Hérodiade* », Ms autographe, [s. l.], [*ca* 1911], 11 ff., New Haven, Yale University, Beinecke Rare Book and Manuscript Library, GEN MSS MUSIC MISC, Group 1/Massenet, Jules.

—, « [Souvenirs de Théâtre :] *Le Jongleur de Notre-Dame* », Ms autographe, [s. l.], [*ca* 1911], 9 ff., Saint-Étienne, Bibliothèque municipale, MS E415.

—, « [Souvenirs de Théâtre :] *Manon* », Ms autographe, [s. l.], [*ca* 1911], 8 ff., New York, Morgan Library, Mary Flagler Cary Music Collection, MFC M4155.X10.

—, *La Terre promise*, partition d'orchestre, Ms autographe, 1897-1899, Yale University, Beinecke Rare Book and Manuscript Library, Frederick R. Koch coll.

—, *Thérèse*, partition chant et piano, Ms autographe, 1905-1907, Monaco, Archives du Palais princier, II (9-23).

—, *Thérèse*, partition d'orchestre, Ms autographe, 1906, BnF, Bibliothèque-musée de l'Opéra, Rés 547 (1-2).

—, [« Toast prononcé par M. Massenet, Membre de l'Institut, Président de l'Académie des Beaux-Arts, au nom de l'Académie des Beaux-Arts »], 30 mars 1910, Ms autographe, [s. l. n. d.], 8 ff., Monaco, Musée océanographique, dossier « Inauguration du Musée océanographique de Monaco (29 mars – 1er avril 1910) ; Discours, conférences et toasts » ; *Discours prononcés à l'occasion des fêtes d'inauguration du Musée océanographique de Monaco*, [s. l.], s. éd., Draeger Imp., [1910], p. 39-41.

—, *La Vierge*, partition d'orchestre, Ms autographe, Yale University, Beinecke Rare Book and Manuscript Library, Frederick R. Koch coll.

—, *Werther*, partition d'orchestre, Ms autographe, BnF, Bibliothèque-musée de l'Opéra, Rés 542 (I-III).

MASSENET, Louise, [« Cinquantenaire de *Mireille* »], Ms autographe, s.l.n.d., Paris, BnF, Département de la Musique, NLA-358 (131).

NICOT-VAUCHELET, Marianne, Lettre à Jules Massenet, [Paris], s.d., BnF, Département de la Musique, NLA 358 (77)

REBER, Henri, Lettre à Jules Massenet, [s. l.], 3 mai 1877, Stockholm, Stiftelsen Musikkulturens Främjande (The Nydahl Collection).

« Registre d'inscription des élèves [du Conservatoire] », 1849-1855, Archives Nationales, AJ[37] 353-2.

RICORDI, Giulio, Lettre à Jules Massenet, 15 avril 1898, BnF, Bibliothèque-musée de l'Opéra, NLAS 118 (133).

SAINT-SAËNS, Camille, Lettre à Auguste Durand, Alger, 20 février 1893, Médiathèque musicale Mahler, Fonds Saint-Saëns.

—, Lettre à Jacques Durand, Alger, 18 février 1911, Médiathèque musicale Mahler, Fonds Saint-Saëns.

—, Lettre à Jacques Durand, Aix-les-Bains, 15 août 1912, Médiathèque musicale Mahler, Fonds Saint-Saëns.

—, Lettre à Jean Bonnerot, Louqsor, 20 Janvier 1912, transcription de Marie-Gabrielle Soret, Château-Musée de Dieppe, Fonds Bonnerot.

SCHNEIDER, Louis, *Massenet*, Paris, Carteret, 1908, exemplaire avec annotations autographes de Julien Torchet, New York, Morgan Library, Mary Flager Cary Music coll., Cary PMC 313.

—, *Massenet*, Paris, Carteret, 1908, exemplaire truffé de seize lettres autographes de Massenet adressées à Victoire Verheyden, BnF, Bibliothèque-musée de l'Opéra, Rés. 2195.

SCHNETZ, Jean-Victor, Lettre à Jules Massenet, [Rome, 18 octobre 1865], BnF, Bibliothèque-musée de l'opéra, NLA-358 (105).

SIMOND, Henry, Lettre à Louise Massenet, BnF, Département de la musique, NLA-358 [128].

SOREL, Albert-Émile, Lettre à Louise Massenet, Honfleur, 14 août 1912, coll. particulière.

Tapuscrit d'un contrat liant Massenet à l'éditeur Pierre Lafitte & Cie, daté du 4 avril 1912 et signé par Massenet le 14 avril suivant, IMEC, Fonds Hachette – sous-fonds Pierre Lafitte LFT 4 .21.

Tapuscrit d'un contrat reliant Massenet à l'éditeur Hachette & Cie, IMEC, Fonds Hachette – Dossier Massenet, Jules, HAC 34.11.

Teneo, Martial, Lettre à Jules Massenet, Paris, 14 avril 1912, BnF, Bibliothèque-musée de l'Opéra, NLAS J. Massenet 118 (12).

Torchet, Julien, Lettre à Gustave Charpentier, Paris, 16 mars 1911, Bibliothèque historique de la Ville de Paris (BHVP), Fonds Charpentier, dossier 106.

—, Lettre à Gustave Charpentier, 12 février 1913, BHVP, Fonds Charpentier, dossier 121.

Yourkevitch, Marie de, Lettre à Jules Massenet, Paris, 46 avenue Kléber, 15 juin [1911 ?], BnF, Bibliothèque-musée de l'Opéra, NLA 358 (127).

Sources primaires

« Académie des beaux-arts », *Journal des débats*, 3 novembre 1894.

Aubry, Raoul, « Avant la première [*Le Mage*] », *Paris*, 15 mars 1891.

—, « Celui qu'on joue beaucoup », *Le Temps*, 13 novembre 1910.

—, « Les histoires de M. Massenet », *Le Temps*, 10 mai 1904.

Bauër, Gérard, « Les "souvenirs" de Massenet », *L'Écho de Paris*, 15 novembre 1911.

—, « Les Souvenirs de M. Massenet », *L'Écho de Paris*, 11 décembre 1911.

—, « Massenet ce charmeur », *Le Figaro*, 13 août 1962 ; repris dans *Chroniques 1954-1964*, Paris, Gallimard, 1965, p. 323-324.

Baumann, Émile, *Les Grandes formes de la Musique : l'Œuvre de Camille Saint-Saëns*, Paris, Société d'Éditions littéraires et artistiques, 1905.

Benedict [Jouvin], « Théâtre de l'Opéra », *Le Figaro*, 4 mai 1877.

Bergerat, Émile, *Souvenirs d'un enfant de Paris*, Paris, Charpentier, 1911.

Bergmans, Charles, *La musique et les musiciens*, Gand, A. Sieffer, 1902.

Bellaigue, Camille, *Verdi*, Paris, Henri Laurens, [1912 ?].

Bernard, Paul, « Théâtre-Italien : La Frezzolini », *Le Ménestrel*, 29e année, no 47, 19 octobre 1862, p. 371.

Bonnal, Georges, *Dictionnaire des connaissances musicales*, Marseille, Bonnal, 1898.

Boschot, Adolphe, *Massenet et Saint-Saëns publiant leurs Souvenirs*, Institut de France – Académie des beaux-Arts – Séance annuelle du samedi 14 novembre 1942, Paris, Firmin-Didot, 1942.

Bourgault-Ducoudray, Louis-Albert, « Liszt », conférence des 26 et 5 mars 1910, *Journal de l'Université des Annales*, 4e année, no 19, 10 septembre 1910.

Brisson, Adolphe, « Figures qui passent. M. Massenet », *Le Figaro*, 23 mai 1899.

—, « Promenades et visites », *Le Temps*, 6 mai 1896.

Bruneau, Alfred, *Massenet*, Paris, Delagrave, 1935.

Brussel, Robert, « À la veille d'*Ariane* », *Le Figaro*, 28 octobre 1906.

—, « Les théâtres », *Le Figaro*, 15 février 1909.

Cain, Georges *Promenades dans Paris*, Paris, Flammarion, [1906].

CAIN, Henri, « Jules Massenet », *Les Nouvelles musicales*, 1re année, n° 9, 15 octobre 1933, p. 1-2.

CALVÉ, Emma, *Sous tous les ciels j'ai chanté...*, Paris, Plon, 1940.

CHARVAY, Robert, « Conversation avec J. Massenet », « *Werther* », *L'Écho de Paris*, supplément gratuit, [janvier 1893].

CHARLES-ROUX, Jules, *Le jubilé de Frédéric Mistral : le cinquantenaire de Mireille*, Arles, 29-30-31 mai 1909, Paris, Bloud, 1913.

CHATEAUBRIAND, François-René de, *Génie du christianisme* (1/1802, 1826-1827), éd. Maurice Regard, Paris, Gallimard, 1978.

CLARETIE, Jules, *La Vie à Paris*, Paris, Charpentier, 1907.

—, *Souvenirs du dîner Bixio*, Paris, Charpentier, 1924.

« Confidences d'hommes arrivés (études sur les enfants médiocres et les enfants prodiges) », *La Revue (ancienne Revue des Revues)*, 15e année, n° 6, 15 mars 1904, p. 157-158.

« Courrier des théâtres », *Le Figaro*, 18 novembre 1879.

COUSIN, Victor, *Madame de Longueville : nouvelles études sur les femmes illustres et la société du XVIIe siècle*, Paris, Didier, 1853.

DARTHENAY, J., « Avant-premières. *Thérèse*, de M. Massenet à Monte-Carlo », *Le Figaro*, 6 février 1907.

DAUTRESME, Lucien, *Le Journal officiel*, dans « Exposition universelle de 1889 », *Le Ménestrel*, 53e année, n° 43, 23 octobre 1887.

DAUZATS, Ch., « Les obsèques de Frémiet », *Le Figaro*, 16 septembre 1910.

DAYROLLES, Albert, « Portraits contemporains : Jules Massenet », *Les Annales politiques et littéraires*, 2e année, n° 33, 10 février 1884, p. 82-83.

DESCHANEL, Émile, *Trente ans de critique*, Paris, Hetzel, 1900.

« Du tabac et de son influence : Notre enquête sur les fumeurs. », *Comœdia illustré*, 2e année, n° 25, 15 septembre 1910.

[SIGNÉ :] LES DEUX AVEUGLES, « Portait documenté : Leconte de Lisle », *L'Écho de Paris*, 4 février 1892.

Discours prononcés à l'occasion des fêtes d'inauguration du Musée océanographique de Monaco, [s.l.], [s.n.], Draeger Imp., [1910].

DUBOIS, Théodore, Lettre à Albert Wolff, dans « Gazette de Paris », *Le Figaro*, 9 février 1868.

DUQUESNEL, Félix, « Le premier oratorio », *Le Gaulois*, 14 mars 1900.

ELWART, Antoine, *Histoire des concerts populaires de musique classique*, Paris, Librairie Castel, 1864.

« *Esclarmonde* », *Le Matin*, 26 avril 1889.

EYSSETTE, André, « Le livret en prose », *Le Gaulois*, 2 mars 1897.

FRANÇOISE, « Les bavardages de Françoise », *Femina*, 11e année, n° 245, 1er avril 1911, p. 185-186.

FORDYCE, « Propos de coulisses [Arthur Cobalet] », *Gil Blas*, 22 mai 1901.

GALLET, Louis, Lettre à [Jules Prével?], Paris, 30 décembre 1878, dans Jules Prével, « Courrier des théâtres », *Le Figaro*, 31 décembre 1878.

—, « Musique », *La Nouvelle Revue*, 11e année, t. 58, mai-juin 1889, p. 796-797.

—, « Théâtre : Musique », *La Nouvelle Revue*, 16e année, t. 87, mars-avril 1894, p. 643-648.

Gautier, Théophile, *La Musique*, Paris, Fasquelle, 1911.

—, *Le Moniteur universel*, 8 avril 1867.

—, « Pochades, paradoxes et fantaisies », *La Presse*, 19 décembre 1843.

Germain, Auguste, « Zola musicien », *L'Écho de Paris*, 7 juin 1891.

Ghil, René, Lettre à Jane Catulle-Mendès, Paris 30 avril et 1er mai 1906 ; citée d'après le catalogue *Les autographes*, expert Thierry Bodin, avril 2007.

—, *Traité du verbe*, Paris, Giraud, 1886.

[Gounod, Charles], « Gounod in Italy and Germany : Reminiscences of a Pensionnaire of the Academy of France », *The Century Illustrated Monthly Magazine*, vol. 43, janvier 1892, p. 388-395.

—, *Mémoires d'un artiste* [1896], éd. Claude Glayman, Paris, Calmann-Lévy, 1991.

—, « M. Camille Saint-Saëns (l'opéra *Henry VIII*) », *La Nouvelle Revue*, 5e année, t. 21, mars-avril 1883, p. 487-496.

Grétry, André-Modeste, « Avant-Propos », *Mémoires ou essais sur la musique*, nouvelle édition augmentée de notes et publiée par J. H. Mees, Bruxelles, Aug. Wahlen, 1829.

Hahn, Reynaldo, « Lettre à M. Max d'Ollone », *Le Ménestrel*, 82e année, no 43, 22 octobre 1920, p. 397-398.

« *Hérodiade* (souvenirs) », *L'Éventail*, 25e année, no 7, 15 octobre 1911.

Hostein, Hippolyte, *Historiettes et souvenirs d'un homme de théâtre*, Paris, Dentu, 1878.

Heylli, Georges d', *Brindeau*, Paris, Tresse, 1882.

Huret, Jules, « Au jour le jour. Le directeur de l'Opéra-Comique », *Le Figaro*, 14 janvier 1898.

—, « Avant *Sapho*. Chez M. Alphonse Daudet », *Le Figaro*, 24 novembre 1897.

—, *Loges et coulisses*, Paris, La Revue blanche, 1901.

Imbert, Hugues, « M. Claude Debussy », *Revue politique et littéraire : revue bleue*, 39e année, no 17, 26 avril 1902, p. 543-544.

—, *Profils d'artistes contemporains*, Paris, Fischbacher, 1897.

Institut de France. Académie des Beaux-Arts. Discours prononcés à l'inauguration de la statue élevée à la mémoire de Victor Massé, à Lorient, le 4 septembre 1887 (par MM. Léo Delibes et Jules Simon.), Paris, Impr. de F. Didot et Cie, 1887.

Jacquot, Albert, *La lutherie lorraine et française : depuis ses origines jusqu'à nos jours d'après les archives locales*, Paris, Fischbacher, 1912.

Jullien, Adolphe, *Airs variés*, Paris, Charpentier, 1877.

—, « Revue musicale », *Journal des débats*, 19 août 1923.

Kerst, Léon, « *Le Roi de Lahore* », *Revue du monde musical et dramatique*, 2e année, no 14, 5 avril 1879, p. 210.

Koechlin, Charles, « Souvenirs de la classe Massenet (1894-1895) », *Le Ménestrel*, 97e année, no 10, 8 mars 1935, p. 81-82 ; no 11, 15 mars 1935, p. 89-90.

Kowalski, Henri, « Souvenirs sur Massenet », *L'Union libérale*, 24-25 août 1912.

Lamartine, Alphonse de, *Cours familier de littérature*, Paris, Chez l'auteur, entretien XL, vol. 7, 1859, p. 233-234.

Landormy, Paul, « L'État actuel de la musique française », *Revue politique et littéraire : revue bleue*, 41e année, t. 1, Paris, 1904, p. 397-398.

Lassabathie [Théodore], *Histoire du conservatoire impérial de musique et de déclamation*, Paris, Michel-Lévy Frères, 1860.

Le Blond, Maurice, « Supprimons le Prix de Rome », *L'Aurore*, 6 avril 1903.

—, « Notre enquête sur l'École de Rome », *L'Aurore*, 22 avril 1903.

Lefeuve, Charles, *Histoire de Paris, rue par rue, maison par maison*, Paris, Reinwald, 1875, t. V.

« Le musée océanographique de Monte-Carlo », *Le Temps*, 1er avril 1910.

« Les œuvres préférées », *Le Figaro, supplément littéraire*, 10e année, n° 46, 18 novembre 1893, p. 183.

Lionnet, Anatole et Hippolyte, *Souvenirs et anecdotes*, Paris, Olledorff, 1888.

Lovy, Jules, « Semaine théâtrale », *Le Ménestrel*, 29e année, n° 21, 20 avril 1862, p. 162-163.

Marchesi, Mathilde, *Marchesi and Music : Passages from the Life of a Famous Singing-Teacher*, New York; London, Harper, 1897.

Massenet, Jules, *Bacchus*, partition chant et piano, Paris, Heugel, 1909.

—, Lettre à Albert Wolff, dans « Correspondance », *Le Figaro*, 10 février 1868.

—, Lettre à Albert Wolff, dans « Correspondance », *Le Figaro*, 6 février 1868.

—, *Mes souvenirs*, Paris, Pierre Lafitte & Cie, 1912.

—, *My Recollections*, traduit par Harry Villiers Barnett, Boston, Small, Maynard & Company, 1919.

Le Masque de fer, « Échos : à travers Paris », *Le Figaro*, 16 septembre 1895.

Le Masque de fer, « Échos : Emma Calvé », *Le Figaro*, 27 novembre 1897.

Maupassant, Guy de, *Chroniques*, éd. Henri Mitterand, Paris, Librairie générale française, 2008.

Mendès, Catulle, *L'Art au théâtre*, Paris, Charpentier, 1900.

Méténier, Félix, « Nos grandes enquêtes. Faut-il créer un ministère des Beaux-Arts ? », *Comœdia*, 10 décembre 1911.

Meyer, Arthur, « Craignons le faux nationalisme », *Le Gaulois*, 1er décembre 1910.

Milliet, Paul, « Werther », *L'Art du théâtre*, 3e année, n° 31, juillet 1903, p. 106-108.

« Le monument Daudet », *Le Gaulois*, 1er juin 1902.

Moreno, Henri [Henri Heugel], « Semaine théâtrale », *Le Ménestrel*, 45e année, n° 4, 22 décembre 1878, p. 25-27.

« Mozart et les maîtres de l'école française », *Paris illustré*, 5e année, n° 26, 22 octobre 1887, p. 415.

« Nouvelles de partout », *Le Journal de musique*, 3e année, n° 136, 4 janvier 1879.

« Nouvelles diverses », *Le Ménestrel*, 54e année, n° 33, 12 août 1888, p. 263-264.

« Nouvelles diverses », *Le Ménestrel*, 78e année, n° 25, 22 juin 1912, p. 198.

« Nouvelles diverses », *Le Ménestrel*, 78e année, n° 26, 29 juin 1912, p. 205-208.

« Nouvelles diverses », *Le Ménestrel*, 78e année, n° 52, 28 décembre 1912, p. 415.

« Nouvelles diverses », *Le Ménestrel*, 79e année, n° 42, 18 octobre 1913, p. 335.

Parisis [Émile Blavet], « La vie parisienne : Jules Massenet 18 janvier 1884 », *Le Figaro*, 19 janvier 1884.

« Petit Chérubin… vit encore », *Le Gaulois*, 1er juin 1902.

Pougin, Arthur, *Massenet*, Paris, Fischbacher, 1913.

—, *Méhul : sa vie, son génie, son caractère*, Paris, Fischbacher [1889], 1893.

Reyer, Ernest, *Quarante ans de musique* [1909], éd. Émile Henriot, Paris, Calmann-Lévy, 1910.

—, « Revue musicale » *Journal des débats*, 29 mai 1892.

Ribeyre, Félix, *Cham : sa vie son œuvre*, Paris, Plon, 1884.

Rigné, Raymond de, *Le disciple de Massenet*, Paris, La Renaissance universelle, 1923.

—, « Souvenirs sur Massenet », *Mercure de France*, 32e année, n° 545, 1er mars 1921, p. 325-356.

« *Roma* », *L'Écho de Paris*, supplément gratuit, [avril 1912], Paris, BnF, Département des Arts du spectacle, Ro 3825.

Roma, programme de salle [avril 1912], BnF, Bibliothèque-musée de l'Opéra, programme Opéra.

Ropartz, Jean-Guy, « La statue de Victor Massé », *L'Indépendance musicale et dramatique*, 1re année, n° 14, 15 septembre 1887, p. 407-412.

Rostand, Alexis, *La musique à Marseille*, Paris, Sandoz et Fischbacher, 1874.

Schaeffner, André, « Souvenirs d'André Messager », dans Ladislas Rohozinski (dir.), *Cinquante ans de musique française : de 1874 à 1925*, Paris, Éditions musicales de la librairie de France, 1925, vol. II, p. 395-398.

Schneider, Louis, *Massenet*, Paris, Carteret, 1908.

—, *Massenet (1842-1912)*, Paris, Bibliothèque-Charpentier, 1926.

—, « La séance annuelle de l'Institut. Impressions d'académiciens », *Le Gaulois*, 27 octobre 1910.

Schneider, Louis *et alii*, « Massenet », *Les Annales politiques et littéraires*, 29e année, n° 1486, 17 décembre 1911, p. 601-607.

Schopenhauer, Arthur, *Pensées et fragments*, éd. J. Bourdeau, Paris, Alcan, 1900.

Servières, Georges, *La musique française moderne*, Paris, Havard, 1897.

—, *Richard Wagner jugé en France*, Paris, À la librairie illustrée, 1898.

Solenière, Eugène de, *Massenet : étude critique & documentaire*, Paris, Bibliothèque d'art de la Critique, 1897.

« La statue de Victor Massé », *Le Ménestrel*, 53e année, n° 37, 11 septembre 1887, p. 292-293.

« La statue de Victor Massé », *L'Univers illustré*, 30e année, n° 1694, 10 septembre 1887, p. 585-586.

Stoullig, Edmond, *Les Annales du théâtre et de la musique*, Paris, Paul Ollendorff, 1902.

Tappiolet, Claude, *Lettres de compositeurs français à Ernest Ansermet*, Genève, Georg, 1988.

« *Thérèse* », *L'Écho de Paris*, supplément gratuit, [mai 1911], BnF, Bibliothèque-musée de l'Opéra, dossier d'œuvre.

Tiersot, Julien, *Un demi-siècle de musique française : entre les deux guerres 1870-1917*, Paris, Alcan, 1918.

TORCHET, Julien, « Une lettre inédite de Georges Bizet [à Massenet] », *Le Guide musical*, 53e année, no 20-21, 19 et 26 mai 1907, p. 394-395.

—, « Opéra », *Comœdia*, 3 décembre 1907.

VANDAL, Albert, *Napoléon et Alexandre Ier : l'alliance russe sous le premier Empire*, Paris, Plon, 1893, t. 1.

WAGNER, Richard, *Art et politique*, Bruxelles, Impr. de J. Sannes, 1868.

WOLFF, Albert, « Courrier de Paris », *Le Figaro*, 15 décembre 1881.

—, « Gazette de Paris », *Le Figaro*, 4 février 1868.

—, « Gazette de Paris », *Le Figaro*, 9 février 1868.

WYZEWA, Théodore, « M. Jules Massenet », *Le Figaro*, 16 janvier 1893.

SOURCES SECONDAIRES

AUGÉ-LARIBÉ, Michel, *André Messager, musicien de théâtre*, Paris, La Colombe, 1951.

BEAL, Shelley Selina, *Theodore Stanton : An American Editor, Syndicator, and Literary Agent in Paris, 1880-1920*, these de doctorat, Toronto, University of Torento, 2009.

BELLANGER, Claude, GODECHOT, Jacques, GUIRAL Pierre, et TERROU, Fernand (dir.), *Histoire générale de la presse française*, Paris, Presses universitaires de France, 1972, t. III.

BÉNÉZIT Emmanuel éd., *Dictionnaire critique et documentaire des peintres, sculpteurs, dessinateurs et graveurs*, Paris, Grund, 1999.

BERLIOZ, Hector, *Correspondance générale*, éd. Pierre Citron, Paris, Flammarion, 2001, t. VII.

BESSAND-MASSENET, Pierre, « En marge d'un centenaire », *Le Figaro*, 21 juillet 1942.

—, *Massenet*, Paris, Julliard, 1979.

BLAY, Philippe, « "Un théâtre français, tout à fait français" ou un débat fin-de-siècle sur l'Opéra-Comique », *Revue de musicologie*, t. 87, no 1, 2001, p. 105-144.

BOULANGER, Karine *L'Opéra de Paris sous la direction d'André Messager et de Leimistin Broussan (1908-1914) : fonctionnement, répertoire et réalisations scéniques*, thèse de doctorat, Paris, École pratique des hautes études, 2013.

BRANGER, Jean-Christophe, *Alfred Bruneau : un compositeur au cœur de la bataille naturaliste. Lettres à Étienne Destranges. Paris-Nantes 1891-1915*, Paris, Champion, 2003.

—, *Manon de Jules Massenet ou le crépuscule de l'opéra-comique*, Metz, Éditions Serpenoise, 1999.

—, « Genèse d'*Hérodiade* de Jules Massenet : le manuscrit Koch de la Beinecke Library », dans Jean-Christophe Branger et Vincent Giroud (dir.), *Aspects de l'opéra français de Meyerbeer à Honegger*, Lyon, Symétrie, 2009, p. 56-93.

—, « Genèse et réception du *Roi de Lahore* de Jules Massenet : du Palais Garnier à la Scala », *Note su Note*, année XI-XII, no 11-12, décembre 2004 [*i.e.* 2007], p. 27-45.

—, « Massenet à l'ombre de Berlioz », *Hector Berlioz*, numéro thématique de *Ostinato Rigore : revue internationale d'études musicales*, no 21, 2003, p. 133-155.

—, « Massenet et la Provence », dans Simone Ciolfi (dir.), *Massenet and the Mediterranean World*, Bologna, Ut Orpheus Edizioni, 2015, p. 133-160.

—, « Massenet et ses livrets : du choix du sujet à la mise en scène », dans Alban Ramaut et Jean-Christophe Branger (dir.), *Le Livret d'opéra au temps de Massenet*, Saint-Étienne, Publications universitaires de Saint-Étienne, 2002, p. 251-281.

—, « Massenet, Tchaïkovski et Paul Collin : deux adaptations musicales de "Qu'importe que l'hiver" du *Poème d'octobre* », *Mitteilungen der Tschaikowsky-Gesellschaft*, n° 20, 2013, p. 27-48.

—, « Présences de Liszt dans la vie et les œuvres de Massenet », dans Malou Haine et Nicolas Dufetel (dir.), *Liszt et la France : musique, culture, société dans l'Europe du XIXe siècle*, Paris, Vrin, 2012, p. 275-294.

—, « *Werther* de Jules Massenet : un "drame lyrique" français ou germanique ? Sources et analyse des motifs récurrents », *Revue de musicologie*, t. 87, n° 2, 2001, p. 419-483.

Branger, Jean-Christophe et Giroud, Vincent, « Autour de Massenet et de l'opéra français : la collection de Richard Bonynge », dans Denis Herlin, Catherine Massip et Jean Duron (dir.), *Collectionner la musique : au cœur de l'interprétation*, Turnhout, Brepols Publischer, 2012, p. 95-123.

Branger, Jean-Christophe et Haine, Malou, *Ernest Van Dyck et Jules Massenet : un interprète au service d'un compositeur. Lettres et documents*, Paris, Vrin, 2014.

Calament, Florence, « Une découverte récente : les costumes authentiques de Thaïs, Leukyôné & Cie », *La Revue du Louvre et des Musées de France* n° 2, Paris, avril 1996, p. 27-32.

—, *La révélation d'Antinoé par Albert Gayet – Histoire, archéologie, muséographie*, Le Caire, Institut français d'archéologie orientale, 2005, 2 vol.

Carpine-Lancre, Jacqueline, « Albert Ier de Monaco, "prince utile" », *Sourgentin*, 28e année, n° 127, juillet 1997, p. 24-26.

Chabout, Roger, « La Côte Saint-André : Marius Salomon ténor de l'Opéra », *Chroniques rivoises*, n° 38, novembre 2004, p. 33-41.

Chabrier, Emmanuel, *Correspondance*, éd. Roger Delage, Frans Durif *et alii*, Paris, Klincksieck, 1994.

Conati, Marcello, *Verdi : interviste e incontri*, Turin, Éditions de Turin, 2000.

Condé, Gérard, *Charles Gounod*, Paris, Fayard, 2009.

Chevillot, Catherine, *Emmanuel Frémiet : 1824-1910 : la main et le multiple*, catalogue d'exposition, Dijon, Musée des beaux-arts ; Grenoble, Musée de Grenoble, 1988.

Debussy, Claude, *Correspondance (1872-1918)*, éd. François Lesure, Denis Herlin *et alii*, Paris, Gallimard, 2005.

—, *Monsieur Croche et autres écrits*, éd. François Lesure, Paris, Gallimard, 1987.

Duchesneau, Michel, Dufour, Valérie, et Benoit-Otis, Marie-Hélène (dir.), *Écrits de compositeurs : une autorité en questions*, Paris, Vrin, 2013.

Falcinelli, Sylviane, « De quelques codicilles au testament de Massenet », *Massenet en des soirs testamentaires*, numéro thématique de *Tempus perfectum*, n° 9, été 2012, p. 45-49.

Fauquet, Joël-Marie, *César Franck*, Paris, Fayard, 1999.

FAUQUET, Joël-Marie (dir.), *Dictionnaire de la musique en France au* XIXe *siècle*, Paris, Fayard, 2003.

FAUSER, Annegret, « *Esclarmonde*, un opéra Wagnérien ? », *Esclarmonde-Grisélidis*, numéro thématique de *L'Avant-Scène Opéra*, n° 14, 1992, p. 68-73.

FRANKE, Matthew, « Massenet's Italian Trip of 1894 and the Politics of Cultural Translation », dans Simone Ciolfi (dir.), *Massenet and the Mediterranean World*, Bologna, Ut Orpheus Edizioni, 2015, p. 161-171.

GAUTIER, Théophile, *Correspondance générale*, éd. Claudine Lacoste-Veysseyre, t. XII : 1872 et compléments, Genève-Paris, Droz, 2000.

GÉRARD, Yves, « Massenet à travers les écrits de Saint-Saëns », dans Gérard Condé (dir.), *Massenet en son temps*, Saint-Étienne, Association Festival Massenet, 1999, p. 98-117.

GIROUD, Vincent, « Un compositeur et son interprète : Bruneau et Delna », dans Jean-Christophe Branger et Vincent Giroud (dir.), *Aspects de l'opéra français de Meyerbeer à Honegger*, Lyon, Symétrie, 2009, p. 95-135.

—, « Le désastre de *Bacchus* », dans Jean-Christophe Branger et Vincent Giroud (dir.), *Figures de l'Antiquité dans l'opéra français : des Troyens de Berlioz à Œdipe d'Enesco*, Saint-Étienne, Publications universitaires de Saint-Étienne, 2008, p. 155-184.

—, « Lucien Fugère, interprète de Massenet », dans Jean-Christophe Branger et Agnès Terrier (dir.), *Massenet et l'Opéra-Comique*, Saint-Étienne, Publications universitaires de Saint-Étienne, 2015, p. 131-149.

—, « Massenet à Yale », dans Alban Ramaut et Jean-Christophe Branger (dir.), *Le livret d'opéra au temps de Massenet*, Saint-Étienne, Publications universitaires de Saint-Étienne, 2002, p. 219-250.

—, « Massenet et le XIIIe siècle *: les sources de Chérubin* », dans Jean-Christophe Branger et Vincent Giroud (dir.), *Présence du* XVIIIe *siècle dans l'opéra français du* XIXe *siècle d'Adam à Massenet*, Saint-Étienne, Publications universitaires de Saint-Étienne, 2011, p. 355-389.

HAINE, Malou, *L'Apollonide de Leconte de Lisle et Franz Servais*, Sprimont, Mardaga, 2004.

HUEBNER, Steven, *French Opera at the Fin de Siècle*, Oxford University Press, 1999.

—, « Molière "librettist" : Gounod, Georgina Weldon and *George Dandin* », *Revue de musicologie*, 2006, t. 2, p. 357-378.

IRVINE, Demar, *Massenet : A Chronicle of His Life and Times*, Portland, Amadeus Press, 1994.

JEANNELLE, Jean-Louis, *Écrire ses mémoires au* XXe *siècle : déclin et renouveau*, Paris, Gallimard, 2008.

KUTSCH, Karl Josef et RIEMENS, Leo, *Großes Sängerlexikon*, München-Bern, K.G. Saur, 2003, 7 vol.

LALO, Édouard, *Correspondance*, éd. Joël-Marie Fauquet, Paris, Aux Amateurs de livres, 1989.

LEJEUNE, Philippe, *Le pacte autobiographique* [1975], Paris, Seuil, 1996.

LEROUX, Yves éd., *Hommage à Massenet*, plaquette du cinquantenaire de sa mort, s. éd., 1963.

Loewenberg, Alfred, *Annals of Opera 1597-1940*, Totowa, Rowman and Littlefield, 1978.

Lomnäs, Bonnie et Lomnäs, Erling, *Stiftelsen Musikkulturens främjande (Nydahl Collection) : catalogue of music manuscript*, Stockholm, Musikaliska akademiens bibliotek, 1995.

Lu, Julia et Dratwicki, Alexandre (dir.), *Le concours du prix de Rome de musique (1803-1968)*, Lyon, Symétrie, 2011.

Marseille, Yves de, *L'Italie au faubourg Saint-Germain : les hôtels de Boisgelin et de Galliffet*, Paris, [Impr. Cino del duca de Biarritz], 1975.

Massenet, Anne, *Jules Massenet en toutes lettres*, Paris, Éditions de Fallois, 2001.

Massenet, Jules, « Autograph musical Manuscript of *Werther* », 1885-1887, *Autographs, Travel and Americana, Literature, Fine Books and Hebrew Books*, New York, Sotheby Parke Bernet Inc., 15 octobre 1974, lot 16.

—, « Lettres à Ambroise Thomas », éd. Henry Ferrare, *La Revue de Paris*, 22e année, t. 1, janvier-février 1915, p. 71-95 et 387-407.

—, [Lettres à Fidès Devries] ; citées d'après le catalogue de vente Hubert Le Blanc, *Lettres et manuscrits autographes, documents historiques : succession Eugène Rossignol*, Paris, Drouot-Richelieu, 22 et 23 mai 1997, lot 202.

—, *Mes souvenirs*, éd. Gérard Condé, Paris, Éditions Plume, 1992.

—, *Mes souvenirs*, Paris, Éditions du Sandre, 2006.

—, « Six manuscrits autographes, signés (sauf un) et datés 1911 », *Bibliothèque du Docteur Lucien-Graux* [8e partie], *Manuscrits et lettres autographes anciens, romantiques et modernes* [...], Hôtel Drouot, 11 et 12 décembre 1958, lots 174-180.

[Massenet, Jules], *Jules Massenet, Estimations et Vente aux Enchères* [*E&VE*], Paris, Drouot Richelieu, 19 novembre 2002.

Michelet, Jules, *La Femme*, dans *Œuvres complètes*, vol. XVIII : 1858-1860, éd. Paul Viallaneix, Paris, Flammarion, 1985.

Pasler, Jann, « The Making of a Franco-Mediterranean Culture : Massenet and His Students in Algeria and the Côte d'Azur », dans Simone Ciolfi (dir.), *Massenet and the Mediterranean World*, Bologna, Ut Orpheus Edizioni, 2015, p. 103-132.

Pinell, Patrice, *Naissance d'un fléau : histoire de la lutte contre le cancer en France (1890-1940)*, Paris, Éditions Métaillé, 1992.

Pistone, Danièle, *Heugel et ses musiciens : lettres à un éditeur parisien*, Paris, Presses universitaires de France, 1984.

Ramaut, Alban, « La création d'*Hérodiade* à Lyon », dans Jean-Christophe Branger et Alban Ramaut (dir.), *Opéra et religion sous la IIIe République*, Saint-Étienne, Publications universitaires de Saint-Étienne, 2006, p. 147-172.

Rolland, Romain, *Mémoires*, Paris, Albin Michel, 1956.

Rosset, François, « Georges Boyer (1850-1931), librettiste et ami de Jules Massenet », *Association Massenet internationale*, bulletin no 11, avril 2015, p. 1-16.

Saint-Saëns, Camille, *Écrits sur la musique et les musiciens (1870-1921)*, éd. Marie-Gabrielle Soret, Paris, Vrin, 2012.

—, « Neuf lettres ou cartes-lettres à Henry Simond, 1911-1914 », *Bibliothèque du Dr Lucien-Graux [9e partie], Éditions originales modernes avec envois et lettres.*

Manuscrits autographes littéraires [...] historiques, de voyages, musicaux, dessins originaux, Hôtel Drouot, 26 juin 1959, lot 292.

SIMON, Yannick, *Jules Pasdeloup et les origines du concert populaire*, Lyon, Symétrie, 2011.

WILD, Nicole, *Dictionnaire des théâtres parisiens : 1807-1914*, Lyon, Symétrie, 2012.

YVOREL, Jean-Jacques, *Les poisons de l'esprit : Drogue et drogués au* XIXe *siècle*, Paris, Quai Voltaire Histoire, 1992.

http://www.assemblee-nationale.fr [dictionnaire des parlementaires français].

http://chronopera.free.fr [base de données des représentations à l'Opéra de Paris].

http://www.artlyriquefr.fr [site de l'Association de l'art lyrique français].

INDEX DES NOMS CITÉS

ACKTÉ, Aïno 103, 121
ADAM, Adolphe 64, 69-70
ADAM, Juliette 229
ADENIS, Jules 90-92, 104, 301-302
ADERER, Adolphe 246-247
ADINI, Ada [Adèle Chapman, dit] 141
AGASSIZ, Alexander 284
ALBERS, Henri 205
ALBERT Ier (prince de Monaco) 19, 47, 179, 183-184, 192-194, 199, 208-209, 212, 275-277, 310
ALEXANDRE, André 174
ALLARD, André 180
ALVAREZ, Albert 140, 159, 164
AMALOU, Auguste 205
ANETHAN, Victor (baron d') 126
ANSERMET, Ernest 34
ARBELL, Lucy 39, 41, 48, 53-54, 175, 186-190, 192-195, 197-201, 203-205, 210, 213, 251, 309-311
ARBOIS DE JUBAINVILLE, Henri d' 281-282
ARMINGAUD, Jules 84, 89
ARTÔT, Désirée 233
AUBER, Daniel-François-Esprit 50, 61-64, 67, 73, 90, 128, 249, 260
AUBERT, Louis 256
AUBRY, Philippe-François 142
AUBRY, Raoul 31, 250, 282
AUDRAN, Edmond 241
AUMALE, Henri (duc d'Orléans) 140

BACH, Johann Sebastian 64, 68, 104, 255
BAEDEKER, Karl 76
BAILU, Roger 175
BALAKIREV, Mili 253
BALLU, Théodore 119
BALZAC, Honoré de 218
BANVILLE, Théodore de 241
BARBACINI, Enrico 112
BARBASTE-MARRO, Nathalie 55
BARBIER, Jules 71, 96, 175, 264
BARBIER, Pierre 175
BARBOUX, Henri 285-286
BARNICAUD, Alain 55
BARSOTTI, T. 260
BARTOLI, Jean-Pierre 55
BAUËR, Gérard 25, 37, 38-39, 42
BAUER, Harold 254
BAZIN, François 17, 91, 95, 116, 118, 245, 259-263, 300
BEAUCOURT, Édith de 219
BEAUHARNAIS, Joséphine de 43, 61
BEAUNIER, André 207
BEETHOVEN, Ludwig van 63, 68, 101, 240, 255
BELLAIGUE, Camille 48, 162-163
BELLINCIONI, Gemma 27, 162, 307
BELLINI, Vincenzo 161-162, 249
BEMBERG, Hermann 118
BENJAMIN-CONSTANT [Jean-Joseph Constant, dit] 140
BENOIST, François 260
BÉRARD, Alexandre 191
BÉRARD, Léon 21
BERGERAT, Émile 97
BERGER, Georges 20, 288, 293
BÉRIOT, Charles de 254
BERLIOZ, Hector 7-9, 14, 17-19, 32, 65-66, 70-71, 73, 91, 99, 102, 174, 219, 246, 255, 274-276, 296
BERNÈDE, Arthur 170-171
BERNHARDT, Sarah 147, 206
BERNHEIM, Adrien 164, 195, 204-205

BERTHET, Lucy 160, 309
BERTHON, Mireille 141
BERTON, Henri-Montan 260, 271
BERTRAND, Eugène 153, 159, 239, 241
BESSAND, Léon 145
BESSAND, Marie-Magdeleine 187
BESSAND-MASSENET, Anne 55
BESSAND-MASSENET, Pierre 34, 65, 90
BEYENS, baron 126
BEYLE, Léon 23, 147, 308
BIZET, Georges 95, 100-101, 104-106, 134, 161, 172, 244, 267
BLAU, Alfred 125-126, 149, 296
BLAU, Édouard 94, 134, 143, 266
BLAY, Philippe 55
BLOCH, André 118
BLOCH, Rosine 94
BOIELDIEU, François-Adrien 90
BOISSIER, Gaston 84
BOITO, Arrigo 115, 233
BONAPARTE BORGHÈSE, Pauline 85
BONAPARTE, Napoléon-Jérôme [Napoléon Joseph Charles Paul Bonaparte, dit] 119
BONNAT, Léon 140, 273
BONNEHÉE, Marc 73
BONNEROT, Jean 34, 73
BONVALOT, Gabriel 163
BOSCHOT, Adolphe 23, 37-39, 42
BOSMAN (Mme) 140
BOSSUET, Jacques Bénigne 53, 75, 239
BOUCHERIT, Jules 256
BOUCICAUT, Marguerite 59
BOUHY, Jacques 99
BOUKAY, Maurice 201, 204
BOULANGER, Ernest 95
BOULEZ, Pierre 7
BOUQUET DE LA GRYE, Jean Jacques Anatole 283
BOURGAULT-DUCOUDRAY, Louis-Albert 83, 233, 255, 273
BOURGEOIS, Charles-Arthur 74
BOUVET, Max 149, 194
BOYER, Georges 157, 164, 238
BRAHMS, Johannès 145
BRASSEUR, Jules 131
BRECHT, C. J. 129
BRÉJEAN-SILVER, Georgette 132, 150, 174
BRÉVAL, Lucienne 140-141, 177, 182, 186, 197-198, 205, 308-310
BRÉVILLE, Pierre de 256
BRIAND, Aristide 251
BRINDEAU, Louis 98
BRISSON, Adolphe 28-31, 35, 64
BROHLY, Suzanne 147
BROUSSAN, Leimistin 189, 197-198
BRUNEAU, Alfred 9, 16, 34, 48, 50, 118, 122, 125, 237-238, 241, 243, 245-246, 250, 252, 254, 256, 294
BRUNE, Emmanuel 74
BRUNET-LAFLEUR, Hélène (ou Marie-Hélène) 104
BRUNO, Elisa 188
BRUSSEL, Robert 195
BULS, Charles 126
BUONTALENTI, Bernardo 44, 85
BUSNACH, William 122

CABANEL, Alexandre 119
CAIN, Auguste 157
CAIN, Georges 189
CAIN, Georges (Mme) 189
CAIN, Henri 157-158, 165, 170-171, 184, 189, 199, 201, 208, 211, 213, 310
CAIN, Henri (Mme) 184
CALABRÉSI, Édouard-Fortuné 123-124
CALAMENT, Florence 55
CALMETTE, Gaston 14
CALVÉ, Emma 23, 54, 133, 158, 164, 170-174, 225, 239, 306-307
CAMONDO, Isaac de 246
CAMPOCASSO [Auguste Deloche, dit] 153
CANOVA, Antonio 85
CAPET, Lucien 256
CAPLET, André 291
CAPOUL, Victor 11, 90, 92, 301
CARAFA, Michele 62, 260
CARBONNE, Ernest 204
CARON, Rose 140-141, 144, 165, 233
CARPINE-LANCRE, Jacqueline 55
CARRACHE, Annibale 114
CARRAUD, Gaston 118
CARRÉ, Albert 103, 146-147, 150-151, 173-176, 180-182, 195, 239, 245-246, 256
CARRÉ, Marguerite 103, 132, 173-174, 184, 195, 310
CARRÉ, Michel 71, 95-96, 264, 302
CARUSO, Enrico 161
CARVALHO, Caroline 130

CARVALHO, Henri 166, 306
CARVALHO, Léon 127-128, 130, 132, 142, 144, 146, 155, 157-159, 166-167, 171-173, 181, 202, 241, 245, 286
CASTILLON, Alexis de 101
CASTRO, Guilhem de 135
CAVALIERI, Lina 132, 159-160, 162, 184, 308-309
CAVEROT (cardinal) 139
CESBRON-VISEUR, Suzanne 147
CHABRIER, Emmanuel 7, 53, 185
CHALIAPINE, Boris Fedorovitch 199-201, 310
CHAM [Amédée de Noé, dit] 64-65
CHAMBRE, Sylvain 55
CHANTAVOINE, Jean 254, 256
CHANTEPIE, Jules 99
CHAPLAIN, Jules 74-75, 79-81, 83, 226-227
CHARCOT, Jean-Martin 239
CHARLES-ROUX, Jules 235
CHARLES X (comte d'Artois) 192
CHARPENTIER, Georges 146
CHARPENTIER, Gustave 10, 22, 118, 174, 227, 243, 245, 249, 256, 295
CHASLES, Jeanne 184
CHATEAUBRIAND, François-René de 31, 53, 239, 285-286
CHERUBINI, Luigi 14, 50, 271
CHEVALIER, Paul-Émile 154, 209, 306
CHEVILLARD, Camille 256
CHEYSSON, Émile 286
CHOUDENS, Antoine de 88
CHOUQUET, Gustave 94
CHRÉTIEN, capitaine 126
CILEA, Francesco 160-161
CLAIRIN, Georges 137
CLAP, Sylvestre 55
CLARETIE, Jules 33, 154, 158, 162, 183, 188, 191-193, 239
CLAUSSE, Gustave 289
CLAUZURE, Pierre 211
CLÉMENT, Edmond 147, 193
COBALET, Arthur 130
COLONNE, Édouard 96, 100-101, 239, 244, 247
COMBARIEU, Jules 275, 282
CONATI, Marcello 233
CONDÉ, Gérard 10, 28, 30, 34, 55
CONNEAU, Henri 89
CONTE, Jules 145
COPPÉE, François 137
COQUARD, Arthur 233, 245
CORNEILLE, Pierre 134, 207
CORNUBERT, Pierre 146
COROT, Jean-Baptiste 144
COT, Pierre-Auguste 235
COUDER, Auguste 44, 74
COURBET, Jean-Marc 55
COURIER, Paul-Louis 158
COURTENAY, Vera 132
COUSIN, Victor 51, 166
COUYBA, Charles-Maurice [voir BOUKAY, Maurice]
CROCÉ-SPINELLI, Bernard 118
CROISSET, Francis de 47, 183-184
CROISY, Aristide 268, 271
CULLIARD (M.) 130

DALLIER, Henri 118
DAMIANO, Anne-Marie 55
DANBÉ, Jules 172
DANEMARK, Christine de 240
DANIEL LESUEUR [Jeanne Loiseau, dit] 179
DARAM, Joséphine 120
DARGOMYJSKI, Alexandre 252
D'ASTE, Vittoria 208
DAUDET, Alphonse 98, 146, 170-173, 183, 187, 239
DAUMET, Honoré 20
DAVID, Félicien 296
DAVID, Jacques-Louis 78
DAYOT, Armand 293
DAYROLLES, Albert 91
DEBAUVE, Jean-Louis 21, 55
DEBUSSY, Claude 7, 9, 50, 88, 102, 184-185, 246, 248, 250-252, 256, 267, 275
DELABORDE, Henri 119, 236
DELACOUR, Alfred 91, 261
DELACROIX, Eugène 52, 103
DELAGRAVE, Charles 26
DELAVIGNE, Germain 62
DELIBES, Léo 87, 115, 128, 137-138, 262, 264
DELISLE, Léopold 282
DELLE SEDIE, Enrico 72
DELMAS, Jean-François (ou Francisque) 140-141, 153, 159, 177, 186, 211
DELMET, Paul 204
DELNA, Marie 146
DELOFFRE, Adolphe 71
DÉRIVIS, Prosper 259

DESCARTES, René 287
DESCHAMPS-JEHIN, Blanche 125, 176
DESCHANEL, Émile 129
DESMOULINS, Lucile 190
DESNOYERS, Charles 261
DESTRANGES, Étienne 34
DETAILLE, Édouard 140, 157
DEVAUX, Jules 126
DEVRIÈS, Fidès 133, 136, 140-141, 193
DIAZ, Eugène-Émile 94-95
DIDEROT, René 179
DIÉMER, Louis 194, 254, 308
D'INDY, Vincent 8, 16, 141, 250, 256
DIOCLÉTIEN 85
D'OLLONE, Max 256
DONIZETTI, Gaetano 49, 161, 244, 249
DONNY (major)
DORTZAL, Jeanne 156
DOURLEN, Victor 260
DOUSSOT (cantatrice) 211
DREYFUS, Gustave 145
DROUYNS DE LUYS, Édouard 74
DUBOIS, Théodore 12, 16, 94, 169, 245-246, 254, 262, 267, 273
DUCHESNEAU, Michel 7, 55
DUFRANNE, Hector 182, 193
DUGLÉ, Angèle 8
DUJARDIN-BEAUMETZ, Etienne 15
DUKAS, Paul 246, 250-252, 256-267
DU LOCLE, Camille 296-297
DUMAS, Alexandre (fils) 44, 122-123, 240, 157
DUMAS, Alexandre (père) 69, 122
DUPARC, Henri 34, 98, 256
DUPONT, Gabriel 162, 254, 256
DUPRATO, Jules 95, 99
DUPREZ, Gilbert 73, 90
DUQUESNEL, Félix 97-98, 100, 152
DURAN, Carolus 239
DURAND, Auguste 219
DURAND, Jacques 24
DÜRER, Albrecht 53, 240
DUVAL, Pierre 202
DUVERNOY, Alphone 67, 126
DUVIVIER, Marthe 124, 129, 133
DVOŘÁK, Anton 219

EDELMANN, Jean-Frédéric 269
ÉDOUARD VII 164
EDVINA, Louise 205
EMELEN, Marie-Louise 176
EMERSON, Ralph Waldo 284
EMMANUEL, Maurice 282
ENESCO, Georges 118
ENNERY, Adolphe 99, 135
ERLANGER, Camille 16, 185, 233, 245-246, 254, 294
ESTRÉES, Victor Marie d' (maréchal) 192
EVELLIN, François 287

FACCIO, Franco 231
FALGUIÈRE, Jean Alexandre Joseph 80, 83
FALKENBERG, Georges 118
FALLA, Manuel de 122
FANCELLI, Giuseppe 112
FARNETI, Maria 187
FARRAR, Géraldine 132
FAURÉ, Gabriel 8, 21, 49, 88, 107, 169, 250-251, 277, 280, 291
FAURE, Jean-Baptiste 94, 110
FERRIÈRE, James 43, 61
FIÉRENS, Caroline 153
FLANDRIN, Hippolyte 80-81, 295
FLAUBERT, Gustave 110, 115, 303
FOUILLERON, Thomas 55
FRANCE, Anatole 163
FRANCK, César 98, 100-101, 107, 116, 148, 256
FRANÇOIS Ier 177
FRANDIN, Lison 167
FRANZ, Paul 141, 205
FRÉDÉRIX, Gustave 129
FRÉMIET, Emmanuel 17, 20, 163, 278-280, 287, 290-291
FRÈRE-ORBAN (Mme) 126
FREZZOLINI, Erminia 72
FUGÈRE, Lucien 53, 72, 164, 176, 180, 182, 184, 200, 251

GADE, Niels 67
GAILHARD, Pedro 136, 139, 153, 158-160, 177, 185-188, 197
GALLET, Louis 44-45, 94, 96, 100, 104, 109, 134-135, 155, 163, 237-239, 265, 302
GALLI-MARIÉ, Célestine 99
GALLON, Noël 293
GARDEN, Mary 132, 160, 181, 184, 309, 313
GARIBALDI, Menotti 114
GARNIER, Charles 101, 111, 146, 177, 186
GASTINEL, Léon 233

GAUTIER, Judith 98
GAUTIER, Théophile 92, 97-98, 109, 143, 296, 302
GEDALGE, André 169, 267
GEORGES, Alexandre 245, 256
GÉRÔME, Jean-Léon 140, 163, 182
GEVAERT, François-Auguste 95, 126, 149
GHIL, René 52-53, 241
GIBERT, Étienne 149
GILLE, Philippe 115, 127-130, 264, 265
GILLE, Philippe (Mme) 265
GILLE, Victor 265
GILLIS, Patrick 55
GIORDANO, Umberto 160-161
GIOTTO [Ambrogiotto di Bondone, dit] 76
GIRARD, Caroline 90, 92
GIROUD, Vincent 55
GLEASON, Frederic Grant 165, 175
GLUCK, Christoph Willibald von 50-51, 53, 240, 247, 270, 294
GODARD, Benjamin 107, 126, 157, 166-167, 238
GOETHALS (général) 126
GOETHE, Johann Wolfgang von 45, 141-143
GOFFINET (général) 126
GOLDSCHMIDT, Karl 145
GONCOURT, Edmond de 146, 239
GONDINET, Edmond 115
GORIA, Alexandre 68
GOSSELIN, Guy 55
GOUNOD, Charles 8-9, 16, 45, 50-51, 71, 90, 96, 106, 120, 127, 133, 146, 161, 175, 219, 235-238, 241, 246, 249, 260, 292
GOUVY, Louis Théodore 101
GRAMONT, Louis de 149, 249
GRANDJEAN, Louise 44, 141, 186
GRANDMOUGIN, Charles 107-108
GRANDVAL, Clémence de 148
GRANDVALLET, Charles 90
GRANIER, Jeanne 131
GRAS, Félix 158
GRAVIÈRE, Tancrède 122
GRAZIANI, Francesco 72
GRESSE, André 125, 197, 199, 205
GRESSE, Léon 125
GRESSY, Louise Constance de [dit Ninon] 84
GRÉTRY, André Modeste 8, 32-33, 50, 174, 271
GRIGNAN, Françoise-Marguerite de Sévigné 210
GRIVOT, Pierre Antonin François 164
GROSS, Adolf von 165
GROVLEZ, Gabriel 256
GUARNIERI, Adriana 55
GUILLAUME II (empereur) 277
GUIRAUD, Ernest 17, 101, 126, 264, 267-268
GUIRAUDON, Julia 171, 176, 184, 211
GUISE (duc de) 272
GUNSBOURG, Raoul 179-180, 184, 192-193, 195, 199-201, 209, 211, 246, 275

HABENECK, François 67
HADRIEN (empereur) 79
HAENDEL, Georg Friedrich 101, 104, 294
HAHN, Reynaldo 9, 16, 50, 100, 116, 118, 174, 183, 186, 250, 254
HAINE, Malou 55
HALANZIER-DUFRESNOY, Hyacinthe Olivier Henri 44-45, 48, 97, 109-110
HALÉVY, Fromental 51, 62, 260
HALÉVY, Ludovic 128
HANSER, Guillaume 269
HARCOURT, Eugène d' 118, 175-176
HARMANT, Alfred 70
HARPIGNIES, Henri 144
HARTMANN, Georges 51, 88, 97, 100, 104-105, 108, 111-112, 118-119, 122-124, 131, 134, 139, 141-144, 147, 149, 152, 154, 174, 201, 265, 301
HATTO, Jeanne 147
HAUSSONVILLE, Paul-Gabriel d' (compte) 229
HAYDN, Joseph 68
HÉBERT, Ernest 102-103
HÉGLON, Meyrianne 159, 233
HEILBRONN, Marie 90, 92, 131-132, 301, 304-305
HELLER, Stephen 119
HENN, Adolphe 39
HENNER, Jean-Jacques 77, 294
HENRI III (roi) 272
HEREDIA, José María de 282
HERLIN, Denis 55
HÉROLD, Louis-Ferdinand 77, 90, 243
HEUGEL, Henri 18-22, 39, 41, 46, 117, 120, 145, 154-155, 158, 160, 164, 170, 180, 185, 187, 196, 203-204, 209, 219, 239-240, 242, 276, 284, 306
HEUGEL, Henri (Mme) 178, 192
HILLEMACHER, Lucien 117-118

HILLEMACHER, Paul 117-118
HILLER, Ferdinand 67
HITTORFF, Jacques-Ignace 74
HOFFMANN, E. T. A. (Ernst Theodor Amadeus) 52, 143
HOLBEIN, Hans (le jeune) 53, 240
HOLMÈS, Augusta 100
HOMÈRE 98, 197, 282
HORACE 81, 185
HOSTEIN, Hippolyte 64, 69
HOUSSAYE, Arsène 193
HUGO, Victor 53, 207, 218, 257
HURÉ, Jean 256
HURET, Jules 170, 238, 245-246
HUYSMANS, Joris-Karl 49

IBOS, Guillaume 146
IMBERT, Hugues 9-10, 153
ISOLA, Vincent et Emile 133, 176, 199-200, 204, 251

JACOVACCI, Vincenzo 113
JACQUART, Léon 265
JAHN, Wilhelm 145
JAMES, Henry 285
JAMES, William 284-285
JANIN, Jules 143
JEHIN, Léon 125, 209, 211
JONCIÈRES, Victorin 16, 69, 99, 126, 233, 238, 245, 267
JOSEPH NAPOLÉON Ier [Joseph Bonaparte, dit] 60

KANT, Emmanuel 287
KASCHMANN, Giuseppe 112
KOCH, Robert 284
KOECHLIN, Charles 7, 52, 256
KOUSNEZOFF, Maria 159-160, 210, 310
KOWALSKI, Henri 89
KRAUSS, Gabrielle 109, 120, 139

LABICHE, Eugène 91, 261
LABOURET, Maurice 42
LACOMBE, Paul 118
LAFFITTE (médecin) 202
LAFITTE, Pierre 28, 40-41, 46
LAGOANÈRE, Oscar de 204-205
LAISNÉ, Jeanne 164
LALO, Édouard 17-18, 21, 88, 100-101, 122, 147, 265-266
LALO, Julie 265
LAMARE, Berthe 147
LAMARTINE, Alphonse de 74, 158, 170, 236
LAMBERT, Lucien 118
LAMOTTE D'ALLOGNY, René (comte de) 192
LAMOUREUX, Charles 104-105, 141, 244, 247
LANGLÉ, Ferdinand 261
LA PANOUSE, Félix Charles Edmond de (vicomte) 131
LAPARRA, Raoul 118
LAPISSIDA, Alexandre 127
LASSALLE, Jean 104, 110, 135
LAURENS, Jean-Paul 157
LAURENT, Adolphe-François 63, 67-68, 89, 299
LA VALETTE, Charles de (marquis) 130
LAVIGNAC, Albert 67
LAYRAUD, Joseph-Fortuné-Séraphin 74, 103, 219
LAZZARI, Silvio 254
LEBLANC, Georgette 125, 174
LE BLOND, Maurice 294
LE BORNE, Fernand 126
LECOCQ, Charles 16, 126, 130, 195, 199
LECONTE DE LISLE, Charles-Marie 97-98, 207, 224, 239, 302
LE COUPPEY, Félix 260
LEE, Noël 55
LEFUEL, Hector 119
LEGAY, Marcel 237
LE LORRAIN, Jacques 199
LÉNA, MAURICE 178-179
LENEPVEU, Charles 94, 99, 233, 287, 291-292
LE NÔTRE, André 44
LEONCAVALLO, Ruggero 149, 161, 250
LÉON XIII (pape) 113
LEPRESTRE, Julien 146, 171
LEROUX, Xavier 16, 28, 118, 245-246, 252, 277
LEROY, Jeanne 65
LESSEPS, Ferdinand de 137
LESUEUR, Daniel [Jeanne Lapauze, dit] 179
LESUEUR, Jean-François 271
LE TASSE [Torquato Tasso, dit] 82, 175
LE TINTORET [Jacopo Robusti, dit] 85
LEUVEN, Adolphe de 90, 99, 261
LEVI, Hermann 141
LÉVY, Maurice 283

LEYGUES, Georges 21
LIONNET, Anatole 206
LIONNET, Hippolyte 206
LISZT, Franz 37, 50, 71, 80, 83, 87, 102, 121, 138-139, 219, 230, 254-255, 301
LITOLFF, Henry 104
LOCLE, Camille du 90, 99, 113-114, 174
LONG, Marguerite 254
LONGUEVILLE, Anne-Geneviève de Bourbon (duchesse) 166
LORRAIN, Claude 77
LOUBET, Émile 194
LOUIS-PHILIPPE Ier (roi) 44, 299
LOUIS XIV (roi) 128, 166
LOUIS XVIII (roi) 63, 68
LOUIS XVI (roi) 60, 192
LOUIS XV (roi) 51, 143
LÜBECK, Ernst 84
LULLY, Jean-Baptiste 120
LUNDEN, René (baron de) 126
LUREAU-ESCALAÏS, Maria 153

MAETERLINCK, Maurice 174
MAILLART, Aimé 95
MALHERBE, Charles 27, 52, 95, 152
MALHERBE, Edmond 118
MALLARMÉ, Stéphane 241
MANOURY, Théophile-Adolphe 125
MAQUET, Auguste 99
MARÉCHAL, Adolphe 180
MARÉCHAL, Henri 97, 233, 238
MARGUERITE DE SAVOIE (reine d'Italie) 113
MARIANI-DE ANGELIS, Flora 113
MARIANI-MASI, Maddalena 112
MARIE-ANTOINETTE (reine) 60
MARIÉ DE L'ISLE, Claude-Marie-Mécène 69, 259
MARIÉ DE L'ISLE, Jeanne 147
MARIE HENRIETTE ANNE DE HABSBOURG-LORRAINE (reine de Belgique) 126
MARIÉTON, Paul 139-140, 235
MARIN, François 55
MARIO [Giovanni Matteo De Candia, dit] 72
MARIQUITA 184
MARMONTEL, Antoine-François 63, 67
MARTY, Georges 118, 141, 245
MASCAGNI, Pietro 161, 250
MASSÉ, Alix 265
MASSENET, Adélaïde 29, 59-60, 67, 75, 105, 221, 299, 303
MASSENET, Alexis 60, 66, 75, 220, 299-300
MASSENET, Anne 65
MASSENET, Edmond 203
MASSENET, Julie 67, 87, 105, 300
MASSENET, Juliette 114, 156, 175
MASSENET, Louise 41, 84, 89-90, 114, 155-157, 176, 180, 184, 194, 209, 235, 301, 308
MASSÉ, Victor 71, 90, 95, 128, 264-265
MASSIMO (prince) 114
MASSON, Michel 261
MASTIO, Catherine 160
MAUCORPS-DELSUC, Dorothée Jeanne 28, 196
MAUPASSANT, Guy de 123, 126
MAUREL, Victor 133
MAURI, Rosita 137, 153
MAXENCE (empereur) 76
MECOCCI, Eleonora 112
MÉHUL, Étienne-Nicolas 17, 50-51, 268-271
MEILHAC, Henri 127-128, 130, 304
MEISSONIER, Ernest 119
MELBA, Nellie 99
MÉLESVILLE [Anne-Honoré-Joseph Duveyrier, dit] 260-261
MENDELSSOHN, Félix 11, 67, 101
MENDÈS, Catulle 48, 185-186, 188, 193, 196, 198, 208, 285
MENDÈS, Jane Catulle- 185
MENDIOROZ, Giuseppe 112
MÉRANTE, Louis 267
MERCIÉ, Marius Jean Antonin 103
MERCIER, Antonin 264
MÉRENTIÉ, Marguerite 141
MÉRY, Joseph 296
MESSAGER, André 49, 126, 189, 197, 205
MESSMAECKER (ténor) 184
MEYER, Arthur 251
MEYERBEER, Giacomo 49, 51, 62, 88, 90, 104, 201, 249, 257
MICHEL-ANGE [Michelangelo di Lodovico Buonarroti Simoni, dit] 85, 287, 290, 294
MICHELET, Jules 79
MILLERAND, Alexandre 251
MILLIET, Paul 122-124, 141, 143, 145, 165
MINKUS, Ludwig Aloisius 87
MIOLAN-CARVALHO, Caroline 71, 130
MISTRAL, Frédéric 15, 139, 158, 235

MOINAUX, Jules 261
MOINDROT, Isabelle 55
MOLAY, Jacques de 104
MOLIÈRE [Jean-Baptiste Poquelin, dit] 270
MONCHABLON, Xavier-Alphonse 74
MORAND, Eugène 181-182
MORET, Ernest 118, 209
MORON, Nicolas 55
MOTTL, Félix 246
MOULIÉRAT, Jean 146
MOULTON, Charles (Mme) 87
MOUNET-SULLY [Jean-Sully Mounet, dit] 205-206
MOUSSORGSKI, Modeste 51, 253
MOYNIER, Gustave 287
MOZART, Wolfgang Amadeus 11, 16, 51, 68, 91, 98, 148
MURATORE, Lucien 186, 197-198, 205, 211, 310
MURGER, Henry 143-144
MUSSET, Alfred de 44, 53, 89, 119, 135, 143, 257

NAPOLÉON Ier [Napoléon Bonaparte, dit] 43, 60-61, 82, 108, 115
NAPOLÉON III [Louis-Napoléon Bonaparte, dit] 70, 74, 89, 94, 119, 130
NEVADA, Emma 233
NICOLAS II (empereur de Russie) 171
NICOT VAUCHELET, Marianne 132
NILSSON, Christine 233
NOAILLES, Emmanuel Henri Victurnien de (marquis) 114
NOËL, Edouard 8
NOTÉ, Jean 211
NUITTER, Charles 267
NUOVINA, Zina de 147, 150

OFFENBACH, Jacques 72, 128, 267, 289
OLLONE, Max d' 118
ORCHARDSON, William Quiller 288, 293
ORRY DE SAINTE-MARIE, Abel 89
ORRY DE SAINTE-MARIE, Delphine 84
OSMOND, Éléonore-Adèle d' 32
OULTREMONT DE DURAS (comte d') 126

PACARY, Lina 44, 103
PAGANINI, Niccolò 105, 135, 230, 254
PALADILHE, Émile 16, 96, 238, 246
PALMA IL VECCHIO [Jacopo d'Antonio Negretti, dit] 76
PARAVEY, Louis 147, 149-150, 155
PARIS, Gaston 282
PARODI, Alexandre 185, 206-208, 310
PARODI, Dominique 208
PARODI, Hippolyte 208
PASCA, Alix 123
PASCAL, Jean-Louis 186
PASDELOUP, Jules 11-12, 16, 70, 93, 100, 244, 301-302
PASLER, Jann 55
PASTEUR, Louis 239
PATTI, Adelina 287, 292
PAYEN, Louis 213
PEDROTTI, Carlo 112
PELLIOT, Paul 283
PELTIER, Éliane 211
PENCO, Rosina 71-72
PERRIN, Émile 95
PFEIFFER, Georges 245
PHILIDOR, François-André 270
PHILIPP, Isidor 254
PIE IX (pape) 77, 113
PIERNÉ, Gabriel 245, 252
PISSELEU, Anne de (duchesse d'Étampes) 177
PLANÇON, Pol 164
PLANEL, Jean 141
PLATON 284
POLLAJOLO, Simone 85
POUGIN, Arthur 270
POZZI, Samuel 137
PRÉVOST, Antoine François (abbé) 26, 51, 127, 129
PRIOLA, Marguerite 99
PROUST, Antonin 126
PROUST, Marcel 32
PRUDENT, Émile 68
PRUNET, Ernest 104
PUBÉLY (abbé) 139
PUCCINI, Giacomo 144, 161, 250, 277
PUGNO, Raoul 107

RABAUD, Henri 118
RABELAIS, François 201
RACHET, Émile 122
RACINE, Jean 250

RAPHAËL [Raffaello Sanzio, dit] 53, 72, 85, 103, 240, 294
RAUNAY, Jeanne 126
RAVEAU, Alice 147
RAVEL, Maurice 9, 169, 195, 310
RAVINA, Henri 68
RAVINA, Ravina 68
REBER, Henri 91, 300
REGNAULT, Henri 225
RÉJANE [Gabrielle-Charlotte Réju, dit] 239
REMBRANDT [Rembrandt van Rijn, dit] 85, 129
RENAN, Ernest 100, 119, 282
RENARD, Marie 145, 305
RENAUD, Maurice 180, 184
RESZKÉ, Édouard de 110, 133, 136
RESZKÉ, Jean de 110, 133, 136, 140
RESZKÉ, Joséphine de 110
RÉTY, Émile 108, 116, 117
REYER, Ernest 9, 16-18, 21-22, 48, 71, 88, 94, 102, 116, 119-120, 125,-127, 153, 174, 219, 233, 238, 241, 245-246, 295-297
RICHARDIÈRE (médecin) 202
RICHEPIN, Jean 152, 199
RICORDI, Ginetta 115
RICORDI, Giovanni 111
RICORDI, Giuditta 115
RICORDI, Giulio 111, 114-115, 160-162
RICORDI, Manuele 115
RICORDI, Tito 115
RIGNÉ, Raymond de 178
RIMSKI-KORSAKOV, Nicolas 252-253
RISTORI, Adélaïde 233
RITT, Eugène 90, 136
ROBIN, Albert 137
ROCHEFORT, Henri 229
ROCHEZ, Francisque 170
RODDAZ, Camille de 145, 155
RODIN, Auguste 239
ROGER, Gustave 73, 165, 300
ROLLAND, Romain 282
ROPARTZ, Guy 118, 256, 264
ROSA, Salvatore 85
ROSSINI, Gioachino 112-113, 120, 161, 249, 257
ROSTAND, Edmond 201, 205
ROTHSCHILD, Alphonse de 124
ROUCHÉ, Eugène 130, 285
ROUJON, Henry 20, 169, 194, 267, 273, 276, 289
ROUSSEAU, Jean-Jacques 49, 66, 151
ROUSSEAU, Samuel 233, 245
ROUSSEL, Albert 9, 98, 256
ROUSSELIÈRE, Charles 194
ROYER, Adélaïde 299
ROZE, Marie 90
RUBENS, Petrus Paulus 85
RUBINSTEIN, Anton 252
RUDE, François 290
RUELLE, Jules 301
RUHLMANN, François 205

SABY, Geneviève 55
SAINT-GEORGES, Henri de 94
SAINTINE [Joseph-Xavier Boniface, dit] 261
SAINT-SAËNS, Camille 7-9, 16, 23-25, 34, 36, 38, 42, 48, 73, 91, 94-95, 100-101, 104, 118, 120, 126, 133, 194-195, 217, 219, 225, 233, 238, 241, 246, 248, 251, 254, 256, 277, 279, 284
SALÉZA, Albert 177
SALIGNAC, Thomas 103, 147, 173
SALOMON, Marius 110
SALTUS, John Sanford 289
SALVAYRE, Gaston 16, 233, 238, 245-246
SANDERSON, Sibyl 13, 23, 54, 132, 149-150, 152, 155-156, 158-160, 164, 218, 220, 229, 305-306, 308
SAND, George [Amantine Aurore Lucile Dupin, dit] 135
SANFORD SALTUS, John 289
SARDOU, Victorien 96, 152, 206, 267
SARI, Léon 70
SARRETTE, Bernard 61
SAUGEY, Amédée 103, 122
SAUVAGE, Thomas 261
SAVARD, Augustin (fils) 63, 118, 256
SAVARD, Augustin (père) 63-64, 299-300
SCHIAPARELLI, Giovanni Virginio 284-285
SCHMITT, Florent 118
SCHNEIDER, Louis 8, 12, 17, 25, 36, 81, 126, 143, 220, 226, 251
SCHNETZ, Jean-Victor 78
SCHOPENHAUER, Arthur 198
SCHUBERT, Franz 97, 101, 219
SCHULHOFF, Julius 65
SCHUMANN, Robert 66, 101
SCRIBE, Eugène 62, 250, 261
SERAFIN, Tullio 187

SEROV, Alexandre Nicolas 253
SERPETTE, Gaston 126
SERVAIS, Franz 98
SERVIÈRES, Georges 95
SEVESTE, Edmond 69
SEYMOUR, Richard (marquis d'Hertford) 192
SILVER, Charles 118, 245
SILVESTRE, Armand 88, 104, 181-182, 225-226, 301
SIMOND, Henry 32, 36, 38, 41, 48
SIMON, Jules 264-265
SONZOGNO, Édouard 160-162
SOREL, Albert 32
SORET, Marie-Gabrielle 55
SOULACROIX, Gabriel 180
SOULARY, Joséphin 139-140
SOULT, Nicolas-Jean de Dieu 60
SPITZMULLER, Georges 201, 204
STANTON, Théodore 218-219, 223, 229
STATE, Charles 219
STEEG, Théodore 15
STOLZ, Rosine 259
STOUMON, Oscar 123-125
STRAUSS, Isaac 69
STRAUSS, Johann 145
STRAUSS, Richard 50, 162, 254, 257
STRAVINSKI, Igor 37, 50, 252
STUART, Paul 204
SUFFOLK (duchesse de) 240
SULLY PRUDHOMME [René Armand François Prudhomme, dit] 53, 148, 257, 282

TAFFANEL, Paul 105, 121
TAINE, Hippolyte-Adolphe 282
TALAZAC, Alexandre 130, 193
TALLEYRAND, Auguste de 148
TASKIN, Alexandre 130, 149
TCHAÏKOVSKI, Piotr 253
TENEO, Martial [Jules Decloux, dit] 39
TERENTIANUS [dit Maurus] 116
TERRY, Antonio 150
THOMAS, Ambroise 16-17, 27, 50, 62, 64, 73, 80, 82-83, 87, 89-90, 95-96, 100-102, 108, 116, 118, 120, 151-152, 165, 168-169, 175, 238, 241, 260, 263, 267, 270, 272-273, 280, 291, 300-301, 305, 307
THOMAS, Elvire 152, 289
TIERSOT, Julien 95, 118, 141
TITIEN [Tiziano Vecellio, dit] 72, 85
TOBLER, Adolf 282
TOLSTOÏ, Léon 229
TORCHET, Julien 10, 22, 97, 126, 143, 226, 295
TORNIELLI-BRUSATI DI VERGANO, Giuseppe (Mme) 190
TRIBOLO, Niccolò 44, 85
TROY, Jean-François, de 102

VAILLANT-COUTURIER, Marguerite 130-131
VALLANDRI, Aline 184
VĀLMĪKI 197
VANDAL, Albert 285-286
VAN DEN BOSSCHE D'HEYLISSEM (baronne) 126
VAN DEN HEUVEL-DUPREZ, Caroline 73
VAN DYCK, Anton 85
VAN DYCK, Ernest 54, 141, 144-145, 155, 164-165, 305-306
VANNI-MARCOUX [Jean-Émile Diogène Marcoux, dit] 200, 204-205, 251, 310
VAN ZANDT, Marie 115
VAUCORBEIL, Emmanuel 120, 123
VECCHIO, Palma 76
VERDI, Giuseppe 14-15, 27, 50-51, 72, 109, 113, 133, 161-163, 165, 167-168, 177, 230, 233-234
VERGNET, Edmond 125, 153
VERHEYDEN, Victoire 150
VERLAINE, Paul 53, 257
VERLET, Alice 160, 309
VÉRONÈSE [Paolo Caliari, dit] 85
VIALET, Louis 211
VIARDOT, Pauline 71, 99, 100-101, 126, 148, 302
VICTOR-EMMANUEL II (roi d'Italie) 114
VICTORIA (reine d'Angleterre) 164
VIDAL, Paul 118, 141, 160, 167, 205
VILLAMARINA (marquis de) 114
VILLEFRANCK, Henri 122
VILLEMESSANT, Hippolyte de 181
VILLIERS-BARNETT, Harry 41
VILLIERS DE L'ISLE-ADAM, Auguste de 285
VINCI, Léonard de 75, 85, 230
VIÑES, Ricardo 256
VISCONTI (décorateur) 211
VITRY, Philippe de 7
VIVIANI, René 251

VIX, Geneviève 132, 147, 160
VIZENTINI, Albert 120
VOGÜÉ, Eugène-Melchior de 285-286
VUILLAUME, Marie-Marguerite 150

WAGNER, Richard 9, 50-51, 70, 80, 98, 165, 239, 240, 244, 248-249, 254-255, 257, 264, 300, 305
WAGNER, Siegfried 246
WALLACE, Edmond-Richard 192
WALLACE, Georgette 175, 187
WALLACE, Richard 192
WARENS, Françoise-Louise de 66, 151
WEBER, Carl-Maria von 236
WEIL, Henri 281, 282
WEINGARTNER, Félix 246
WELLES, Samuel (marquis de la Valette) 130
WENDEL, Henri de 241
WIDOR, Charles-Marie 16, 42, 160, 246, 251
WILHEM [Guillaume-Louis Bocquillon, dit] 261
WOLFF, Albert 11-13, 47-48, 63, 94
WORMSER, André 126, 245
WRIGHT, Lesley 55
WYCKERSLOOTH (capitaine)
WYNS, Charlotte 147
WYZEWA, Théodore de 141

YOURKEVITCH, Marie de 156

ZAMBELLI, Carlotta 140-141, 160
ZANARDINI, Angelo 115
ZOLA, Émile 218, 237-239, 243
ZUCCHINI, Giovanni 72

INDEX DES ŒUVRES DE JULES MASSENET

Adorable Bel-Boul (L') 303
Alleluia 87, 301
Amadis 126, 154, 201-202, 305, 310-311, 314
Années passées 315
Apollo's Invocation 152, 304
Ariane 27, 54, 103, 139, 141, 159-160, 175, 177, 184-189, 193, 196-197, 208, 309, 313

Bacchus 121, 125, 196-199, 309-310, 313
Biblis 53, 314

Carillon (Le) 146, 155, 306-307, 314
Cendrillon 27, 51, 72, 125, 132, 161-162, 165-167, 171, 174-176, 178, 181, 307, 313
Chérubin 27, 51, 125, 132, 183-184, 190, 308-309, 313
Chevrière (La) 8
Cid (Le) 13, 27, 54, 84, 95, 133-136, 138-142, 145, 147, 164, 176-177, 205, 207, 304, 308, 313
Cigale 184, 308-309, 314
Cléopâtre 213, 310-311, 314
Concerto pour piano 51, 53, 194, 255, 308, 315
Coupe du Roi de Thulé (La) 94, 302
Crocodile (Le) 314

David Rizzio 73, 300
Deux Impromptus 315
Deux Pièces pour piano 315
Dix Pièces de genre 89, 301, 315
Don César de Bazan 99, 113, 238, 302, 305, 313
Don Quichotte 18, 27, 51, 54, 72, 196-200, 203, 205, 208, 309-310, 313

Enfants (Les) 157

Érinnyes (Les) 95, 97-98, 100-101, 224, 302-303, 314
Erodiade 303-304
Esclarmonde 23-24, 35-36, 50-51, 54, 95, 122, 125, 130, 149-152, 155, 172, 194, 229, 249, 305, 313
Espada 309, 314
Ève 95, 104-107, 303, 314
Expressions lyriques 53, 193, 203, 310, 316

Fantaisie pour violoncelle et orchestre 53, 315
Florentin, Le 94, 302

Grande Fantaisie de concert sur le Pardon de Ploërmel de G. Meyerbeer 300
Grand'Tante (La) 12, 90, 92, 301, 305, 313
Grillon du foyer, Le 314
Grisélidis 49, 50, 72, 165, 181-182, 238, 306-308, 313

Hérodiade 14, 23-24, 26, 35-36, 38, 54, 103, 107, 120-129, 133, 135-139, 143, 153-154, 160-161, 175, 187, 197, 218, 225, 229-230, 245, 277, 303-304, 308, 313
Hymne à la paix 94, 301

Improvisions 315

Jérusalem ! 311
Jongleur de Notre-Dame (Le) 23-24, 34-36, 54, 152, 178-181, 183, 194-195, 307-309, 313

Lettre (La) 185
Louise de Mézières 73, 300

Mage (Le) 13, 125, 127, 152-154, 159, 197, 305-306, 313
Manon 8-9, 13, 22-27, 35-36, 50-51, 54, 67, 90, 122, 125, 128-135, 139, 142, 144-145, 149, 154-155, 158-159, 164, 172, 175, 178, 193, 205, 218, 233, 240, 242, 264, 268, 304-306, 309, 313
Manteau du Roi (Le) 314
Marche héroïque de Szabady 315
Marche solennelle 304
Marie-Magdeleine 18, 53, 71, 81, 95, 100- 101, 103-104, 122, 134, 154, 171, 224, 227, 265-266, 302, 308, 314
Méduse 95, 224, 302
Montalte 135
Mort à Néron! 26, 202
Mort de la cigale (La) 235
Moulin (Le) 87

Nana-Sahib 314
Narcisse 53, 314
Navarraise (La) 25, 158, 164-167, 171, 181, 188, 306-307, 313
Nef triomphale (La) 19, 194, 276, 310
Noël provençal 235

Ouverture de Phèdre 302-303

Paix et liberté 301, 305, 314
Panurge 201, 204, 310-311, 314
Perce-Neige et les Sept Gnomes 314
Phèdre 308, 314
Phœbé 127-128, 142, 304
Pitchounette 235
Poème d'amour 316
Poème d'avril 53, 88-89, 301, 316
Poème d'hiver 316
Poème d'octobre 303, 316
Poème d'un soir 316
Poème du souvenir 301-302, 316
Poème du Souvenir 225
Poème pastoral 316
Pompéïa 301
Portrait de Manon (Le) 156-157, 164, 306
Première Suite d'orchestre 11-12, 16, 84, 88, 93, 301, 315

Requiem 301
Roi de Lahore (Le) 44, 51, 91, 95, 97, 104, 107, 109-111, 114-115, 117, 120-121, 123, 136, 160, 164, 224, 230, 264, 302-303, 307, 309, 313
Roma 25-28, 35, 37, 39, 159, 184-186, 199-201, 204, 207-212, 310, 313
Roman d'Arlequin (Le) 315
Rosati (Les) 308, 314

Sapho 161-162, 164, 170-175, 178, 181, 188, 307, 309-310, 313
Scènes alsaciennes 304, 315
Scènes de bal 315
Scènes de féerie 129, 304, 315
Scènes dramatiques 303, 315
Scènes hongroises 302, 315
Scènes napolitaines 315
Scènes pittoresques 96, 129, 136-137, 302-303, 315
Sérénade de Zanetto 137
Suite parnassienne 308, 311, 315
Suite théâtrale 311, 315

Templiers (Les) 302
Terre promise (La) 175-176, 307-308, 314
Thaïs 13, 39, 105, 125, 132, 152-153, 155-160, 162-163, 178, 238-239, 255, 306-309, 313
Théodora 314
Thérèse 23-24, 27, 33, 36, 51, 54, 171, 175, 183, 186, 188-196, 205, 309-310, 313

Vierge (La) 95, 107, 111, 114, 120-121, 303-304, 314
Visions... 255, 315

Werther 13, 23-25, 36, 45, 50-51, 141-147, 152-155, 167, 171, 201, 233, 245, 253, 274, 303-306, 308, 313

LISTE DES ILLUSTRATIONS

ILLUSTRATIONS 1 ET 2. Jules Massenet, « [Souvenirs de Théâtre :] *Le Jongleur de Notre-Dame* », Ms autographe.

ILLUSTRATIONS 3 ET 4. Jules Massenet, [« Cinquantenaire de *Mireille* »], Ms autographe.

ILLUSTRATION 5. Portrait photographique de Jules Massenet avec envoi autographe à sa sœur.

ILLUSTRATION 6. Joseph Layraud, *Massenet Ir Gd prix de musique*, huile sur toile.

ILLUSTRATION 7. Adélaïde Massenet, [Portrait de Louise Massenet], huile sur toile.

ILLUSTRATION 8. *Jules Massenet à son bureau*, photographie de Dornac.

TABLE DES MATIÈRES

PROLÉGOMÈNES par Jean-Christophe BRANGER ... 7
Articles et enquêtes ... 11
Discours ... 17
Mes souvenirs ... 23
Critères éditoriaux ... 42
Massenet écrivain : portrait de l'homme et de l'artiste ... 47

PREMIÈRE PARTIE

MES SOUVENIRS (1848-1912) : À MES PETITS ENFANTS

AVANT-PROPOS ... 59
CHAPITRE PREMIER. L'ADMISSION AU CONSERVATOIRE ... 60
CHAPITRE II. ANNÉES DE JEUNESSE ... 64
CHAPITRE III. LE GRAND PRIX DE ROME ... 68
CHAPITRE IV. LA VILLA MÉDICIS ... 74
CHAPITRE V. LA VILLA MÉDICIS ... 77
CHAPITRE VI. LA VILLA MÉDICIS ... 80
CHAPITRE VII. LE RETOUR À PARIS ... 85
CHAPITRE VIII. LE DÉBUT AU THÉÂTRE ... 90
CHAPITRE IX. AU LENDEMAIN DE LA GUERRE ... 96
CHAPITRE X. DE LA JOIE. - DE LA DOULEUR ... 101
CHAPITRE XI. DÉBUT À L'OPÉRA ... 106
CHAPITRE XII. THÉÂTRES D'ITALIE ... 111
CHAPITRE XIII. LE CONSERVATOIRE ET L'INSTITUT ... 116
CHAPITRE XIV. UNE PREMIÈRE À BRUXELLES ... 121
CHAPITRE XV. L'ABBÉ PRÉVOST À L'OPÉRA-COMIQUE ... 127
CHAPITRE XVI. UNE COLLABORATION À CINQ ... 134
CHAPITRE XVII. VOYAGE EN ALLEMAGNE ... 141
CHAPITRE XVIII. UNE ÉTOILE ... 147
CHAPITRE XIX. UNE VIE NOUVELLE ... 154
CHAPITRE XX. MILAN-LONDRES-BAYREUTH ... 160

Chapitre xxi. Visite à Verdi : adieux à Ambroise Thomas 165
Chapitre xxii. Du travail !... toujours du travail !... 170
Chapitre xxiii. En plein Moyen Âge 177
Chapitre xxiv. De *Chérubin* a *Thérèse* 183
Chapitre xv. En parlant de 1793 189
Chapitre xvi. D'*Ariane* à *Don Quichotte* 196
Chapitre xvii. Une soirée ! 201
Chapitre xviii. Chères émotions 206
Chapitre xxix (intermède). Pensées posthumes 212

Deuxième partie
ARTICLES, ENQUÊTES, DISCOURS

Articles 217
Enquêtes 237
Discours 259

Annexe 1. Jules Massenet (1842-1912) : chronologie 299
Annexe 2. Liste des principales œuvres de Jules Massenet 313

Bibliographie 318
Index des noms cités 334
Index des œuvres de Jules Massenet 345
Liste des illustrations 347
Table des matières 349

Suite des ouvrages parus dans la collection

L'essor du romantisme : la fantaisie pour clavier de Carl Philipp Emmanuel Bach à Franz Liszt, par Jean-Pierre BARTOLI et Jeanne ROUDET, 2013, 400 pages.

Analyses et interprétations de la musique : la mélodie du berger dans le Tristan et Isolde *de Richard Wagner*, par Jean-Jacques NATTIEZ, 2013, 402 pages.

Bruxelles, convergence des arts 1880-1914, sous la direction de Malou HAINE et Denis LAOUREUX, avec la collaboration de Sandrine THIEFFRY, 2013, 408 pages.

Écrits de compositeur : une autorité en question, sous la direction de Michel DUCHESNEAU, Valérie DUFOUR et Marie-Hélène BENOIT-OTIS, 2013, 440 pages.

SERGE DIAGHILEV, *Danse, musique, beaux-arts : lettres, écrits et entretiens*, présentés et annotés par Jean-Michel NECTOUX, 2013, 542 pages.

Du politique en analyse musicale, sous la direction de Esteban BUCH, Nicolas DONIN et Laurent FEYNEROU, 2013, 256 pages.

CAMILLE SAINT-SAËNS, *Écrits sur la musique et les musiciens 1870-1921*, par Marie-Gabrielle SORET, 2012, 1172 pages.

Liszt et la France : musique, culture et société dans l'Europe du XIXe siècle, sous la direction de Malou HAINE, Nicolas DUFETEL, Dana GOOLEY et Jonathan KREGOR, 2012, 608 pages.

Généalogies du romantisme musical français, sous la direction d'Olivier BARA et Alban RAMAUT, 2012, 288 pages.

Le Conservatoire national de musique et de déclamation 1900-1930 : documents historiques et administratifs, par Anne BONGRAIN, 2012, 752 pages.

La symphonie dans la Cité : Lille au XIXe siècle, par Guy GOSSELIN, 2011, 504 pages.

Le style de Claude Debussy, par Sylveline BOURION, 2011, 514 pages.

Lettres de Franz Liszt à la princesse Marie de Hohenlohe-Schillingsfürst, née de Sayn-Wittgenstein, présentées et annotées par Pauline POCKNELL, Malou HAINE et Nicolas DUFETEL, 2010, 436 pages.

Charles Koechlin, compositeur et humaniste, sous la direction de Philippe CATHÉ, Sylvie DOUCHE et Michel DUCHESNEAU, 2010, 610 pages.

Composer au XXIe siècle : pratiques, philosophies, langages et analyses, sous la direction de Sophie STÉVANCE, 2010, 206 pages.

www.vrin.fr

Achevé d'imprimer sur les presses de l'Imprimerie Moderne de Bayeux
ZI, 7, rue de la Résistance - 14400 Bayeux - Dépôt légal n° 57702 - Mars 2017

Imprimé en France